2022 개정 교육과정 반영

SKY로 이끄는 1등급 세특 전략

# 세특
# 프리패스

FREE
PASS

한승배 | 하희 | 김수경 | 박유진 | 이선주

## 학생부 교과세특 활동 가이드북

 미디어 탐구
주제 수록

 오픈데이터
분석활동 정리

 독서 연계
탐구 전략 제시

진로엔

2022 개정 교육과정 반영

**SKY로 이끄는 1등급 세특 전략**

# 세특 프리패스

**초판 2쇄 발행** 2025년 11월 03일

**저　　자** 한승배·하희·김수경·박유진·이선주

**출판기획** 진로N
**펴 낸 곳** 나이스에듀
**디 자 인** 조혜원
**출판등록** 제2024-000001호
**주　　소** 인천 부평구 부평대로 283, A동 115호
**전　　화** 1660-0848
**이 메 일** jinronedu@daum.net
**홈페이지** www.jinron.kr

**ISBN** 979-11-988086-8-4

SKY로 이끄는 1등급 세특 전략

# 세특
# 프리패스

FREE
PASS

진로엔

 **저자소개**

| 이름 | 한승배 | | |
|---|---|---|---|
| 재직학교 | 청운고등학교 | 담당 | 진로전담교사 |
| 도서 집필 교과서 및 단행본 | ◆ 2022 개정 교육과정 중학교, 고등학교 <진로와 직업> 교과서 집필(삼양미디어)<br>◆ 2015 개정 교육과정 중학교, 고등학교 <진로와 직업>, <성공적인 직업생활>, <기술·가정>, <정보> 교과서 집필(삼양미디어)<br>◆ 2009 개정 중학교, 고등학교 <진로와 직업>, <정보> 교과서 집필(삼양미디어)<br>◆ 2007 개정 교육과정 중학교 정보 교과서 집필(삼양미디어)<br>◆ 7차 시기 고등학교 정보사회와 컴퓨터 교과서 집필(삼양미디어)<br>◆ <10대를 위한 직업백과>, <미리 알려주는 미래 유망직업>, <직업 바이블>, <유 노 직업퀴즈 활동북>, <10대를 위한 홀랜드 유망 직업 사전>, <학습만화 직업을 찾아라>, <교사 어떻게 되었을까>, <의사 어떻게 되었을까>, <기술선생님이 알려주는 궁금한 정보통신 기술의 세계> 집필<br>◆ <학과 바이블>, <나만의 진로 가이드북(의약계열편, 공학계열편, 자연계열편)>, <학생부 바이블>, <고교학점제 바이블>, <고등학생을 위한 고교학점제 워크북>, <중학생을 위한 고교학점제 워크북>, <교과세특 탐구주제 바이블>, <교과세특 추천도서 300>, <학과연계 독서탐구 바이블>, <성공적인 대입을 위한 면접 바이블>, <특성화고 학생을 위한 진학 바이블>, <직업계고 학생을 위한 취업 바이블>, <미디어 진로탐색 바이블>, <교과세특 탐구활동 솔루션 기초편>, <교과세특 탐구활동 솔루션 심화편>, <교과세특 탐구주제 기재예시 바이블>, <통합사회로 세상열기>, <통합과학으로 세상열기> 등 집필 |
| 프로그램 및 교구 개발 | ◆ <청소년을 위한 학과카드>, <청소년을 위한 직업카드> 개발<br>◆ <드림온 스토리텔링 보드게임>, <원하는 진로를 잡아라> 보드게임 개발 |
| 활동 내용 | ◆ 전> 청소년 사이버범죄예방 교과 연구회 회장, 정보통신윤리교육 교과 연구회 회장, 선플 전국 교사협의회 회장, 경찰청 누리캅스 위원<br>◆ 전> 저작권 교육강사, 미디어 교육강사, 정보통신윤리 교육강사, 인터넷중독예방 교육강사<br>◆ 근정포장 수상, 교육부 오늘의 으뜸교사 선정, 대교 눈높이 교육상, 정보문화대상 대통령상, 청소년 푸른성장 대상교육부 장관상, 환경부 장관상, 정보통신부 장관상 등 다수의 상 수상<br>◆ 네이버 카페 <꿈샘 진로수업 나눔방(https://cafe.naver.com/jinro77) 운영자 |

| 이름 | 하희 | | |
|---|---|---|---|
| 재직학교 | 안양서중학교 | 담당 | 진로전담교사 |
| 도서 집필 교과서 및 단행본 | ◆ 2022 개정 교육과정 중학교 <진로와 직업> 교과서 집필<br>◆ <학과바이블> <나만의 진로가이드북> <학생부바이블> <직업바이블> <교과세특탐구주제 바이블> <교과세특 추천도서 300>, <중3을 위한 진로활동워크북 드림페스티벌> <중학생을 위한 고교학점제 워크북>, <두근두근 미래직업 체험 워크북> 등 집필 |
| 프로그램 및 교구 개발 | ◆ <2022 개정 교육과정 반영 학과카드>, <미래유망 직업카드>, <직업가치관 직업카드> 개발<br>◆ 한국교원연수원 진로교육 콘텐츠 개발<br>◆ 경기도 Gseek사이트 진로교육 콘텐츠 개발 |
| 활동 내용 | ◆ 전> 경기도중등진로교육연구회 연구위원<br>◆ 전> 구리남양주 진로거점학교 운영<br>◆ 전> 구리남양주 진로지원단<br>◆ 경기도진로진학상담연구회 연구위원 |

| 이름 | 김수경 | | |
|---|---|---|---|
| 재직학교 | 양평전자과학고등학교 | 담당 | 진로전담교사 |
| 도서 집필<br>교과서 및<br>단행본 | ◆ <학생주도 자율탐구 워크북> 집필 | | |
| 활동 내용 | ◆ 커리어넷 중등 진로심리도구 개발 및 온라인 보급 연구협력진<br>◆ '직업기초능력 연계 보통교과 교수학습자료 개발' | | |

| 이름 | 박유진 | | |
|---|---|---|---|
| 재직학교 | 경기한백고등학교 | 담당 | 진로전담교사 |
| 도서 집필<br>교과서 및<br>단행본 | ◆ <교과세특 추천도서 300 계열편>, <교과세특 탐구활동 솔루션 기본편, 심화편><br>◆ <학생주도 자율탐구 워크북> <2022개정 교육과정 꿈채움 고등 포트폴리오> <교과세특 탐구활동 솔루션 워크북> <독서탐구활동 워크북> 집필 | | |
| 활동 내용 | ◆ 전> 한국교육과정개발원 진로학업설계단<br>◆ 현> 경기진로교육지원단 | | |

| 이름 | 이선주 | | |
|---|---|---|---|
| 재직학교 | 경기체육고등학교 | 담당 | 진로전담교사 |
| 도서 집필<br>교과서 및<br>단행본 | ◆ 2022 개정 교육과정 중학교 <진로와 직업> 교과서 집필<br>◆ <교과세특 추천도서 300 계열편>, <교과세특 추천도서 300 인문사회계열>, <성적쑥쑥! 중학생 과목별 독서비법> 집필<br>◆ <학생주도 자율탐구 워크북>, <2022개정 교육과정 꿈채움 포트폴리오>, <진로연계학기 진로 브릿지> 집필 | | |
| 프로그램 및<br>교구 개발 | ◆ <2022 개정 교육과정 반영 학과카드>, <미래유망 즈 업카드>, <직업가치관 직업카드> 개발 | | |
| 활동 내용 | ◆ 전> 수원시 진로교사협의회 부회장<br>◆ 전> 수원시 청소년 희망등대 진로진학상담지원단, 자문위원<br>◆ 전> 수원시 진로체험지원센터 성과공유 평가단<br>◆ 커리어넷 직업흥미검사(K형) 문항개발 및 개정연구<br>◆ 커리어넷 직업흥미검사(H형) 개정 연구 검토 및 자문<br>◆ 커리어넷 진로성숙도 검사 개정 연구 검토 및 자문 | | |

 **서문**

# 2022개정 교육과정 시대. 1등급 세특을 완성하는 실전 가이드

'나의 세특은 과연 경쟁력이 있을까?'
'어떻게 써야 대학이 원하는 세특이 될까?'
'SKY 합격생들은 세특을 어떻게 작성했을까?'

바쁜 학교생활 속에서 우리는 위와 같은 고민과 마주하게 됩니다. 2022개정 교육과정과 2028대입개편이라는 큰 변화의 흐름 속에서 학생부종합전형의 핵심 평가요소인 **'세특(교과 세부능력 및 특기사항)'의 중요성**은 그 어느 때보다 커지고 있습니다.

특히 새로운 교육과정은 단순한 지식 **암기가 아닌 '탐구 중심 학습'과 '역량 기반 교육'에 초점**을 맞추고 있습니다. 이러한 변화는 대입 평가에서도 그대로 반영되어, 대학들은 학생의 깊이 있는 탐구 과정과 자기주도적 성장을 보여주는 세특을 더욱 중시하게 되었습니다. 이제 **세특은 단순한 활동 기록이 아니라, 학생의 지적 호기심과 탐구 역량, 진로 연계성을 종합적으로 드러내는 핵심 도구**가 되었습니다.

그러나 많은 학생들이 세특의 중요성은 인식하면서도, 막상 어떤 주제로 탐구해야 할지, 어떻게 기록해야 할지, 진로와 어떻게 연결해야 할지 막막해하는 경우가 많습니다. 또한 AI 시대에 맞는 탐구 역량은 무엇인지, SKY 합격생들의 실제 세특은 어떤 모습인지에 대한 구체적인 가이드가 부족한 상황입니다.
<세특 프리패스>는 이러한 모든 고민을 해결하기 위해 현직 진로교사 다섯 명이 수년간의 입시 지도 경험을 바탕으로 집필한 실전 가이드입니다. 학생들이 더 이상 혼자서 헤매지 않도록, 누구든 체계적이고 효과적으로 1등급 세특을 완성할 수 있도록 **탐구의 시작부터 세특 작성까지의 모든 과정을 단계별로 제시**했습니다.

이 책에는 탐구 중심 교육의 핵심 이론부터 **미디어·오픈데이터·독서 연계 탐구 방법, 그리고 인문·사회·자연· 공학·의약·예체능·교육 계열별 실제 탐구 주제와 세특 기재 예시**까지, 세특 완성에 필요한 모든 요소가 체계적으로 담겨 있습니다. 특히 SKY 합격생들의 실제 사례 분석을 통해 대학이 원하는 세특의 모습을 구체적으로 제시하여, 학생들이 실질적으로 활용할 수 있도록 구성했습니다.

<세특 프리패스>는 학생뿐만 아니라, 변화하는 교육 환경 속에서 학생들의 탐구 역량을 키워주고 싶은 교사, 우리 아이의 학생부가 경쟁력을 갖추길 바라는 학부모님들에게도 실질적인 도움을 줄 것입니다.

암기에서 탐구로, 수동에서 능동으로 전환되는 교육 패러다임의 변화 속에서 <세특 프리패스>가 여러분의 성공적인 대입을 이끄는 든든한 동반자가 되기를 진심으로 바랍니다. 이 책을 통해 학생들이 자신만의 탐구 역량을 발견하고, 꿈에 그리던 대학 합격이라는 목표를 달성하길 기원합니다.

저자 일동

# 세특 프리패스 활용방법

## 이 책을 소개합니다.

**01** 탐구부터 세특까지, 1등급 완성을 위한 학생부 교과세특 활동 가이드북!

**02** 2022개정 교육과정과 2028대입개편에 완벽 대응하는 세특 전략서!

**03** 이론-실전-예시까지, 세특 작성의 모든 것을 담은 완벽 가이드!

**04** SKY 합격생 실제 사례와 계열별 탐구 주제까지, 실전에 바로 활용 가능한 세특 바이블!

## 이렇게 활용하세요.

### ✓ 학생은 이렇게!

**1. 탐구 역량 기르기**

PART 1 이론편을 통해 탐구의 본질과 세특의 중요성을 이해하고, 미래 역량을 기를 수 있습니다.

**2. 다양한 탐구 방법 익히기**

PART 2 전편에서 미디어, 오픈데이터, 독서 연계 탐구 방법을 학습하여 자신만의 탐구 스타일을 개발할 수 있습니다.

**3. 실제 세특 작성하기**

PART 3에서 제시된 기재 예시를 참고하여 자신만의 탐구 경험을 효과적으로 세특에 기록할 수 있습니다.

### ✓ 교사는 이렇게!

**1. 수업 설계 아이디어 얻기**

탐구 중심 수업, 프로젝트 학습, 융합 수업 등의 기획에 다한 실질적인 아이디어를 얻을 수 있습니다.

**2. 세특 작성 가이드라인 활용**

계열별 탐구 주제와 기재 예시를 바탕으로 학생들의 세특 작성을 체계적으로 지도할 수 있습니다.

**3. 진로 연계 탐구 지도**

학생 개별 상담 시 진로와 연결된 탐구 주제 설정과 심화 활동 설계를 도울 수 있습니다.

**4. 평가 기준 수립**

대학이 원하는 탐구 역량과 세특 작성 기준을 이해하여 수행평가와 기록 방향을 설정할 수 있습니다.

### ✓ 학부모는 이렇게!

**1. 자녀와 진로 대화하기**

계열별 탐구 주제를 함께 살펴보며 자녀의 관심 분야와 적성을 파악하고 진로 대화를 나눌 수 있습니다.

**2. 학습 환경 조성하기**

제시된 탐구 방법과 자료를 참고하여 자녀의 자기주도적 학습을 지원할 수 있습니다.

**3. 대입 전략 세우기**

SKY 합격생 사례와 세특 작성 전략을 통해 자녀의 대입 준비 방향을 구체화할 수 있습니다.

# 세특 프리패스 CONTENTS

세특 프리패스

PART.

01

# 이론편

# 왜 지금, 탐구인가?

## 01 암기에서 탐구로, 미래 역량의 전환

### 1 교육 패러다임의 전환: 암기에서 탐구로

오늘날 사회는 기술의 급속한 발전과 정보의 과잉 속에서 끊임없이 변화하고 있다. 인공지능(AI), 자동화, 빅데이터 등 첨단 기술은 인간의 역할을 빠르게 대체하고 있으며, 단순 지식 습득만으로는 이러한 변화에 적응하기 어렵다. 정보의 유효기간은 점점 짧아지고, 문제 해결과 창의적 사고, 융합적 소통이 더욱 중요한 역량으로 부상하고 있다.

이러한 변화에 대응하여 교육은 기존의 지식 중심에서 역량 중심으로 패러다임 전환을 요구받고 있다. 단순 암기 위주의 교육 방식은 한계에 직면했으며, 이제는 학생 스스로 질문하고, 탐색하고, 해결하는 '탐구 중심 학습'이 교육의 핵심으로 자리 잡고 있다. 실제로 OECD는 '교육 2030: 미래 교육과 역량(2018)' 프로젝트를 통해 미래 역량으로 자기주도성, 협업 능력, 창의적 사고 등을 강조하며, 학습의 본질이 지식에서 탐구로 이동하고 있음을 시사한다.

이런 흐름 속에서 학생들은 스스로 질문을 던지고, 필요한 자료를 찾아 정보를 분석하며, 해답을 끌어내는 탐구 중심의 학습이 요구된다. 이는 '얼마나 알고 있는가?'보다 '어떻게 생각하고 문제를 해결하는가?'를 더 중시하는 교육의 변화와 맞닿아 있다.

**표1** 교육 패러다임의 전환

얼마나 알고 있는가?  어떻게 생각하고 문제를 해결하는가?

### 2 학교 수업의 변화: 탐구 중심 학습

기존의 암기 중심 교육은 주어진 지식을 빠르게 습득하는 데 효과적일 수 있으나, 실제 삶에서 직면하는 복합적 문제를 해결하는 데에는 한계가 있다. 이에 반해 탐구 중심 학습은 학생이 스스로 의문을 제기하고, 자료를 수집·분석하며, 자신의 관점으로 문제에 접근하고 해결 방안을 도출하는 과정을 포함한다.

이러한 학습 과정은 자연스럽게 비판적 사고력, 창의성, 자기주도성, 협업 능력 등의 미래 핵심 역량을 길러준다. 따라서 교실 수업 역시 지식 전달 중심에서 학생 주도적 탐구 활동 중심으로 변화하고 있으며, 이는 수업 내용의 깊이를 더하고 학생의 참여도를 높이는 긍정적 효과를 가져오고 있다.

**표2** 암기 중심 학습과 탐구 중심 학습의 비교

| 암기 중심 학습 | 탐구 중심 학습 |
|---|---|
| 주어진 지식을 반복적으로 외우기 | 질문 생성, 자료 조사, 분석, 발표, 성찰 중심 |
| 얼마나 많은 정보를 기억하고 있는가? | 어떻게 생각하고 문제를 해결하는가? |
| 지식의 양 확대 중심 | 창의력, 비판적 사고, 자기주도성, 협업 능력 |
| 낮은 수준의 직무 적응력 | 변화에 유연하게 대응할 수 있는 고차적 역량 함양 |

## 3 암기에서 탐구로, 무엇이 달라지는가?

탐구 중심 학습은 학습자에게 단순한 정보의 습득을 넘어, 배운 내용을 실제 상황에 적용하고 새로운 관점에서 재해석할 수 있는 힘을 길러준다. 이 과정에서 학생은 주도적으로 학습어 참여하며, 흥미와 몰입이 자연스럽게 향상된다.

특히 학생 스스로 주제를 설정하고 탐구하는 경험은 학습 등기를 즈·극할 뿐만 아니라, 문제해결력과 자기주도성을 강화한다. 이는 단지 학력 향상을 넘어서, 고등학교 학생부 기재 항목에서 중요한 경쟁 요소로 작용하며, 실제 대입에서도 탐구 활동은 교과 세부능력 및 특기사항, 창의적 체험활동 등 다양한 영역에서 핵심 평가 요소로 반영된다.

**표3** 탐구 중심 학습의 교육적 효과

| | |
|---|---|
| 깊이 있는 이해와 적용 | 배운 내용을 실제 문제에 적용하고 다양한 상황에 확장 가능 |
| 미래 핵심 역량의 강화 | 비판적 사고, 창의력, 협업능력, 자기표현 능력 등 통합적 역량 강화 |
| 자기주도적 학습 태도 형성 | 스스로 주제를 정하고 탐구하는 과정에서 자기주도적 학습력 강화 |
| 학생부 및 대입 경쟁력 제고 | 탐구 활동의 기록이 입시 평가에서 차별화된 강점으로 작용 |

## 4 생성형 AI시대, 탐구력이 필요한 이유

일부 학생들은 "AI가 다 알려주는데 굳이 내가 탐구해야 하나요?"라고 묻기도 한다. 하지만 바로 그렇기 때문에 탐구 역량은 더욱 중요해지고 있다. 생성형 AI는 기존 정보를 신속하게 정리하고 전달해 줄 수 있지만, 무엇을 묻고 어떻게 활용할 것인지는 인간의 판단에 달려 있다. 앞으로는 'AI를 잘 활용하는 사람'이 경쟁력을 갖게 될 것이다. 이를 위해서는 단순한 정보 처리 능력을 넘어, 문제를 정의하고 목적에 맞게 데이터틀 해석하며 통찰을 도출하는 능력이 필수적이다.

학교 현장 역시 이러한 변화에 발맞추어 수행 중심 평가, 프로젝트 수업, 토론 기반 학습, 문제 해결 중심 수업 등을 점차 확대하고 있다. 이러한 활동의 핵심에는 바로 '탐구하는 힘'이 자리한다. 이제 교육은 학생들이 끊임없이 질문을 생성하고, 비판적으로 사고하며, 창의적으로 해결을 시도하는 역량을 기르는 데 초점을 맞추어야 한다. 지식은 출발점에 불과하며, 미래를 주도하는 진정한 힘은 '탐구력'에 있다.

## ▮ 암기에서 탐구로, 미래 역량의 전환

현재    »    미래

## 02 탐구력, 미래를 여는 열쇠

### 1 탐구의 개념과 교육적 가치

'탐구'란 단순한 정보 수집이나 문제 풀이를 넘어서, 스스로 질문을 만들고 다양한 자료를 분석하며 새로운 해답을 도출하는 전 과정을 의미한다. 표준국어대사전은 탐구를 "어떤 일이나 사물에 대하여 깊이 있게 조사하고 생각하여 진리를 따져 보는 일"로 정의하며, 이는 표면적인 지식 습득을 넘어선 '깊이 있는 사고와 분석'의 과정을 강조한다. 학생들은 탐구 과정을 통해 비판적 사고력, 창의성, 문제 해결력, 자기성찰력 등을 자연스럽게 기르게 된다.

탐구 활동은 '질문 생성 → 자료 수집(문헌 조사) → 분석 및 해석 → 결과 도출 → 발표, 공유 및 성찰'이라는 일련의 흐름으로 구성되며, 이는 단순한 지식 전달이 아닌 자기주도적 학습과 사고의 확장을 유도한다. 즉, '탐구'란 지식을 수용하는 데 그치지 않고, 그것을 기반으로 끊임없이 재구성하고 확장해 나가는 학습 방식이다.

### 2 탐구 역량이란?

'탐구 역량'이란 지적 호기심과 사고력을 바탕으로 문제를 주도적으로 발견하고 해결해 나가는 능력이다. 즉, 이는 단순히 정보를 받아들이는 수동적 태도를 넘어, 문제를 능동적으로 분석하고 해석하며 새로운 해결 방안을 도출하는 복합적 역량이다.

탐구 역량이 뛰어난 학생은 기존 지식을 비판적으로 수용하고, 다양한 시각에서 문제를 바라보며, 자기주도적으로 탐색하고 적용한다. 이 능력은 학문적 성취는 물론 진로 탐색과 실생활 문제 해결에서도 핵심적으로 작용하며, 미래 사회에서의 경쟁력을 높여준다.

세계경제포럼(World Economic Forum)의 2025 미래 일자리 보고서에 따르면, 인공지능의 발전으로 전 세계 기업의 41%가 2030년까지 고용 인력을 감축할 계획이며, 향후 약 65%의 학생들이 현재 존재하지 않는 직업을 갖게 될 것으로 전망된다. 이는 곧, 기존 교과서나 정답 중심 학습으로는 대비할 수 없는 새로운 문제 상황에 맞서야 함을 의미하며, 학생 스스로 질문을 만들고 해결책을 제시하는 탐구적 사고와 태도가 필수적으로 요구됨을 시사한다.

### 3 탐구 역량의 실제 사례와 확장

생성형 AI를 활용해 제작된 '지브리 스타일' 이미지가 SNS에서 큰 주목을 받은 현상을 단순한 유행으로 여기지 않고 "왜 이런 이미지가 사람들의 관심을 끄는가?", "AI가 만든 예술의 저작권은 누구에게 있는가?"와 같은 질문을 던지며 자료를 조사하고 토론하는 탐구로 확장될 수 있다. 이러한 활동은 정보 분석 능력은 물론, 사회적 가치에 대한 이해, 윤리적 기준 설정, 창의적 문제 해결 역량까지 함께 기를 수 있는 대표적인 탐구 사례다.

무엇보다 중요한 것은 단순한 정보 수집에 머무르지 않고, 스스로의 탐구 경험을 되돌아보며 성찰하는 과정이다. 예를 들어, 탐구 과정에서 어떤 점이 흥미로웠는지, 어떤 어려움을 겪었는지, 그리고 그 경험을 통해 기존 생각에 어떤 변화가 생겼는지를 돌아보는 것이 필요하다. 이러한 성찰은 자신의 강점과 약점을 파악하고, 더 깊이 탐구하고 싶은 주제나 보완할 점을 발견하는 데 도움이 된다. 이처럼 탐구는 지식 습득을 넘어 자기주도적 학습과 비판적 사고력을 기르는 데 중요한 역할을 한다.

나아가 탐구는 학습을 넘어 실천으로 이어질 수 있다. 예를 들어, AI 이미지 생성과 관련한 저작권 가이드라인을 제안하거나, 생성형 AI의 긍정적 활용 방안을 탐색하는 것 역시 탐구의 연장선상에 있다. 이처럼 탐구는 사고를 확장하고, 사회에 기여할 수 있는 실천으로 연결되는 힘을 지닌 활동이다.

## 4   대학의 탐구 역량 평가 기준

    미래 사회가 요구하는 인재상이 변화함에 따라, 대학이 선호하는 학생의 모습도 달라지고 있다. 최근 대학들은 단순히 많은 지식을 알고 있는 학생보다는, 스스로 깊이 있게 학습하고 탐구하는 능력을 갖춘 학생을 더 높이 평가한다. 즉, 자기주도적으로 탐구 역량을 키운 인재를 원한다. 이는 탐구 역량을 갖춘 학생이 대학 입학 후에도 꾸준히 학업을 이어가며, 미래 사회에서 필요한 인재로 성장할 가능성이 높다고 보기 때문이다.

    특히 상위권 대학의 학생부종합전형에서는 '탐구 역량'이 핵심 평가 요소로 자리 잡고 있다. 대학은 학생이 단순히 지식을 암기했는지 여부보다는, '얼마나 깊이 있게 사고하고, 그 사고를 전공이나 진로와 어떻게 연결하였는지'를 중점적으로 평가한다. 따라서 스스로 질문을 던지고, 적극적으로 탐구하며, 문제를 해결하려는 태도가 매우 중요하다.

**대학이 탐구 역량을 평가할 때 주로 보는 기준은 다음과 같다.**

**표4**   대학이 평가하는 탐구 역량 기준

**교과 연계 심화 활동**

세특에 기록된 탐구 활동,
프로젝트, 연구, 발표 등
과목 기반 심화 활동

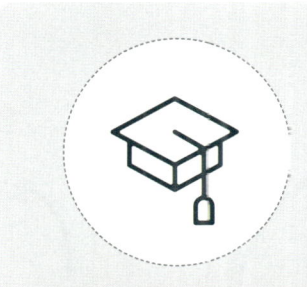

**진로 및 전공 연계성**

전공 관련 주제 탐구, 독서 활동,
진로 목표와 일관된
학습 경험 및 확장 활동

**창의적 문제해결력**

실험, 문헌 조사, 독서 등을 통해
문제를 새롭게 바라보고
해결 방안을 제시한 경험

    변화하는 대입전형의 학생부종합전형에서는 교과 학습과 연계된 탐구 활동과 진로 및 전공과 연결된 심화 활동을 통해, 호기심과 비판적 사고를 바탕으로 문제를 해결하고 창의적으로 사고하는 '탐구 역량'을 보여주는 것이 중요하다. 이러한 역량을 학생부에 효과적으로 드러내기 위해서는 교과 간 융합 탐구, 지적 호기심에서 출발한 심화 주제 탐구, 동아리 프로젝트, 진로 관련 독서 활동 등 다양한 경험을 체계적으로 쌓아야 한다. 특히 자신만의 탐구질문을 중심으로 깊이 있는 탐구 과정을 기록하는 것이 핵심이다.

## 5   탐구 역량을 키우는 학업 태도: 주도성, 확장성

    고등학교 단계에서 탐구 역량을 효과적으로 기르기 위해서는 두 가지 태도가 핵심이다. 첫째는 '탐구의 주도성'이다. 이는 타인의 지시나 과제가 아니라, 자신의 흥미와 관심에서 출발하 자율적으로 학습을 계획하고 실행하는 태도를 의미한다. 둘째는 '탐구의 확장성'이다. 이는 한 가지 질문에서 출발하 연관된 의문을 연속적으로 제기하며 깊이 있는 탐구를 이어가는 능력이다.

    과거에는 학생부 종합전형이 전공 적합성과 활동의 다양성에 초점을 두었다면, 최근에는 과목 선택과 성취도, 전반적인 학업 역량과 탐구 역량이 더욱 강조되고 있다. 따라서 상위권 대학 진학을 목표로 한다면, 수업에서 제시된 과제를 넘어서, 스스로 주제를 정하고 탐구를 확장해 나가야 하며, 그 과정을 기록하고 표현하는 능력을 함께 갖추어야 한다.

    이처럼 '탐구'와 '탐구 역량'은 지식을 넘어서 질문을 만들고 해답을 찾아가는 힘이며, 이는 미래 사회의 핵심 역량이자 대입과 진로 설계의 결정적 경쟁력이 된다.

표5 탐구 마인드 맵

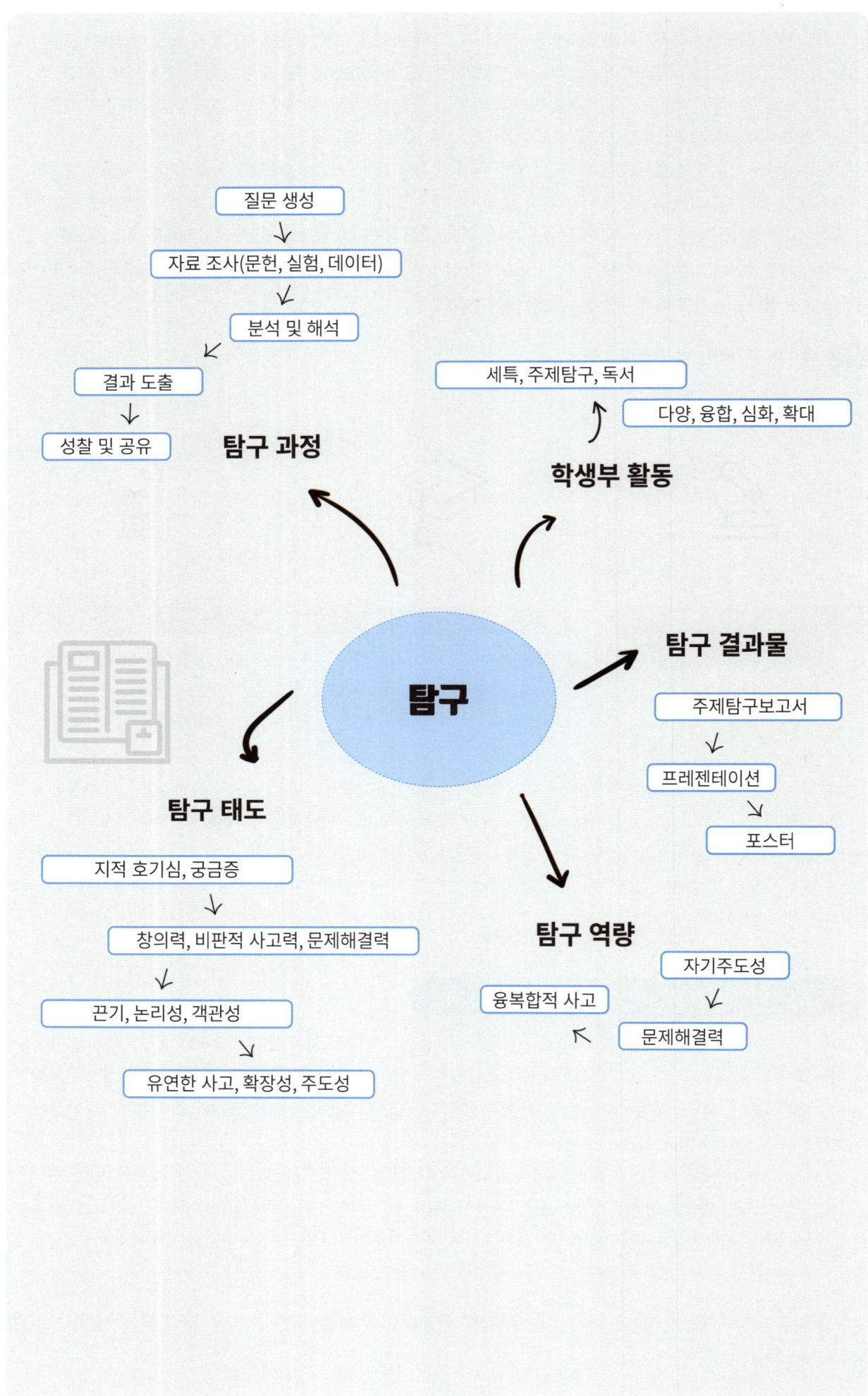

질문 생성

자료 조사(문헌, 실험, 데이터)

분석 및 해석

결과 도출

성찰 및 공유

**탐구 과정**

세특, 주제탐구, 독서

다양, 융합, 심화, 확대

**학생부 활동**

**탐구**

**탐구 결과물**

주제탐구보고서

프레젠테이션

포스터

**탐구 태도**

지적 호기심, 궁금증

창의력, 비판적 사고력, 문제해결력

끈기, 논리성, 객관성

유연한 사고, 확장성, 주도성

**탐구 역량**

자기주도성

융복합적 사고

문제해결력

## 03 교육과 입시 환경의 변화

고교학점제 전면 도입 → 2022 개정 교육과정 → 2028 대입 개편

"변화를 이해하면 흔들리지 않고 준비할 수 있다."

### 1  고교학점제: 학습자 중심, 자기주도성

2025년부터 전면 도입된 고교학점제는 학생이 자신의 진로와 적성에 따라 과목을 선택하여 이수할 수 있도록 설계된 제도이다. 이 제도는 과목 선택권을 보장하고 개별 맞춤형 진로·학업 설계를 지원하며, 최소 성취 수준 보장을 핵심 목표로 한다. 이에 따라 고등학교의 수업량 기준은 기존의 '단위'에서 '학점' 체계로 전환되며, 과목 간 위계성과 선택의 유연성을 고려한 교육과정 개편이 이루어진다. 2025년부터는 학생 선택형 교육과정이 본격 운영되며, 선택 과목의 평가는 석차 등급이 아닌 5단계 성취도로 전환되어 절대평가 방식이 적용된다.

학생들은 정해진 틀을 벗어나 진로와 흥미에 기반한 과목을 선택함으로써 맞춤형 학습을 실현할 수 있게 되었다. 이는 학습자 중심 교육의 긍정적인 발전이며, 과목 선택과 학업 계획의 전략적 수립이 더욱 중요해졌음을 의미한다. 대학은 단순 성적이 아닌 과목 선택의 맥락과 관련 탐구 활동, 전공 연계성을 평가 요소로 반영할 가능성이 높다. 따라서 학생은 자기주도적으로 학습 계획을 세우고 탐구 활동을 연계하여 강점을 드러내야 한다. 학교교육과정의 다양한 영역에서 탐구 활동을 충실히 수행하고 기록하는 과정이 학생부와 입시 경쟁력에 직결된다.

### 표6  고교학점제 개념 정리

| 항목 | 개념 | 내용 |
|---|---|---|
| 공통과목 | 기초 소양과 기본 학력을 바탕으로 | 공통과목의 비중과 내용 설정 |
| 과목 선택 | 진로·적성에 따라 과목을 선택 | 진로 학업 상담, 과목 개설, 과목 선택 |
| 이수 기준 | 이수 기준에 도달한 과목에 대해 | 과목별 성취평가, 이수 기준 설정 |
| 졸업 요건 | 학점을 취득·누적하여 졸업하는 제도 | 졸업: 출석률 2/3 이상 + 성취율 40% 이상 = 3년간 192학점 이상 취득 시 졸업 가능 |

고교학점제가 지향하는 학습자 중심 교육은 탐구 기반 자기주도적 학습의 실현을 의미한다. 탐구 활동은 단순한 결과 도출이 아니라 질문을 기반으로 한 학습의 연장선으로, 수업과 일상에 자연스럽게 스며들어야 한다. 학생이 수업 중에 생긴 궁금증을 바탕으로 스스로 해결 방법을 찾는 과정이 중요한 평가 요소로 작용하며, 이러한 탐구 과정이 입시에서 '역량'으로 평가된다.

## 2  2022 개정 교육과정: 깊이 있는 학습, 융합 탐구

2022 개정 교육과정은 미래 사회에 능동적으로 대응할 수 있는 인재를 기르기 위해 '자기주도성', '창의와 혁신', '포용성과 시민성'을 핵심 가치로 설정하고 있다. 학생이 학습의 주체로서 스스로 학습을 설계하고 실천할 수 있도록 제도적 기반을 강화하였으며, 과목 선택권의 확대, 학습에 대한 성찰과 책임 의식의 함양 등을 주요 방향으로 제시하고 있다.

교과별 교육과정에서는 '깊이 있는 학습'을 실현하기 위해 교과 간 연계와 통합, 학생의 삶과 관련된 주제 중심 수업, 학습 과정에 대한 성찰을 공통적으로 강조한다. 실제로 언어생활 탐구, 수학과제 탐구, 사회문제 탐구, 과학실험 탐구 등과 같은 탐구 중심 교과목이 신설·강화되어, 학생이 스스로 질문을 설정하고 자료를 수집하고 분석하여 결론에 도달하는 자기주도적 사고 역량을 기를 수 있도록 설계되었다.

학생은 자신의 관심과 진로에 따라 과목을 선택하고 다양한 활동에 능동적으로 참여하면서 탐구 역량을 계발해 나가야 한다. 이를 위해 학습 목표를 스스로 설정하고, 학습 과정 중 점검과 성찰을 통해 학습을 조정하며, 실제 삶과 연계된 경험을 통해 의미 있는 배움을 실현할 수 있다. 이러한 학습 과정은 수업 활동뿐 아니라 학생부 기록에도 구체적으로 반영된다.

2022 개정 교육과정의 주요 변화는 다음과 같다.

**표7**  2022 개정 교육과정 핵심 변화

| 항목 | | 개념 |
|---|---|---|
| | 학습 방식 | 단편 지식 습득 → 개념 간 관계 중심의 깊이 있는 학습 |
| | 평가 중점 | 결과 중심 → 과정 중심(자기주도성, 성찰 포함) |
| | 핵심 역량 | 자기관리 역량, 지식정보처리 역량, 창의적 사고 역량, 심미적 감성 역량, 협력적 소통 역량, 공동체 역량 |
| | 수업 설계 | 교과 간 연계, 삶 연계 문제 해결 중심 수업 |

이러한 변화는 학생부종합전형의 평가 방향과도 긴밀하게 연결된다. 단순한 계열 적합성보다는 교과 간 융합 능력과 주도적인 탐구 경험이 중요한 평가 요소로 부각되고 있으며, 이는 '탐구 역량'이 대학입시에서 핵심적인 기준으로 자리 잡아가고 있음을 보여준다.

## 3  2028 대입: 과정 중심 평가, 학생부 질적 평가

2028 대입 제도는 고교학점제와 성취평가제의 전면 시행에 맞춰 평가 방식이 크게 바뀐다. 내신은 기존 9등급 상대평가에서 5등급 상대평가와 성취평가(A~E)를 병기하는 체계로 전환되며, 정시 비중은 축소되고 수시 중심의 전형이 확대될 것으로 예상된다. 이는 점수나 등급 중심의 정량 평가에서 학생의 학습 과정, 경험, 성장 등 질적 평가로의 전환을 의미한다.

과거에는 수치화된 결과 위주로 학생을 선발했다면, 앞으로는 학생부에 기록된 탐구 과정, 자기주도적 학습 태도, 성찰의 깊이 등이 중요한 평가 기준이 된다. 특히 성취평가제는 단순 지필평가 결과뿐 아니라 출석, 수행평가, 프로젝트 등 학습의 전 과정을 바탕으로 성취 수준을 판단하고 기록한다. 이에 따라 학생은 자신의 배움에 대한 의미를 성실히 탐색하고, 그 과정을 구체적으로 표현하는 노력이 요구된다.

2028 대입의 주요 변화는 다음과 같다.

**표8** 2028 대입의 주요 변화

| | 항목 | 기존(~2027) | 변경(2028~) |
|---|---|---|---|
| | 내신 평가 방식 | 9등급 상대평가 | 5등급 상대평가 + 성취평가(A~E) 병기 |
| | 정시 선발 비율 | 상대적으로 높음 | 축소 예정, 수시 비중 확대 |
| | 평가 중심 | 점수·등급 중심(정량평가) | 탐구 과정·자기주도성 중심(정성 평가) |
| | 학생부 평가 요소 | 활동 결과·성적 위주 | 탐구 경험, 성찰 내용, 주도성 중심의 과정 기록 강화 |

## 탐구 역량, 이제 대학이 주목하는 핵심 경쟁력! ✏️

☑ **교육이 바뀐다. 왜?**
- 학생의 다양한 역량을 균형 있게 평가하기 위해
- 입시 경쟁 완화와 문·이과 통합 교육을 실현하기 위해
- 단순 암기에서 문제 해결력과 융합 사고력을 키우는 방향으로!

☑ **이제 학생에게 필요한 역량은?**
- 흥미·적성에 따라 과목을 자율적으로 설계하는 진로학업설계 능력
- 주도적으로 참여하고 성찰하는 탐구 역량
- 탐구 과정을 기록하는 과정 중심 표현 능력

☑ **대학은 더 이상 점수만 보지 않는다!**
- 어떤 질문을 던졌는지
- 어떤 탐구를 전개했는지
- 그 과정을 통해 어떤 성찰에 도달했는지
- 성장 주도형 인재!

# 04 2028 대입 개편과 대응 전략

## 1 2028 대입 개편의 핵심

2028학년도 대입은 고교학점제 전면 시행, 성취평가제 도입, 수능 체계 개편, 학교생활기록부 기재 방식의 변화 등으로 대입 제도 전반에 걸친 구조적 변화가 예정되어 있다. 이러한 변화는 단순한 제도 조정을 넘어 학생의 학업 설계 방식과 진로 준비 전반에 영향을 미치므로, 정확한 이해와 전략적 대응이 필수적이다.

**표9** 2024 ~ 2028 대입 정책 변화 흐름 요약

| 2024 | 2025 | 2026 | 2027 | 2028 |
|------|------|------|------|------|
| • 대입 제도 공정성 강화 2단계<br>- 자소서 폐지<br>- 자율동아리, 개인봉사활동, 진로희망분야, 독서활동, 수상경력 미반영 | • 전형의 일관성 유지<br>• 의대정원 이슈<br>• 전공자율선택제 도입 | • 사회통합전형 증가<br>• 학교폭력 조치사항 대학 의무 반영 | • 지역인재 특별전형 지원자격 변경<br>• 2015 교육과정 및 기존 수능 적용 | • 2028 대입제도 개편<br>- 2022 개정 교육과정 적용 |

이러한 변화 속에서 2028 대입의 핵심은 다음 세 가지로 요약된다: 수능 체계의 개편, 내신 평가 방식의 변화, 그리고 학생부 기록 체계의 전환이다.

**표10** 2028 대입 개편 핵심 정리

| 구분 | 내용 |
|------|------|
| 수능 체계 | • 문·이과 통합형 수능으로 전환, 선택형 폐지, 모든 학생 동일 과목 응시<br>• 수능 과목 변화: 미적분, 기하 제외, 통합사회/통합과학 도입 |
| 내신 평가 방식 | • 기존 9등급제 → 5등급 상대평가, A~E 성취평가 병기<br>• 대입에서 등급 간 변별력 감소, 학교별 내신 영향력 확대 |
| 학생부 기록 | • 학년제 → 학기제 전환으로 세특 기재 분량 증가<br>• 수행평가 항목 공개, 수업 참여도 및 탐구 과정 중심 기록 강화 |

## 2 ZOOM IN: 수능, 내신, 학생부

### ZOOM IN 1 ▶▶ 수능 체계 변화

2028학년도부터 수능은 문·이과 구분이 폐지되고, 모든 학생이 동일한 과목으로 구성된 통합형 수능을 응시하게 된다. 국어와 수학은 각각 공통과목으로 구성되며, 탐구 영역은 통합사회와 통합과학으로 개편된다. 영어, 한국사, 제2외국어/한문은 절대평가로 유지되며, 국어·수학·탐구는 상대평가가 적용된다. 제2외국어/한문 영역은 9과목 중 1과목을 선택해 응시한다.

**표11** 2028 수능 개편안

| 영역 | | 2028 수능 과목 |
|---|---|---|
| 국어 | | 공통(화법과 언어, 독서와 작문, 문학) |
| 수학 | | 공통(대수, 미적분 I , 확률과 통계) |
| 영어 | | 공통(영어 I , 영어 II ) |
| 한국사 | | 공통(한국사1, 한국사2) |
| 탐구 | 사회·과학 | 사회: 공통(통합사회1, 통합사회2) 과학: 공통(통합과학1, 통합과학2) |
| | 직업 | 공통(성공적인 직업생활) |
| 제2외국어 / 한문 | 9과목 중 택1 | 독일어 I , 프랑스어 I , 스페인어 I , 중국어 I , 일본어 I 러시아어 I , 아랍어 I , 베트남어 I , 한문 I |

---

**ZOOM IN 2** ▶▶ 내신 평가 방식 변화

  2028 대입부터 내신 평가는 기존 9등급 상대평가에서 5등급 상대평가와 성취평가제(A~E)를 병기하는 방식으로 변경된다. 개편된 내신 5등급제의 등급별 비율은 1등급과 5등급이 각 10%, 2·4등급이 각 24%, 3등급이 32%의 비율로 분포된다. 공통과목, 일반선택, 전문교과는 성취도(A~E)와 5등급(1~5등급)을 병기하며, 융합선택 과목은 성취도만 기재된다.

---

**표12** 기존 9등급제 vs 개편 5등급제 등급별 변화

| 등급 | 1등급 | 2등급 | 3등급 | 4등급 | 5등급 | 6등급 | 7등급 | 8등급 | 9등급 |
|---|---|---|---|---|---|---|---|---|---|
| 비율(%) | 4 | 7 | 12 | 17 | 20 | 17 | 12 | 7 | 4 |
| 누적비율(%) | 4 | 11 | 23 | 40 | 60 | 77 | 89 | 96 | 100 |

1~4등급 누적 비율 40%

| 등급 | 1등급 | 2등급 | 3등급 | 4등급 | 5등급 |
|---|---|---|---|---|---|
| 비율(%) | 10 | 24 | 32 | 24 | 10 |
| 누적비율(%) | 10 | 34 | 66 | 90 | 100 |

1~2등급 누적 비율 34%

  또한 대학에 제공되는 통계정보에는 표준편차는 포함되지 않으며, 성취도별 분포비율, 과목별 평가방식, 교육과정 운영 특이사항 등이 포함된다. 예를 들어 지필·수행평가의 반영 비율, 성취도별 분할 점수, 과목 개설 및 이수 정보 등이 함께 제공된다.

## 표13  2028학년도 이후 대입 전형 자료 반영 내용

| 구분 | 대입 전형 자료 | | | | | | | 추가 자료 제공 |
|---|---|---|---|---|---|---|---|---|
| | 학교생활기록부 교과학습발달상황 | | | | | | | |
| | 원점수 | 성취도 | 석차등급 | 성취도별 분포비율 | 과목 평균 | 수강자수 | 비고 (교육과정 운영상 특이사항) | |
| 보통교과 | ○ | A·B·C·D·E | 5등급 | ○ | ○ | ○ | ○ | ▶교육과정 편성현황 ▶과목별 평가정보 |
| 사회·과학 융합선택 | | A·B·C·D·E | | ○ | ○ | ○ | ○ | |
| 체육·예술/ 과학탐구실험 | | A·B·C | | | | | ○ | |
| 교양 | | P | | | | | ○ | |
| 전문교과 | | A·B·C·D·E | 5등급 | ○ | ○ | ○ | ○ | |

---

**ZOOM IN 3** ▶▶ 학생부 기록 방식 변화

　2028 대입부터 학생부는 학년제에서 학기제로 전환되며, 과목별 세부능력 및 특기사항(세특)의 기재 분량은 학기당 과목별 500자까지 확대된다. 또한 수행평가 항목이 공개되고, 실제 수업 참여도, 탐구 과정, 성찰 중심의 학습 경험이 구체적으로 반영된다.

　창의적 체험활동은 자율·자치활동, 동아리활동, 진로활동의 세 영역으로 구분되며, 자율·자치 및 동아리활동은 500자, 진로활동은 700자까지 입력할 수 있다. 교과학습발달상황에는 성취도, 세특을 포함하여 과목별로 학기당 500자 이내로 작성되며, 행동특성 및 종합의견은 연간 500자까지 입력 가능하다.

---

## 표14  학교생활기록부 항목별 입력 주체 및 글자 수

| 항목 | | 입력 주체 | 글자 수 |
|---|---|---|---|
| 출결 상황 및 특기사항 | | 학급담임교사 | 500자 |
| 창의적 체험활동 영역별 특기사항 | 자율·자치활동 | 학급담임교사 | 500자 |
| | 진로활동 | 학급담임교사 | 700자 |
| | 동아리활동 | 학급담임교사 | 500자 |
| 교과학습발달상황 | 과목별 세부능력 및 특기사항 | 교과담당교사 | 학기별 과목별 500자 |
| 행동특성 및 종합의견 | | 학급담임교사 | 500자 |

## 3  경쟁력 있는 학생부 기록: 탐구와 성장

2028 대입에서는 정량평가(내신 성적, 수능 점수)보다 정성 평가(서류, 면접 등)의 비중이 확대될 것으로 예상된다. 대학은 학생의 탐구 활동, 창의적 문제해결력, 전공 적합성 등을 종합적으로 평가하며, 학생이 어떤 방식으로 학습하고 탐구해 왔는지를 주목한다.

학생들은 자신이 선택한 과목과 연계된 탐구 활동을 수행하고, 이를 학생부에 효과적으로 반영하는 전략을 수립해야 한다. 학생부는 단순한 활동 기록이 아니라, 학업 성장과 탐구의 깊이가 드러나는 서류가 되어야 한다. 특히 세특에서는 '왜 이 활동을 했는가(동기)', '무엇을 했는가(과정)', '어떻게 성장했는가(성찰)'라는 흐름이 명확히 드러나야 한다.

**표15**  학생부 주요 항목별 기재 초점

| 항목 | | 기재 초점 |
| --- | --- | --- |
| 📏 | 교과 성적 | 교과 성취도 향상, 과목 선택의 연계성, 학습 태도와 학습 의지 |
| 🎯 | 세특 | 교과 연계 주제 탐구, 독서활동, 배움 연계·심화·확장 활동 |
| 💡 | 창체활동 | 관심 분야(진로)와 연계된 자율·자치활동, 동아리활동, 진로활동 |

경쟁력 있는 학생부는 단순히 활동을 나열한 '교과서 같은 기록'이 아니라, '이 학생만이 쓸 수 있는 이야기'로 구성되어야 한다. 활동의 시작 이유(동기), 탐구의 내용과 과정, 변화와 성찰이 유기적으로 연결되어야 하며, 이 흐름 속에서 자기주도적 탐구가 핵심 축이 되어야 한다. 이를 통해 학생은 '성장 주도형 인재', 즉 자기주도적 탐구를 통해 의미 있는 성장을 이루는 모습으로 표현될 수 있다.

**표16**  경쟁력 있는 학생부 기록, 탐구와 성장

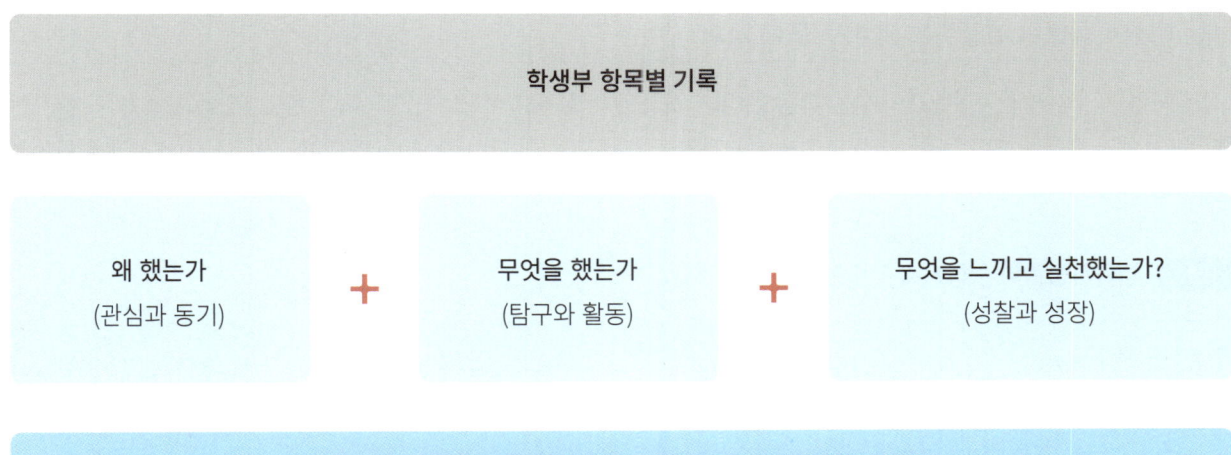

학생부 항목별 기록

| 왜 했는가 (관심과 동기) | + | 무엇을 했는가 (탐구와 활동) | + | 무엇을 느끼고 실천했는가? (성찰과 성장) |

자기 주도적 탐구 (꼬리에 꼬리는 무는 탐구 + 시행 착오 과정)

성장 주도형 인재

고등학교 생활 전반에서 학생부를 준비할 때는 입학사정관의 시선을 이해하고, 그 관점에 맞춰 기록을 전략적으로 구성하는 것이 중요하다. 최근 대입 흐름에서 상위권 대학은 단순한 성적이나 활동의 양보다 학생의 탐구 활동과 탐구력을 중심으로 평가하고 있다.

**입학사정관이 중시하는 학생부 평가 요소**

☑ 어떤 사고와 문제의식을 가지고 있었는가?

☑ 얼마나 자기주도적으로 탐구했는가?

☑ 진로 및 전공에 관한 관심이 구체적으로 드러났는가?

☑ 문제 해결을 위해 어떤 창의적인 접근을 했는가?

이와 같은 종합적 관점의 평가는 교과와 비교과 전반에 걸쳐 이루어지며, 정량적 성취(수치로 확인할 수 있는 결과) 뿐만 아니라 정성적 성장(질적으로 드러나는 탐구 과정과 학습 태도)까지 함께 반영된다.

**교과활동 평가**

- 정량적 요소: 과목 선택의 연계성, 성적 향상, 학업 노력 등
- 정성적 요소: 세특에 나타난 탐구 과정, 문제 해결 경험, 지적 호기심 등

**비교과활동 평가**

- 정량적 요소: 창체 활동 참여도, 영역 간 연계 및 활동의 지속성
- 정성적 요소: 진로 역량, 공동체 의식, 활동을 통한 성찰과 성장 경험

 **입학사정관이 선호하는 학생부 구성 요소**

입학사정관이 높이 평가하는 학생부는 다음 네 가지 요소가 서로 유기적으로 연결되어야 한다. 이 네 요소는 학생부 전 영역에서 서사 흐름을 통해 학생의 역량과 가능성이 자연스럽게 드러나야 한다. 즉, '나만의 이야기가 있는 학생부'를 만들어야 한다.

**표17** 입학사정관의 시점에서 우수한 학생부의 조건

| 뚜렷한 동기 | 진로에 관한 관심 | 자기주도적 탐구력 | 성장과 진정성 |
|---|---|---|---|
| 지적 호기심과 문제의식에서 출발한 활동의 시작 배경 | 진로와 연계된 활동의 지속성과 탐색의 깊이 | 스스로 질문을 던지고 문제를 해결해 나가는 과정 | 활동을 통해 성찰하고 확장해 가는 태도와 표현력 |

## 대입의 핵심 경쟁력 : 탐구력, 탐구 활동

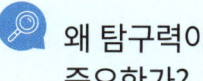 **왜 탐구력이 중요한가?**

- ☑ 2028년도부터 수능 영향 낮아질 것으로 예상됨
- ☑ 교과·비교과 활동 중심 종합 평가 확대
- ☑ 정시에서도 일부 대학이 내신 반영함

→ 탐구력과 탐구 활동은 이제 대입 전형의 중심!

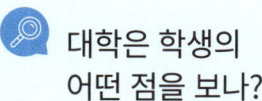 **대학은 학생의 어떤 점을 보나?**

- ☑ 학업과 진로를 스스로 설계하고
- ☑ 탐구 과정 전반을 성장 이야기로 표현하며
- ☑ 단순 활동 나열이 아닌 자기 주도적 탐색 경험

→ 주요 대학은 종합사고력, 창의탐구력, 자기주도성을 높게 평가!

**탐구력은 점수를 뛰어넘는 힘,
탐구 활동은 학생부의 스토리를 만드는 열쇠!**

# 주제 탐구, 이렇게 시작하고 작성하라!

주제 탐구 활동을 효과적으로 구성하려면 전체적인 흐름과 단계별 전략을 이해하는 것이 중요하다. 논리적 흐름과 유기적인 연결을 바탕으로 탐구 활동을 구조화하고 설계하면, 활동을 더 체계적이고 의미 있게 진행할 수 있다. 이러한 단계적 접근은 학생의 탐구 역량을 효과적으로 성장시키는 기반이 된다.

다음은 주제 탐구 활동 구조화 전략이다.

**표18** 주제 탐구 활동 구조화 전략

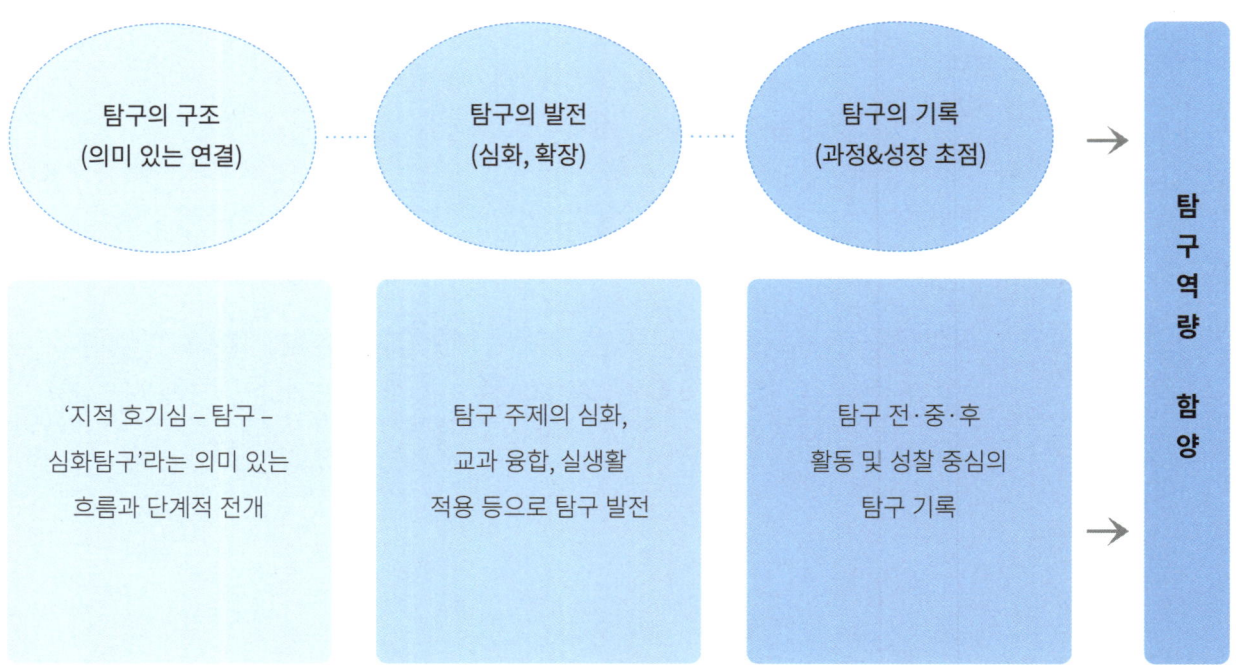

| 탐구의 구조 (의미 있는 연결) | 탐구의 발전 (심화, 확장) | 탐구의 기록 (과정&성장 초점) | 탐구 역량 함양 |
|---|---|---|---|
| '지적 호기심 – 탐구 – 심화탐구'라는 의미 있는 흐름과 단계적 전개 | 탐구 주제의 심화, 교과 융합, 실생활 적용 등으로 탐구 발전 | 탐구 전·중·후 활동 및 성찰 중심의 탐구 기록 | |

## 01 탐구의 기초: 궁금증에서 주제로 이어지는 첫걸음

### 1 탐구 주제, 이렇게 정하자!

탐구 활동은 일상에서 느끼는 궁금증이나 교과 수업 중 접한 새로운 개념에서 출발할 수 있다. 특히 수업 중 인상 깊었던 개념, 원리, 사례가 있다면 그 부분을 중심으로 탐구 방향을 설정하는 것이 효과적이다. 예를 들어, 생명과학 수업에서 '디지털 헬스케어'라는 개념을 접한 후 "스마트워치가 건강 상태를 어떻게 실시간으로 측정할까?", "건강관리 앱은 어떤 방식으로 생활 습관을 분석할까?"와 같은 질문이 떠올랐다면, 이는 곧 탐구 주제를 형성할 수 있는 출발점이 된다.

**표19** 탐구 주제를 끌어내는 질문 접근 방법과 예시

| 접근 방법 | 예시 |
|---|---|
| 수업 중 호기심 | "스마트워치는 심박수를 어떤 원리로 측정할까?" |
| 일상적 의문 | "건강 앱은 운동 습관을 어떻게 파악하는 걸까?" |
| 시사 자료 탐색 | "원격진료는 의료비 절감에 실제로 효과적일까?" |
| 주변 사람과의 대화 | "디지털 헬스케어는 고령자에게 실질적인 도움이 될까?" |
| 교과 활동 경험 | "AI 진단 기술은 의료 현장에서 어떻게 활용되고 있을까?" |

😊 **실전 TIP**

☑ 교과서 목차를 참고해 흥미로운 개념 중심으로 아이디어를 구상하자.
☑ 시사 자료(도서, 기사, 영상, 보고서 등)를 통해 시각을 확장하자.
☑ 친구 또는 선생님과의 대화를 통해 주제에 대한 다양한 관점을 발견하자.

**2 탐구 질문, 이렇게 도출하자!**

탐구 주제가 정해졌다면 이를 다양한 각도에서 질문화하는 과정이 필요하다. 기술, 사회, 윤리, 실생활 등의 관점으로 질문을 확장하면 탐구의 깊이가 더해진다. 예를 들어, '디지털 헬스케어'라는 주제를 기술적 원리, 데이터 분석, 사회적 영향, 윤리적 문제 등 다양한 범주로 나누어 살펴보면 탐구의 방향이 더욱 구체화된다. 질문을 정리하고 다듬는 과정에서 자신의 흥미와 문제의식이 반영된 중심 주제가 도출된다.

**표20** 탐구 질문 유형별 예시

| 질문 유형 | 예시 |
|---|---|
| 기술 원리 | "스마트워치가 심박수를 측정하는 방식은 무엇인가?" |
| 데이터 분석 | "건강 앱은 운동 습관을 어떤 방식으로 분석할까?" |
| 사회적 영향 | "디지털 헬스케어가 의료비 절감에 실제로 기여하는가?" |
| 윤리·정책 쟁점 | "건강 데이터는 어떻게 보호되고 있으며, 오용 위험은 없는가?" |
| 실생활 적용 | "학교에서 디지털 헬스케어 기술을 어떻게 활용할 수 있을까?" |

☑ 질문을 다양한 방향으로 확장한 후, 가장 탐구 가치가 높은 질문을 중심 질문으로 선정하자.

☑ 질문이 많을수록 다양한 분석 관점을 적용할 수 있으므로 처음에는 자유롭게 써보자.

☑ 탐구 중 새롭게 떠오르는 의문도 기록하여 유연하게 확장하자.

## 3 교과 개념, 이렇게 연결하자!

탐구 주제를 교과 개념과 연결하면 학문적 타당성과 심화 가능성이 높아진다. 여러 교과의 관점을 융합해 접근하면 탐구의 범위와 깊이를 동시에 확장할 수 있다. 수업과 직접적으로 연결되지 않은 탐구 주제라도, 다양한 교과의 시각을 반영하여 통합적 사고를 시도해 보자. 예를 들어, '디지털 헬스케어'는 다음과 같은 교과와 연계하여 다양한 탐구 활동으로 확장할 수 있다.

**표21** 교과 연계 탐구 활동 구성 예시

| 교과군 | 연계 방법 및 탐구 활동 예시 |
|---|---|
| 과학 | 웨어러블 센서의 원리, 생체 신호 분석, AI 진단 기술의 과학적 구조 등 |
| 수학 | 건강 지표의 통계 분석, 함수로 보는 건강 변화, 질병 예측 확률 등 |
| 정보 | 건강 앱 개발 과정, 개인정보 암호화 기술, 인공지능 작동 방식 등 |
| 사회 | 의료 정책 변화, 개인정보 보호법, 디지털 격차와 건강 불평등 이슈 등 |
| 국어/영어 | 관련 기사 및 논문 독해, 탐구 보고서 작성, 기술 관련 인터뷰 분석 등 |
| 기술·가정 | 스마트홈 헬스케어 기기 구성, 가정 내 건강관리 방식의 디지털 전환 등 |
| 체육 | 웨어러블 기기를 활용한 운동량 측정, 디지털 피드백을 통한 체력 향상 방안 등 |

실전 TIP

☑ 교과의 성취 기준을 확인하고 교과서의 핵심 개념을 탐구 주제와 연결하자.

☑ 다양한 교과의 시각을 융합하여 주제를 풍부하게 탐색하자.

☑ 관련 교과 선생님의 조언을 통해 방향을 구체화하자.

## 02 탐구의 전개: 주제를 활동으로 풀어내는 실천 한걸음

### 1 주제 탐구 활동, 왜 중요한가?

주제 탐구 활동은 교과목에서 습득한 개념과 지식을 바탕으로, 스스로 궁금한 주제를 선정해 깊이 있게 탐구하는 과정이다. 이것은 단순한 정보 수집이나 지식 탐색을 넘어, 자신의 지적 호기심·진로 관심·문제의식을 바탕으로 주제를 분석하고 융합적 사고로 새로운 지식을 발견하는 경험이다.

대학은 학생부종합전형에서 이러한 탐구 경험을 통해 드러나는 지적 호기심, 학업 역량, 문제해결력, 성찰, 실생활 적용 등을 중요하게 평가한다. 이는 교과 성취도 외에도 독서, 글쓰기, 실험, 프로젝트 등 탐구 전반에서 나타난다.

## 2 주제 탐구 활동 단계

| | | |
|---|---|---|
| 1단계 | 지적 호기심 형성 | - 교과 학습 후 일상 속 궁금증 발견, 문제의식 발현 |
| 2단계 | 탐구 주제 선정 | - 진로 및 관심 분야와 관련된 탐구 주제 구체화 |
| 3단계 | 탐구 계획 수립 | - 탐구 목표 설정, 자료 수집 및 분석 계획 수립 |
| 4단계 | 탐구 실행 | - 문헌조사, 실험, 데이터 수집·분석, 인터뷰 등 다양한 방법으로 탐구 수행 |
| 5단계 | 결과 정리 | - 탐구보고서 작성, 발표, 지식 나눔 및 공유 |
| 6단계 | 성찰 및 심화 | - 탐구 성과 점검, 개선 사항 분석, 후속 질문을 바탕으로 탐구 심화 |

## 3 주제 탐구 활동 유형

| 탐구 유형 | 내용 및 예시 | 학생부 활용 항목 |
|---|---|---|
| 문헌 기반 탐구 | 심화학술자료, 도서 기반 탐구 | 교과 세특 |
| 실험형 탐구 | 연역적/귀납적 탐구, 프로젝트 수행 | 동아리활동, 진로활동 세특 |
| 실천형 탐구 | 학생 주도형 봉사프로젝트, 캠페인, 정책제언 | 자율·자치활동, 진로활동 세특 |

## 3 주제 탐구 활동 유형

▶▶ 학년별 빌드업 설계

| 고1 | | 고2 | | 고3 |
|---|---|---|---|---|
| 탐구 기반 다지기 다양한 주제 경험 | → | 탐구 영역 확장 관심 분야 심화 | → | 탐구의 정리, 도약 진로(전공)와의 연결 |

▶▶ 세부 실천 전략

☑ 진로와 관련되거나 평소 궁금했던 분야를 선택해 장기적으로 탐구할 수 있도록 설계한다.

☑ 자신의 수준에 맞는 주제를 선정하고, 실제로 수행할 수 있는 범위 내에서 탐구를 시작한다.

☑ 탐구계획서는 체계적으로 작성하고, 시간 관리를 철저히 하여 계획적으로 탐구를 진행한다.

☑ 신뢰할 수 있는 자료(도서, 논문, 기사, 오픈 데이터 등)를 활용하여 탐구의 근거와 신뢰도를 확보한다.

☑ 주제와 관련된 다양한 시각을 접하며 배경지식을 확장하고, 독서와 토론을 병행한다.

☑ 탐구 과정 중에는 친구, 교사(멘토)의 피드백을 받아 부족한 부분을 보완한다.

☑ 탐구를 통해 얻은 통찰을 친구들과 공유하고, 실생활 적용 가능성도 고려한다.

☑ 생성형 AI에 의존하기보다 스스로 탐구하고 성찰하며, 주도적인 학습 태도를 기른다.

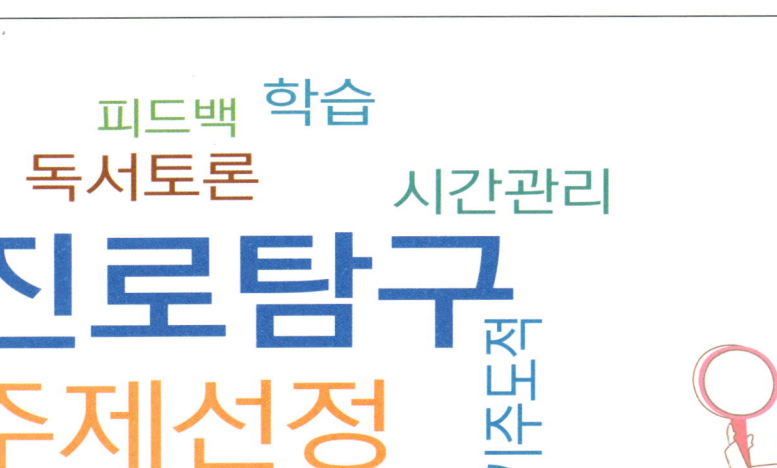

피드백 학습
독서토론 시간관리
**진로탐구**
**주제선정** 자기주도적
탐구계획
자료조사

---

**5** 주제 탐구 활동 작성

▶▶ 주제 탐구 활동 계획서&보고서

| <br>01 | <br>02 | <br>03 | 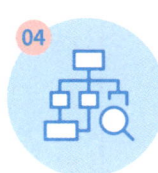<br>04 | <br>05 |
|---|---|---|---|---|
| 지적 호기심 발현 | 논리적 구성 | 성찰 중심 기록 | 탐구 경험 구체화 | 핵심 역량 발휘 |

## 📌 주제 탐구 계획서

**주제 탐구 계획서**는 탐구를 시작하기에 앞서 전체적인 방향과 세부 일정을 체계적으로 설계하는 기획안이다. 이 **기획안**에는 탐구의 목적과 내용, 수행 방식 등을 구체화한 다음과 같은 항목이 포함된다.

| 주요 항목 | 내용 |
|---|---|
| 탐구 주제 | 탐구하고자 하는 핵심 주제를 명확히 제시한다. |
| 관련 교과 및 단원 | 탐구 주제와 연결되는 교과목, 단원, 개념을 구체적으로 밝힌다. |
| 탐구 동기 | 주제를 선택한 이유, 개인적 관심, 진로와의 연계성을 서술한다. |
| 선행연구 조사 | 기존 심화학술자료, 도서, 기사 등 관련 자료를 조사할 계획을 세운다. |
| 탐구 방법 | 문헌조사, 실험, 설문, 인터뷰 등 구체적인 탐구 방법을 명시한다. |
| 예상 결과 및 어려움 | 탐구 결과 예측과 함께 예상되는 어려움과 대처 방안을 서술한다. |
| 피드백 | 지도교사 또는 멘토의 피드백을 반영하여 계획서 내용을 수정·보완한다. |

# 주제 탐구 보고서

주제 탐구 보고서는 탐구의 전 과정을 기록하고, 그 결과와 느낀 점을 논리적으로 정리한 **결과물**이다. 단순한 탐구 활동 요약이 아니라, 탐구 중 겪은 시행착오와 성찰 과정을 구체적으로 기록하는 것이 중요하다. 일반적으로 다음과 같은 구성 순서를 따라 작성한다.

| 주요 항목 | 작성 방법 |
|---|---|
| 서론 | 주제 선정 배경, 탐구 목적과 필요성, 개인적 동기 등을 명확히 서술한다. |
| 이론적 고찰 | 탐구와 관련된 주요 개념을 정의하고, 기존 연구 자료를 요약·비평한다. |
| 연구 방법 | 탐구 수행 방식(문헌조사, 실험, 설문, 관찰 등)과 수집 및 분석 절차를 구체적으로 기술한다. |
| 본론(연구 결과) | 조사·실험 결과를 시각자료(표·그래프 등)와 함께 제시하고, 해석·의미·오차 분석 등을 포함한다. |
| 결론 및 제언 | 탐구 결과 요약, 한계점, 후속 탐구 방향, 진로·실생활 적용 가능성 등을 제시한다. |
| 참고문헌 | 탐구 과정에서 참고한 자료(책, 논문, 기사, 웹사이트 등)를 인용 방식에 맞춰 정확히 표기한다. (APA, MLA 등 사용) |

### 🖊 주제 탐구 보고서 작성 시 유의점

- ☑ 탐구 중 떠오른 생각, 시행착오과정, 새롭게 알게 된 사실 등을 탐구 노트에 수시로 기록하자.
- ☑ 표, 그래프 등 시각 자료를 적극 활용하여 탐구 내용을 효과적으로 전달하자.
- ☑ 예상과 다른 결과가 나왔다면 원인을 분석하고 그 과정에서 얻은 배움을 솔직하게 서술하자.
- ☑ 결론에서는 탐구의 한계와 발전 방향, 실생활 적용 아이디어를 구체적으로 제시하자.
- ☑ 생성형 AI에 의존하기 보다는 스스로 탐구하며 생각하는 과정을 중시하자.

# 탐구의 기록, 세특으로 완성하라!

## 01 세특이란? '과목별 세부능력 및 특기사항' 완전 이해

### 1 교육 패러다임의 전환: 암기에서 탐구로

**정의**  '세부능력 및 특기사항'(이하 세특)은 교과 수업 중 교사가 학생의 학습 활동, 태도, 탐구력, 성장 정도를 서술형으로 기록하는 항목이다. 단순한 성적이나 지식 나열이 아니라, 학생 개개인의 참여도·주도성·성찰 등 교육적 성장 과정을 구체적으로 담는다.

#### 주요 내용

**교사**  수업 시간 중 직접 관찰한 학습 태도, 수행평가, 토론·발표·탐구활동 등 전반적 활동을 바탕으로 작성한다.

**학생**  자기주도적 변화, 전공 연계 학습, 문제해결력 등 질적 역량을 드러내는 것이 정성 평가의 핵심 자료가 된다.

**대입전형**  최근 수시 전형(교과, 종합) 및 일부 정시전형에서도 세특 반영 비중이 높아지고 있다.

#### 세특 기록의 흐름

| 학생 참여 | ……… | 수업, 탐구, 발표, 수행평가, 프로젝트 등 다양한 활동에 적극적으로 참여 | ……… | 자기주도적 학습 및 성장의 출발점 |

↓

| 교사 관찰 | ……… | 학생의 태도, 노력과 끈기, 성장 과정, 탐구 과정, 협업 및 리더십, 성찰 및 확장 등을 관찰 | ……… | 학생의 역량과 특성을 객관적으로 파악 |

↓

| 세특 기록 | ……… | 관찰 내용을 바탕으로 세부능력 및 특기사항에 구체적이고 사실적으로 기록 | ……… | 학생의 개별 역량과 성장 과정 기록 |

↓

| 대학 평가 | ……… | 대학 입학사정관이 학생부 세특을 바탕으로 학업 역량, 전공 적합성 등 평가 | ……… | 입학전형의 주요 평가자료 |

↓

| 면접 활용 | ……… | 세특 내용을 기반으로 심층 질문 및 평가를 통해 학생의 진정성·성장 과정 확인 | ……… | 최종 평가 및 합격 결정 자료 |

## 2 대학이 세특을 주목하는 이유

### 대입 전형 요소 변화

- 2024년부터 자율동아리, 수상경력, 봉사, 독서 등 비교과 항목이 대폭 축소되고, 자기소개서가 폐지됨에 따라 세특의 중요성이 높아지고 있다.
- 세특은 학생의 학업 역량, 전공 적합성, 자기주도성, 인성 등 대학이 궁금해하는 핵심 요소를 판단하는 근거가 된다.

### 대학 평가 방식 변화

- 학생부종합전형(학종)에서는 정량평가(성적)보다 정성평가(세특) 자료가 더욱 중시된다.
- 교과전형, 일부 정시에서도 세특의 내용이 참고 자료로 활용되며, 특히 지원자의 진로 적합성·탐구력·학업 지속성을 세특을 통해 확인한다.

### 표23 대입 환경 변화에 따른 세특의 역할 강화

| 변화 요인 | 세특의 역할 및 영향 |
| --- | --- |
| 비교과 항목 축소 | 학생의 역량과 성장 과정을 드러나는 거의 유일한 공식 기록 |
| 자기소개서 폐지 | 진로 동기, 성장 경험, 학업 열정 등 학생의 스토리를 보여주는 공식 자료 |
| 학업역량 중시 | 수업 참여, 탐구 활동, 주도성 등 질적 역량을 평가하는 핵심 근거 |
| 정성평가 반영 강화 | 대입 전형에서 점수 중심이 아닌, 학생의 탐구 과정과 성장 스토리 중심의 평가 자료로 활용 |
| 고교학점제 전면 시행 | 학생이 선택한 과목과 탐구 경험이 세특에 구체적으로 반영되어 맞춤형 역량 평가 강화 |
| 수업 평가와 연계 | 수행평가, 프로젝트, 토론 등 수업 참여도와 탐구력을 객관적으로 드러내는 자료 |

## 3 세특, 합격의 문을 여는 key

### 합격의 분기점

- 세특은 학생의 진로에 대한 관심, 탐구 역량, 학업 태도, 성장 과정 등을 구체적으로 보여주므로 대학 합격의 중요한 근거가 된다.
- 교사-학생 간 상호작용, 수업 참여, 탐구 과정 등 세특에 기록된 내용이 면접 질문의 기초 자료가 되며, 실제 합격생 사례에서도 세특 내용의 질적 수준과 구체성이 당락을 좌우한다.

### 표24 세특이 합격에 미치는 영향

| 세특 기록 내용 | 대학 평가 포인트 | 예시 |
| --- | --- | --- |
| 진로 연계 과목 선택 | 전공 관심, 진로 탐색 | 심화 생명과학 선택 → 과제 탐구를 통해 암세포 성장 과정 모형화 실험 수행 |
| 주도적 탐구 활동 | 자기주도성, 탐구역량 | 사회문제 탐구 선택 → "노인 빈곤율 비교 분석 프로젝트 기획 및 발표 주도" |
| 성찰과 성장 과정 | 성장 가능성, 학업 태도 | 과학탐구실험 선택 → 광합성 실험에서 결과 오차 발생, 원인 분석 (조도 조절 미흡), 교사 피드백 및 실험 설계 수정, 재실험 후 결과 개선 및 협업·문제해결력 향상 경험 |

☑ 수업 시간에 성실히 참여하고, 수행평가·토론 등에서 적극적으로 활동하며, 탐구 과정에서 느낀 점과 성장 경험을 구체적으로 남기는 것이 중요하다.

☑ 세특은 단순 활동 나열이 아닌, "왜 이 활동을 했는가?", "무엇을 배우고 성장했는가?"를 드러내야 한다.

## 합격을 좌우하는 세특: 대학이 주목하는 성장의 기록 ✏️

☑ **학업 역량·탐구력· 전공 관심**
- 교과별로 학생의 학업 역량, 탐구력, 전공 관심을 보여주는 학생부의 핵심 기록이다.

☑ **진정성·성장가능성· 주도성**
- 대학은 세특을 통해 학생의 진정성, 성장가능성, 주도성 등 다양한 역량을 종합적으로 평가한다.

☑ **구체성·질적 기록**
- 세특 내용의 질적 수준과 구체성이 합격을 결정하므로, 수업 참여, 자기주도적 탐구, 성찰을 구체적으로 기록하는 것이 중요하다.

## 02 학생부와 세특, 합격의 연결 고리

### 1 학생부 주요 영역

학생부는 학생의 학교생활 전반을 기록하는 공식 문서로, 교과 성적(정량평가)과 세부능력 및 특기사항(세특, 정성평가)이 핵심 축을 이룬다. 세특은 각 교과목별로 학생의 학업태도, 탐구력, 주도성, 성장 과정 등을 교사가 서술형으로 기록하는 항목이다. 최근 대입에서는 비교과 항목 축소, 자기소개서 폐지 등으로 세특이 학생의 역량과 성장 스토리를 보여주는 거의 유일한 공식 자료이다.

### 학교생활기록부

| 교과 영역 | | 비교과 영역 |
|---|---|---|
| 교과학습발달상황 | | 창의적 체험활동 상황 |
| 교과성적 | + | 봉사활동 실적 |
| **세부능력 및 특기사항** | | 독서활동상황 |
| 과목 이수 현황 | | 수상경력 |
| | | 행동특성 및 종합의견 |

## 교과 영역(교과 수업 기반)

학생의 학업역량, 진로 관심, 수업 참여 태도 등을 수업 시간 중심으로 평가하는 영역

| 세부 항목 | 설명 |
|---|---|
| 교과학습발달상황 | 수강 교과목의 성취도(성적), 이수 단위, 세부능력 및 특기사항(세특) 등 포함 |
| 교과 성적 | 석차등급, 원점수, 평균, 이수단위, 성취도 등 |
| 세부능력 및 특기사항 | 각 교과목별 수업 참여, 탐구 활동, 발표, 수행평가 등 구체적 서술 공간 |
| 과목 이수 현황 | 진로와 연계한 선택과목 구성, 고교학점제 선택 이력 등 포함 |

## 비교과 영역(교과 수업 외 활동 중심)

교과 수업 외 활동을 통해 인성, 협업, 자율성, 진로탐색 역량 등을 보여주는 영역

| 세부 항목 | 설명 |
|---|---|
| 창의적 체험활동 상황 | 자율·자치활동, 동아리활동, 진로활동 3영역으로 구성 |
| 봉사활동 실적 | 봉사 시간, 활동명, 기관명 등(입시에 미반영. 단 학교주관 봉사활동은 반영) |
| 독서활동상황 | 교과 연계 및 진로 탐색을 위한 독서 이력 기록(입시에 미반영) |
| 수상경력 | 공교육 내 수상만 기재 가능(입시어 미반영) |
| 행동특성 및 종합의견 | 담임 교사가 학생의 태도, 인성, 성장 과정을 종합적으로 평가 |

**2**  **학생부에서 세특이 중요한 이유**

 학생부는 학생의 학교생활 전반을 기록하는 공식 문서로, 교과 성적(정량평가)과 세부능력 및 특기사항(세특, 정성평가)이 핵심 축을 이룬다. 세특은 각 교과목별로 학생의 학업태도, 탐구력, 주도성, 성장 과정 등을 교사가 서술형으로 기록하는 항목이다. 최근 대입에서는 비교과 항목 축소, 자기소개서 폐지 등으로 세특이 학생의 역량과 성장 스토리를 보여주는 거의 유일한 공식 자료이다.

### 학생부 = '정량 + 정성' 평가의 종합

| 교과 성적 (정량평가) | | 세특 (정성평가) | | 학생부 |
|---|---|---|---|---|
| 점수, 등급 | + | 성장스토리, 진정성 자기주도성, 탐구력 | = | 학업 역량과 성장 가능성을 종합적으로 보여주는 자료 |

세특은 단순한 활동 기록이 아니라, 학생의 성장 과정과 진정성, 주도적 탐구력을 보여주는 학생부의 핵심이다. 대학은 이 기록을 통해 대학이 필요로 하는 인재를 찾는다.

세특은 학생부에서 단순한 성적(등급)만으로는 알 수 없는 학생의 태도, 탐구력, 성장 과정, 주도성을 구체적으로 보여주는 매우 중요한 부분이다. 교사는 학생이 수업에 어떻게 참여했는지, 어떤 생각과 태도를 보였는지, 그리고 어떤 노력을 기울였는지를 관찰하고 평가하여 세특에 기록한다.

즉, 세특은 학업 역량뿐만 아니라 자기주도적 탐구력, 성장 가능성, 진정성까지 드러내는 핵심 자료다. 최근 대입에서는 점수만으로 학생을 평가하지 않고, 학생이 어떻게 배우고 성장했는지, 진로와 탐구 경험이 어떻게 연결되는지를 중시하는 정성평가의 비중이 커지고 있다.

따라서 세특은 대학이 학생의 잠재력과 진로 적합성, 그리고 성장 스토리를 신뢰할 수 있게 해주는 결정적 근거가 된다. 이처럼 세특은 학생부에서 점수와 등급을 넘어, 학생의 진짜 역량과 가능성을 보여주는 핵심 역할을 하며, 대학 입시에서 합격을 좌우하는 중요한 평가 자료로 활용된다.

## 3 대학이 주목하는 학생부종합전형 평가 요소

학생부종합전형(이하 학종)은 학업역량, 진로역량, 공동체역량의 세 가지 핵심 요소를 중심으로 학생의 성장 가능성과 발전 과정을 종합적으로 살펴보는 전형이다. 이는 단순한 내신 성적이나 교과 이수 내역만을 기준으로 하지 않으며, 교과 및 비교과 활동, 진로 탐색과 노력, 소통과 협업 등의 활동을 통해 드러나는 학생의 역량과 변화 과정을 바탕으로 입체적으로 평가한다.

학종은 학생이 스스로 목표를 설정하고 이를 이루기 위해 노력한 자기주도적 성장 과정을 중요하게 여긴다. 서울대, 연세대, 고려대 등 주요 대학은 학업역량(교과 성취도와 학업 태도), 진로역량(탐색 및 관련 활동), 공동체역량(협업, 소통, 나눔 등)을 고르게 반영하여, 학생이 자신의 진로를 어떻게 설계하고 실천해왔는지를 종합적으로 판단한다. 하지만 대학마다 평가요소를 활용하는 방법이 다르고 해당 기준이 모든 대학에 똑같이 적용되지는 않기 때문에, 대학별 평가요소와 평가방법을 미리 확인하고 자신에게 유리한 전략을 세워야 한다.

**학업역량**  내신 성적뿐만 아니라, 탐구 과정과 학습 태도, 생활 전반의 충실함까지 종합적으로 평가

**진로역량**  진로와 관련된 교과 이수, 진로 탐색 활동, 진로를 위한 노력과 관심을 기록을 통해 평가

**공동체역량**  협업과 소통 활동, 학교와 사회에서 드러나는 사회적 책임 의식을 평가

## 🏫 학생부종합전형 공통 평가요소 및 평가항목

**진로역량**
- 전공(계열) 관련 교과 이수 노력
- 전공(계열) 관련 교과 성취도
- 진로 탐색 활동과 경험

**학업역량**
- 학업성취도
- 학업태도
- 탐구력

학생부종합전형 평가요소

**공동체 역량**
- 협업과 소통능력
- 나눔과 배려
- 성실성과 규칙성
- 리더십

| 평가요소 | 평가항목 | 세특 관리를 위한 중점 활동 |
|---|---|---|
| ↓ | ↓ | ↓ |
| 학업<br>역량 | 학업성취도 | 주요 교과 성적 향상을 위해 꾸준히 학습하고, 정규 수업의 과제·수행평가에 성실히 참여하며 성적 추이를 개선하려는 노력을 보여줌 |
| | 학업태도 | 수업 시간에 질문, 토론, 발표 등에 적극 참여하고, 수업 내용을 자기주도적으로 정리·심화 학습한 과정이 드러나도록 활동 |
| | 탐구력 | 교과에서 제시된 주제에 대해 심화 탐구 보고서 작성, 연계 독서 후 토의 또는 탐구 프로젝트에 자발적으로 참여한 경험 강조 |
| 진로<br>역량 | 전공(계열) 관련<br>교과 이수 노력 | 희망 진로와 연관된 과목을 스스로 선택하고, 학교나 지역 연계 프로그램(온라인 및 공동교육과정 등)을 통해 과목 다양성 확보 |
| | 전공(계열) 관련<br>교과 성취도 | 진로 관련 과목(예: 경제→경영학 진학)의 성취도가 높고, 해당 과목에서 탐구 주제를 주도하거나 팀 프로젝트에서 핵심 역할 수행 |
| | 진로 탐색 활동과<br>경험 | 진로체험, 직업 인터뷰, 관련 활동을 통해 진로 관심 분야를 구체화하고, 탐색 과정과 성찰을 교과 활동과 연결해 반영 |
| 공동체<br>역량 | 협업과 소통능력 | 모둠 활동에서 역할 분담, 소통, 조율을 잘 수행한 사례를 수업 중 또는 교내 대회에서 드러낼 수 있도록 함 |
| | 나눔과 배려 | 타인을 도와주는 모습, 약속을 지키며 모둠의 성과를 높인 사례 등 인성과 공동체 정신이 나타나는 활동을 강조 |
| | 성실성과 규칙준수 | 과제 기한 준수, 지속적이고 꾸준한 태도, 수업에서 신뢰받는 모습이 교사의 평가에 반영될 수 있도록 행동 관리 |
| | 리더십 | 프로젝트, 동아리, 자율활동 등에서 주도적인 역할 수행, 의견을 조율하고 모둠을 이끈 사례를 수업 활동과 연결하여 반영 |

↓ ↓ ↓

각 항목은 수업 참여 중심으로 기록되기 때문에, '과목 내 활동에 어떻게 임했는가', '교과 내용을 어떻게 자기주도적으로 확장했는가', '수업과 진로를 어떻게 연결했는가' 하는 것이 핵심이다.

## 5 세특 기록의 기본 구조와 사례 분석

### 세특 기록의 기본 구조

2028 대입 개편 이후, 교과전형에서도 정성평가(서류평가)의 비중이 확대될 것으로 예상된다. 세특은 학생이 수업에서 어떤 동기로 탐구를 시작했고, 어떤 활동을 했으며, 어떤 성찰과 성장을 이루었는지(동기-활동-평가 구조)를 구체적으로 보여주어야 한다. 세특은 담당 교사가 작성하지만, 학생 스스로가 세특 기록의 기본 구조를 이해하고 자신의 탐구 활동을 체계적으로 구조화하는 노력이 필수적이다. 특히 좋은 세특 기록을 위해서는 학생들은 '지적 호기심·동기 → 탐구 활동 → 성찰·평가'의 논리적 흐름을 따라 학생의 성장 과정과 탐구의 깊이를 보여주는 데 초점을 맞추어야 한다.

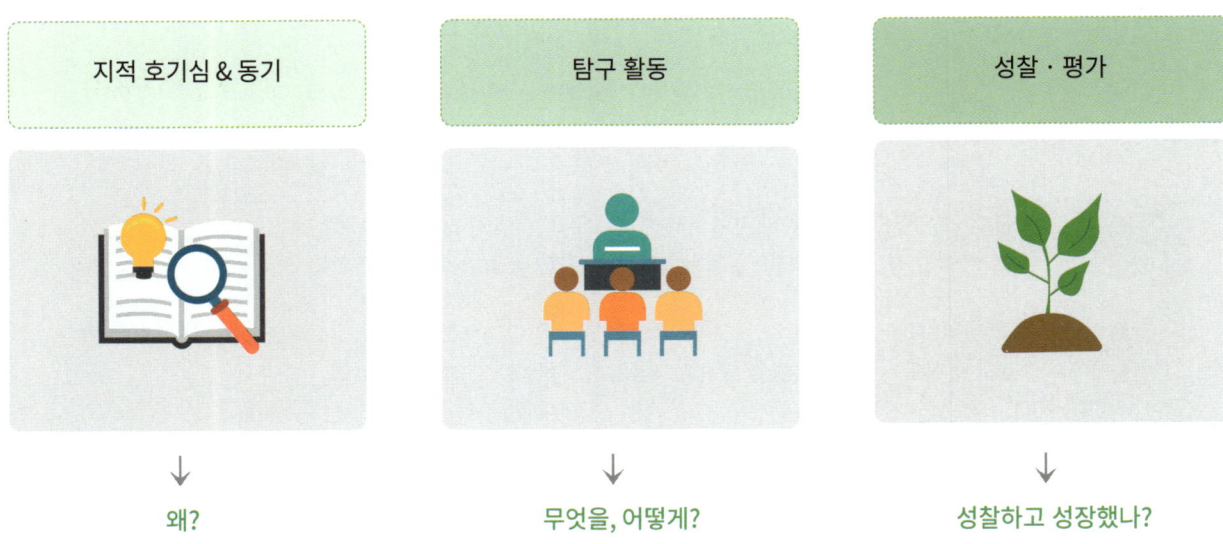

| 지적 호기심 & 동기 | 탐구 활동 | 성찰 · 평가 |
| --- | --- | --- |
| ↓ | ↓ | ↓ |
| 왜? | 무엇을, 어떻게? | 성찰하고 성장했나? |

이러한 구조화에 따라 실제 세특 기록의 구체적인 어떻게 작성되는지 구체적인 사례를 살펴보면, 학생이 지적 호기심에서 출발해 탐구 활동을 주도적으로 수행하고, 그 과정에서 얻은 성찰과 성장 내용 일관된 흐름으로 드러남을 확인할 수 있다. 아래의 잘 작성된 사례와 그렇지 못한 사례를 비교해 보면, 세특 기록의 기본 구조가 실제로 어떻게 반영되는지 명확하게 알 수 있다.

### 세특 사례 분석 1

**Bad**

지구과학 수업 시간에 '미세먼지는 지구 환경에 어떤 영향을 줄까?' 동영상 강의를 시청함. 강의 후 미세먼지 관련 심화학술자료를 조사하고, 조별로 토론을 진행함. 실험 활동에서는 airkorea 포터블 측정기를 사용해 학교 주변 PM2.5 농도를 시간대와 위치별로 측정함. 기온, 풍속, 습도 등 기상 요소도 함께 수집하고, R 프로그램으로 PM2.5 농도와 기상 요소 간의 피어슨 상관계수를 산출. 실험 결과를 바탕으로 보고서를 작성하고, 공기 정화 식물 활용 등 저감 방안을 탐구함. 실험을 통해 반복의 중요성을 깨달음.

➤➤ '~탐구함, ~보고서를 작성함, ~를 깨달음' 등 활동만 나열하고 구체적 동기, 과정, 성장, 성찰이 드러나지 않아 평가에서 불리

## Good

지구과학 교과 수업 중 시청한 '미세먼지는 지구 환경에 어떤 영향을 줄까?' 동영상 강의를 통해 미세먼지가 단순한 대기 오염을 넘어 복사 평형에 영향을 주고 장기적으로 생물권에 변화를 초래할 수 있다는 점에 주목함. 강의 시청 후 '태양 복사 에너지의 불균형이 기후 시스템과 생태계에 어떤 결과를 낳을까?'라는 지적 호기심을 중심으로 탐구를 확장함. [지적호기심&동기] '중국 미세

먼지의 발생원인과 관리방안 분석 - 한국 및 영국의 대응과 그 시사점', '국내 초미세먼지 발생 원인과 개선 노력' 등의 심화학술자료를 바탕으로 각국의 미세먼지 발생 원인과 대응 정책을 비교 분석함. 조별 토론에서는 국가 간 정책 차이에 대한 원인을 고찰하고, '국경을 넘는 대기오염에 대해 국제사회가 어떻게 공동 대응할 수 있을까?'를 주제로 다각적인 논의를 주도함. 수리과학아카데미 과정에서 실험 활동으로 airkorea 포터블 측정기를 사용하여 학교 주변 PM2.5 농도를 시간대와 위치별로 측정하고, 기온, 풍속, 습도 등 기상 요소를 함께 수집함. 이후 R 프로그램을 활용하여 PM2.5 농도와 기상 요소 간의 피어슨 상관계수를 산출하고 변수 간 상관관계를 분석함. [탐구활동] 실험 중 예기치 못한 변수로 인해 결과가 달라지는 경험을 통해 반복 실험과 정교한 실험 설계의 중요성을 체득함. 결과를 토대로 공기 정화 식물 활용, 대기질 알리미 설치 등 현실적인 저감 방안을 제안함. 과학적 탐구 능력과 환경 문제 해결에 대한 실천 의지를 바탕으로 환경과학 분야 진로 탐색의 폭을 넓힘. [성찰·평가]

▶▶ 교과 수업에서 출발한 지적 호기심을 바탕으로 문제의식을 구체화하고, 국제 비교와 토론으로 탐구를 심화함. 측정기기와 R 프로그램을 활용한 실험·분석 과정에서 정보처리역량과 디지털 문해력을 효과적으로 발휘함. 데이터 기반 분석과 실천적 해결책 제안을 통해 과학적 탐구 능력과 환경 문제 해결 역량을 고르게 성장시킴. 탐구의 깊이와 진로 연계가 자연스럽게 드러나며, 자기주도성과 미래역량을 종합적으로 보여줘 평가에서 매우 유리

## 세특 사례 분석 2

## Bad

사회문화 수업 시간에 기후변화로 인한 사회적 불평등 문제를 알아봄. 뉴스 기사를 참고해 기후위기 피해 사례를 조사하고 조별로 발표함. '기후정의란 무엇인가' 도서 내용 중에서 주요 개념을 찾아 정리하고, '기후위기 불평등 리포트' 논문을 참고해 핵심 내용을 요약함. 오픈데이터 자료를 참고해 국내 지역별 기후영향 평가를 살펴봄. 탄소중립 정책과 기후정의의 필요성에 대해 조별 토론을 진행하고, 기후문제 해결을 위한 실천 방안을 모색함. 기후위기의 심각성과 환경 보호의 중요성을 깨달음.

▶▶ 다양한 자료를 활용했으나 활동 나열에 그치고 동기, 과정, 성찰이 구체적으로 드러나지 않아 평가에서 불리

사회문화 수업 시간에 기후위기가 단순한 환경문제가 아니라 사회적 불평등을 심화시킨다는 수업 내용을 듣던 중, '폭염·수해 피해, 왜 취약계층에 집중되나' 라는 뉴스 기사를 접하고 기후위기와 사회적 불평등의 관계에 대해 더 알고 싶어짐. [지적호기심&동기] '기후위기로 인한 피해가 왜 특정 계층과 지역에 집중될까?'라는 의문을 갖고 관련 도서 '기후정의란 무엇인가', 논문 '기후위기 불평등 리포트', 오픈데이터 '지역별 기후영향 평가 자료' 등의 다양한 자료를 참고하여 탐구를 심화함. 특히 저소득층과 개발도상국 주민이 기후재난에 더 크게 노출된다는 점에 주목해 국내외 사례를 비교 분석함. 조별 토론에서는 '탄소중립 정책이 오히려 에너지 비용 부담을 가중시킬 수 있다'는 비판적 시각을 제시하며 논의를 주도함. 이후 국내외 기후복지 정책 중 한 지역의 '기후위기 대응 정책'과 독일 '에너지 복지 지원제도'를 추가로 분석하며, 정책의 구체적 실행 방식과 사회적 효과를 비교 검토함. 더 나아가 지역 환경단체 관계자와의 인터뷰를 통해 현장에서 느끼는 정책의 한계와 개선 방안에 대한 실무적 의견도 수집함. [탐구활동] 탐구 과정에서 기후위기 대응이 기술적 해결을 넘어 사회적 정의 실현과 연결되어야 함을 인식함. 이를 바탕으로 '지역별 맞춤형 기후복지 정책' 아이디어를 제안하며, 사회문제 해결 역량과 정책적 사고력을 키움. 이러한 경험을 통해 사회적 약자를 보호하는 정책 설계에 대한 관심이 커짐. 나아가 기후정의 실현을 위한 공공정책 기획 역량을 키우고자 행정학과, 사회복지학과, 환경정책전공 등 관련 학문과의 연계성을 인식하고, 장래에는 기후복지 정책을 기획·수립하는 공공기관 정책 전문가로 성장하고자 하는 진로 의식을 다짐. [성찰·평가]

▶▶ 수업 내용과 관련된 뉴스 기사로 시작된 지적 호기심을 바탕으로 도서, 심화학술자료, 오픈데이터를 활용해 심층적으로 탐구하고, 비판적 시각을 바탕으로 정책 대안을 제시하며 토론을 주도한 과정이 구체적으로 드러남. 나아가 학문적 연계성과 진로 의식을 명확히 밝혀 동기-탐구-성찰의 논리적 흐름과 탐구의 깊이, 사회문제 해결 역량과 진로 확장까지 고르게 갖춰 평가에서 매우 유리

## 03 SKY대학 합격생이 실천한 합격 세특 비법

### 1 합격 세특: 교사-학생 협업의 힘

합격하는 세특은 단순히 교사가 일방적으로 작성하는 기록이 아니다. 교사는 학생의 탐구, 참여, 성장 과정을 수업과 다양한 활동 속에서 꼼꼼히 관찰하고, 학생의 강점과 변화, 노력의 흔적을 세특에 담아낸다. 하지만 진짜 완성도 높은 세특은 학생의 적극적인 역할에서 시작된다. 학생은 자신의 경험, 노력, 탐구 과정, 그리고 느낀 점과 성찰을 수업 시간이나 활동 후 메모하고, 궁금한 점이나 어려웠던 점, 성장한 부분을 교사와 소통하며 구체적으로 전달한다. 이 과정에서 학생이 자신의 활동을 구조화해 교사에게 적극적으로 설명하고, 교사는 학생의 의도와 성장 과정을 이해하고 세밀하게 관찰해야 세특에 반영한다.

### 합격 세특의 비결: 교사와 학생의 '쌍방향 협업'

**학생**
활동 및 성장 표현 → 📖 → **교사**
세밀한 관찰 및 기록

학생이 자신의 활동과 성장을 적극적으로 표현하고, 교사는 이를 세밀하게 관찰해 기록할 때,
진정성 있고 임팩트 있는 세특이 만들어진다.

## **2** 입시 환경 변화에 따른 세특 준비 전략

> 고교학점제 전면 시행, 2022 개정 교육과정, 2028 대입 개편 등 최근의 교육 변화는 세특(세부능력 및 특기사항) 작성 방식에 근본적인 변화를 가져오고 있다. 이제 세특은 단순히 활동을 나열하는 기록이 아니라, 학생의 자기주도성, 탐구 과정, 성장 스토리, 그리고 진정성 있는 학습 경험을 구체적으로 드러나는 핵심 평가 자료로 자리 잡고 있다.

### POINT 1  학생 과목선택권과 맞춤형 성장 강조

고교학점제 시행으로 학생들은 자신의 진로와 적성에 맞는 과목을 직접 선택하고, 그 선택에 책임감을 가지고 학습한다. 이는 세특에도 반영되어, 학생 개개인의 진로, 흥미, 역량에 맞춘 성장 과정이 세밀하게 기록되어야 한다. 교사는 학생의 개별 활동과 탐구, 노력을 관찰해 세특에 담고, 학생 역시 자신의 학습 경험과 성장을 적극적으로 표현해야 한다

### POINT 2  2022 개정 교육과정과 한 학기 단위 세특 확대

2022 개정 교육과정에서는 모든 교과목이 한 학기 단위로 운영되며, 이에 따라 세특 기재 기회가 두 배로 늘었다. 학생의 학습 과정, 참여도, 탐구 경험이 더욱 세밀하게 기록될 수 있는 환경이 마련된 것이다. 특히 수행평가 중심의 평가 방식이 강화되어, 학생의 실제 탐구 과정과 자기주도적 학습 태도가 세특에 구체적으로 반영되고 있다.

### POINT 3  탐구·과정 중심, 개별화·구체성의 원칙

세특은 학생의 고유한 경험과 성취, 탐구 과정, 실패와 성장, 협업과 리더십 등 다양한 역량을 구체적으로 드러내야 한다. 단순히 '참여했다, 탐구했다, 보고서를 작성했다' 수준을 넘어, 왜 이 과목을 선택했는지(동기), 어떤 탐구와 활동을 했는지(과정), 무엇을 배우고 어떻게 성장했는지(성찰과 변화)를 연결성 있게 기록하는 것이 필수적이다.

### POINT 4  정성 평가의 비중 확대와 평가 신뢰도 강화

2028 대입 개편에서는 교과전형에서도 정성평가(서류평가)의 비중이 확대되고, 대학은 고교별 평가 방식과 수행평가 정보까지 참고한다. 이에 따라 세특의 신뢰도와 구체성이 더욱 중요해졌고, 학생의 실제 학습 과정과 성장 경험이 입시에서 핵심 평가 요소가 되고 있다.

### POINT 5  디지털 기반 학습 환경과 세특의 진화

AI, 디지털 교과서, 온라인 협업 플랫폼 등 디지털 환경이 확산되면서, 세특에도 디지털 도구 활용, 데이터 분석, 온라인 프로젝트 등 미래 역량이 반영되고 있다. 학생의 디지털·AI 활용 경험, 문제 해결 과정, 배운 점 등이 구체적으로 드러나야 한다.

### POINT 6  진로 연계는 필수가 아닌 선택적 활용

진로와 관련된 활동은 적극적으로 연계해도 좋지만, 반드시 진로에 맞추려는 부담은 오히려 세특의 구체성을 떨어뜨릴 수 있다. 자연스럽게 진로와 연결되는 경우는 활용하되, 그렇지 않다면 교과 자체에서 얻은 흥미와 학습의 깊이를 표현하는 것이 더 중요하다.

입시 환경의 변화를 반영한 세특 준비는 단순한 활동 요약을 넘어서, 학생의 사고, 참여, 성장, 연결, 활용 능력을 중심으로 정리하고 준비하는 과정에서 그 깊이와 설득력을 갖출 수 있다. 세특은 더 이상 단순한 활동 기록이 아니라, 학생의 자기주도적 탐구, 성장 과정, 진로 연계, 디지털 역량 등 진정성 있는 학습 경험을 구체적으로 보여주는 핵심 평가 자료이다. 세특의 구조와 의미를 충분히 이해하고, 변화하는 교육 환경에 맞춰 세밀하고 개별화된 기록을 남기는 것이 합격을 위한 필수 전략임을 명심해야 한다.

## 세특 = '진짜 나'의 스토리

| | |
|---|---|
| 학생 과목 선택권·맞춤형 성장 | 과목 선택·성장 과정 구체적 기록 |
| 한 학기 단위 세특 확대 | 학기별 탐구·성과·수행평가 강조 |
| 탐구·과정 중심·개별화·구체성 | 다양한 역량·과정·협업 구체적 반영 |
| 정성 평가 비중·신뢰도 강화 | 실제 탐구·성장 경험 신뢰도 있게 기록 |
| 디지털 기반 학습·미래 역량 | AI·데이터 등 미래 역량 구체적 기록 |
| 진로 연계 선택적 활용 | 진로 연계는 자연스럽게, 교과 흥미 강조 |

---

**3** **경쟁력 있는 세특 기록의 핵심 요소**

세특이 구체적이고 의미 있게 작성되기 위해서는 다음 네 가지 요소에 반드시 주목해야 한다.

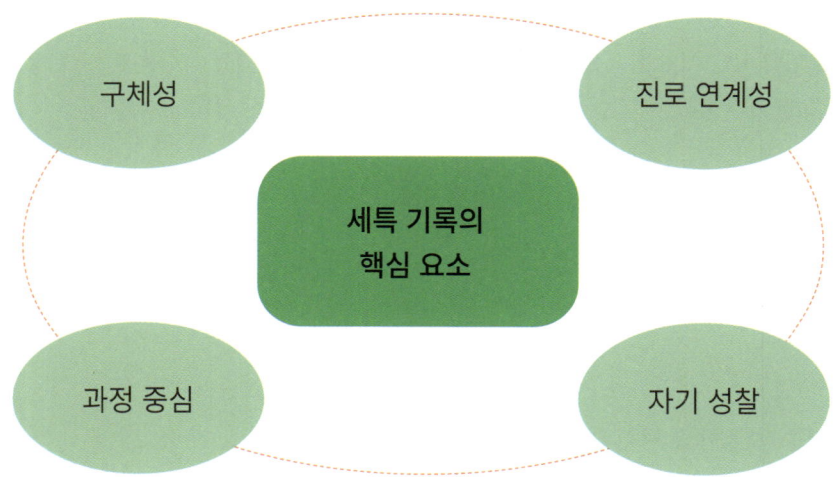

**핵심요소 1** **구체성**

☑ 활동의 내용과 과정을 구체적으로 드러내야 한다.

☑ 단순히 "탐구함", "문제를 해결함"이 아니라 "발생 원인을 분석하고 실험을 다시 설계함"처럼 무엇을, 어떻게 했는지를 분명히 서술해야 한다.

**핵심요소 2** **진로 연계성**

☑ 자신의 관심사와 진로와 활동이 어떻게 연결되는지 인식하고 표현해야 한다.

☑ 진로와 자연스럽게 연결되는 활동은 세특에 목적과 방향을 부여한다.

☑ 모든 과목을 무리하게 진로와 연결할 필요는 없으며, 진로 연계가 가능한 활동에서만 강조하는 것이 바람직하다.

**핵심요소 3**　**과정 중심 기록**

☑ 결과만 나열하지 말고, 탐구 중 겪은 어려움, 해결 과정, 변화와 성장을 중점적으로 보여줘야 한다.

☑ 예를 들어, "실험 결과가 예상과 달라 원인을 분석하고 절차를 수정함" 등 문제 해결 과정과 성장의 흔적을 기록하는 것이 평가에 유리하다.

**핵심요소 4**　**자기 성찰**

☑ 무엇을 새롭게 알게 되었는지, 어떤 점을 보완·확장하고 싶은지 고민과 계획이 드러나야 한다.

☑ 자기 성찰은 태도 변화와 성장 가능성을 보여주는 핵심 요소다.

**표25**　경쟁력 있는 세특 기록의 핵심 요소

| 핵심 요소 | 구체적 실천 방법 예시 |
|---|---|
| 구체성 | 문제 발생 원인을 분석하고 실험을 다시 설계 |
| 진로 연계성 | 환경문제에 관심이 있어 대기 중 CO 농도 탐구 진행 |
| 과정 중심 기록 | 실험 실패 후 원인 분석, 절차 수정, 반복 실험 경험 |
| 자기 성찰 | 자료 수집의 어려움을 느껴 다음 활동에서 방법 개선 계획 |

**4**　**나만의 세특 활동 전략**

**수시 전형에서의 세특 200% 활용법**

최근 입시에서는 단순 성적이 아닌, 학생의 학습 과정과 성장을 보여주는 '과정 중심 평가'가 강조되고 있다. 고교학점제 도입 이후, 학생이 선택한 과목에서 보인 태도와 노력이 더욱 구체적으로 평가되며, 세특은 수시 전형의 핵심 평가 자료로 활용된다. 대학들은 세특을 통해 학생의 수업 참여도, 진정성, 탐구 태도, 전공 관련 관심도 등을 종합적으로 본다. 평균 성적이 평범해도 세특에 주도적 참여, 깊이 있는 질문, 적극적 탐구가 드러나면 높은 평가를 받을 수 있으며, 반대로 성적이 좋아도 세특이 단순하면 불리할 수 있다.

| 능동적 탐구의 수업 태도 | 진로와 연계된 학습 흐름 | 성실한 수행평가 과정 | 교사와의 적극적인 상호작용 | 활동에 대한 포트폴리오 작성 학생부 세특 기록 확인 |
|---|---|---|---|---|

**활용 전략 1**　**수업 태도 능동적 탐구로 바꾸기**

☑ 세특은 '얼마나 참여했는가'보다 '어떻게 참여했는가'를 본다.

☑ 발표, 토론, 실험 등에서 자신의 생각을 표현하고, 문제를 발견·해결한 과정까지 드러나야 한다.

☑ 예시: 단순 실험 참여가 아니라, 결과에 의문을 제기하고 새로운 가설을 세운 경험을 남긴다

**활용 전략 2**　**진로와 연계된 학습 흐름 만들기**

☑ 진로 관련 교과에서의 태도와 탐구는 전공적합성 평가의 핵심이다.

☑ 예시: 사회복지학과 희망 학생이 사회·윤리 수업에서 복지 주제를 탐색하고 토론에 주도적으로 참여한 기록을 남긴다.

**수행평가와 세특을 연결하기**

☑ 수행평가 결과가 세특에 직접 반영되는 경우가 많으므로, 과제 제출에 그치지 않고 자료 조사, 분석, 발표 등 전 과정을 성실히 수행하고 기록한다.

☑ 탐구 과정, 느낀 점, 성장 경험이 자연스럽게 드러나도록 한다.


**활용 전략 4** **교사와의 상호작용을 적극적으로 활용하기**

☑ 세특은 교사가 관찰해 작성하므로, 수업 질문, 토론, 피드백 요청 등 다양한 상호작용을 통해 자신의 태도와 의지를 드러낸다.

☑ 적극적 소통과 일관된 태도가 중요하다.


**활용 전략 5** **포트폴리오 작성 및 학생부 세특 확인하기**

☑ 의미 있는 수업·탐구 활동의 과정과 성장을 기록해두고, 전년도 학생부 세특을 조회해 자신의 기록을 점검한다.

☑ 이를 바탕으로 다음 세특 기록에 반영할 방향을 설정하고 보완한다.


**학생 / 학부모 세특 조회 방법 : 나이스 대국민서비스 → 학교생활기록부 → 교수학습발달상황 확인**


**세특 & 면접 연계 전략**

최근 대학 면접은 세특(교과 세부능력 및 특기사항)에 기록된 활동과 태도를 기반으로 질문이 이어진다. 면접관은 학생이 수업에서 어떤 태도와 문제 의식을 가졌고, 그 경험을 어떻게 확장했는지를 구체적으로 확인하고자 한다. 세특에 기록된 활동이 면접 질문의 출발점이 되므로, 자신의 세특을 꼼꼼히 읽고 '이 활동이 왜 의미 있었나?', '주도적으로 한 부분은?', '어떤 배움·변화로 이어졌나?'를 스스로 정리해 두는 것이 좋다.


**실제 세특 & 면접 연계 예시**

| 세특 | "물의 순환 실험을 진행하며 강수량과 기후 변화의 연관성에 대해 발표함" |
| 면접 질문 | "기후변화에 관심을 가지게 된 계기는?", "발표 준비 과정에서 느낀 점은?" |
| 답변 | "실험 과정에서 궁금증이 생겨 자료를 조사했고, 기후 변화에 대한 관심이 깊어졌다" |


**실전 TIP**

☑ 세특은 성적보다 태도, 사고력, 성장 가능성을 보여주는 신뢰도 높은 지표다.

☑ 평소 수업에 진지하게 임하고, 활동의 의미를 스스로 찾아내는 습관이 중요하다.

☑ 학년별로 활동을 기록해 포트폴리오를 만들고, 면접 전에는 자신의 세특을 꼼꼼히 살펴보고 생각을 정리해야 한다.

## 세특은 면접 질문의 출발점! 이렇게 준비하자

**1**

**세특 기록 내용 확인**

- 항목별로 구분하여
- 처음부터 끝까지 세심하게
- 개별 활동에 대한
  개인적 기록도 함께

**2**

**활동과 생각 정리하기**

- 활동이 왜 의미 있었는가?
- 내가 주도적으로 한 부분은 무엇인가?
- 무엇을 배우고 어떻게 성장했는가?
- 이후 어떤 배움과 변화로 이어졌는가?

**3**

**자신의 언어로 말하는 준비**

- 자신만의 언어로
- 분명하고 자신있게
- 활동을 돌아보고 설명하는

# 탐구의 확장, 진로와 연결하라!

## 01  깊이 있게 연결하라! 주제 탐구 활동 심화 전략

주제 탐구 활동은 단순한 지식 습득을 넘어, 사고의 깊이와 넓이를 동시에 확장하는 자기주도적 학습 과정이다. 특히 연계, 심화, 확장, 융합, 실생활 적용이라는 다섯 가지 방향은 탐구력의 성장을 이끄는 핵심 전략이다.

이러한 탐구 방식은 하나의 교과에만 머무르지 않고 다양한 교과와 주제를 넘나들며 융합적 사고력을 기르는 데 효과적이다. 또한 교과에서 배운 개념을 바탕으로 새로운 문제를 발견하고, 이를 해결하기 위한 창의적 접근을 시도함으로써 학문적 성숙과 실제 문제해결력을 동시에 키울 수 있다.

이 과정에서 기른 탐구 역량은 학생부종합전형 평가에서도 중요하게 반영되는 역량이며, 앞으로의 미래 사회가 요구하는 융합적 사고력과 실천력을 함양하는 데 결정적인 밑거름이 된다.

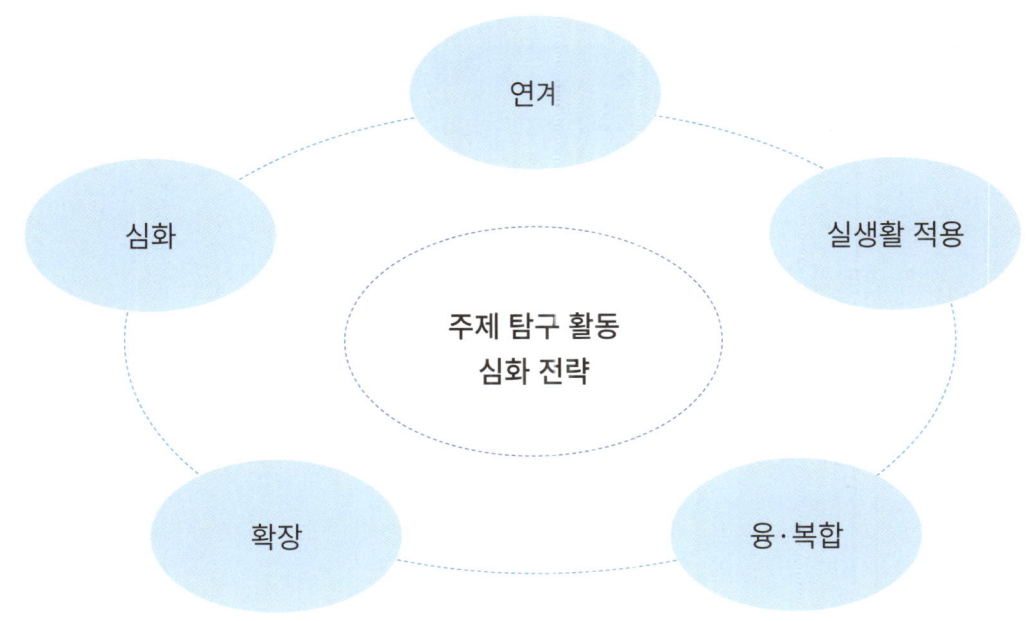

표26 주제 탐구 활동 심화 전략 실천 예시

| 전략 | 활동 설명 | 실천 예시 |
|---|---|---|
| 연계 | 교과에서 배운 개념이나 원리를 다른 교과나 주제로 연결하여 탐구의 폭을 확장하는 활동 | 생명과학 '유전자' 개념 → 사회과 '생명윤리'와 연계하여 유전자 편집 기술 탐구 |
| 심화 | 하나의 주제를 반복적 탐색과 분석을 통해 더 깊이 있게 파고드는 탐구 활동 | '탄소중립' 주제를 환경과학 관점에서 기술·정책·실행 수준까지 단계별 심층 탐구 |
| 확장 | 기존 탐구를 사회 현상, 정책, 다른 영역으로 넓혀 새로운 시각으로 재구성하는 활동 | 국어 수업 '소설 속 환경 문제' → 생태 윤리, 사회운동과의 연결 분석 |
| 융·복합 | 이질적인 교과나 분야의 개념과 방법을 통합해 새로운 관점으로 문제를 탐색하는 활동 | '자율주행차' 주제를 기술과 윤리, 정보(알고리즘) 관점에서 융합적 탐색 |
| 실생활 적용 | 탐구 결과를 바탕으로 현실 문제 해결을 위한 실천 방안과 행동으로 발전시키는 활동 | '미세먼지 측정 탐구' 후 학교 내 마스크 착용 캠페인, 녹지 공간 조성 제안 실행 |

# 02 넓게 연결하라! 주제 탐구 활동 다양화 전략

주제 탐구 활동은 활용하는 자료의 성격과 접근 방식에 따라 사고의 방향성과 다양성이 달라진다. 대표적으로 미디어 탐구, 오픈데이터 탐구, 독서 기반 탐구가 있으며, 이들은 사고력, 문제해결력, 정보 분석력 등 핵심 역량을 기르는 데 효과적인 방법이다. 특히 이 세 가지 전략은 학생부종합전형에서 탐구의 과정과 성장의 증거를 보여줄 수 있는 실천적 도구로 주목받고 있다.

**미디어**

세상과 연결하라!

**오픈데이터**

데이터를 분석하라!

**독서**

질문으로 탐구하라!

**유형 1** | **세상과 연결하라! 미디어·이슈 활용 탐구**

▶ 신문, 영상, SNS, 기사, 인터뷰 등 다양한 대중 매체를 활용해 사회적 쟁점이나 윤리적 문제를 탐구

☑ 실생활 연계 이슈를 다각도로 해석
☑ 자신의 의견을 논리적으로 정리·표현
☑ 정보 문해력과 비판적 시민의식 함양

**유형 2** 데이터로 분석하라! 오픈데이터 활용 탐구

▶ 공공 데이터, 통계자료, 설문 결과 등 객관적 자료를 활용해 탐구 가설을 설정하고 검증하는 탐구 방식

☑ 과학적 탐구 구조에 기반: 관찰 → 가설 설정 → 자료 수집 → 분석 → 결론
☑ 사실 기반의 문제 해결력 함양
☑ 비판적 해석력 향상

**유형 3** 질문으로 탐구하라! 독서 기반 탐구

▶ 독서를 통해 제기된 핵심 개념이나 가치를 중심으로 자신의 문제의식을 구체화하고 탐구 주제로 확장

☑ 독서를 사고의 출발점으로 삼아 주제를 확장
☑ 책에서 출발한 질문을 학문적 개념 또는 사회 현상과 연결
☑ 다양한 관점에서 주제를 분석하고, 깊이 있게 이해하는 사고력 함양

## 📖 나만의 서사가 담긴 학생부

| 독서 | 오픈데이터 | 미디어 |

**독서, 오픈데이터, 미디어로 확장하고 탐구로 깊어지며 토론으로 완성된다!**

## 부록 : 주제 탐구 활동 보고서 목차 예시

| 구분 | 문헌조사형 보고서 목차 | 실험·실증 탐구형 보고서 목차 |
|---|---|---|
| 탐구의<br>필요성 및 목적 | • 서론<br>- 탐구 동기 및 목적<br>- 탐구 문제 및 가설(필요시)<br>- 용어 정의 및 연구의 제한점 | • 서론<br>- 문제 제기 및 조사 주제 선정 이유<br>- 탐구 목표와 연구 가설<br>- 탐구의 필요성 및 의미 |
| 탐구의<br>이론적 배경 | • 이론적 탐색 및 선행연구<br>- 핵심 개념 정의와 이해<br>- 관련 이론 및 자료 정리<br>- 주제 관련 논쟁 및 쟁점 비교 | • 이론적 고찰<br>- 핵심 개념 정리<br>- 관련 이론 및 선행 연구 조사 |
| 탐구 설계<br>(방법) | • 내용 및 논의<br>- 자료 요약 및 비교 분석<br>- 주제에 대한 자신의 견해 도출<br>- 탐구 결과 종합 및 평가 | • 방법<br>- 탐구 절차 및 조사방법 소개<br>- 자료 수집 및 분석 과정<br>- 실험 또는 조사 도구 |
| 탐구 결과 | • 탐구 결과 요약<br>- 탐구 결론 도출<br>- 추가 탐구 과제 제안 | • 결과<br>- 분석 및 해석 결과<br>- 결과에 대한 평가 및 검증<br>- 실제 가능성 또는 개선점 |
| 결론(과 평가) | • 결론 및 제언<br>- 핵심 성과 요약<br>- 향후 연구 방향 제안<br>- 사회적, 교육적 시사점 | • 결론 및 제언<br>- 탐구 결과 요약<br>- 후속 탐구 방향 제안<br>- 실제 적용 방안 제시 |
| 시사점 및 제언 | • 종합 의견 정리<br>- 사회적 연계, 교육적 적용<br>- 개인적 성장 성찰 | • 시사점 제시<br>- 문제 해결의 실제적 활용 가능성<br>- 학교생활 연계 방안 |
| 참고자료 | • 참고자료<br>- 인용 논문, 기사, 도서 등 | • 참고자료<br>- 설문지, 실험 사진, 인용 자료 등 |
| 활용 분야 | 인문·사회 융합 주제, 시사 이슈 기반 탐구 | 융합·과학·기술·데이터 기반 탐구 |

※ 각 목차는 학교나 주제에 따라 세부 항목이 조정될 수 있습니다.

※ 표지와 목차, 참고문헌 등은 모든 유형에서 필수적으로 포함하는 것이 좋습니다.

# 실전편

# 미디어 활용편

| 순번 | 미디어 키워드 | | 순번 | 미디어 키워드 | |
|---|---|---|---|---|---|
| 1 | | 실버 민주주의 | 48 | | 핀테크 |
| 2 | | 소득 양극화 | 49 | | 항공 안전 |
| 3 | | 정년 연장 | 50 | | 전기차 안전 |
| 4 | | 청년 고용 | 51 | | 세포농업 |
| 5 | | 딥페이크 | 52 | | 무인 자율주행차 |
| 6 | | 노동시장 | 53 | | AI 신약 |
| 7 | | 교육불평등 | 54 | | AI 의료 |
| 8 | | 장애 청소년 정신건강 | 55 | | 디지털 트윈 |
| 9 | | 보호 무역주의 | 56 | | 공공의료 |
| 10 | 인문·사회·교육 | 학생인권조례 | 57 | | 디지털 치료제 |
| 11 | | 연금개혁법안 | 58 | | 의료로봇 |
| 12 | | 우주항공청법 | 59 | 의약·보건 | 연명의료결정법 |
| 13 | | 인플루언서 | 60 | | 정신질환 |
| 14 | | 소셜미디어 커머스 | 61 | | 오가노이드 |
| 15 | | 로봇세 | 62 | | 크리스퍼 유전자 가위 기술 |
| 16 | | 혐오 | 63 | | 원격의료 |
| 17 | | 게이미피케이션 | 64 | | 치매국가책임제 |
| 18 | | 액티브 시니어 | 65 | | 숏폼 콘텐츠 |
| 19 | | 보호출산제 | 66 | | 메타버스 의료 |
| 20 | | 디지털화폐 | 67 | | 청소년 스마트폰 중독 |
| 21 | | 대통령 탄핵 | 68 | | 우주방사선 |
| 22 | | 희토류 | 69 | | AI 음악저작권 |
| 23 | | 고령층 고용 | 70 | | 공공미술 |
| 24 | | 괴대포장 | 71 | | NFT 아트 |
| 25 | | 기후변화 | 72 | | 병역특례 |
| 26 | | 탄소국경세 | 73 | | 응원가 저작권 |
| 27 | | 탄소 포집 및 저장 | 74 | 예술·체육 | AI 예술 |
| 28 | | 우주로켓 | 75 | | 아트 페어 |
| 29 | | 지열에너지 | 76 | | 스포츠 승부조작 |
| 30 | | 제로에너지 | 77 | | 인공지능 예술 |
| 31 | 자연과학 | 우주산업 | 78 | | 로봇 심판 |
| 32 | | 우주쓰레기 | 79 | | 지브리 프사 저작권 |
| 33 | | 우주비행사 건강 | 80 | | AI 영화 |
| 34 | | RE100 | | | |
| 35 | | 기후소송 | | | |
| 36 | | 제로 웨이스트 | | | |
| 37 | | 위성 인터넷 | | | |
| 38 | | 그린워싱 | | | |
| 39 | | 패스트패션 | | | |
| 40 | | 6G | | | |
| 41 | | 그린 철강 | | | |
| 42 | | 로보택시 | | | |
| 43 | 공학 | 블록체인 | | | |
| 44 | | AI 저작권 | | | |
| 45 | | 스마트홈 | | | |
| 46 | | 메타버스 | | | |
| 47 | | 가상현실 | | | |

세특 프리패스
미디어 활용편

# 인문·사회·교육

- 실버 민주주의
- 소득 양극화
- 정년 연장
- 청년 고용
- 딥페이크
- 노동시장
- 교육불평등
- 장애 청소년 정신건강
- 보호 무역주의
- 학생인권조례
- 연금개혁법안
- 우주항공청법
- 인플루언서
- 소셜미디어 커머스
- 로봇세
- 혐오
- 게이미피케이션
- 액티브 시니어
- 보호출산제
- 디지털화폐
- 대통령 탄핵
- 희토류
- 고령층 고용

실버 민주주의가 온다(시사오늘, 2025년 3월 30일)

고령화와 저출산으로 인해 중·노년층 유권자가 급증하면서, 1인 1표 민주주의 체제 하에서 청년 세대가 정책 결정에서 소외되고 있다는 우려가 커지고 있다. '실버 민주주의'가 강화되면서 청년보다 수가 많은 기성세대의 이익이 우선시되는 구조가 고착화되고 있으며, 이는 미래 세대를 위한 개혁을 어렵게 만든다. 일본 사례처럼 청년이 정치적으로 소수자가 되는 현상은 한국에도 이미 나타나고 있으며, 이는 국가의 지속 가능성을 위협하는 중요한 시사점을 제공한다.

**키워드** 실버 민주주의(고령화, 저출산, 1인 1표 민주주의)

**관련학과** 사회계열(공공인재학부, 법학과, 사회복지학과, 사회학과, 행정학과), 교육계열(사회교육과, 일반사회교육과)

### ➕ 탐구활동 주제

◆ 실버 민주주의가 청년 정책에 미치는 영향 탐구

◆ 일본과 한국의 실버 민주주의 현상 비교

◆ 1인 1표 제도가 세대 간 형평성에 미치는 영향 분석

◆ 세대별 인구 분포 변화가 선거 결과에 미치는 영향 분석

### ➕ 토론활동

▶ 청년층의 정치적 소외가 국가의 미래에 어떤 영향을 줄까?

▶ 정치에서 청년과 고령층의 대표성이 균형 있게 보장되어야 할까?

▶ 고령층 유권자의 정치적 영향력이 지나치게 크다면 민주주의는 불공정해질까?

▶ 청년 세대의 정치적 소외를 해결하기 위해 어떤 제도적 변화가 필요할까?

## 📌 심화 활동

**논문주제** 영남 지역 기반 대학생 정치 활동가들에게 청년 정치의 의미(김주환, 2024)

이 논문은 영남 지역 대학생 정치 활동가들이 청년 정치에 부여하는 의미와 정치적 신념, 지역 정당 활동에 대한 인식을 심층적으로 분석한다. 연구 참여자들은 실패를 개인 탓보다는 구조적 문제로 인식하며, 이를 변화시키기 위해 정치적 실천의 중요성을 강조한다. 그러나 현실적으로 청년 정치는 기성 정치에 종속되어 있어, 청년들이 정치 효능감을 체감할 수 있도록 제도적 보완이 필요하다는 점을 시사한다.

**키워드** 정치, 청년, 청년 정치, 지역 정치, 정치 효능감

### ➕ 탐구활동 주제

◆ 해외 청년 정치인 사례를 통해 본 국내와 해외의 정치 참여 문화 비교

◆ 청소년의 정치 효능감 조사 및 정치 교육의 필요성 탐구

◆ 모의 선거 기획 및 참여 전후 정치 효능감 변화 비교 연구

### ➕➕ 실천형 심화활동

▶ 청소년 정치참여에 대한 설문조사 후 결과 시각화 및 공유 활동

▶ 동아리 연계 청년 정치참여에 대한 소논문 쓰기 프로젝트 진행

### 교과세특 예시

정치 수업에서 고령화와 저출산에 대해 학습한 후 연계 활동으로 '실버 민주주의'에 관한 기사를 읽고 실버 민주주의가 청년 정책에 미치는 영향에 대한 탐구 활동을 수행함. 청년 세대의 정치적 소외를 해결하기 위한 제도적 변화의 필요성을 느끼고 토론활동에 활발하게 참여함. 이 과정에서 정치 효능감의 중요성을 깨닫고 정치 교육과 정치 효능감의 관계에 대한 탐구 활동을 수행함. 학급 친구들을 대상으로 청소년 정치참여에 대한 설문조사를 진행하고, 그 결과를 시각화하여 게시판에 전시하는 등 교과에서 학습한 내용을 후속 실천 활동으로 연계하는 역량이 돋보임.

| 미디어 | 내수 침체 길어질수록 더 심해지는 소득 양극화 (시민언론 민들레, 2025년 1월5일) |

내수 경기 침체로 대기업과 중소기업 간 생산 격차가 확대되면서 소득 양극화가 심화되고 있다. 2024년 1~11월 중소기업의 생산은 전년 대비 0.9% 감소한 반면, 대기업은 5.2% 증가하였다. 이로 인해 대기업은 성과급 지급이 가능하지만, 중소기업은 여력이 부족한 상황이다. 소득 상위 10% 가구는 연소득 2억 원을 돌파하였고, 자산 격차도 15억 원 이상 벌어진 것으로 나타났다. 양극화 해소를 위한 정책 전환이 필요하다는 지적이 제기되고 있다.

| 키워드 | 소득 양극화(내수 침체, 생산 격차, 양극화 해소) |
| 관련학과 | 사회계열(경영학과, 경제학과, 공공인재학부, 법학과, 사회복지학과, 사회학과, 행정학과), 공학계열(산업공학과), 교육계열(사회교육과, 일반사회교육과) |

➕ **탐구활동 주제**

◆ 내수 경기 침체가 중소기업 생산 감소에 미치는 영향　　◆ 중소기업과 대기업 간 생산성 격차에 관한 탐구
◆ 소득 양극화가 청년층 경제활동에 미치는 영향　　◆ 가계 소득 격차 확대가 소비 시장에 미치는 영향

➕ **토론활동**
▸대기업의 초과이익을 환수해 중소기업에 재분배하견 어떨까?
▸양극화 해소를 위해 고소득층 증세 정책을 시행하는게 효과가 있을까?
▸대기업의 중소기업 상생 의무를 법제화하면 어떨까?
▸소득 양극화 완화를 위한 기본소득제를 도입하는 것은 합리적일까?

## 📌 심화 활동

| 논문주제 | 기본소득 논쟁 다시보기 (윤홍식, 2025) |

이 논문은 기본소득이 복지국가의 역진적 선별성을 보완하는 수단인지, 아니면 이를 대체할 수 있는 대안인지에 대해 논의히고 있다. 저자는 기존 선별적 복지제도가 갖는 낙인 효과와 비효율성을 지적하며, 기본소득이 해소할 수 있는 가능성을 제시한다. 그러나 동시에 기본소득이 복지국가의 보편주의적 원칙과 충돌하거나 기존 제도를 약화시킬 수 있는 한계도 지적한다. 기본소득제는 신중하게 접근해야 할 필요가 있다고 본다.

| 키워드 | 경제 불균형, 기본소득제, 복지국가, 역진적 선별성, 보편주의적 원칙 |

➕ **탐구활동 주제**

◆ 기존 선별적 복지제도와 기본소득제의 낙인 효과 비교 분석　　◆ 국내외 기본소득 도입 사례와 한국 복지제도의 비교를 통한
◆ 기본소득이 복지국가의 보편주의적 원칙에 미치는 영향　　　정척적 시사점

➕➕ **실천형 심화활동**
▸기본소득 관련 찬반 토론회 기획 및 진행
▸해외 기본소득 사례를 조사해 발표 자료 간들기

**교과세특 예시**
경제 불균형이 사회 통합에 미치는 영향을 주제로 발표하며 구조적 문제를 다각도로 분석함. 후속 활동으로 진행된 '대기업의 중소기업 상생 의무 법제화' 찬반 토론에서는 찬성 입장에서 사회적 불평등 완화를 위한 제도적 접근을 제안함. 토론 과정에서 근거를 명확히 제시하고 논리적으로 주장함으로써 사회 현상에 대한 통찰력과 시사 문제에 대한 높은 관심을 드러냄. 균형 잡힌 관점으로 타인의 의견을 존중하며 토론을 이끌고, 공동체적 시각에서 해법을 도출함. 참여자 간 소통을 중시하며 협력적인 분위기를 조성함.

**미디어** 임금체계 바꿔 '정년 연장' vs 적정 임금 보장해 '고용 연장'(서울신문 2025년 3월31일)

정년 연장과 고용 연장 방안이 논의되고 있다. 정년 연장은 법적으로 근로자의 정년을 연장하는 것이며, 고용 연장은 기존 정년을 유지하되 일정 조건 하에 근로자의 고용을 연장하는 방식이다. 정년 연장은 근로자의 안정적인 고용을 보장하지만, 기업의 인건비 부담이 증가할 수 있다. 반면, 고용 연장은 기업의 유연성을 유지하면서도 근로자에게 추가적인 고용 기회를 제공하지만, 임금 수준이 낮아질 수 있다. 이러한 논의는 근로자와 기업 모두의 이익을 고려한 정책적 접근이 필요하다.

**키워드** 정년 연장(안고용 연장, 적정 인금, 기업의 유연성)

**관련학과** 사회계열(공공인재학부, 법학과, 사회복지학과, 사회학과, 행정학과), 교육계열(사회교육과, 일반사회교육과)

### ➕ 탐구활동 주제

• 정년 연장과 고용 연장 제도의 정책적 차이에 관한 탐구
• 주요 선진국의 정년 및 고용 연장 제도 비교
• 고용 연장이 중장년층 근로자에게 미치는 심리적 영향
• 정년 연장 제도와 청년층 고용 기회와의 상관관계 탐구

### ➕ 토론활동

▶ 근로자 고용 안정을 위해 정년을 연장하는 것이 바람직할까?
▶ 기업의 유연성을 고려할 때 정년 연장보다 고용 연장이 더 효과적일까?
▶ 정년 연장이 청년층의 취업 기회를 줄이는 결과를 초래할까?
▶ 고령 근로자에게 정년 이후 임금 조정을 허용하는 것이 정당할까?

## 📌 심화 활동

**논문주제** 연금수급개시 연령과 연계한 정년 연장(조성혜, 2025)

이 논문은 연금수급개시 연령이 점차 상향됨에 따라 고령자의 소득 공백 문제가 심화되고 있다고 지적한다. 이에 따라 정년을 연금수급개시 연령과 연계하여 연장하는 방안을 제안한다. 이는 고령자의 안정적 소득 확보와 노동시장 지속 참여를 도모한다. 또한 고령화로 인한 생산가능인구 감소 문제에 대응하고, 기업의 인력 운용 안정성과 사회 전체의 연금 재정 지속 가능성을 높이는 데 기여할 수 있다고 본다. 아울러 법제도 개선과 사회적 합의 형성의 필요성도 강조한다.

**키워드** 고령자 소득 공백 문제, 연금 수급, 정년 연장

### ➕ 탐구활동 주제

• 연금수급개시 연령 상향이 고령자의 소득 공백에 미치는 영향에 관한 탐구
• 정년연장과 연금수급 연계 정책의 실효성 비교 분석
• 주요 국가의 정년제 및 연금 정책 비교를 통한 시사점 도출

### ➕➕ 실천형 심화활동

▶ 관련 전문가에게 이메일 인터뷰 요청 후 정책 대안 의견 수렴
▶ 기사·통계 활용 고령자 소득공백 문제 인포그래픽 제작

**교과세특 예시**

정년연장과 연금수급 연계 정책의 실효성 비교 분석을 주제로 활동하며 주요 선진국의 정년 및 고용 연장 제도를 조사함. 우리나라보다 먼저 제도를 도입한 국가들의 정책 방향과 노사 상생 사례를 분석하고, 이를 바탕으로 사회적 합의의 중요성을 고찰함. 자료 수집 및 정리 능력이 뛰어나 각국 정책의 공통점과 차이점을 체계적으로 비교함. 관련 주제를 동아리 활동과 연계하여 토론을 주도하며 사회문제에 대한 관심과 행정학과 진학에 대한 진지한 탐색을 보여줌. 고용 안정과 복지 정책 간의 상관관계에 대해 심층적으로 접근함.

| 미디어 | '쉬었음' 청년 50만명, 뻔한 해법은 그만(프레시안 2025년 3월31일) |

2025년 2월 기준, 15~29세 청년층 중 '쉬었음' 인구가 50만 4,000명으로 2003년 통계 작성 이래 최대치를 기록했다. 이는 청년층 고용률이 44.3%로 하락한 것과 함께 나타난다. 제조업과 도소매업 중심으로 청년 취업자가 지속적으로 감소한다. 언론은 기업 투자 위축과 노동시장 경직성을 원인으로 보고, 규제 완화와 기업 지원을 해법으로 제시한다. 정부 정책은 실효성에 한계가 있으며, 고졸·비수도권 청년을 고려한 일자리 질 개선이 시급하다.

| 키워드 | 청년 고용(쉬었음, 고용률, 경활률, 일자리) |
| 관련학과 | 사회계열(경영학과, 경제학과, 공공인재학부, 무역학과, 법학과, 사회복지학과, 사회학과, 행정학과), 교육계열(사회교육과, 일반사회교육과) |

### ➕ 탐구활동 주제

• 청년층 '쉬었음' 인구 증가 원인에 관한 다각적 탐구

• 수도권과 비수도권 청년 고용률 비교 분석

• 정부 청년 일자리 정책의 실효성에 관한 탐구

• 외국의 청년 고용정책과 한국 정책의 비교 및 시사점 도출

### ➕ 토론활동

▶ 청년 고용 문제 해결을 위해 기업 규제를 완화하는 것이 해답일까?

▶ 청년 취업률 제고를 위해 정부가 직접 일자리를 늘리는 방안은 어떨까?

▶ 비수도권 청년을 위한 맞춤형 고용 정책을 강화하는 방안은 어떨까?

▶ 고졸 청년층의 취업 기회를 확대하기 위한 제도 도입에 대한 생각은?

## 📌 심화 활동

| 논문주제 | 미취업 청년 캥거루족의 부모 경제적 의존 유형화 및 결정요인(김동심 외, 2024) |

이 논문은 미취업 청년 캥거루족의 부모에 대한 경제적 의존을 유형화하고, 그 결정 요인을 실증적으로 분석한 연구이다. 연구는 청년의 경제적 상황과 생활비 수급 여부 등을 기준으로 '완전 의존형', '부분 의존형', '비의존형'으로 구분한다. 소득, 교육 수준, 부모의 지원 의지, 주거 형태, 가족관계, 청년의 구직 활동 여부 등이 주요 결정 요인으로 나타난다. 본 연구는 청년층의 경제적 자립을 유도하고 실질적 지원이 가능한 정책 마련의 기초 자료를 제공한다.

| 키워드 | 캥거루족, 청년층 경제적 자립, 청년층 경제 정책 |

### ➕ 탐구활동 주제

• 부모 소득 수준이 청년의 경제적 의존 유형에 미치는 영향 분석

• 부모 지원 의지가 청년 구직 활동에 미치는 영향에 관한 탐구

• 청년의 교육 수준에 따른 경제적 의존 유형의 차이 고찰

### ➕➕ 실천형 심화활동

▶ 청소년 경제 자립 계획서 작성 및 정책 제안서 작성 활동

▶ 청소년 대상 경제교육 캠페인 기획 및 실천

### 교과세특 예시

주제 심화 탐구활동에서 청년 일자리 문제 해결을 위한 정부 정책을 중심으로 '청년내일채움공제', '청년일자리도약장려금', '청년희망ON 프로젝트' 등 정책별 내용과 지원 방식, 대상 요건 등을 구체적으로 비교 분석함. 각 정책이 청년 취업에 미치는 효과와 한계를 통계를 통해 분석하고, 실효성을 높이기 위한 보완 방안을 제시함. 이어 청소년기의 경제적 소양이 진로 선택과 노동시장 이해에 기여한다는 점에 착안해 경제교육 캠페인을 직접 기획·실천함. 캠페인 과정에서 경제 관련 정보의 전달력 향상에 주력하며 또래 청소년의 경제 인식 제고에 기여함.

딥페이크 등 신종 디지털 성폭력이 급증하고 있다. 그러나 관련 범죄의 검거율은 오히려 낮아지고 있다. 2023년 허위영상물 편집·반포는 168건, 촬영물 등을 이용한 협박·강요는 970건이 발생했다. 하지만 검거율은 각각 48.2%와 61.4%로 전년 대비 감소했다. 이는 해외 빅테크 기업과의 협조 부족이 주요 원인으로 지적된다. 정부는 AI기본법을 통해 대응하고자 하나, 실효성에 대한 의문이 제기되고 있다. 따라서 하위 법령 및 시행령의 보완과 AI 윤리 교육의 법적 근거 마련이 필요하다.

**키워드** 딥페이크(디지털 성범죄, AI 기본법, AI 윤리 교육)

**관련학과** 사회계열(공공인재학부, 법학과, 사회복지학과, 사회학과, 상담심리학과, 행정학과), 교육계열(초등교육과, 컴퓨터교육과)

**➕ 탐구활동 주제**

• 딥페이크 기술 발전이 디지털 성폭력 증가에 미친 영향 고찰
• AI기본법의 신종 디지털 범죄 대응 실효성에 대한 고찰
• 신종 디지털 성폭력의 확산이 청소년에게 미치는 영향 분석
• AI 윤리 교육의 법적 제도화 필요성과 방향성 탐구

**➕ 토론활동**
▶ 빅테크 기업에 딥페이크 범죄 대응 의무를 법적으로 부과해야 할까?
▶ AI기본법만으로 신종 디지털 성범죄에 효과적으로 대응할 수 있을까?
▶ 청소년을 대상으로 한 AI 윤리 교육을 법적으로 의무화해야 할까?
▶ 딥페이크 기술은 사회에 해가 더 크기 때문에 규제되어야 옳은가?

# 📌 심화 활동

**논문주제** 딥페이크 기술의 윤리 문제와 대응 방안 모색(목광수, 2024)

이 논문은 딥페이크 기술의 확산에 따른 윤리적 문제와 그 대응 방안을 탐구한다. 딥페이크는 유명인뿐만 아니라 일반인까지 대상으로 하여 성범죄, 명예훼손, 정치적 선전 등 다양한 사회적 문제를 야기하고 있다. 한국 사회는 주로 법적 대응에 집중하고 있으나, 이러한 문제를 해결하기 위해서는 법적 조치뿐만 아니라 윤리적 접근도 필요하다. 논문은 AI 윤리 실현을 위해 이론 윤리 층위, 제도 윤리 층위, 게인 윤리 층위 등 세 가지 층위의 협력이 필요하다고 제안한다:

**키워드** 딥페이크, AI 윤리, 딥페이크 대응 방안

**➕ 탐구활동 주제**

• 딥페이크 기술 확산이 개인과 사회 윤리에 미치는 영향
• 국내외 딥페이크 윤리 가이드라인의 구성 요소 비교 연구
• 덕성 중심 AI 사용자 윤리가 디지털 시민의식에 미치는 영향에 대한 탐구

**➕➕ 실천형 심화활동**
▶ 딥페이크 윤리 주제로 교내 포스터 전시회 기획 및 개최활동
▶ AI 윤리 문제를 주제로 역할극 제작 후 발표활동

**교과세특 예시**

AI기본법의 개념과 도입 필요성을 중심으로 신종 디지털 범죄에 대한 대응 실효성을 탐구함. 해외 관련 법률과의 비교 분석을 통해 국내 입법의 방향성과 시사점을 도출하고, 딥페이크 문제 해결을 위한 윤리 가이드라인을 조사하여 발표함. 발표 과정에서는 정보의 출처와 논리적 근거를 명확히 제시하며 타인의 의견을 수용하고 자신의 주장을 조리 있게 전달함. 진로 연계 활동으로 AI 윤리 분야에 대한 관심을 확장하며 법과 기술의 융합적 관점에서 진로 탐색의 폭을 넓힘. 이후 관련 분야 전문가와 가상 인터뷰 활동을 진행하며 관련 분야 지식을 심화함.

**미디어**  노동시장 해법 '동상이몽'(뉴스핌 2025년 3월 26일)

노동계는 고용안정 대책 수립을 위한 논의의 필요성을 강조하며, 업종별·계층별 위원회의 상시 운영을 주장한다. 반면, 경영계는 노동시장 유연성 강화를 위한 구조 개혁을 요구하며, 양측의 입장 차이로 인해 노동시장 해법에 대한 합의가 어려움을 겪고 있다. 이러한 상황에서 정부는 노동시장 개혁을 위한 중재 역할을 수행하며, 사회적 대화를 촉진하고자 노력하고 있다. 그러나 구체적인 합의 도출에는 시간이 더 필요할 전망이다. 양측의 신뢰 회복을 위한 대책이 우선 과제로 떠오른다.

**키워드**  노동시장(고용안정, 노동시장 유연성, 노동시장 계혁)

**관련학과**  사회계열(경영정보학과, 경영학과, 경제학과, 공공인재학부, 무역학과, 사회학과, 행정학과), 공학계열 (산업경영공학과, 산업공학과), 교육계열(사회교육과, 일반사회교육과)

➕ **탐구활동 주제**

◆ 노동계와 경영계의 노동시장 개혁안 비교 분석
◆ 사회적 대화를 통한 노사정 합의 도출 가능성에 관한 탐구

◆ 노동시장 개혁이 청년층 취업 환경에 미치는 영향
◆ 노사 간 신뢰 회복을 위한 해외 사례와 국내 적용 가능성 비교

➕ **토론활동**

▶ 고용안정보다 노동시장 유연성이 더 중요할까?
▶ 정부가 노동시장 개혁에 적극 개입해야 흘까?
▶ 노사정 대화가 실질적인 해법이 될 수 있을까?
▶ 노동계의 고용안정 요구가 기업 경쟁력을 약화시킬까?

## 📌 심화 활동

**논문주제**  고용시장의 주요 문제와 노동개혁 과제(김강식, 2023)

이 논문은 고용시장의 구조적 문제를 분석하고 노동개혁의 방향을 제시한다. 우리나라 고용시장은 경직된 규제, 이중구조, 낮은 고용률 등의 문제를 안고 있다. 이에 따라 노동시장 유연성 확보와 법치주의 기반의 규제 개혁이 필요하다고 강조한다. 또한 국제적 기준에 부합하는 노동개혁을 통해 고용 창출과 경제 활력을 도모해야 한다고 주장한다. 노동시장 양극화 하소와 지속가능한 성장 기 반 마련도 과제로 제시한다.

**키워드**  고용시장, 노동개혁,

➕ **탐구활동 주제**

◆ 우리나라 고용시장 이중구조의 원인과 개선방안에 관한 탐구

◆ 한국과 유럽 주요국의 노동시장 구조 비교 분석
◆ 노동시장 양극화 해소를 위한 제도적 접근 방식에 관한 탐구

➕➕ **실천형 심화활동**

▶ 노동시장 유연성과 고용안정의 균형에 대해 찬반 토론 활동
▶ 노동시장 양극화 문제 해결을 위한 정책 제안서 작성활동

**교과세특 예시**

진로 주제 탐구활동에서 노사 간 신뢰 회복을 주제로 미국과 일본의 사례를 비교·분석함. 특히 미국의 세계적인 자동차 제조사와 전미지동차노조간의 협력 모델 사례를 선정해 발표함. 노동시장 양극화 문제 해결을 위한 심화 연계활동으로 정책 제안서를 작성하는 과정에서 다양한 국내 연구발간물을 참고하고, 해외 사례의 시사점을 도출하여 창의적이고 실현 가능한 대안을 제시함. 제안서 내용은 문제의식이 뚜렷하고 정책 구성이 참신하다는 평가를 받았으며, 분석과 자료 활용, 논리 전개 과정에서 높은 수준의 탐구 역량을 드러냄.

한국은행이 발표한 보고서에서 상위권 대학 신입생을 지역별 학령인구 비율에 따라 선발하는 방안을 제안하고 있다. 이는 부모의 경제력과 거주 지역이 대학 입시에 큰 영향을 미쳐 교육 불평등이 심화되고, 이로 인해 '잃어버린 인재'가 발생하여 경제 성장에 부정적 영향을 미칠 수 있다는 우려에서 비롯된다. 보고서는 서울대 2019학번의 경우 수시 지역균형선발 전형 입학생의 평균 학점이 정시 일반전형 입학생보다 높았다는 점을 근거로 제시하며, 지역 선발 확대의 타당성을 강조한다.

**키워드**　교육 불평등(사교육 과열, 입시 과열, 교육 기회균등)

**관련학과**　사회계열(경찰행정학과, 공공인재학부, 도시행정학과, 사회학과, 정치외교학과, 행정학과), 교육계열(교육학과, 사회교육과, 일반사회교육과)

### ➕ 탐구활동 주제

• 부모의 경제력이 자녀의 학업 성취도와 대학 진학에 미치는 영향
• 사교육비 지출 격차가 대학 입시 결과에 미치는 영향 분석
• 선진국의 교육 불평등 해소를 위한 정책 사례와 그 효과 비교
• 지역 비례선발제 도입 시 예상되는 장단점과 정책적 고려사항 고찰

### ➕ 토론활동

▶ 지역별 학령인구 비율에 따라 대학 신입생을 선발하는 방안에 대한 생각은?
▶ 입시에서 지역균형전형 비중을 더 확대하는 방안에 대해 토론해볼까?
▶ '결과의 평등'을 위한 정책이 '기회의 평등'을 해칠 수 있다는 주장에 대해 생각은?
▶ 지역 비례선발제가 대학 입시에서 역차별을 일으킬 가능성은 없을까?

## 📌 심화 활동

**논문주제**　고교학점제의 학생 선택형 교육과정으로 인한 교육 불평등 문제 탐색(이주연 외, 2023)

이 논문은 고교학점제가 학생의 과목 선택권을 확대한다는 점에서 긍정적이지만, 지역·학교·가정의 환경에 따라 선택 가능한 과목 수와 질이 달라져 교육 불평등을 심화할 수 있음을 지적한다. 또한 진로와 연계된 과목 선택이 제한되는 현실에서 학생 간 학업 성취도 격차가 커질 우려가 있다고 분석한다. 이를 해결하기 위해 국가 차원의 지원과 제도적 보완이 필요하다고 제언한다.

**키워드**　교육 불평등, 고교학점제, 학생 선택형 교육과정

### ➕ 탐구활동 주제

• 고교학점제가 교육 격차에 미치는 영향에 관한 탐구
• 고교학점제가 교육 불평등에 미치는 장단점 고찰
• 고교학점제 운영에 필요한 정책적 지원 방안에 관한 탐구

### ➕➕ 실천형 심화활동

▶ 학교별 선택 과목 개설 현황을 조사하고 비교한 후 발표활동
▶ 고교학점제 관련 자료를 분석하고 비평문 작성활동

#### 교과세특 예시

진로 연계 탐구활동을 통해 '대입에서 지역 비례선발제' 도입 시 발생할 수 있는 장단점을 비교 분석함. 지역 간 교육 자원의 격차 해소라는 긍정적 효과와 함께, 우수 인재 유출 우려 등 부작용을 종합적으로 검토함. 정책 수립 시 형평성과 실효성 확보를 위한 지표 설정의 필요성을 제안하고, 입시제도 전반의 재설계를 주장함. 이어 고교학점제가 교육 불평등 해소에 기여할 수 있는 가능성과 동시에 학교 간 역량 차이로 인한 형평성 문제를 함께 고찰함. 교육 정책의 지속 가능성과 지역 균형을 위한 지원 방안을 제시하고, 교육의 공공성과 포용성을 강화하는 방향으로 정책을 제안함.

| 미디어 | 장애 청소년의 정신건강 현황과 향후 과제(에이블 뉴스 2025년 4월4일) |
| --- | --- |

장애청소년의 정신건강은 심리적·정서적 어려움과 밀접하거 연관되어 있다. 이들은 또래 관계, 학업, 진로 등에서 스트레스를 겪으며 우울, 불안, 낮은 자존감 등의 문제를 경험한다. 장애청소년의 우울감과 자살 생각률은 비장애 청소년보다 현저히 높다. 그러나 치료 접근성은 낮아 문제가 심화된다. 사회적 고립, 차별, 정체성 혼란도 부정적 영향을 미친다. 이를 해결하기 위해 맞춤형 상담, 정신건강 교육, 또래 교류 확대, 진로 지원 등 체계적인 지원과 관심이 필요하다.

| 키워드 | 장애 청소년(정신건강, 사회적 고립, 자존감, 정체성) |
| --- | --- |
| 관련학과 | 사회계열(상담심리학과, 심리학과, 아동학과, 행정학과), 의약계열(의예과, 작업치료학과, 재활상담학과), 교육계열(교육학과, 일반사회교육과, 초등교육과, 특수교육과) |

➕ **탐구활동 주제**

• 장애청소년의 정신건강에 영향을 미치는 사회적 요인
• 장애청소년의 정신건강 문제 해결을 위한 교육기관의 역할
• 장애청소년이 겪는 차별 경험이 정신건강에 미치는 영향 분석
• 장애청소년의 진로 불안이 정신건강에 미치는 심리적 영향

➕ **토론활동**

▶ 특수학교보다 통합교육이 장애청소년 정신건강에 더 도움이 될까?
▶ 장애청소년에 대한 정기적인 심리검사와 상담이 의무화되어야 할까?
▶ 또래와의 자연스러운 교류가 정신건강 개선에 실질적인 영향을 줄까?
▶ 장애청소년의 정신건강은 개인보다 사회가 더 책임져야 할 문제일까?

 📌 **심화 활동**

| 논문주제 | 청소년의 스마트폰 과의존이 정신건강어 미치는 영향(김사라형선 외, 2024) |
| --- | --- |

이 논문은 청소년의 스마트폰 과의존이 정신건강에 미치는 영향을 분석한 연구이다. 스마트폰 과의존 수준이 높을수록 우울, 불안, 스트레스 등의 정신건강 문제 발생률이 높아지는 경향이 나타난다. 연구는 중·고등학생을 대상으로 설문조사를 실시해 스마트폰 사용 습관과 심리적 요인 간의 상관관계를 도출하였다. 특히 자기통제력이 낮을수록 정신건강에 부정적인 영향을 받을 가능성이 크다는 점을 강조한다.

| 키워드 | 정소년 정신건강(스마트폰 과의존, 정신건강 증진 프로그램) |
| --- | --- |

➕ **탐구활동 주제**

• 중학생과 고등학생의 스마트폰 사용 습관 비교 분석
• 스마트폰 사용 시간에 따른 청소년 정신건강 상태 비교
• 청스년의 스마트폰 과의존이 학업 성취도에 미치는 영향

➕➕ **실천형 심화활동**

▶ 스마트폰 사용 시간을 일주일간 기록하고 사용 패턴 분석 보고서 작성활동
▶ 스마트폰 과의존 예방을 위한 포스터나 카드뉴스 제작후 교내 캠페인활동

**교과세특 예시**

장애청소년의 정신건강에 영향을 미치는 사회적 요인을 주제로 탐·구하며, 따돌림, 사회적 기술 습득의 어려움 등이 정서적 어려움을 심화시킬 수 있음을 다각도로 분석함. 특히 실제 사례 분석과 자료 조사를 통해 사회적 배제의 누적 효과를 체계적으로 정리함. 정책적 접근은 예방-치료-회복의 전 단계를 아우르는 통합적 관리 필요성에 주목하였으며, 후속활동으로 또래와의 자연스러운 교류가 정신건강에 실질적인 긍정 효과를 줄 수 있는지에 대한 토론을 진행함. 또래 관계의 질이 심리적 안정감에 미치는 영향을 다양한 사례를 기반으로 제시하며, 깊은 상관성이 있다고 논리적으로 주장함.

도널드 트럼프 전 미국 대통령이 재선 시 모든 국가에 '상호관세'를 부과하겠다고 밝혔다. 미국에 높은 관세를 매기는 국가엔 그에 상응하는 관세를 적용하겠다는 입장이다. 이는 자유무역 체제에 대한 도전으로, 보호무역주의 강화를 뜻한다. 특히 한국을 포함한 주요 교역국에 큰 영향을 줄 수 있다. 한국 정부는 산업계 의견을 수렴해 대응 방안 마련에 나설 것으로 보인다. 이 정책은 미국 내 제조업 보호를 목표로 하지만, 글로벌 공급망 혼란과 무역 갈등을 초래할 수 있다는 우려도 나온다.

**키워드**　보호무역주의(상호관세, 관세전쟁, 무역 전쟁, 무역 갈등)

**관련학과**　사회계열(경제학과, 국제통상학과, 국제학부, 글로벌경영학과, 무역학과, 세무학과, 정치외교학과, 행정학과)
　　　　　　교육계열(사회교육학과, 일반사회교육과)

**➕ 탐구활동 주제**

◆ 미국의 상호관세 정책이 자유무역 체제에 미치는 영향에 관한 탐구　　◆ 미국의 상호관세가 글로벌 공급망에 미치는 영향에 관한 탐구

◆ 미국의 상호관세 정책이 한국의 수출 산업에 미치는 영향　　◆ 한국의 대미 수출 전략 변화와 그 실효성에 대한 고찰

**➕ 토론활동**　▶ 미국의 상호관세 정책이 세계 무역 질서에 긍정적 영향을 줄 수 있을까?

　　　　　　▶ 한미 FTA 체결국인 한국에 상호관세를 적용하는 것이 정당한 조치일까?

　　　　　　▶ 자국 산업 보호를 위해 관세 장벽을 높이는 것이 바람직한 선택일까?

　　　　　　▶ 한국은 미국의 관세 압박에 맞서 강경 대응하는 것이 효과적일까?

## 📌 심화 활동

**논문주제**　　트럼프 2.0 시대 디지털 무역장벽에 대한 전망 및 쟁점(조유미, 2024)

이 논문은 미국의 트럼프 전 대통령이 재집권할 경우 디지털 무역정책에 어떤 변화가 생길지 전망하고, 이에 따른 주요 쟁점을 분석한다. 특히 데이터 이전 제한, 빅테크 규제 강화, 자국 산업 보호 조치 등 디지털 무역장벽 강화 가능성을 중심으로 다룬다. 또한 이러한 조치들이 글로벌 디지털 무역 질서에 미칠 영향을 검토하고, 한국 등 주요 교역국이 이에 대응하기 위한 전략 수립의 필요성을 강조한다.

**키워드**　　디지털 무역장벽(미국 우선주의 보호무역주의, 디지털 주권)

**➕ 탐구활동 주제**

◆ 미국 디지털 무역장벽 강화가 한국 IT 기업에 미치는 영향　　◆ 디지털세 도입이 국가 간 무역 갈등에 미치는 영향 분석

◆ 디지털 무역장벽이 글로벌 기술기업의 전략에 미치는 영향

**➕➕ 실천형 심화활동**　▶ 미국과 한국의 디지털 무역 정책 비교 발표활동

　　　　　　　　　　▶ 디지털 무역장벽 관련 주제로 모의 국제회의활동

**교과세특 예시**

미국의 상호관세 정책이 한국 수출 산업에 미치는 영향을 주제로 탐구하면서 환율 상승과 소비자 구매력 약화가 소비재 가격 상승과 수출기업의 손익에 미치는 영향을 분석함. 사례 분석을 통해 생산기지 및 수출시장 다변화 전략을 모색하며 실질적인 대안을 도출함. 연계활동으로 트럼프 2.0 시대의 디지털 무역장벽에 대한 한국의 디지털 무역 대응 전략을 주제로 추가 탐구를 수행함. 이 과정에서 디지털 통상 규범 변화와 국제 무역 환경의 상관관계를 체계적으로 분석하며 경제 분야에 대한 깊은 이해와 관심을 바탕으로 논리적인 탐구 역량을 심화함.

**미디어** 서울시 학생인권조례 12년 만에 '최종 폐지'(경향신문 2024년 6월25일)

서울시의회는 2024년 4월 26일 서울 학생인권조례 폐지안을 의결하였다. 이 조례는 학생의 성별, 종교, 성적 지향 등으로 차별받지 않을 권리와 폭력으로부터의 자유를 보장해왔다. 그러나 학생의 인권이 과도하게 강조되어 교권과 학습권 침해 우려가 제기되었다. 또한 학생 인권 보호가 교사의 정당한 교육권을 침해한다는 비판도 있었다. 이에 따라 서울시교육청은 대법원 제소를 검토 중이며, 더불어민주당은 학생인권법 제정을 추진하고 있어 향후 논의가 주목된다.

**키워드** 학생인권조례(학생인권법, 교권, 교육권, 학습권)

**관련학과** 사회계열(법학과, 사회복지학과, 사회학과, 상담심리학과, 심리학과, 행정학과), 전 교육계열

**➕ 탐구활동 주제**

- 서울 학생인권조례 폐지와 학생 인권 보장의 관계 비교 분석
- 서울시 학생인권조례 폐지와 타 지역 조례 비교 분석
- 학생인권조례가 교육 현장에 미친 긍정적·부정적 영향 분석
- 학생인권법 제정 추진과 학생인권조례 폐지의 상관 관계 분석

**➕ 토론활동**
- ▶ 서울 학생인권조례 폐지가 학생 인권 보호를 약화시키는가?
- ▶ 학생 인권조례 폐지가 교권 강화에 도움이 될까?
- ▶ 학생 인권조례가 학생들의 학습권을 침해한다고 볼 수 있는가?
- ▶ 학생의 권리가 과도하게 보장되면 교사의 교육권이 침해될 위험이 있는가?

## 📌 심화 활동

**논문주제** 6개 시·도 학생인권조례의 종합 비교를 통한 문제점과 개선과제 연구(권혜정 외, 2023)

이 연구는 6개 시·도의 학생인권조례를 비교 분석하여 문제점과 개선 과제를 도출한다. 분석 결과, 평균적으로 48개 조항 중 학생의 권리를 규정한 조항은 약 19개, 의무는 약 1개로 나타났다. 주요 문제점으로는 학생 권리 존중 부족과 기구의 비효율성이 지적되었으며, 개선 방안으로는 인권옹호관의 유효성 점검, 관련 기구의 통합 정비, 학생 권리 교육 범위 축소, 미성년자 의무 확대 등이 제안되었다.

**키워드** 학생인권조례, 교권, 학생 수업권, 학생 인권

**➕ 탐구활동 주제**

- 학생인권조례의 의무 조항 비교 분석과 개선 방안 제시
- 학생 권리 존중 수준에 따른 지역별 차이 비교 연구
- 학생인권조례 개정이 학생들의 학교 생활에 미친 영향 분석

**➕➕ 실천형 심화활동**
- ▶ 학생인권조례 분석 후, 학교에 필요한 조항을 제안하는 발표 활동
- ▶ 학생인권조례 개정이 권리 존중에 미치는 영향 설문 분석 활동

**교과세특 예시**

교육 관련 시사 이슈 탐구활동에서 학생인권조례를 주제로 선정하여 그 긍정적·부정적 영향을 다각도로 분석함. 체벌 금지와 복장·두발 자유 등 긍정적 변화를 통해 학생의 자율성과 인권 신장 측면을 고찰하고, 교권 약화 및 학습권 침해 등의 문제점도 함께 조명함. 찬성 입장에서 학생 중심 교육의 필요성을 주장하며, 6개 시·도의 인권조례를 비교 분석해 지역별 차이를 파악함. 심화활동으로 제도적 보완을 위한 개선 방안을 제시하며 비판적 사고력과 정책 이해도를 심화함. 발표 및 토론을 통해 타인의 다양한 시각을 수용하고 논리적 주장 전개 능력을 발전시킴.

국회는 2025년 3월 20일 '국민연금법' 일부개정법률안을 통과시켰다. 개정안은 보험료율을 9%에서 13%로 단계적으로 인상하고, 소득대체율을 43%로 상향 조정한다. 또한, '국가의 연금급여 지급 보장'을 명문화하여 국민의 신뢰를 높인다. 출산 크레딧은 첫째아부터 지원하고, 군 복무 크레딧은 최대 12개월로 확대한다. 저소득 지역가입자의 보험료 지원 대상도 확대하여 부담을 완화한다. 이로써 연금 기금 소진 시기가 2071년으로 15년 연장될 전망이다. 개정안은 2026년 1월 1일부터 시행된다.

| 키워드 | 연금개혁법안(국민연금법, 보험료율, 소득대체율, 소득 보장) |
| --- | --- |
| 관련학과 | 사회계열(경영학과, 경제학과, 법학과, 사회복지학과, 사회학과, 정치외교학과, 행정학과), 교육계열(사회교육과, 일반사회교육과) |

**➕ 탐구활동 주제**

◆ 국민연금 보험료율 인상이 청년층의 경제적 부담에 미치는 영향
◆ 개정 전후 국민연금 소득대체율 변화에 대한 비교 분석
◆ 연금급여 국가 지급 보장의 법제화가 국민 신뢰도에 미치는 영향
◆ 개정된 국민연금법과 외국 주요 국가 연금제도의 비교

**➕ 토론활동**

▶ 국민연금 보험료율 인상은 정당한 조치일까?
▶ 연금급여 국가 지급 보장은 꼭 필요할까?
▶ 군 복무 크레딧 확대는 형평성 있는 정책일까?
▶ 국민연금 개정이 세대 간 갈등을 유발할 수 있을까?

# 📌 심화 활동

**논문주제** OECD 국가 연금개혁 분석을 통한 공적연금법 개정 방안 연구(노한장, 2023)

이 논문은 주요 OECD 국가들의 연금개혁 사례를 분석하여 한국 공적연금법 개정의 방향을 제시한다. 연금의 지속 가능성과 형평성 확보를 위해 구조적 개혁과 제도 간 정합성 강화를 제안한다. 또한, 국민연금의 재정 안정성을 높이기 위한 정책적 시사점을 도출하며, 국내 연금제도의 장기적 발전 방안을 모색한다. 특히 고령화 심화와 경제 여건 변화에 따른 유연한 대응체계 마련의 필요성을 강조한다.

| 키워드 | 공적연금법(OECD 국가 연금개혁, 연금시스템) |
| --- | --- |

**➕ 탐구활동 주제**

◆ 주요 OECD 국가 연금개혁 사례와 한국의 연금제도 비교 분석
◆ 연금제도 개혁이 세대 간 형평성에 미치는 영향에 대한 고찰
◆ 고령화 사회에서 공적연금제도의 역할 변화에 관한 탐구

**➕➕ 실천형 심화활동**

▶ 국민연금 재정 안정화를 위한 가상의 정책 제안을 작성해 보고 모의 공청회 활동
▶ 고령화 사회와 연금 문제를 주제로 뉴스 기사나 인터뷰 콘텐츠 제작 활동

**교과세특 예시**

개정된 국민연금법을 주제로 한 탐구활동에서 보험료율 인상과 소득대체율 상승에 따른 '더 내고 더 받는 구조'의 연금제도를 분석함. 미국, 영국, 독일 등 주요 국가의 연금제도와 비교하여 개정된 우리나라 연금제도의 특성과 국가적인 추진 방향, 미래 연금세대인 청년층의 수용 가능성이 필요함을 강조함. 탐구 과정에서 다양한 통계자료와 제도적 분석을 활용해 설득 논리를 구성하며 발표 활동을 통해 의견을 명확하게 전달함. 청년층 대상 설문조사를 통해 실제 인식과 기대를 파악하고 정책 수용성 분석에 근거를 더함.

**미디어** 우주청 신설법 국회 통과, 이르면 5월 우주청 설립 (헬로디디 2024년 1월 9일)

'우주항공청 설립 및 운영에 관한 특별법안' 통과로 우리나라 우주개발 체계가 본격적인 전환점을 맞았다. 우주항공청은 국가 우주개발 정책의 컨트롤타워로서 정책 수립, 연구개발, 산업 육성 등을 총괄하며, 한국항공우주연구원과 한국천문연구원도 소속 기관으로 편입된다. 그동안 분산되어 있던 우주개발 기능이 통합됨에 따라 추진의 효율성이 높아지고, 전문가들은 이를 통해 국제 경쟁력을 확보하고 체계적인 우주개발이 가능해질 것으로 기대하고 있다.

**키워드** 우주항공청법(항공우주청, 우주개발, 우주안보)

**관련학과** 사회계열(공공인재학부, 법학과, 정치외교학과, 행정학과), 자연계열(대기과학과, 물리학과, 천문우주학과), 공학계열(교통공학과, 기계공학과, 항공우주공학과, 항공운항학과)

**➕ 탐구활동 주제**

• 우주항공청 설립이 국내 우주산업 발전에 미치는 영향
• 우주항공청 설립이 지역 균형 발전에 미치는 영향에 관한 고찰
• 우주항공청 출범이 청소년 과학 진로 인식에 미치는 영향
• 국가 주도와 민간 주도 우주개발 방식의 차이점 비교 분석

**➕ 토론활동**
▶ 우주개발은 민간 주도가 아니라 국가 주도로 이뤄져야 할까?
▶ 우주항공청 설립이 지역 경제 활성화에 실질적 도움이 될까?
▶ 우주개발에 대한 투자는 국민 복지보다 우선되어야 할까?
▶ 우주항공청이 한국의 과학기술 경쟁력 강화에 기여할 수 있을까?

 **심화 활동**

**논문주제** 항공우주 기술과 우주 윤리 (김정형, 2024)

이 논문은 항공우주 기술의 발전이 인류 사회에 미치는 영향과 그에 따른 윤리적 문제를 다룬다. 우주 탐사, 위성 기술, 민간 우주 산업 등의 기술적 진보가 인간의 삶을 어떻게 변화시키는지를 설명한다. 동시에 자원의 독점, 군사적 활용, 생명 경시 등 우주 개발에 따르는 윤리적 쟁점을 제기 한다. 기술 중심의 접근에서 벗어나 인간 존엄성과 공동체 가치가 우주 개발에 어떻게 반영되어야 하는지를 고찰한다.

**키워드** 항공우주 기술, 우주항공청, 항공우주 윤리

**➕ 탐구활동 주제**

• 항공우주 기술과 군사 기술의 융합이 초래하는 윤리적 쟁점
• 국가 간 우주자원 경쟁이 국제 질서에 미치는 영향 분석
• 우주 탐사에서 인공지능 활용의 윤리성과 기술 효용성 비교 분석

**➕➕ 실천형 심화활동**
▶ 미래 우주 사회에서 예상되는 윤리적 갈등 상황을 바탕으로 역할극 활동
▶ '우주 개발과 인간 존엄성'을 주제로 한 글쓰기 활동 또는 신문 사설 쓰기 활동

**교과세특 예시**

우주항공청 설립이 국내 우주산업에 미치는 영향을 주제로 탐구하며, 우주항공 분야의 기술 발전과 경제적 파급효과를 분석함. 우주항공 전담조직의 필요성과 리더십을 중심으로 경쟁력 확보 방안을 모색하고, 우리나라 우주경제 영토 확장의 비전을 구체적으로 제시함. 이후 우주 자원 채굴과 생명·환경 문제에 대한 윤리적 관점을 탐색하며 우주 윤리에 대한 확장적 논의를 이어감. 다양한 자료 조사 등을 통해 탐구를 심화하며 논리적 사고력과 비판적 시각을 함께 기름. 최종 발표에서는 탐구 내용을 시각자료와 함께 구조화하여 쉽게 이해할 수 있게 제시함. 우주 분야에 대한 진로가 명확함.

**인플루언서 마케팅: 각 SNS 채널의 특장점 비교 분석(태그바이 2024년 6월4일)**

인플루언서 마케팅에서 각 SNS 채널의 특성을 가지고 있다. 인스타그램은 시각적 콘텐츠에 강해 20~30대 여성 타깃에 효과적이다. 네이버 블로그는 상세한 정보 전달에 적합해 고관여 제품이나 B2B 마케팅에 유리하다. 유튜브는 신뢰도 높은 영상 콘텐츠로 전 세대에 효과적이며, 제품 사용법 정보로과 설득력을 높인다. 틱톡은 Z세대 대상 숏폼 콘텐츠에 강하고 빠른 확산이 가능하다. X는 관심사 기반 커뮤니티로 브랜드 팬덤 형성에 유리하다. 브랜드는 채널별 특성과 고객층을 고려한 맞춤형 전략이 필요하다.

**키워드** 인플루언서 마케팅(SNS 채널별 특징)

**관련학과** 사회계열(문화콘텐츠학과, 미디어커뮤니케이션학과, 소비자학과, 신문방송학과, 심리학과, 언론정보학과), 예체능계열(디지털콘텐츠학과), 교육계열(가정교육과, 컴퓨터교육과)

**➕ 탐구활동 주제**

• 인스타그램과 틱톡의 시각적 콘텐츠 전달 방식 비교 분석
• 각 SNS 채널의 주 사용층 특성에 따른 마케팅 전략 고찰
• 틱톡의 숏폼 영상이 Z세대 소비자 행동에 미치는 영향 연구
• 인스타그램 해시태그 경쟁 심화가 브랜드 노출에 미치는 영향

**➕ 토론활동**

▶ 인스타그램이 Z세대보다 밀레니얼 세대에 더 효과적인 마케팅 채널일까?
▶ 틱톡의 숏폼 콘텐츠가 전통적인 블로그 콘텐츠보다 더 강력한 설득력을 가질까?
▶ 브랜드 마케팅에서 X(구 트위터)를 활용하는 것이 효과적일까?
▶ 각 SNS 채널별 타깃층 분석 없이 마케팅을 진행해도 괜찮을까?

# 📌 심화 활동

**논문주제** **가상 인플루언서에 대한 소비자 반응 연구(한혜주 외, 2023)**

이 논문은 가상 인플루언서에 대한 소비자 반응을 분석한 연구이다. 소비자들이 가상 인플루언서를 어떻게 인식하고, 그 인식이 브랜드 태도와 구매 의도에 어떤 영향을 미치는지를 실증적으로 분석한다. 연구 결과, 가상 인플루언서의 사회적 매력과 신뢰성이 소비자 반응에 긍정적 영향을 미치는 것으로 나타났다. 본 연구는 가상 인플루언서를 활용한 마케팅 전략 수립에 유용한 시사점을 제공한다.

**키워드** 가상 인플루언서 마케팅, 소비자 반응

**➕ 탐구활동 주제**

• 가상 인플루언서와 실제 인플루언서의 광고 효과 비교
• 가상 인플루언서를 활용한 마케팅 전략의 효과성에 대한 고찰
• 브랜드 광고에서 가상 인플루언서와 실존 모델의 효과성 비교 분석

**➕➕ 실천형 심화활동**

▶ 가상 인플루언서를 활용한 광고 영상 또는 홍보 콘텐츠 기획 및 제작 활동
▶ 다양한 브랜드 사례를 조사해 가상 인플루언서 마케팅의 성공 요인을 발표 활동

**교과세특 예시**

인스타그램 해시태그 경쟁 심화가 브랜드 노출에 미치는 영향을 중심으로 탐구함. 해시태그의 등장 배경과 활용 방식을 정리하고, 고객과 브랜드를 연결하는 커뮤니케이션 도구로서의 기능을 분석함. 특히, 브랜드는 해시태그 검색에 의존하던 고객에게 맞춤형 콘텐츠를 제안하며 소비자 경험을 향상시키고 있음. 가장 적절한 해시태그 선택의 중요성을 강조하고, 연계 활동으로 가상 인플루언서를 활용한 마케팅 전략의 효과성에 대해 탐구함. 24시간 활동가능하고 글로벌 시장 공략에 유리한 전략임을 확인하며 마케터 진로에 대한 관심을 구체화함.

**미디어** '숏폼'이 바꾼 소셜미디어, 다음 핵심 트렌드 커머스는?(COS'IN 2024년 11월19일)

숏폼 콘텐츠의 급성장으로 인스타그램, 유튜브, 틱톡 등 주요 소셜미디어 플랫폼의 이용 형태가 빠르게 변화하고 있다. 유튜브는 쇼츠, 인스타그램은 릴스를 통해 이용자 체류 시간을 늘리고 있으며, 틱톡은 접속 빈도는 증가했으나 시청 콘텐츠 수는 감소했다. 숏폼 시청 경험률은 전년 대비 크게 증가했고, 유머, 맛집, 여행, 반려동물 등 콘텐츠도 다양해졌다. 플랫폼들은 커머스 기능을 도입하며 쇼핑과의 연계를 강화하고 있으나, 실제 쇼핑 이용률은 아직 낮은 수준이다.

**키워드** 소셜미디어 커머스(숏폼, 소셜미디어, 커머스)

**관련학과** 사회계열(문화콘텐츠학과, 미디어커뮤니케이션학과, 상담심리학과, 소비자학과, 신문방송학과, 심리학과, 언론정보학과), 예체능계열(디지털콘텐츠학과), 교육계열(교육공학과)

➕ **탐구활동 주제**

◆ 숏폼 콘텐츠가 소셜미디어 플랫폼 이용 시간 변화에 미친 영향
◆ 틱톡의 접속 빈도 증가와 콘텐츠 소비 패턴 변화 비교

◆ 인스타그램 릴스와 유튜브 쇼츠의 사용자 참여도 비교 분석
◆ 연령대별 소셜미디어 플랫폼 이용률 차이와 그 영향 고찰

➕ **토론활동**

▶ 소셜미디어 플랫폼의 커머스 기능 추가, 사용자 경험 향상에 도움이 될까?
▶ 숏폼 콘텐츠의 급성장이 소셜미디어의 질적 수준을 저하시킬까?
▶ 유튜브 쇼츠와 틱톡의 성장으로 긴 형식의 콘텐츠 소비가 감소할 것인가?
▶ 숏폼 콘텐츠의 다양화가 콘텐츠 제작자들의 창의성을 제한할 수 있을까?

 심화 활동

**논문주제** 숏폼 콘텐츠가 청소년의 정신건강에 미치는 영향에 관한 문헌연구(신영환 외, 2025)

이 논문은 숏폼 콘텐츠의 이용 실태와 특성을 분석하고, 그것이 청소년의 정신건강에 미치는 영향을 기존 문헌을 통해 고찰한다. 주요 결과로는 숏폼 콘텐츠의 과도한 이용이 주의력 결핍, 수면 부족, 정서적 불안 등을 유발할 수 있음을 보여준다. 또한 긍정적 효과로는 스트레스 해소와 자기표현의 수단 역할이 있음이 밝혀진다. 이에 따라 숏폼 콘텐츠의 균형 잡힌 이용을 위한 교육과 정책적 대응의 필요성이 제기된다.

**키워드** 숏폼 콘텐츠(청소년 정신건강, 창의적 표현, 디지털 리터러시)

➕ **탐구활동 주제**

◆ 숏폼 콘텐츠 이용 빈도에 따른 청소년의 정서 변화에 관한 탐구
◆ 숏폼 콘텐츠 이용 시간과 학업 집중력의 상관관계에 관한 탐구

◆ 숏폼 콘텐츠 과다 이용이 수면의 질에 미치는 영향

➕➕ **실천형 심화활동**

▶ 숏폼 콘텐츠의 긍정적·부정적 영향을 주제로 모둠별 찬반 토론 활동
▶ 숏폼 콘텐츠의 건강한 이용을 위한 캠페인 포스터 또는 영상 제작 활동

**교과세특 예시**

연령대별 소셜미디어 플랫폼 이용률의 차이와 그 영향을 고찰하며, 세대별 주요 이용 현황과 특징을 비교 분석함. 연령대가 낮을수록 이용하는 플랫폼의 수가 많고, 이용 목적 및 정보 유형에서 세대별 차이가 뚜렷함을 파악함. 시각자료와 도식화를 활용해 데이터를 구조화하고, 비교 분석 능력을 효과적으로 드러냄. 연계 활동으로 숏폼 콘텐츠가 청소년의 정신건강에 미치는 영향을 탐구하며, 창의적 자극과 정보 습득의 다양성이라는 장점과 함께 주의력 저하, 수면 장애, 부정확한 정보 노출 등 문제점도 함께 분석함. 논리적 사고와 융합적 문제 해결력을 바탕으로 실천적 대안을 제시함.

**로봇이 세금을 내는 시대 올까… '로봇세' 논쟁(중기이코노미 2023년 6월28일)**

로봇과 인공지능의 발전으로 인간의 일자리가 급격히 대체되자, 이를 완화하고 실업자 지원 재원을 마련하기 위한 '로봇세' 도입 논의가 제기되고 있다. 로봇세는 대체된 노동에 세금을 부과해 직업 재교육, 복지, 기본소득 등에 활용하자는 취지다. 빌 게이츠도 이를 지지하며 로봇도 인간과 동일한 일을 한다면 과세 대상이 되어야 한다고 주장했다. 그러나 기술혁신 저해, 산업 경쟁력 약화, 이중과세, 로봇 정의의 모호성 등 다양한 부작용 우려도 있어 신중한 접근이 필요하다.

**키워드** 로봇세(세금, 기본소득)

**관련학과** 사회계열(경영학과, 경제학과, 공공인재학과, 도시행정학과, 무역학과, 법학과, 사회학과, 세무학과, 행정학과, 회계학과), 공학계열(산업경영공학과, 산업공학과)

**➕ 탐구활동 주제**

◆ 로봇세가 중소기업과 대기업에 미치는 경제적 영향 　　◆ 로봇세 도입에 대한 사회적 찬반 의견 및 그 이유에 대한 탐구
◆ 로봇세 도입이 사회복지 재정 안정성에 미치는 영향 　　◆ 로봇세 도입 시 발생할 수 있는 윤리적·법적 문제에 관한 고찰

**➕ 토론활동** ▶ 로봇세 도입이 고용 불안을 해소할 수 있을까?
　　　　　　 ▶ 로봇과 인공지능에도 과세하는 것이 정당한 방안인지 토론해볼까?
　　　　　　 ▶ 로봇세 수익을 기본소득으로 활용하는 것이 바람직할까?
　　　　　　 ▶ 로봇세는 오히려 산업 경쟁력을 약화시킬 수 있는 요인이 될까?

# 📌 심화 활동

**논문주제** 인공지능·로봇에 의한 인간 노동의 대체와 로봇세(이기완, 2023)

이 논문은 인공지능과 로봇 기술의 발전이 인간 노동을 빠르게 대체하면서 실업과 사회적 불평등 문제가 심화될 가능성을 제기한다. 이에 대한 대응책으로 로봇세 도입의 필요성을 검토하며, 로봇세가 노동시장의 충격을 완화하고 재정적 기반을 마련하는 수단이 될 수 있음을 주장한다. 또한 로봇세 도입에 따른 법적·윤리적 쟁점과 국제적 사례를 함께 분석하며, 향후 정책 방향에 대한 시사점을 제시한다.

**키워드** 로봇세, 인공지능, 인간 노동

**➕ 탐구활동 주제**

◆ 인공지능과 로봇 기술 발전이 일자리 구조에 미치는 영향 　　◆ 로봇세 도입이 노동시장 안정성에 미치는 영향 분석
◆ 로봇세 도입이 소득 불평등 해소에 미치는 영향

**➕➕ 실천형 심화활동** ▶ 인공지능과 로봇이 대체한 직업 사례 조사후 발표 활동
　　　　　　　　　　 ▶ 로봇세에 관한 인터뷰를 기획하고 결과를 기사 형태로 정리하는 활동

**교과세특 예시**

로봇세 도입에 대한 사회적 찬반 의견을 주제로 탐구활동을 수행함. 찬성 입장에서 실업 문제 해결을 위한 재취업 자금 확보, 인구감소에 따른 세수 보완, 구직자 부담 완화 등의 논거를 제시하고, 부작용 대비책 마련이 중요함을 강조함. 연계활동으로 인공지능과 로봇이 대체한 직업 사례 및 10년 내 대체 가능 직업 10개를 조사·발표함. 단순 입력 및 반복 작업 중심 직업의 대체 가능성을 분석하고, 발표자료 구성과 논리적 전달에서 두각을 나타냄. 행정학과 진학을 위한 진로 탐색으로 정책적 사고와 사회문제에 대한 통찰력을 심화함.

**미디어**　혐오 중독 사회(한겨레 2025년 3월12일)

한국 사회는 현재 혐오에 중독되어 있으며, 이는 다양한 갈등이 확산된 결과로 정신적 질환에 가까운 사회적 병리 현상으로 나타난다. 뇌는 본래 단순한 이분법적 사고를 선호하며, 소셜미디어는 이를 더욱 극단화시켜 혐오와 분노를 빠르게 확산시킨다. 집단주의 문화, 경제 불평등, 경쟁 중심 교육 등이 혐오 문화를 강화해 왔다. 이를 극복하기 위해서는 편향성을 인정하고, 공감과 존중을 가르치는 교육, 경제적 불안 해소를 위한 사회적 제도 개혁이 필요하다.

**키워드**　혐오(사회적 갈등, 편견, 공감과 존중)

**관련학과**　사회계열(경찰행정학과, 공공인재학과, 도시행정학과, 미디어커뮤니케이션학과, 법학과, 사회학과, 상담심리학과, 심리학과, 아동학과, 정치외교학과, 행정학과, 언론정보학과)

➕ **탐구활동 주제**

• 소셜미디어가 혐오 감정 확산에 미치는 영향 분석
• 한국의 집단주의 문화와 혐오 심리의 관계 탐구
• 경제적 불안정이 혐오 감정 형성에 미치는 영향
• 해외 사례와 비교한 한국 혐오 문화의 특성과 원인 분석

➕ **토론활동**

▸ 혐오 표현 규제를 법적으로 강화하는 것이 필요한 방안일까?
▸ 경제 불안이 현대 사회 혐오 심리 확산의 주요 원인일까?
▸ 혐오 표현도 표현의 자유로 보호받아야 하는지에 더해 토론해볼까?
▸ 공교육에서 혐오 표현 예방 교육을 의무화하는 것이 바람직할까?

 📌 **심화 활동**

**논문주제**　디지털 혐오 시대의 사이버 폭력(조계원, 2024)

이 논문은 디지털 혐오 시대에 발생하는 사이버 폭력의 양상과 구조를 분석한 연구이다. 사이버 폭력은 특정 집단에 대한 혐오 표현을 기반으로 하여 점점 조직적이고 반복적으로 발생한다. 논문은 온라인 플랫폼의 알고리즘이 혐오 콘텐츠 확산을 부추기며, 피해자는 심각한 심리적·사회적 피해를 입는다고 지적한다. 또한 현행 법제도의 한계와 함께, 플랫폼 책임 강화 및 인식 개선 교육의 필요성을 제안한다.

**키워드**　디지털 혐오, 사이버 폭력

➕ **탐구활동 주제**

• 온라인 플랫폼 알고리즘이 사이버 혐오 확산에 미치는 영향
• 디지털 시대의 혐오 표현과 전통적 폭력 양상의 비교 분석
• 사이버 폭력 관련 국내외 법제도의 차이점 비교 분석

➕➕ **실천형 심화활동**

▸ 온라인 댓글 분석으로 혐오 표현 유형 정리 보고서 작성 활동
▸ 플랫폼별 혐오 대응 정책 조사 및 개선안 제안서 작성 활동

**교과세특 예시**

관심 분야 주제 탐구활동에서 '소셜미디어가 혐오 감정 확산에 미치는 영향'을 분석함. 누구나 자신의 의견을 자유롭게 게시하고 유포할 수 있는 디지털 환경이 혐오 표현의 확산을 가속화하고, 일부는 이를 정보로 위장해 사회적 분별력을 흐리는 현상을 비판적으로 고찰함. 극단적이고 자극적인 표현이 빠르게 퍼지는 특성을 다양한 사례를 통해 분석하고, 소셜미디어 내 정보의 신뢰도를 선별할 수 있는 역량이 시급하다는 문제의식을 공유함. 사회적 안정 유지를 위한 법적 장치 마련의 필요성을 제안하며, 사회구성원의 디지털 윤리 의식과 표현의 자유 간 균형에 대한 고민을 담아 탐구함.

**미디어** | '게임처럼 즐겁게'... 교육업계에 부는 '게이미피케이션' 열풍(조선에듀 2024년 10월29일)

게이미피케이션은 게임의 재미 요소를 교육에 접목하여 학습 동기와 성취도를 높이는 기법이다. 국내 교육 현장에서는 수학, 영어, 코딩 등 다양한 과목에 적용되고 있다. 예를 들어, AI 수학 학습 플랫폼은 랭킹과 퀘스트 기능을 통해 학습 참여를 유도하며, 영어 학습 앱은 게임 개발자 출신의 노하우를 활용해 사용자 몰입도를 높이고 있다. 또한, A사의 플랫폼은 인기 게임의 IP를 활용한 코딩 교육 플랫폼으로, 초·중·고 교실에서 시범 운영 중이다. 이러한 사례들은 교육의 재미와 효과를 동시에 추구하는 게이미피케이션의 가능성을 보여준다.

**키워드** | 게이미피케이션(게임과 교육, 게임 플랫폼, 교육의 재미와 효과)

**관련학과** | 사회계열(미디어커뮤니케이션학과, 상담심리학과, 신문방송학과, 심리학과, 아동학과, 언론정보학과), 교육계열(교육공학과, 교육학과, 컴퓨터교육과)

➕ **탐구활동 주제**

◆ AI 기반 수학 학습 플랫폼과 전통적 학습 방식의 효과 비교 분석

◆ 게임 개발자 출신이 만든 교육 앱과 일반 교육 앱의 사용자 몰입도 비교

◆ 게이미피케이션 적용 과목별(수학, 영어, 코딩) 학습 효과 비교 분석

◆ 게이미피케이션을 활용한 학습이 학생들의 자기주도 학습 능력에 미치는 영향

➕ **토론활동**

▶ 게이미피케이션이 전통적인 교실 수업을 대체할 수 있을까?

▶ 게임 기반 학습이 학생들의 집중력 저하를 유발할 수 있을까?

▶ AI 기반 게이미피케이션 플랫폼이 교사의 역할을 약화시킬까?

▶ 게임 요소 중심 교육이 학습의 본질을 흐릴 우려는 없을까?

## 📌 심화 활동

**논문주제** | 인공지능을 활용한 게이미피케이션 문화예술교육 연구(김재웅, 2023)

이 논문은 인공지능(AI)을 활용한 게이미피케이션이 문화예술교육에 미치는 영향을 분석한 연구이다. AI 기술과 게임 요소를 결합함으로써 학습자의 창의성, 몰입도, 학습 지속성을 높일 수 있음을 제시한다. 특히 예술 교육의 특성과 맞물려 학습자의 자율성과 상호작용을 증진하는 데 효과적임을 강조한다. 또한 다양한 사례 분석을 통해 AI 기반 게이미피케이션이 문화예술교육의 질적 향상에 기여할 수 있음을 시사한다.

**키워드** | 게이미피케이션, 인공지능

➕ **탐구활동 주제**

◆ 인공지능 기반 게이미피케이션이 예술교육의 몰입도에 미치는 영향

◆ 문화예술교육에서 AI 활용 수업과 전통 수업 방식의 효과 비교 분석

◆ 다양한 예술 분야에서 AI 게이미피케이션 적용 가능성에 대한 종합적 고찰

➕➕ **실천형 심화활동**

▶ AI 도구를 활용한 나만의 예술 퀴즈 게임 제작 활동

▶ 문화예술 분야별로 AI 활용 사례를 조사하고 발표하는 탐구 활동

**교과세특 예시**

게이미피케이션을 활용한 학습의 효과를 주제로 탐구하며 자기주도 학습 능력 향상과 학습 동기 고취에 대한 구체적 사례를 분석함. 자발적 참여, 피드백 시스템, 보상 구조, 도전과 성취 요소, 스토리텔링 등 주요 요소를 중심으로 다양한 자료를 조사하고, 문화예술교육과 연계하여 몰입도 증진의 효과를 검토함. 각종 논문과 실증적 자료를 기반으로 문화예술 수업에서의 학습 효과를 입증하고, 효과적인 자기주도학습 전략 수립에 기여함. 평소 게임 개발에 대한 관심도가 높고, 게임공학과 관련 진학을 희망하는 학생임.

| 미디어 | 액티브 시니어들의 사회참여 욕구와 실천(대전일보 2025년 4월9일) |

액티브 시니어는 은퇴 후에도 건강과 경제력을 바탕으로 활발한 사회·문화 활동을 하는 장년층을 의미한다. 과거 노인과 달리, 이들은 고등교육을 받고 자기계발과 사회참여 욕구가 크다. 단순 여가보다 생산적 활동과 소통을 추구하며, 삶의 질 향상에 적극적이다. 여가 활용 방식도 다양하며, 디지털 기기 활용에도 능숙하다. 이에 따라 사회는 이들의 전문성과 경험을 활용할 수 있는 플랫폼 구축, 교육 프로그램 운영, 커뮤니티 및 학습동아리 활성화 등을 통해 사회참여를 장려해야 한다.

| 키워드 | 액티브 시니어(노인인구 증가, 초고령사회, 노후 삶) |
| 관련학과 | 사회계열(사회복지학과, 사회학과, 상담심리학과, 소비자학과, 심리학과, 언론정보학과), 교육계열(교육학과, 가정교육과, 사회교육과) |

**➕ 탐구활동 주제**

• 고령화 사회에서 액티브 시니어의 역할 변화에 대한 고찰
• 디지털 기기 활용 능력 향상이 액티브 시니어의 삶에 미치는 영향
• 세대 간 소통 증진을 위한 액티브 시니어 커뮤니티의 필요성 고찰
• 국내외 액티브 시니어 정책 및 지원 제도의 비교 분석

**➕ 토론활동**

▶ 노년층의 사회참여 확대가 청년 일자리에 영향을 줄까?
▶ 액티브 시니어의 디지털 역량 강화를 의무화해볼까?
▶ 공공기관에서 시니어 인턴십 제도를 확대하 볼까?
▶ 세대통합을 위해 청년과 시니어의 공동 프로젝트를 추진해볼까?

## 📌 심화 활동

| 논문주제 | 액티브 시니어를 위한 패션 인플루언서 마케팅 플랫폼(이현영, 2024) |

이 논문은 액티브 시니어를 위한 패션 인플루언서 마케팅 플랫폼의 필요성과 방향을 제시한다. 액티브 시니어는 자아표현 욕구와 소비 역량이 높아 패션 분야에서도 중요한 소비층으로 부상하고 있다. 이에 시니어 세대와 정서적으로 공감할 수 있는 인플루언서를 활용해 신뢰 기반의 마케팅을 강화하고, 디지털 플랫폼을 통해 이들의 패션 소비를 촉진하며 사회적 소외를 줄이는 방안을 모색한다.

| 키워드 | 액티브 시니어, 고령화, 액티브 시니어 패션 |

**➕ 탐구활동 주제**

• 액티브 시니어의 패션 소비 성향에 관한 탐구
• 디지털 플랫폼 활용이 시니어 소비에 미치는 영향
• 시니어 인플루언서와 젊은 인플루언서의 소통 방식 고찰

**➕➕ 실천형 심화활동**

▶ SNS에서 활동하는 시니어 인플루언서 사례를 조사하고 그 특징을 발표하는 활동
▶ 시니어 친화적 패션 마케팅 플랫폼을 구상하여 모의 프레젠테이션을 진행하는 활동

**교과세특 예시**

심화 탐구활동을 통해 액티브 시니어에 대한 국내외 정책 및 지원 제도를 비교 분석함. 한국은 시니어를 위한 교육 프로그램, 일자리, 복지 서비스 등을 통해 삶의 질 향상을 도모하고, 민간기업은 디지털 기술을 활용한 다양한 서비스를 제공하고 있음. 반면 해외에서는 정부 주도의 의료, 주거, 복지 지원이 중심이며, 민간기업은 시니어 대상 상품 개발에 주력함. 탐구 과정에서 정부의 지원 확대와 민간 참여 활성화 필요성을 도출하고, 다양한 논문과 공공기록물을 기반으로 자료를 수집·분석하며 비판적 사고력과 정보 활용 능력을 심화함.

'출생통보제'와 '보호출산제'가 위기 임산부와 아동의 생명을 보호하기 위해 시행되었다. 출생통보제는 병원 출생 정보를 자동 통보해 출생 미등록을 막고, 보호출산제는 익명 출산을 지원해 아동 유기 및 학대 위험을 줄인다. 시행 한 달여 만에 697건의 위기 임산부 상담이 이뤄졌고, 19명이 보호출산을 통해 아이를 안전하게 낳았다. 제도는 위기 상황에 놓인 산모들에게 상담, 의료, 복지, 자립 지원을 통해 용기와 희망을 주며, 한부모 가정의 안정적 양육도 적극 지원한다.

키워드     보호출산제(출생통보제, 위기임산부 지원)

관련학과     사회계열(경찰행정학과, 법학과, 사회복지학과, 사회학과, 상담심리학과, 심리학과, 언론정보학과, 정치외교학과, 행정학과), 교육계열(교육학과, 가정교육과, 사회교육과)

### ➕ 탐구활동 주제

• 출생통보제 시행이 출생 미등록 아동 감소에 미치는 영향
• 보호출산제 시행이 아동 유기 및 학대 예방에 미치는 영향
• 사회적 낙인 완화를 위한 보호출산제의 필요성과 기대 효과
• 출생통보제 도입이 아동 복지 정책에 미치는 영향

### ➕ 토론활동

▶ 익명 출산을 허용하는 보호출산제가 아동의 출생기록 보장을 해치지 않을까?
▶ 출생통보제가 부모의 동의 없이 정보 제공을 강제하는 것은 과도한 국가 개입일까?
▶ 위기 임산부가 보호출산을 선택하는 것이 생명의 존엄성과 권리를 지킬 수 있을까?
▶ 익명 출산이 가능한 제도가 입양 과정의 투명성과 책임성을 낮출 수 있을까?

## 📌 심화 활동

논문주제     아동 이익 최우선 원칙과 보호출산제(박성민, 2021)

이 논문은 '아동 이익 최우선 원칙'의 관점에서 보호출산제의 정당성과 한계를 고찰한 연구이다. 아동이 출생과 동시에 법적 보호를 받을 권리가 있다는 국제 기준에 따라, 익명 출산이 아동 유기 방지와 생명권 보장에 기여할 수 있음을 주장한다. 반면 출생정보의 알 권리 침해와 미혼모 차별 정당화 우려 등도 함께 제기한다. 보호출산제가 상충하는 권리 사이에서 어떤 균형을 이뤄야 할지 법적·윤리적 기준을 제시한다.

키워드     보호출산제

### ➕ 탐구활동 주제

• 아동의 생명권 보장과 출생정보 알 권리 간의 충돌에 관한 고찰
• 보호출산제가 아동 유기 예방에 미치는 긍정적 영향
• 보호출산제 도입이 미혼모 차별 해소에 미치는 효과 분석

### ➕➕ 실천형 심화활동

▶ 아동의 알 권리와 생명권 보장의 균형에 대한 모의헌법재판 활동
▶ 위기 임산부 지원 제도의 필요성을 주제로 한 찬반 토론 및 주장 정리 활동

### 교과세특 예시

보호출산제 시행이 아동 유기 및 학대 예방에 미치는 영향을 주제로 탐구활동을 수행함. 관련 기사와 법제 자료를 조사하고, 아동권리보장원 자료를 통해 실태를 분석함. 출생정보 비공개가 아동 생존권 보호에 미치는 긍정적 영향을 정리하고, 알 권리 침해 문제에 대한 반론도 균형 있게 검토함. 모둠 토론을 통해 다양한 시각을 비교하고, 사례 분석을 바탕으로 보호출산제의 필요성과 한계를 정리한 발표 자료를 제작함. 논리적 분석력과 자료 해석 능력을 신장하고, 정책적 시각에서 아동 인권을 이해하는 태도를 함양함.

**미디어** '토큰이 예금이라니?… 디지털화폐, 진짜 금융의 미래일까(비즈월드, 2025년 4월8일)

예금토큰은 은행 예금을 기반으로 발행되는 블록체인 기반 디지털 토큰으로, 한국은행의 시범사업 '프로젝트 한강'을 통해 실사용 테스트가 진행되고 있다. 빠른 결제와 낮은 수수료 등의 장점이 있지만, 사용처 부족과 번거로운 절차 등으로 일반 소비자에겐 불편하다는 평가를 받는다. 금융권은 예금토큰이 중앙은행 디지털화폐와의 연계를 통해 미래 결제 시스템의 핵심이 될 수 있다고 기대하지만, 기술적·제도적 기반이 부족해 상용화는 시기상조라는 지적이 나온다.

**키워드** 디지털화폐(예금토큰, 스테이블코인)

**관련학과** 사회계열(경제학과, 국제통상학과, 국제학부, 글로벌경영학과, 무역학과, 법학과, 세무학과, 회계학과), 공학계열(정보통신공학과), 교육계열(사회교육과, 컴퓨터교육과)

➕ **탐구활동 주제**

◆ 예금토큰과 스테이블코인의 기술적 유사점과 차이점 비교 분석
◆ 예금토큰과 CBDC(중앙은행 디지털화폐)의 역할 분담 가능성
◆ 블록체인 결제 시스템이 소상공인 수수료 절감에 미치는 영향
◆ 예금토큰 도입이 금융 시스템의 안정성 강화에 미치는 효과

➕ **토론활동**

▶ 예금토큰이 현금과 카드 결제를 대체할 주요 수단이 될 수 있을까?
▶ 예금토큰 사용 확대가 블록체인 기술의 신뢰도를 높기는 계기가 될까?
▶ 예금토큰이 상용화되면 개인정보 보호 측면에서 안전하다고 볼 수 있을까?
▶ 정부 주도의 예금토큰 프로젝트는 민간 결제 생태계에 긍정적 영향을 줄까?

# 📌 심화 활동

**논문주제** 중앙은행 디지털화폐(CBDC)의 최근 연구동향(곽수환, 2023)

이 논문은 중앙은행 디지털화폐(CBDC)의 국제적 도입 배경과 주요 국가들의 추진 현황을 정리하고, 기술적 구현 방식과 정책적 고려사항을 분석한 연구이다. 곽수환은 CBDC가 지급결제 시스템 혁신, 금융포용, 통화정책 강화 등의 수단이 될 수 있음을 제시한다. 또한 보안, 개인정보 보호, 민간 금융기관과의 역할 조정 등 향후 해결 과제도 함께 다룬다.

**키워드** 디지털화폐, CBDC

➕ **탐구활동 주제**

◆ CBDC가 국가 간 통화 정책에 미치는 영향 탐구
◆ CBDC 도입이 현행 지급결제 시스템에 미치는 구조적 변화 고찰
◆ CBDC 확산에 따른 개인정보 보호와 보안 문제의 해결 방안

➕➕ **실천형 심화활동**

▶ CBDC가 기존 전자결제 수단과 다른 점을 체험 중심으로 정리하는 활동
▶ CBDC 도입 시 발생 가능한 개인정보 이슈를 시나리오로 구성해보는 활동

**교과세특 예시**

예금토큰과 스테이블코인의 기술적 구조를 비교 분석하기 위해 중앙은행 및 민간 발행 사례를 조사하고, 스마트 계약 구조, 담보 방식, 변동성 관리 방식 등 주요 요소를 도표로 정리. 블록체인 기반의 기술적 유사성과 법적 신뢰성 확보 방식의 차이를 분석함. 팀 내에서 조사 자료를 정리하고 발표 자료를 직접 제작하며 토론을 주도함. 그 결과, 중앙화된 담보 관리 방식이 예금토큰의 안정성 확보에 유리함을 도출함. 이 활동은 금융 디지털화 흐름 속에서 토큰 기술의 구조적 이해를 심화시킨 계기였으며, 향후 관련 산업 탐색에도 도움이 되었음.

과거 왕권신수설에 기반한 절대 면책과 달리, 현대 민주국가에서는 직무 수행 보호 목적의 제한적 불소추특권이 적용된다. 미국, 프랑스 등은 대통령의 재직 중 형사소추를 제한하거나 금지하되 퇴임 후 책임은 가능하다는 입장을 취한다. 한국은 내란·외환죄를 제외한 재직 중 소추를 금지하나, 수사·재판의 범위에 대해선 해석이 갈린다. 특히 형사절차 개시 시점이나 수사 범위 등에 대한 기준이 명확하지 않다는 점이 지적된다. 이 논란을 해결하기 위해 헌법과 법률 개정이 필요하다고 제안한다.

**키워드** 대통령 탄핵(불소추특권, 대통령 수사, 대통령 재판)

**관련학과** 사회계열(경찰행정학과, 공공인재학부, 법학과, 정치외교학과, 행정학과), 교육계열(교육학과, 사회교육과, 일반사회교육과, 역사교육과, 윤리교육과)

**➕ 탐구활동 주제**

• 대통령의 불소추특권이 민주주의 원칙에 미치는 영향
• 한국과 프랑스의 대통령 불소추특권 범위 비교 분석
• 미국과 한국의 대통령 수사 가능성에 대한 법적 기준 비교
• 대통령 불소추특권의 역사와 필요성 연구

**➕ 토론활동**

▶ 대통령 재직 중에도 수사 및 강제수사를 허용하는 것이 헌법 정신에 부합할까?
▶ 재직 전 기소된 사건에 대해 대통령 임기 중 재판을 계속 진행하는 것이 정당할까?
▶ 대통령의 불소추특권이 오히려 권력 남용을 조장할 수 있는 제도일까?
▶ 대통령의 사적 행위에 대해서도 면책특권이 인정되어야 할까?

# 📌 심화 활동

**논문주제** 한국 헌정사에서 대통령 책임과 대통령 탄핵(정태욱, 2025)

이 논문은 한국 헌정사에서 대통령 책임의 발전과 대통령 탄핵 제도의 변천을 고찰한 연구이다. 헌법상 대통령의 권한과 불소추특권, 탄핵 요건과 절차 등을 분석하고, 실제 사례인 노무현·박근혜 대통령의 탄핵 과정을 중심으로 정치적 책임과 법적 책임의 교차 지점을 조명한다. 또한 현행 제도의 한계를 지적하며, 대통령의 권력 남용 방지와 책임성 강화를 위한 제도 개선 방향을 헌법적·정치적 관점에서 제안한다.

**키워드** 대통령 탄핵, 민주주의, 헌법재판소

**➕ 탐구활동 주제**

• 한국 헌법에서 대통령의 불소추특권이 갖는 의미와 한계에 관한 탐구
• 대통령 탄핵제도의 법적 절차와 정치적 기능의 상호작용에 관한 고찰
• 대통령 권한 남용을 방지하기 위한 제도적 장치들의 효과 비교

**➕➕ 실천형 심화활동**

▶ 대통령 탄핵 사유 중심으로 헌법 제65조 적용 기준을 분석하고 사례 조사하는 활동
▶ 주요 국가의 탄핵제도를 조사해 한국 제도와 구조 차이를 도식화해 정리하는 활동

**교과세특 예시**

대통령의 불소추특권이 민주주의 원칙에 미치는 영향을 분석하기 위해 헌법 제84조와 주요 국가의 불소추 규정을 조사하고, 실제 탄핵 사례를 연계하여 법적 절차와 정치적 기능의 상호작용을 비교함. 조별로 자료를 나누어 수집하고, 토론을 통해 대통령 권한 견제 장치로서의 탄핵제도와 불소추특권의 긴장관계를 정리함. 발표를 위해 시각 자료를 제작하고 핵심 쟁점을 설명함. 그 결과, 권력 남용 방지를 위한 불소추특권의 제한 필요성에 대해 주도적으로 의견을 제시하고 반론을 구성함. 민주주의에서 법의 지배 원칙을 체감하며 헌법의 현실 적용 사례를 통합적으로 이해한 활동이었음.

**미디어**  중국, 희토류 수출 중단… 미중 무역전쟁 격화(헤럴드 경제 2025년 4월 14일)

중국이 첨단 제품 제조에 필수적인 희토류와 자석 수출을 중단했다. 이 조치는 미국의 145% 관세 부과에 대한 보복으로 해석된다. 중국은 새로운 수출 규제 시스템이 마련될 때까지 희토류와 자석의 수출을 특별 허가 없이 금지하고 있으며, 이로 인해 미국의 방위산업체와 전기차 생산에 심각한 차질이 우려된다. 미국 기업들은 사전 비축해둔 물량으로 대응하고 있지만, 희트류 공급 차질은 심각한 생산 영향을 미칠 수 있다. 이 문제는 빠른 해결이 요구된다.

**키워드**  히토류(무역전쟁, 자원무기, 자원전쟁)

**관련학과**  사회계열(경제학과, 국제통상학과, 국제학부, 무역학과, 정치외교학과, 지리학과), 공학계열(신소재공학과, 에너지공학과, 환경공학과), 교육계열(사회교육과, 과학교육과)

**➕ 탐구활동 주제**

- 중국의 희토류 수출 제한이 글로벌 전기차 산업에 미치는 영향
- 중국의 희토류 수출 제한이 방위산업체에 미치는 영향 분석
- 자원 민족주의가 국제 무역 질서에 미치는 영향 연구
- 희토류 대체 물질 개발 현황 및 상용화 가능성 탐구

- - - - - - - - - - - - - - - - - - - - - - - - - - - - - - - - - - - - - - - - - - - - - - - - - - - - - - - -

**➕ 토론활동**

- ▶ 미국의 145% 관세 부과가 중국의 희토류 수출 제한을 촉발한 정당한 원인일까?
- ▶ 중국이 희토류 수출을 제한하는 것이 글로벌 방위산업에 위협이 될 수 있을까?
- ▶ 희토류 수출 제한이 국제적인 무역 분쟁을 해결할 수 있는 방법이 될 수 있을까?
- ▶ 중국의 희토류 수출 제한이 일본을 비롯한 다른 국가들에게 도움이 될 수 있을까?

## 📌 심화 활동

**논문주제**  글로벌 공급망 충격의 경제적 파급효과 분석: 희토류 및 천연가스를 중심으로(조무상 외, 2024)

이 논문은 최근 글로벌 공급망의 불안정성이 세계 경제에 미친 영향을 평가하며, 특히 희토류와 천연가스 같은 전략적 자원의 공급 차질이 산업과 무역에 미친 경제적 영향을 다룬다. 또한, 공급망 충격이 주요 산업군에 미친 직접적 영향과 그로 인한 경제 성장 둔화, 물가 상승 등의 부정적인 효과를 분석한다. 이를 통해 글로벌 공급망의 안정화가 경제에 미치는 중요성을 강조한다.

**키워드**  희토류, 천연가스, 자원전쟁

**➕ 탐구활동 주제**

- 글로벌 공급망 충격이 희토류와 천연가스 시장에 미친 경제적 영향
- 희토류와 천연가스의 공급망 불안정성이 글로벌 경제에 미치는 영향
- 글로벌 공급망 충격이 경제 성장 둔화에 미친 영향과 그 해결 방안

- - - - - - - - - - - - - - - - - - - - - - - - - - - - - - - - - - - - - - - - - - - - - - - - - - - - - - - -

**➕➕ 실천형 심화활동**

- ▶ 공급망 충격이 무역과 물가에 디친 영향을 토론하고 해결 방안을 제시하는 활동
- ▶ 희토류 및 천연가스 공급망 차질이 산업에 미친 영향을 분석하고 발표하는 활동

**교과세특 예시**

'중국의 희토류 수출 제한이 글로벌 전기차 산업에 미치는 영향'을 주제로, 중국의 희토류 수출 제한이 전 세계 전기차 산업에 미친 영향을 조사하고 분석함. 이를 위해 관련 데이터를 수집하고, 희토류가 전기자 배터리에 미치는 중요성을 중심으로 영향 분석을 진행함. 연구 자료를 바탕으로 발표 자료를 작성하고, 글로벌 전기차 기업들의 대응 방안을 비교하여 토론을 진행함. 이 과정에서 공급망 문제의 중요성을 인식하고, 전기차 산업의 미래에 대한 예측 능력을 향상시킴. 또한, 경제적 파급효과를 분석하며 글로벌 시장에서의 자원 관리 문제를 깊이 이해하게 됨.

한은 "정년연장, 청년 일자리 뺏어… '퇴직 후 재고용'이 해법"(더팩트 2025년 4월8일)

한국은행은 고령층 고용 확대를 위한 방안으로 정년연장보다 퇴직 후 재고용 제도가 더 효과적이라고 분석한다. 정년연장은 임금체계 조정 없이 시행될 경우 청년 일자리 감소와 실업 증가로 이어질 수 있다. 반면 퇴직 후 재고용은 고령 근로자의 임금을 유연하게 조정해 기업의 부담을 줄이며, 청년 고용 기회를 확대하는 데 도움이 된다. 또한 이 제도는 인구 감소에 따른 경제성장률 하락을 일부 완화하고, 고령층 개인의 소득과 연금 수령액 증가에도 긍정적인 영향을 미친다고 보고서는 강조한다.

**키워드** 고련층 고용((정년연장, 퇴직 후 재고용)

**관련학과** 사회계열(공공인재학부, 도시행정학과, 법학과, 사회복지학과, 세무학과, 정치외교학과), 공학계열(산업경영공학과, 산업공학과), 교육계열(가정교육과, 사회교육과, 일반사회교육과)

**➕ 탐구활동 주제**

◆ 정년연장과 청년층 일자리 감소 간 상관관계에 관한 탐구
◆ 고령층 계속근로 정책과 청년 고용정책의 균형 방안
◆ 고령층 근로 소득 증가가 노후 안정성에 미치는 영향 분석
◆ 정년연장 정책이 청년 실업률에 미치는 부정적 효과

**➕ 토론활동**

▶ 고령층 고용 확대를 위해 정년을 65세로 연장하는 것이 바람직할까?
▶ 퇴직 후 재고용 제도가 청년 일자리 보호에 효과적일 수 있을까?
▶ 고령층의 계속 근로가 청년 세대의 기회를 제한한다고 볼 수 있을까?
▶ 청년 실업 문제 해결을 위해 정년연장을 제한하는 것이 타당할까?

## 📌 심화 활동

**논문주제** 연금수급 개시 연령과 연계한 정년연장(조성혜, 2025)

이 논문은 연금수급 개시 연령과 연계한 정년연장의 타당성과 정책 방향을 분석한 연구이다. 조성혜 (2025)는 연금수급 개시 연령이 늦춰지는 추세 속에서 소득 공백 문제를 완화하기 위해 정년연장이 필요하다고 주장한다. 또한 정년연장이 고령층의 노동 참여율을 높이고 노후 소득 보장에 기여할 수 있다고 본다. 이를 위해 임금체계 개편과 노동시장 유연성 확보가 병행돼야 한다고 제안한다.

**키워드** 정년연장, 연급수급, 국민연금 수급연령

**➕ 탐구활동 주제**

◆ 연금수급 개시 연령 변화가 고령층 소득 안정성에 미치는 영향
◆ 정년연장과 노후 소득 보장 정책 간 연계 필요성에 대한 고찰
◆ 주요 국가의 정년 및 연금 개시 연령 정책 비교를 통한 시사점

**➕➕ 실천형 심화활동**

▶ 국내외 정년제 및 연금제도 변화를 비교 정리하고 시사점을 도출하는 활동
▶ 세대 간 고용 문제에 대한 토론을 통해 정년연장의 사회적 타당성을 논의하는 활동

**교과세특 예시**

정년연장과 청년층 일자리 감소 간 상관관계에 관한 탐구를 위해 정부 통계자료와 학술 보고서를 수집·분석하고, 정년연장 시 청년 고용률 변화 추이를 그래프와 표로 정리함. OECD 국가들의 고령층 고용률과 청년 실업률 비교 자료를 활용해 정책 간 상호작용을 분석함. 이 과정에서 팀을 구성하여 역할을 분담하고, 각자 국가별 데이터를 분석하여 공동 보고서를 작성함. 활동 결과, 정년연장이 청년층 일자리에 미치는 구조적 영향을 이해하고, 세대 간 고용 균형을 위한 대안적 정책 방향을 제시함. 탐구 내용은 토론 발표 및 보고서 형태로 정리하여 교내 탐구활동 발표회에서 공유함.

세특 프리패스
미디어 활용편

# 자연
# 과학

유통업계의 과대포장 문제가 심각하다. 설 연휴를 앞두고 온라인 주문이 급증하면서 작은 물건도 개별 포장되어 배송되고 있다. 이로 인해 포장 폐기물이 증가하고 환경오염을 유발한다. 기업들은 ESG 경영을 강조하지만 포장재 절감 노력은 부족하다. 독일과 프랑스는 법적 규제로 과대포장을 억제하고 있으나, 한국은 실질적 규제가 미흡하다. 전문가들은 과대포장 문제 해결을 위해 강력한 법적 장치와 인식 개선, 그리고 소비자의 적극적 참여가 필요하다고 지적한다.

**키워드**　과대포장(환경 오염, 친환경 경영, 포장재 절감)

**관련학과**　자연계열(지구환경과학과), 공학계열(고분자공학과, 에너지공학과, 토록환경공학과, 화학공학과, 환경공학과), 사회계열(소비자학과), 교육계열(화학교육과, 환경교육과)

➕ **탐구활동 주제**

◆ 유통업계의 과대포장이 환경오염에 미치는 영향에 관한 탐구
◆ 국내외 과대포장 규제 정책 비교 분석을 통한 시사점 고찰
◆ ESG 경영 관점에서 본 유통기업의 포장재 절감 노력에 관한 탐구
◆ 독일·프랑스의 과대포장 규제 사례와 한국 정책의 비교 분석

➕ **토론활동**

▶ 유통업계의 과대포장, 강제 규제로 해결해야 할 문제일까?
▶ ESG 경영 실천 여부, 관련 법으로 강제해야만 할까?
▶ 명절 기간 온라인 쇼핑 제한, 환경 보호를 위해 필요할까?
▶ 친환경 포장 의무화, 중소기업에도 예외 없이 적용해야 할까?

# 📌 심화 활동

**논문주제**　한국 독일 친환경 포장 제도의 성과 비교 연구(황현택, 2023)

이 논문은 한국과 독일의 친환경 포장 정책을 비교하여 제도적 성과와 한계를 분석한다. 독일은 포장재 분리배출, 생산자책임재활용제도(EPR), 재활용률 제고 등에서 법적 기반과 집행 체계가 잘 마련돼 있다. 반면 한국은 정책 방향성은 있으나 실행력과 규제 강도, 기업의 자발적 참여에서 한계를 보인다. 논문은 독일 사례를 바탕으로 한국이 제도 정비와 법적 강제력 강화를 통해 정책 실효성을 높여야 한다고 제언한다.

**키워드**　친환경 포장 제도, 자원순환, EPR 제도, 포장재 자원순환

➕ **탐구활동 주제**

◆ 한국과 독일의 재활용 제도 운영 방식 비교 분석에 관한 탐구
◆ 한국의 친환경 포장 정책 실효성 강화를 위한 제도적 개선 방향
◆ 한국과 독일의 식품 포장재 안전성 규제 비교 분석

➕➕ **실천형 심화활동**

▶ 한국과 독일의 친환경 포장 정책을 비교한 인포그래픽 또는 포스터 제작 활동
▶ EPR(생산자책임재활용제도)에 대해 조사한 후 찬반 토론 활동

**교과세특 예시**

생활 속 과대포장이 환경에 미치는 영향을 주제로 유통업계의 포장 실태와 생활폐기물 중 포장폐기물 비율을 통계자료로 분석함. 알루미늄, 플라스틱, 비닐 등 재료별 특성을 비교하고, 친환경 포장 실천 방안을 제시함. 연계 탐구로 한국과 독일의 재활용 제도를 비교하며 독일의 EPR 제도와 포장법을 조사함. 제도적 차이와 환경적 효과, 개인 및 기업에서의 참여율과 국가 차원의 정책적 지원이 우리나라보다 더.높은 수준의 환경지수를 나타낸다는 점을 통계자료와 와 근거 이유를 통해 명확히 제시하고, 탐구 결과를 바탕으로 지속가능한 소비 문화를 실천하는 방안을 구체화함.

**미디어**　전 세계 해빙, 사상 최저치로 감소(BBC 2025년 2월15일)

전 세계 해빙 면적이 사상 최저치를 기록했다는 위성 관측 결과를 바탕으로 극지방의 급격한 기후 변화를 다룬다. 북극과 남극의 해빙은 태양 에너지를 반사해 지구 온도를 조절하는 역할을 하지만, 최근 따뜻한 공기, 해수 온도 상승, 폭풍 등의 복합적 요인으로 급감하고 있다. 북극은 이미 여름철 해빙 면적이 1980년대보다 절반 가까이 줄었으며, 남극도 최근 몇 년간 지속적인 감소세를 보인다. 해빙 감소는 야생동물 생태뿐 아니라, 지구 기후와 해류 순환에까지 영향을 미친다.

**키워드**　기후변화(남극 해빙, 북극 해빙, 지구온난화)

**관련학과**　자연계열(지구환경과학과), 공학계열(에너지공학과, 토목환경공학과, 환경공학과), 교육계열(과학교육과, 생물교육과, 지구과학교육과, 지리교육과, 화학교육과, 환경교육과)

**➕ 탐구활동 주제**

- 북극과 남극 해빙 감소가 지구 기온에 미치는 영향에 관한 탐구
- 남극과 북극 해빙 감소 원인의 차이에 대한 과학적 고찰
- 극지방 해빙 감소가 야생동물 생태계에 끼치는 영향에 관한 탐구
- 남극 해빙 변화와 엘니뇨 현상 간의 상관관계에 관한 탐구

**➕ 토론활동**

▶ 북극 해빙 감소 문제, 인류 생존 위기로 받아들여야 할까?
▶ 해빙 보호를 위한 극지방 일반인 출입 제한, 정당할까?
▶ 남극 해빙 감소 현상, 단순한 자연적 변동으로 볼 수 있을까?
▶ 기후 변화 대응에 선진국이 더 큰 책임을 져야만 할까?

# 📌 심화 활동

**논문주제**　이상기후가 실물경제에 미치는 영향(정원석 외, 2025)

이 논문은 기후 변화로 인한 폭염, 폭우, 한파 등의 이상기후가 농업, 제조업, 건설업 등 주요 산업 부문에 어떤 경제적 피해를 주는지를 분석한다. 논문은 이상기후가 생산성 저하, 공급망 교란, 물가 상승 등을 유발하며, 특히 기후 재해에 취약한 지역일수록 경제적 충격이 크다고 지적한다. 또한, 기후 리스크에 대응한 정부 정책과 기업의 적응 전략 마련이 중요하다고 강조한다.

**키워드**　이상기후, 기후위험지수, 지구온난화, 인플레이션

**➕ 탐구활동 주제**

- 이상기후가 국내 농업 생산성과 식량 수급에 미치는 영향
- 폭염과 한파가 제조업 생산 활동에 미치는 경제적 손실 탐구
- 기후 재해에 대한 정부의 재정 정책 대응 사례와 효과 탐구

**➕➕ 실천형 심화활동**

▶ 이상기후에 대응하는 정부 정책이나 기업 전략을 조사해 정책 제안서 작성 활동
▶ 기후 변화 대응 시나리오를 구성하고 각 산업에 미칠 경제 효과 토론 활동

**교과세특 예시**

극지방 해빙 감소가 야생동물 생태계에 미치는 영향을 주제로 탐구하며 북극곰, 바다표범, 펭귄 등 얼음 위에서 사냥하는 동물들이 겪는 먹이 자원 및 서식지 감소 문제를 분석함. 식물성 플랑크톤 감소와 더불어 동물들의 이동 경로 단절과 번식 방해 등 생태계 전반에 미치는 영향을 자료 기반으로 정리함. 심화 연계활동으로 이상기후가 제조업과 농업 생산성, 식량 수급 등 실물경제에 미치는 영향을 분석하고, 온실가스 감축과 탄소 중립 정책 실천의 필요성을 강조함 국제 협력의 중요성과 개인의 실천 방안도 함께 제시함.

유럽연합의 탄소국경조정제도(CBAM)가 2026년부터 본격 시행된다. 철강, 알루미늄, 비료, 수소, 시멘트, 전력 등 6개 품목을 EU에 수출할 때 생산 과정에서 발생한 탄소 배출량에 따라 인증서 구매가 의무화된다. 이에 따라 기업들은 정확한 배출량 산정과 저탄소 제품 생산 역량을 갖춰야 한다. 정부는 설명회 개최, 교육 지원, 수출 안내 강화 등을 통해 기업들의 대응을 적극 돕고 있다. 공급망 복잡성과 잘못된 배출량 신고에 따른 불이익이 주요 과제로 지적된다.

**키워드** 탄소국경세(저탄소 제품 생산, 탄소국경조정제도, ESG 경영)

**관련학과** 자연계열(지구환경과학과), 공학계열(에너지공학과, 토목환경공학과, 환경공학과), 사회계열(국제통상학과, 국제학부, 무역학과, 정치외교학과), 교육계열(환경교육과)

### ➕ 탐구활동 주제

◆ 탄소국경세가 국내 제조업 경쟁력에 미치는 영향
◆ EU 탄소국경조정제도와 국내 탄소배출 규제 정책 비교
◆ ESG 경영 강화와 탄소국경세 대응의 상관관계 연구
◆ 해외 주요국의 탄소국경세 도입 사례와 국내 적용 가능성 비교

### ➕ 토론활동

▶ 탄소국경세 도입이 국내 산업 경쟁력에 악영향을 줄까?
▶ 탄소국경세에 대응하기 위해 정부가 적극 개입해야 할까?
▶ 탄소배출 많은 산업에 추가 비용을 부과하는 것이 정당할까?
▶ 탄소국경세는 기후 위기 대응을 위한 효과적인 수단일까?

## 📌 심화 활동

**논문주제** 한국의 탄소국경세조정에 관한 법률적 고찰(유태신, 2025)

이 논문은 탄소국경세조정제도(CBAM)의 도입 배경과 국제사회의 동향을 살펴보고, 한국의 대응 현황과 법적 쟁점을 분석한다. 이를 통해 CBAM이 한국 산업과 법체계에 미칠 영향을 검토하고, 향후 입법 방향을 제시한다. 특히 유럽연합의 CBAM 도입이 무역 질서에 미치는 영향을 중심으로, 한국 산업과의 충돌 가능성을 진단하며, 국내 법제 정비와 국제 협력 방안을 모색한다.

**키워드** 턴소국경세, 탄소국경세조정제도

### ➕ 탐구활동 주제

◆ 한국의 탄소국경세 대응 정책과 입법 방향에 관한 탐구
◆ CBAM이 한국 수출 주력 산업에 미치는 경제·법적 영향 분석
◆ 국제 무역 규범과 환경 규제 간의 충돌과 조화 가능 탐구

### ➕➕ 실천형 심화활동

▶ 모둠별로 탄소국경세 찬반 토론 활동 후 입장 정리 보고서 제출 활동
▶ 유럽연합의 CBAM 법안을 요약하고, 한국형 제도 도입 방안 제안 활동

### 교과세특 예시

탄소국경세가 국내 제조업 경쟁력에 미치는 영향을 주제로 탐구함. 탄소국경세 도입이 수출 비용 증가와 가격 경쟁력 약화로 이어져 제조업에 부정적 영향을 줄 수 있음을 분석하고, 국가 간 탄소 배출 규제 차이에 따른 산업적 불균형 문제를 함께 고찰함. 기업의 대응 방안으로 탄소 저감 기술 개발과 생산 공정 효율화의 필요성을 강조하며, 실제 기업 사례를 바탕으로 탄소 배출 감축 전략을 정리함. 정부의 정책적 지원과 국제 협의 참여의 중요성도 함께 제시함. 자료 수집과 분석을 통해 환경 문제에 대한 지적 호기심과 자기주도적 탐구 역량을 드러냄.

미디어 **2050년 탄소중립 목표... "CCS 기술 상용화 가속화할 것"**(공학저널 2024년 11월 20일)

2050년 탄소중립 목표 달성을 위한 핵심 기술로 CCS(이산화탄소 포집 및 저장) 기술의 중요성이 강조된다. 한국은 재생에너지 100% 달성이 어려운 지리적 한계를 지녀 블루수소 생산 시 필수적인 CCS 기술 상용화가 시급하다. 한국에너지기술연구원은 습식 포집 기술 'KIERSOL'을 중심으로 다양한 CCS 기술을 개발 중이며, 국제 협력과 연구를 통해 기술 상용화에 박차를 가하고 있다. 정부의 정책적 지원과 저장처 확보가 CCS 확산의 관건으로 지목된다.

**키워드** 탄소 포집 및 저장(탄소중립, 재생에너지, 탄소 감축, 탄소 저감)

**관련학과** 자연계열(지구환경과학과), 공학계열(에너지공학과, 환경공학과), 사회계열(국제통상학과, 국제학부, 법학과, 정치외교학과, 행정학과), 교육계열(과학교육과, 환경교육과)

**➕ 탐구활동 주제**

• 탄소중립 달성을 위한 CCS 기술의 역할과 한계 분석
• CCS 기술 도입이 환경에 미치는 영향 조사
• 이산화탄소 전환 기술과 탄소중립 실현 간의 연관성 분석
• 공기 중 직접 이산화탄소 포집 기술의 경제성 및 효율성 비교

**➕ 토론활동**

▶ CCS 기술은 탄소중립 실현을 위한 최적의 해법일까?
▶ 한국은 재생에너지보다 CCS 기술에 더 집중해야 할까?
▶ 블루수소 생산을 위해 CCS 기술을 의무화해야 할까?
▶ 탄소중립을 위해 CCS보다 CDR 기술이 더 중요할까?

# 📌 심화 활동

**논문주제** **세계 탄소중립 전략 및 기술 고찰(천영호, 2022)**

이 논문은 주요 선진국들의 탄소중립 추진 전략과 기술 동향을 분석하고, 국가별 차별화된 접근 방식과 정책 방향을 비교한다. 또한 재생에너지, 탄소포집저장(CCS), 수소에너지 등 핵심 기술들의 발전 현황과 적용 가능성을 살펴보며, 각 기술의 기술적·경제적 한계를 분석한다. 이를 바탕으로 탄소중립 목표 달성을 위한 국가 차원의 기술 개발 방향, 정책적 지원 방안, 국제 협력의 필요성을 종합적으로 제시한다.

**키워드** 탄소중립, 기후변화, 지구온난화, 탄소 포집 및 저장(CSS)

**➕ 탐구활동 주제**

• 재생에너지 기술 발전이 탄소중립 달성에 미치는 영향 탐구
• 탄소포집저장(CCS) 기술의 경제성과 적용 가능성에 관한 고찰
• 국제사회 탄소중립 협력 방안과 한국의 대응 전략에 대한 고찰

**➕➕ 실천형 심화활동**

▶ 탄소중립을 위한 기술(재생에너지, CCS, 수소)에 대한 카드뉴스 제작 활동
▶ 우리나라의 탄소중립 전략을 분석하고 개선 아이디어 제안서 작성 활동

**교과세특 예시**

이산화탄소 전환 기술과 탄소중립 실현 간의 연관성을 주제로 탐구함. 이산화탄소를 유용한 물질이나 연료로 전환하는 기술이 탄소 배출량을 줄이고, 지속 가능한 탄소중립 사회 구축에 기여함을 분석함. 이를 바탕으로 탄소중립 실현을 위해 에너지 효율 개선, 재생 에너지 확대, 이산화탄소 포집 및 저장 기술의 중요성을 강조함. 과학적 개념과 사회적 맥락을 융합하여 다각도로 문제를 분석하고, 자료 기반의 탐구 과정을 통해 문제 해결 능력과 다양한 지식 활용 능력을 발휘함. 적극적이고 창의적인 태도로 환경 문제 해결 방안을 제시함.

**대한민국 차세대 우주로켓은 재사용이 기본 돼야(중앙일보 2025년 2월10일)**

대한민국 차세대 우주로켓은 재사용 기술 확보가 기본이 돼야 한다. 세계 발사체 시장에서 스페이스X는 압도적 실적을 바탕으로 독주하고 있으며, 나머지 국가는 기술력이나 가격경쟁력 면에서 뒤처지고 있다. 우주항공청은 민간 주도 우주 수송체계 구축을 위해 재사용 발사체 확보를 추진한다. 로켓 개발은 실패를 두려워하지 말고 가격 경쟁력을 갖춘 방향으로 나아가야 하며, 이는 위성 산업 경쟁력의 출발점이 된다. 정부의 과감한 투자와 민간 협력이 관건이다.

**키워드** 우주로켓(발사체 재사용, 차세대 발사체)

**관련학과** 공학계열(기계공학과, 기계시스템공학과, 메카트로닉스공학과, 반도체공학과, 전기공학과, 전자공학과, 정보통신공학과, 컴퓨터공학과, 항공기계공학과, 항공우주공학과)

➕ **탐구활동 주제**

◆ 스페이스X의 재사용 발사체 기술이 발사 비용에 미친 영향
◆ 로켓 재사용 기술이 우주 경제 활성화에 미치는 영향
◆ 우리나라 우주항공청 정책이 발사체 산업에 미칠 영향 고찰
◆ 위성 산업 발전을 위한 저비용 발사체 확보 방안 탐구

➕ **토론활동**

▶ 차세대 발사체는 반드시 재사용 가능하게 개발해야 할까?
▶ 국가가 민간보다 우주 발사체 개발을 주도하는 것이 바람직할까?
▶ 스페이스X의 독주 현상이 우주 산업 전체에 긍정적일 수 있을까?
▶ 위성 산업 육성을 위해 발사비를 국고로 지원하는 것이 타당할까?

# 📌 심화 활동

**논문주제** **재사용 발사체 개발 동향(윤동호 외, 2023)**

이 논문은 전 세계적으로 발사 비용 절감과 발사 빈도 증가를 위해 재사용 발사체 기술이 각광받고 있음을 소개한다. 미국의 스페이스X를 중심으로 한 민간기업의 주도적 기술 개발과 더불어, 중국, 유럽, 일본 등 주요국들의 개발 현황과 전략을 비교 분석한다. 또한, 재사용 기술 확보를 위한 기술적 과제와 발전 방향을 제시하며, 한국의 향후 개발 방향에 대한 시사점을 제안한다.

**키워드** 로켓 발사체, 재사용 발사체

➕ **탐구활동 주제**

◆ 재사용 발사체 기술 도입이 발사 비용 절감에 미친 영향 탐구
◆ 민간기업 중심의 재사용 로켓 개발이 우주 산업에 미친 영향 탐구
◆ 발사체 재사용 기술이 위성 산업 경쟁력에 미치는 영향

➕➕ **실천형 심화활동**

▶ 재사용 발사체 기술의 원리를 조사하고 모형 로켓 설계도 그리기 활동
▶ 주요국의 재사용 로켓 개발 사례를 정리해 발표 자료 만들기 활동

**교과세특 예시**

로켓 재사용 기술이 우주 경제 활성화에 미치는 영향을 주제로 탐구함. 로켓 재사용은 상업 우주 여행의 대중화를 위한 핵심 기술로, 초기 발사 비용 회수와 장기적인 비용 절감을 가능하게 하며 우주 산업 전반의 성장 기반을 마련함. 이 기술은 새로운 우주 탐사 시대를 여는 데 기여하고, 일자리 창출과 첨단 산업 육성 등 사회 전반에 걸쳐 광범위한 파급효과를 유발함. 자료 분석을 바탕으로 기술적, 경제적, 사회적 측면을 통합적으로 고찰하며, 항공우주공학에 대한 높은 관심을 바탕으로 진학 목표를 구체화하고 우주 과학에 대한 진로 탐색을 심화함.

| 미디어 | 땅속 열기 활용해 냉난방... 생산성 태양광 3배(서울경제 2024년 8월5일) |

지열에너지는 지하의 일정 온도를 활용해 냉난방에 이용하는 신재생에너지이다. GGK는 관련 기술력을 갖춘 중소기업으로 에어컨 없이도 쾌적한 실내 환경을 구현한다. 서울시는 대형 건물에 지열 설비 설치를 의무화하며 보급을 확대하고 있다. 지열은 에너지 효율이 높고 친환경적이라는 장점이 있다. 서울시 신청사는 이를 통해 전력 사용량과 비용을 크게 절감했다. 다만 구조적 문제와 유지보수 어려움이 지적돼 사후관리 체계 마련이 필요하다.

| 키워드 | 지열에너지(신재생에너지) |
| 관련학과 | 공학계열(에너지공학과, 전기공학과, 토목공학과, 토목환경공학과, 환경공학과), 자연계열(대기과학과, 지구환경과학과), 교육계열(기술교육과, 과학교육과, 환경교육과) |

➕ **탐구활동 주제**

• 지열에너지와 태양광 에너지의 경제성 및 효율성 비교 분석
• 대규모 건축물의 지열에너지 활용과 유지관리 실태 조사
• 지열에너지 보급 확대가 온실가스 감축에 미치는 실질적 영향
• 국내외 지열에너지 기술 수준과 보급 정책의 차이에 관한 비교

➕ **토론활동**

▶ 지열에너지 설비 설치를 대형건물에 의무화하는 것이 타당할까?
▶ 유지관리의 어려움에도 불구하고 지열에너지의 확대가 바람직한 방향일까?
▶ 신재생에너지 정책의 일환으로 지열에너지에 대한 투자를 확대해야 할까?
▶ 기존의 태양광 중심 정책보다 지열 중심 정책으로 전환하는 것이 타당할까?

## 📌 심화 활동

| 논문주제 | 신재생에너지의 통합 및 발전 방향(Goover, 2025) |

이 논문은 신재생에너지의 안정적 공급을 위해 태양광, 풍력, 지열, 바이오에너지 등 다양한 에너지원을 상호보완적으로 통합하는 방안을 제시한다. 특히 지역별 자원 특성에 따라 적합한 에너지원 조합을 구성하고, 분산형 에너지 시스템을 도입해 에너지 자립도를 높이는 것이 핵심이다. 또한 에너지 간 전력 변환 기술, 스마트 그리드와 같은 인프라 구축, 정책적 지원 및 기술 표준화의 필요성을 강조한다.

| 키워드 | 신재생에너지 |

➕ **탐구활동 주제**

• 분산형 에너지 시스템이 지역 에너지 자립에 미치는 영향 분석
• 신재생에너지 통합을 위한 스마트 그리드 기술의 역할 고찰
• 신재생에너지 통합 정책 추진 시 제도적 지원의 필요성 비교

➕➕ **실천형 심화활동**

▶ 지역별 에너지 자원의 특성을 조사하고, 그에 맞는 에너지 통합 방안을 발표 활동
▶ 각 신재생에너지의 장단점과 통합 시 예상되는 문제점 및 해결 방안 토론 활동

**교과세특 예시**

동아리 주제 탐구활동을 통해 지열에너지와 태양광 에너지의 경제성과 효율성을 비교 분석함. 지열에너지는 에너지 공급의 변동성이 낮고 안정성이 높아 장기적 관점에서 경제성이 있으나, 초기 투자 비용이 높은 편임. 반면 태양광 에너지는 초기 투자 비용이 낮고 효율이 높지만, 날씨와 계절에 따라 에너지 생산량의 변동성이 큼. 두 가지 에너지의 장단점을 정리하며 활용 목적과 환경 조건에 따라 적절한 에너지원 선택이 중요함을 도출함. 신재생에너지에 대한 관심을 바탕으로 자료를 분석하고 발표함으로써 에너지공학 분야에 대한 진로 탐색을 심화함.

| 미디어 | 건축물 에너지 다이어트 '제로에너지 빌딩'(환경일보 2024년 9월20일) |

제로에너지 빌딩은 연간 에너지 사용량과 생산량의 합이 '0'인 건축물이다. 우리나라는 이를 에너지 부하를 줄이고 신재생에너지를 활용하는 녹색건축물로 정의한다. 제로에너지를 구현하기 위해 패시브 기술과 액티브 기술을 함께 활용한다. 패시브 기술은 단열과 창호 같은 건축 요소로 에너지 사용 없이 효과를 낸다. 액티브 기술은 기계와 전기 설비 등 외부 에너지를 활용한다. 서울에너지드림센터는 국내 최초 제로에너지 빌딩으로, 온실가스 감축과 에너지 교육의 장으로 활용된다.

| 키워드 | 제로에너지(패시브 기술, 액티브 기술, 녹색건축, 온실가스 저감) |

| 관련학과 | 공학계열(건설환경공학과, 건축공학과, 건축학과, 도시공학과, 안전공학과, 에너지공학과, 전기공학과, 토목공학과, 토목환경공학과, 환경공학과), 자연계열(지구환경과학과) |

### ⊕ 탐구활동 주제

◆ 제로에너지 빌딩이 온실가스 감축에 미치는 영향
◆ 친환경 건축 자재가 제로에너지 빌딩에 미치는 영향 탐구
◆ 제로에너지 빌딩이 도시형 신재생에너지 확산에 끼친 영향 고찰
◆ 제로에너지 빌딩의 에너지 절감 효과 연구

### ⊕ 토론활동

▶ 제로에너지 빌딩 의무화를 모든 신축 건물에 확대할 필요가 있을까?
▶ 초기 비용이 높더라도 제로에너지 건축을 적극 도입해야 할까?
▶ 제로에너지 빌딩 확산이 우리 사회의 기후 위기 대응에 효과적일까?
▶ 제로에너지 빌딩은 경제적 부담보다 환경적 가치가 더 크다고 볼 수 있을까?

## 📌 심화 활동

| 논문주제 | 탄소중립과 제로에너지건축물의 활성화에 관한 법적 연구(김명엽, 2023) |

이 논문은 탄소중립 실현을 위한 제로에너지건축물(ZEB)의 활성화를 법적 관점에서 분석한 연구이다. 저자는 건물 부문에서의 탄소배출 저감을 위해 ZEB의 확대가 필수적이라 판단하고, 관련 법·제도의 현황과 한계를 짚는다. 또한 ZEB 도입을 촉진하기 위한 법적 개선 방안을 제시하며, 구체적으로는 건축기준 강화, 인센티브 확대, 이행관리체계 구축 등의 필요성을 강조한다.

| 키워드 | 탄소중립, 제로에너지건축물 |

### ⊕ 탐구활동 주제

◆ 제로에너지건축물(ZEB) 확대를 위한 법적 제도 개선 방안
◆ 국내외 제로에너지건축물 관련 법제도 비교 분석
◆ ZEB 활성화가 건축산업과 에너지 소비에 미치는 영향 분석

### ⊕⊕ 실천형 심화활동

▶ 제로에너지건축물 관련 법과 제도를 조사해 카드뉴스 및 인포그래픽 제작 활동
▶ 탄소중립과 ZEB의 연관성을 주제로 모둠별 토의 후 정책 제안서 작성 활동

### 교과세특 예시

제로에너지 빌딩 구현을 위한 패시브 기술과 액티브 기술의 특성을 비교 분석함. 패시브 기술은 단열, 기밀, 열교차 방지, 자연환기, 건물 방향 등 건축 설계 요소를 활용해 에너지 소비를 줄이는 방식으로, 초기 투자 비용이 높은 특징이 있음. 반면 액티브 기술은 태양광 등 재생에너지 설비를 활용해 에너지를 자체 생산하며, 유지·보수 비용이 발생함을 강조함. 연계 탐구활동으로 국내외 제로에너지건축물 관련 법과 제도를 분석하고, 국내는 제도 및 표준 중심, 해외는 법제도 강화를 통한 기준 상향이 주요 특징임을 도출함. 환경과 에너지에 대한 관심을 바탕으로 진로를 구체화함.

| 미디어 | 우주산업 현황 및 정책 동향(법률신문 2024년 6월24일) |

우주항공청 출범과 민간 주도 우주산업 생태계 조성을 위한 정책 마련에 대해 다룬다. 정부는 우주산업의 경쟁력 강화를 위강해 우주항공청을 설립하고, 민간 기업이 주도하는 산업 생태계를 구축하려 한다. 이를 위해 관련 법·제도 정비와 지원 정책을 마련하고, 민간 기업의 참여를 촉진하는 방안을 추진한다. 이러한 정책은 우주산업의 발전과 국제 경쟁력 향상에 기여할 것으로 기대된다. 또한 인재 양성과 기술 투자 확대도 함께 강조되며, 지방과의 협력 방안도 논의된다.

| 키워드 | 우주산업(우주산업 생태계, 우주산업 정책, 인저 양성) |
| 관련학과 | 공학계열(기계공학과, 기계시스템공학과, 전기공학과, 전자공학과, 정보통신공학과, 컴퓨터공학과, 항공기계공학과, 항공우주공학과, 환경공학과), 자연계열(지구환경과학과) |

**➕ 탐구활동 주제**

- 우주항공청 설립이 국내 우주산업 발전에 미치는 영향
- 민간 기업 주도의 우주산업이 가져올 경제적 효과에 대한 고찰
- 정부 주도의 우주개발과 민간 주도의 우주산업의 역할 비교
- 우주항공청 출범이 국제 우주협력 및 경쟁력에 미치는 영향

**➕ 토론활동**

▶ 우주항공청이 국내 우주산업 발전의 핵심이 될 수 있을까?
▶ 우주산업은 정부보다 민간 주도로 운영하는 것이 효과적일까?
▶ 정부의 우주산업 지원은 경제보다 국방을 더 우선해야 할까?
▶ 우주개발 예산 확대가 국민 복지보다 우선될 수 있을지 토론해볼까?

## 📌 심화 활동

| 논문주제 | 우주인터넷의 개발과 법적 쟁점에 관한 고찰(정완, 2025) |

이 논문은 우주인터넷의 개발 현황과 이에 따른 법적 쟁점을 고찰한 것이다. 정완은 우주인터넷이 인공위성을 활용하여 전 지구적 인터넷 접근성을 확대할 수 있다고 본다. 그는 이러한 기술 발전이 기존 국제우주법과 국가 주권, 통신 규제에 새로운 과제를 제기한다고 분석한다. 또한 저자는 우주인터넷을 둘러싼 각국의 경쟁과 국제협력의 필요성을 지적하며, 관련 법제의 정비와 국제적 논의의 활성화를 제안한다.

| 키워드 | 우주인터넷, 국제우주법, 국가 주권 |

**➕ 탐구활동 주제**

- 우주인터넷 서비스 확대와 국가 간 법적 갈등 사례 비교 분석
- 우주인터넷의 국제적 활용을 위한 법적 기준 마련 방안
- 주요 국가들의 우주인터넷 정책 및 규제 방향 비교 분석

**➕➕ 실천형 심화활동**

▶ 주요 국가들의 우주인터넷 관련 정책을 조사해 비교 표로 제작하고 토론 활동
▶ 우주인터넷과 기존 인터넷 인프라의 차이를 주제로 신문 기사 형식의 글쓰기 활동

**교과세특 예시**

우주항공청 출범이 국제 우주협력과 경쟁력에 미치는 영향을 주제로 탐구함. 우주항공 주권 확보와 국제적 영향력 확대, 그리고 우주 산업 생태계 조성을 통해 글로벌 선도 국가로 도약할 가능성을 분석함. 연계 탐구활동으로 우주인터넷 기술의 국제적 활용을 위한 법적 기준 마련 방안을 고찰함. 디지털 격차 해소에 기여할 수 있는 우주인터넷 기술의 장점을 바탕으로, 궤도 내 인공위성과 우주쓰레기 문제, 우주의 군사화와 같은 복합적인 문제에 대응하기 위한 구속력 있는 기술적, 경제적, 법적 기준 마련의 필요성을 강조함. 우주 과학 분야에 대한 진로 탐색을 심화함.

우주 쓰레기는 지구 궤도에서 심각한 문제를 일으키는 원인이다. 현재 3만여 개의 우주 쓰레기가 지구 주위를 돌고 있으며, 이들은 총알의 10배 속도로 이동하여 인공위성 및 우주선과 충돌 위험을 높인다. 이러한 충돌은 추가적인 파편을 생성하여 문제를 악화시킨다. 전문가들은 우주 쓰레기를 제거하고 새로운 쓰레기 생성을 방지하기 위한 국제적인 협력과 기술 개발이 시급하다고 강조한다. 특히 스타링크 등 민간 위성 수 증가로 우주 환경 보호의 필요성이 더욱 커지고 있다.

키워드    우주쓰레기(우주 환경보호, 국제협력)

관련학과    공학계열(건설환경공학과, 기계공학과, 기계시스템공학과, 산업공학과, 전기공학과, 전자공학과, 정보통신공학과, 항공우주공학과, 환경공학과), 자연계열(지구환경과학과)

### ➕ 탐구활동 주제

• 우주 쓰레기 증가가 인공위성 운용에 미치는 영향
• 민간 위성 발사 증가와 우주 환경 악화의 상관관계 분석
• 다양한 우주 쓰레기 제거 기술의 원리와 실현 가능성 비교
• 우주 쓰레기와 관련된 주요 국가 간 정책 차이점 비교 분석

### ➕ 토론활동

▶ 우주 쓰레기 문제 해결을 위한 인공위성 발사 규제를 강화해야 할까?
▶ 민간 기업의 무분별한 위성 발사를 법적으로 제한해야 할까?
▶ 우주 개발보다 우주 환경 보호를 우선시해야 할까?
▶ 우주 쓰레기 처리를 위한 세금 부과가 정당할까?

## 📌 심화 활동

논문주제    뉴스페이스 시대 우주 쓰레기 문제(홍건식, 20024 )

이 논문은 뉴스페이스 시대에 급증하는 우주 쓰레기 문제를 중심으로 그 원인과 해결 방안을 분석한 것이다. 홍건식은 민간 기업의 위성 발사 확대와 저궤도 위성의 증가가 우주 쓰레기 문제를 심화시키고 있다고 본다. 그는 우주 환경의 지속 가능성을 위해 국제적 규제 강화와 기술 개발이 병행되어야 한다고 주장한다. 또한 쓰레기 제거 기술의 현실성과 법적 책임 문제에 대한 논의도 함께 제시한다.

키워드    우주쓰레기, 우주 환경의 지속가능성, 우주쓰레기 제거 기술

### ➕ 탐구활동 주제

• 뉴스페이스 시대 민간 위성 발사가 우주 쓰레기 증가에 미치는 영향
• 우주 쓰레기 제거 기술의 종류와 적용 가능성에 관한 고찰
• 국제 사회의 우주 쓰레기 규제 정책 비교 및 효과 분석

### ➕➕ 실천형 심화활동

▶ 우주 쓰레기 제거 기술 사례를 조사하고 각 기술의 장단점 보고서 작성 활동
▶ 민간 기업의 우주 쓰레기 책임에 대한 찬반 토론 활동

### 교과세특 예시

우주 쓰레기 증가가 인공위성 운용에 미치는 영향을 주제로 탐구함. 위성 간 충돌 위험 증가, 오존층 파괴 우려, 지구 궤도 공간 밀도 감소 등 다양한 문제를 분석하고, 위성과 우주 쓰레기가 장시간 궤도에 머무르며 기후 측정, 일기예보, 위성 광대역 통신 서비스에 차질을 초래할 수 있음을 파악함. 연계 탐구활동으로 우주 쓰레기 제거 기술의 종류를 조사하고, 대기권 재돌입을 통한 연소 방식, 운용 중인 위성에 영향을 주지 않는 궤도로의 이동 방식 제시함. 전 세계적인 협력 체계와 규제 마련의 시급성을 강조하며, 우주 환경에 대한 호기심과 상상력을 바탕으로 진로 탐색을 심화함.

**미디어** | 1년 이상 우주에 머물면 인체는 어떻게 바뀌나(BBC 2024년 9월28일)

우주비생사가 장기간 우주에서 체류하게되면 인체에 많은 경향을 미친다. 우주에서는 중력 부재로 근육량이 20~30% 감소하고, 골량이 매달 1~2% 줄어든다. 이러한 변화는 골절 위험을 높이며, 혈액이 머리에 몰려 시력 저하를 유발할 수 있다. 우주비행사들은 하루 2.5시간의 운동으로 이를 완화하려 하지만, 완전한 방지는 어렵다. 장기 우주 비행은 인지 능력 저하와 뇌 구조 변화도 초래할 수 있으며, 이러한 연구는 미래 화성 탐사와 같은 장기 임무 준비에 중요하다.

**키워드** | 우주비행사 건강(무중력 환경, 장기 우주 체류, 신체 변화)

**관련학과** | 공학계열(기계공학과, 기계시스템공학과, 메카트로닉스공학과, 항공기계공학과, 항공우주공학과, 환경공학과), 자연계열(물리학과, 지구환경과학과), 의약계열(의계과)

**＋ 탐구활동 주제**

• 장기 우주 체류가 근육 및 골격계에 미치는 영향에 관한 탐구
• 무중력 환경이 인간의 시각 및 뇌 기능 변화에 미치는 영향
• 지구 중력 환경과 무중력 환경에서의 혈액 순환 방식 비교
• 장기 우주 체류의 정신 건강에 미치는 영향 탐구

**＋ 토론활동**

▶ 장기 우주 체류로 인한 인체 손상을 감수하고도 유인 탐사를 지속해야 할까?
▶ 인류는 건강 문제를 감수하더라도 화성 유인 탐사를 추진해야 할까?
▶ 우주비행사의 생명과 건강을 지키기 위해 무기한 유인 탐사를 중단해야 할까?
▶ 장기 우주 임무에 인간 대신 인공지능 로봇을 활용하는 것이 더 효율적일까?

## 📌 심화 활동

**논문주제** | 유인 우주개발 시대의 우주의학 정책 과제: 국제 동향과 우리나라 전략(허성진, 2025)

이 논문은 유인 우주개발 시대에 대비한 우주의학 정책 과제를 분석한 것이다. 허성진은 국제 사회가 장기 우주 체류로 인한 인체 영향에 대응하기 위해 우주의학 연구를 강화하고 있다고 설명한다. 그는 한국도 우주의학 연구 기반을 조성하고, 국제 협력 및 정책 수립을 통해 국가 전략을 마련해야 한다고 주장한다. 특히 인체 안전 확보, 우주의료 기술 개발, 관련 법·제도 정비의 필요성을 강조한다.

**키워드** | 우주의학, 우주환경, 우주탐사, 우주비행사 건강

**＋ 탐구활동 주제**

• 장기 우주 체류에 따른 인체 변화와 이를 위한 우주의학 대응 방안
• 유인 우주 탐사를 위한 의료 기술 개발과 적용 사례에 관한 탐구
• 우주의학 발전이 미래 우주개발 정책에 미치는 영향

**＋＋ 실천형 심화활동**

▶ 우주의학 시뮬레이션 실험 기획 및 보고서 작성 활동
▶ 한국형 우주의학 정책 제안서 작성 활동

**교과세특 예시**

장기 우주 체류가 근육 및 골격계에 미치는 영향을 주제로 심화 탐구함. 중력이 없는 우주 환경에서는 단 2주 만에 근육량이 약 20% 감소하고, 3~6개월 이상 체류 시 최대 30%까지 감소함을 확인함. 이러한 변화는 신체 노화를 가속화시키며, 지구 귀환 후 회복에도 긴 시간이 소요됨. 실제 우주비행사의 사례를 통해 우주의학적 대응 방안의 필요성을 인식하고, 장기 탐사 시대에 대비한 인체 안전 확보와 우주 의료 관련 법·제도의 정비 필요성을 강조함. 우주의학에 대한 관심과 인처 변화에 대한 과학적 호기심을 바탕으로 진로 탐색을 확장함.

RE100은 기업이 사용하는 전력을 100% 재생에너지로 전환하겠다는 국제 캠페인이다. 이는 기후위기 대응과 지속가능한 성장을 위한 핵심 전략으로 작용한다. 글로벌 기업들은 RE100 참여를 통해 재생에너지 수요를 증가시키고, 국가의 에너지 정책에도 긍정적인 영향을 준다. 한국 기업들도 점차 참여하고 있으나, 재생에너지 공급 부족과 제도 미비로 어려움을 겪는다. 정부는 이를 해결하기 위해 정책 개선과 재생에너지 인프라 확충이 필요하다.

| 키워드 | RE100(기후위기, 재생에너지) |
| 관련학과 | 자연계열(지구환경과학과), 공학계열(건설환경공학과, 에너지공학과, 원자력공학과, 전기공학과, 토목공학과, 토목환경공학과, 환경공학과), 교육계열(과학교육과, 환경교육과) |

### ➕ 탐구활동 주제

• 기업의 RE100 참여가 재생에너지 산업에 미치는 영향 탐구
• 한국 기업들의 RE100 참여 확대를 위한 제도적 개선 방향
• 글로벌 IT 기업들의 RE100 실천 사례와 성공 요인 분석
• 청소년의 관점에서 바라본 RE100의 필요성과 실천 방안 고찰

### ➕ 토론활동

▶ 국내 대기업의 RE100 참여를 의무화해야 할까?
▶ 재생에너지 가격이 높더라도 사용을 확대해야 할까?
▶ 기업 이미지 개선을 위해 RE100을 활용하는 것이 정당할까?
▶ 한국의 에너지 자립을 위해 RE100이 효과적일까?

## 📌 심화 활동

| 논문주제 | 국내 기업의 RE100 이행수단 비교: 재생에너지 정책과 상호작용을 중심으로(권태형, 2024) |

이 논문은 국내 기업들의 RE100 이행 수단을 재생에너지 정책과의 상호작용 측면에서 분석한 연구이다. 제3자 PPA, 녹색요금제, REC 구매 등이 주요 방식이며, 제도와 시장 조건에 따라 효과가 달라진다. 기업들은 제도적 한계로 RE100 실현에 어려움을 겪는다. 효과적인 이행을 위해 정책 유연성 확대, 재생에너지 인프라 확충, 인증체계 개선이 필요하다고 제안한다.

| 키워드 | RE100, RE100 참여 이행수단, 재생에너지 |

### ➕ 탐구활동 주제

• 국내 기업들의 RE100 이행수단별 장단점 비교 분석
• 제3자 전력구매계약(PPA)이 RE100 달성에 미치는 영향 탐구
• 녹색요금제와 REC 구매 방식의 실효성 비교 분석

### ➕➕ 실천형 심화활동

▶ 국내외 RE100 참여 기업 사례를 조사하고 차이를 비교하는 활동
▶ 학교에서 실현 가능한 RE100 실천 방안을 기획하고 제시하는 활동

### 교과세특 예시

청소년의 관점에서 RE100의 필요성과 실천 방안을 주제로 탐구함. RE100은 기후 변화에 대응하고 재생에너지 산업의 성장을 유도하며, 지속 가능한 미래를 위한 핵심 전략임을 인식함. 청소년이 실천할 수 있는 방안으로는 교육과 인식 개선을 통한 태도 변화, 학교 및 지역사회의 에너지 전환 활동 참여, 온라인 플랫폼을 활용한 정보 확산, 지속 가능한 소비 패턴 실천 등이 있음. 아울러 정부 차원의 정책 개선과 재생에너지 인프라 확대의 필요성을 강조함. 환경 문제에 대한 책임 의식을 바탕으로 실천 가능한 방안을 주도적으로 모색함.

**미디어**   아시아 최초 기후소송 헌법불합치 판결, 그 후 남겨진 과제는(더나은미래 2024년 10월17일)

헌법재판소는 탄소중립기본법 제8조 제1항에 대해 헌법불합치 판결을 내렸다. 이는 2031~2049년 온실가스 감축 목표의 부재가 국민의 생명권과 환경권 등 기본권 보호 의무를 위반한다고 판단한 것이다. 정부는 2026년 2월 28일까지 법을 개정해야 한다. 토론회에서 전문가들은 정부와 국회가 과학적 사실과 국제법적 원칙에 기반한 온실가스 감축 목표를 설정해야 한다고 강조했다. 또한, 정의로운 전환과 에너지 수요 감축 정책의 필요성도 함께 언급되었다.

**키워드**   기후소송(헙법불합치, 기후운동, 기후행동)

**관련학과**   자연계열(대기과학과, 주거환경학과, 지구환경과학과). 공학계열(에너지공학과, 토목환경공학과, 환경공학과), 사회계열(국제학부, 법학과, 소비자학과, 정치외교학과, 행정학과)

➕ **탐구활동 주제**

• 기후변화 대응과 국민 기본권 보호의 상관관계 탐구
• 한국과 주요국의 온실가스 감축 법제 비교 분석
• 2030년 이후 탄소 감축 목표 설정의 국제 기준 비교
• 에너지 수요 감축 정책이 기후 위기에 미치는 영향 탐구

➕ **토론활동**
▶ 헌법재판소의 탄소중립기본법 헌법불합치 결정은 정당했을까?
▶ 정부는 온실가스 감축 목표를 법에 명확히 명시해야 할까?
▶ 기후위기 대응은 경제 성장보다 우선되어야 할까?
▶ 청소년도 기후 관련 헌법소원에 참여할 수 있어야 흘까?

## 📌 심화 활동

**논문주제**   기후위기와 헌법소송-외국의 주요 기후소송사례와의 비교를 중심으로(임현희, 2023)

이 논문은 기후위기 대응과 관련된 헌법소송의 국내 사례를 분석하고, 외국의 주요 기후소송 사례와 비교한 연구이다. 독일, 네덜란드, 미국 사례를 통해 국가의 기후책임과 헌법적 권리 보호의 관계를 다각도로 조명한다. 한국 기후소송의 헌법적 논리 활용과 한계를 분석하겨, 향후 제도 개선과 대응 방향을 제시한다. 시민과 청소년의 기본권 보호를 위한 사법적 대응의 필요성과 정당성도 함께 강조한다.

**키워드**   기후소송, 기후위기, 기후위기 헌법소송

➕ **탐구활동 주제**

• 한국과 독일의 기후 관련 헌법소송 사례 비교 분석
• 청소년의 기후소송 참여가 법제도에 미치는 영향에 관한 탐구
• 기후위기와 국민 기본권 보호의 헌법적 연관성에 대한 탐구

➕➕ **실천형 심화활동**
▶ 기후위기 관련 가상의 헌법소원 청구서 작성 활동
▶ 청소년 기후권 보장을 위한 법·정책 제안서 작성 활동

**교과세특 예시**

기후변화 대응을 주제로 한국, 미국, 유럽연합의 온실가스 감축 정책을 비교 분석하는 탐구활동을 수행함. 각국의 법제와 감축 목표 수립 과정에 대해 다수의 논문에서 근거를 추출하고, 신뢰도 높은 통계 자료를 활용하여 감축 수준의 차이와 제도적 특징을 분석함. 한국의 '기후변화대응 기술개발 촉진법', 미국의 '기반시설투자 및 일자리법', EU의 '기후보호법' 등 주요 입법 사례를 중심으로 비교하며 법적·정책적 대응 전략의 차이를 도출함. 분석 결과를 시각자료로 정리하여 발표함으로써 비판적 사고와 자료 해석 능력을 신장함.

| 미디어 | 쓰레기 없이 살 수 있을까? 작은 것부터 시작하는 '제로 웨이스트' 실천법(GS칼텍스 2024년 4월26일) |

일상에서 '제로 웨이스트' 실천이 필요하다. '제로 웨이스트'는 일회용품 사용을 줄이고 재활용 가능한 재료를 사용해 쓰레기 배출을 최소화하는 것을 목표로 한다. 주방에서는 다회용 랩, 고체 세제, 천연 수세미를, 욕실에서는 고체 샴푸 바, 고체 치약, 삼베 비누망 등을 활용하는 방법을 제안한다. 환경 일러스트 작가 '위시에코'와의 인터뷰를 통해 환경 보호 실천의 중요성을 강조하며, GS칼텍스는 지구의 날을 맞아 '탄소 중립 생활' 실천을 위한 이벤트를 진행한다.

| 키워드 | 제로 웨이스트(탄소중립, 재활용, 환경보호) |
| 관련학과 | 자연계열(대기과학과, 주거환경학과, 지구환경과학과), 공학계열(에너지공학과, 환경공학과), 사회계열 (소비자학과, 지리학과, 화학과), 교육계열(가정교육과, 환경교육과) |

### ⊕ 탐구활동 주제

• 제로 웨이스트 실천이 일상생활에 미치는 영향에 관한 탐구
• 주방과 욕실에서의 친환경 제품 사용 효과 비교 분석
• 청소년의 제로 웨이스트 실천 가능성과 방법에 관한 탐구
• 제로 웨이스트 실천을 위한 학교 차원의 실천 활동 방안 연구

### ⊕ 토론활동

▶ 플라스틱을 완전히 대체하는 것이 현실적으로 가능할까?
▶ 제로 웨이스트는 개인의 노력보다 기업의 변화가 우선일까?
▶ 다회용 제품 사용은 위생 문제를 초래할 수 있을까?
▶ 제로 웨이스트 실천은 생활의 불편함을 감수할 만큼 가치 있을까?

## 📌 심화 활동

| 논문주제 | 지속가능을 위한 제로웨이스트 패션디자인(허진영, 2023) |

이 논문은 지속가능한 사회를 위한 패션산업의 대응 방안으로 제로웨이스트 패션디자인을 탐구한 연구이다. 제로웨이스트 디자인은 원단 낭비를 최소화하고, 생산 과정에서 발생하는 폐기물을 줄이는 방식으로 옷을 설계한다. 연구는 패턴 설계, 재단 방식, 소재 활용 등의 측면에서 제로웨이스트 기법을 분석하며, 실제 사례를 통해 디자인 적용 가능성을 검토한다. 또한 친환경성과 추구하는 지속가능 패션의 방향성을 제시한다

| 키워드 | 제로 웨이스트, 제로 웨이스트 디자인, 지속가능한 패션 |

### ⊕ 탐구활동 주제

• 제로웨이스트 패션디자인이 지속가능한 패션산업에 미치는 영향
• 전통 패션디자인 방식과 제로웨이스트 디자인의 지속가능성 비교
• 패스트 패션과 제로 웨이스트 패션의 환경 영향 비교

### ⊕⊕ 실천형 심화활동

▶ 헌 옷이나 자투리 천을 활용한 제로웨이스트 패션 소품 제작 활동
▶ 국내외 제로웨이스트 패션 브랜드를 조사하고, 이를 비교해 분석 보고서 작성 활동

### 교과세특 예시

제로 웨이스트 실천이 일상생활에 미치는 영향을 탐구하며 환경 보호, 경제적 이득, 건강 증진 등 다양한 측면에서의 변화를 분석함. 쓰레기 감소, 자원 보호, 탄소 배출 감소 등의 환경적 효과와 함께 소비 지출 절감, 폐기물 처리 비용 감소, 관련 산업 성장 등 경제적 이점을 소개함. 또한 화학 물질 사용 저감, 건강한 식습관, 심리적 만족감 등 건강 측면의 긍정적 요소를 고찰함. 일회용품 사용 줄이기, 재활용, 음식물 쓰레기 줄이기 등 실천 방법을 구체화하고, 헌 옷과 자투리 천을 활용한 제로 웨이스트 패션 소품 제작 활동을 기획·주관하여 창의적 실천 방안을 제시함.

90    세특프리패스

**미디어**  아마존의 카이퍼 위성 인터넷(똘똘한블로그 2024년 4월21일)

아마존의 프로젝트 카이퍼는 전 세계 인터넷 소외 지역에 위성 광대역 서비스를 제공하기 위한 혁신적인 계획이다. 2029년까지 3,232기의 위성을 발사할 예정이며, 절반은 2026년까지 완료를 목표로 한다. 적외선 레이저 기반의 OISL 기술로 위성 간 100Gbps 속도의 통신이 가능하다. 이를 통해 아마존은 스타링크와 경쟁하며 2025년부터 1Gbps급 위성 인터넷 서비스를 상용화할 계획이다. 위성 인터넷은 오지와 바다 등에서도 안정적인 연결을 가능하게 한다.

**키워드**  위성 인터넷(카이퍼, 아마존)

**관련학과**  공학계열(기계시스템공학과, 메카트로닉스공학과, 반도체공학과, 전기공학과, 전자공학과, 정보통신공학과, 컴퓨터공학과, 항공우주공학과), 교육계열(기술교육과,컴퓨터공학과)

**➕ 탐구활동 주제**

- 프로젝트 카이퍼와 스타링크의 위성 인터넷 기술 비교 분석
- 위성 인터넷 기술이 오지 지역 교육환경에 미치는 영향
- 위성 기반 인터넷 서비스의 보안성과 개인정보 보호 고찰
- 저궤도 위성 증가가 우주 환경 및 우주 쓰레기에 미치는 영향

**➕ 토론활동**

▶ 저궤도 위성 확대가 환경에 미치는 영향을 감수할 만할까?
▶ 민간기업이 전 세계 인터넷을 주도해도 괜찮을까?
▶ 위성 인터넷 서비스가 디지털 격차 해소에 효과적일까?
▶ 인터넷 보급을 위해 개인 정보 보호는 다소 희생해도 될까?

## 📌 심화 활동

**논문주제**  위성 인터넷: 스타링크 사례로부터 얻는 시사점(김지환, 2021)

이 논문은 위성 인터넷 기술의 발전과 사회적·경제적 파급효과를 스타링크 사례를 중심으로 분석한 연구이다. 스타링크의 기술적 특징과 시장 전략을 살펴보고, 위성 통신이 디지털 격차 해소와 글로벌 통신 환경 변화에 미치는 영향을 고찰한다. 특히 저자는 위성 기반 통신망이 기존 유선 중심 통신 인프라의 한계를 극복할 수 있는 가능성을 제시하며, 국가 차원의 전략적 대응 필요성을 강조한다.

**키워드**  위성 인터넷, 스타링크, 우주산업, 민간 위성

**➕ 탐구활동 주제**

- 스타링크와 기존 지상기반 인터넷 서비스의 기술적 특성 비교 분석
- 저궤도 위성 인터넷 도입이 농어촌 통신 격차 해소에 미치는 영향
- 스타링크 사례를 통해 본 민간 우주 산업 활성화에 관한 탐구

**➕➕ 실천형 심화활동**

▶ 위성 인터넷이 통신 사각지대 해소에 미치는 영향을 주제로 찬반 토론 활동
▶ 위성 인터넷의 윤리적 문제에 대한 리서치 후 보고서 작성 및 발표 활동

**교과세특 예시**

프로젝트 카이퍼와 스타링크의 저궤도 위성 인터넷 기술을 비교 분석하며 두 기술의 공통점과 차이점을 탐구함. 두 프로젝트 모두 저궤도 위성을 활용한 인터넷 서비스 제공을 목표로 하나, 스타링크는 대규모 위성망 구축과 빠른 확산을 통해 모빌리티 기반 서비스(차량, 해상, 항공 등)에 특화된 반면, 카이퍼는 초고속·대용량 통신 제공으로 기업 및 기관 수요에 집중함. 기술적 특징과 서비스 방향의 차이를 다각적으로 분석하고, 연계 활동으로 저궤도 위성 인터넷 도입이 농어촌 지역의 통신 격차 해소에 미치는 영향을 탐색함. 이 과정에서 정보 접근성 향상의 사회적 가치를 함께 고찰함.

그린워싱은 친환경이 아닌 제품을 친환경인 것처럼 광고하는 행위로, ESG 리스크로 주목받고 있다. EU는 그린 클레임 지침을 통해 일반적 친환경 주장 금지를 추진하며, 국내 수출기업도 적용 대상이다. 영국은 명확한 기준으로 그린워싱을 규제 중이며, 국내도 공정위와 환경부가 함께 제재에 나서고 있다. 이에 기업들은 이중처벌 우려와 함께 친환경 활동 위축을 걱정하고 있으며, 정부는 명확한 기준과 교육을 통해 불필요한 혼란과 행정 부담을 줄여야 한다.

**키워드** | 그린워싱(ESG 리스크, 녹색과 위장)

**관련학과** | 공학계열(산업경영공학과, 산업공학과, 환경공학과), 사회계열(경영학과, 경제학과, 무역학과, 법학과), 교육계열(기술교육과,컴퓨터공학과, 화학교육과, 환경교육과)

**➕ 탐구활동 주제**

• 국내외 대표 사례를 통해 본 그린워싱 판별 기준의 적용 방식 비교
• 그린워싱이 소비자 구매 결정에 미치는 영향 분석
• 국내 수출기업이 EU 환경규제에 효과적으로 대응하기 위한 전략
• 그린워싱의 개념과 기업의 마케팅 전략에 미치는 영향

**➕ 토론활동**

▶ 기업의 친환경 광고 표현에 대한 정부의 강한 규제가 정당할까?
▶ '탄소중립' 등 모호한 용어 사용을 전면 금지해야 할까?
▶ 기업의 그린워싱 리스크 관리를 자율에 맡기는 것이 타당할까?
▶ 그린워싱 방지를 위한 EU식 사전검증 제도를 국내에 도입할까?

## 📌 심화 활동

**논문주제** | ESG 시대, 그린워싱에 대한 뉴스 빅데이터 분석(서창주, 2024)

이 논문은 SG 경영이 주목받는 시대에 그린워싱이 사회적 문제로 부각됨에 따라, 국내 뉴스 기사 빅데이터를 활용해 그린워싱 관련 담론의 흐름과 특징을 분석한다. 연구 결과, 그린워싱에 대한 관심은 특정 기업 이슈나 정부 규제 강화 시기에 집중되며, 주요 키워드로는 '광고', '소비자 오인', '환경부', '공정위' 등이 나타난다. 이 논문은 그린워싱에 대한 사회적 인식과 정책적 대응 방향을 파악하는 데 기여한다.

**키워드** | 그린워싱, ESG 경영, 탄소배출, 녹색금융

**➕ 탐구활동 주제**

• 정부 정책 발표 전후 뉴스 키워드 변화 비교 분석을 통한 인식 흐름 탐구
• 그린워싱 이슈에 대한 언론 보도의 영향력과 소비자 인식 변화의 관계
• ESG 경영 확산과 함께 나타난 언론의 보도 프레임 변화에 대한 비교

**➕➕ 실천형 심화활동**

▶ 뉴스 분석 도구로 '그린워싱' 관련 키워드 시각화 활동
▶ 학교에서 실천 가능한 친환경 표현 가이드라인 만들기 활동

**교과세특 예시**

동아리 활동을 통해 ESG 워싱의 개념과 유형을 중심으로 그린워싱, 소셜워싱, 기후워싱에 대해 심층 탐구함. 그린워싱은 디젤 차량의 데이터를 조작해 친환경 차량으로 홍보한 사례를, 소셜워싱은 노동자 인권 침해를 은폐하면서 사회적 가치를 실현하는 것처럼 홍보한 사례를 분석함. 또한 기후워싱은 탄소 배출권 거래를 기후 변화 대응처럼 포장하는 방식으로 정의하고, 각 유형이 소비자의 혼란을 유발하고 기업의 진정한 ESG 노력을 저해하며 사회 전반의 불신을 심화시킨다는 점을 비판적으로 고찰함. 기후변화와 환경 문제는 물론, 사회적 책임과 기업 윤리에 대한 관심이 많은 학생임.

**미디어** 버려지는 옷 10만 톤… 태우고 묻고 '병드는 지구'(중부일보 2024년 5월20일)

패스트패션은 옷을 단기간에 대량 생산·소비하는 방식으로, 폐의류 증가와 환경오염을 초래한다. 최근 5년간 국내 폐의류 발생량은 10만 톤을 넘어섰고, 재활용률은 낮아 대부분이 소각·매립돼 대기와 토양을 오염시킨다. 중고의류 수거 시스템도 비효율적이며, 무허가 업체 중심의 처리로 관리가 어렵다. 프랑스는 패스트패션 규제 법안을 추진 중이며, 이는 세계 최초의 입법 사례가 될 전망이다. 기업과 소비자 모두의 인식 변화와 제도적 개선이 절실하다.

**키워드** 패스트패션(환경오염, 패스트패션 제한법)

**관련학과** 예체능계열(의류학과, 패션디자인학과), 사회계열(경영학과, 소비자학과), 공학계열(고분자공학과, 환경공학과), 교육계열(가정교육과,미술교육과, 컴퓨터공학과, 환경교육과)

**➕ 탐구활동 주제**

• 패스트패션이 국내 폐의류 증가에 미치는 영향에 관한 탐구
• 패스트패션 소비 확산이 환경오염에 미치는 사회적 영향
• 중고 의류 수거 시스템의 문제점과 개선방안 고찰
• 패스트패션과 지속가능한 패션의 소비문화 비교

**➕ 토론활동**

▶ 패스트패션 기업의 생산을 법적으로 규제하는게 정당할까?
▶ 저가 의류 광고를 금지에 있어 소비자 선택권과 공익 중 무엇이 우선일까?
▶ 소비자가 패스트패션 소비 자제는 개인의 자유인가, 도덕적 책임인가?
▶ 중고의류 시장 확대가 환경문제 해결에 효과적일까?

## 📌 심화 활동

**논문주제** 폐의류 처리 개선방안에 관한 연구(최연석 외, 2022)

이 논문은 폐의류의 급증과 비효율적인 처리 실태를 지적하며, 현재 대부분의 폐의류가 소각·매립되고 있어 환경에 악영향을 준다고 설명한다. 수거·재활용 시스템이 미비하고 무허가 업체 중심의 비공식적인 유통 구조가 문제라고 분석한다. 재질 혼합과 압축 형태로 인해 소각 효율이 낮으며 처리 비용도 높다고 지적한다. 이에 따라 효율적 수거 체계 구축과 재활용 기술 개발, 제도적 관리 방안 마련의 필요성을 강조한다.

**키워드** 패스트패션, 지속가능한 패션, 윤리적 소비

**➕ 탐구활동 주제**

• 폐의류 소각과 매립 방식이 환경에 미치는 영향에 관한 탐구
• 국내 폐의류 수거 시스템과 재활용 체계의 효율성 분석
• 폐의류 처리 비용 증가 요인과 그 해결 방안에 대한 고찰

**➕➕ 실천형 심화활동**

▶ 지역 내 의류 수거함 위치와 활용 현황을 조사하고 개선 방안 제안 활동
▶ 폐의류 처리 문제를 주제로 찬반 토론 활동을 진행하고 정책 제안서 작성 활동

**교과세특 예시**

패스트패션과 지속가능한 패션의 소비문화를 비교하며 가격과 속도 중심의 소비 행태가 환경에 미치는 영향을 분석함. 지속가능한 패션은 자연 친화적 소재와 윤리적 생산 방식을 통해 자원 절약과 환경 보전을 추구하며, 패션 산업 내 투명성과 지속 가능성 확보의 중요성을 강조함. 연계 탐구활동으로 폐의류 소각과 매립 방식이 온실가스 배출, 대기 딨 토양 오염, 매탄가스 발생 등 환경에 미치는 부정적 영향을 조사함. 이와 함께 재활용과 리사이클링을 통한 폐의류 처리의 필요성을 제시하며, 사회와 환경 문제에 대한 관심과 균형 잡힌 시각을 드러냄.

세특 프리패스

미디어 활용편

# 공학

6G는 5G의 한계를 넘는 차세대 이동통신으로, 2030년경 상용화가 예상된다. 최대 전송속도 1Tbps, 초저지연, 광범위한 커버리지 등 '초성능', '초대역', '초공간', '초정밀', '초신뢰', '초지능'이 특징이다. 정부는 2021~2025년 핵심기술 개발, 2026~2028년 상용화 지원에 나선다. 목표는 6G 핵심표준특허와 스마트폰 시장점유율 세계 1위이다. KT는 저궤도 위성, SK텔레콤은 에지 AI, LG유플러스는 비지상 네트워크에 주력한다. 6G는 미래 데이터 고속도로로서 산업 융합과 신산업 창출을 이끌 전망이다.

**키워드** 6G(초고속 통신)

**관련학과** 공학계열(교통공학과, 기계시스템공학과, 도시공학과, 메카트로닉스공학과, 반도체공학과, 소프트웨어학과, 전기공학과, 전자공학과, 정보통신공학과, 컴퓨터공학과)

### ➕ 탐구활동 주제

- 6G 기술의 '초지능' 특성이 산업 혁신에 미치는 영향
- 5G와 6G의 기술적 차이점과 성능 향상 요소에 대한 비교 탐구
- 6G 상용화가 자율주행, 원격의료 등 미래 산업에 미치는 영향
- 6G 인프라 구축이 환경, 에너지 소비 등에 미치는 사회적 영향

### ➕ 토론활동

- ▶ 6G의 초지능·초정밀 기술이 개인정보 침해를 유발할 수 있을까?
- ▶ 6G가 기존 통신기술보다 더 큰 환경 피해를 야기할 수 있을까?
- ▶ 6G는 자율주행, 원격의료 등 미래 산업에 반드시 필요한 기술일까?
- ▶ 6G 상용화를 통한 데이터 고속도로 구축이 사회 불평등을 심화시킬까?

## 📌 심화 활동

**논문주제** 5G에서 6G 시대로, ICT를 바라보는 통신(이월철, 2024)

이 논문은 5G에서 6G로의 진화를 통해 ICT(정보통신기술)의 패러다임 변화 과정을 분석한 것이다. 6G는 초고속, 초저지연, 초연결, 초지능 등의 특성으로 5G의 한계를 보완하며, 인공지능, 디지털 트윈, 메타버스 등과 융합된다. 6G는 통신기술을 넘어 산업 전반의 혁신 플랫폼으로 기능할 것으로 전망되며, 이에 따른 기술개발, 표준화, 제도 정비의 중요성을 강조한다.

**키워드** 6G, 5G

### ➕ 탐구활동 주제

- 5G와 6G 기술의 핵심 성능 차이에 관한 비교 탐구
- 6G와 인공지능의 융합이 산업 구조에 미치는 영향
- 6G 기반 디지털 트윈 기술의 활용 가능성과 한계에 관한 탐구

### ➕➕ 실천형 심화활동

- ▶ 6G 기술이 적용될 미래 산업 사례를 조사하고 융합 가능성을 분석하는 활동
- ▶ 인공지능과 6G의 융합 기술이 일상생활에 미칠 영향을 시나리오로 구성하는 활동

#### 교과세특 예시

진로 심화 탐구활동으로 6G 기술이 미래 산업에 미치는 영향을 주제로 삼고 자율주행과 원격의료 분야를 중심으로 분석함. 초고속 데이터 전송과 낮은 지연 시간의 기술적 특성이 완전 자율주행 구현과 차량 간 실시간 통신, 플라잉카 상용화에 어떻게 기여하는지 탐색함. 또한 AI 기반 진단 및 원격 수술 등 의료 분야의 혁신적 변화가 올 것으로 예상함. 공공기관에서 제공한 공공데이터를 바탕으로 신뢰성 있는 자료를 수집·분석하고 이를 근거로 심층적이고 체계적인 발표를 수행함. 기술이 사회에 가져올 미래 변화에 대해 통찰력 있는 전망을 제시함.

| 미디어 | 그린 철강의 미래는 '안갯속'… 저탄소 전환 기술 투자 시급 (한경RSG 2024년 7월5일) |

한국 철강산업은 제조업 핵심이자 온실가스 주요 배출원으로 저탄소 전환이 시급하다. 수소환원제철은 기존 고로 공정의 대안으로 부상하며, 독일·스웨덴·미국·일본은 대규모 정부 지원으로 상용화를 추진 중이다. 반면 한국은 세계 6위 철강 생산국임에도 정부 지원 규모가 작고 대부분이 기존 설비 개선에 집중돼 효과가 제한적이다. 실증 예산 부족으로 상용화 기반이 약하며, 정부의 구체적 계획과 재정 투자가 시급하다. 한국 철강산업의 미래는 정부 의지에 달려 있다.

| 키워드 | 그린 철강(저탄소 전환, 탄소중립, 기후변화) |
| 관련학과 | 공학계열(산업경영공학과, 산업공학과, 신소재공학과, 화학공학과), 사회계열(국제학부, 법학과, 정치외교학과), 교육계열(기술교육과, 과학교육과, 화학교육과, 환경교육과) |

➕ **탐구활동 주제**

• 그린 철강 생산 기술이 탄소 배출량 감소에 미치는 영향 분석
• 전기로 활용 확대가 국내 철강 산업의 탄소 배출에 미치는 영향

• 수소환원제철 기술의 상용화 가능성 및 경제성 탐구
• 철강산업의 탄소중립 추진이 ESG 경영 평가에 미치는 영향

➕ **토론활동**
▶ 탄소국경세 도입이 국내 철강산업에 긍정적일까?
▶ 국내 철강산업 보호를 위해 국제 환경 기준 완화가 필요할까?
▶ 탄소배출 많은 산업은 과세를 강화하는 것이 정당할까?
▶ 친환경 기술 도입 강제화가 산업 경쟁력을 높일 수 있을까?

📌 **심화 활동**

| 논문주제 | 철강 탄소중립 현황 및 전망(한국철강협회, 2024) |

이 논문은 철강산업의 탄소중립 추진 현황과 전망을 다룬다. 철강산업은 국가경제의 핵심이지만 전체 탄소배출량의 약 15%를 차지해 감축이 시급하다. 주요 기업들은 전기로 확대, 수소환원제철 기술 개발, 재생에너지 활용 등으로 대응하고 있다. 그러나 고비용, 기술 미성숙, 인프라 부족이 과제로 지적된다. 국제 규제 강화와 탄소국경조정제도 도입에 대응하기 위해 정부의 정책 지원고- 민관 협력이 필수적이라 강조한다.

| 키워드 | 그린 철강, 철강 탄소중립, 온실가스 |

➕ **탐구활동 주제**

• 철강산업의 탄소중립 전환이 국내 산업 구조에 미치는 영향
• 탄소국경조정제도(CBAM)가 한국 철강 수출에 미치는 영향

• 철강산업의 탈탄소화 추진에 따른 경제성과 환경성 비교 분석

➕➕ **실천형 심화활동**
▶ 국내외 철강기업의 탄소중립 기술 도입 사례 비교 보고서 작성 활동
▶ 철강산업 탈탄소화 위한 청소년 캠페인 기획 및 발표 활동

**교과세특 예시**

탄소국경조정제도의 도입이 한국 철강 수출에 미치는 영향을 주제로 한 탐구활동에서 제도의 개념과 적용 방식, 국내 철강업계에 미치는 영향을 다각도로 분석함. 특히 탄소배출량이 많은 철강 제품이 유럽연합 수출 시 추가 세금이 부과됨에 따라 철강업계의 비용 부담 증가와 생산활동 위축 가능성을 제시함. 이러한 변화가 철강 산업뿐 아니라 다른 제조업 및 서비스업의 생산에도 연쇄적으로 부정적 영향을 미칠 수 있음을 논리적으로 설명함. 자료 수집과 통계 분석을 바탕으로 원인과 결과의 인과관계를 파악하고, 발표를 통해 복잡한 경제적 현상을 쉽게 풀어내는 역량을 발휘함.

자율주행 편견 깼다… 능숙함 돋보인 '웨이모' 로보택시(전자신문 2024년 11월29일)

웨이모의 로보택시 서비스가 미국 LA에서 일반에 개방되었다. 이 서비스는 재규어 전기 SUV에 웨이모의 자율주행 시스템을 적용해 운영한다. 카메라, 라이다, 레이더, 초음파 센서를 활용해 주변을 인식하고 주행하며, 복잡한 도심 교통 상황에서도 안정적인 성능을 보인다. 비보호 좌회전과 차선 변경도 능숙하게 수행한다. 탑승자에게는 주행 정보와 음악 서비스를 제공한다. 한국은 2027년 로보택시 상용화를 목표로 현대차 등 국내 기업들이 기술 개발에 참여하고 있다.

키워드 로보택시(완전 자율주행차, 무인 자동차)

관련학과 공학계열(교통공학과, 로봇공학과, 메카트로닉스공학과, 소프트웨어융합학과, 소프트웨어학과, 자동차공학과, 전기공학과, 전자공학과, 정보통신공학과, 컴퓨터공학과)

➕ 탐구활동 주제

◆ 웨이모 로보택시의 자율주행 기술 구성에 관한 탐구
◆ 로보택시 도입이 도시 교통체계에 미치는 영향 분석
◆ 자율주행차의 센서 기술 종류 및 성능에 관한 탐구
◆ 로보택시 도입이 대중교통과 택시업계에 미치는 영향

➕ 토론활동

▶ 로보택시 도입이 기존 택시 산업에 악영향을 줄까?
▶ 자율주행차가 인간 운전보다 더 안전할까?
▶ 로보택시가 교통 혼잡을 줄이는 데 효과적일까?
▶ 로보택시 도입에 따른 개인정보 수집은 정당할까?

# 📌 심화 활동

논문주제 로보택시 이용 경험이 자율주행 안정성 인식에 미치는 영향(박명옥 외, 2025)

이 논문은 로보택시 이용 경험이 자율주행차의 안정성 인식에 어떤 영향을 미치는지를 분석한 연구이다. 이용 경험이 많을수록 자율주행차에 대한 신뢰와 안정성 인식이 높아진다는 결과를 도출한다. 또한 이용자들은 시스템의 반응속도, 운행 중 사고 대응력, 주행 경로의 예측 가능성 등을 안정성 판단 기준으로 인식한다. 이 연구는 자율주행차 확산을 위해 실제 이용 경험 제공과 긍정적 이용자 경험의 중요성을 강조한다.

키워드 로보택시, 자율주행, 자율주행 안정성

➕ 탐구활동 주제

• 로보택시의 주행 성능 요소가 신뢰 형성에 미치는 영향
• 자율주행차 안전성에 대한 세대별 인식 차이에 관한 고찰
• 자율주행차 신뢰도와 이용자 경험의 상관관계에 대한 탐구

➕➕ 실천형 심화활동

▶ 가상의 로보택시 시승 체험 시나리오를 구성하고 발표 활동
▶ 로보택시 관련 홍보 영상을 시청한 뒤 신뢰도 변화 조사 실험 활동

교과세특 예시

자율주행차의 센서 기술 종류 및 성능에 관한 주제 탐구활동을 통해 자율주행 시스템의 구성 요소를 심층적으로 이해함. 정보 수집, 주행 전략 수립, 차량 제어로 이어지는 전체 흐름을 분석하며, 센서와 GPS 기반 통신 기술, 인공지능, 빅데이터 기술이 융합된 구조에 주목함. 속도보다 방향이 중요하다는 관점을 중심으로 안전을 고려한 기술 방향의 필요성을 강조함. 연계 활동으로 로보택시의 주행성능 요소가 사용자 신뢰에 미치는 영향을 탐색하며, 기술적 안정성과 함께 시스템 투명성 확보가 신뢰 형성의 핵심임을 도출함.

**미디어**   블록체인이 가져올 웹 기술의 변화: Web 3.0(브런치스토리 2024년 5월2일)

이 기사는 Web 3.0이 블록체인과 인공지능 기반의 차세대 인터넷 기술로, 정보의 읽기·쓰기에서 나아가 '소유'까지 가능한 개인화된 환경을 제공한다고 설명한다. Web 3.0은 탈중앙화를 바탕으로 사용자가 주체가 되며, 블록체인 기술을 통해 데이터 위변조 방지와 콘텐츠 출처 검증이 가능하다. 기존 Web 2.0의 중앙 집중형 플랫폼과 달리, P2P 방식으로 사용자 간 직접 데이터 공유가 가능해 보안성이 높다. Web 3.0은 다양한 산업으로 확장 중이며, 미래 웹 기술의 주류가 될 전망이다.

**키워드**   블록체인(Web3.0, 3세대 인터넷, 탈 중앙화)

**관련학과**   공학계열(기계시스템공학과, 반도체공학과, 소프트위어학과, 전기공학과, 전자공학과, 정보보안학과, 정보보호학과, 정보통신공학과, 컴퓨터공학과), 교육계열(컴퓨터교육과)

**➕ 탐구활동 주제**

• Web 3.0이 기존 플랫폼 경제에 미치는 영향 고찰
• 블록체인 기반 Web 3.0의 보안성과 개인정보 보호 비교
• Web 3.0 기술이 디지털 자산 생태계에 미치는 영향
• Web 3.0 생태계 확산이 미래 직업군 변화에 미치는 영향

**➕ 토론활동**

▶ Web 3.0의 탈중앙화가 정보의 신뢰성을 높일 수 있을까?
▶ 블록체인 기반 Web 3.0은 개인정보 보호어 효과적일까?
▶ NFT와 디지털 자산 소유권은 정당한 권리길까?
▶ Web 3.0 확산이 고용과 노동시장에 긍정적일까?

##  심화 활동

**논문주제**   블록체인 기술의 적용과 미래방향(이명숙 외, 2023)

이 논문은 블록체인 기술의 원리와 산업별 적용 사례를 분석하고 미래 발전 방향을 제시한 연구이다. 블록체인은 탈중앙화, 보안성, 투명성을 바탕으로 금융, 유통, 공공서비스 등어 활용된다. 스마트 계약, 디지털 신원, 데이터 위변조 방지 기술로 주목받는다. 기술적 한계와 규제 문제 해결을 위해 글로벌 협력과 기술 발전의 필요성을 강조한다. 블록체인은 디지털 사회의 핵심 인프라로 발전할 가능성이 높다고 평가한다.

**키워드**   블록체인, 블록체인 미래

**➕ 탐구활동 주제**

• 블록체인 기술이 공공행정 효율성에 미치는 영향 고찰
• 스마트 계약 기술의 원리와 활용 가능성에 대한 탐구
• 블록체인 기술 적용 시 개인정보 보호 문제에 대한 비교 분석

**➕➕ 실천형 심화활동**

▶ 블록체인과 기존 시스템의 정보 보안성을 비교하는 토론 활동
▶ 블록체인 기술의 미래 활용 가능성을 제시하는 보고서 작성 활동

**교과세특 예시**

진로 심화 탐구활동을 통해 블록체인 기반 Web 3.0의 보안성과 개인정보 보호 측면을 중앙 집중형 시스템과 비교 분석함. 기존 시스템의 구조적 한계로 인한 빅테크 기업에 대한 과도한 의존과 대규모 개인정보 유출 사례를 중심으로 둔제를 제기함. 기술적 대응 방안으로 보안 취약점 탐지, 오픈소스 구성요소 분석, 네트워크 보안 기법 등을 탐색함. 아울러, 시스템의 안전성 검증을 위한 암호기술 가이드라인 준수와 같은 정책적 지원의 필요성을 제시하며, 기술과 정책이 조화를 이루는 방향으로 보안 체계 구축의 중요성을 강조함.

**AI 작품, 어디까지 저작권을 인정받을 수 있을까?(삼성SDS, 2024년 8월13일)**

생성형 AI가 만든 콘텐츠의 저작권 인정 범위에 대한 쟁점이 뜨겁다. 2023년 국내 AI 영화 'AI 수로부인' 은 인간의 편집이 반영된 부분에 대해 일부 저작권을 인정받은 사례로 소개된다. 한국 저작권법상 AI 생성물은 원칙적으로 저작권 보호 대상이 아니며, 인간의 창작적 개입이 있을 때만 보호된다. 해외도 유사한 입장이지만, 중국은 AI 이미지에 저작권을 인정한 사례가 있어 국가별 차이가 존재한다. 이는 향후 AI 저작권 논의에 중요한 시사점을 제공한다.

**키워드** AI 저작권(AI 저작권 가이드라인)

**관련학과** 공학계열(반도체공학과, 소프트웨어융합학과, 소프트웨어학과, 전자공학과, 정보보안학과, 정보보호학과, 정보통신공학과, 컴퓨터공학과), 사회계열(법학과, 행정학과)

**＋ 탐구활동 주제**

• 생성형 AI가 만든 콘텐츠의 저작권 인정 기준에 관한 탐구
• 인간 창작과 AI 생성물의 저작권 적용 기준 비교 분석
• 생성형 AI 도입이 콘텐츠 산업에 미치는 영향 분석
• AI 기술 발전이 저작권 제도 변화에 미치는 영향

**＋ 토론활동**
▶ 생성형 AI가 만든 콘텐츠에 저작권을 부여해야 할까?
▶ AI가 만든 이미지에도 원저작권이 존재한다고 볼 수 있을까?
▶ 인간 창작자와 AI의 공동 저작권 인정을 고려할 수 있을까?
▶ AI가 만든 작품을 인간 창작물과 동일하게 다뤄야 할까?

## 📌 심화 활동

**논문주제** **생성형 AI와 저작권 침해 이슈의 기술적 고찰(윤영선, 2024)**

이 논문은 생성형 AI 확산에 따라 발생하는 저작권 침해 문제를 기술적 관점에서 분석한 연구이다. 생성형 AI 는 기존 콘텐츠를 학습해 유사한 결과물을 생성하므로 원저작물과의 유사성 문제가 제기된다. 논문은 학습 데이터, 생성 알고리즘, 출력물 판별 기술 등을 통해 침해 가능성을 진단하며, 식별·추적 기술의 한계와 대응 방안도 제시한다. 생성형 AI의 윤리적 활용과 기술 발전의 균형 필요성을 강조한다.

**키워드** 생성형 AI, 저작권, 저작권 침해

**＋ 탐구활동 주제**

• 생성형 AI가 저작권 침해에 미치는 기술적 영향 분석
• 생성형 AI 도입이 콘텐츠 산업에 미치는 영향에 관한 탐구
• 저작권 침해 방지를 위한 AI 알고리즘 개선 방안에 대한 고찰

**＋＋ 실천형 심화활동**
▶ 생성형 AI가 만든 이미지와 원작 이미지의 유사성을 비교 분석하는 활동
▶ 생성형 AI 저작권 분쟁 사례를 정리하고 쟁점을 정리하는 보고서 작성 활동

**교과세특 예시**

생성형 AI의 도입이 콘텐츠 산업에 미치는 영향을 주제로 탐구활동을 수행하며, 창작 생태계 변화와 사회적 논란에 대해 비판적으로 고찰함. 뉴스 기사, 소설, 시, 음악 등 다양한 콘텐츠를 신속하게 생성할 수 있다는 점에서 새로운 비즈니스 기회와 사회문제 해결 가능성을 탐색함. 한편, 개인정보 침해, 윤리적 쟁점, 딥페이크 및 딥보이스 등 범죄 악용 사례를 분석하며 부정적인 영향도 함께 고찰함. 그럼에도 불구하고 생성형 AI가 향후 긍정적 방향으로 발전할 가능성이 크다는 점을 강조하며 균형 잡힌 시각을 바탕으로 탐구를 전개함.

| 미디어 | 스마트홈, 당신의 집을 더 똑똑하게(성대신문, 2024년 12월8일) |

스마트홈은 IoT 기술을 기반으로 가전기기, 보안, 온도, 조명 등을 원격으로 제어하는 시스템으로 출발해왔다. 현재는 AI와 IoT가 결합된 AIoT 기술을 통해 사용자 생활 패턴을 학습하고 자동으로 제어하는 단계로 발전하고 있다. 허브와 클라우드 시스템을 통해 지능적 정보 처리가 가능하며, 매터(Matter) 프로토콜 도입으로 기기 간 호환성 문제도 개선되고 있다. 보안, 에너지 절감, 삶의 편의성 측면에서도 주목받고 있으며, 스마트홈 기술은 향후 더욱 고도화될 것으로 전망된다.

| 키워드 | 스마트홈(사물인터넷, AIoT, 클라우드 시스템) |
| 관련학과 | 공학계열(건축공학과, 건축학과, 기계공학과, 기계시스템공학과, 메카트로닉스공학과, 반도체공학과, 소프트웨어학과, 전기공학과, 전자공학과, 정보통신공학과, 컴퓨터공학과) |

### ➕ 탐구활동 주제

• AIoT 기술이 스마트홈 자동화에 미치는 영향 분석
• 스마트홈 보안 시스템과 기존 보안 기술의 차이점
• 스마트홈 기술 확산이 고령자 주거 환경에 미치는 영향
• 스마트홈 보급 확대가 개인정보 보호에 미치는 영향

### ➕ 토론활동

▶ 스마트홈 기기의 보안성이 기존 보안 시스템보다 우수하다고 볼 수 있을까?
▶ 클라우드 기반 스마트홈은 개인정보 침해 우려가 클까?
▶ 스마트홈 플랫폼 간 경쟁이 기술 혁신을 촉진할 수 있을까?
▶ 스마트홈의 지나친 자동화가 인간의 생활 자율성을 침해할 수 있을까?

## 📌 심화 활동

| 논문주제 | 디지털기반 건강지원 시스템을 적용한 스마트홈 계획(정경숙, 2024) |

이 논문은 디지털 기반 건강지원 시스템이 적용된 스마트홈 계획을 다룬 연구이다. 스마트홈 내 센서, IoT, 인공지능을 활용해 거주자의 건강 상태를 실시간 모니터링하고 이상 징후를 조기에 감지한다. 고령자와 만성질환자를 위한 맞춤형 헬스케어 및 비대면 돌봄 서비스 제공이 가능하다는 점에서 주목된다. 논문은 스마트홈 설계 요소와 기술 통합, 실현 가능성을 분석하며 고령화 사회 대응 방안으로서의 의미를 강조한다.

| 키워드 | 스마트홈, 디지털 건강지원, 원격진료 |

### ➕ 탐구활동 주제

• 고령자 건강관리를 위한 스마트홈 기술 요소에 관한 탐구
• 스마트홈 기술이 만성질환자 삶의 질에 미치는 영향 분석
• 스마트홈 건강관리 시스템이 노인들의 삶의 질에 미치는 영향

### ➕➕ 실천형 심화활동

▶ 건강 모니터링 센서의 종류와 기능을 조사해 포스터로 정리하는 활동
▶ 고령화 사회에 필요한 스마트홈 기능을 기획해 발표하는 활동

### 교과세특 예시

스마트홈 보급 확대가 개인정보 보호에 미치는 영향을 주제로 탐구활동을 수행하며, 필수호환적인 통신 환경에서 불특정 다수의 기기와의 개방적 통신이 이루어짐에 따라 프라이버시 침해 우려가 커지고 있음을 분석함. 특히 정보 접근의 격차가 사회·경제적 불균형을 악화시킬 수 있다는 문제의식을 바탕으로 탐구를 전개함. 이러한 문제 해결을 위해 단순한 규범적 통제를 넘어서 기술적 대응의 중요성을 강조하고, 프라이버시 지향적 설계를 실현할 수 있도록 인증시스템과 같은 제도적 지원이 필요함을 제안함.

메타버스 플랫폼이 블록체인 기술과 결합해 정보 보안과 거래의 신뢰성을 높이고, NFT를 통해 창작물의 권리를 보호한다고 설명한다. 디센트럴랜드는 블록체인을 기반으로 가상 부동산 거래와 콘텐츠 유통이 가능하며, 사용자들은 가상 화폐 마나(MANA)로 다양한 경제 활동을 수행하고, NFT로 창작물을 전시·판매할 수 있다. 삼성전자, 코카콜라 등 글로벌 기업들도 참여해 가상 매장을 운영한다. 메타버스는 기술 발전을 바탕으로 미래 디지털 세계를 확장해 나간다.

**키워드** 메타버스(가상현실, 홀로그램)

**관련학과** 공학계열(기계공학과, 기계시스템공학과, 반도체공학과, 산업공학과, 소프트웨어학과, 전기공학과, 전자공학과, 정보보안학과, 정보보호학과, 정보통신공학과, 컴퓨터공학과)

**⊕ 탐구활동 주제**

- 메타버스 내 AI 윤리 문제와 해결 방안 탐구
- NFT 기술이 메타버스 내 창작물 저작권 보호에 미치는 효과
- 메타버스와 AI 융합이 교육 분야에 미칠 변화 조사
- 메타버스 경제활동이 청소년의 디지털 소비문화에 미치는 영향

**⊕ 토론활동**

- ▶ 블록체인 기술이 메타버스의 보안 문제를 완전히 해결할 수 있을까?
- ▶ 청소년의 메타버스 이용이 정서적·사회적 발달에 긍정적일까?
- ▶ NFT 기반의 디지털 자산이 실물 자산만큼의 가치를 가질 수 있을까?
- ▶ 메타버스 내 익명성이 사이버 범죄 증가로 이어질 수 있을까?

## 📌 심화 활동

**논문주제** 메타버스 기술을 적용한 사례 연구(이정재, 2023)

이 논문은 메타버스 기술을 적용한 국내외 다양한 사례를 분석한 연구이다. 주요 사례로는 교육, 의료, 관광, 산업 분야에서의 활용을 다루며, 가상현실(VR), 증강현실(AR), 블록체인 기반 플랫폼의 융합을 중심으로 설명한다. 논문은 메타버스 기술이 사용자 경험을 확장하고, 산업별 효율성과 접근성을 높이는 데 기여한다고 평가한다. 또한 기술 발전에 따른 사회적 영향과 윤리적 과제에 대해서도 고찰한다.

**키워드** 메타버스(가상세계, 증강현실, 가상현실, 혼합현실)

**⊕ 탐구활동 주제**

- 메타버스 기술이 교육 현장에 미치는 긍정적·부정적 영향
- 의료 분야에서의 메타버스 기술 적용 사례와 그 한계점
- 메타버스 확산에 따른 사회적 윤리 문제와 해결방안 고찰

**⊕⊕ 실천형 심화활동**

- ▶ 교육용 메타버스 플랫폼을 체험하고 수업 참여도 변화를 분석하는 활동
- ▶ 다양한 메타버스 사례를 참고해 나만의 가상 공간 기획·설계 프로젝트 활동

**교과세특 예시**

NFT 기술이 메타버스 내 창작물 저작권 보호에 미치는 효과를 주제로 진로 연계 심화탐구활동을 수행함. 메타버스 플랫폼에서 발생할 수 있는 창작물 도용 사례를 조사하고, NFT의 블록체인 기반 인증 구조가 저작권 보호에 어떻게 기여하는지 분석. 학생은 관련 기술 자료와 실제 적용 사례를 정리하여 시각 자료로 구성하고, NFT의 저작권 등록 가능성과 한계를 비교 발표함. 탐구를 통해 4차 산업 기술과 콘텐츠 산업의 융합에 대한 이해도를 높였으며, 디지털 저작권 보호에 대한 법적·기술적 관점을 균형 있게 설명할 수 있는 역량을 함양함.

**미디어** | **진짜 같은 가짜, 가짜 같은 진짜, 가상현실과 우리의 삶**(정신의학신문 2024년 8월28일)

가상현실(VR), 증강현실(AR), 혼합현실(MR) 기술이 실제와 유사한 경험을 제공하며, 의료와 산업 등 다양한 분야에서 활용되고 있다. 특히 정신건강 분야에서는 공장공포증, 외상 후 스트레스 장애(PTSD), 노인의 인지능력 향상에 효과적으로 적용된다. 그러나 과도한 노출은 중독, 사이버 멀미, 정서 발달 저해 등 부작용을 초래할 수 있으며, 가상 경험이 실제 욕구를 완전히 충족시키지 못하는 한계도 있다. 기술의 현명한 활용이 필요하다고 강조한다.

**키워드** 가상현실(증강현실, 혼합현실)

**관련학과** 공학계열(기계시스템공학과, 반도체공학과, 산업공학과, 소프트웨어학과, 전기공학과, 전자공학과, 정보보안학과, 정보보호학과, 정보통신공학과, 컴퓨터공학과) 의약계열(의예과)

**➕ 탐구활동 주제**

• 가상현실이 청소년의 사회성 발달에 미치는 영향 연구
• VR 기술을 활용한 심리 치료의 효과성 탐구
• 가상현실 과몰입이 청소년의 정서 발달에 미치는 영향
• 가상현실 게임이 청소년의 현실 인지 능력에 미치는 영향

**➕ 토론활동**
▶ 정신건강 치료에 가상현실 기술을 본격 도입하는 것이 효과적일까?
▶ 과도한 가상현실 노출이 정신건강에 해를 끼칠 수 있을까?
▶ 가상현실 기술 발전이 정신과 치료의 대중화에 기여할 수 있을까?
▶ 정신치료에서 가상현실을 사용하는 데 윤리적 문제가 없을까?

## 📌 심화 활동

**논문주제** | **스포츠윤리 교육에 대한 가상현실 기술의 적용 가능성**(전상완 외, 2024)

이 논문은 스포츠윤리 교육에 가상현실(VR) 기술을 적용할 가능성을 탐색한 연구이다. 기존 교육이 이론 중심이라 몰입도와 현실감이 낮다는 문제를 지적한다. VR 기술을 활용하면 윤리적 갈등 상황을 실감 나게 체험하며 학습할 수 있어 효과적이라 본다. 시나리오 기반 콘텐츠 개발의 필요성과 몰입형 학습의 교육적 기여를 강조하며, 실제 교육현장에의 적용 가능성도 함께 제시한다.

**키워드** 가상현실 기술(스포츠윤리 교육)

**➕ 탐구활동 주제**

• 가상현실 기술이 스포츠윤리 교육의 학습 몰입도에 미치는 영향
• 이론 중심 스포츠윤리 교육과 VR 기반 교육의 학습 효과 비교
• 스포츠윤리 교육에서 가상현실 기술 도입의 장단점 비교 분석

**➕➕ 실천형 심화활동**
▶ 스포츠 경기 중 윤리 갈등 상황을 선정해 가상현실 시나리오로 구성하는 활동
▶ 팀을 구성해 스포츠윤리 관련 VR 교육 기획안을 작성하고 발표하는 활동

### 교과세특 예시

가상현실(VR) 기술이 정신건강 치료에 미치는 심리적 효과에 관한 탐구활동을 수행함. 정신건강 치료에서 VR이 활용되는 국내외 사례를 조사하고, 불안장애·외상 후 스트레스 장애(PTSD) 치료 사례를 중심으로 심리적 안정 효과와 몰입감의 관계를 분석함. 관련 논문을 읽고 치료 장면 영상을 관찰한 후, 기술적 요소(시각·청각 자극)와 정서 반응 간의 상관성을 정리한 보고서를 작성함. 탐구 과정에서 과학기술과 심리학의 융합 가능성을 체감하고, 미래 진로인 임상심리 및 디지털 치료 분야에 대한 이해와 관심을 심화함.

스마트폰의 등장으로 금융 서비스는 모바일 중심으로 전환되었으며, 토스, 카카오뱅크 등 핀테크 앱이 비대면 금융 거래를 가능하게 했다. 데이터 3법 개정으로 마이데이터 산업이 활성화되며 개인 자산 통합 관리가 쉬워지고, 소비자 맞춤형 서비스 제공이 확대되었다. ChatGPT 같은 LLM 도입으로 초개인화 서비스, 이상 거래 탐지, 대화형 인터페이스가 구현되며 핀테크 2.0 시대가 열렸다. 이러한 기술 발전은 금융기관의 업무 효율과 금융 서비스의 접근성을 크게 향상시킨다.

**키워드** 핀테크(디지털 금융, 핀테크 혁명)

**관련학과** 공학계열(기계시스템공학과, 반도체공학과, 산업공학과, 소프트웨어학과, 정보보안학과, 정보보호학과, 정보통신공학과), 사회계열(경영학과, 경제학과, 국제통상학과)

**➕ 탐구활동 주제**

◆ 블록체인 기술이 디지털 금융 거래 보안에 미치는 영향 분석
◆ 디지털 금융 사기 유형과 예방을 위한 보안 기술 조사

◆ 오픈 뱅킹 도입이 금융 소비자 편의성에 미치는 영향 탐구
◆ 인공지능 기반 핀테크 서비스가 금융 상품 추천에 미치는 영향

**➕ 토론활동**

▶ 모바일 금융 중심 사회가 고령층에게 불리하게 작용할까?
▶ ChatGPT와 같은 AI가 금융 상담을 완전히 대체할 수 있을까?
▶ 대화형 인터페이스 도입이 금융소비자의 만족도를 높일 수 있을까?
▶ 핀테크 기술 발전이 금융 소비자에게 더 큰 책임을 요구할까?

## 📌 심화 활동

**논문주제** 핀테크 서비스와 프라이버시 염려에 관한 연구(김현수 외, 2023)

이 논문은 핀테크 서비스 이용 확대와 함께 증가하는 개인정보 프라이버시 염려를 분석한 연구이다. 사용자는 편리한 서비스를 원하면서도 개인정보 유출과 오남용에 대한 불안을 동시에 느낀다. 프라이버시 염려는 핀테크 신뢰도와 이용 의도에 부정적 영향을 미친다. 이에 따라 기업의 투명한 정보 관리, 이용자 동의 절차 강화, 제도적 보완이 필요하다고 강조한다.

**키워드** 핀테크, 프라이버시

**➕ 탐구활동 주제**

◆ 간편결제 서비스 이용 시 개인 정보 유출 위험성 탐구
◆ 전통 금융기관과 핀테크 서비스의 개인정보 관리 방식 비교 분석

◆ 개인정보 유출 사례가 핀테크 산업 전반에 미치는 사회적 영향

**➕➕ 실천형 심화활동**

▶ 개인정보 유출 사례를 조사하고 사회적 반응 및 법적 대응 과정을 정리하는 활동
▶ 프라이버시 보호 강화를 위한 핀테크 서비스 개선 아이디어 발표 활동

**교과세특 예시**

디지털 금융의 발전이 금융 불평등 해소에 기여할 수 있는지를 주제로 탐구함. 관련 통계와 보고서를 분석하고, 다양한 소득 계층의 핀테크 접근성과 이용 사례를 비교하여 문제 해결 가능성을 고찰함. 연계 활동으로 핀테크 서비스 이용자의 프라이버시 염려가 신뢰 형성에 미치는 영향을 조사하기 위해 설문지를 제작하고 사용자 경험을 분석함. 설문 결과를 기반으로 개인정보 보호 수준에 따라 사용자 신뢰가 달라지는 경향을 도출하고 발표 자료로 정리함. 탐구과정을 통해 비판적 사고력과 자료 분석 능력을 향상시키고, 디지털 격차와 윤리적 문제를 함께 고려한 금융 이해 역량을 신장함.

| 미디어 | 항공 안전, 어떻게 개선해야 할 것인가?(닷뉴스 2025년 2월15일) |
|---|---|

최근 발생한 항공 사고들을 통해 항공 안전의 중요성과 체계적 개선이 필요하다. 제주항공 무안공항 사고는 조류 충돌과 착륙 장치 문제로 인한 엔진 고장 사고이며, 에어부산의 기내 화재는 보조 배터리로 인한 것이다. 이러한 사고는 사소한 위해 요소가 중대한 결과로 이어질 수 있음을 보여준다. 안전 관리 시스템(SMS) 운영, 고위험 물질 관리 강화, 조류 탐지 시스템 개선, 승무원 대응 훈련 강화, 정기 점검 강화가 필요하다. 탑승객의 안전 수칙 준수도 매우 중요하다.

| 키워드 | 항공 안전(항공기 위해요소, 안전 관리 시스템) |
|---|---|
| 관련학과 | 공학계열(기계공학과, 산업공학과, 안전공학과, 정보통신공학과, 컴퓨터공학과, 항공우주공학과, 항공운항학과, 항공정비학과), 사회계열(법학과, 정치외교학과, 행정학과) |

**➕ 탐구활동 주제**

◆ 항공기 조류 충돌 사고 발생 원인과 예방 기술에 관한 탐구 ◆ 국내외 항공 안전 정책의 차이점과 개선 방향에 대한 비교

◆ 보조 배터리로 인한 기내 화재 사고 사례와 안전 대책 탐구 ◆ 항공 승무원의 위기 대응 훈련이 사고 대응 역량에 미치는 영향

**➕ 토론활동**
▶ 항공사에 조류 탐지 및 회피 시스템 도입을 의무화해야 할까?
▶ 기내 보조 배터리 소지를 전면 금지하는 것이 타당할까?
▶ 항공 사고 정보 공개를 법적으로 의무화해야 할까?
▶ 저비용항공사에 동일한 안전 기준을 적용하는 것이 타당할까?

## 📌 심화 활동

| 논문주제 | 항공안전데이터 활용 이상징후 분석을 통한 안전관리 개선방안 도출(변해윤 외, 2023) |
|---|---|

이 논문은 항공안전데이터를 활용해 이상징후를 조기에 분석하고, 이를 기반으로 안전관리 개선방안을 제시한 연구이다. 항공기 운항 중 발생하는 데이터를 체계적으로 수집·분석함으로써 사고로 이어질 수 있는 위험 요소를 사전에 파악할 수 있다고 본다. 비정상 징후 탐지 알고리즘을 통해 예측적 안전관리 체계를 구축할 수 있음을 강조한다. 데이터 기반 접근은 기존 사후 대응 중심 안전관리의 한계를 보완한다고 평가한다.

| 키워드 | 항공 안전, 항공 안전관리, 항공안전데이터 |
|---|---|

**➕ 탐구활동 주제**

◆ 항공안전데이터 분석이 사고 예방에 미치는 영향 ◆ 국내외 항공안전데이터 활용 사례 비교를 통한 개선 방향

◆ 이상징후 탐지 알고리즘과 전통적 안전관리 방식의 비교

**➕➕ 실천형 심화활동**
▶ 항공안전데이터의 종류와 활용 사례를 조사해 정리하고 발표하는 활동
▶ 데이터 기반 항공안전관리의 필요성과 한계를 주제로 토론 및 보고서 작성 활동

**교과세특 예시**

항공기 조류 충돌 사고의 발생 원인과 예방 기술에 대해 탐구함. 사고 사례 분석을 통해 조류 출현 시간대, 위치, 계절적 요인을 정리하고, 레이더·음향장비·조명 유도 등 예방 기술의 작동 원리를 조사함.연계 활동으로 항공안전데이터를 수집·분석하여 특정 공항과 계절별 조류 충돌 빈도 간 상관관계를 시각화함. 분석 결과를 바탕으로 사고 예방을 위한 공항별 맞춤 대응방안을 도출하고 발표 자료로 제작함. 탐구를 통해 과학적 데이터 활용 능력과 항공 안전에 대한 융합적 사고 역량, 문제 해결 중심의 탐구태도를 신장함.

| 미디어 | 전기차 화재 안전관리 대책의 주요내용 및 시사점(법률신문 2024년 9월9일) |

정부는 전기차 화재 사고 증가에 대응하여 「전기차 화재 안전관리 대책」을 발표하였다. 이 대책은 전기차의 안전성 확보, 지하주차장 등에서의 안전관리 강화, 화재 대응능력 향상 등을 포함한다. 특히 지하주차장 내 충전시설 안전기준을 강화하고, 제조사에 기술적 개선을 요구하며 관련 법령 개정을 추진한다. 소방 인력의 교육 강화와 대응 장비 확충도 병행할 예정이다. 이는 전기차 보급 확대에 따른 안전 문제를 선제 대응하고, 국민의 생명과 재산을 보호하기 위한 종합적 조치이다.

| 키워드 | 전기차 안전(전기차 화재, 전기차 완전관리) |
| 관련학과 | 공학계열(기계공학과, 안전공학과, 자동차공학과, 전기공학과, 전자공학과, 화학공학과), 사회계열(법학과, 정치외교학과, 행정학과), 자연계열(화학과), 의약계열(응급구조학과) |

➕ 탐구활동 주제

• 전기차 화재 발생 원인에 대한 심층 탐구
• 전기차와 내연기관차의 화재 발생률 비교 분석
• 지하주차장에서의 전기차 화재 확산 경로 및 방지 대책 탐구
• 전기차 화재 사고 사례를 통한 안전 교육 프로그램의 필요성

➕ 토론활동

▶ 지하주차장에서 전기차 충전을 금지하는 정책이 정당할까?
▶ 전기차 제조사에 화재 예방 기술 의무화를 강제할 수 있을까?
▶ 화재 위험이 있는 전기차 보급을 제한하는 것이 타당할까?
▶ 전기차 화재 사고의 책임을 제조사에 집중하는 것이 가능할까?

## 📌 심화 활동

| 논문주제 | 전기차 화재 피해 최소화를 위한 스마트 IoT 주차장(박소현 외, 2023) |

이 논문은 전기차 화재 피해를 줄이기 위한 스마트 IoT 기반 주차장 설계 방안을 다룬다. 전기차 화재 발생 시 피해를 최소화하기 위해 온도, 연기, 가스 감지 센서와 자동 소화 시스템을 결합한 통합 안전관리 시스템을 제안한다. IoT 기술을 통해 실시간 모니터링과 대응이 가능하도록 한다. 또한, 주차 공간 내 위험요소를 조기에 탐지하고 제어함으로써 대규모 화재로의 확산을 방지할 수 있는 기술적 대안을 제시한다.

| 키워드 | 전기차 화재, 스마트 IoT 주차장 |

➕ 탐구활동 주제

• 전기차 배터리 종류별 화재 발생 특성 비교
• 일반 주차장과 스마트 IoT 주차장의 화재 대응력 비교 분석
• 전기차 화재 감지 센서 종류별 성능 차이에 대한 고찰

➕➕ 실천형 심화활동

▶ 다양한 화재 감지 센서의 작동 원리와 특징을 조사하고 비교하는 활동
▶ 스마트 IoT 주차장의 구조를 모형으로 제작해보고 기능을 설명하는 활동

교과세특 예시

지하주차장에서의 전기차 화재 확산 경로 및 방지 대책을 주제로 탐구활동을 수행함. 실제 화재 사고 사례를 조사하고, 배터리 특성과 연소 확산 메커니즘을 분석하여 공간 구조별 위험 요인을 도출함. 연계 활동으로 스마트 IoT 기술을 활용한 전기차 화재 예방 시스템에 대해 탐구함. 화재 감지 및 알림 기술, 자동 소화 시스템 사례를 조사하고, 센서 기반 화재 조기 경보 모델을 설계하여 발표 자료로 정리함. 활동을 통해 과학적 분석력과 문제 해결 능력을 향상시키고, 안전한 미래 교통환경 조성에 대한 관심과 실천 역량을 함양함.

**미디어** 콩고기에서 배양육으로... 세포농업시대 '성큼'(한겨레신문 2024년 6월29일)

1931년 윈스턴 처칠이 예측한 배양육 시대가 현실화되고 있다. 식물 기반 대체육은 환경 보호, 동물 복지, 건강 증진, 식량 안보 등의 이유로 주목받는다. 비욘드미트와 임파서블푸드 같은 기업들은 식물성 단백질을 활용해 고기와 유사한 맛과 식감을 구현하고 있다. 이러한 대체육은 전 세계 3만5천여 매장에서 판매되며, 학교·레스토랑 등에도 공급된다. 투자자들의 관심도 높아지고 있다. 대체육은 전통 축산업의 한계를 극복하고 지속 가능한 식품 생산의 대안으로 부상하고 있다.

**키워드** 세포농업(배양육, 환경보호, 온실가스 감축)

**관련학과** 자연계열(동물자원학과, 생명과학과, 생명공학과, 생물학과, 식품공학과, 식품영양학과), 사회계열(농업경제학과, 식품자원경제학과), 교육계열(가정교육과, 생물교육과, 화학교육과)

**⊕ 탐구활동 주제**

• 비욘드미트와 임파서블푸드 제품의 성분 비교 분석

• 배양육과 식물성 대체육 기술의 차이점에 관한 비교 연구

• 대체육 도입이 동물 복지 향상에 기여하는 정도에 관한 탐구

• 지속 가능한 식품 생산 관점에서 본 대체육 산업의 미래 고찰

**⊕ 토론활동**
▶ 대체육 소비가 기후위기 해결에 실질적으로 기여할 수 있을까?
▶ 대체육에 대한 식품 표시를 의무화하는 것이 필요할까?
▶ 대체육이 동물복지 향상에 결정적 역할을 할 수 있을까?
▶ 대체육 기술 발전이 윤리적 식문화 정착어 도움이 될까?

## 📌 심화 활동

**논문주제** 배양육이란 무엇인가?(허만규, 2021)

이 논문은 배양육의 개념과 기술 기반, 사회적·경제적 함의를 분석한다. 배양육이란 동물 세포를 배양해 고기와 유사한 조직을 만드는 기술이다. 축산업의 환경오염과 동물복지 문제를 해결할 대안으로 주목된다. 논문은 배양세포, 배양액, 생물반응기 등 핵심 요소를 설명하고, 상용화를 위한 과제와 규제 현황을 제시한다. 배양육이 식품 산업과 소비자 인식에 미치는 영향도 다룬다.

**키워드** 배양육, 환경친화적, 온실가스 감축, 인공 육류

**⊕ 탐구활동 주제**

• 배양육 기술의 원리와 주요 생산 과정에 관한 탐구

• 배양육 상용화를 위한 기술적·윤리적 과제 고찰

• 배양육과 식물성 대체육의 영양 성분 및 맛 비교 분석 탐구

**⊕⊕ 실천형 심화활동**
▶ 전통 육류와 배양육의 환경 영향을 비교한 인포그래픽 제작 활동
▶ 배양육 관련 국내외 규제와 정책 사례를 정리해 발표하는 활동

**교과세특 예시**

비욘드미트와 임파서블푸드 제품의 성분을 비교 분석하고, 각각의 단백질 원료, 식물성 성분, 영양 구성 차이를 표로 정리함. 이를 바탕으로 배양육 상용화를 위한 기술적 과제(세포배양 기술, 생산비 절감)와 윤리적 쟁점(생명 존중, 식품 안정성)에 대해 자료를 조사하고 토론을 진행함. 제품 라벨 분석, 특허자료 검색, 인터뷰 영상 시청 등의 활동을 수행하며 실제 제품을 시식한 후 평가 기준을 작성함. 탐구 결과를 발표 자료로 정리하여 조원들과 공유함. 실생활과 연결된 생명공학 윤리 문제게 주도적으로 접근한 활동임.

무인 자율주행차 상용화를 위한 법·제도 개선이 필요하다. 한국교통연구원은 현행 법체계가 운전자 탑승을 전제로 설계되어 무인 자율주행차 도입에 구조적 한계가 있다고 지적한다. 보고서는 자율주행차법과 도로운행안전법의 역할 정립, 통합 승인 제도 도입, 운행구간 확대, 원격주행 및 긴급대응 체계 마련, 통일된 운영약관 정비, 데이터 관리 및 보안 체계 구축 등을 제안한다. 무인 자율주행 서비스의 안전성과 신뢰성을 확보하기 위해 법·제도 정비가 시급하다고 강조한다.

| 키워드 | 무인 자율주행차(레벨4 자율주행차, 자율주행차법) |
| 관련학과 | 공학계열(교통공학과, 기계공학과, 반도체공학과, 소프트웨어학과, 안전공학과, 자동차공학과, 전기공학과, 전자공학과, 정보통신공학과), 사회계열(법학과, 행정학과) |

➕ **탐구활동 주제**

◆ 무인 자율주행차 상용화를 위한 법·제도 개선 방향 탐구
◆ 유인 자율주행차와 무인 자율주행차의 법적 기준 비교 분석
◆ 해외 주요국의 무인 자율주행 관련 법제와 한국의 제도 비교
◆ 무인 자율주행차 운영에 필요한 개인정보 보호 및 보안 체계 고찰

➕ **토론활동**

▶ 무인 자율주행차의 상용화가 인간 운전자를 완전히 대체할 수 있을까?
▶ 운전자가 없는 자율주행차의 도로 운행을 법적으로 허용하는 것이 타당할까?
▶ 자율주행차 사고 발생 시 제조사에 법적 책임을 묻는 것이 정당할까?
▶ 자율주행차에 의한 실시간 위치 정보 수집은 개인정보 침해에 해당할까?

## 📌 심화 활동

| 논문주제 | 자율주행 자동차의 판단 기술 동향 및 발전 방향(나유승 외, 2023) |

이 논문은 자율주행 자동차의 판단 기술 동향과 발전 방향을 분석한다. 자율주행차는 다양한 상황을 인식·판단하는 기술이 핵심이며, 이를 위해 센서 융합, 객체 인식, 경로 계획 등이 통합적으로 작동해야 한다. 논문은 딥러닝 기반 인공지능 기술과 판단 알고리즘의 발전 현황을 소개하고, 도시 주행을 위한 기술 과제를 제시한다. 향후에는 신뢰성과 윤리성을 갖춘 판단 기술의 발전이 필요하다고 설명한다.

| 키워드 | 자율주행 자동차, 스마트 모빌리티, 자율주행 자동차 판단 기술 |

➕ **탐구활동 주제**

◆ 자율주행차 판단 기술의 핵심 요소와 작동 원리에 관한 탐구
◆ 딥러닝 기반 자율주행 판단 알고리즘의 발전 과정 고찰
◆ 자율주행차의 상황 판단 능력이 교통안전에 미치는 영향

➕➕ **실천형 심화활동**

▶ 실제 자율주행차 사고 사례를 분석하고 판단 기술 개선안을 제안하는 활동
▶ 자율주행차의 윤리적 판단 문제에 대해 찬반 토론을 진행하는 활동

**교과세특 예시**

무인 자율주행차의 운영 과정에서 발생할 수 있는 개인정보 유출 문제와 보안 위협 사례를 분석하고, 효과적인 보호 체계를 설계하기 위한 탐구활동을 수행함. 다양한 논문과 기술 보고서를 바탕으로 차량 내 센서 수집 정보, 클라우드 전송 과정, 통신보안 기술 등을 조사하고 정리함. 관련 자료를 바탕으로 무인 자율주행차에 적용 가능한 보안 프로토콜을 도식화하여 발표 자료를 제작하고, 모의 발표를 통해 이해도를 높임. 개인정보 보호와 기술 발전의 균형에 대해 스스로 고민하고 해결책을 제안한 점에서 높은 탐구역량을 발휘함.

**미디어** 제약·바이오업계 매료시킨 'AI' 신약개발(nate 뉴스 2025년 4월8일)

AI 기술이 제약·바이오 업계의 신약 개발 방식을 혁신하고 있다. 기존에는 신약 후보물질 1만 개 중 1개 미만만이 출시되었으나, AI 도입으로 후보물질 탐색과 독성 예측의 효율성이 크게 향상되었다. 국내외 기업들은 AI 기반 플랫폼을 활용하여 개발 기간과 비용을 절감하고 있으며, 특히 AI가 초기 단계에서 실패 가능성이 높은 후보를 걸러내는 데 효과적이다. 국내 기업들도 AI를 활용한 신약 개발에 적극 투자하고 있으며, 이는 글로벌 경쟁력 확보에 기여하고 있다.

**키워드** AI 신약(빅데이터, AI 알고리즘, 바이오)

**관련학과** 의약계열(약학과, 제약학과), 사회계열(법학과), 자연계열(생명공학과, 생명과학과, 생물학과, 수산생명의학과, 화학과), 교육계열(가정교육과, 과학교육과, 생물교육과, 화학교육과)

**➕ 탐구활동 주제**

• 인공지능 기반 신약 개발 기술의 발전 동향에 관한 탐구
• 전통적 신약 개발 방식과 AI 기반 신약 개발의 비교 분석
• 신약 개발 분야에서의 생성형 AI와 분석형 AI의 역할 비교
• AI 신약개발에 대한 윤리적·법적 쟁점에 관한 고찰

**➕ 토론활동**

▶ AI가 개발한 신약에 대해 별도의 임상 간소화 제도를 적용하는 것이 정당할까?
▶ AI 신약개발 기술의 상용화가 중소 제약사의 생존을 위협할 수 있을까?
▶ 전통적인 연구자의 역할이 AI 기술로 대체되는 것이 정당할까?
▶ AI 신약개발 과정에서 발생하는 데이터 편향 문제가 치명적일 수 있을까?

## 📌 심화 활동

**논문주제** 신약개발에서의 AI 기술 활용 현황과 미래(정명희 외, 2021)

이 논문은 신약개발에서 인공지능 기술의 활용 현황과 미래 전망을 다룬다. AI는 약물 후보물질 탐색, 약물-표적 상호작용 예측, 임상시험 설계 등 다양한 단계에서 적용되어 개발 기간 단축과 비용 절감을 가능하게 한다. 특히 딥러닝 기반 알고리즘은 기존 방식보다 더 높은 예측 정확도를 보인다. 향후에는 AI가 빅데이터 및 오믹스 정보와 결합되어 신약개발의 전주기를 자동화·지능화하는 핵심 기술로 자리매김할 것으로 전망된다.

**키워드** 신약개발, AI 기술, 인공지능

**➕ 탐구활동 주제**

• 인공지능 기반 신약 후보물질 탐색 기술의 원리와 효과
• 전통적 신약개발 방식과 AI 기반 개발 방식의 효율성 비교 분석
• 딥러닝 알고리즘이 약물-표적 예측 정확도에 미치는 영향

**➕➕ 실천형 심화활동**

▶ AI 신약개발 사례 조사 및 적용 효과 분석 활동
▶ AI 신약개발 알고리즘 원리 탐색 및 모의 설계 활동

**교과세특 예시**

주제 탐구활동에서 AI 신약개발 과정에서 발생할 수 있는 윤리적·법적 쟁점을 중심으로 자료를 조사하고, 개인정보 보호, 알고리즘의 책임소재, 임상시험의 윤리성 등에 대한 쟁점을 분류하여 발표 자료로 정리함. 토론 활동을 통해 각 쟁점에 대한 다양한 시각을 비교하고, 실제 사례를 바탕으로 문제 해결 방안을 제시함. 탐구 과정에서 AI 기술이 의료에 미치는 긍정적 영향뿐 아니라 사회적 책임과 제도적 규제의 중요성을 인식하게 되었음. 해당 활동을 통해 과학기술의 발전이 법과 윤리에 기반해 조화를 이루어야 한다는 점을 통찰함.

**미디어** 의료 분야에서 AI의 이점(IBM 2024년 6월15일)

IBM은 의료 분야에서 인공지능(AI)의 활용이 환자 응대, 수술 지 원, 신약 개발 등 다양한 영역에서 빠르게 확산되고 있다. AI는 의료 종사자의 행정 업무를 자동화해 환자 대면 시간을 늘리고, 가상 간호 도우미를 통해 24시간 환자 지원을 제공하며, 투약 오류를 줄이는 데 기여한다. 뜨한 저침습 수술 지원, 의료 사기 방지, 진단 정확도 향상, 건강 모니터링 등에도 활용된다. 의료 데이터 분석, 예측 진단, 맞춤형 치료 지원에도 효과가 있으며, AI의 의료 적용에는 윤리적·법적 쟁점이 있어 거버넌스 확립이 필요하다.

**키워드** AI 의료(AI 진단, 치료 향상, 의료 데이터)

**관련학과** 의약계열(간호학과, 방사선학과, 의예과, 수의예과, 치의예과, 한의예과), 사회계열(법학과), 자연계열(생명공학과, 생명과학과), 공학계열(소프트웨어학고, 컴퓨터공학과)

➕ **탐구활동 주제**

- 인공지능 기반 가상 간호 도우미의 의료현장 적용 효과
- AI 기술과 전통적 진단 방식의 정확도 및 효율성 비교 분석
- 환자 맞춤형 건강 모니터링에 AI가 기여하는 방식
- AI 의료기술의 윤리적·법적 쟁점과 사회적 수용 가능성 탐구

➕ **토론활동**

▶ 인공지능 기반 가상 간호사가 인간 간호사의 역할을 대체할 수 있을까?
▶ 의료 분야에서 AI가 진단을 맡는 것이 의료사고를 즐이는 데 효과적일까?
▶ AI 의료 서비스가 인간의 판단보다 더 공정하고 객관적일 수 있을까?
▶ AI가 주도하는 건강 모니터링이 개인의 건강권을 침해할 소지가 있을까?

## 📌 심화 활동

**논문주제** 의료분야에서 인공지능(AI) 활용과 법적 논점(송기복, 2023)

이 논문은 의료분야에서 인공지능(AI)이 활용됨에 따라 발생하는 법적 는점을 분석한 연구이다. AI는 진단, 치료, 간호 등 의료 전반에 걸쳐 활용되며, 효율성과 정확성을 높인다. 그러나 오진 시 책임 주체 불분명, 개인정보 보호 문제, 알고리즘의 투명성 부족 등 법적 과제가 존재한다. 특히 기존 의료법 체계가 AI의 특성을 충분히 반영하지 못하고 있어, 새로운 법적 기준 마련과 규범적 논의가 필요하다고 주장한다.

**키워드** 인공지능 의료, 수술지원 로봇, 전자진료기록카드, 환자 모니터링

➕ **탐구활동 주제**

- 의료 인공지능 오진 발생 시 책임 주체에 관한 법적 고찰
- 인공지능 의료기술 도입에 따른 개인정보 보호 문제
- 의료 인공지능 활용과 환자 권리 보호의 균형에 관한 고찰

➕➕ **실천형 심화활동**

▶ 의료 AI 오진 사례 조사 및 법적 책임소재 분석 활동
▶ 국내외 의료 AI 관련 법제도 비교 및 개선안 제안서 작성 활동

**교과세특 예시**

AI 의료기술의 윤리적·법적 쟁점과 사회적 수용 가능성을 주제로 다양한 사례와 논문 자료를 수집하고, 생명윤리, 알고리즘 책임, 환자 프라이버시 문제 등을 분류하여 정리함. 국내외 의료 AI 법제도 비교 분석을 통해 사회적 수용성을 높이기 위한 방안을 도출하고 조별 토론을 통해 의견을 교환함. 탐구 결과를 발표 자료로 구성하여 학교 내 윤리 발표회에 참여함. 해당 활동을 통해 기술 발전에 따른 법적 규범과 사회적 신뢰의 중요성을 인식하고, 과학과 인문학의 융합적 사고를 심화함.

**디지털 쌍둥이가 가져올 '개인 맞춤형' 의료 혁명(뉴스토마토 2025년 2월13일)**

디지털 쌍둥이(디지털 트윈) 기술은 의료 분야에서 개인 맞춤형 치료의 혁신을 이끌고 있다. 이 기술은 환자의 건강 데이터를 바탕으로 만든 가상 모델로, 질병 예측, 수술 시뮬레이션, 치료 반응 평가 등에 활용된다. 미국의 연구기관과 기업들은 이를 통해 수술 정확도를 높이고, 임상시험을 가속화하며, 의료비 절감 효과도 기대하고 있다. 필립스와 지멘스는 심장 질환 치료에 디지털 트윈을 적용하고 있으며, 이 기술은 향후 예방 중심의 헬스케어와 정밀의료 실현을 위한 핵심 도구로 주목받고 있다.

**키워드** 디지털 트윈(의료 혁명, 개인 맞춤형)

**관련학과** 의약계열(간호학과, 의예과, 수의예과, 치의예과, 한의예과), 사회계열(법학과), 자연계열(생명공학과, 생명과학과), 공학계열(소프트웨어학과, 정보통신공학과, 컴퓨터공학과)

## ➕ 탐구활동 주제

• 의료 데이터 보안이 디지털 쌍둥이 기술에 미치는 영향
• 디지털 트윈 기술이 맞춤형 치료 발전에 미치는 영향 분석

• 디지털 쌍둥이 기술의 윤리적 쟁점 및 해결 방안 탐구
• 개인 맞춤형 치료에 디지털 쌍둥이 활용 방안 탐구

## ➕ 토론활동

▶ 디지털 트윈을 활용한 맞춤형 치료가 모든 환자에게 효과적일까?
▶ 환자의 생체 데이터를 활용한 디지털 트윈 기술이 프라이버시를 침해할 수 있을까?
▶ 디지털 트윈 기술이 의료격차 해소에 실질적으로 기여할 수 있을까?
▶ 디지털 트윈과 AI의 결합이 인간 중심 의료를 위협하게 될까?

# 📌 심화 활동

**논문주제** **미래의 의료: 디지털 트윈이 바꾸는 헬스케어 패러다임(이정우 외, 2024)**

이 논문은 디지털 트윈 기술이 미래 의료 패러다임을 어떻게 변화시키는지를 분석한 연구이다. 디지털 트윈은 환자의 생체정보와 환경 데이터를 반영해 질병 예측, 치료 시뮬레이션, 맞춤형 처방 등에 활용된다. 이는 기존 의료에서 벗어나 개인 중심의 정밀의료를 가능하게 한다. 또한 의료비 절감, 임상시험 효율 향상, 원격진료 확대 등 다양한 이점을 제공한다. 헬스케어 시스템의 전환을 이끄는 핵심 기술로 평가된다.

**키워드** 디지털 트윈, 헬스케어

## ➕ 탐구활동 주제

• 디지털 트윈 기술이 개인 맞춤형 정밀의료 구현에 미치는 영향
• 디지털 트윈 기술이 원격진료 확대에 기여하는 방식

• 원격 의료 활성화에 디지털 트윈이 미치는 영향 분석

## ➕➕ 실천형 심화활동

▶ 디지털 트윈 기반 맞춤형 치료 사례 분석 활동
▶ 디지털 트윈과 기존 진료방식 비교 자료 제작 활동

### 교과세특 예시

디지털 트윈 기술이 맞춤형 치료에 미치는 영향을 분석하기 위해 기술 개념과 의료 적용 사례를 조사하고, 실제 병원에서의 활용 방식과 기대 효과를 정리함. 이어 디지털 트윈이 원격진료 확대에 어떻게 기여하는지를 탐구하기 위해 환자 생체 데이터의 실시간 반영과 가상 시뮬레이션 기술에 대해 자료를 조사하고 이를 발표자료로 구성함. 활동 과정에서 기술적 장점뿐만 아니라 한계점도 함께 분석하며 균형 잡힌 시각을 기름. 해당 활동을 통해 첨단 기술이 의료 접근성을 높이고 개인화된 치료 환경을 구축하는 데 기여할 수 있음을 이해하게 되었음.

**미디어**    사회 문제로 떠오른 공공의료... 의사수 불균형, 선진국의 해결방안은?(바이오타임즈 2024년 10월14일)

도시와 농촌 간 의사 수 불균형은 한국 공공의료의 핵심 문제로 지적된다. 의사들이 도시 근무를 선호하는 구조적 요인과 낮은 신뢰도의 보건소 중심 정책이 주된 원인으로 분석된다. 이를 해결하기 위한 방안으로 공공의대 설립 논의가 재부상하고 있으며, 서울대 의대는 지역의사 장학제도 도입과 복수 교육과정 운영을 제안한다. 해외 사례로는 일본의 의무복무 장학생 제도, 미국의 장학금과 취약지역 복무 연계 정책, 독일·캐나다·덴마크 등의 재정 인센티브를 통한 의료취약지역 거원 장려 등이 있다.

**키워드**    공공의료(공공의대, 공공 의료서비스)

**관련학과**    의약계열(간호학과, 물리치료학과, 보건관리학과, 수의계과, 의예과, 치의예과, 한의예과), 사회계열(공공인재학부, 법학과, 행정학과)

**➕ 탐구활동 주제**

- 한국 공공의대 설립 논의의 쟁점과 기대 효과에 관한 탐구
- 선진국의 지역 의사 양성 정책과 한국의 공공의대 정책 비교
- 일본의 지역의료 특례입학 제도의 구조와 성과에 대한 분석
- 필수 의료 분야 의사 확보를 위한 선진국의 정책 비교

**➕ 토론활동**

- ▶ 공공의료 강화를 위해 공공의대를 설립하는 것이 효과적일까?
- ▶ 의사 지역 의무복무제를 법제화하는 것이 정당할까?
- ▶ 보건소 중심 농어촌 의료 정책이 여전히 유효할까?
- ▶ 지역의사 장학제도가 의료 불균형 해소에 기여할 수 있을까?

## 📌 심화 활동

**논문주제**    필수노동과 지역인재 양성: 공공의대 설치 이슈를 중심으로(장우영, 2024)

이 논문은 공공의대 설치 논의를 필수노동과 지역인재 양성 관점에서 분석한 연구이다. 지역 의료 공백 해소를 위해 공공의료인력 양성이 필요하다는 점을 강조하며, 이를 국가의 책무로 본다. 특히 공공의대는 단순한 의사 수 확대가 아닌, 지역사회에 헌신할 인재를 양성하는 제도로 정의된다. 논문은 의료 형평성과 지역사회 기반 의료체계 강화를 위해 공공의대가 필요하다는 입장을 제시한다.

**키워드**    공공의대, 공공의료인력 양성

**➕ 탐구활동 주제**

- 공공의대 설립이 지역 필수의료 인력 양성에 미치는 영향
- 공공의료 인력 확충을 국가 책무로 볼 수 있는지에 대한 고찰
- 공공의대 설립이 의료 형평성과 접근성 개선에 미치는 영향

**➕➕ 실천형 심화활동**

- ▶ 지역사회 기반 의료체계 설계 아이디어 구상 및 발표 활동
- ▶ 의료 형평성 실현을 위한 정책 제안서 작성 및 공유 활동

**교과세특 예시**

한국 공공의대 설립 논의의 쟁점과 기대 효과를 중심으로 관련 정책자료, 신문기사, 연구보고서를 조사하고, 공공의대 설립의 배경과 찬반 입장을 정리함. 조별 활동을 통해 각 쟁점에 대한 토론을 진행하고, 지역의료 인력 부족 해소, 의료 형평성 개선 등 공공의대 설립의 기대 효과를 분석하여 발표 자료로 구성함. 활동 과정에서 실제 공공의대 추진 사례와 선진국 사례를 비교함으로써 정책적 타당성을 비판적으로 검토함. 이를 통해 사회적 문제를 다양한 관점에서 분석하고 합리적인 해결책을 도출하는 능력을 기르게 되었음.

노인 우울증은 치매와 자살률을 높이는 주요 요인으로, 한국의 노인 자살률은 OECD 국가 중 최고 수준이다. 노년기 우울증은 신체 통증, 기억력 저하 등으로 나타나며, 이를 노화의 자연스러운 현상으로 오인해 치료가 지연되는 경우가 많다. 최근 디지털 치료제가 노인 우울증의 새로운 대안으로 주목받고 있다. 디지털 치료제는 소프트웨어 기반 의료기기로, 재택 치료와 개인 맞춤형 서비스 제공이 가능하다. 전문가들은 노인 우울증의 조기 진단과 치료 활성화를 위해 디지털 치료제의 활용이 중요하다고 강조한다.

**키워드** 디지털 치료제(초고령화 사회, 우울증 디지로 치료제)

**관련학과** 의약계열(약학과, 의예과), 사회계열(법학과, 행정학과), 자연계열(생명공학과, 생명과학과), 공학계열(의공학과, 제약공학과, 정보통신공학과, 컴퓨터공학과)

**＋ 탐구활동 주제**

• 디지털 치료제와 약물치료의 효과 차이에 대한 비교 분석
• 디지털 치료제가 노인의 삶의 질 개선에 미치는 영향 분석
• 노인 대상 디지털 치료제 확산을 위한 정책적 과제 고찰
• 지역사회 기반 정신건강 서비스와 디지털 치료제의 역할

**＋ 토론활동**
▶ 노인의 정신건강 개선을 위해 디지털 치료제를 적극 도입해야 할까?
▶ 고령층의 디지털 기기 활용 능력은 디지털 치료제 확산에 장애가 될까?
▶ 정신질환 치료에 있어 디지털 치료제의 안전성과 효과는 충분할까?
▶ 고령층의 디지털 치료제 접근권을 법적으로 보장할 필요가 있을까?

#  심화 활동

이 논문은 인공지능을 활용한 디지털 치료제 개발이 급증함에 따라 발생하는 지식재산권 문제를 다룬다. 알고리즘의 창작성, 데이터 학습의 기여도, 의학적 효능의 입증 방식 등에서 기존 특허 체계와 충돌하는 다양한 쟁점이 존재한다. 이에 대해 특허 기준의 재정립과 제도적 정비의 필요성을 제안하며, 기술 혁신과 공공 보건 간의 균형, 그리고 의료 서비스의 공정한 접근권 확보의 중요성도 함께 강조한다.

**키워드** 디지털 치료제, 지식재산권, 인공지능과 저작권

**＋ 탐구활동 주제**

• 디지털 치료제 개발 과정에서 발생하는 저작권 분쟁 사례
• 개인 건강 정보 활용에 따른 디지털 치료제 윤리 문제 탐구
• AI 알고리즘의 창작성 판단 기준이 특허 제도에 미치는 영향

**＋＋ 실천형 심화활동**
▶ AI 기반 치료제 개발 단계별 지식재산권 쟁점 심화 조사 활동
▶ 의료 AI 알고리즘의 창작성 판단 기준과 적용 사례 정리 활동

**교과세특 예시**

디지털 치료제가 노인의 삶의 질 개선에 미치는 영향을 분석함. 디지털 치료제 개발 과정에서 활용되는 환자 데이터의 특성을 조사하고, 데이터 제공자의 권리 보장을 위한 법적·윤리적 쟁점을 고찰함. 관련 논문과 공공기관 보고서를 바탕으로 개인정보 보호와 활용 간 균형 방안을 정리하여 발표자료를 제작하고, 모둠 토론을 주도함. 이를 통해 헬스케어 기술 발전 과정에서 데이터 주체의 권리 보장이 갖는 중요성을 이해하고, 기술과 윤리의 조화를 비판적으로 사고할 수 있었음.

**미디어**　질병 진단·수술 보조에 간호까지… 의료로봇·AI 시대 활짝(네이트 뉴스 2024년 6월 20일)

의료기기 산업에서 인공지능(AI)과 로봇기술은 진단, 수술, 간호 등 다양한 의료 분야에 빠르게 확산되고 있다. 국내 주요 병원들은 로봇수술 장비를 도입해 수술의 정밀도를 높이고 있으며, 의료로봇의 활용 범위도 점차 확대되고 있다. AI 기반 의료기술은 진단 효율성과 비용 절감 측면에서 기대를 모으는 한편, 의료사고 발생 시 책임 소재를 둘러싼 윤리적·법적 논의도 제기되고 있다-. 기업들은 AI를 접목한 의료로봇 개발을 통해 글로벌 시장 진출에 속도를 내고 있다.

**키워드**　의료로봇(인공지능, AI 의료로봇, AI 의료사고)

**관련학과**　의약계열(간호학과, 의예과, 수의예과, 치의예과, 한의예과), 자연계열(생명공학과, 생명과학과), 공학계열(소프트웨어학과, 의공학과, 제약공학과, 정보통신공학과, 컴퓨터공학과)

**➕ 탐구활동 주제**

• 의료 인공지능 오작동 시 법적 책임 소재 분석
• AI 의료 시스템의 개인 정보 보호 문제와 해결 방안 연구
• AI 기반 진단 시스템의 신뢰성과 의료사고 발생 가능성 비교
• 로봇수술의 윤리적 쟁점과 법적 책임소재 문제에 관한 탐구

**➕ 토론활동**

▶ 인공지능 의료로봇이 의사를 대체하는 시대가 와도 괜찮을까?
▶ 로봇수술의 확대가 의료의 질을 반드시 향상시킬 수 있을까?
▶ 의료 AI가 진단을 내리는 상황에서 법적 책임을 물을 수 있을까?
▶ 의료사고 발생 시 로봇에게도 법적 책임을 물을 수 있을까?

## 📌 심화 활동

**논문주제**　의료로봇의 현재와 미래: 수술로봇을 중심으로(송미옥 외, 2021)

이 논문은 의료로봇, 특히 수술로봇의 발전 현황과 향후 전당을 다룬다. 수술로봇은 고난도 수술에서 정밀성과 안정성을 높이며, 최소침습 수술을 가능하게 한다. 다빈치 시스템 등 대표 기술을 중심으로 임상적 효과와 기술 발전 방향을 제시한다. 또한, 향후 인공지능 및 자동화 기술의 융합을 통해 의료로봇의 자율성과 활용 범위가 더욱 확대될 것임을 전망하며, 의료 패러다임 변화에도 기여할 것으로 본다.

**키워드**　의료로봇, 수술로봇

**➕ 탐구활동 주제**

• 수술 로봇의 발전이 의사의 역할 변화에 미치는 영향 연구
• 수술 로봇의 윤리적 문제와 법적 책임 소재 탐구
• 미래 의료 로봇의 발전이 가져올 의료 서비스 변화 예측

**➕➕ 실천형 심화활동**

▶ 다빈치 수술로봇의 작동 원리와 의료 적용 사례를 조사해 발표하는 활동
▶ 의료로봇 기술 발전에 따른 의료윤리 쟁점을 정리하고 모둠 토론을 진행하는 활동

**교과세특 예시**

로봇수술의 윤리적 쟁점과 법적 책임소재 문제에 관한 탐구를 수행함. 의료로봇 도입으로 인해 발생할 수 있는 의료사고 책임 주체와 의료윤리 기준에 대해 사례를 조사하고, 국내외 법률과 판례를 비교 분석함. AI 수술 시스템의 판단 기준과 의료인의 역할 분담에 대한 다양한 관점을 정리하여 토론 자료를 제작하고, 모둠 발표를 주도함. 이 활동을 통해 기술 발전과 윤리·법의 조화 필요성을 인식하고, 의료기술의 사회적 영향에 대해 비판적으로 사고할 수 있었음.

2018년 시행된 연명의료결정법은 말기 암 환자 등 중증 환자의 자기결정권 강화를 이끌어냈다. 자기결정존중비율은 첫해 32.5%에서 2024년 말 50.8%로 증가했으며, 항암치료 중 연명의료 결정을 내리는 사례도 늘어났다. 특히 완화의료 상담을 받은 환자일수록 자율 결정률이 높았고, 결정 방식도 가족 중심에서 환자 중심으로 전환되고 있다. 이는 서구 국가 수준에 가까운 변화이며, 환자 존엄성 중심의 의료문화 정착에 긍정적 영향을 주는 성과로 평가된다.

키워드　연명의료결정법(환자 자기결정권, 자율결정권)

관련학과　의약계열(간호학과, 의예과, 수의예과, 치의예과, 한의예과), 사회계열(법학과, 사회복지학과, 상담심리학과, 심리학과), 공학계열(소프트웨어학과, 정보통신공학과, 컴퓨터공학과)

### ➕ 탐구활동 주제

◆ 연명의료결정법 시행이 환자의 자기결정권 강화에 미친 영향
◆ 국가별 연명의료 관련 법규 및 인식 비교 연구
◆ 인공지능(AI) 기술이 연명의료 결정에 미칠 미래 영향 탐구
◆ 연명의료결정법이 의료진과 환자 간 소통 방식에 미친 변화 고찰

### ➕ 토론활동

▶ 환자가 항암치료 중 연명의료 여부를 미리 결정하는 것이 바람직할까?
▶ 생전 유언 제도를 한국에서도 적극 도입해야 할까?
▶ 연명의료결정법 시행은 존엄한 죽음을 보장할 수 있을까?
▶ 연명의료 결정 시 가족 동의 없이도 환자 의사만으로 결정할 수 있을까?

## 📌 심화 활동

논문주제　연명의료결정법 시행과 의료현장에서의 문제(허정식 외, 2024)

이 논문은 연명의료결정법 시행 이후 의료현장에서 나타난 실제 문제점을 분석한 연구이다. 환자의 자기결정권은 강화되었지만, 법적 문서 작성의 복잡성과 의료진의 법적 책임 부담, 가족 간 의견 충돌 등이 실무에서 문제로 나타난다. 특히 환자 의사를 명확히 반영하기 어려운 상황에서 의료진의 판단이 애매해지는 사례가 보고되며, 제도의 실효성 제고를 위한 개선 방안이 필요함을 제시한다.

키워드　연명의료결정법, 연명치료, 연명의료중단

### ➕ 탐구활동 주제

◆ 연명의료결정법 시행 전후의 의료 분쟁 사례 비교
◆ 해외 연명의료 관련 법규 및 사례 분석
◆ 연명의료 중단이 환자 존엄성에 미치는 영향 조사

### ➕➕ 실천형 심화활동

▶ 연명의료결정법과 관련된 실제 사례를 조사하고 쟁점별 분석 발표 활동
▶ 환자의 자기결정권 보장을 위한 제도 개선안 관련 정책 브리핑 자료 제작 활동

### 교과세특 예시

연명의료결정법 시행이 환자의 자기결정권 강화에 미친 영향을 탐구함. 법 시행 전후의 자기결정존중비율 변화 자료를 수집하고, 말기 환자의 연명의료 결정 방식에 나타난 사회적·법적 변화 양상을 분석함. 또한 완화의료 상담 경험 유무에 따른 자기결정률 차이를 표로 정리하고, 해외 사례와 비교해 발표자료를 제작함. 이를 통해 환자의 생애 말기 자기결정권 보장이 의료 윤리와 법 제도의 조화를 통해 실현되고 있음을 이해하고, 의료정책의 사회적 영향을 비판적으로 고찰할 수 있었음.

**미디어**   정신질환, '불가피한 강제 치료' 국가 책임 절실(의협신문 2024년 8월20일)

정신질환 치료 과정에서 불가피한 강제 치료가 필요한 상황이 존재하며, 이에 대한 국가의 책임 강화를 촉구하는 주장이 제기된다. 현재 비자발적 입원과 치료의 부담이 보호자와 의료기관에 과도하게 전가되고 있어, 이는 국제 기준에 미치지 못하는 실정이다. 정신건강의학과 입원 수가 또한 신체질환 대비 현저히 낮아 병상 수 감소로 이어지고 있다. 대한신경정신의학회는 환자 인권 보호와 공공의 책임 강화를 위한 제도적 개선과 과도한 언론 일반화를 지양하는 사회적 논의의 필요성을 강조한다.

**키워드**   정신질환(정신보건의료 서비스, 정신질환 치료제도, 정신건강복지법)

**관련학과**   의약계열(간호학과, 물리치료학과, 보건관리학과, 의예과, 수의예과, 언어치료학과, 응급구조학과, 작업치료학과, 재활상담학과), 사회계열(법학과, 사회복지학과, 행정학과)

**➕ 탐구활동 주제**

◆ 강제 입원과 환자 인권 보호 간의 균형 확보 방안에 관한 탐구
◆ 정신질환 강제 치료의 윤리적 쟁점과 인권 침해 문제 탐구
◆ 해외 주요국의 정신질환 강제 치료 제도 비교
◆ 정신건강복지법의 제도적 한계와 입법 개선 필요성에 관한 탐구

**➕ 토론활동**
▶ 정신질환자의 비자발적 입원을 국가가 책임져야 할까?
▶ 치료 거부 환자에게 강제 치료를 허용하는 것이 정당화될 수 있을까?
▶ 정신과 응급치료 과정에서 의료진의 법적 책임을 면제해도 될까?
▶ 정신질환자의 치료보다 공공의 안전을 우선시해도 괜찮을까?

# 📌 심화 활동

**논문주제**   우리나라 정신질환자 응급입원 제도의 개선방안(박종철, 2025)

이 논문은 우리나라 정신질환자 응급입원 제도의 문제점을 분석하고 실효성 있는 개선방안을 제시한 연구이다. 현행 제도는 인권 보호와 공공 안전 간 균형이 부족하고, 절차의 복잡성과 의료진의 책임 과중이라는 한계를 지닌다. 또한 병상 부족과 국가 지원 미흡이 치료 지연으로 이어진다고 지적한다. 이에 따라 치료 접근성 향상과 국가 책임 강화를 위한 제도 개선 방향을 제안한다.

**키워드**   정신질환자 응급입원 제도, 정신건강복지법

**➕ 탐구활동 주제**

◆ 정신질환자 응급입원 시 인권 침해 사례 및 개선 방안 연구
◆ 정신질환자 응급입원 시 경찰의 역할 및 권한의 적절성 탐구
◆ 해외 정신질환자 응급입원 제도와 국내 제도 비교 분석

**➕➕ 실천형 심화활동**
▶ 국내외 정신질환 응급입원 제도를 비교하여 공통점과 차이점을 분석하는 활동
▶ 응급입원 결정 시 인권 보호 방안을 모색하여 모둠별 발표 자료를 제작하는 활동

**교과세특 예시**

강제 입원과 환자 인권 보호 간의 균형 확보 방안에 관한 탐구를 수행함. 국내 정신질환자 응급입원 제도의 절차와 법적 기준을 조사하고, 미국·일본 등 주요국의 응급입원 제도와 비교 분석함. 각국의 입원 조건, 인권 보호 조치, 국가 책임 체계 등을 표로 정리하고, 이를 바탕으로 한국 제도의 한계와 개선 방향을 제안하는 발표자료를 제작함. 이를 통해 정신질환자의 안전과 자율권을 동시에 보장할 수 있는 정책적 균형의 필요성을 인식하고, 법·제도적 해결방안을 비판적으로 고찰할 수 있었음.

줄기세포를 활용해 만든 '오가노이드' 기술은 신약개발, 재생치료, 인공장기 제작 등 다양한 의료 분야에서 활용되고 있다. 오가노이드는 인간 장기와 유사한 3차원 구조를 갖춘 미니 장기로, 동물실험을 대체하거나 보완할 수 있는 실험 플랫폼으로 주목받는다. 유도만능줄기세포 기술을 통해 윤리적 논란도 완화되었으며, 한국은 오가노이드 표준화 및 치료제 개발 측면에서 세계적인 경쟁력을 갖추고 있다. 그러나 미세환경 반영의 한계, 면역거부 반응, 윤리적 논의 등은 여전히 해결이 필요한 과제로 지적된다.

| 키워드 | 오가노이드(미니 장기, 인공 장기, 생명윤리) |

| 관련학과 | 의약계열(간호학과, 의예과, 수의예과, 치의예과, 한의예과), 자연계열(생명공학과, 생명과학과), 공학계열(소프트웨어학과, 의공학과, 제약공학과, 정보통신공학과, 컴퓨터공학과) |

➕ **탐구활동 주제**

◆ 오가노이드 기술의 발전이 동물실험 대체에 미치는 영향
◆ 오가노이드 기술이 신약 개발 과정의 효율성에 미치는 영향

◆ 오가노이드 연구의 최신 동향 및 발전 가능성 탐구
◆ 오가노이드 기술의 윤리적 쟁점 및 사회적 수용성 탐구

➕ **토론활동**

▶ 오가노이드 기술 상용화는 의료 불평등을 심화시킬 수 있을까?
▶ 면역거부반응을 줄이기 위한 맞춤형 인공장기 개발이 현실적으로 가능할까?
▶ 오가노이드 연구에서 윤리적 기준은 현재 수준으로 충분할까?
▶ 오가노이드 기술 발전이 생명 존엄성 개념을 위협할 수 있을까?

📌 **심화 활동**

| 논문주제 | 오가노이드의 연구와 이용을 위한 윤리적 과제(추정완 외, 2023) |

이 논문은 오가노이드의 연구와 활용 과정에서 발생할 수 있는 윤리적 문제를 고찰한 연구이다. 오가노이드는 인간 장기와 유사한 구조를 지녀 생명윤리 논의의 대상이 되며, 특히 뇌 오가노이드의 경우 인격성 여부에 대한 논란이 있다. 줄기세포 기증자 동의, 연구 목적의 명확성, 국제 기준 부재 등의 쟁점도 함께 제시하며, 윤리 가이드라인 정립의 필요성을 강조한다.

| 키워드 | 오가노이드, 오가노이드 윤리, 오가노이드 연구) |

➕ **탐구활동 주제**

◆ 장기 오가노이드 배양 기술의 윤리적 한계점 조사

◆ 줄기세포 기반 오가노이드와 배아연구 간 윤리적 쟁점 비교

◆ 오가노이드 연구에 필요한 줄기세포 기증자의 권리 보호 방안

➕➕ **실천형 심화활동**

▶ 오가노이드 연구와 배아줄기세포 연구의 윤리적 차이를 비교해 토의하는 활동
▶ 주요 국가의 오가노이드 윤리 가이드라인을 조사해 우리나라 기준과 비교하는 활동

**교과세특 예시**

오가노이드 기술의 윤리적 쟁점과 유도만능줄기세포 활용의 한계를 고찰함. 뇌 오가노이드 연구의 인격성 논란, 기증자 동의 문제, 국제 윤리 기준 부재 등 다양한 쟁점을 조사하고, 배아줄기세포 연구와의 윤리적 차이를 비교하여 토의 주제를 구성함. 유도만능줄기세포가 윤리적 대안으로 여겨지지만, 생착률과 분화의 한계도 함께 분석함. 조별 토론을 통해 각 입장에 대한 근거를 정리하고 발표함으로써 과학기술 발전과 생명윤리 간 조화의 필요성을 이해하고 비판적으로 사고할 수 있었음.

**미디어**    '크리스퍼' 유전자 가위로 의료혁신… 몇 분 만에 암 진단·치료 현실 됐다(바이오 인사이트 2024년 12월12일)

크리스퍼 유전자 가위 기술은 의료 진단과 치료에 혁신을 가져오고 있다. '스코프(SCOPE)' 기술은 소량의 체액만으로도 암을 조기에 진단할 수 있으며, 기존 PCR 방식보다 민감도와 정확도가 뛰어나다. 또한 소형화가 가능해 의료 인프라가 부족한 지역에서도 활용이 가능하다. 알츠하이머 등 신경질환의 조기 진단은 물론, 농업과 환경 분야에서의 병원체 탐지에도 활용될 수 있다. 정밀의학 시대를 주도할 핵심 생명공학 기술로 주목받고 있다.

**키워드**    크리스퍼 유전자 가위 기술(정밀의학, 소형화, 생명윤리, 개인정보 보호)

**관련학과**    의약계열(간호학과, 보건관리학과, 의예과, 수의예과, 작업치료학과, 재활상담학과, 치의예과, 한의예과), 사회계열(법학과), 자연계열(생명공학과, 생명과학과)

**➕ 탐구활동 주제**

• 크리스퍼 유전자 가위 기술의 윤리적 쟁점 및 사회적 수용성 분석

• 유전자 가위 기술의 부작용 및 한계점 분석

• 국내의 크리스퍼 유전자 가위 연구 동향 탐구

• 유전자 가위 기술 상용화가 의료 산업에 미치는 영향 조사

**➕ 토론활동**

▶ 크리스퍼 기반 유전자 진단 기술이 동물실험을 완전히 대체할 수 있을까?

▶ 암 조기 진단을 위해 유전자 정보를 적극 활용해도 괜찮을까?

▶ 유전자 가위 기술을 의료 진단에 활용하는 것이 생명윤리에 부합할까?

▶ 크리스퍼 기술의 상용화 확대가 생명정보의 오남용을 유발할 수 있을까?

## 📌 심화 활동

**논문주제**    유전자 편집 기술의 규제 현황과 법적 과제(김민우 외, 2023)

이 논문은 유전자 편집 기술의 발전에 따른 국내외 규제 현황과 법적 과제를 분석한다. 현재 유전자 편집은 치료 목적과 연구 목적에 따라 규제 수준이 다르며, 인간 배아에 대한 적용은 대부분 국가에서 엄격히 제한된다. 한국은 생명윤리법에 따라 연구 범위를 제한하고 있으나 기술 발전 속도를 따라가지 못하는 제도적 공백이 존재한다. 이 논문은 안전성과 윤리성을 동시에 확보할 수 있는 법적 기준 마련의 필요성을 제시한다.

**키워드**    유전자 편집 기술, CRISPR-Cas9, 유전자 치료, 생명운리법

**➕ 탐구활동 주제**

• 유전자 편집 기술의 오남용이 사회에 미칠 윤리적 문제 탐구

• 국가별 인간 배아 유전자 편집 규제 비교 연구

• 유전자 편집 기술의 임상 적용에 대한 국내외 규제 현황 연구

**➕➕ 실천형 심화활동**

▶ 인간 배아 유전자 편집 허용 여부에 대한 찬반 의견을 정리해 토론하는 활동

▶ 유전자 편집 기술이 사회에 미칠 영향에 대해 시나리오를 작성해 발표하는 활동

**교과세특 예시**

유전자 진단 기술 발전이 생명윤리 및 개인정보 보호에 미치는 영향을 고찰함. 크리스퍼 기술의 상용화 확대가 유전자 정보의 오남용 가능성과 어떤 윤리적 문제를 야기할 수 있는지에 대해 자료를 조사하고, 실제 사례와 관련 법제도를 정리함. 생명정보가 상업적 목적으로 활용되는 상황을 가정한 시나리오를 작성하고, 모둠 내 찬반 입장을 나누어 토론을 진행함. 이를 통해 유전자 기술 발전의 긍정적 가능성과 함께 개인정보 보호의 중요성을 인식하고, 생명윤리의 사회적 적용에 대해 비판적으로 사고할 수 있었음.

원격의료는 기술 발전과 사회 변화에 따라 일상 속 복지 혜택으로 확산되고 있다. 미국의 월마트는 직원 100만 명에게 원격의료 서비스를 제공하며 진료 접근성과 의료 효율성을 높이고 있다. 원격 진단, 모니터링, 수술 등 다양한 형태로 발전하고 있으며, 고령화 사회인 일본의 섬 지역에서도 의료 공백을 해소하는 데 기여하고 있다. 이에 따라 의료정보 분석가, 원격의료 전문의, 의료기기 개발자 등 관련 직업 수요도 증가하고 있다. 앞으로 원격의료는 디지털 헬스케어의 핵심 축으로 성장할 전망이다.

**키워드**   원격의료(원격진료, 원격진단, 원격 모니터링, 원격 수술)

**관련학과**   의약계열(의예과), 사회계열(법학과, 행정학과), 자연계열(생명공학과, 생명과학과), 공학계열(소프트웨어융합학과, 소프트웨어학과, 의공학과, 정보통신공학과, 컴퓨터공학과)

**➕ 탐구활동 주제**

- 원격의료 도입이 지역 의료 접근성 향상에 미치는 영향
- 원격의료 기술 발전이 의료정보 보안의 중요성에 미치는 영향
- 원격의료 서비스의 보안 및 개인 정보 보호 문제 분석
- 원격의료 기술 발전이 미래 의료 서비스에 미칠 영향 분석

**➕ 토론활동**

▶ 원격의료 서비스가 대면 진료를 완전히 대체할 수 있을까?
▶ 만성질환자의 장기 처방을 원격으로 처리해도 안전할까?
▶ 원격의료 데이터 증가에 따라 개인정보 침해 위험이 커질 수 있을까?
▶ 의료기기 개발자가 원격진료의 핵심 직업으로 부상할 수 있을까?

# 📌 심화 활동

**논문주제**   원격의료 도입의 확대를 위한 법적 과제(김민우, 2024)

이 논문은 원격의료 도입 확대를 위한 법적 쟁점과 제도 개선 방향을 분석한 연구이다. 원격의료는 의료 접근성을 높이고 진료 효율성을 향상시키는 장점이 있지만, 현행법은 의료인 간 대면진료 중심으로 구성되어 있어 법적 한계가 존재한다. 특히 의사 책임 범위, 개인정보 보호, 원격진료의 의료행위 인정 여부 등이 주요 과제로 지적된다. 이 논문은 기술 발전에 부합하는 유연한 법체계 마련의 필요성을 강조한다.

**키워드**   원격의료, 공공의료, 의료법

**➕ 탐구활동 주제**

- 원격의료 시행 시 의료인의 법적 책임 범위에 대한 비교 분석
- 원격의료 환경에서 개인정보 보호 법제의 적절성에 관한 탐구
- 원격진료를 의료행위로 인정할 수 있는 법적 조건에 대한 고찰

**➕➕ 실천형 심화활동**

▶ 원격진료를 둘러싼 사회적 찬반 입장을 정리해 모둠 토론을 진행하는 활동
▶ 원격의료를 합법화하기 위한 가상의 법 개정안을 작성해 발표하는 활동

**교과세특 예시**

원격진료를 둘러싼 사회적 찬반 입장을 정리하고 모둠 토론을 진행함. 원격의료 기술 발전에 따라 증가하는 의료정보 보안의 중요성을 탐구하고, 실제 사례를 바탕으로 개인정보 유출과 의료사고 가능성을 분석함. 각자 찬성과 반대 입장을 나눠 법적·윤리적 쟁점을 중심으로 토론 자료를 제작하고, 의료 접근성과 정보 보호 사이 균형점을 찾기 위한 대안을 제시함. 이 활동을 통해 원격진료에 내포된 기술적·사회적 문제를 종합적으로 고찰하고, 디지털 헬스케어 시대에 필요한 비판적 사고와 문제해결 역량을 키울 수 있었음.

**미디어**  치매 환자에 대한 부담을 국가가 지원하는 '치매 국가책임제'(시선뉴스 2019년 10월28일)

치매 국가책임제는 치매 환자에 대한 국가의 돌봄 책임을 강화하기 위해 마련된 제도로, 의료비 부담 경감, 요양보호사 파견, 치매안심센터 운영, 중증환자 전문병동 설치 등 통합적 관리체계를 갖춘다. 특히 농촌 고령층과 여성 치매환자 비율이 높은 현실을 반영해 지역 맞춤형 지원도 확대되고 있다. 또한 경증 치매환자를 위한 인지지원등급 도입과 전담형 시설 확충 등을 통해 제도 수혜 범위가 넓어지고 있다. 전반적으로 치매를 가족이 아닌 국가가 함께 책임지는 구조로 전환하는 것을 목적으로 한다.

**키워드**  치매국가책임제(지매예방, 치매안심센터)

**관련학과**  의약계열(간호학과, 물리치료학과, 보건관리학과, 언어치료학과, 의예과, 재활상담학과), 사회계열(공공인재학부, 법학과, 사회학과, 정치외교학과, 행정학과)

**➕ 탐구활동 주제**

• 치매안심센터 운영이 지역사회 치매 관리에 미친 영향 분석
• 치매 전담형 시설 확충이 요양서비스 질 향상에 미친 영향
• 인지 지원등급 도입이 경증 치매환자 삶의 질에 미친 영향
• 치마 환자 가족의 돌봄 부담 경감에 대한 국가정책 효과 분석

**➕ 토론활동**
▶ 치매환자의 요양비를 건강보험으로 대폭 지원하는 것이 지속 가능할까?
▶ 치매 국가책임제가 실질적으로 치매환자의 삶의 질을 개선할 수 있을까?
▶ 치매안심센터 운영이 지역사회 중심 돌봄체계를 안정적으로 구축할 수 있을까?
▶ 국가가 치매 예방까지 책임지는 것이 개인의 건강권 침해로 이어질 수 있을까?

## 📌 심화 활동

**논문주제**  치매국가책임제와 의사결정지원제도(제철웅 외, 2019)

이 논문은 치매국가책임제 시행에 따라 치매환자의 자기결정권 보장을 위한 의사결정지원제도의 필요성과 방향을 고찰한 연구이다. 치매환자는 판단 능력이 점차 저하되므로 본인의 의사를 반영한 치료·요양 결정을 위해 제도적 장치가 필요하다. 논문은 대리결정 중심의 기존 체계에서 벗어나 환자의 잔존 능력을 존중하고, 사전의료의향서 및 후견제도와 연계한 실질적인 의사결정지원 체계 마련이 중요하다고 제시한다.

**키워드**  치매국가책임제(치매대응체계, 의사결정지원제도, 자기결정권)

**➕ 탐구활동 주제**

• 치매국가책임제 시행이 치매 환자 가족의 부담에 미친 영향
• 의료기술 발달이 치매 진단 및 치료에 미치는 영향 조사
• 의사결정지원제도 유형별 장단점 및 해외 사례 조사

**➕➕ 실천형 심화활동**
▶ 치매환자 중심 의사결정의 윤리적 중요성을 토론하는 활동
▶ 치매국가책임제와 연계된 의사결정지원 정책을 제안하는 활동

**교과세특 예시**

치매 전담형 시설 확충이 요양서비스 질 향상에 미친 영향을 분석함. 보건복지부와 국민건강보험공단에서 제공한 치매환자 관련 통계자료 및 정책 보고서를 바탕으로, 전담형 시설 도입 전후의 환자 만족도, 서비스 항목 변화, 인력 배치 비율 등을 비교 정리함. 또한 지역별 시설 확충 현황을 시각자료로 제작하고, 시설 유형에 따른 서비스 차이를 발표자료로 구성함. 이를 통해 전담형 시설이 치매환자의 돌봄 질 개선에 실질적으로 기여하고 있음을 확인하였으며, 치매국가책임제의 효과성을 정책 현장에서 체감할 수 있었음.

숏폼 콘텐츠의 과도한 소비는 대학생들의 문해력 저하와 학습 집중력 약화에 부정적인 영향을 미친다. 자극적인 시청각 효과와 단편적 정보 중심의 영상은 긴 글에 대한 거부감을 키우고, 난독증과 정신건강 문제로 이어질 수 있다. 특히 디지털 문해력 저하는 OECD 보고서에서 한국 학생들에게서 두드러지게 나타난 현상이다. 전문가들은 숏폼 사용을 자제하고 독서나 손글씨 같은 아날로그 학습 방식을 병행하는 것이 문해력 회복에 효과적이라고 조언한다.

**키워드**  숏폼 콘텐츠(문해력 저하, 아날로그식 노트 필기)

**관련학과**  의약계열(언어치료학과, 의예과), 사회계열(법학과, 행정학과), 공학계열(소프트웨어학과, 의공학과, 전자공학과, 정보통신공학과, 컴퓨터공학과), 예체능계열(영상디자인학과)

**➕ 탐구활동 주제**

• 숏폼 콘텐츠 소비와 난독증 발현 간의 연관성에 대한 고찰
• 디지털 문해력 저하 현상이 학습 능력에 미치는 영향 분석
• 숏폼 중독이 청소년의 집중력과 정보 처리 방식에 미치는 영향
• 숏폼 콘텐츠 시청이 청소년의 독해력에 미치는 영향 연구

**➕ 토론활동**
▶ 숏폼 콘텐츠의 과도한 이용이 문해력 저하의 주요 원인일까?
▶ 난독증 예방을 위해 숏폼 사용을 제한하는 것이 효과적일까?
▶ 숏폼 콘텐츠는 창의성과 상상력을 오히려 자극할 수 있을까?
▶ 디지털 시대에 문해력 저하를 개인 책임으로만 돌려도 될까?

# 📌 심화 활동

**논문주제**  숏폼 콘텐츠가 청소년의 정신건강에 미치는 영향에 관한 문헌탐구(신영환 외, 2025)

이 논문은 숏폼 콘텐츠가 청소년의 정신건강에 미치는 영향을 문헌 기반으로 분석한 연구이다. 논문은 짧고 자극적인 영상에 반복적으로 노출될 경우 주의력 저하, 충동성 증가, 불안과 우울 증상 악화 등 부정적 정신건강 결과를 유발할 수 있다고 보고한다. 또한 알고리즘 기반 추천 시스템이 중독적 사용을 강화하며, 자기조절능력 저하와 사회적 고립감을 심화시킨다는 점을 강조한다.

**키워드**  숏폼 콘텐츠, 청소년 정신건강, 디지털 리터러시

**➕ 탐구활동 주제**

• 숏폼 콘텐츠 반복 시청이 청소년의 주의력 저하에 미치는 영향
• 숏폼 콘텐츠와 장시간 영상 콘텐츠의 정신건강 영향 비교 분석
• 교육용 숏폼 콘텐츠가 학습 효과에 미치는 긍정적 영향 연구

**➕➕ 실천형 심화활동**
▶ 숏폼 콘텐츠와 정신건강 관련 뉴스를 스크랩하고 논점별로 분석하는 활동
▶ 숏폼 콘텐츠 이용 실태와 정신건강 인식에 대한 학급 내 찬반 토론을 기획 활동

**교과세특 예시**

숏폼 콘텐츠 반복 시청이 청소년의 주의력 저하에 미치는 영향을 탐구함. 청소년을 대상으로 숏폼 시청 빈도, 평균 시청 시간, 집중 지속 시간 등을 조사하는 설문지를 직접 설계하고 배포함. 수집된 데이터를 바탕으로 주의력 저하와 시청 시간 간의 상관관계를 분석하고, 통계 그래프를 활용해 시각적으로 정리함. 또한 숏폼 시청 습관과 학습 집중력 간의 변화를 토론 주제로 설정해 모둠별 의견을 교환함. 이 활동을 통해 반복적 자극 노출이 인지 능력에 미치는 영향을 이해하고, 미디어 소비에 대한 자기 조절 능력의 중요성을 체감할 수 있었음.

**AI와 메타버스가 환자 치료를 어떻게 변화시키고 있는가(iStaging Asia 2024년 7월8일)**

의료 메타버스는 AI, VR/AR, 블록체인, 5G 등 첨단 기술을 결합해 환자 치료와 의료 서비스를 혁신하고 있다. 수술 훈련, 원격진료, 정신 건강 치료, 재활 등 다양한 분야에 적용되며, 몰입감 있고 개인 맞춤화된 의료 환경을 제공한다. AI는 질병 진단과 치료 계획 수립에 기여하고, VR/AR은 의료 시뮬레이션과 물리치료에 활용되며, 블록체인은 민감한 의료 데이터를 안전하게 관리하는 데 사용된다. 기술적·제도적·윤리적 과제가 존재하지만, 향후 의료 접근성과 치료 효과를 높이는 핵심 기술로 주목받고 있다.

**키워드** 메타버스 의료(AI, 의료 메타버스, 의료 혁명)

**관련학과** 의약계열(간호학과, 의예과, 작업치료학과, 재활상담학과, 치의예과, 한의예과), 사회계열(법학과), 공학계열(소프트웨어학과, 정보통신공학과, 컴퓨터공학과)

**➕ 탐구활동 주제**

◆ AI를 활용한 개인 맞춤형 치료 계획의 장점 분석
◆ AI 기반 진단 시스템이 오진율 감소에 미치는 영향 탐구
◆ 메타버스 기반 의료 교육이 의료진 역량 강화에 미치는 영향
◆ 메타버스 가상현실 치료가 심리 질환 환자에게 미치는 영향

**토론활동**

▶ 메타버스 기반 의료 서비스가 대면 진료를 완전히 대체할 수 있을까?
▶ 정신 건강 치료에 VR 기술을 활용하는 것이 전통적 상담보다 효과적일까?
▶ 의료 메타버스가 의료 접근성을 높이며 의료 격차를 해소할 수 있을까?
▶ 의료 메타버스 확산을 위해 윤리적 기준보다 기술 개발이 우선시돼야 할까?

## 📌 심화 활동

**논문주제** **의료에서 메타버스 활용과 법적 쟁점(김정수, 2023)**

이 논문은 의료 분야에서 메타버스 기술의 활용 가능성과 함께 발생하는 주요 법적 쟁점을 분석한 연구이다. 메타버스 기반 의료는 진단, 상담, 재활 등 다양한 서비스에 적용 가능하지만, 의료행위의 법적 정의, 책임 주체, 개인정보 보호 등에서 제도적 공백이 존재한다. 특히 원격의료와 달리 가상현실 내 의료행위에 대한 법적 해석이 명확하지 않아 환자 권리와 안전 확보를 위한 법적 장치 마련이 필요함을 강조한다.

**키워드** 메타버스 의료, 디지털 기술 활용

**➕ 탐구활동 주제**

◆ 원격의료와 메타버스 의료서비스 간 법적 적용 기준 비교 분석
◆ 정신 건강 치료에 메타버스 적용 시 발생할 윤리적 문제 연구
◆ 의료 메타버스 환경에서 환자 개인정보 보호의 법적 과제

**➕➕ 실천형 심화활동**

▶ 메타버스 의료행위가 기존 의료법에 해당하는지 사례를 분석해 보는 활동
▶ 의료 메타버스 도입에 필요한 새로운 법률 조항을 상상해 작성하는 활동

**교과세특 예시**

의료 메타버스 확산을 위해 윤리적 기준보다 기술 개발이 우선시돼야 하는지에 대한 찬반 토론활동을 수행함. 토론 전 관련 논문과 기사를 통해 의료 메타버스의 활용 사례와 윤리적 쟁점을 조사하고, 찬성과 반대 입장의 논거를 정리함. 조별로 역할을 나누어 근거 자료를 시각화한 발표 자료를 제작하고 실제 토론을 진행함. 기술 혁신의 필요성과 환자 보호의 균형에 대해 비판적으로 사고할 수 있었으며, 다양한 의견을 조율하며 협업적 태도를 기를 수 있었음. 의료기술의 미래에 대해 윤리와 발전의 조화를 모색한 활동임.

청소년의 스마트폰 과의존이 심각한 수준에 이르고 있다. 2022년 기준 전국 청소년의 40.1%가 과의존 위험군에 속하며, 연령대가 점점 낮아지는 추세다. 경기도에서도 초등학생과 중학생을 중심으로 의존도 증가가 뚜렷하게 나타난다. 정부는 이용습관 진단조사, 상담 지원, 부모 교육 등의 대응책을 마련해 시행 중이나, 실제 효과는 제한적이라는 지적이 많다. 전문가들은 기술적 차단보다는 가족과 또래 관계의 회복, 조기 개입을 통한 예방 중심의 접근이 필요하다고 강조한다.

**키워드**   청소년 스마트폰 중독(스마트폰 과의존)

**관련학과**   의약계열(의예과), 사회계열(미디어커뮤니케이션학과, 법학과, 상담심리학과, 심리학과, 아동학과), 공학계열(정보통신공학과, 컴퓨터공학과), 교육계열(초등교육과, 컴퓨터교육과)

**➕ 탐구활동 주제**

- 청소년의 스마트폰 과의존 심화 원인에 관한 탐구
- 스마트폰 과의존이 학업 집중도에 미치는 영향
- 유아, 청소년, 성인의 스마트폰 사용 패턴 비교 분석
- SNS 사용 시간이 청소년의 심리상태에 미치는 영향

**➕ 토론활동**

▶ 청소년의 스마트폰 사용 시간을 법으로 제한할 필요가 있을까?
▶ 학교에서 스마트폰 사용을 전면 금지하는 것이 효과적일까?
▶ 스마트폰 중독은 개인의 문제보다 사회구조의 문제로 봐야 할까?
▶ 청소년 스마트폰 의존 해결에 기술적 차단이 도움이 될 수 있을까?

# 📌 심화 활동

**논문주제**   청소년들의 인터넷·스마트폰 게임 중독 및 불법도박 실태에 관한 연구(성수영, 2025)

이 논문은 청소년들의 인터넷·스마트폰 게임 중독과 불법도박 실태를 조사한 연구이다. 성수영(2025)은 청소년들이 게임 중독으로 인해 학업 집중력 저하, 사회적 고립, 충동 조절 문제를 겪고 있으며, 일부는 불법도박으로까지 이어지는 위험에 노출돼 있다고 분석한다. 중독 행동이 심화될수록 정신건강 문제도 악화된다고 지적한다. 이를 바탕으로 예방 교육, 가족 상담, 전문 기관 개입 등 다각적인 대응이 필요하다고 제언한다.

**키워드**   인터넷 중독, 스마트폰 중독, 게임 중독, 불법도박

**➕ 탐구활동 주제**

- 청소년 인터넷·게임 중독 심화 요인에 관한 탐구
- 스마트폰 게임 중독과 학업 성취도의 상관관계 분석
- 인터넷 게임 중독과 정신건강 문제의 연관성에 대한 탐구

**➕➕ 실천형 심화활동**

▶ 청소년 인터넷·게임 사용 실태를 설문 조사하고 중독 위험군 특성을 분석하는 활동
▶ 학교 내 스마트폰 사용 규칙에 대한 인식 조사를 실시하고 개선안을 제안하는 활동

**교과세특 예시**

청소년의 스마트폰 과의존 심화 원인에 관한 탐구를 위해 스마트폰 사용 실태와 인식에 대한 설문을 기획·제작하고 학급 단위로 조사를 실시함. 조사 결과를 바탕으로 학생 스스로 학교 내 스마트폰 사용 규칙의 문제점을 분석하고, 토론을 통해 개선안을 도출함. 결과물을 시각자료로 정리하여 교내 발표회를 통해 공유함. 이 과정에서 조사 기획, 데이터 분석, 정책 제안 등 전 과정을 주도적으로 수행함. 스마트폰 사용에 대한 학생들의 인식을 구체적으로 파악하고, 실질적인 대안 마련에 기여했다는 점에서 성취도가 높았던 활동임.

| 미디어 | 항공사 국제노선 승무원 근무 때 '우주방사선' 고려해야(경향신문 2023년 6월11일) |

항공사들이 국제노선 승무원의 '우주방사선' 피폭을 방지하기 위해 근무 편성과 건강관리 기준을 강화한 제도가 4월 11일부터 본격 시행된다. 고도 10km 이상에서 운항하는 국제선 특성상 승무원은 일반인보다 우주방사선에 많이 노출되며, 특히 북극항로 운항 시 피폭량이 크게 증가한다. 이에 따라 항공사는 연간 피폭량이 6mSv를 초과할 우려가 있는 경우 운항 조정을 해야 하고, 건강검진과 정기 교육도 의무화된다. 위반 시 과태료 부과도 가능하다.

| 키워드 | 우주방사선(항공사 승무원 피폭) |
| 관련학과 | 의약계열(간호학과, 방사선학과, 의예과, 임상병리학과), 사회계열(법학과, 항공서비스학과), 공학계열 (원자력공학과, 항공우주공학과, 항공운항학과) |

**➕ 탐구활동 주제**

- 항공 승무원의 우주방사선 피폭량 감소 방안 탐구
- 고도별 우주방사선 강도 차이가 승무원 건강에 미치는 영향
- 북극항로 운항이 우주방사선 노출에 미치는 영향
- 국제 항공 규제 기준과 국내 우주방사선 관리 제도의 비교

**➕ 토론활동**
▶ 항공 승무원의 우주방사선 피폭 기준을 더욱 강화해야 할까?
▶ 북극항로 운항 제한이 승무원 건강 보호어 실효적일 수 있을까?
▶ 우주방사선 피폭 위험에 따라 승무원 근무 연한을 제한해야 할까?
▶ 우주방사선 피폭 교육을 모든 항공 종사자에게 확대해야 할까?

## 📌 심화 활동

| 논문주제 | 유럽과 영국의 항공기 승무원 우주방사선 피폭에 관한 법제와 기준(김호, 2023) |

이 논문은 유럽연합과 영국의 항공기 승무원 우주방사선 피폭에 관한 법제와 기준을 비교한 연구이다. 고도 운항에 따른 피폭 위험을 인지하고 이를 법적으로 관리하는 양 지역의 제도를 분석한다. 유럽은 승무원을 방사선작업종사자로 규정하고 피폭선량 기준, 건강검진, 교육 의무를 명확히 하고 있다. 영국은 EU 탈퇴 이후 독자적 기준을 마련했으며, 양측 모두 승무원 보호를 위한 체계를 갖추고 있다고 평가한다.

| 키워드 | 우주방사선, 항공기 승무원 피폭 |

**➕ 탐구활동 주제**

- 유럽과 영국의 항공 승무원 건강검진 제도 비교 분석
- 우주방사선 피폭 기준이 승무원 근무 환경에 미치는 영향
- 국지적 기준과 국내 항공 방사선 규제 체계의 차이 비교

**➕➕ 실천형 심화활동**
▶ 국내 항공사의 방사선 노출 관리 실태를 자료 조사하고 개선 방안을 제안하는 활동
▶ 항공 방사선 안전교육 의무화의 필요성을 주제로 찬반 토론 기획 및 실행하는 활동

**교과세특 예시**

고도별 우주방사선 강도 차이가 승무원 건강에 미치는 영향을 분석하기 위해 고도, 비행시간, 노선에 따른 피폭량 데이터를 수집하고, 이를 기반으로 방사선량 추이를 시각화함. 국제기구(ICAO, UNSCEAR) 및 과학 논문을 참고하여 고도 상승에 따른 방사선 노출 증가 경향을 도출하고, 건강영향 사례와 연계해 분석 보고서를 작성함. 해당 탐구과정에서 자료 수집, 그래프 제작, 데이터 해석을 주도적으로 수행함. 이 활동을 통해 고도별 방사선 강도의 차이가 승무원 건강에 미치는 영향을 구체적으로 이해하고, 고위험 노선에 대한 대응 필요성을 제기함.

세특 프리패스
미디어 활용편

# 예술·체육

늘어나는 인공지능 음악… '**AI 안 썼다**' 보증해야 저작권 등록(연합뉴스 2025년 4월1일)

한국음악저작권협회는 AI 활용 음악의 확산에 따라, 음악 저작권 등록 시 'AI 미사용' 여부를 창작자가 확인·보증하는 절차를 도입했다. 이는 현행 저작권법이 '인간의 창작물'만 보호 대상으로 규정하고 있기 때문이다. AI를 일부라도 사용한 경우, 인간의 창작 기여가 인정될 때만 저작물성 인정이 가능하다. 한음저협은 AI 사용 여부를 허위로 신고하면 법적 책임을 묻고, 저작권 등록 보류 또는 삭제 조치를 취할 수 있다고 밝혔다. 다만 실제 AI 사용 여부 확인은 현실적으로 쉽지 않다는 우려도 제기된다.

**키워드** AI 음악저작권(인공지능 음악, 창작자의 권리)

**관련학과** 전 음악계열, 전 예술계열

**➕ 탐구활동 주제**

• AI 생성 음악의 확산이 기존 저작권 제도에 미치는 영향
• 인간 창작과 인공지능 협업 작품의 저작물성 인정 기준
• AI 작곡 기술의 발달이 음악산업의 직업구조에 미치는 영향
• AI와 인간의 협업 음악 사례를 통한 창작성 비교 분석

**➕ 토론활동**
▶ 인공지능이 만든 음악에도 인간과 동일한 저작권을 부여해야 할까?
▶ AI를 활용한 부분적 창작물도 독립된 저작물로 인정할 수 있을까?
▶ AI로 생성된 음악이 예술적 가치 측면에서도 인정받을 수 있을까?
▶ 창작자 보호를 위해 AI 음악의 상업 이용을 제한해야 할까?

 **심화 활동**

**논문주제** AI 커버곡 사례를 통해 본 생성형 AI의 법률 문제(정원준, 2023)

이 논문은 AI 커버곡 사례를 통해 생성형 AI가 제기하는 법률적 쟁점을 분석한 연구이다. AI가 특정 가수의 음성을 모방해 제작한 커버곡이 기존 저작권과 퍼블리시티권을 침해할 가능성이 있다고 지적한다. 특히 음성 자체가 인격적 표현으로 간주될 수 있어 초상권에 준하는 보호가 필요하다고 본다. 또한 기존 법 체계가 AI 생성물에 대한 규율에 미비하다는 점을 들어, 새로운 입법적 대응이 요구된다고 주장한다.

**키워드** AI 저작권, AI 커버곡, 인격표지영리권

**➕ 탐구활동 주제**

• AI 커버곡 제작이 기존 저작권 체계에 미치는 영향에 관한 탐구
• 생성형 AI가 모사한 음성의 법적 보호 가능성에 대한 고찰
• 국내외 생성형 AI 음악 저작권 규제 사례 비교와 시사점 고찰

**➕➕ 실천형 심화활동**
▶ AI 커버곡 사례를 수집하고 원저작자 권리 침해 여부를 분석하는 활동
▶ 국내외 AI 커버곡 관련 판례나 분쟁 사례를 조사해 법적 쟁점을 정리하는 활동

**교과세특 예시**

AI 생성 음악의 확산이 기존 저작권 제도에 미치는 영향을 탐구하기 위해 국내외 저작권법 조항과 AI 음악 사례를 수집하고 분석함. AI로 제작된 커버곡 및 창작물과 관련된 분쟁 사례를 조사하고, 인간 창작과 AI 생성물의 법적 차이를 비교함. 활동 중 직접 판례를 요약하고, AI 창작물의 저작권 인정 여부에 대한 찬반 의견을 정리해 보고서로 작성함. 이 과정에서 자료 조사, 논리 정리, 발표 준비를 주도적으로 수행하였으며, AI 음악의 법적 한계를 이해하고 저작권 제도의 개선 필요성과 기술 변화에 따른 제도 정비 방향을 제시함.

| 미디어 | 도시 재생과 '공공미술'(경향신문 2024년 12월 25일) |

도시 재생은 단순한 환경 개선을 넘어 인간 삶의 질과 도시의 가치를 높이는 종합적 과정이다. 이에 공공미술은 단순한 미화가 아닌 사회적 소통과 문화적 공공성을 실현하는 핵심 요소로 작용한다. 프랑스, 영국, 독일, 일본 등은 예술을 통해 쇠퇴한 도시를 재생시킨 대표적 사례를 보여준다. 반면 한국은 공공미술이 도시 재생과 분리돼 행정 중심의 개발에 머무르는 한계가 있다. 도시 재생은 '무엇을'보다 '어떻게' 만들 것인가에 주목해야 하며, 공공미술은 그 실행에 필수적임을 강조한다.

| 키워드 | 공공미술(도시 재생, 문화적 공공성) |
| 관련학과 | 예체능계열(미술학과, 뷰티디자인학과, 산업디자인학과, 서양화과, 시각디자인학과, 조소과, 조형예술학과), 교육계열(미술교육과) |

**⊕ 탐구활동 주제**

* 공공미술이 지역 커뮤니티의 정체성 형성에 미치는 영향
* 프랑스·영국·독일의 공공미술 도시 재생 사례 비교 분석
* 공공미술이 도시 공간의 문화적 가치 회복에 기여하는 방식
* 공공미술 중심 도시 재생의 지속가능성 확보 방안에 관한 탐구

**⊕ 토론활동**

▶ 공공미술은 도시 재생의 필수 요소로 제도화해야 할까?

▶ 공공미술은 단지 도시 미관 향상 도구에 불과할까?

▶ 공공미술이 도시 문제 해결의 실질적 수단이 될 수 있을까?

▶ 예술 중심 도시 재생이 지역 갈등을 유발할 가능성이 있을까?

## 📌 심화 활동

| 논문주제 | 공공미술에서 공공윤리와 시민의식(서희주, 2024) |

이 논문은 공공미술을 통해 드러나는 공공윤리와 시민의식의 상관관계를 분석한 연구이다. 공공미술이 단순한 시각적 장식이 아닌, 공동체 구성원 간의 소통과 윤리적 책임을 촉진하는 매개임을 강조한다. 특히 시민 참여형 공공미술 프로젝트는 참여자의 공동체 의식을 높이고, 공공장소에 대한 책임감을 형성하는 데 기여한다고 본다. 이를 통해 공공미술은 시민의식 함양과 민주적 도시문화를 구축하는 데 중요한 역할을 한다.

| 키워드 | 공공미술, 공공윤리, 공공성 |

**⊕ 탐구활동 주제**

* 공공미술이 시민의 공공윤리 형성에 미치는 영향에 관한 탐구
* 지역사회 공공미술 프로젝트가 공동체 의식에 미치는 영향
* 국내외 시민 참여 기반 공공미술 사례의 실행 방식 비교 분석

**⊕⊕ 실천형 심화활동**

▶ 시민 참여형 공공미술 기획안을 직접 설계하고 발표하는 활동

▶ 공공윤리를 주제로 한 모의 공공미술 프로젝트를 기획하고 토론하는 활동

**교과세특 예시**

공공미술은 도시 재생의 필수 요소로 제도화해야 할까를 주제로 찬반 토론을 기획하고 수행함. 찬성과 반대 측으로 나뉘어 국내외 사례를 조사하고, 공공미술의 사회적 효과 및 행정적 한계를 근거로 자료를 준비함. 토론 전 사전 설문조사를 통해 학급 내 인식을 파악하고, 토론 후 인식 변화에 대한 분석도 함께 진행함. 발표 자료 제작과 사회자 역할을 맡아 토론을 주도적으로 이끌었으며, 공공미술이 도시재생에 어떤 방식으로 기여할 수 있는지를 다각도로 이해하게 된 활동임. 이 활동을 통해 정책 비판적 사고력과 협업 역량을 함께 함양함.

현실과 가상 속, NFT 미술 시장(브런치 스토리 2024년 9월15일)

NFT(대체 불가능한 토큰)는 미술 시장에 새로운 패러다임을 제시하고 있다. Beeple의 디지털 작품이 약 787억 원에 낙찰되며 NFT 미술의 가치가 주목받고 있다. NFT는 블록체인 기반으로 디지털 자산의 소유권과 희소성을 증명하며, 실물 없이도 예술작품의 유통과 수익 창출이 가능하다. 거래 진입 장벽이 낮고 창작자에게 지속적인 수익이 돌아가는 장점이 있지만, 거품 논란과 예술성 논쟁도 함께 제기된다. 메타버스의 확산과 맞물려 실재와 가상의 경계를 넘나드는 새로운 예술 형태로 진화하고 있다.

**키워드** NFT 아트(NFT, 대체 불가능한 토큰, NFT 미술품)

**관련학과** 전 미술계열

➕ **탐구활동 주제**

• NFT 기술이 미술품 소유권 개념에 미친 변화에 관한 탐구
• 실물 미술품과 NFT 미술품의 유통 방식 비교 분석
• 메타버스 환경에서 NFT 예술작품의 활용 가능성 탐구
• NFT 미술품의 저작권 문제와 법적 쟁점에 관한 탐구

➕ **토론활동**

▶ NFT 미술은 기존 미술 시장을 대체할 수 있는 새로운 주류가 될 수 있을까?
▶ 디지털 파일에 예술적 가치를 부여하는 것이 정당할까?
▶ NFT를 통해 발생한 예술작품 수익은 창작자에게 공정하게 돌아갈 수 있을까?
▶ 메타버스 시대에 NFT 미술이 새로운 예술 문화를 주도할 수 있을까?

## 📌 심화 활동

**논문주제** MZ세대가 주도하는 미래의 예술 'NFT미술'과 아트테크에 관한 고찰(정유림, 2023)

이 논문은 MZ세대가 주도하는 NFT미술과 아트테크의 확산 현상을 다룬다. NFT미술이 디지털 친화적인 MZ세대의 취향과 투자 성향에 부합하며, 예술 소비 방식과 소유 개념을 변화시키고 있다고 분석한다. 특히 블록체인 기반의 소유권 인증과 디지털 자산의 거래 가능성은 아트테크 시장의 성장을 가속화시키고 있으며, MZ세대가 미술을 '향유의 대상'이 아닌 '투자의 수단'으로 인식하는 경향도 강화되고 있다고 지적한다.

**키워드** 아트테크, NFT미술, 디지털 아트

➕ **탐구활동 주제**

• MZ세대의 소비문화가 NFT미술 확산에 미친 영향에 관한 탐구
• 전통 미술시장과 NFT 기반 아트테크 시장의 구조 비교 분석
• 블록체인 기술이 예술품 소유 개념에 미친 변화에 대한 고찰

➕➕ **실천형 심화활동**

▶ NFT 기반 디지털 작품을 직접 기획·제작해보는 체험형 프로젝트 활동
▶ 전통 미술품과 NFT 미술품의 유통 방식 차이를 시각자료로 비교 분석하는 활동

**교과세특 예시**

NFT 기술이 미술품 소유권 개념에 미친 변화를 탐구하기 위해 블록체인 기반의 NFT 구조와 기존 미술품 거래 방식을 조사하고, 소유권 인증 방식의 차이를 비교 분석함. 디지털 아트 플랫폼에서 NFT 소유권의 실제 사례를 수집하고, 소유권 이전 과정과 거래 내역의 기록 방식을 시각자료로 정리함. 해당 활동에서는 미술 시장의 변화 흐름을 파악하고, 디지털 기술이 예술 자산의 개념을 어떻게 전환시키는지에 대해 발표 자료를 제작해 반 친구들과 공유함. 활동을 통해 소유 개념의 확장, 디지털 자산의 법적 효력 등 NFT가 가져온 변화의 본질을 이해하게 됨.

**미디어** 우리나라에만 '예체능 병역 특례' 있다?(연합뉴스 2024년 12월 4일)

우리나라의 예체능 병역 특례는 1973년 도입된 제도로, 국제 대회에서 우수한 성과를 낸 예술·체육 특기자를 보충역으로 편입해 군 복무를 대체하게 한다. 현재는 올림픽 3위, 아시안게임 1위 등 엄격한 기준이 적용되며, 병역 면제에 준하는 특례로 간주된다. 대만·이란 등 일부 국가에도 유사 제도가 존재하나, 예술 부문까지 포함한 법적 제도는 드물다. 공정성 논란이 지속되고, 정치권에서도 존치와 폐지 의견이 엇갈린다. 최근에는 대중문화인을 포함시킬지 여부도 논쟁의 중심에 있다.

**키워드** 병역특례(예체능 병역 특혜, 병역면제, 대체 복무)

**관련학과** 전 음악계열학과, 전 미술계열학과, 전 체육계열학과

**＋ 탐구활동 주제**

• 우리나라 예체능 병역 특례 제도의 역사와 변화 과정 고찰
• 예술·체육 병역 특례 제도의 공정성 논란 조사
• 대체 복무 제도와 예체능 병역 특례의 형평성 비교
• 체육·예술 분야 병역 특례 제도 유지와 폐지 논의의 쟁점 비교

**＋ 토론활동**

▶ 예술·체육 특기자에게 병역 특례를 부여하는 제도를 계속 유지해야 할까?
▶ 아시안게임 금메달만으로 병역 혜택을 주는 것이 정당할까?
▶ 대중문화예술인도 병역 특례 대상에 포함하는 것이 가능할까?
▶ 예체능 병역 특례는 일반 병역 대상자와의 형평성에 어긋나는 제도일까?

## 📌 심화 활동

**논문주제** 대중예술인에 대한 병역특례문제와 병역법개정(김성배, 2022)

이 논문은 대중예술인을 병역특례 대상에 포함할 수 있는지에 대한 법적 쟁점을 다룬 연구이다. 현행 병역법은 순수예술과 체육 분야만을 특례 대상으로 인정해 대중문화예술인은 제외된다고 지적한다. BTS 등 K-팝 아티스트들이 국가 위상을 높이고 있음에도 병역 혜택을 받지 못하는 현실은 형평성 논란을 낳는다. 이에 병역법 개정을 통해 문화외교적 기여를 기준으로 대중예술인에게도 예외 적용이 필요하다고 주장한다.

**키워드** 병역특례(대중예술인, 병역기본법, 병역특례제도)

**＋ 탐구활동 주제**

• 순수예술과 대중예술의 병역특례 적용 기준 비교 분석
• 병역특례 대상 기준 마련의 합리성과 문제점 비교
• 해외 주요 국가의 예술인 병역 관련 제도와 한국 제도의 비교

**＋＋ 실천형 심화활동**

▶ 대중예술인 병역특례 찬반 의견을 조사하고 통계로 시각화하는 활동
▶ 대중예술인 병역특례를 주제로 모의 국회 형식의 토론회를 기획하는 활동

**교과세특 예시**

체육·예술 분야 병역 특례 제도의 유지와 폐지 논의에 대한 쟁점을 비교 분석하기 위해 제도의 역사와 관련 법령을 조사하고, 찬반 입장을 정리함. 다양한 기사와 통계를 수집해 유지·폐지 논거를 분류하고, 실제 특례 대상자 사례를 비교하여 제도의 형평성과 사회적 영향력을 분석함. 조별 토론을 통해 주장을 정리하고 발표 자료를 제작함. 발표 과정에서는 제도 개편 방향에 대한 개인 의견도 제시함. 이 활동을 통해 병역 특례의 필요성과 논란 지점을 다각도로 검토하고, 비판적 사고력과 자료 분석 능력을 향상시킨 탐구활동임.

**미디어**  억울한 창작자 vs 문제없다는 구단… 프로야구 응원가 논란은 현재진행형(데일리안 2022년 4월29일)

KBO 프로야구 응원가 사용을 둘러싸고 저작인격권 침해 논란이 지속되고 있다. 구단은 저작권료만 지급하면 문제없다는 입장이지만, 일부 창작자는 개사·편곡이 원작의 동일성유지권을 침해한다고 주장한다. 법원은 2018년과 2021년 모두 저작인격권 침해는 인정하지 않았으나 성명표시권 일부만 인정했다. 이에 구단들은 저작권이 소멸된 음악을 활용하거나 자체 제작 응원가를 사용하는 추세다. 하지만 기존 멜로디를 선호하는 팬들과 창작자 간 입장 차로 모두를 만족시키기는 어려운 상황이다.

**키워드**  응원가 저작권(저작권, 저작인격권)

**관련학과**  전 체육계열학과, 사회계열(공공인재학부, 법학과, 행정학과), 공학계열(정보보안학과, 정보보호학과), 교육계열(기술교육과, 일반사회교육과, 음악교육과, 컴퓨터교육과)

**➕ 탐구활동 주제**

• 프로야구 응원가 저작권 분쟁 사례 연구
• 응원가가 프로야구 팬덤에 미치는 영향 분석
• 국내외 스포츠 응원가 저작권 사례 비교
• 프로야구 저작권 분쟁 해결을 위한 제도 개선 방안 연구

**➕ 토론활동**

▶ 개사된 응원가에 대해서도 저작인격권 보호를 강화해야 할까?
▶ 창작자의 의사와 무관한 응원가 사용은 허용돼야 할까?
▶ 응원가 공모제를 통해 법적 분쟁 없이 문화적 다양성을 확보할 수 있을까?
▶ 공공성이 강한 스포츠 문화에 한해 저작권을 일부 제한할 수 있을까?

# 📌 심화 활동

**논문주제**  야구장 응원가와 저작권(최진원, 2022)

이 논문은 야구장에서 사용되는 응원가가 저작권법상 어떤 문제를 야기하는지를 고찰한 연구이다. 특히 개사 및 편곡 과정에서 발생하는 동일성유지권 침해 가능성과 성명표시권 미이행 사례를 중심으로 분석한다. 구단과 창작자 간 협의 없는 응원가 사용 관행이 저작인격권을 약화시킨다고 지적한다. 이를 해결하기 위해 표준화된 동의 절차와 제도 개선이 필요하다고 주장한다.

**키워드**  저작권, 야구장 응원가

**➕ 탐구활동 주제**

• 야구장 응원가의 개사와 편곡이 동일성유지권에 미치는 영향
• 프로야구 응원 문화 속 저작인격권 보호의 한계와 개선 방향
• 해외 프로야구 리그의 응원가 저작권 정책 비교

**➕➕ 실천형 심화활동**

▶ 응원가에 사용된 원곡과 개사곡을 비교해 동일성유지권 침해 여부를 판단하는 활동
▶ 주요 구단의 응원가 사용 사례를 정리하고 저작자 표시 여부를 조사하는 활동

**교과세특 예시**

프로야구 응원가 제작과 사용에서 발생하는 저작인격권 침해 논란에 관한 탐구를 수행함. 실제 야구장에서 사용되는 응원가 사례를 수집하고, 원곡과의 비교 분석을 통해 저작인격권 침해 가능성을 판단함. 저작권법상 보호되는 저작자의 성명표시권과 동일성유지권이 침해되는 구체적 사례를 정리하여 발표 자료를 제작함. 탐구 과정에서 인터뷰 요청서와 설문지를 직접 작성하고, 문화체육관광부 공개자료를 활용하여 법적 기준을 분석함. 이 활동을 통해 학생은 음악 저작물의 공정한 이용과 법적 권리 보호의 균형에 대한 비판적 사고력을 향상시킴.

**미디어**  AI 예술, 창작의 판도를 뒤집다… 공존 가능할까 (애플경제, 2025년 2월25일)

인공지능(AI)의 급속한 발전이 예술 창작의 본질과 생태계를 흔들고 있다. 영국에서는 AI의 저작권 무단 학습을 허용하는 법안에 반발해 뮤지션들이 '무음 앨범'을 발표했고, 영화 '브루탈리스트'는 AI 편집 참여로 오스카 후보에 올라 논란을 빚었다. 이는 창작자 권리 침해와 예술의 정체성 훼손 우려를 불러일으켰다. 예술계와 기술계의 충돌 속에서 AI 기술의 효율성과 창작자 보호 사이 균형 있는 법제 정비와 사회적 합의가 시급히 요구되고 있다.

**키워드**  AI 예술(AI 저작권법, 창작자의 권리)

**관련학과**  전 음악계열학과, 전 미술계열학과, 전 체육계열학과

**+ 탐구활동 주제**

• AI 생성 예술이 인간 예술가의 창작 활동에 미치는 영향
• AI 예술 시장의 성장 가능성 및 윤리적 쟁점 분석
• AI 예술 창작 도구가 인간의 창의성에 미치는 영향 조사
• 미술, 음악, 문학 등 분야별 AI 예술의 발전 동향 비교

**+ 토론활동**
▶ AI가 인간 예술가와 동등한 창작자로 인정받을 수 있을까?
▶ 생성형 AI의 예술 작품이 오스카상을 받을 자격이 있을까?
▶ AI의 창작 개입은 예술의 정체성을 훼손하는 행위일까?
▶ AI는 인간의 창의성을 대체할 수 있을 만큼 발전할 수 있을까?

## 📌 심화 활동

**논문주제**  디지털 전환기 생성형 인공지능을 활용한 예술 창작의 지속가능성 연구 (신정원, 2025)

이 논문은 디지털 전환기에서 생성형 인공지능(AI)을 활용한 예술 창작의 지속가능성을 고찰한 연구이다. 생성형 AI가 예술의 접근성과 생산성을 높이며 창작 보조 도구로 기능할 수 있음을 제시한다. 특히 인간 예술가와의 협업을 통해 창작 방식의 확장이 가능하다고 본다. 그러나 AI의 과도한 개입은 예술가의 창의성과 정체성 약화, 저작권 침해 등 부정적 영향을 초래할 수 있다고 지적한다.

**키워드**  인공지능 예술, 예술 창작 지속가능성

**+ 탐구활동 주제**

• 생성형 인공지능 도입이 예술가의 창의성에 미치는 영향
• 생성형 AI 예술의 윤리적 문제와 해결 방안 탐구
• 생성형 AI가 미술 창작 과정에 미치는 영향 연구

**+ + 실천형 심화활동**
▶ 생성형 AI 사용에 대한 저작권 관련 사례를 조사하고 해결 방안 발표 활동
▶ 생성형 AI 예술작품의 예술성에 대한 찬반 토론을 기획하고 입장별 근거 정리 활동

**교과세특 예시**

영화 '브루탈리스트'에 활용된 생성형 AI 편집 기술을 중심으로 예술성 판단 기준을 고찰함. 해당 영화의 AI 편집 장면을 선별해 인간 편집자와의 차이를 비교 분석하고, 시각적 구성, 감성 전달력, 창의성 요소 등의 기준에 따라 평가함. AI 편집의 장단점을 정리하여 발표 자료를 제작하고 반 친구들과 의견을 나누는 토론을 주도함. 이를 통해 AI 기술이 예술 창작에 미치는 영향에 대한 비판적 사고력을 기르고, 예술성에 대한 다각적인 시각을 형성함. 시청각 자료 활용과 기준표 설계를 통해 분석 능력과 협업 역량을 향상시킴.

아트 페어는 팬데믹 이후 미술 시장의 호황을 이끈 핵심 요소로 주목받고 있으며, 다양한 정체성을 지닌 페어들이 급증하고 있다. 그러나 경기 침체와 시장 포화 속에서 질적 성장과 지속 가능성에 대한 우려가 제기된다. 전문가들은 아트 페어가 작품의 질, 대중성과 상업성의 균형, 신진 작가 참여 확대 등을 통해 생존해야 한다고 진단한다. 또한 디지털 기술과 온라인 플랫폼을 활용한 확장, 타 산업과의 협업 등 새로운 모델이 아트 페어의 미래 경쟁력을 좌우할 것으로 전망한다.

**키워드** 　아트 페어(미술 시장, 작품 거래)

**관련학과** 　전 미술계열학과

**➕ 탐구활동 주제**

• 블록체인 기술이 아트 페어 투명성에 미치는 영향 연구
• 해외 유명 아트 페어와 국내 아트 페어의 특징 비교 분석
• 글로벌 아트 페어 브랜드화가 미술 생태계에 미치는 영향
• 아트 페어의 온라인 전환이 미술 시장에 미치는 영향 연구

**➕ 토론활동**

▶ 아트 페어의 급속한 확산이 미술 시장의 질적 성장을 저해하고 있을까?
▶ 아트 페어의 상업성이 예술적 다양성을 훼손하고 있는 것일까?
▶ 글로벌 아트 페어 브랜드화가 지역 미술 생태계에 부정적 영향을 미칠까?
▶ 디지털 기술을 활용한 아트 페어 운영이 실효성 있게 정착할 수 있을까?

##  심화 활동

**논문주제** 　MZ세대의 아트 페어에 대한 인식과 행동 특성 연구(이민하, 2023)

이 논문은 MZ세대의 아트 페어에 대한 인식과 행동 특성을 분석한 연구이다. MZ세대는 아트 페어를 단순한 작품 구매 공간이 아닌, 문화 경험과 자기 표현의 장으로 인식하는 경향을 보인다. SNS를 통한 정보 탐색, 트렌드 중심 소비, 현장 체험 선호 등 기존 세대와 차별화된 참여 양상을 보인다. 예술을 소장보다 공유의 대상으로 바라보며, 참여 동기에는 사회적 연결과 콘텐츠 경험이 중요한 요소로 작용한다.

**키워드** 　아트 페어, 미술 시장

**➕ 탐구활동 주제**

• MZ세대의 아트 페어 소비 행동 특성과 트렌드 조사
• 아트 페어에 대한 MZ세대와 기성세대의 인식 차이 비교 분석
• SNS 활용이 MZ세대의 아트 페어 참여 행동에 미치는 영향

**➕➕ 실천형 심화활동**

▶ MZ세대와 기성세대의 아트 페어 관람 경험을 인터뷰해 차이를 정리하는 활동
▶ MZ세대가 선호하는 아트 페어 콘텐츠를 기획하고 가상 프로그램을 구성하는 활동

**교과세특 예시**

글로벌 아트 페어 브랜드화가 미술 생태계에 미치는 영향을 분석함. 프리즈, 아트 바젤 등 주요 국제 아트 페어의 운영 구조와 참여 작가, 갤러리 구성을 조사하고, 국내 미술 시장과의 연관성을 비교 분석함. 다양한 국가의 아트 페어 보고서를 활용하여 브랜드화가 신진 작가 발굴, 시장 집중화, 지역 간 불균형 등에 미치는 영향을 정리함. 관련 데이터를 표로 정리하고 시사점을 도출하여 발표 자료로 구성함. 이를 통해 글로벌 브랜드 중심의 미술 시장 구조가 지역 생태계에 미치는 긍정적·부정적 요소를 균형 있게 이해함.

**미디어**  프로출범 40년, 뿌리 뽑아야 할 승부조작(아시아경제, 2023년 3월6일)

우리나라 프로스포츠는 출범 40년을 맞았지만 여전히 승부조작 위험에 노출돼 있다. 스포츠 도박과 불법 베팅이 주된 원인으로, 야구·축구·농구·배구 등 주요 종목뿐 아니라 e-스포츠, 경마, 씨름 등에서도 빈번히 발생해왔다. 그러나 현행 법에는 '승부조작' 용어조차 없어 처벌이 일률적이며, 수사·재판 체계도 전문성이 부족하다. 근절을 위해 법체계 정비와 스포츠 법 전문가 육성이 시급한 과제로 지적되고 있으며, 사회 전반의 인식 개선과 예방 교육 강화도 요구된다.

**키워드**  스포츠 승부조작(토픽모델링, 스포츠 픽싱, 매치 픽싱)

**관련학과**  전 체육계열학과

**➕ 탐구활동 주제**

◆ 프로 스포츠 승부조작 발생 원인 및 유형 연구
◆ 국내외 스포츠 승부조작 처벌 사례 비교

◆ 스포츠 승부조작 사건이 대중의 스포츠 신뢰도에 미치는 영향
◆ 해외 프로 스포츠 리그의 승부조작 방지 시스템 분석

**➕ 토론활동**
  ▶ 프로스포츠 승부조작 처벌을 형법상 중범죄로 규정해야 할까?
  ▶ e-스포츠에도 전통 스포츠와 동일한 법적 제재를 적용해야 할까?
  ▶ 선수에게 부정 청탁이 들어왔을 때 신고 의무를 법제화해야 할까?
  ▶ 외국처럼 '매치픽싱'이라는 법적 용어를 신설할 필요가 있을까?

## 📌 심화 활동

**논문주제**  스포츠경기 승부조작의 형사법적 고찰(설종호 외, 2020)

이 논문은 스포츠 승부조작이 형사법적으로 어떻게 규율되고 있는지를 분석하고, 현행법의 한계와 개선 방향을 제시한다. 특히 국민체육진흥법과 형법상 업무방해죄를 중심으로 판례를 검토하며, 승부조작 행위의 처벌 기준이 모호하고 적용 범위가 제한적임을 지적한다. 이어 따라 스포츠 공정성을 지키기 위해 별도의 입법이 필요하며, 수사와 재판 과정의 전문성 확보와 전담 기관 설립도 중요하다고 강조한다.

**키워드**  스포츠 승부조작, 윤리교육

**➕ 탐구활동 주제**

◆ 국민체육진흥법과 형법의 승부조작 처벌 기준 비교 분석
◆ 주요 스포츠 종목별 승부조작 사건의 법적 판례 비교 분석

◆ 승부조작에 대한 형사 처벌이 스포츠 윤리에 미치는 영향

**➕➕ 실천형 심화활동**
  ▶ 국내외 스포츠 승부조작 판례를 조사하고 공통 법적 쟁점을 분석하는 활동
  ▶ 실제 승부조작 뉴스 기사를 바탕으로 모의재판을 구성하고 역할극을 수행하는 활동

**교과세특 예시**

e-스포츠와 전통 스포츠 간 승부조작 발생 유형의 차이를 비교 분석하기 위해 각 종목별 실제 사례를 조사하고 관련 법적 처벌 기준을 정리함. 팀 활동을 통해 분야별 사례를 분담해 조사하고 발표자료를 제작함. 발표 과정에서는 유사성과 차이점을 중심으로 구조화된 비교표를 활용해 설명함. 이를 통해 스포츠 유형에 따라 승부조작이 발생하는 방식과 개입 주체, 대응 방식이 어떻게 달라지는지를 파악하고 이를 시각적으로 정리함. 법률적 접근과 윤리적 측면까지 고려해 종합적인 결론을 도출함. 스포츠 공정성의 개념을 구체적으로 이해하고 실제 사례 기반 분석 역량을 키운 활동임.

**미디어** 창조된 이가 만드는 창작물 '인공지능 예술'(대전일보 2024년 6월3일)

인공지능(AI)이 예술 분야에 본격 진입하면서 창작자와 저작권의 경계를 모호하게 만들고 있다는 점이 부각된다. AI는 이미지 생성, 작곡 등 다양한 창작 활동을 수행하고 있으며, 실제 예술 교육과 협업에도 활용된다. 그러나 AI는 기존 창작물을 학습해 재생산하는 방식이기에 표절 문제가 빈번히 발생하고 있다. 이에 따라 AI 산출물의 저작권 보호 및 소유권 문제 해결을 위한 법제도 정비가 필요하다는 지적이 나온다. 문체부는 AI-저작권 제도 개선에 나설 계획이다.

**키워드** 인공지능 예술(AI 예술가)

**관련학과** 전 음악계열학과, 전 미술계열학과, 전 체육계열학과

➕ **탐구활동 주제**

- AI 그림 생성 기술이 미술 시장에 미치는 영향 분석
- AI 음악 작곡 기술의 발전이 음악 산업에 미치는 영향 조사
- 인간 예술가와 AI 예술가의 창작 과정 비교 탐구
- AI 예술의 발전이 인간의 창의성에 미치는 영향 분석

➕ **토론활동**

▶ 인공지능이 만든 예술작품에도 인간과 동일한 저작권을 부여해야 할까?
▶ 생성형 AI가 만든 작품을 전시회나 경연에 출품하는 것이 공정할까?
▶ 예술가 보호를 위해 AI 창작물 생성에 법적 제한을 두는 것이 바람직할까?
▶ 인공지능이 창작한 예술품을 인간 예술가의 작품과 동등하게 평가해도 될까?

## 📌 심화 활동

**논문주제** 이미지 생성 AI 도구의 이해와 미술교육의 활용 가능성 탐구(장윤경 외, 2023)

이 논문은 이미지 생성 인공지능(AI) 도구에 대한 기술적 이해를 바탕으로, 이를 미술교육 현장에 어떻게 효과적으로 활용할 수 있는지를 탐구한 연구이다. 이미지 생성 AI의 작동 원리, 예술적 표현의 특징, 창작 과정의 참여 방식 등을 분석하며, 창의성 향상과 시각적 사고 촉진 등 교육적 가능성을 제시한다. AI를 단순한 도구가 아닌 협업적 창작 파트너로 활용할 수 있음을 강조한다.

**키워드** AI 예술, 미술교육, 학습자 중심 미술교육

➕ **탐구활동 주제**

- 이미지 생성 AI 도구가 학생들의 창의성에 미치는 영향 연구
- 미술 교육에서 AI 도구 활용의 긍정적 및 부정적 측면 탐구
- AI 생성 이미지의 저작권 문제와 해결 방안 조사

➕➕ **실천형 심화활동**

▶ 전통 미술 기법과 AI 이미지 표현 차이를 분석해 시각자료로 정리하는 활동
▶ AI가 만든 작품의 창의성과 표현성 평가 기준을 수립하고 적용해보는 활동

**교과세특 예시**

'인공지능이 창작한 예술품을 인간 예술가의 작품과 동등하게 평가해도 될까?'라는 주제로 찬반 토론 활동을 수행함. 찬성과 반대 입장을 나누어 사전 조사와 주장 정리 과정을 거쳐 팀별로 근거 자료를 수집하고 발표 자료를 제작함. 학생은 찬성 측 주장팀의 일원으로 참여해 AI 예술 사례, 표현 방식의 독창성, 창작 개입 구조 등을 근거로 토론 논리를 구성함. 토론 중에는 상대 측 질문에 반박하며 타당성과 논리력을 강화하는 활동을 수행함. AI 예술에 대한 윤리적·법적 쟁점과 예술의 정의에 대해 깊이 있는 사고를 할 수 있었던 활동임.

**미디어** '0.78cm 차이' 칼같은 판정... '로봇 심판'이 야구를 바꾼다(조선일보 2024년 5월3일)

2024년 3월, 한국 프로야구는 세계 최초로 1군 리그에 '자등 투구 관정 시스템(ABS)'을 도입했다. 카메라가 공 궤적을 분석해 판정을 내리고 주심에게 전달하는 방식이다. ABS는 판정 일관성과 공정성 면에서 긍정적으로 평가되며, 포수의 프레이밍 기술은 의미가 줄고 경기 운영에도 변화가 생겼다. 반면 스트라이크 존 설정에 대한 선수 불만, 구장별 편차 의혹, 기계 오류 등 문제도 제기되고 있다. 팬들은 공정한 판정에 대체로 긍정적 반응을 보이고 있다.

**키워드** 로봇 심판(자동 투구 판정 시스템)

**관련학과** 전 체육계열학과

**＋ 탐구활동 주제**

• 미국 메이저리그와 한국 KBO 리그 로봇 심판 도입 사례 비교
• 인간 심판과 로봇 심판의 스트라이크 존 판정 방식 비교 분석
• ABS 도입이 포수의 프레이밍 기술 활용에 미치는 변화 고찰
• ABS 도입 전후 볼넷과 홈런 비율 변화에 대한 통계적 비교

**토론활동**
▶ 로봇 심판이 인간 심판보다 공정한 판정을 내릴 수 있을까?
▶ ABS 판정 오류에도 항의가 불가능한 현재 규정이 정당할까?
▶ 포수의 프레이밍 기술이 사라지는 것이 야구의 본질을 훼손할까?
▶ ABS가 경기의 몰입감과 재미를 떨어뜨릴 가능성이 있을까?

## 📌 심화 활동

**논문주제** 인공지능 기반 한국프로야구(KBO) 자동 투구 판정 시스템(ABS)의 일관성 분석(김주학 외, 2024)

이 논문은 ABS가 실제 경기에서 얼마나 일관되게 스트라이크 존을 적용하는지를 다양한 경기 데이터를 통해 검토한다. 구장별 카메라 설치 환경, 타자 신장에 따른 판정 변화, 시즌 중 판정 편차 등을 분석하여 ABS의 정확성과 한계를 평가한다. 결과적으로 ABS는 전반적으로 높은 일관성을 보이지만, 구장 환경과 기술적 요소에 따라 세부적 편차가 존재함을 제시한다.

**키워드** 자동 투구 판정 시스템

**＋ 탐구활동 주제**

• 심판의 주관적 판정과 ABS 판정의 차이점 및 원인 분석
• 타자 신장에 따른 ABS 판정 기준 변화의 공정성에 관한 고찰
• 인간 심판과 ABS 시스템의 스트라이크 판정 정확도 비교 분석

**＋＋ 실천형 심화활동**
▶ ABS 적용 경기 영상을 분석해 스트라이크 존 판정 일관성을 평가하는 활동
▶ ABS 시스템 작동 원리와 분석 기술을 조사해 발표 자료로 구성하는 활동

**교과세특 예시**

ABS 도입이 포수의 프레이밍 기술 활용에 미치는 변화를 고찰하기 위해 ABS 적용 전후 실제 경기 영상을 비교 분석함. 포수가 스트라이크로 보이도록 포구 위치를 조정하는 프레이밍 사례를 중심으로, 동일한 투구가 인간 심판과 ABS에서 어떻게 판정되는지를 구분해 분석함. 팀 내 역할은 분석 담당으로, 영상 클립을 선별하고 판정 결과 차이를 표로 정리함. 이를 통해 ABS가 프레이밍 기술의 영향력을 줄이며 포수의 역할 변화에 실질적 영향을 준다는 점을 도출함. 기슬 변화가 포수 평가 기준에 미치는 영향을 이해한 활동임.

지브리풍 프로필 사진이 SNS에서 유행하면서 저작권 침해 여부에 대한 논란이 제기되고 있다. AI가 지브리 화풍을 무단 학습해 만든 이미지가 저작권 침해에 해당한다는 주장도 있으나, 국내외 판례는 '화풍' 자체는 아이디어로 보호 대상이 아니라고 본다. 사용자에게도 명확한 고의가 없으면 법적 책임이 없다는 해석이 있다. 창작자 미야자키 하야오는 AI 예술을 감정 없는 창작이라 비판하며 인간 중심 창작의 중요성을 강조한다. 지브리 프사는 창작과 저작권 경계에서 합의가 필요한 사례로 주목받고 있다.

| 키워드 | 지브리 프사 저작권(윤리와 창작) |
|---|---|
| 관련학과 | 전 미술계열학과, 사회계열(법학과, 행정학과), 공학계열(소프트웨어학과, 정보통신공학과, 컴퓨터공학과), 교육계열(컴퓨터교육과) |

### ➕ 탐구활동 주제

◆ 지브리풍 AI 이미지 생성의 저작권 침해 여부에 관한 탐구
◆ 저작권자의 권리 보호와 팬덤 문화의 관계 비교
◆ 해외 유명 캐릭터 저작권 침해 사례가 국내에 미치는 영향
◆ 유튜브 쇼츠 등 2차 창작물이 저작권에 미치는 영향 분석

### ➕ 토론활동

▶ AI가 생성한 예술 작품도 창작자의 권리로 보호되어야 할까?
▶ '화풍'과 같은 아이디어는 저작권 보호 대상이 될 수 있을까?
▶ AI 예술 작품이 감성의 결여로 인한 예술이 될 수 있을까?
▶ AI를 통한 창작이 창작자와 이용자 간의 균형을 유지할 수 있을까?

## 📌 심화 활동

### 논문주제    인공지능(AI) 생성물과 저작권 문제(김경숙, 2023)

이 논문은 AI가 생성한 작품이 저작권 보호를 받을 수 있는지 여부를 법적 관점에서 분석한다. AI 생성물이 인간의 창작물과 동일한 저작권 보호를 받을 수 있는지에 대한 논의가 중심이며, 기존 저작권법의 한계와 이를 보완하기 위한 법적 방안을 제시한다. 또한, AI 기술의 발전에 따른 저작권법 개정 필요성과 AI가 창작하는 과정에서 발생하는 법적, 윤리적 문제들을 논의한다.

| 키워드 | 인공지능 저작권 |
|---|---|

### ➕ 탐구활동 주제

◆ AI가 창작한 작품과 인간 창작물의 저작권 보호 차이에 관한 비
◆ AI 생성물의 저작권 문제와 기존 저작권법의 한계에 대한 고찰
◆ AI 기술 발전이 미래 저작권 개념에 미칠 영향 연구

### ➕➕ 실천형 심화활동

▶ AI와 인간 창작물 차이를 비교하여 저작권법 적용 분석하는 활동
▶ AI 생성물이 상업적 사용 시 법적 쟁점을 연구하고, 해결책을 제시하는 활동

### 교과세특 예시

'지브리풍 AI 이미지 생성의 저작권 침해 여부에 관한 탐구'를 수행하기 위해, 학생은 AI 생성 이미지를 분석하고 지브리 화풍이 어떻게 모방되는지 연구함. 이를 위해 여러 AI 이미지 생성 플랫폼을 활용해 지브리 풍 스타일로 변환된 이미지와 원본 지브리 작품을 비교하여 유사성을 평가함. 학생은 조사 과정에서 저작권 법과 관련된 문헌을 참고하고, 지브리 스타일이 창작물로서 보호받을 수 있는지에 대한 법적 해석을 정리하여 발표함. 결과적으로, 학생은 AI 생성물에 대한 저작권 이슈를 구체적으로 이해하고, 법적 관점에서의 침해 가능성을 분석하는 능력을 향상시킨 활동임.

**미디어** '14만원에 한 편 제작'… AI, 영화판 흔든다(한경 2025년 2월10일)

AI 기술이 영화 제작 분야에 영향을 미치고 있다. AI 툴을 이용해 단 14만원으로 10분짜리 단편영화를 제작했다. AI를 활용한 시나리오 작성부터 이미지 생성, 편집까지 전 과정을 진행할 수 있다는 점이 혁신적이다. 시나몬의 AI 영상 솔루션 '시네브이'는 3D와 AI 기술을 결합해 일반인도 손쉽게 영화를 제작할 수 있게 도와준다. AI 기술의 발전으로 영화 제작의 문턱이 낮아졌고, 이를 통해 영화 산업의 저비용, 고효율 제작 가능성이 높아지고 있다. AI 영화 시장은 지속적으로 성장할 것으로 예상된다.

**키워드** AI 영화(영화 산업, 독창성)

**관련학과** 예체능계열(영극영화학과, 영상디자인학과, 작곡가) 교육계열(기술교육과, 미술교육과, 음악교육과, 컴퓨터교육과)

**➕ 탐구활동 주제**

- AI 영상 제작이 영화 산업에 미친 경제적 영향 분석
- 인간 감독과 AI 감독의 영화 연출 스타일 비교 분석
- AI 영화 제작에 따른 저작권 및 윤리적 문제 분석
- AI 기간 시나리오 작성이 창의성에 미치는 영향 분석

**➕ 토론활동**
- ▶ AI 기반 영화 제작이 전통적인 영화 제작 방식보다 더 효율적일까?
- ▶ AI 툴을 활용한 시나리오 작성이 창작자의 독창성을 침해한다고 볼 수 있을까?
- ▶ AI 기술이 영화 제작에서 인간의 감정을 대체할 수 있을까?
- ▶ AI 생성 영화가 전통적인 영화와 동등하게 경가될 수 있을까?

##  심화 활동

**논문주제** 인공지능 기반 영화 제작 기술의 현재와 미래(임경훈, 2024)

이 논문은 AI 기술이 영화 제작 과정에 어떻게 적용되고 있으며, 이를 통해 시나리오 작성, 촬영, 편집 등 다양한 단계에서 혁신을 일으키고 있다고 설명한다. 또한, AI 기술이 영화 산업의 경제성, 효율성, 창의성에 미치는 영향을 분석하고, 미래의 영화 제작에서 AI 기술이 더욱 중요한 역할을 할 것이라고 예측한다. 논문은 AI 영화 제작의 법적, 윤리적 문제를 논의하며, 이를 해결하기 위한 방안을 제시한다.

**키워드** 인공지능 영화 제작

**➕ 탐구활동 주제**

- AI 기술이 영화 제작 과정에서 각 단계별로 미치는 영향 탐구
- AI 기술이 영화 산업의 경제성에 미치는 영향에 대한 고찰
- AI 기반 영화 제작이 독립 영화 산업에 미치는 영향 연구

**➕➕ 실천형 심화활동**
- ▶ AI 영화 제작의 법적, 윤리적 문제를 조사하고 해결 방안을 제시하는 활동
- ▶ AI 기술 발전이 미래 영화 제작에 미칠 영향을 예측하는 활동

**교과세특 예시**

'AI를 통한 영화 제작에서의 윤리적 문제와 그 해결 방안에 대한 고찰' 활동을 통해, 학생은 AI 기술이 영화 제작에서 발생할 수 있는 윤리적 문제를 조사하고 이를 해결할 방안을 제시함. 학생은 AI 기술의 악용, 저작권 침해, 창작자의 권리 문제를 중심으로 사례를 수집하고, 이를 바탕으로 윤리적 문제 해결을 위한 법적 및 사회적 대응 방안을 정리함. 발표와 토론을 통해 동료 학생들과 의견을 나누며 윤리적 문제에 대한 깊은 이해를 얻었으며, AI 영화 제작의 발전과 함께 사회적 책임이 중요하다는 결론을 도출함. 이를 통해 학생은 AI 기술과 윤리에 대한 사고 능력을 배양한 활동임.

# 오픈 데이터 활용편

| 순번 | 계열 | 오픈데이터 제목 |
|---|---|---|
| 1 | 인문계열 | 역사문화자산 가치화 사례 분석을 통한 정책 시사점 연구 |
| 2 | | 에듀테크 활용 한국어 교육의 효과성 분석 |
| 3 | | 출판계 AI쟁점과 저작권 보호 방안 |
| 4 | | 에듀테크를 활용한 글쓰기 활동의 교육적 효과 연구 |
| 5 | | 서울시 문화유산산업 현황진단과 활성화방안 |
| 6 | | 청소년기 인문프로그램 효과성 분석 |
| 7 | | 재일동포의 역사와 삶 |
| 8 | | 영천명주농악 학술연구 |
| 9 | | 2024년 문학실태조사 |
| 10 | | 종교문화유산의 길 조성 및 활성화 방안 연구 |
| 11 | | 2024 한국 1인가구 보고서 |
| 12 | 사회계열 | 유통 소비재산업의 리퀴드 소비 트렌드 |
| 13 | | 트럼프 2기 행정부의 미국 우선주의 무역정책과 시사점 |
| 14 | | 초고령사회 연령통합사회로의 전환을 위한 정책과제 마련 |
| 15 | | 인구감소시대, 지역관광의 역할과 정책 대응 방향 |
| 16 | | 북한인권 증진을 위한 국제사회 활동 분석과 추진과제 |
| 17 | | 콘텐츠산업의 생성형 AI 활용 이슈와 대응 과제 |
| 18 | | 청소년에게 '마음'과 '행복'에 대해 묻다 |
| 19 | | 경기도 야간관광 활성화 방안 |
| 20 | | 영유아와 초등자녀의 긴급돌봄 수요와 대응 과제 |
| 21 | | 저출생 시대 속 골드키즈가 이끄는 키즈산업 |
| 22 | | AI시대, 광고산업 발전 방안 |
| 23 | | 슬기로운 시니어 주거생활 |
| 24 | 자연계열 | 지역 기후변화 전망보고서 |
| 25 | | 펫 비즈니스 트렌드와 새로운 기회 |
| 26 | | 지구를 데우는 가축분뇨, 지속가능한 농축산을 위한 해결과제 |
| 27 | | 정원관련 국제 인증 도시의 정원녹지 정책 조사연구 |
| 28 | | 천문우주 과학연구의 중요성 |
| 29 | | 경기도 산림자원의 지속가능한 관리 방안 |
| 30 | | 생물다양성 보전을 통한 생태계 탄소흡수원 확대 방안 |
| 31 | | 서울시 5차 미세먼지 계절관리제 이행평가와 개선 방향 |
| 32 | | 보호종 및 자연유산 관리제도의 개선방안 |
| 33 | | 미성년자 대상 DTC 유전자검사 가이드라인 연구 |
| 34 | | 독도 및 주변해역의 생물종 조사 발굴 |
| 35 | 공학계열 | 교통안전 향상을 위한 철도건널목 개선 방안 |
| 36 | | 애그테크로 싹 틔우는 식량 안보 |
| 37 | | 글로벌 석유화학 산업의 위기와 대응전략 |
| 38 | | 묻어도 새어 나오는 메탄, 음식물쓰레기 |
| 39 | | 당신도 곧 아이언맨! 웨어러블 로봇이 온다 |
| 40 | | Web 3.0 시대 핵심기술 블록체인 보안 위협 전망 및 분석 |

| 순번 | 계열 | 오픈데이터 제목 |
|---|---|---|
| 41 | 공학계열 | 가상과 현실의 융합, XR 시대의 본격적인 도래 |
| 42 | | 공간 혁신을 위한 토지복합개발 |
| 43 | | AI 일상화 시대의 위협, 딥페이크 대응 방안 |
| 44 | | 소프트웨어로 달리는 자동차, 완성차 업계가 꿈꾸는 미래 |
| 45 | | 다시 불어올 폐기물 열풍, 폐플라스틱 재활용을 중심으로 |
| 46 | | 한국 메모리 및 시스템 반도체의 글로벌 경쟁력 분석 |
| 47 | 의약계열 | 미 중 무역분쟁의 또 다른 분야 제약 바이오 산업 |
| 48 | | 빅파마 M&A 트렌드로 본 바이오테크 기업의 비즈니스 기회 |
| 49 | | 스마트헬스케어에 대한 한국의 사회적 수용성 현황과 과제 |
| 50 | | 진료지원인력과 미래 간호인력 활용 방안 |
| 51 | | 2024 만성질환 현황과 이슈 |
| 52 | | 2024년 한방의료이용 실태조사 기초보고서 |
| 53 | | 치의학 분야 주요 동향 |
| 54 | | 발달장애인의 조기개입 서비스 효과성 검토와 효율화 방안 마련 연구 |
| 55 | | 소아질환 분야 주요 동향 |
| 56 | | AI를 활용한 혁신 신약개발의 동향 및 정책 시사점 |
| 57 | | 비만치료제 |
| 58 | 예체능계열 | e스포츠 산업의 현황 분석 및 전망 |
| 59 | | 2024 아동 청소년 게임행동 종합 실태조사 |
| 60 | | K-뷰티 산업의 변화 |
| 61 | | 2024 웹툰산업 실태조사 |
| 62 | | 서울시 패션산업 현황과 서울패션위크 발전방향 |
| 63 | | 2024 인터넷 동영상 콘텐츠 유통과 소비에 관한 실태조사 |
| 64 | | K-콘텐츠의 비상: 산업 특성과 성장 요인 분석 |
| 65 | | 장애인 국가대표 사격선수들을 위한 경기 멘탈플랜 적용 |
| 66 | | 2024 청년연계 K디자인 파워업 성과사례집 |
| 67 | | 안무 저작권 보호 강화 방안 연구 |
| 68 | | 2025 스포츠산업 트렌드 전망 |
| 69 | 교육계열 | AI 디지털교과서와 미래 교육 |
| 70 | | 사교육 과열과 미래인재 양성 |
| 71 | | 교육소외지역 학생 기초학력 보장 지원 방안 |
| 72 | | 수학교육 실태 및 글로벌 혁신 방안 분석 |
| 73 | | 심리 정서적 위기 유아 지원체제 구축 방안 |
| 74 | | 학생 맞춤형 과학탐구를 위한 지능형 과학실 ON 발전방안 |
| 75 | | 경기도 학생 디지털 역량 진단조사 결과 분석 |
| 76 | | 에듀테크를 활용한 성찰 활동이 메타인지와 학습 몰입에 미치는 영향 |
| 77 | | 영유아의 시간제 사교육 이용 변화 추이와 특징 |
| 78 | | 청소년활동을 통한 환경 실천 지원방안 |
| 79 | | TTV(Text to Video) 기반 AI의 교육적 활용 방안 연구 |
| 80 | | 초개인화 학습의 혁명이 시작된다: 에듀테크 |

인문계열
사회계열
자연계열
공학계열
의약계열
예체능계열
교육계열

세특 프리패스

오픈 데이터 활용편

# 인문
# 계열

**오픈데이터** 역사문화자산 가치화 사례 분석을 통한 정책 시사점 연구(인천연구원, 2024)

이 보고서는 역사문화자산을 활용한 문화콘텐츠 제작 사례를 분석하여 정책적 시사점을 도출한 연구이다. 각기 다른 유형의 콘텐츠에 다양한 역량과 자원을 연계한 사례들을 바탕으로, 시민, 방문객, 미래세대 모두에게 인정받는 도시 브랜딩을 위한 역사문화자산 활용 방안을 모색한다. 강화역사박물관의 실감 콘텐츠 제작 및 체험공간 조성 사업, 한국국학진흥원의 스토리테마파크 구축, 인천연구원의 교육용 웹툰 개발 사례를 분석하고, 전략적 정책 로드맵에 대한 시사점을 도출한다.

**관련 학과** 인문(고고학과, 문화인류학과, 문화유산학과, 사학과), 사회(경영학과, 도시행정학과, 문헌정보학과, 문화콘텐츠학과, 행정학과), 공학(건축공학과, 건축학과)

## ➕ 탐구활동 주제

◆ 도시 브랜딩 관점에서 본 역사문화자산 활용 사례 비교 분석     ◆ 청소년 대상 교육 콘텐츠로서의 웹툰 활용 효과 탐구
◆ 지방자치단체의 역사문화자산 활용정책 비교 분석

## ➕➕ 창의적 문제해결
▶ 지역의 학생과 시민 참여형 역사문화콘텐츠 제작 장려 및 지원 제도 제안
▶ 지역자치단체 간 협업 제작 체계 구축을 통한 역사문화콘텐츠 공동 제작

## 📌 심화 활동

**학업역량**
▶ 역사, 정보, 미술 교과를 연계한 '실감형 전시 콘텐츠' 기획안 작성 및 발표
▶ 역사문화자산의 보존과 활용을 주제로 토론 활동
▶ 관련 논문을 읽고 핵심 개념, 사례, 시사점 등 요약 정리 및 키워드 맵 작성

**진로역량**
▶ 사회와 문화, 도시의 미래 탐구, 역사로 탐구하는 현대 세계 과목 이수 권장
▶ 지역사회 박물관 및 유적지와 연계하여 학예사 진로 체험 프로그램 참여
▶ 고고학과, 사학과 등 관련 학과 체험 및 교수, 선배와의 인터뷰 진행

**공동체역량**
▶ 역사문화자산 가치화 관련 정책 아이디어 개발 및 정책 제안서 제출
▶ 지역의 역사문화자산 지키기 캠페인 기획 및 실행
▶ 박물관, 유적지 현장 체험 학습 후 환경정화, 안내자료 정리 등 봉사활동과 연계

**아는 만큼 보인다**
유홍준, 창비, 2023

이 도서는 한국의 자연과 문화유산을 깊이 있게 해설하며 우리 문화의 정체성과 아름다움을 조명한다. 독자가 국토의 명소와 명작을 새로운 눈으로 바라볼 수 있도록 돕는 문화유산 안내서로, 미학적 통찰과 따뜻한 시선이 함께 담겨 있다. 자연풍광과 문화유산이 어우러진 국토예찬과 한국미의 정수를 보여주는 문화유산 명작 해설로 구성되어 있다. 우리 문화유산의 미학을 체득하고 새로운 문화 창조의 밑거름을 제공해 주는 길잡이가 되어줄 책이다.

➕ **탐구활동 주제**
◆ 한국과 외국의 문화유산을 비교하고 미적 기준과 가치의 차이 탐구
◆ 오늘날의 K-컬처 속에 담긴 전통문화 요소를 분석하고 현대적 계승 방안 모색

➕➕ **실천형 탐구활동**
▶ 우리 지역의 문화유산 답사 후 답사 체험기 기록 및 발표
▶ 문화유산의 아름다움과 의미를 담은 홍보 포스터 제작 및 소개 게시글 작성

**오픈데이터** 에듀테크 활용 한국어 교육의 효과성 분석(경기도교육연구원, 2024)

이 보고서는 에듀테크를 활용한 한국어 교육이 다문화 학생과 재외 한국학교 학생들에게 미치는 효과를 실증적으로 분석한 연구자료이다. 한국의 또래교사가 디지털 도구를 활용해 호치민시한국국제학교 학생들과 한국어 수업을 운영한 과정을 바탕으로, 읽기·쓰기 역량과 학습 태도 변화에 대해 관찰하고 그 내용을 분석한다. 특히 학년, 언어 환경 등 다양한 배경 변인을 고려해 교육 효과의 차이를 살펴보고, 에듀테크 기반 한국어 교육의 교수·학습 설계를 모색한다. 또한 또래 교수의 효과성에 주목하여 이를 활용한 수업 모형 개발 가능성도 함께 제안한다.

**관련 학과** 인문(국어국문학과, 언어학과, 한국어학과), 공학(소프트웨어융합학과, 컴퓨터공학과), 교육(교육공학과, 교육학과, 국어교육과, 초등교육과, 컴퓨터교육과, 특수교육과)

**⊕ 탐구활동 주제**
◆ 디지털 도구 활용 수업과 전통적 수업 방식의 비교 분석
◆ 에듀테크 기반 한국어 교육의 학습 효과 탐구
◆ 에듀테크 활용 수업에서 학습 몰입을 유도하는 요소 탐구

**⊕⊕ 창의적 문제해결**
▶ 또래 멘토(교사)와 AI 튜터가 협업하는 하이브리드 언어 학습 프로그램 도입
▶ 다문화학생 대상 한국어 학습 지원을 위한 센터 구축

## 📌 심화 활동

**학업역량**
▶ '또래 교수'의 장단점에 대한 입장문 작성 및 토론 활동
▶ 에듀테크 관련 용어 및 기술, 학습 애플리케이션 등을 정리하고 공유
▶ AI기술을 한국어 교육에 접목할 수 있는 방안 탐구

**진로역량**
▶ 사회와 문화, 사회문제 탐구, 인공지능 기초, 제2외국어, 교육의 이해 과목 이수 권장
▶ 한국어과 관련 직업, 직무, 필요 역량 등을 탐색하고 포트폴리오 작성
▶ 다문화 학생, 후배, 동생 등을 대상으로 한국어 멘토링 활동

**공동체역량**
▶ 에듀테크 활용 정책 또는 다문화학생을 위한 교육 개선을 위한 정책 제안서 작성
▶ 공공도서관이나 다문화센터 등과 연계하여 '한글 읽어주기' 자원봉사활동
▶ 한국어 학습을 위한 애플리케이션 또는 학습 플랫폼 사용법 제작 및 공유

---

**이중언어의 기쁨과 슬픔**

줄리 세디비 (김혜림 역), 지와사랑, 2023

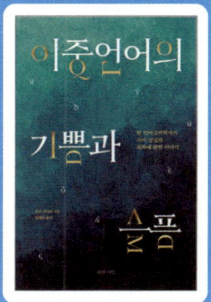

이 도서는 유년기의 이민 경험 속에서 언어를 잃고 다시 되찾는 과정을 따라가며, 언어와 자아의 관계를 섬세하게 탐구한다. 모국어의 상실과 회복, 언어 간 권력 관계, 이중언어 사용자의 내면적 갈등을 감정의 언어로 풀어낸다. 딱딱하게 느껴질 수 있는 언어심리의 주제를 일상의 언어로 풀어내어 쉽고 편안하게 다가온다. 저자의 이야기와 세계 각지의 사례들은 언어심리에 관한 궁금증을 흥미롭게 풀어낸다. 언어를 둘러싼 정체성, 소속감, 기억에 대한 깊은 성찰을 담은 책이다.

**⊕ 탐구활동 주제**
◆ 다문화 학생이 겪는 언어 감정의 이중성에 대한 고찰
◆ 이중언어 사용이 자아정체성 형성에 미치는 영향 탐구

**⊕⊕ 실천형 탐구활동**
▶ 이중언어 사용자를 인터뷰하고 인터뷰 기사 작성
▶ 언어 다양성을 존중하는 방법에 대한 주제 탐구활동 및 토론 활동

**오픈데이터** 출판계 AI쟁점과 저작권 보호 방안(한국출판문화산업진흥원, 2024)

이 보고서는 인공지능 기술의 확산이 출판 시장에 가져온 변화와 그로 인해 발생한 저작권 쟁점을 심층 분석하고 AI 번역기 활용이 일상이 된 오늘날 출판 현장의 실제 사례들과 함께 윤리적·법적 논란을 폭넓게 다룬다. 특히 AI 창작물의 저작권 인정 여부와 공정 이용 범위 같은 주요 쟁점을 다루며, 해외 사례를 통해 비교 관점을 제공한다. 인간 창작자의 고유성과 표현의 진정성을 보호하기 위한 제도적 보완책을 제시하며, 출판 산업에서 창의성과 기술의 조화로운 공존 가능성을 모색한다.

**관련 학과** 인문(국어국문학과, 문예창작학과, 언어학과, 영어영문학과, 철학과), 사회(문헌정보학과, 문화콘텐츠학과, 미디어커뮤니케이션학과, 법학과, 사회학과, 신문방송학과)

**➕ 탐구활동 주제**

• 생성형 AI가 창작한 콘텐츠의 저작권 인정 가능성 탐구
• AI가 창작 도구로 사용될 때 윤리적 쟁점에 대한 연구
• AI의 활용이 출판 산업에 가져올 변화 예측 및 대응 전략 탐구

**➕➕ 창의적 문제해결**
▶ AI가 만든 책에 'AI 콘텐츠' 표시 마크 부착 캠페인
▶ AI 번역 활용 시 출판 윤리와 법적 책임을 명시한 표준 가이드라인 제작

## 📌 심화 활동

**학업역량**
▶ 교내 AI 창작물에 대한 저작권 인식 수준을 조사하고 통계 분석 및 발표
▶ AI 저작물에 대한 판례를 참고하여 모의재판 활동
▶ '생성형 AI는 예술가인가, 도구인가'라는 주제로 찬반 토론 활동

**진로역량**
▶ 다양한 국어 선택 과목, 사회와 문화, 법과 사회, 지식 재산 일반 과목 이수 권장
▶ 출판기획자, 편집자, 번역가 등 직업인 인터뷰 및 진로 보고서 작성
▶ AI 저작권 이슈와 관련하여 관심 분야 주제 탐구활동 및 보고서 작성

**공동체역량**
▶ AI 사용 시 출처 밝히기, 저작권 존중 등을 주제로 캠페인 진행
▶ 학급자치회를 통해 출판 창작 분야에서 지켜야 할 윤리 헌장 만들고 실천
▶ 다른 학교와 연계하여 AI창작물과 저작권에 대한 공동 탐구활동 및 세미나 진행

**쓰기의 미래**

나오미 배런
(배동근 역),
북트리거, 2025

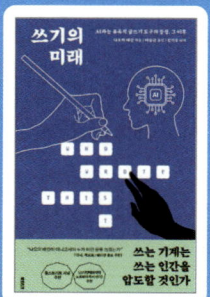

이 도서는 한국의 자연과 문화유산을 깊이 있게 해설하며 우리 문화의 정체성과 아름다움을 조명한다. 독자가 국토의 명소와 명작을 새로운 눈으로 바라볼 수 있도록 돕는 문화유산 안내서로, 미학적 통찰과 따뜻한 시선이 함께 담겨 있다. 자연풍광과 문화유산이 어우러진 국토예찬과 한국미의 정수를 보여주는 문화유산 명작 해설로 구성되어 있다. 우리 문화유산의 미학을 체득하고 새로운 문화 창조의 밑거름을 제공해 주는 길잡이가 되어줄 책이다.

**➕ 탐구활동 주제**
• 생성형 AI가 보편화된 시대에 필요한 문해력과 쓰기 역량 탐구
• 인간의 글쓰기 도구로서 생성형 AI의 효과적인 활용 전략 탐구

**➕➕ 실천형 탐구활동**
▶ 관심 있는 주제에 대해 글을 쓰고, AI가 쓴 글과 비교 및 소감문 작성
▶ AI 시대에 글쓰기란 무엇인가에 대해 자신의 생각을 정리한 철학적 글쓰기 활동

인문계열

사회계열

자연계열

공학계열

의약계열

예체능계열

교육계열

**오픈데이터** 에듀테크를 활용한 글쓰기 활동의 교육적 효과 연구(경기도교육연구원, 2024)

이 보고서는 국내에서 개발된 AI 피드백 제공 글쓰기 에듀테크 프로그램을 활용한 수업을 통해, AI 피드백이 글쓰기 활동에 미치는 교육적 효과를 분석한 연구이다. 학습자의 글쓰기 효능감, 자기효능감, 학습동기 측면에서 AI 피드백의 영향을 살펴보고, 교과별 차이를 분석한다. 연구 결과를 바탕으로 에듀테크를 활용한 글쓰기 프로그램의 교육적 효과를 더욱 높이기 위한 방안을 교사의 역할, 교사에 대한 지원, 프로그램 개선 측면에서 제안한다.

**관련 학과** 인문(국어국문학과, 문예창작학과, 언어학과), 공학(소프트웨어융합학과, 컴퓨터공학과), 교육(교육공학과, 교육학과, 국어교육과, 초등교육과, 컴퓨터교육과, 특수교육과)

**➕ 탐구활동 주제**

◆ 에듀테크 기반 글쓰기 활동과 전통적 글쓰기 수업의 효과 비교    ◆ AI 피드백과 교사 피드백의 효과 차이에 대한 탐구
◆ 디지털 네이티브의 글쓰기 변화와 에듀테크 가능성 탐구

**➕➕ 창의적 문제해결**    ▶ AI 기반 즉각적 맞춤형 피드백 제공 글쓰기 튜터 시스템 도입 제안
▶ AI 글쓰기 도구 활용 감정 글쓰기 프로그램 개발 및 심리상담 연계 시스템 구축

## 📌 심화 활동

**학업역량**    ▶ 교과별 AI 활용 글쓰기 활동 후, 과목별 차이 비교 분석
▶ 생성형 AI와 글쓰기 윤리에 대한 에세이 작성 및 토론
▶ 사회적 이슈에 대한 해결책 제안 글쓰기 및 AI 도구 활용 피드백을 통한 수정 활동

**진로역량**    ▶ 다양한 국어 선택 과목, 현대사회와 윤리, 인간과 심리, 교육의 이해, 논술 과목 이수 권장
▶ 에듀테크 산업 구조, 직업탐색, 직무 분석 리서치 활동 및 발표
▶ 진로 독서, 교내 활동 기록, 진로 경험 정리 등 글쓰기 기반 진로 포트폴리오 제작

**공동체역량**    ▶ AI 도구 활용에 대한 윤리 가이드라인 공동 제작 및 배포
▶ AI 글쓰기 도구 사용법 설명서 또는 영상 제작 및 SNS 홍보
▶ 디지털 글쓰기 도구 활용 시 지켜야 할 예절 캠페인 및 실천 활동

**AI 전환 시대엔 혼자보다 함께, 클로드 AI 글쓰기**

최흥식, 프리렉, 2024

이 도서는 글쓰기의 패러다임이 바뀌고 있는 현대사회에서 생성형 AI를 활용한 효율적인 글쓰기 방법을 상세히 소개한다. 생성형 AI가 가져온 글쓰기 혁신 사례를 제시하고, 생성형 AI의 사용법을 소개한다. 프롬프트 작성법부터 블로그, SNS, 독후감, 에세이 등 다양한 장르의 콘텐츠 글쓰기 방법, 생성형 AI와 협업하는 기술 등 실용적이고 효율성을 높여주는 전략을 담고 있다. 생활 속 글쓰기뿐 아니라 법률, 연구, 비즈니스 등 전문 분야에서의 활용법까지 두루 다루고 있는 책이다.

**➕ 탐구활동 주제**    ◆ 프롬프트가 글의 완성도에 미치는 영향 연구를 통한 프롬프트 작성법 탐구
◆ AI와 함께 쓰는 글쓰기의 윤리적 문제에 대한 탐색적 에세이 작성

**➕➕ 실천형 탐구활동**    ▶ AI 글쓰기를 활용한 블로그 글, SNS 포스팅 등 콘텐츠 제작 후 토론 활동
▶ 지역신문사, 학교 소식지 등에 AI 글쓰기를 활용한 칼럼 기고 나눔 프로젝트

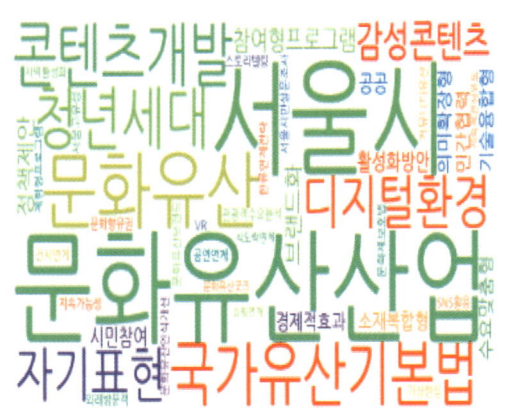

이 보고서는 서울시 문화유산산업의 현황을 진단하고 활성화방안을 제시한다. 청년세대를 중심으로 변화하는 여가 소비 트렌드와 외래 방문객 특성을 반영해, 누구나 지속적으로 참여할 수 있는 문화유산 콘텐츠의 필요성을 강조한다. 디지털 환경에 익숙하고 자기표현에 적극적인 청년층을 위한 감성적이고 개성 있는 프로그램 개발 방안과 문화유산에 대한 자긍심과 신뢰를 높이기 위한 브랜드화 전략도 함께 제안한다. 이를 바탕으로 문화유산산업의 지속 가능성과 정책적 지원 방향을 모색한다.

**관련 학과**  인문(고고학과, 문화인류학과, 문화유산학과, 미학과, 사학과), 사회(관광경영학과, 광고홍보학과, 문화콘텐츠학과, 미디어커뮤니케이션학과, 심리학과, 행정학과)

**⊕ 탐구활동 주제**

• 서울시 사례탐구를 통한 국내 문화유산산업의 활성화 방안 고찰    • 전통 문화유산과 현대의 K-culture의 융합 가능성에 대한 탐구
• 서울시 문화유산 브랜드화 전략 방향과 기대효과 탐구

**⊕⊕ 창의적 문제해결**
▶ 시민이 직접 문화유산 투어 코스 만들고 공유하는 공공 플랫폼 제안
▶ 청소년이 문화유산 프로그램을 기획 및 홍보하는 청소년 문화유산 서포터즈 제도 제안

## 📌 심화 활동

**학업역량**
▶ 문화유산산업 관련 정책 보고서와 논문 요약 및 발표
▶ 문화유산산업의 개념과 흐름을 시각화한 마인드맵 또는 개념도 작성 및 발표
▶ 문화유산 활용 방안에 대한 주제 탐구활동 및 토론 활동

**진로역량**
▶ 세계시민과 지리, 동아시아 역사 기행, 역사로 탐구하는 현대 세계 과목 이수 권장
▶ 문화유산에 기반한 직업군 탐색 및 진로 탐색 보고서 작성
▶ 문화유산 관련 현장탐방 후 콘텐츠 활용 가능성 및 보존 방안 분석

**공동체역량**
▶ 우리 지역의 문화유산 관련 정책 아이디어 기획 및 정책 제안서 작성
▶ 지역 문화유산 해설 봉사, 환경 정화, 안내활동 등 봉사활동 실행
▶ 문화유산 보호를 위한 포스터 제작 및 캠페인 활동

**AI 디지털 문화유산과 떠나는 역사 여행**

디지털문화유산
교육연구회 외,
폭스에듀, 2024

이 도서는 AI와 디지털 기술을 활용해 우리 문화유산을 이해하고 체험할 수 있도록 구성된 융합형 역사 교육 교재이다. 메타버스, 생성형 AI, 챗봇 등을 이용해 문화유산을 이해하고, 역사적 유산에 대한 깊은 이해를 위해 실습 활동을 진행할 수 있도록 구성되어 있다. 메타버스에서 무령왕릉 발굴 체험하기, 기후 변화가 문화유산에 끼치는 영향, 소실된 문화유산 인공지능으로 복원하기, AI 버추얼 휴먼 도슨트로 문화유산 소개하기 등 다양한 활동을 통해 문화유산에 대한 깊은 이해를 돕는다.

**⊕ 탐구활동 주제**
• AI 기술을 활용한 문화유산 복원 가능성 탐구
• 메타버스를 활용한 역사 체험 활동의 교육적 효과에 대한 고찰

**⊕⊕ 실천형 탐구활동**
▶ 지역의 문화유산을 설명하는 AI 캐릭터 직접 기획, 제작 및 도슨트 체험
▶ 문화유산에 영향을 미치는 기후 문제를 조사하고 카드뉴스 제작 및 게시판에 공유

인문계열

사회계열

자연계열

공학계열

의약계열

예체능계열

교육계열

**오픈데이터** 청소년기 인문프로그램 효과성 분석(한국청소년정책연구원, 2024)

이 보고서는 청소년 인문교실 사업 운영에 따른 효과성을 도출하고, 청소년 대상 인문프로그램의 확대와 지역사회 인문 문화 확산 방안을 모색한다. 청소년 인문교실 효과성을 참여자와 운영자를 대상으로 분석하고, 이를 기반으로 청소년 대상 인문학과 사업 확대의 필요성을 부각한다. 특히 인문학의 주제로서 지역사회 소재 활용을 제안하고, 지역사회 청소년기관, 인문학 활동 기관 등 지역사회의 인문학 네트워크 형성을 통한 지역사회 인적 물적 인프라의 활성화를 도모한다.

**관련 학과** 인문(국어국문학과, 문예창작학과, 문화인류학과, 문화유산학과, 미학과, 사학과, 언어학과, 철학과, 한문학과), 교육(교육학과, 국어교육과, 윤리교육과, 한문교육과)

**⊕ 탐구활동 주제**
◆ 청소년 인문학 프로그램이 자아존중감에 미치는 영향 고찰　　◆ 도시와 농촌 지역 간 청소년 인문교육 프로그램 비교 분석
◆ 학교 밖 청소년 대상 인문교육의 필요성에 대한 사례 탐구

**⊕⊕ 창의적 문제해결**　▶ 인문학 프로그램 인프라가 부족한 지역을 위한 이동형 인문학 버스 운영
　　　　　　　　　　　　▶ 청소년이 자주 가는 장소에 인문학을 접할 수 있는 QR 콘텐츠 부착

## 📌 심화 활동

**학업역량**　▶ 인문학이 학업 성취도에 미치는 영향 탐구
　　　　　　▶ 관심 있는 교과와 인문학을 연계하여 융합 탐구활동 및 보고서 작성
　　　　　　▶ 청소년 인문교육 의무화에 대한 주제 토론 활동 및 에세이 작성

**진로역량**　▶ 현대사회와 윤리, 인문학과 윤리, 인간과 철학, 인간과 심리 과목 이수 권장
　　　　　　▶ 인문학 관련 학과 탐구, 졸업 후 진로 등을 조사 후 브고서 작성
　　　　　　▶ 도서관, 박물관, 인문학 관련 기관 탐방 후 진로 체험 보고서 작성

**공동체역량**　▶ 지역 사회 인문 자원 조사 및 청소년 프로그램 기획안 작성
　　　　　　　▶ 지역사회 문제를 인문학적 관점으로 분석하고 문제 해결 제안서 작성
　　　　　　　▶ 청소년을 위한 인문학 영상, 카드뉴스, 웹툰 등을 제작 및 공유 활동

**청소년을 위한 두 글자 인문학**

홍세화 외, 지노, 2023

이 도서는 우리의 일상 속 무수한 두 글자 가운데 삶에서 떼려야 뗄 수 없는 아홉 가지 주제를 선별해 진중하고 흥미로운 물음들을 바탕으로 그 의미를 찾아간다. 생각, 질문, 철학, 공부, 독서, 역사, 사람, 고통, 행복이라는 주제를 통해 청소년들이 자신의 삶을 스스로 이끌어 갈 수 있는 지적 경험을 제공해 준다. 저자들은 청소년들이 인문정신의 바탕 위에서 자신의 생각을 바로잡는 것과 수많은 질문들에 대한 답을 스스로 찾고 자신만의 새로운 관점을 키워나가는 것을 강조한다.

**⊕ 탐구활동 주제**　　● 고통과 행복의 개념을 정리하고, 고통과 행복의 관계에 대한 철학적 질문 탐구
　　　　　　　　　　　　● 시대별 독서의 의미에 대한 비교 분석 후 인포그래픽으로 제작 및 발표

**⊕⊕ 실천형 탐구활동**　▶ 하루를 돌아보며 오늘을 대표하는 두 글자 적고 의미를 정리하는 성찰 활동
　　　　　　　　　　　　▶ 자신의 삶에 영향을 준 사람을 떠올려 감사와 생각을 담은 엽서 쓰기 활동

이 보고서는 일제 강점기부터 현재에 이르기까지 재일동포가 겪어온 역사와 삶을 다각도로 조명한 학술 연구이다. 식민지배, 전쟁, 분단이라는 격동의 역사 속에서 형성된 재일동포의 공동체와 정체성, 직업과 생활상을 구술 채록과 자료 수집을 통해 심층적으로 탐구한다. 특히 2세대와 3세대의 일상과 기억을 중심으로 재일사회의 변화와 다문화 공존의 현실을 들여다본다. 이를 통해 재일동포를 한국 근현대사의 또 다른 거울로 이해하고, 향후 전시 기획과 후속 연구의 방향을 제시하고자 한다.

**관련 학과** 인문(문화인류학과, 문화유산학과, 사학과, 언어학과, 일어일문학과, 한국어학과), 사회(가족아동복지학과, 경제학과, 사회학과, 상담심리학과, 심리학과, 아동가족학과)

### ➕ 탐구활동 주제

• 재일동포의 정체성 형성과 세대별 변화에 대한 고찰
• 조선인 마을의 형성과 정착 과정 탐구
• 재일동포를 가리키는 다양한 명칭에 대한 탐구

### ➕➕ 창의적 문제해결

▶ 재외동포 학생들을 위한 정체성 교육 프로그램 개발 제안
▶ 한국의 학생들과 재일동포 청소년 간 상호방문 문화교류 캠프 운영 제안

## 📌 심화 활동

**학업역량**
▶ 재일동포의 주요 역사적 사건을 정리해 연표로 만들고 한국 근현대사와 비교 분석
▶ 한반도의 분단이 재일동포의 정체성에 미친 영향에 대한 소논문 작성 활동
▶ 재일동포를 다룬 다양한 자료를 읽고 시각 차이를 주제로 토론 활동

**진로역량**
▶ 세계사, 사회와 문화, 동아시아 역사 기행, 역사로 탐구하는 현대 세계 과목 이수 권장
▶ 식민지, 분단, 외교 현안을 정리하고 외교관, 정책분석가의 직무 탐구
▶ 스포츠 선수, 예술가, 정치가 등 재일동포 출신 인물 조사 및 진로 경로 분석

**공동체역량**
▶ 재일동포 차별 사례 조사를 바탕으로 국내 소수자 인권 보호를 위한 정책 제안서 작성
▶ 재일동포와 관련된 영상, 포스터, 카드뉴스 등을 제작하여 사회적 관심 촉구
▶ 타문화를 존중하는 포스터 제작 및 캠페인 활동

**파친코를 통해 보는 재일코리안 차별의 역사**

박미아,
동북아역사재단,
2023

이 도서는 이민과 차별, 정체성의 문제를 담은 소설 '파친코'를 바탕으로 재일코리안의 역사와 현실을 탐구한다. 일제강점기 강제이주부터 해방 이후에도 계속된 일본 사회의 차별과 배제, 그리고 생존을 위한 파친코 산업 종사 과정 등을 역사적 맥락 속에서 분석한다. 문학 속 서사를 통해 재일동포가 겪은 구조적 차별과 삶의 역정을 되짚으며, 사회적 소수자에 대한 이해를 돕는다. 교육 현장에서 활용할 수 있는 자료와 시사점도 함께 제시하는 책이다.

### ➕ 탐구활동 주제
• 소설 '파친코' 속 재일코리안의 삶과 실제의 역사 비교 탐구
• 재일동포의 인권 문제를 주제로 토론 활동

### ➕➕ 실천형 탐구활동
▶ 재일동포 관련 뉴스, 드라마, 기사 등에서 나타나는 차별 표현 찾고 캠페인 활동
▶ 재일동포 인권을 주제로 영상 콘텐츠 제작 및 SNS 게시

인문계열

사회계열

자연계열

공학계열

의약계열

예체능계열

교육계열

영천명주농악 학술연구(금오민속연구소, 2024)

이 보고서는 현재는 사라지거나 명맥을 유지하고 있는 영천시 북악면 명주리의 민속을 조사하고, 마을 주민들과의 공유를 통해 그 중요성을 찾고자 한다. 특히 촌락 전체의 평안과 번영을 위해 촌락민 전체가 참여하는 마을신앙인 명주리 동제가 명주농악을 통해 단순한 민간신앙을 넘어 마을의 화합을 도모하기 위한 수단으로 변화한 과정을 밝힌다. 또한 현대에 사라져가는 마을신앙과 세시풍속이 주민들의 인식 변화와 정부와의 연계를 통허 지속 가능할 수 있음을 시사한다.

**관련 학과** 인문(고고학과, 문화인류학과, 문화유산학과, 종교학과, 철학과), 사회(공공행정학과, 관광경영학과, 관광학과, 문화콘텐츠학과, 사회학과, 심리학과, 인류학과, 행정학과)

**➕ 탐구활동 주제**

• 사라져가는 마을신앙의 지속 가능성에 대한 고찰

• 명주리 민속문화 보존을 위한 현대적 지원 방안에 대한 연구

• 마을신앙과 종교의 공존 사례에 대한 사례 탐구활동

**➕➕ 창의적 문제해결**

▶ 마을의 민속과 축제를 결합한 페스티벌 개최 제안

▶ 학교 축제에 지역의 민속문화 공연을 통한 지속 가능성 강화 정책 제안

## 📌 심화 활동

**학업역량**

▶ 국내 지역별 민속 문화 조사 및 민속 문화 지도 제작 활동

▶ 명주리 동제 절차를 도식화하여 전통 의례 구조 분석 활동

▶ 명주농악의 신앙적 의미 변화에 대한 자신의 생각을 담은 에세이 작성

**진로역량**

▶ 세계사, 사회와 문화, 역사로 탐구하는 현대 세계, 삶과 종교 과목 이수 권장

▶ 민속학, 인류학 관련 학과 체험 및 재학생들과의 인터뷰 활동

▶ 지역 민속문화 현장 견학 및 탐방 체험활동

**공동체역량**

▶ 전통 문화 보존을 위한 아이디어 기획을 통한 정책 제안서 작성 및 제출

▶ 지역의 민속문화를 활용한 관광 콘텐츠 기획서 작성 및 발표

▶ 지역의 민속문화를 소개하는 스토리 영상 만들고 SNS에 공유

**컬처, 문화로 쓴 세계사**

마틴 푸크너(허진 역), 어크로스, 2024

이 도서는 인류 문명의 역사를 문화라는 렌즈로 풀어낸 흥미로운 세계사 이야기이다. 구술, 신앙, 문학, 예술 등 인류 문화의 다양한 요소들이 4천 년에 걸쳐 어떻게 사람과 사람, 지역과 지역을 연결하고 서로 영향을 주었는지를 생생하게 보여준다. 또한, 호메로스 서사시에서 2114년 미래의 도서관까지, 인간의 지혜를 담는 그릇이 어떻게 위대해졌는지를 탐색한다. 전통문화의 생성과 변형 과정을 세계적 맥락에서 이해할 수 있도록 안내하는 책이다.

**➕ 탐구활동 주제**

• 전통문화가 현대에 어떻게 변형되었는지 특정 지역을 선택한 사례 탐구활동

• 문화가 인류의 발전어 미친 영향을 주제로 토론 활동

**➕➕ 실천형 탐구활동**

▶ 미래 세대에 남기고 싶은 문화유산을 글, 그림, 영상으로 표현하고 전시

▶ 인류 문화사에서 가장 중요한 전환점을 주제로 칼럼 쓰기 및 공유 활동

이 보고서는 문학인, 국민 문학향유, 문학단체에 대한 실태조사를 토대로 문학진흥정책 수립의 방향성을 제안한다. 문학인의 문학 창작활동, 문학 창작 여건, 문학 관련 계약 현황, 문학인 복지 등을 분석하고, 국민의 문학읽기 경험, 문학책 구입 경험, 문학관 이용 경험, 문학행사 참여 경험, 그리고 문학관의 공간 현황, 자료 현황, 인력 현황, 재정 및 운영 현황 등을 면밀하게 살펴본다. 이를 통해 문학 창작 지원과 향유 기회 확대를 위한 정책 개선 방안을 모색한다.

**관련 학과** 인문(국어국문학과, 문예창작학과, 문화인류학과, 응용영어통번역학과), 사회(관광학과, 문헌정보학과, 문화콘텐츠학과, 미디어커뮤니케이션학과, 사회복지학과, 심리학과)

### ➕ 탐구활동 주제

◆ 문학 독서율 변화와 요인에 대한 심층 탐구활동
◆ 청소년의 문학 향유 기회 확대 방안에 대한 연구
◆ 문학관 프로그램의 다양성이 방문율에 미치는 영향 연구

### ➕➕ 창의적 문제해결

▶ 전국 문학관을 순회하며 미션을 수행하는 문학관 스탬프 투어 프로그램 제안
▶ 지역 축제와 문학 행사를 결합한 프로그램 기획 제안

## 📌 심화 활동

**학업역량**
▶ 문학 독서율 통계를 분석하고 시각화하여, 분석 보고서 작성 및 발표
▶ 책을 읽는 이유는 분석하고 인간의 정체성과 문학적 욕구에 대한 인문학적 탐구
▶ 국립한국문학관의 사회적 역할에 대한 발표 및 토론 활동

**진로역량**
▶ 다양한 국어 선택 과목, 인문학과 윤리, 지식 재산 일반, 논술 과목 이수 권장
▶ 문학 관련 직업의 종류를 조사하고, 역할, 필요 역량, 진로 경로 탐색 활동
▶ 큐레이터, 연구원 등 현장에서 일하는 직업인과의 인터뷰 활동 및 보고서 작성

**공동체역량**
▶ 문학관 활성화를 위한 창의적 프로그램 기획서 작성 및 공유 활동
▶ 학교와 지역사회를 연계한 지역 문학관 자원봉사활동 참여
▶ 책 접근성이 낮은 사람들을 위한 문학책 나눔 프로젝트 활동

**빛과 실**
한강,
문학과지성사,
2025

이 도서는 2024년 노벨문학상을 수상한 저자가 삶과 사랑, 생명에 대한 깊은 사유를 담아낸 산문집이다. 노벨문학상 수상 강연문을 포함한 미발표 시와 산문, 일기, 사진 등을 엮어, 세계의 아름다움과 폭력성 사이에서 인간 존재를 끊임없이 성찰한다. 북향 방과 정원에서 마주한 빛과 어둠, 생명의 경이로움을 섬세한 언어로 기록하며, 독자에게 치유와 연대의 감각을 전한다. 경계 없는 글쓰기를 통해 삶의 가장 근원적인 사랑과 희망을 끈질기게 탐구하는 작품이다.

### ➕ 탐구활동 주제

◆ 노벨상 수상자들의 강연문을 읽고 문학과 사회적 메시지의 관계 탐구
◆ COVID-19 팬데믹이 문학에 끼친 영향에 대한 사례 연구

### ➕➕ 실천형 탐구활동

▶ 생명, 사랑, 희망을 주제로 교내 문학 토론회 개최
▶ 산문, 시, 에세이 형식을 자유롭게 넘나드는 글쓰기를 통한 작품 한 편 완성

종교문화유산의 길 조성 및 활성화 방안 연구(문화체육관광부, 2024)

이 보고서는 한국의 종교문화유산을 기반으로 지역별 특성과 현대적 요구를 반영한 '종교문화유산의 길' 조성 방안을 모색한다. 종교별로 조성되고 있는 순례길을 지역의 역사, 문화, 관광, 여가, 자연 등을 포괄하는 문화콘텐츠 관점으로 재조명한다. 또한 기존의 '순례 관광'과는 차별화된 문화향유와 삶의 질 차원에서 '성찰적 여가활동'의 방향을 제시한다. 이를 통해 종교문화유산이 공공유산으로서 종교의 사회적 책임과 시대정신에 기여하는 전략 방향과 구체적 사례를 도출한다.

**관련 학과** 인문(고고미술사학과, 고고학과, 문화인류학과, 문화유산학과, 미학과, 사학과, 신학과, 종교학과, 철학과), 사회(관광경영학과, 관광학과, 도시행정학과, 문화콘텐츠학과, 인류학과)

### ➕ 탐구활동 주제

• 종교 간 순례길 조성 방식의 차이점과 공통점 비교 분석
• 종교문화유산의 지역사회 활성화 기여 방안 연구
• 성찰적 여가활동으로서 종교문화유산 순례길의 가치 탐구

### ➕➕ 창의적 문제해결

▶ 종교문화유산 해설사 양성을 통한 치유, 성찰형 해설 프로그램
▶ 종교문화유산 순례길 코스를 찾고 맞춤형 설계가 가능한 디지털 플랫폼 구축

## 📌 심화 활동

**학업역량**
▶ 공공성지 개념을 토대로 종교 간 갈등 해소 방안 모색 및 토론 활동
▶ 자아성찰의 관점에서 순례길이 청소년에게 주는 의미를 주제로 에세이 작성
▶ 한국 종교문화유산의 시대별 변화 양상에 대한 탐구

**진로역량**
▶ 사회와 문화, 한국지리 탐구, 여행지리, 인간과 철학, 삶과 종교 과목 이수 권장
▶ 문화유산, 종교 관련 학과를 조사하고, 전공 탐색 보고서 작성
▶ 문화재 해설사, 문화관광 전문가 등 관련 직업인과의 인터뷰 활동

**공동체역량**
▶ 종교문화유산을 활용한 지역사회 활성화 정책 제안서 작성 및 제출
▶ 순례길 걷기 체험 프로그램 및 종교문화유산 정화 봉사활동 참여
▶ 지역사회 종교문화유산 보호를 위한 포스터 제작 및 캠페인 활동

**종교분쟁,
무엇이 문제일까?**

최준식,
동아엠앤비, 2023

이 도서는 종교가 인간 삶에 미치는 절대적 영향력과 그로 인해 발생하는 세계 각지의 종교 분쟁을 심도 있게 분석한다. 이스라엘과 팔레스타인, 인도와 파키스탄, 이란과 이라크 등 세계 곳곳의 주요 분쟁 사례를 통해 종교 간 갈등의 원인을 짚고 해결 방안을 모색한다. 또한 배타주의, 포괄주의 종교다원주의 등 종교를 대하는 다양한 태도를 소개하며 종교 공존의 방향을 탐구한다. 아울러 동서양의 대표 종교가 각축하는 한국 사회의 종교 공존의 이유를 분석하고 종교 간의 대화를 강조한다.

### ➕ 탐구활동 주제

• 세계 주요 종교분쟁 사례 비교 분석
• 종교분쟁이 경제, 인권, 교육 등 사회경제에 미치는 영향 탐구

### ➕➕ 실천형 탐구활동

▶ 다양한 종교에 더한 이해와 존중 확산을 위한 포스터 제작 및 캠페인 활동
▶ 종교분쟁으로 피해를 입은 지역을 돕기 위한 물품 기부 캠페인 활동

이 보고서는 만혼, 저출생, 고령화 등과 함께 전 세계적으로 증가하는 1인가구 현상을 구체적으로 살펴본다. 식생활, 주생활, 직장생활, 여가생활 등 다양한 삶의 영역에서 1인가구의 변화를 분석하고, 라이프스타일을 면밀히 들여다본다. 이를 통해 1인가구에 대한 이해를 높이고, 정책과 제도의 방향 설정에 시사점을 제공한다. 또한 독립 과정에서 겪는 애로사항을 파악함으로써 삶의 질을 높이고 개인 생활과 사회경제적 안정을 지원할 수 있는 사회적 대응 방안을 모색한다.

**관련 학과**    인문(문화인류학과, 철학과), 사회(문화콘텐츠학과, 사회복지학과, 사회학과, 상담심리학과, 심리학과, 행정학과, 회계학과), 자연(식품영양학과, 주거환경학과, 통계학과)

**⊕ 탐구활동 주제**

• 1인가구 증가 현상에 대한 사회문화적 배경 탐구          • 1인가구의 삶의 질에 영향을 미치는 요인 탐구
• 1인가구의 사회적 고립감 해소를 위한 정책 방안 연구

**⊕⊕ 창의적 문제해결**    ▶ 1인가구를 위한 커뮤니티 공간 확대 정책 제안
                          ▶ 공동세탁실, 소형 창고, 푸드쉐어 냉장고 등이 결합된 생활공유 스테이션 설치

# 📌 심화 활동

**학업역량**    ▶ 관련 통계 항목을 분석하여 시각화하고, 1인가구 증가의 원인과 시사점 도출 활동
             ▶ 1인가구 증가와 가족 가치관 변화에 대한 윤리적 탐구 에세이 작성
             ▶ 1인가구 관련 논문이나 뉴스 기사를 읽고 요약 및 분석 활동

**진로역량**    ▶ 사회와 문화, 현대사회와 윤리, 사회문제 탐구, 생애 설계와 자립 과목 이수 권장
             ▶ 정책기획자, 공간디자이너, 푸드코디네이터 등 관련 있는 다양한 직업 탐색 활동
             ▶ 청년 주거지원센터 견학 및 관계자 인터뷰 활동

**공동체역량**   ▶ 1인가구를 위한 생활정보 리플릿 제작 및 무료 배포 활동
             ▶ 1인가구의 불편함을 개선하는 애플리케이션이나 공간 UX 개선 아이디어 제안
             ▶ 청소년참여예산제에 1인가구 관련 정책 제안서 제출

**에이징 솔로**

김희경, 동아시아, 2023

이 도서는 결혼하지 않고 혼자 살아가는 중년 1인 가구의 삶을 통해 변화하는 가족의 의미와 새로운 삶의 방식에 대해 조명한다. 비혼 중년 여성들의 생생한 이야기를 통해 외로움에 맞서며 관계를 만들어 가고 노후를 준비하는 일상의 전략들이 담겨 있다. 다양성과 자율성을 갖춘 삶의 모델을 모색하며, 에이징 솔로라는 새로운 사회 집단을 소개한다. 혼자 살아가는 것이 결핍이 아니라 선택이자 준비된 삶일 수 있음을 보여주는 따뜻하고 통찰력 있는 책이다.

**⊕ 탐구활동 주제**    • 전통적인 가족 구조와 현대의 가족 개념을 비교 분석 및 가족 개념 변화에 대한 고찰
                      • 에이징 솔로 시대에 필요한 직업을 상상하고 직무, 역할, 역량 탐구

**⊕⊕ 실천형 탐구활동**    ▶ 현재 1인가구 대상 정책을 조사하고 개선이 필요한 부분에 대한 정책 제안서 작성
                         ▶ 미래 1인 생활을 가정하고, 주거, 식생활, 건강 등을 중심으로 라이프플랜 작성

**오픈데이터** 유통·소비재산업의 리퀴드 소비 트렌드(삼정KPMG 경제연구원, 2024)

이 보고서는 소비자의 가치관 변화, 인구구조의 변화, MZ세대의 부상, 디지털 기술의 발전, 사회 경제적 변화 등의 요인으로 소비 패턴이 유동적으로 변화하고 있음을 분석한다. 예측 불가능한 소비를 의미하는 '리퀴드 소비' 트렌드를 중심으로 유통·소비재 산업의 전략 수립과 실행 방향을 구체적으로 제시한다. 또한 기업이 고객의 취향과 요구를 정밀하게 파악하고, 경험 중심의 서비스를 제공하며, 디지털 전환과 지속 가능성 대응을 통해 경쟁력을 확보하는 데 필요한 통찰을 제공한다.

**관련 학과**  사회(경영정보학과, 경영학과, 경제학과, 국제경영학과, 글로벌경영학과, 글로벌비즈니스학과, 사회학과, 소비자학과, 식품자원경제학과, 심리학과, 응용통계학과, 인류학과)

**➕ 탐구활동 주제**

- 전통적 소비 패턴과 리퀴드 소비 패턴의 비교 분석
- 지속 가능한 소비 실천에 대한 청소년 인식 조사 및 분석
- 디지털 기술이 소비 형태에 미치는 영향에 대한 고찰

**➕➕ 창의적 문제해결**
▶ 디지털 격차 해소를 위한 고령친화 리퀴드 소비 맞춤형 플랫폼 개발
▶ 지속가능 소비 실천을 위한 지역 커뮤니티 형성 및 마켓 운영

# 📌 심화 활동

**학업역량**
▶ 경제, 사회와 문화, 인문학과 윤리 내용과 연결해 리퀴드 소비 개념 재해석 활동
▶ MZ세대 소비 트렌드를 기반으로 한 통계자료 분석 활동
▶ 과학, 기후변화와 지속가능한 세계 교과 융합 지속 가능 소비 및 환경문제 탐구

**진로역량**
▶ 사회와 문화, 경제, 인문학과 윤리, 기후변화와 지속가능한 세계 과목 이수 권장
▶ 마케팅, 콘텐츠기획, 트렌드 리처서 등 관련 직업군 탐색 프로젝트 진행
▶ 제품 기획, 타겟 소비자 설정, 브랜딩, 마케팅 등 나만의 브랜드 만들기 프로젝트 진행

**공동체역량**
▶ 우리 지역 지속가능 소비 가게 탐방 후 '우리 마을 리퀴드 소비 지도' 만들기
▶ 업사이클링 장터 운영, 제로웨이스트 체험 행사 진행
▶ 불필요한 소비 줄이기 캠페인 및 물품 공유함 만들기 활동

**트렌드 코리아 2025**

김난도 외,
미래의창, 2024

이 책은 '역대급'이라는 말이 남용될 만큼 변화가 격렬하고 역동성이 큰 시대에 주목하며, 그 이면에 담긴 사회 구성원들의 욕망과 결핍을 분석한다. 초콜릿, AI, 스페셜티 커피, 레트로 등 다양한 열풍과 소비 트렌드를 통해 대한민국 특유의 역동성과 다양성을 진단하고, 기후 변화, 기술 발전, 문화 현상 등을 아우르며 모든 전제를 원점에서 다시 생각해 볼 것을 제안한다. 경계가 허물어지는 시대, 새로운 통찰과 방향성을 모색하는 이들에게 길잡이가 되어줄 수 있는 책이다.

**➕ 탐구활동 주제**
- 최근 대한민국을 강타한 열풍 현상의 공통점과 사회적 의미 분석 및 비교 연구
- 트렌드 키워드 속에서 드러나는 MZ 세대의 가치관 탐구

**➕➕ 실천형 탐구활동**
▶ 학교 내에서 유행하는 말, 음식 등을 조사하고 트렌드 유형 분석 후 공유 활동
▶ 자신의 소비 패턴을 분석한 후 친환경, 로컬 등 의미 있는 소비 실천 캠페인 진행

인문계열

사회계열

자연계열

공학계열

의약계열

예체능계열

교육계열

**오픈데이터** 트럼프 2기 행정부의 미국 우선주의 무역정책과 시사점(국가안보전략연구원, 2025)

이 보고서는 트럼프 2기 행정부의 미국 우선주의 무역정책이 전개되는 방식과 그로 인한 국제 무역 질서의 변화를 다룬다. 관세와 환율 조치를 통해 무역적자와 재정적자 해소를 추진하는 미국의 정책 흐름을 설명하며, 중국, 유럽연합, 한국 등 주요국과의 무역 갈등과 이에 대한 각국의 대응 전략을 담고 있다. 특히 관세 압박 대상국으로 공개적으로 지목된 우리나라가 직면한 산업 및 외교적 영향과 함께, 유연하고도 실리적인 다양한 대응 전략의 필요성을 조명한다.

**관련 학과** 사회(경제학과, 국제관계학과, 국제물류학과, 국제통상학과, 국제학부, 글로벌비즈니스학과, 무역학과, 법학과, 사회학과, 산업보안학과, 정치외교학과, 행정학과)

**➕ 탐구활동 주제**

• 한국과 유럽연합(EU)의 대미 통상정책 비교 분석
• 국제통상에서 상호 관세 정책의 의미와 파급 효과에 대한 고찰
• 트럼프 2기 미국 우선주의 무역정책의 특징과 한국 경제에 미치는 영향 탐구

**➕➕ 창의적 문제해결**
▶ 기술 외교와 무역 협상 전략의 융합을 통한 '한미 공동 R&D 허브' 설립 제안
▶ 빠르고 유연한 대응을 위한 민관 공동 통상대응 플랫폼 구축 제안

## 📌 심화 활동

**학업역량**
▶ 사회, 경제 교과에서 무역정책에 대한 학습 후 교내 경제포럼 기획 및 참여
▶ 법과 사회, 국제 관계의 이해 과목과 연계하여 관세 제도와 국제법 조사 보고서 작성
▶ 사회, 국어, 경제 교과와 연계하여 '한국의 통상외교 전략' 정책제안서 작성

**진로역량**
▶ 정치, 법과 사회, 경제, 국제 관계의 이해, 인간과 경제활동 과목 이수 권장
▶ 통상 및 무역 관련 직업인의 업무와 진로 경로를 탐색하고 전문가 인터뷰 진행
▶ 사회 계열 관련 학과(경제학과, 정치외교학과, 무역학과) 로드맵 작성하기

**공동체역량**
▶ 국제 무역 분쟁 해결을 위한 모의 유엔 회의 기획 및 운영
▶ 보호무역과 자유무역, 강대국 중심 정책의 윤리성에 대한 주제 토론 활동
▶ 공정한 무역, 국제 협력을 위한 자신의 역할을 담은 '세계 시민 선언문' 작성 및 발표

**자유무역이라는 환상**

로버트 라이트하이저
(이현정 역),
마르코폴로, 2024

이 책은 트럼프 행정부에서 미국무역대표부 다표를 지낸 저자가 쓴 책으로 자유무역의 한계를 비판하고 보호무역의 필요성을 강조한다. 저자는 수십 년간 지속된 자유무역 정책이 미국의 제조업 붕괴와 일자리 감소를 초래했다고 지적한다. 특히 중국과의 불공정한 무역 관계를 주요 문제로 삼으며, 관세와 같은 현실적인 정책 도구의 중요성을 주장한다. '미국 우선주의'와 경제안보라는 개념이 깊이 담겨 있으며, 국제무역, 경제정책, 세계질서 변화에 관심 있는 독자에게 통찰을 제공한다.

**➕ 탐구활동 주제**
• 무역 갈등 속 국제기구의 역할, 한계 및 가능성 고찰
• 무역정책의 변화가 한국 경제에 미치는 영향 및 기업의 대응 전략 탐구

**➕➕ 실천형 탐구활동**
▶ 주요 통상 무역 관련 뉴스 요약 후 토론 활동 진행
▶ 보호무역, 관세전쟁 등 글로벌 경제 이슈 관련 카드뉴스 제작 및 공유

**오픈데이터** 초고령사회 연령통합사회로의 전환을 위한 정책과제 마련(경제인문사회연구회, 2025)

이 보고서는 빠르게 진행되는 초고령사회 속에서 연령에 따른 사회적 진입 장벽을 없애고 모든 연령대의 사람들이 사회 제도, 역할, 지위 등에 자유롭게 진입하고 참여할 수 있도록 하는 연령통합사회의 필요성을 제기한다. 더불어 고령자뿐만 아니라 전 연령층의 참여와 상생을 고려한 구체적이고 실현 가능한 정책과제를 담고 있다. 연령통합사회의 핵심 요소로 '연령유연성'과 '연령다양성'을 제시하며, 노인을 주요 대상으로 설정하여 영역별 정책과제를 제안한다.

**관련 학과**  사회(공공인재학부, 공공행정학과, 노인복지상담학과, 법학과, 사회복지학과, 사회학과, 인류학과, 정치외교학과, 행정학과), 의약(건강관리학과, 보건관리학과, 작업치료학과)

**➕ 탐구활동 주제**

- 연령주의에 대한 세대 갈등 해소를 위한 실천 방안 탐구
- 연령에 대한 고정관념과 편견이 사회에 미치는 영향 고찰
- 한국과 일본의 고령자 고용 정책 비교 분석

**➕➕ 창의적 문제해결**
- ▶ 청년 스타트업과 노인 경력자가 함께 활동하는 세대융합형 커뮤니티 공간 운영
- ▶ 장애인 노인 청년이 함께 이용 가능한 공생형 복지기관 인증제 도입 제안

## 📌 심화 활동

**학업역량**
- ▶ 통계 자료를 활용해 인구 고령화 현황 및 전망 데이터 분석, 그래프 작성, 발표
- ▶ 세대 공존에 대한 사회적 책임과 윤리 의식에 관한 탐구 보고서 작성 및 공유
- ▶ 연령통합사회를 주제로 에세이 및 기사 작성을 통한 창의적 글쓰기 능력 함양

**진로역량**
- ▶ 사회와 문화, 현대사회와 윤리, 정치, 법과 사회, 경제, 사회문제 탐구 과목 이수 권장
- ▶ 고령화 사회 속 새로운 직업군 및 미래 직업 탐색 활동
- ▶ 연령통합사회에서의 사회복지사의 역할 탐색 및 보고서 작성

**공동체역량**
- ▶ 가족이나 지역 노인을 인터뷰하여 세대 간 가치관을 공유하는 공감 프로젝트 활동
- ▶ 연령차별 인식개선 포스터 제작 및 교내 캠페인 운영
- ▶ 고령자 대상 스마트폰 및 키오스크 사용법 안내 등 지역사회 연계 봉사활동

**대한민국이 열광할 시니어 트렌드**

고려대학교 고령사회연구원, 비즈니스북스, 2025

이 도서는 세계에서 가장 빠른 속도로 초고령사회로 진입한 한국 사회에서 떠오르는 '디지털 시니어' 세대를 조명한다. 저자는 시니어들의 다양한 욕망과 기업들의 단편적인 인식 간의 충돌이 시니어 시장의 잠재력을 제대로 활용하지 못하는 결과로 이어질 수 있음을 지적한다. 디지털 시니어의 라이프스타일과 니즈, 그리고 소비 트렌드를 분석하고, 다양한 시장 선도기업들의 사례를 소개한다. 이를 통해 기술과 기업, 정책이 나아가야 할 방향을 모색한다.

**➕ 탐구활동 주제**
- 시니어 세대를 겨냥한 기업들의 마케팅 전략 비교 분석
- '디지털 시니어'의 등장과 소비 트렌드 변화에 대한 탐구

**➕➕ 실천형 탐구활동**
- ▶ 시니어의 디지털 소외 문제를 알리고 '디지털 포용'을 주제로 카드뉴스 제작
- ▶ 조부모 세대를 인터뷰하여 세대 공감 영상 제작 및 상영 프로젝트 활동

**인구감소시대, 지역관광의 역할과 정책 대응 방향** (한국문화관광연구원, 2024)

이 보고서는 인구감소가 지역사회에 미치는 영향을 분석하고, 이를 완화하기 위한 지역관광의 정책적 역할을 제시한 자료로, 생활인구 개념을 바탕으로 한 새로운 관광 전략을 담고있다. 지역경제와 공동체 활성화를 위한 관광인구 확대 방안에 주목하며, 기존 지역관광 정책의 전환 필요성을 강조한다. 특히 지방소멸대응기금의 효과적 활용, 지역민과 지역사회의 정책 참여 등 지속가능한 관광정책 방향을 종합적으로 담고 있다. 이를 통해 지역관광의 역할과 과제를 구체적으로 제시한다.

**관련 학과**  사회(공공행정학과, 관광경영학과, 관광학과, 도시계획부동산학과, 도시행정학과, 부동산학과, 사회학과, 인류학과, 정치외교학과, 지리학과, 행정학과, 호텔경영학과)

**➕ 탐구활동 주제**

◆ 인구감소지역에서 관광이 갖는 경제적 역할에 대한 탐구　　◆ 국내외 지역관광 정책 사례 조사 및 비교 분석
◆ 우리 지역의 인구감소 실태와 관광자원 활용 가능성 탐구

**➕➕ 창의적 문제해결**　▶ 빈집, 폐교 등의 유휴 자산을 테마·관광시설로 전환
　　　　　　　　　　　　▶ 디지털 관광주민증으로 지속적인 인구 유입 및 지역 참여 유도 정책

## 📌 심화 활동

**학업역량**　▶ 인구감소 문제에 대응하기 위한 지역관광 정책 제안서 작성 및 발표
　　　　　　 ▶ 인구감소 관련 논문 읽고 논문 속 용어 정리 및 카드 제작
　　　　　　 ▶ '지방소멸대응기금'의 활용 방안 토론 및 평가 활동

**진로역량**　▶ 사회와 문화, 도시의 미래 탐구, 여행지리, 사회문제 탐구 과목 이수 권장
　　　　　　 ▶ 관광학과 지역개발학과 등 관련 전공 탐색 및 전공소개 자료 만들고 배포
　　　　　　 ▶ 지역 공무원, 연구원, 공공기관 담당자 등 전문가 인터뷰 및 기사 작성

**공동체역량**　▶ 지역관광 활성화를 위한 '우리 마을 숨은 명소 알리기' 캠페인 기획 및 실행 활동
　　　　　　　 ▶ 다른 지역의 학교 학생들과 협업하여 '지역관광 문제 해결' 공동 워크숍 기획
　　　　　　　 ▶ 지역 축제 기획안 제작 팀 프로젝트 및 지자체에 제안서 제출 활동

**지역의 반란**
엄상용,
컬처플러스, 2024

이 도서는 인구감소와 지방소멸 위기 속에서도 살아난 한국과 일본의 15개 지역 사례를 생생하게 담아낸 책이다. 저자는 직접 현장을 발로 뛰며 마을 주민, 공무원, 전문가들을 인터뷰하고 그들의 목소리를 통해 지역 재생의 해법을 모색한다. 한국의 사례와 일본의 사례를 통해 리더의 중요성과 지역자원의 활용에 있어 큰 시사점을 주는 책이다. 빈집이 늘어나던 낙후된 마을이 소멸의 위기 속에서 어떻게 되살아났는지를 보여주는 강력한 지역 생존기이다.

**➕ 탐구활동 주제**　◆ 한국과 일본의 지역 재생 사례 비교 분석을 통한 지역 재생의 성공 요인 탐구
　　　　　　　　　　 ◆ 우리 지역 자원의 잠재력 분석 및 관광 콘텐츠 기획

**➕➕ 실천형 탐구활동**　▶ 우리 마을의 숨은 장소 발굴 프로젝트 진행 후 SNS 및 지역신문에 소개
　　　　　　　　　　　　▶ 지역 내 유휴 공간의 활용 아이디어 기획 후 지자체에 기획안 제출

이 보고서는 북한 주민의 인권 증진을 위한 국제사회의 활동을 분석하고, 한국 정부의 정책추진방향과 과제를 제안한 정책 연구서이다. 정보 접근권, 탈북민 강제송환 금지, 이산가족·납북자 문제 해결 등을 중심으로 국제사회의 역할과 한계를 평가한다. 북한인권 증진을 위한 유엔, NGO, 주요 국가들의 노력을 검토하고, 한국 정부의 정책 추진방향을 구체적으로 제시하고 있다. 특히 국제 공조를 강화하고 지속가능한 인권 외교 전략 수립의 필요성을 강조한다.

**관련 학과**   사회(공공행정학과, 국제관계학과, 국제학부, 군사학과, 법학과, 정치행정학부 북한학전공, 사회복지학과, 사회학과, 정치외교학과, 행정학과), 교육(사회교육과, 윤리교육과)

**➕ 탐구활동 주제**

◆ 북한 인권 개선을 위한 유엔의 활동과 한계에 대한 고찰   ◆ 국제사회의 북한 인권 개선 참여 활동 사례 조사 및 발표
◆ 북한 인권 문제에 대한 청소년의 인식 변화와 교육의 역할 탐구

**➕➕ 창의적 문제해결**   ▶ 지속가능한 북한 인권 외교 전략에 대한 정책 제안서 작성 및 제출
▶ 북한인권 증진을 위한 포스터 제작 및 캠페인 활동

## 📌 심화 활동

**학업역량**   ▶ '북한 인권과 국제사회'를 주제로 시사 토론 활동
▶ 사회(현대사회와 윤리, 정치 등) 교과 개념을 활용한 북한 인권문제 분석 보고서 작성
▶ 북한 인권 문제를 주제로 미니 발표 수업 준비 및 발표

**진로역량**   ▶ 현대사회와 윤리, 정치, 국제 관계의 이해, 사회문제 탐구 과목 이수 권장
▶ NGO 활동가, 외교관, 통일부 공무원 등 관련 직업인 인터뷰 및 보고서 작성
▶ 북한학전공, 정치외교학과, 국제학부 등 전공 관련 교과 심화학습 계획 및 실천

**공동체역량**   ▶ 북한 인권 문제를 소개하는 포스터 제작 및 캠페인 활동
▶ 북한 인권 문제 해결을 위한 정책 제안서 작성 및 제출
▶ 다른 학교와 연계하여 북한 인권 문제에 대한 공동 탐구활동 및 세미나 진행

**인권을 말해야 할 때**

전진성 외,
철수와영희, 2024

이 도서는 인권의 기초 개념부터 일상에서 발견한 인권, 인권과 평화, 인권과 정치사상, 인권의 역사, 웅거의 인권론까지 다양한 주제를 중심으로 인권에 대해 체계적으로 알려주는 인권 입문서이다. 인권이 누구의 권리이며, 어디서부터 어디까지를 인권이라 할 수 있는지에 대한 근본적인 질문을 던지며 인권의 기초부터 깊이 있는 내용까지 담았다. 인권을 처음 공부하는 청소년부터 성인 독자까지 인권에 대해 생각해 볼 기회를 만들어 주고 통찰을 제공해 주는 책이다.

**➕ 탐구활동 주제**   ◆ 우리 사회에서 자주 발생하는 인권침해 사례 조사 및 해결 방안 탐구
◆ 한국 현대사 속 주요 사건을 중심으로 인권 변화사 분석

**➕➕ 실천형 탐구활동**   ▶ 청소년 인권의 현실에 대한 설문조사 실시 및 정책 제안서 작성
▶ 학급자치회를 통한 인권 선언문 만들고 인권 존중 문화 만들기 실천 활동

인문계열

사회계열

자연계열

공학계열

의약계열

예체능계열

교육계열

**오픈데이터** 콘텐츠산업의 생성형 AI 활용 이슈와 대응 과제(한국콘텐츠진흥원, 2023)

이 보고서는 생성형 AI 기술의 발전이 콘텐츠 산업에 미치는 영향과 활용 가능성을 다각도로 분석한 자료이다. 특히 생성형 AI 기술이 창작 환경과 제작 방식에 어떻게 변화를 주는지를 살펴보고, 게임, 방송, 출판 등 주요 산업에서의 적용 사례를 제시한다. 이를 바탕으로 실질적인 활용 방안을 모색하고, 저작권, 데이터 활용 등 생성형 AI 도입을 위한 제도적·기술적 과제를 짚고 있다. 이에 따라 창작자 교육, 중소업체 지원, 법적 기준 마련 등의 대응 전략이 필요함을 강조하는 보고서이다.

**관련 학과** 사회(광고홍보학과, 문화콘텐츠학과, 미디어커뮤니케이션학과, 미디어학부, 법학과, 신문방송학과), 공학(멀티미디어공학과, 멀티미디어학과, 소프트웨어융합학과, 컴퓨터공학과)

**➕ 탐구활동 주제**

◆ 생성형 AI 도입이 콘텐츠 창작자의 역할에 미치는 영향 고찰    ◆ 생성형 AI로 인한 저작권 문제와 법제도의 대응 방향 연구

◆ 생성형 AI의 발전이 콘텐츠 제작 윤리에 미치는 영향 탐구

**➕ ➕ 창의적 문제해결** ▶ 생성형 AI로 만든 콘텐츠를 등록하여 저작권을 보호해주는 공공 시스템 도입 제안

▶ 콘텐츠 관련 학과 커리큘럼에 생성형 AI 활용 윤리 교육 의무화 제안

## 📌 심화 활동

**학업역량** ▶ 관심 있는 분야에서 생성형 AI가 활용된 사례 탐구 및 발표

▶ 생성형 AI 기술 동향 연구 논문을 읽고 핵심 내용 정리 및 요약 보고서 발표

▶ 생성형 AI를 활용해 관심 있는 교과 관련 콘텐츠를 저작하고 제작과정 발표

**진로역량** ▶ 사회와 문화, 법과 사회, 경제, 기술·가정, 정보, 인공지능 기초 과목 이수 권장

▶ 콘텐츠와 생성형 AI 관련 직업탐색 활동 및 진로 카드 뉴스 제작

▶ 생성형 AI 시대의 콘텐츠 직업인을 인터뷰하고 진로보고서 작성 및 발표

**공동체역량** ▶ AI 콘텐츠 저작권 문제를 주제로 활용 가이드라인을 만들고 캠페인 진행

▶ 동아리 활동을 통해 관심 있는 분야를 AI를 활용하여 공동 제작 후 발표

▶ AI 활용 시 가져야 할 책임과 태도에 대해 소그룹 워크숍 진행 및 의견 공유

**AI가 만든 콘텐츠, 누구의 것인가?**

한유진 외, 재노북스, 2025

이 도서는 인공지능이 창작에 참여하는 시대에 우리가 반드시 짚고 넘어가야 할 저작권 문제를 심도 있게 다룬 책이다. AI 창작물의 법적 지위부터 기업과 개인이 겪을 수 있는 실제 분쟁 사례까지 폭넓게 다루며, 기술의 발전이 문화와 법적 틀에 어떤 영향을 미치는지를 분석한다. 특히 블록체인과 메타버스가 저작권 보호에 어떻게 쓰이는지까지 아우르며 독자에게 실질적인 대응 전략을 제시한다. AI와 관련된 창작물의 미래를 모색하는 이들에게 실용적인 해결책과 통찰을 제공하는 책이다.

**➕ 탐구활동 주제** ◆ AI 창작물의 저작권 인정 가능성에 대한 법적 고찰

◆ 가상 공간어서 생성되는 창작물의 권리 문제와 현재 법제도의 한계 분석

**➕ ➕ 실천형 탐구활동** ▶ 생성형 AI 콘텐츠의 저작권 주의사항에 관한 포스터 제작 및 교내 게시

▶ AI가 단든 콘텐츠의 소유권에 대한 글쓰기 및 토론 활동

이 보고서는 청소년이 인식하는 '마음'과 '행복'의 개념을 분석하고, 이들의 심리적 특성과 정서 상태를 정밀하게 조명한다. 청소년의 감정, 사고, 대인관계, 회복탄력성, 스트레스 등의 영역을 종합적으로 측정하여 삶의 만족도와 심리적 적응 수준을 분석한다. 주요 스트레스 요인으로 학업과 진로를 꼽으며 정서 회복과 자기이해를 돕기 위한 개입의 필요성을 제기한다. 특히, 상담 경험자 및 학교 밖 청소년의 심리적 어려움이 두드러져 맞춤형 상담과 정서적 지원을 강조한다.

**관련 학과**  사회(가족아동복지학과, 사회복지학과, 상담심리학과, 아동가족학과, 아동복지학과, 아동학과), 의약(간호학과, 건강관리학과), 교육(가정교육과, 교육학과, 특수교육과)

**⊕ 탐구활동 주제**

◆ 청소년의 회복탄력성과 스트레스 간의 상관관계 탐구  ◆ 디지털 미디어의 활용이 청소년의 심리에 미치는 영향 탐구
◆ 학업과 진로가 청소년의 정서에 미치는 영향 탐구

**⊕⊕ 창의적 문제해결**  ▶ 학생들이 휴식을 취하거나 상담을 받을 수 있는 학교 안 '마음쉼터 공간' 설치
▶ 학교 밖 청소년을 위한 찾아가는 마음건강 이동상담버스 운영 제안

## 📌 심화 활동

**학업역량**  ▶ 보고서 속 감정어를 분석하고 국어 교과서 문학작품 속 정서 표현과 비교 분석
▶ 감정과 학습의 상관관계가 정리된 보고서나 논문 속 데이터 분석 및 발표
▶ '마음'의 정의에 대한 철학 심리학 개념을 정리하고 자신의 생각을 담은 에세이 작성

**진로역량**  ▶ 인간과 철학, 논리와 사고, 인간과 심리, 사회 문제 탐구 과목 이수 권장
▶ 상담 심리 분야 직업탐색, 관련 학과 커리큘럼 분석 등 진로 탐색 활동
▶ 사회복지사, 심리상담사, 청소년지도사 등 직업인 인터뷰 및 직무 체험

**공동체역량**  ▶ 행복한 학습 환경을 위한 '행복한 학교 만들기' 실천 캠페인 기획 및 실천
▶ 사회복지시설, 청소년문화센터 등과 연계하여 또래 상담 봉사활동
▶ 동아리 활동을 통한 마음 건강 콘텐츠(카드뉴스, 만화 등) 제작 및 교내 배포

**김태형의 교양 심리학**

김태형, 서해문집, 2025

이 도서는 인간을 생물학적인 존재로 바라보는 기존의 주류 심리학 관점에 반대하며 사회적 존재로서의 진짜 인간을 탐구하는 심리학 개론서이다. 저자는 인간 심리, 욕망, 감정, 의지, 사고와 기억, 개성과 성격, 발달과 세대 심리, 사회 심리, 심리학의 활용 등 다양한 차원에서 인간 심리를 총체적으로 탐구한다. 심리학은 세상을 더 아름다운 곳으로 만드는 데 기여해야 한다는 저자의 생각과 과학적이고 진보적인 심리학을 정립하기 위한 저자의 노력이 엿보이는 책이다.

**⊕ 탐구활동 주제**  • 인간을 사회적 존재와 생물학적 존재로 바라보는 관점 비교 분석
• 집단이 개인의 감정과 행동에 미치는 영향 분석 및 사례 탐구

**⊕⊕ 실천형 탐구활동**  ▶ 자신의 감정을 기록하고 감정의 원인을 분석하는 '감정 일기' 쓰기 프로젝트
▶ 친구의 감정을 읽고 공감해 주거나 편지 작성 등 또래 감정 상담 활동 실행

인문계열

사회계열

자연계열

야학계열

의약계열

예체능계열

교육계열

**오픈데이터** 경기도 야간관광 활성화 방안(경기연구원, 2024)

이 보고서는 경기도의 야간관광을 활성화하기 위한 정책적 방향과 실천 전략을 제시한 정책연구 자료이다. 야간관광 기반 구축 및 브랜드 창출을 통해 방문객 체류시간 증대와 관광소비를 촉진함으로써 지역경제 활력을 도모하고자 한다. 이를 위해 야간관광 브랜드 개발, 콘텐츠 개발. 교통수단 확대 및 안내서비스 강화, 안전관리 체계 구축 등 다양한 전략을 제안한다. 이러한 전략을 바탕으로 경기도 야간관광 활성화를 도모하기 위한 시사점과 정책 방향을 제시한다.

**관련 학과** 사회(관광경영학과, 광고홍보학과, 도시행정학과, 문화콘텐츠학과, 미디어커뮤니케이션학과, 행정학과), 인문(고고학과, 문화유산학과), 예체능(디지털콘텐츠학과, 미술학과)

**➕ 탐구활동 주제**
- 야간관광 콘텐츠의 지역별 특성 비교 분석
- 국내의 야간관광 사례를 통한 경기도의 차별화 전략 탐구
- 청소년의 시각에서 바라본 안전한 야간관광 환경 조성 방안 탐구

**➕➕ 창의적 문제해결**
- 경찰서, CCTV 위치, 안심숙박 업소 등을 통합한 안전지도 앱 개발
- 해설사와 함께하는 문화유산 해솔 투어 프로그램

## 📌 심화 활동

**학업역량**
- 야간관광의 사회 문화적 영향에 대한 토론 활동
- 야간관광 브랜딩을 위한 시각 자료 및 포스터 제작, 공유 활동
- 해외 야간관광 사례 영어 자료 해석 및 사례 탐구활동

**진로역량**
- 사회와 문화, 한국지리 탐구, 도시의 미래 탐구, 경제, 여행지리 과목 이수 권장
- 관련 직업군 직업 탐색, 직무 분석, 보고서 작성 및 발표
- 관광기획자, 공무원, 문화해설사 등 관련 직업인 인터뷰 및 보고서 작성

**공동체역량**
- 지역의 야간관광 안내 리플렛 또는 포스터 제작 및 SNS 게시를 통한 홍보 활동
- 지역 야간관광지 쓰레기 수거, 관광객 질서 안내 등 봉사활동
- 야간관광지 안전을 위한 캠페인 및 정책 제안 활동

**돈 버는 로컬**

야나기하라 히데야
(윤정구 외 역),
더가능연구소, 2023

이 도서는 인구 4천 명의 작은 마을이 주민 주도의 관광개발을 통해 연 120억 원의 기부금을 받는 마을로 변화한 과정을 생생하게 담았다. 마을의 문제점을 발견하고 DMO(지역관광추진조직) 설립을 통해 마을 자원의 가치를 재발견하며 관광지역 만들기가 시작된다. 외부에 의존하지 않고 주민 스스로 참여해 마을의 미래를 만들어간 사례는 지역 활성화의 실질적 해법을 보여준다. 관광지역 만들기에 사업개발 관점을 적용해 새롭게 태어난 한 마을의 기적을 체감할 수 있는 책이다.

**➕ 탐구활동 주제**
- 우리 지역의 숨은 자원을 보사하고 관광 콘텐츠로 발전시킬 수 있는 방법 탐구
- 주민 참여형 관광개발이 지역사회에 미치는 영향 고찰

**➕➕ 실천형 탐구활동**
- 로컬 창업자나 마을 활성화에 기여한 사람들을 인터뷰하고 발표
- 우리 지역의 마력을 알릴 수 있는 영상, 포스터를 제작해 SNS에 게시

이 보고서는 영유아 및 초등 자녀를 둔 가정을 대상으로 긴급돌봄 수요 실태를 분석하고, 제도적 대응 과제를 제시한다. 긴급돌봄의 유형을 자녀가 아픈 경우, 기관이용 맞벌이 가구의 긴급한 근로 상황, 가정내 양육가구의 주양육자 부재 상황으로 구분하고, 긴급돌봄 서비스 기반 조성, 법적 근거마련 등 지원 전략을 제안한다. 긴급돌봄 유형 및 대상별 세부과제를 제안함으로써 돌봄 공백이 심화되는 현실 속에서, 가정과 사회의 돌봄 책임을 어떻게 조율할 것인지에 주목한다.

**관련 학과** 사회(사회복지학과, 사회학과, 아동학과, 행정학과), 교육(가정교육과, 교육학과, 사회교육과, 아동보육과, 유아교육학과, 일반사회교육과, 초등교육과, 특수교육과)

**⊕ 탐구활동 주제**

◆ 긴급돌봄 제도화의 필요성과 사회적 함의에 대한 고찰　　◆ 국가와 가정의 돌봄 책임 분담에 대한 윤리적 사회적 고찰
◆ 긴급돌봄 제도 미비가 학부모의 경력단절에 미치는 영향 분석

**⊕⊕ 창의적 문제해결**　▶ 지역 긴급돌봄 통합지원센터 설립 등 지역내 돌봄 인프라 구축 제안
　　　　　　　　　　　　▶ 긴급돌봄이 필요한 가정과 돌봄 가능 인력을 실시간으로 연결해주는 앱 개발

## 📌 심화 활동

**학업역량**　▶ 긴급돌봄 제도의 윤리적 책임에 대한 에세이 작성 및 토론 활동
　　　　　　▶ 긴급돌봄 관련 미디어 자료, 논문 등을 읽고 심화 탐구활동 및 보고서 작성
　　　　　　▶ 돌봄 문제를 사회, 경제, 교육 등 다양한 관점에서 분석하고 발표

**진로역량**　▶ 사회와 문화, 현대사회와 윤리, 법과 사회, 사회문제 탐구, 교육의 이해 과목 이수 권장
　　　　　　▶ 어린이집 교사, 돌봄교실 교사 등 현장 직업인과의 인터뷰 및 직무 이해 보고서 작성
　　　　　　▶ 돌봄 공백 문제와 사회복지사의 역할 분석 보고서 작성 및 발표

**공동체역량**　▶ 돌봄공백 실태를 조사하고 돌봄 격차 해소를 위한 카드뉴스 제작 및 캠페인 활동
　　　　　　　▶ 학교주관 지역사회 돌봄기관 자원봉사 체험 활동
　　　　　　　▶ 지역 내 돌봄기관을 조사하여 돌봄 지도 만들고 지역 사회에 공유

**선생님이 좋아서, 선생님이 되었습니다**
박세은, 미다스북스, 2024

이 도서는 01년생 유치원 교사가 사랑과 책임으로 써 내려간 진심 어린 교육 에세이이다. 사회 초년생 교사로서 아이들의 소통 속에서 성장해가는 과정과 교사라는 직업에 대한 진지한 고민이 따뜻하게 담겨 있다. 아이들이 행복과 사랑을 느낄 수 있도록 자신의 삶을 돌아보고 스스로에게 끊임없이 질문을 던지고 고민하는 새내기 유치원 교사의 열정과 노력이 고스란히 전해진다. 더 나은 세상을 만들기 위한 새내기 유치원 교사의 이야기가 잔잔한 울림을 전하는 책이다.

**⊕ 탐구활동 주제**　◆ 교사의 감정노동과 소진 문제 및 해결 방안에 대한 탐구
　　　　　　　　　　◆ 사랑받는 경험이 인간에게 미치는 영향에 대한 심리학적 고찰

**⊕⊕ 실천형 탐구활동**　▶ 어린이집, 유치원, 초등학교 방문을 통한 돌봄 봉사활동
　　　　　　　　　　　　▶ 정서적 돌봄, 배려의 중요성을 담은 콘텐츠 제작 및 캠페인 활동

인문계열

사회계열

자연계열

공학계열

의약계열

예체능계열

교육계열

**오픈데이터** 저출생 시대 속 골드키즈가 이끄는 키즈산업(삼정KPMG 경제연구원, 2025)

이 보고서는 저출생 시대에 등장한 '골드키즈(Gold Kids)'가 국내 키즈산업의 새로운 성장 동력으로 부상하고 있음을 분석한다. 프리미엄 제품 소비 확대, 키즈 전용 테크 산업의 부상, 지식재산(IP) 기반의 캐릭터 비즈니스 확장, 그리고 글로벌 시장 진출 전략 등 4가지 핵심 비즈니스 트렌드를 중심으로 키즈산업의 구조와 기회를 조망한다. 또한 키즈산업이 단순한 육아 시장을 넘어 미래 산업으로 도약하고 있다는 점을 강조하며, 기업과 정책 차원의 전략적 접근이 필요하다고 제언한다.

**관련 학과** 사회(문화콘텐츠학과, 소비자학과, 신문방송학과, 심리학과, 아동학과, 행정학과), 예체능(디지털콘텐츠학과, 만화애니메이션학과, 미술학과, 산업디자인학과)

### ➕ 탐구활동 주제
- 프리미엄 키즈 소비 트렌드와 MZ세대 부모의 소비 성향 분석
- 프리미엄 키즈 브랜드의 마케팅 전략 방안 사례 탐구
- 키즈 테크 산업의 발전 가능성과 윤리적 측면에 대한 고찰

### ➕➕ 창의적 문제해결
- 지역 특색을 살린 키즈 캐릭터 만들고 체험형 관광 콘텐츠로 연계 및 확장
- 자동 추천 키즈 영상 알고리즘의 윤리적 설계 제안

## 📌 심화 활동

**학업역량**
- 인구통계 데이터를 활용한 저출생과 키즈산업 성장 간 상관관계 시각화 프로젝트
- 키즈 테크 제품 분석 및 윤리적 문제 해결 방안에 대한 토론 활동
- '골드키즈' 현상의 긍정적 및 부정적 측면에 대한 찬반 토론 활동

**진로역량**
- 사회와 문화, 현대사회와 윤리, 지식 재산 일반, 아동발달과 부모 과목 이수 권장
- 키즈 콘텐츠 관련 직업인 인터뷰 및 키즈 캐릭터 디자인북 제작
- 관련 학과의 진학 로드맵 구성 및 관련 분야 직업인 롤모델과의 인터뷰 활동

**공동체역량**
- 공공 키즈존을 조사 및 '안전한 키즈 공간 만들기' 프로젝트를 위한 아이디어 제안
- 유아 대상 재능기부형 체험 수업, 놀이 프로그램 기획 및 운영 등 봉사활동
- 키즈 제품 포장에 대한 탐구활동 수행 및 친환경 포장 캠페인 활동

**빅테크가 키우는 아이들**

수전 린(손영인 역), 상상스퀘어, 2024

이 도서는 디지털 시대에 아이들을 어떻게 키울 것인가에 대해 고민하는 부모뿐 아니라 교육자, 정책 입안자에게도 통찰을 제공한다. 소셜미디어부터 게임, 장난감, 에듀테크까지 디지털화, 상업화된 문화 속에서 살고 있는 아이들이 '소비자'가 아닌 '사람'으로 성장할 수 있도록 돕기 위해 우리가 할 수 있는 일이 무엇인지를 명확하게 알려준다. 교육 전문가로서의 깊이 있는 분석과 다양한 사례는 독자로 하여금 미래를 이끌어 갈 주역인 어린이를 보호하는 일에 대해 생각해 보게 한다.

### ➕ 탐구활동 주제
- 빅테크 기업의 아동 대상 마케팅 전략 탐구를 통한 문제점 및 대안 제시 활동
- 디지털 기기 사용이 아동 발달에 미치는 영향 탐구

### ➕➕ 실천형 탐구활동
- 아동 대상 온라인 콘텐츠의 윤리성 분석 및 가이드라인 만들고 배포
- 국내의 아동 미디어 이용 시 아동 보호를 위한 공공 정책 제안서 작성

이 보고서는 광고 환경 변화에 대응하기 위해 AI 기술이 광고산업에 미치는 영향을 분석하고 필요과제를 제시한다. 광고 기획, 제작, 성과 분석 각 단계에서 AI 활용 사례를 분석하고, 디지털 광고 시장 확대와 생성형 AI의 도입이 산업 구조에 가져온 변화를 조명한다. 국내외 광고산업 시장과 정책 동향 및 전문가 인터뷰를 토대로 실무와 정책적 방향을 제안한다. 또한, 효율성과 신뢰성을 높이기 위한 과제와 함께 AI와 광고산업의 공존을 위한 실질적 대응 전략을 모색한다.

**관련 학과**   사회(경영학과, 광고홍보학과, 문화콘텐츠학과, 미디어커뮤니케이션학과, 사회학과, 소비자학과, 신문방송학과, 심리학과, 언론정보학과), 공학(소프트웨어융합학과)

**+ 탐구활동 주제**

- 생성형 AI의 도입이 광고 기획에 미치는 영향 탐구
- 고객 맞춤형 광고에서 AI 추천 시스템의 윤리적 쟁점 탐구
- AI가 광고 표현의 다양성과 창의성에 미치는 영향 고찰

**+ + 창의적 문제해결**

▶ 생성형 AI가 만든 콘텐츠의 표절 위험을 방지하는 'AI 광고 윤리 필터' 제안
▶ AI로 생성된 광고물에는 'AI 제작 표시' 의무화 제도 도입 제안

## 📌 심화 활동

**학업역량**
▶ AI 광고 윤리와 관련된 자신의 생각을 담은 글쓰기 및 토론 활동
▶ 사회 교과 연계 AI 광고의 법적 윤리적 쟁점에 대한 법안 초안 만들고 발표
▶ 사회, 기술·가정, 정보 교과와 연계하여 광고에 사용된 AI 이미지의 저작권 문제 탐구

**진로역량**
▶ 윤리문제 탐구, 미술과 매체, 기술·가정, 지식 재산 일반, 정보 과목 이수 권장
▶ 디지털 광고 산업 관련 직업 탐색 및 진로 연계 주제 탐구활동
▶ AI 광고 제작자와의 인터뷰 진행 및 보고서 작성

**공동체역량**
▶ 학급자치회에서 우리반 'AI 광고 윤리 가이드라인' 만들고 게시판에 게시
▶ 지역 상점 또는 사회단체를 위한 맞춤형 AI 광고 제작 재능기부 봉사활동
▶ 공정한 AI 광고 생태 만들기를 위한 포스터 제작 및 캠페인 활동

**유혹의 전략, 광고의 세계사**

김동규, 푸른역사, 2025

이 도서는 고대 이집트 파피루스 광고부터 AI 알고리즘 기반 광고까지, 인류의 역사와 함께 진화해 온 광고의 세계를 총체적으로 다룬다. 광고를 단순한 상업 수단이 아닌 정치, 예술, 문학, 사회 변화를 반영하는 '세상의 거울'로 바라보며, 시대를 관통하는 인간 욕망과 권력의 흐름을 추적한다. 로마 시대 검투사, 전쟁과 페미니즘, 노예제도, 신자유주의와 디지털 혁명까지 다양한 사례를 통해 광고가 세상을 어떻게 유혹하고 바꾸어왔는지를 흥미롭게 풀어내는 책이다.

**+ 탐구활동 주제**
- 시대별 광고에 반영된 사회적 가치관 탐구
- 디지털 시대 AI 기반 광고가 감정, 취향, 알고리즘을 활용하는 전략 분석

**+ + 실천형 탐구활동**
▶ 고대부터 AI 시대까지, 시대별 광고 중 하나를 선택해서 영상 제작
▶ 광고가 반영한 사회 문제나 가치관 발표 및 토론 활동

인문계열

사회계열

자연계열

공학계열

의약계열

예체능계열

교육계열

**오픈데이터** 슬기로운 시니어 주거생활(삼일PwC경영연구원, 2025)

이 보고서는 고령화에 따른 시니어 주거 수요 증가에 주목하고, 시니어 레지던스 시장의 현황과 활성화 방안을 종합적으로 분석한 자료이다. 민간 참여 확대, 정부 지원 강화, 규제 완화 등 다양한 측면에서 실버타운의 설립과 운영 방안을 제시한다. 특히 은퇴 이후 변화하는 소득 구조와 주거 이동 경로를 기반으로, 고령자 맞춤형 주거 서비스의 필요성을 강조한다. 초고령사회에 대응하기 위한 주거 정책과 민간 비즈니스 모델 수립에 실질적인 시사점을 제공하는 보고서이다.

**관련 학과** 사회(경영학과, 공공인재학부, 노인복지상담학과, 도시행정학과, 법학과, 부동산학과, 사회복지학과, 사회학과, 행정학과), 인문(문화인류학과), 공학계열(건축공학과, 건축학과)

➕ **탐구활동 주제**

• 초고령사회에서 시니어 레지던스의 필요성 고찰　　　　　• 시니어 레지던스의 복지와 돌봄 서비스 통합에 대한 효과 연구

• 은퇴 후 소득 구조 변화가 고령자 주거 선택에 미치는 영향 탐구

➕➕ **창의적 문제해결**　▶ 지역 내 시니어 주거지, 요양시설, 돌봄기관, 병원 등을 공유하는 플랫폼 구축

　　　　　　　　　　　　▶ 주거, 돌봄, 건강관리, 문화활동이 통합된 시니어 전용 공공 복합 커뮤니티 센터 구축

## 📌 심화 활동

**학업역량**　▶ 고령자 인구 변화와 정책 분석 후 시각화 및 발표

　　　　　　▶ 고령화와 관련된 뉴스 기사 스크랩 및 사설 요약 후 자신의 생각 정리 활동

　　　　　　▶ 초고령사회의 정책 방향을 주제로 시사 칼럼 작성

**진로역량**　▶ 사회와 문화, 도시의 미래 탐구, 법과 사회, 사회문제 탐구 과목 이수 권장

　　　　　　▶ 실버타운, 복지관, 요양시설 등을 방문하고 관련 직업인의 직무 탐구 활동

　　　　　　▶ 시니어 레지던스 관련 전문가 인터뷰 및 보고서 작성

**공동체역량**　▶ 시니어 주거 정책에 대한 대안을 제시하는 정책 제안서 작성 및 제출

　　　　　　　▶ 시니어 레지던스, 복지제도, 연금 정보를 쉽게 재구성한 안내물 제작 및 배포

　　　　　　　▶ 학교와 지역사회 연계 실버타운 봉사활동 참여

**나이 들어 어디서 살 것인가**

김경인, 투래빗, 2025

이 도서는 초고령사회에서 고령자가 존엄과 자립을 유지하며 살아갈 수 있는 주거 환경과 고령 친화적 주거 해법을 위한 지침을 제공한다. 저자는 실버타운은 고령자들의 삶의 흔적과 정체성을 보존할 수 있는 환경이어야 하며, 작은 변화가 큰 차이를 만들 수 있음을 강조한다. 미끄러운 바닥, 불편한 가구 배치, 어두운 조명 등 기존 주거 환경의 위험성을 지적하고, 문턱 낮추기, 안전 손잡이 설치 등 간단한 설계 개선의 효과성을 다양한 사례를 통해 보여 준다.

➕ **탐구활동 주제**　• 생활 속 개선 사례 수집·분석을 통한 고령자를 위한 효과적인 주거 환경 탐구

　　　　　　　　　　　• 실버타운과 일반 아파트의 공간 구조 비교 분석

➕➕ **실천형 탐구활동**　▶ 고령자 주거 공간을 위한 설계 프로젝트

　　　　　　　　　　　　▶ 주거 환경의 위험 요소와 개선 방법을 정리해 안내 책자로 제작 및 배포

이 보고서는 우리나라 17개 광역시·도의 현재와 미래 기후 변화를 예측하고 분석한 자료로, 온실가스 감축 수준에 따라 달라질 수 있는 다양한 기후 상황을 시뮬레이션을 통해 제시한다. 기온과 강수량의 변화뿐만 아니라 계절 길이의 변화, 극한기후 발생 빈도, 아열대 기후의 확산 등 지역별로 달라지는 기후 특성을 담고있다. 이를 통해 국가와 지방자치단체, 공공기관이 기후변화의 영향을 과학적으로 평가하고, 기후위기에 대응하는 적응 대책을 수립할 수 있는 근거를 제공하고자 한다.

**관련 학과** 자연(대기과학과, 대기환경과학과, 생명과학과, 지구환경과학과, 지리학과, 환경학과), 공학(환경공학과, 도시공학과, 에너지공학과, 토목공학과, 토목환경공학과)

### ⊕ 탐구활동 주제

◆ 온실가스 감축 시나리오 기반 우리 지역 기후 변화 예측
◆ 기후변화가 계절 변화에 미치는 영향 탐구
◆ 기후변화 전망자료 기반 지역 맞춤형 기후위기 대응방안 연구

### ⊕⊕ 창의적 문제해결

▶ 폭염쉼터 확대 및 취약계층을 위한 대응 방안 강화 정책 제안
▶ 열섬현상 대응을 위한 도시 녹지 확대 정책 제안

## 📌 심화 활동

**학업역량**
▶ 지역별 기후 변화 데이터를 시각화한 후 지역 간 기후 변화 차이 분석 및 발표
▶ 기후변화가 생태계에 미치는 영향을 탐구하고 에세이를 작성하는 과학과 국어교과 융합 활동
▶ 탄소중립 사회 관련 주제 토론에 적극 참여하여 지적 호기심과 비판적 사고 함양

**진로역량**
▶ 기후변화와 지속가능한 세계, 지구과학, 기후변화와 환경생태 과목 이수 권장
▶ 환경 관련 직업군을 조사하고 직업인 인터뷰 진행
▶ 환경 관련 탐구활동, 독서 활동, 직업탐색 등을 진행하고 진로 포트폴리오 제작

**공동체역량**
▶ 우리 지역 기후 데이터를 바탕으로 기후 위기 알리기 캠페인 기획 및 실천
▶ 기후 재해를 겪은 지역을 조사하고 후원 캠페인 및 위로 메시지 보내기 활동
▶ 다른 학교와 연계하여 기후 문제에 대한 공동 탐구활동 및 세미나 진행

**침묵의 봄**
레이첼 카슨
(김은령 역),
에코리브르, 2024

이 도서는 생물학자 레이첼 카슨이 인간의 무분별한 화학물질 사용이 자연과 생태계에 미치는 영향을 깊이 있게 조명한 환경 고전이다. 인간의 편리함이 자연에 어떤 변화를 가져왔는지 돌아보게 하며, 기후위기와 생태 파괴가 일상이 된 오늘, 이 책은 다시 자연을 마주하고 성찰할 수 있는 기회를 제공한다. 미래 세대를 위해 우리가 어떤 책임을 가져야 하는지를 생각하게 만들며, 기후위기 시대를 살아가는 우리에게 지속가능한 삶의 방향을 제시하는 책이다.

### ⊕ 탐구활동 주제

◆ 레이첼 카슨의 환경운동이 오늘날 환경운동에 끼친 영향 고찰
◆ 기후변화 시대에 지속 가능한 삶을 위한 실천 방안 모색

### ⊕⊕ 실천형 탐구활동

▶ 제로웨이스트 실천 일지 작성 및 공유 프로젝트 활동
▶ 기후/환경 관련 연계 독서 진행 후 추천 도서 릴레이 활동 및 전시

인문계열

사회계열

자연계열

공학계열

의약계열

예체능계열

교육계열

**오픈데이터** 펫 비즈니스 트렌드와 새로운 기회(삼정KPMG 경제연구원, 2024)

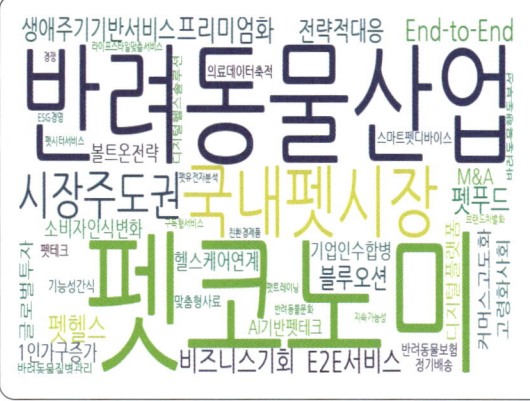

이 보고서는 국내 기업이 펫 시장에서 비즈니스 기회를 발굴하고 시장 주도권을 확보하는 방안을 제시한다. 블루오션으로 주목받는 반려동물 산업의 성장 배경과 시대적 인식 변화를 짚고, 국내외 펫 시장과 글로벌 투자 동향을 분석한다. 펫코노미(Pet-Economy) 시대가 도래함에 따라 변화하는 펫 비즈니스 트렌드를 살펴보고, 펫 푸드, 펫 헬스, 펫 테크 등 신성장 분야를 조명한다. 또한 국내 기업이 펫 시장에서 주도권을 확보하기 위한 전략적 대응 방안을 구체적으로 제안한다.

**관련 학과** 자연(동물자원학과, 생명공학과, 생명과학과, 식품공학과, 식품영양학과, 축산학과), 사회(경영학과, 경제학과, 광고홍보학과, 미디어커뮤니케이션학과, 소비자학과)

### ➕ 탐구활동 주제

• 반려동물 산업과 ESG 경영의 연계 가능성 고찰
• 프리미엄 펫푸드 소비 증가의 원인과 사회적 배경 탐구
• 고령화와 1인 가구 증가가 펫 산업에 미치는 영향 연구

### ➕➕ 창의적 문제해결

▶ 고령층의 정서적 고립 및 우울감 허소를 위한 노인 대상 치유 반려동물 프로그램
▶ 국내 스타트업 경쟁력 확보를 위한 '펫 테크 스타트업' 육성 정책 제안

## 📌 심화 활동

**학업역량**
▶ 관련 논문 및 도서를 읽고 요약, 분석 및 토론 활동
▶ 펫 시장과 관련된 과학·경제·기술 개념을 연결해 인포그래픽 제작 활동
▶ 보고서에 제시된 통계 자료를 수학적 사고와 융합하여 분석 및 해석 활동

**진로역량**
▶ 사회와 문화, 사회문제 탐구, 경제, 생명과학, 생물의 우전 과목 이수 권장
▶ 펫 관련 신직업 조사 및 미래 진로 카드 만들그 발표
▶ 펫 산업 관련 종사자 인터뷰 및 온라인 직업인 영상을 통한 직무분석 보고서 작성

**공동체역량**
▶ 펫 산업 내 문제(유기동물, 진료비 등)에 대한 해결방단 제안서 작성
▶ 유기동물 보호소 봉사활동 기획 및 캠페인 활동 전개
▶ 반려동물 문제 해결을 위한 팀 프로젝트 기획 및 지역사회 연계 봉사활동

---

**포에버 도그 라이프**

캐런 쇼 베커 외
(정지현 역),
코쿤북스, 2025

이 도서는 반려견의 수명을 연장하고, 반려동믈이 더 안전하고 건강하며 행복한 삶을 살 수 있도록 돕기 위한 실천 전략을 담은 책이다. 간식, 집밥, 생활용품 등 일상 속에서 실천할 수 있는 레시피 120가지를 과학적 근거와 함께 소개한다. 반려동물에게도 건강한 음식과 환경이 필요하다는 사실을 강조하며, 연령과 체중, 활동량에 따른 강아지와 고양이를 위한 맞춤 식단을 제시한다. 반려동물의 복지를 위해 우리가 실천할 수 있는 일이 무엇인지에 대한 통찰을 제공하는 책이다.

### ➕ 탐구활동 주제

• 시중에 판매되는 다양한 사료의 영양 성분 비교 분석
• 사람과 동물 모두를 위한 '지속가능한 반려 생활'에 대한 탐구 보고서 작성

### ➕➕ 실천형 탐구활동

▶ 책 속 건강 레시피 만들고 반려견의 변화를 기록하는 관찰 일지 작성
▶ 건강한 간식·천연 용품을 만들고 동물 보호소에 기부 및 바자회 기획

이 보고서는 가축분뇨로부터 배출되는 온실가스가 기후 위기를 악화시키는 주요 원인 중 하나임을 밝히고, 이를 줄이기 위한 정책적 해법을 제시한다. 특히 가축 사육 두수의 증가와 가축분뇨 처리 방식의 변화가 향후 메탄 배출량을 급증시킬 수 있다는 점에서 경고를 보낸다. 우리나라 농축산 분야의 메탄 감축률은 높은 편이지만, 감축의 핵심은 가축분뇨 처리에 있다는 점을 강조한다. 이에 따라 보고서는 지속가능한 농축산을 위한 다양한 실천 방안과 함께 정책과 제도적 대응 방안을 모색한다.

**관련 학과** 자연(대기과학과, 대기환경과학과, 동물자원학과, 생명과학과, 식품영양학과, 지구환경과학과, 축산학과, 환경학과), 공학(산업공학과, 생물공학과, 화학공학과, 환경공학과)

**➕ 탐구활동 주제**
◆ 가축분뇨 처리 방식 변화가 메탄 배출에 미치는 영향 탐구　　◆ 농축산업의 기후 위기 대응 전략에 대한 사례 비교 및 정책
◆ 지속가능한 농축산을 위한 국제협력 기구의 역할 고찰

**➕➕ 창의적 문제해결**　▶ 가축분뇨 감축 농가 대상 '메탄 감축 성과보상제' 도입 제안
　　　　　　　　　　　　▶ 가축분뇨를 에너지로 전환하여 전기, 온수 에너지로 재활용하는 시스템 구축

## 📌 심화 활동

**학업역량**　▶ 국가 통계 포털을 활용한 농업 분야 온실가스 배출 통계 분석 및 시각화
　　　　　　▶ 심화 융합 활동으로 기후 축산 관련 학술논문을 읽고 요약 및 용어 정리
　　　　　　▶ 가축분뇨 문제에 대한 탐구활동 후 정책 및 제도를 제안하는 글쓰기

**진로역량**　▶ 기후변화와 지속가능한 세계, 기후변화와 환경생태, 인간과 경제활동 과목 이수 권장
　　　　　　▶ 지속가능한 축산업 관련 학과 및 직업군 탐색 활동
　　　　　　▶ 환경 관련 NGO 및 국제기구의 역할을 분석하고 가상 진로 인터뷰 기획 및 진행

**공동체역량**　▶ 기후위기 대응 캠페인 기획 및 학교 게시판 홍보 캠페인 진행
　　　　　　　▶ 지속가능한 마을 만들기 팀 프로젝트 진행
　　　　　　　▶ 교내 잔반 줄이기 캠페인 등 '제로 메탄 챌린지' 프로그램 기획 및 활동

**기후, 기회**

최재천 외,
북트리거, 2024

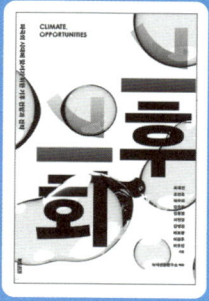

이 책은 생태학자 10명의 기후 전문가들이 기후위기를 전환의 기회로 바라보며 다양한 해법을 모색한 교양서이다. 탄소중립과 에너지 전환, 경제와 기후위기의 관련성, 농업의 온실가스 배출 등 다양한 산업 분야에서 나아가야 할 방향에 대한 실마리를 제공한다. 기후위기가 사회 각 분야에 미치는 영향과 쟁점을 전망하고 이를 대비하기 위한 구체적 행동 전략을 제시하며, 기후위기를 넘어 더 나은 미래를 상상하고자 하는 이들에게 깊은 통찰과 희망을 건네는 책이다.

**➕ 탐구활동 주제**　• 농업과 제조업의 온실가스 배출 차이에 대한 분석 및 감축 방안 탐구
　　　　　　　　　　• 기후위기 대응 정책에 대한 국제 사회의 대응 정책 비교 분석

**➕➕ 실천형 탐구활동**　▶ 환경 관련 도서를 함께 읽고 토론하는 독서 토론 모임 운영
　　　　　　　　　　　　▶ 교내 탄소발자국 줄이기 캠페인 기획 및 실행 활동

인문계열

사회계열

자연계열

공학계열

의약계열

예체능계열

교육계열

**오픈데이터** 정원관련 국제 인증 도시의 정원녹지 정책 조사연구(대전세종연구원, 2024)

이 보고서는 해외 정원도시들의 국제 협회와 정책 계획을 분석하고, 지속가능한 정원도시 세종을 위한 정책적 방향을 제시한다. 정원도시의 개념을 고찰하고, 추구해야 할 원칙과 핵심 요소를 비롯해 관련 단체와 정책 사례 조사를 조사함으로써 정원도시가 추구해야 할 방향을 모색한다. 또한 기후변화에 대한 적극적 대응 전략으로서 정원도시의 실질적 역할을 정립하고 강화할 필요성을 강조한다. 특히 '정원을 통한 기후행동(탄소 중립 정원)'과 '도시생물다양성 확보'의 중요성을 시사한다.

**관련 학과** 자연(원예학과, 조경학과, 주거환경학과), 사회(도시행정학과, 행정학과), 공학(건설환경공학과, 건축학과, 도시공학과), 예체능(미술학과, 시각디자인학과, 조형예술학과)

### ➕ 탐구활동 주제

◆ 정원 중심 도시계획이 도시 브랜드 형성에 미치는 영향 연구　　◆ 시민 참여형 정원도시 조성이 지역사회에 미치는 영향 연구
◆ 정원을 통한 기후변화 대응 전략에 대한 사례 탐구

### ➕➕ 창의적 문제해결

▶ 시민들의 심리적 정서적 안정을 위한 정원활동(정원산책, 가드닝 등) 프로그램
▶ 지역 내 공공정원 돌봄(정원 조성, 관리 등) 봉사활동 프로그램

## 📌 심화 활동

**학업역량**
▶ 국제 인증 정원도시 관련 보고서 및 논문 읽고 정책 비교 분석 후 발표
▶ 학교 주변 생물다양성 조사 후 학교 생태정원 제안서 작성 및 발표
▶ 도시 녹지 정책 관련 찬반 토론 활동

**진로역량**
▶ 도시의 미래 탐구, 기후변화와 환경생태, 생태와 환경 과목 이수 권장
▶ 조경학과, 원예학과 등 관련 학과 탐색 및 진로 로드맵 정리
▶ 정원도시 전문가 특강 참여 및 사전 질문지 작성을 통한 질의응답 활동

**공동체역량**
▶ 교내 정원 또는 지역의 정원 연계 봉사활동 프로그램 참여
▶ 동아리 연계 우리 학교 미니정원 조성 프로젝트 기획 및 실천
▶ 학교 정원 공간을 조성하여 쉬는 시간 및 점심시간 힐링 프로그램 기획 및 실천

**정원 읽기**

김지윤,
온다프레스, 2025

이 도서는 정원 디자이너이자 도시 계획 연구자인 저자가 영국에서 정원을 배우고 일하며 경험한 삶과 사유를 담아낸 에세이다. 코로나 팬데믹을 계기로, 도시인들이 자연과 정원에서 찾는 위안과 회복의 의미를 진술하게 풀어낸다. 식물을 돌보고 땅과 가까워지는 시간이 개인의 내면과 도시 공동체에 어떤 변화를 일으키는지를 섬세하게 기록한다. 인간과 자연을 이어주고자 분투하는 정원 디자이너인 저자가 정원은 모두에게 필요한 안식처임을 전하는 따뜻한 기록이다.

### ➕ 탐구활동 주제

● 정원이 인간에게 주는 심리적 정서적 효과 탐구
● 정원을 활용한 도시 공동체 회복 방안 탐구

### ➕➕ 실천형 탐구활동

▶ 근처 공원이나 녹지 공간 방문 후 관찰 기록지 작성 및 공유
▶ 학교 텃밭, 자투리 공간에 정원을 조성하는 아이디어 제안서 제출

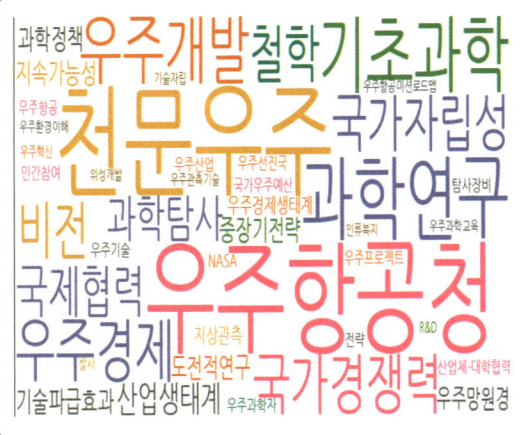

이 보고서는 우주 탐사의 의미를 짚어보고, 과학 연구의 발전을 위한 구체적인 실행 방안을 제안한다. 우주로 가야 하는 이유를 명확히 제시하고, 우주 경제의 발전 가능성을 살펴봄으로써 우주 탐사의 의미를 찾는다. 과학의 발전을 통해 국가의 자립성을 강화할 수 있음을 강조하며, 우리 사회와 경제체 미치는 긍정적 영향을 조망한다. 이러한 천문우주 과학의 발전을 위해 우주항공청의 비전과 역할을 제시하고 국제협력, 연구기관 대학 산업체와의 협력을 강조한다.

---

**관련 학과**  자연(대기과학과, 물리학과, 지구환경과학과, 천문우주학과), 사회(경제학과, 공공인재학과, 국제학부, 행정학과), 공학(항공기계공학과, 항공우주공학과)

---

⊕ **탐구활동 주제**

• 해외 사례 탐구를 통한 우리나라의 우주 경제 전략 방안 모색    • 우주 개발에서 국제 협력의 필요성과 한계에 대한 고찰
• 한국 과학 연구 발전을 위한 우주항공청의 역할 탐구

⊕⊕ **창의적 문제해결**    ▶ 전국 천문대 관측 영상을 온라인으로 실시간 공유해주는 교육용 플랫폼 제안
▶ '학생 우주정책 제안단' 운영 아이디어 기획 및 제안

## 📌 심화 활동

**학업역량**    ▶ 과학기술과 경제 정책을 고려하여 우주개발에 대한 자신의 생각을 담은 글쓰기
▶ 우주기술이 실생활에 적용된 사례를 찾아 정리 및 발표
▶ 우주협력과 관련된 국제 협력 사례 조사 및 보고서 작성

**진로역량**    ▶ 물리학, 역학과 에너지, 전자기와 양자, 화학, 융합과학 탐구 과목 이수 권장
▶ 우주항공 관련 학과 탐색 및 진로 포트폴리오 작성
▶ 천문우주 관련 독서 후 진로 연계 독서 탐구활동 진행

**공동체역량**    ▶ '우주과학으로 더 나은 세상 만들기'를 주제로 세미나 또는 포럼 참여
▶ 과학이나 우주에 관심 있는 또래나 저학년을 대상으로 멘토링 활동
▶ 우주 쓰레기, 위성 감시 등 윤리적 책임을 주제로 토론 활동

---

**90일 밤의 우주**

김명진 외,
동양북스, 2023

이 도서는 한국천문연구원 소속 8인의 천문학자가 들려주는 경이롭고도 현실적인 밤하늘 우주에 대한 기록이다. 별, 은하, 태양계, 외계 행성, 블랙홀, 시간 여행, 우주 탐사, 고천문학 등 다양한 주제를 과학적이면서도 감성적으로 풀어내며, 우주의 신비로움과 현실성을 함께 보여준다. 생생한 컬러 사진과 함께 구성된 이 책은 과학 지식뿐 아니라 삶에 대한 철학적 질문도 함께 던진다. '우주'를 뜻하는 universe, space, cosmos가 담고 있는 의미 차이는 독자의 호기심을 한층 더 자극한다.

⊕ **탐구활동 주제**    • 망원경의 발전과 우주 관측 기술의 진화 탐구
• 우주쓰레기 문제와 지속 가능한 우주 개발 전략 탐구

⊕⊕ **실천형 탐구활동**    ▶ 직접 하늘을 관측하며 별자리 관측 일지 작성 및 별자리 지도 제작 활동
▶ 관심 있는 우주 주제를 중심으로 한 과학 포스터 제작 및 전시 활동

인문계열

사회계열

자연계열

공학계열

의약계열

예체능계열

교육계열

**오픈데이터** 경기도 산림자원의 지속가능한 관리 방안(경기연구원, 2024)

이 보고서는 경기도 산림자원의 지속가능한 관리를 위한 정책 방향을 지시한다. 경기도형 선도산림경영단지 조성과 경영지도원으로 시작하는 산림 거버넌스 체계 강화를 핵심 과제로 제안한다. 특히 전치 산림의 약 70%가 사유림인 경기도의 특성을 고려해 산주의 참여를 유도하는 정책의 필요성을 강조한다. 더불어 보유세 면세, 지역 단위 산림계획 수립, 지방정부 주도의 관리 등 다양한 실행 전략을 담고 있다. 이를 통해 경기도 산림의 공익적 가치와 지속가능한 이용 기반을 마련하고자 한다.

**관련 학과** 자연(산림학과, 산림환경시스템학과, 식물자원학과, 원예학과, 조경학과, 주거환경학과, 지구환경과학과),
사회(공공인재학부, 농업경제학과, 도시행정학과, 지리 학과, 행정학과)

**➕ 탐구활동 주제**

- 산림의 공익적 가치와 경제적 가치 간 균형에 대한 탐색
- 사유림과 국공유림의 차이점과 관리 방식에 대한 비교 분석
- 기후위기 대응을 위한 산림의 탄소흡수 기능에 대한 심층 고찰

**➕➕ 창의적 문제해결**
- 지역 청소년 산림 서포터즈 운영을 통한 산림 가치 알리기 프로젝트
- 숲을 주제로 한 웹툰, 숏폼 영상, 카드뉴스 등을 제작 및 산림 보전 캠페인 활동

## 📌 심화 활동

**학업역량**
- 산림 정책 관련 논문, 보고서를 읽고 요약 정리 및 발표
- 기후위기와 산림 탄소흡수능력을 주제로 과학 탐구활동 및 결과 공유
- 산림의 가치, 산림 정책 등을 주제로 탐구 에세이, 칼럼, 기사 작성 활동

**진로역량**
- 정치, 법과 사회, 생명과학, 지구과학, 세포와 물질대사 과목 이수 권장
- 산림청, 환경부, 국립산림과학원 등 산림과 연계된 기관 견학 및 포트폴리오 제작
- 환경 관련 탐구활동, 독서 활동, 직업탐색 등을 진행하고 진로 포트폴리오 제작

**공동체역량**
- 우리 지역 산림 현황 조사 및 산림 보호를 위한 정책 제안 활동
- 지역 주민과의 협업을 통한 우리 지역 숲 관리를 위한 캠페인 기획 및 실행
- 학교주관 지역사회 연계 산림 정화 활동, 지역 숲 안내 활동 등 봉사활동

**숲을 읽는 사람**

허태임,
마음산책, 2025

이 도서는 국립백두대간수목원에서 활동하는 식물분류학자의 현장 경험과 식물 조사 과정을 기록한 산문집이다. 저자는 식물분류학자로서 사라져가는 식물의 생태와 특징을 관찰하고, 이를 체계적으로 기록하는 과정을 통해 식물 연구의 의미와 중요성을 전한다. 찔레꽃, 붉나무, 박주가리, 너도밤나무 등 다양한 식물 종이 등장하며. 식물분류학의 실제 업무와 생태계 보전 활동이 함께 소개된다. 저자의 시선을 통해 식물과 인간, 자연환경의 관계를 다각도로 이해할 수 있는 책이다.

**➕ 탐구활동 주제**
- 식물분류학자의 역할과 식물학 연구의 의의에 대한 고찰
- 식물과 인간의 관계를 주제로 창의적 글쓰기 활동

**➕➕ 실천형 탐구활동**
- 지역역 산림 및 하천 주변 식물 조사 후, 사진·스케치·기록문으로 정리
- 멸종 위기 식물을 조사하고, 식물 보호의 필요성을 알리는 카드뉴스 제작

**오픈데이터**  생물다양성 보전을 통한 생태계 탄소흡수원 확대 방안(한국환경연구원, 2024)

이 보고서는 생물다양성 보전과 탄소흡수원 확대의 공동효과를 중심으로, 생태계별 탄소흡수량을 종합 분석하고 국가 정책 수립 방안을 제시한다. 영국, 독일, 미국, 일본, 중국 등 국제사회의 생물다양성 보전 정책 동향을 비교 분석하고, 국내 생물다양성 및 탄소중립 관련 정책과 지자체 정책 현황을 검토하여 시사점을 도출한다. 산림, 해양, 농업, 도시, 습지 등 다양한 생태계별 탄소흡수 전략을 제안하며, 자연기반해법을 활용한 기후변화 대응 정책의 방향을 제시한다.

**관련 학과**  자연(대기과학과, 대기환경과학과, 동물자원학과, 미생물학과, 생명과학과, 생물학과, 생물환경화학과, 식물자원학과, 조경학과, 지구환경과학과, 해양학과, 통계학과, 환경학과)

**➕ 탐구활동 주제**
- 생물다양성과 탄소흡수원의 상관관계에 대한 고찰
- 국내 생물다양성 보전 정책이 낭아가야 할 방향 모색
- 습지 복원의 생태적 가치 및 기후적 가치에 대한 탐구

**➕➕ 창의적 문제해결**
- ▶ 도심, 하천 주변 자투리 공간을 활용한 생물다양성 정원 조성 프로젝트 제안
- ▶ 교내 녹지면적, 식물 종류, 생물다양성 등을 조사하여 학교 생태보고서 발간

## 📌 심화 활동

**학업역량**
- ▶ 학교에 있는 나무의 탄소 흡수량을 계산하고 탄소흡수 나무 명패 부착 활동
- ▶ 산림 도시 습지 해양 생태계별 탄소흡수량 데이터 분석 및 시각화 활동
- ▶ 기후 환경 관련 용어를 조사하고 해설한 학술용어 정리집 만들기

**진로역량**
- ▶ 생명과학, 세포와 물질대사, 지구과학, 기후변화와 환경생태, 생태와 환경 과목 이수 권장
- ▶ 생물다양성과 탄소흡수 연구자들의 진로 경로를 조사하고 진로 로드맵 설계
- ▶ 기후변화 대응 관련 학과 체험, 공공기관 견학 및 진로 체험 보고서 작성

**공동체역량**
- ▶ 우리 마을의 생물다양성 지도 만들고 지역 생물종 정보 공유 캠페인 활등
- ▶ 블루카본, 도시숲 등을 시각화하고 카드뉴스로 정리한 후 게시판에 공유
- ▶ 학생자치회나 동아리 연계 생물다양성 보전 슬로건 만들고 캠페인 활동

**생물다양성 쫌 아는 10대**

김성호, 풀빛, 2024

이 도서는 인간을 포함한 모든 생명의 미래를 좌우할 생물다양성과 멸종 이야기를 담고 있다. 지구에 다양한 생물이 살기를 바라고, 같은 종이라도 유전자가 다양하기를 바라며, 여러 모습의 생태계가 보존되기를 바라는 종 다양성, 유전자 다양성, 생태계 다양성에 대해 10대의 눈높이에 맞추어 이해하기 쉽게 설명한다. 모든 생물이 건강하게 공존하기 위해 생물다양성을 어떻게 지켜야 하는지에 대한 구체적인 방향을 제시하며, 생물다양성과 생명의 소중함을 일깨워주는 책이다.

**➕ 탐구활동 주제**
- 멸종위기 동식물의 보전 활동의 사례를 조사하고 성과와 한계 분석
- 단일 작물 중심의 농업이 생물다양성에 미치는 영향 탐구

**➕➕ 실천형 탐구활동**
- ▶ 도시 생태계 내 생물다양성 보전을 위한 공공정책 제안서 작성
- ▶ 멸종위기 동식물을 알리는 카드뉴스 제작 및 SNS 홍보 활동

인문계열

사회계열

자연계열

약학계열

의약계열

예체능계열

교육계열

**오픈데이터** 서울시 5차 미세먼지 계절관리제 이행평가와 개선 방향(서울연구원, 2024)

이 보고서는 서울시 미세먼지 계절관리제의 이행성과를 종합적으로 평가하고, 중장기 개선 방향을 제시한다. 초미세먼지 농도 및 고농도 일수 변화와 주요 오염물질 배출량 감축 효과를 분석하고, 서울과 중국 동북부 지역의 기상 조건 및 대기질 변화도 비교 검토한다. 다양한 분석 결과를 바탕으로 수송·난방·사업장·노출 저감 등 분야별 전략을 제안한다. 또한 해외 도시의 대기 관리 정책 동향을 살펴보고 보행 중심 교통정책, 무공해 건설장비 전환 등 시사점을 도출한다.

**관련 학과** 자연(대기과학과, 대기환경과학과, 주거 환경학과, 지구환경과학과), 공학(건설시스템공학과, 건설환경공학과, 교통공학과, 도시공학과, 에너지공학과, 토목환경공학과, 환경공학과)

**➕ 탐구활동 주제**

- 5등급 차량 운행제한이 대기질에 미치는 영향 탐구
- 서울시 기후동행카드 정책의 대중교통 이용 유도 효과 분석
- 국내외 대기질 개선 정책 비교를 통한 국내 정책 방향성 탐구

**➕➕ 창의적 문제해결**
- ▶ 등하교 시 도보 또는 대중교통 이용을 위한 포스터 제작 및 캠페인 활동
- ▶ 미세먼지에 대한 민원 사례 분석 후 맞춤형 대안을 제시하는 정책 제안서 작성

## 📌 심화 활동

**학업역량**
- ▶ 미세먼지 농도와 감축량을 활용한 통계 분석 활동
- ▶ 사회 교과와 연계하여 기후동행카드 정책 효과에 대한 찬반 토론 활동
- ▶ 미세먼지와 건강의 상관관계에 대한 과학적 문헌 탐색 및 요약 정리 활동

**진로역량**
- ▶ 기후변화와 지속가능한 세계, 지구과학, 인간과 경제활동 과목 이수 권장
- ▶ 대기과학과, 환경공학과 등 관련 학과 전공 탐색 보고서 작성
- ▶ 기후변화대응센터, 국립환경과학원 등 관련 기관 견학 및 진로 프로그램 참여

**공동체역량**
- ▶ 기후동행카드 이용자 대상 인터뷰를 통한 정책 만족도 조사 및 개선 방안 제안
- ▶ 대중교통 이용이 대기질에 미치는 효과 탐구 후 시각 자료 제작 및 게시
- ▶ 학급 창문 환기 장려, 공기 정화 식물 기르기 등 친환경 동아리 활동

**미세먼지, 어떻게 해결할까**

이충환,
동아엠앤비, 2024

이 도서는 미세먼지를 둘러싼 과학적 정보와 사회적 논쟁을 균형 있게 살펴보며, 사실에 기반한 시각으로 접근한다. 발생 원인과 오염 현황, 정부의 대응 정책, 국제 협력까지 다양한 측면에서 미세먼지 문제를 분석한다. 또한, 미세먼지 예보와 경고 제도가 어떻게 운영되는지 자세히 설명하고, 미세먼지를 단순한 환경문제가 아니라 사회, 정책 외교가 연결된 문제로 이해할 수 있도록 돕는다. 미세먼지를 정확히 알고 해결 방법을 고민하고 싶은 독자들에게 폭넓은 통찰을 제공한다.

**➕ 탐구활동 주제**
- 미세먼지 발생 원인별 분류와 각 원인에 대한 해결방안 탐구
- 미세먼지 고농도 일수와 건강에 미치는 영향 관련 문헌 연구

**➕➕ 실천형 탐구활동**
- ▶ 학교 생활 속 미세먼지 저감 실천을 위한 캠페인 기획 및 실천
- ▶ 미세먼지 앱을 활용해 학교 주변 대기질 관찰 후 실천 제안서 제출

이 보고서는 보호종과 자연유산을 둘러싼 여러 부처 간 제도 운영의 중복성과 충돌 문제를 해결하기 위한 종합적인 개선방안을 제시한다. 환경부, 해양수산부, 산림청, 문화재청이 개별적으로 운영하는 보호종 지정 체계를 비교 분석하고, '자연유산법' 제정 이후 발생할 수 있는 법제 간 갈등을 조정하는 방향을 탐색한다. 또한, 국제 사례와 국내 현실을 함께 고려하여 보호종 관리의 일관성과 법제 간 형평성을 높이는 방안을 제시하고, 멸종위기종 보호제도의 개선 방향도 함께 모색한다.

**관련 학과** 자연(동물자원학과, 미생물학과, 산림학과, 생명과학과, 생물학과, 식물자원학과, 원예학과, 조경학과, 해양학과), 사회(농업경제학과, 법학과, 정치외교학과, 행정학과)

**➕ 탐구활동 주제**

◆ 우리나라 보호종 지정 제도의 문제점 고찰 및 개선 방안 탐구　　◆ 보호종과 인간 활동의 공존 가능성에 대한 탐구
◆ 생물다양성 보전을 위한 부처 간 협력의 필요성 연구

**➕➕ 창의적 문제해결**　▶ 보호종, 천연기념물, 자연유산에 대한 정보를 모은 통합 플랫폼 구축 제안
　　　　　　　　　　　▶ VR 기반 보호종 생태 체험 교육 프로그램 개발 및 교과 연계 수업 제안

## 📌 심화 활동

**학업역량**　▶ 보호종 지정 기준에 대한 법 과학 융합 탐구활동 및 보고서 작성
　　　　　　▶ 자연유산 보호와 지역개발 간 갈등에 대한 토론 활동
　　　　　　▶ 보호종 제도에 대한 학생 인식 설문조사 및 데이터 분석 활동

**진로역량**　▶ 기후변화와 지속가능한 세계, 융합과학 탐구, 생태와 환경 과목 이수 권장
　　　　　　▶ 생물 보호 정책 관련 직업군 인터뷰 및 직무 탐구를 통한 보고서 작성
　　　　　　▶ 보호종 관련 학과 탐구 및 학과 비교 분석 보고서 작성

**공동체역량**　▶ 지역의 생물 탐사를 기반으로 보호가치가 있는 생물종 목록 작성 및 배포
　　　　　　　▶ 생물다양성 학생 모니터링단 활동을 통한 지역연계 봉사활동
　　　　　　　▶ 보호종 제도 관련 정책 제안서 작성 및 공공기관에 제출

---

**최후의 바키타**
──────────
위고 클레망
(이세진 역),
메멘토, 2025

이 도서는 멸종위기종 바키타를 중심으로 인간의 소비가 자연에 미치는 영향을 고발하는 그래픽 리포트이다. 전 세계 생태계 현장을 직접 취재한 탐사 보도에 섬세하고 다채로운 그림을 입혀 생태 문제의 실상과 감정을 생생히 전달한다. 밀집 사육, 남획, 플라스틱 쓰레기, 토지 황폐화 등 21세기 환경 위기의 주요 쟁점을 12개의 장으로 구성해 비판적 통찰과 실천적 메시지를 전하는 이 책은, 생물다양성과 생태계의 상호 의존성을 이해하고 싶은 독자에게 효과적인 생태 입문서이다.

**➕ 탐구활동 주제**　◆ 멸종위기 해양 생물의 보호 정책에 대한 국가 간 비교 분석
　　　　　　　　　　◆ 생물다양성 감소가 생태계 균형에 미치는 영향 탐구

**➕➕ 실천형 탐구활동**　▶ 멸종위기종을 알리는 SNS 카드뉴스 또는 포스터 제작 및 게시
　　　　　　　　　　　▶ 일상 생활 플라스틱 줄이기 실천 캠페인 기획 및 실천 후 일지 작성

인문계열

사회계열

자연계열

의약계열

예체능계열

교육계열

미성년자 대상 DTC 유전자검사 가이드라인 연구(보건복지부, 2024)

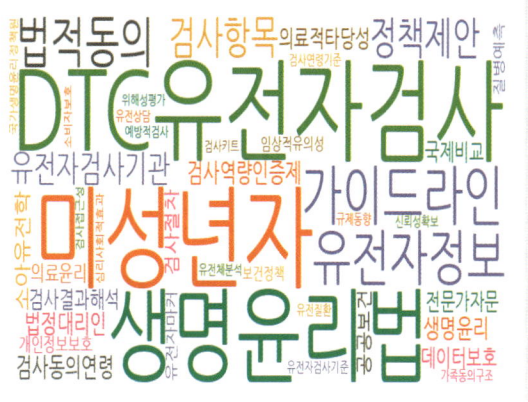

이 보고서는 미성년자 대상 DTC(소비자 대상 직접 시행) 유전자 검사 시행의 어려움을 해소하고, 안전하게 검사할 수 있는 공식적인 가이드라인을 마련하는 방안을 모색한다. 해외에서는 암, 치매, 파킨슨병 등 질병 유전자 검사에 대한 DTC 유전자검사 서비스 제공이 가능하나 국내 서비스 제공에는 한계가 있음을 지적한다. 더불어 지속적으로 그 규모가 확대되고 있는 글로벌 DTC 유전자 검사 시장의 상황과 상반되는 국내 시장의 현 주소를 짚고 가선 방향을 제안한다.

**관련 학과**  자연(생명공학과, 생명과학과, 생물학과, 식품생명공학과, 줄기세포재생공학과, 화학과), 의약(간호학과, 보건관리학과, 의예과, 임상병리학과), 사회(법학과, 사회학과, 행정학과)

**➕ 탐구활동 주제**
- 미성년자 유전자검사 허용 기준에 대한 생명윤리적 고찰
- 학교 교육에서 다룰 수 있는 유전자검사 윤리 교육 방안 연구
- DTC 유전자검사 시장 확대에 따른 청소년 정보보호 방안 탐구

**➕➕ 창의적 문제해결**
▶ 청소년용 유전자 정보 보호 가이드라인 필요성 및 관련 정책 제안
▶ 지역 보건소나 병원과 협력한 유전자 윤리 특강 프로그램 제안

## 📌 심화 활동

**학업역량**
▶ 유전자 검사와 생명 윤리에 대한 토론 활동
▶ 실제 유전자 검사 예시 자료 해석 및 요약 정리 활동
▶ 교내 유전자 검사 인식 설문조사 및 통계 분석을 통한 보고서 발표

**진로역량**
▶ 현대사회와 윤리, 법과 사회, 윤리와 사상, 윤리문제 탐구 과목 이수 권장
▶ 병원, 보건소, 기업 연계 유전자 관련 직무 체험 및 보고서 작성
▶ 유전자 검사와 관련된 직업군 탐색, 직업인 인터뷰 및 보고서 작성

**공동체역량**
▶ 유전자 검사에 대한 인식 설문조사 진행 후 카드뉴스 제작 및 배포
▶ 교내 유전자 검사 윤리 캠페인 기획 프로젝트 진행
▶ 청소년의 눈높이에 맞춘 유전자 검사 결과 해석 안내서 제작 및 배포

**생명공학의 최전선**

마크 짐머
(전방욱 역),
이상북스, 2024

이 도서는 현대 생명공학의 급진적인 발전과 도전 과제를 살펴보고, 다양한 연구 동향을 종합적으로 소개한다. 노벨 화학상을 받은 크리스퍼 유전자 편집 기술을 비롯해 유전자 변형 식품, 인간 질병 연구를 위한 인간화 돼지, 생물무기 연구의 위험성 등 생명공학의 여러 분야를 폭넓게 다룬다. 또한, 다양한 관점과 논조를 통해 생명공학의 최신 정보와 이슈를 살펴보고, 기술 발전이 가져올 윤리적 문제와 사회적 영향도 함께 조명함으로써, 생명공학의 가능성과 한계를 제시한다.

**➕ 탐구활동 주제**
- 크리스퍼 유전자 편집 기술의 원리와 윤리적 쟁점 탐구
- 유전자 변형 식품에 대한 사회적 인식과 과학적 사실 비교 분석

**➕➕ 실천형 탐구활동**
▶ 생명공학 기술 관련 주제를 선정해 찬반 토론 활동
▶ 생명공학 관련 관심 있는 주제를 선택해 발표문 작성 및 미니 특강

이 보고서는 독도의 기후변화 민감 서식지 생물자원 분포와 주요 동물자원의 유전적 특성을 분석하고, 이를 통한 생태계 보전 및 관리 방안을 모색한다. 드론 조사, 테크니컬 다이빙, 유전자 분석 등을 통해 해양 생물의 군집 구조와 독도-제주 간 유전적 연계성을 규명한다. 또한, 울릉도와 독도의 생물종 인벤토리 구축과 신종·미기록종 발굴을 통해 생물 주권 확보의 기반을 강화한다. 이를 바탕으로 기후변화와 환경 변화에 대응할 수 있는 보전 및 관리 전략 마련의 중요성을 강조한다.

**관련 학과** 자연(대기환경과학과, 동물자원학과, 미생물학과, 분자생물학과, 생명과학과, 생물학과, 생물환경화학과, 수산생명의학과, 식물의학과, 해양학과, 해양환경과학과)

**⊕ 탐구활동 주제**
- 독도 기후변화 민감 서식지의 생물군집 변화 연구
- 드론을 활용한 해양생물 서식지 조사 방식의 효과성 탐구
- 기후변화에 따른 독도 해양생물의 서식지 이동 가능성 연구

**⊕⊕ 창의적 문제해결**
▶ 시민도 함께 참여하여 생물다양성 탐사 및 생물다양성 공공 플랫폼 구축
▶ 기후변화 민감 생태계 집중관리 해역 지정 및 보전 제도화 제안

## 📌 심화 활동

**학업역량**
▶ 기후변화 개념과 생태자료를 융합하여 독도 생태계 변화 예측 시나리오 작성
▶ 과학기술이 생태조사에 활용되는 사례를 탐구하고 보고서 작성 및 발표
▶ DNA 바코딩 기술의 원리와 실생활 응용 사례 탐구활동 및 발표

**진로역량**
▶ 생명과학, 세포와 물질대사, 생물의 유전, 생태와 환경 과목 이수 권장
▶ 해양학과 관련 학과 체험 활동 참여 및 관련 진로 탐색 활동
▶ 생명과학, 해양, 환경과학 관련 재학생 또는 졸업생 인터뷰 및 보고서 작성

**공동체역량**
▶ 독도 생물다양성 보전 캠페인 기획 프로젝트 수행 및 결과물 공동 제작 활동
▶ 학생자치회 연계 해양환경 보전을 위한 공동 선언문 작성 및 캠페인 활동

**독도의 해양 생태계 및 국제관계**
김기태, 희담, 2023

이 도서는 수십 년간 독도를 연구해 온 해양학자가 독도의 해양 생태계와 국제적 의미를 깊이 있게 풀어낸다. 독도의 기후와 해류, 독도 해역의 수온과 염도, 해중림과 식생을 포함한 생물다양성부터 한일 간 영유권 분쟁과 국제사회의 동향까지 다양한 관점에서 독도를 체계적으로 조명한다. 독도를 지키기 위해 우리가 알아야 할 생태적, 역사적, 지정학적 지식을 풍부하게 담아냈다. 독도의 아름다운 자연경관과 민족사를 함께 이해하며, 우리 국토에 대한 자부심과 책임감을 일깨워주는 책이다.

**⊕ 탐구활동 주제**
- 한일 간 독도 영유권 주장 비교 분석 보고서 작성 및 발표
- 독도의 생태적 중요성 조사 및 기후변화와 환경 변화에 대비한 보전 방안 탐구

**⊕⊕ 실천형 탐구활동**
▶ 독도의 지정학적 가치와 자연생태를 알리는 홍보 캠페인 활동
▶ 독도박물관이나 해양과학관 등 독도 관련 전시를 다루는 기관 체험 활동

세특 프리패스

# 공학
# 계열

이 보고서는 도로와 철도가 입체교차하지 않고 평면으로 교차하는 철도 건널목의 안전성 확보의 필요성을 강조하면서, 국내 철도 건널목의 운영 관리 현황을 검토하고, 철도 건널목 관련 위험 요인을 분석하여, 개선 방안을 모색한다. 특히, 현재 운영 중인 철도 건널목 운영 현황과 안전관리 대책을 살펴보고, 운영 및 시설 여건 측면을 고려하여 철도 건널목의 다양한 위험 요인을 검토한다. 이를 바탕으로 교통 안전성을 향상하기 위한 철도 건널목 관리의 개선 방안을 제안한다.

**관련 학과** 공학(건설시스템공학과, 건설환경공학과, 건축공학과, 교통공학과, 기계공학과, 도시공학과, 산업공학과, 안전공학과, 정보통신공학과, 토목공학과, 토목환경공학과)

## ➕ 탐구활동 주제

◆ 철도건널목 사고의 주요 원인에 대한 고찰과 해결 방안 탐구　　◆ 철도건널목 보행자의 체감 안전성에 대한 인식 조사와 분석
◆ 고속열차 통과 구간 건널목의 위험 요인에 대한 사례 중심 탐구

## ➕➕ 창의적 문제해결

▶ 철도건널목 인근에서 스마트폰 위험 알림이 뜨는 스마트폰 연동 경고 앱 개발
▶ 국가 주도 철도건널목 입체화 사업을 위한 정책 제안서 작성 및 제출

## 📌 심화 활동

**학업역량**
▶ 최근 5년간 철도건널목 사고 데이터 분석 후 시각화 및 예측 탐구활동
▶ 철도건널목의 입체교차화의 비용-효과 분석을 통한 경제 보고서 작성 활동
▶ 물리, 정보 교과와 연계하여 센서 기술을 철도건널목에 적용하는 방법 탐구

**진로역량**
▶ 물리학, 역학과 에너지, 전자기와 양자, 융합과학 탐구, 인공지능 기초 과목 이수 권장
▶ 교통공학과, 토목공학과, 도시공학과 등 관련 학과 탐색 및 보고서 작성
▶ 철도안전과 관련된 직업인과의 인터뷰를 통한 진로 인식 및 진로 체험 활동

**공동체역량**
▶ 우리 마을 철도 건널목 실태조사 및 주민 인터뷰를 통해 개선 아이디어 정리
▶ 지역사회와 연계한 안전한 등하굣길 만들기 프로젝트 기획 및 건의
▶ 철도건널목 안전 지킴이 봉사활동 기획 및 참여

**도시를 만드는 기술 이야기**

그레이디 힐하우스
(윤신영 역),
한빛미디어, 2024)

이 도서는 우리가 살고 있는 도시를 구성하는 인프라의 건축 원리와 작동 방식을 그림과 함께 쉽게 설명한다. 다리, 도로, 철도, 터널, 전력망, 통신망 등 다양한 구조물이 어떻게 만들어지고 운영되는지를 구체적으로 보여준다. 일상의 공간 속에 숨겨진 공학적 원리를 통해 도시를 새로운 시각으로 바라보게 하며, 도시 인프라에 대한 이해를 넓히고, 세상을 더 깊이 있게 보는 안목을 키우게 한다. 공학, 건축, 도시계획 등에 관심 있는 독자들에게 흥미로운 배움의 기회를 제공하는 책이다.

## ➕ 탐구활동 주제

◆ 전력망, 통신선, 하수도 등 도시 인프라별 기술 원리를 탐구하고 보고서 작성
◆ 국내와 해외의 도시 인프라 사례 비교 분석 후 발표

## ➕➕ 실천형 탐구활동

▶ 생활 속 인프라 조사 및 우리 마을 인프라 지도 제작 프로젝트 진행
▶ 학교나 마을의 불편한 인프라를 조사해 보고서를 작성하고 지자체에 건의

인문계열

사회계열

자연계열

의약계열

예체능계열

교육계열

**오픈데이터** 애그테크로 싹 틔우는 식량 안보(KB금융지주 경영연구소, 2025)

이 보고서는 급속한 인구 증가와 기후변화로 인해 심화되는 식량 부족의 위기를 해결할 대안으로 애그테크의 중요성을 제시한다. 인공지능, 빅데이터, 사물인터넷, 로봇 등 첨단 IT 기술을 농업에 적용해 생산성을 높이고 자원을 효율적으로 활용하는 혁신 사례들을 다룬다. 미국, 유럽, 중국, 일본 등 주요국의 정책과 기술 동향을 분석하고, 한국의 발전 가능성도 함께 조망한다. 또한 지속 가능한 농업 실현을 위한 정부와 민간의 파트너십 구축의 필요성을 강조한다.

**관련 학과** 공학(기계공학과, 로봇공학과, 산업공학과, 식품생명공업과, 컴퓨터공학과, 화학공학과, 환경공학과),
사회(경제학과, 농업경제학과, 식품자원경제학과, 행정학과)

**＋ 탐구활동 주제**

◆ 기후 변화 시대, 애그테크 기술의 필요성에 대한 고찰
◆ 농업 분야의 ESG 투자 활성화 방안 탐구
◆ AI와 빅데이터 기술이 농업에 미치는 영향 탐구

**＋＋ 창의적 문제해결**

▶ 도심의 유휴공간을 활용한 청소년 참여형 수직농장 프로젝트
▶ 기업 ESG 투자와 연계한 도시 내 스마트 도시농업 공간 조성 제안

## 📌 심화 활동

**학업역량**

▶ 사회 교과와 연계하여 국내외 애그테크 정책 비교분석 및 시사점 도출 활동
▶ 과학, 기술·가정 교과와 연계하여 드론, AI 기반 스마트팜 시스템의 과학 원리 탐구
▶ 애그테크 관련 기사나 보고서를 읽고 비판적 글쓰기 및 발표

**진로역량**

▶ 도시의 미래 탐구, 사회문제 탐구, 기후변화와 지속가능한 세계, 정보 과목 이수 권장
▶ AI와 농업을 융합한 직업 조사 및 관련 전공 탐색 활동
▶ 애그테크 관련 종사자와의 인터뷰 및 직무 체험 활동

**공동체역량**

▶ 지역 커뮤니티 센터나 학교 공간을 활용한 스마트 도시텃밭 프로젝트 진행
▶ 전 세계 식량 불균형 문제를 알리는 포스터 제작 및 캠페인 활동
▶ 청소년 애그테크 봉사 동아리 기획 및 운영 활동

**당신이 모르는 진짜 농업 경제 이야기**

이주량, 세이지, 2024

이 도서는 먹을 것이 넘쳐나는 시대에 정작 우리가 모르고 있는 농업의 본질을 흥미롭게 풀어낸 책이다. 인류 생존 인프라 산업에 대한 문명사부터 글로벌 식량 산업에 대한 리포트까지 우리가 반드시 알아야 하는 살아 있는 농업 이야기가 담겨 있다. 삼포식 농업, 유전공학, 식량을 둘러싼 열강들의 조용한 외교 전쟁, 글로벌 식량 산업 이야기 등 시대와 국경, 산업과 학문을 넘나들며 농업에 관한 거의 모든 풀어낸다. 농업에 관심을 가져야 할 이유와 새로운 가능성을 제시하는 책이다.

**＋ 탐구활동 주제**

◆ 국가안보에 있어 농업과 식량이 중요한 이유 및 관련 사례 탐구
◆ 농업 관련 오해와 편견 등 사회적 인식에 대한 자신의 생각을 담은 에세이 쓰기

**＋＋ 실천형 탐구활동**

▶ 청소년 식량 안보 및 농업 관련 토론에 활발하고 적극적으로 참여
▶ 로컬푸드 마켓 견학활동 및 로컬푸드 소비 캠페인 기획

이 보고서는 글로벌 석유화학 산업이 직면한 복잡하고 도전적인 환경에 대응하기 위한 전략을 모색한다. 공급망 불안정, 환경 규제 등 주요 위기 요인을 진단하고, 선도 기업들의 전략적 방향성을 통해 기회 창출 가능성을 전망한다. 벨류체인 최적화, 공급망 다변화, 탈탄소화 전략 등 지속 가능한 성장을 위한 핵심 요소들을 분석한다. 특히 과감한 투자와 혁신 기술 도입이 경쟁력 확보에 필수적임을 강조한다. 변화하는 시장 환경에 효과적으로 대응할 수 있는 실질적인 방향성을 제공하는 보고서이다.

**관련 학과** 공학(기계공학과, 기계시스템공학과, 로봇공학과, 메카트로닉스공학과, 산업공학과, 소프트웨어융합학과, 신소재공학과, 에너지공학과, 원자력공학과, 화학공학과, 환경공학과)

**⊕ 탐구활동 주제**

◆ 석유화학 기업들의 지속 가능 성장을 위한 전략 비교 분석 　　◆ 글로벌 ESG 공시 제도가 석유화학 기업의 경영에 미치는 영향
◆ 글로벌 석유화학 산업의 공급과잉 문제 분석 및 해결책 탐구

**⊕⊕ 창의적 문제해결** ▶ 탄소 배출 저감을 위한 친환경 교복 소재 개선 프로젝트
▶ 석유화학 제품 사용을 줄일 수 있는 방법을 제안하는 참여형 앱 개발

## 📌 심화 활동

**학업역량** ▶ 석유화학 산업의 탄소중립 전략에 대한 개념 정리 및 발표
▶ 석유화학 공정에서 사용되는 디지털 기술 사례 조사 보고서 작성 및 공유
▶ 석유화학 산업의 미래를 주제로 자신의 생각을 담은 에세이 작성 및 발표

**진로역량** ▶ 화학, 물질과 에너지, 화학 반응의 세계, 인간과 경제활동 과목 이수 권장
▶ 석유화학 관련 직업인 인터뷰 영상을 보고 보고서 작성 및 발표
▶ 화학공학과 관련 전공 연계 독서 활동을 통한 깊이 있는 학습 및 진로 역량 함양

**공동체역량** ▶ '플라스틱 줄이기' 교내 실천 캠페인 기획 및 운영 활동
▶ '석유화학 산업의 지속가능한 전환'을 주제로 협업형 신문 만들기
▶ 탄소중립을 위한 학생 주도형 실천 아이디어 제안 및 실행

**세계 에너지 패권 전쟁**
―――――
양승영,
다산북스, 2025

이 도서는 격화하는 글로벌 에너지 쟁탈전 속에서 생존을 위한 전략을 제시한다. 경제 안정부터 국가 안보, 세계 질서까지 위협하는 가장 뜨거운 에너지 이슈를 꿰뚫는 명쾌한 통찰과 제언을 담았다. 기후위기, 보호무역주의, 자원무기화 등 복잡하게 얽힌 세계 질서를 통찰력 있게 분석하며 한국이 나아가야 할 대응 전략을 제안한다. 에너지가 곧 권력인 시대, 과학적 데이터와 객관적 정세 분석을 바탕으로 한국 경제의 미래를 개척할 방안을 제시하는 책이다.

**⊕ 탐구활동 주제** ▶ '에너지가 권력인가'를 주제로 자신의 생각을 담은 에세이 작성 및 찬반 토론
▶ 에너지 안보와 국가 경쟁력 간 상관관계에 대한 탐구 보고서 작성 및 발표

**⊕⊕ 실천형 탐구활동** ▶ 탄소 줄이기 실천 인증 활동 및 활동 결과 SNS에 게시 및 공유
▶ 기후위기 에너지 관련 뉴스 기사를 읽고 에세이 작성

인문계열

사회계열

자연계열

약학계열

의약계열

예체능계열

교육계열

**오픈데이터**  묻어도 새어 나오는 메탄, 음식물쓰레기(기후솔루션, 2024)

이 보고서는 음식물류폐기물 처리 방법에 따른 메탄 발생량을 과학적으로 분석해, 우리 사회가 지향해야 할 감축 전략을 제안한다. 특히 퇴비화에서 메탄 발생량이 가장 많다는 점을 지적하며, 이를 보완하기 위한 정책 개선의 필요성을 강조한다. 효과적인 메탄 감축을 위해 정확한 메탄 데이터 확보와 지속적인 모니터링 및 정량화의 중요성을 제기한다. 음식물류폐기물 문제를 통해 탄소 중립 시대에 요구되는 지속가능한 사회의 방향을 성찰하게 하는 보고서이다.

**관련 학과**  공학(에너지공학과, 응용화학과, 화학공학과, 환경공학과), 사회(농업경제학과, 법학과, 행정학과), 자연(대기과학과, 대기환경과학과, 식품공학과, 주거환경학과, 지구환경과학과)

**➕ 탐구활동 주제**

‣ 퇴비화 처리 방식의 환경적 한계와 대안 탐구
‣ 우리나라 음식물류폐기물 정책 분석 및 개선 방안 탐구
‣ 음식물류폐기물 감축을 위한 생활 속 실천 전략 연구

**➕➕ 창의적 문제해결**  ▸ 메탄 감량 실적에 따른 환경 포인트 및 인센티브 제공 프로젝트 제안
▸ 학생 주도형 학교 급식 잔반 및 우리집 음식물쓰레기 줄이기 캠페인 활동

## 📌 심화 활동

**학업역량**  ▸ 학교 급식 잔반을 측정하여 메탄배출량을 환산하고 그래프 및 통계 분석
▸ 환경공학, 음식물쓰레기, 메탄 등과 관련 있는 논문 요약 및 분석
▸ 음식물 쓰레기 처리 방식의 과학적 원리 조사하고 발표

**진로역량**  ▸ 화학, 물질과 에너지, 화학 반응의 세계, 융합과학 탐구 과목 이수 권장
▸ 환경공학, 에너지공학, 화학공학 등 관련학과 및 대학 탐색
▸ 관련 직업인 인터뷰, 전문가 특강 참여, 학과 탐방 등 현장 체험 프로그램 참여

**공동체역량**  ▸ 급식실 잔반 줄이기를 통해 메탄 줄이기 챌린지 운영
▸ 환경 동아리 활동을 통해 메탄 줄이기 프로젝트 운영
▸ 지역환경단체와 연계하여 음식물쓰레기 줄이기 캠페인 봉사활동

**지금 우리 곁의 쓰레기**

홍수열 외,
슬로비, 2022

이 도서는 일상에서 우리가 무심코 버리는 쓰레기가 어디에서 와서 어디로 가는지를 다양한 사례와 함께 제시하며, 우리가 소비하고 버리는 방식이 환경에 어떤 영향을 미치는지를 구체적으로 보여준다. 플라스틱, 음식물, 의류, 전자 쓰레기, 건설 쓰레기 등 다양한 폐기물의 흐름을 추적하면서, 단순한 분리배출을 넘어 자원순환과 구조적 변화의 필요성을 설득력 있게 제시한다. 해결을 위한 연대, 제도, 그리고 시민행동 등 우리가 해야 할 구체적인 대안을 모색하는 책이다.

**➕ 탐구활동 주제**  ‣ 우리 지역 생활폐기물 분리배출 실태조사 및 개선 방안 탐구
‣ 의류 폐기 문제 분석 및 지속가능한 의류 소비 문화를 위한 실천 방안 탐구

**➕➕ 실천형 탐구활동**  ▸ 텀블러 사용, 음식물 남기지 않기 등 일상 속 제로웨이스트 실천 및 공유
▸ 중고물품 나눔 및 리사이클 프로젝트 참여 및 소감 나눔 활동

**오픈데이터**   당신도 곧 아이언맨! 웨어러블 로봇이 온다 (하나금융연구소, 2025)

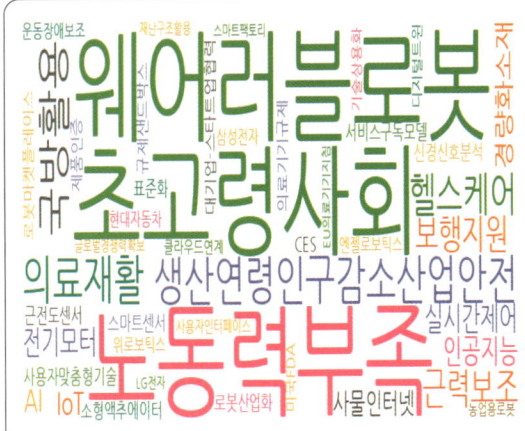

이 보고서는 초고령 사회의 가속화로 인한 생산연령인구 감소 및 노동력 부족 문제의 해결 방안으로 웨어러블 로봇을 조명하고, 웨어러블 로봇 시장의 전망과 시사점을 살펴본다. 의료, 산업, 국방 등 다양한 분야에서 활용되고 있는 웨어러블 로봇의 성공적인 상용화를 위한 핵심 요인을 분석하고, 이를 통해 기업과 정부가 나아가야 할 방향을 제시한다. 또한 웨어러블 로봇의 국내외 시장 동향과 활용 사례를 종합적으로 검토함으로써 미래 웨어러블 로봇 산업의 발전 가능성을 모색한다.

**관련 학과**   공학(기계공학과, 로봇공학과, 메카트로닉스공학과, 산업공학과, 소프트웨어융합학과, 의공학과, 전자공학과, 컴퓨터공학과), 사회(법학과, 사회복지학과, 사회학과, 행정학과)

**➕ 탐구활동 주제**

- 고령화 사회에서 웨어러블 로봇의 역할 탐구
- 웨어러블 로봇 상용화를 위한 기술적·제도적 과제 연구
- 웨어러블 로봇의 적용 분야 확장 가능성에 대한 미래 전망 탐구

**➕➕ 창의적 문제해결**

▶ 웨어러블 보행 보조 로봇을 재활버스에 탑재해 지역 순회 치료 제안
▶ 농촌 고령자 대상 웨어러블 로봇 지원을 통한 농촌 인력 부족 문제 해결

## 📌 심화 활동

**학업역량**

▶ 웨어러블 로봇 보고서를 읽고 기술 발전이 인간의 삶에 미치는 영향에 대한 토론
▶ 웨어러블 로봇의 구조를 분석하고 작동 원리 설명서 작성 및 발표
▶ 웨어러블 로봇을 실생활에 활용할 수 있는 방안 탐구

**진로역량**

▶ 물리학, 역학과 에너지, 전자기와 양자, 융합과학 탐구 과목 이수 권장
▶ 웨어러블 로봇 관련 직업군 및 전공 학과 탐색 및 발표
▶ 로봇 관련 학과와 커리큘럼을 조사하고 전공 연계 교과 이수 계획 수립 및 선택

**공동체역량**

▶ 고령화, 재활, 산업재해 등의 문제 해결을 위한 웨어러블 로봇 활용법 제안서 작성
▶ 웨어러블 로봇 관련 기업 방문 체험 활동 및 직업인 인터뷰 활동
▶ 지역 노인복지시설과 연계하여 웨어러블 보행 보조기기 체험을 돕는 봉사활동

**청소년이 함께 살아야 할 로봇과 AI**

전승민,
매경주니어북스,
2024

이 도서는 로봇과 인공지능의 기술 발전을 청소년의 시각으로 쉽고 흥미롭게 풀어낸 교양 과학서다. 이동형 로봇, 작업형 로봇, 보행 및 보조형 로봇 등 복잡한 로봇의 종류들을 명확히 설명하고, 자율운항기술, 드론기술, 웨어러블 로봇 등을 다루고 있다. 로봇이 앞으로 세상을 어떻게 바꿀지를 예측해 보고, 미래 사회의 주역이 될 청소년들이 로봇과 AI를 창의적으로 활용할 수 있는 다양한 방법을 제시한다. 로봇의 의미부터 로봇 윤리까지 청소년에게 유익한 내용을 모두 담고 있다.

**➕ 탐구활동 주제**

- AI와 로봇 기술의 결합이 직업 세계에 미치는 영향 탐구
- 로봇과 인간의 역할 분담에 대한 토론 활동을 통한 윤리적 고찰

**➕➕ 실천형 탐구활동**

▶ AI와 로봇 기술을 활용한 사회문제 해결 아이디어 제안 및 카드뉴스 제작
▶ 지역 및 학교 도서관에 '로봇·AI'와 관련된 북큐레이션 코너 제안 및 전시

인문계열

사회계열

자연계열

공학계열

의약계열

예체능계열

교육계열

**오픈데이터** Web 3.0 시대 핵심기술 블록체인 보안 위협 전망 및 분석(한국인터넷진흥원, 2023)

이 보고서는 디지털 대전환 시대의 핵심 기술로 부상한 블록체인이 웹 3.0 환경에서 어떤 역할을 수행하며, 동시에 어떤 보안 위협에 직면할 수 있는지를 다룬다. 특히 코드 스마트 계약 취약점 등 시스템 부문과 키 유출, 전자지갑 이슈 등 이용자를 대상으로 한 서비스 이용 부문에서 발생할 수 있는 보안 위협을 어플리케이션, 시스템, 네트워크로 재분류하여 상세히 설명하고 최신 침해사고 사례를 논의한다. 이를 바탕으로 위협에 대응하기 위한 보안 기술 및 정책적 대응 방향을 모색한다.

**관련 학과** 공학(산업공학과, 소프트웨어융합공학과, 소프트웨어융합학과, 소프트웨어학과, 안전공학과, 전자공학과, 정보보안학과, 정보보호학과, 정보통신공학과, 컴퓨터공학과)

**➕ 탐구활동 주제**

- 블록체인 보안 위협 유형에 대한 계층별 탐구
- 블록체인 보안 정책 및 법제 정비 필요성에 대한 정책적 전망 분석
- 전자지갑 보안 문제의 실제 사례 분석 및 개선 방향 탐구

**➕➕ 창의적 문제해결**
- ▶ 데이터 주권을 알리고 디지털 시민의식 함양을 위한 공공 캠페인 진행
- ▶ 전자지갑 보안, 피싱 피해 등으로부터 청소년을 보호하기 위한 제도 제안

## 📌 심화 활동

**학업역량**
- ▶ 정보, 수학 교과와 연계하여 블록체인 관련 해킹 사례 조사 및 분석 보고서 작성
- ▶ 정보 교과와 연계하여 전자지갑의 보안 기능 실험 및 보안 강화 방안 연구
- ▶ 사회 교과와 연계하여 NFT 관련 법적 이슈를 조사한 후 사례 분석

**진로역량**
- ▶ 정보, 인공지능 기초, 데이터 과학, 소프트웨어와 생활 과목 이수 권장
- ▶ 코딩, 보안 등과 관련된 학습 및 탐구활동을 통해 전공 관련 탐구 역량 함양
- ▶ 블록체인 보안 전문가, 블록체인 개발자 등 직업인 인터뷰 및 직무 탐색

**공동체역량**
- ▶ 블록체인 기술을 활용한 사회 문제 해결 방안 모색 프로젝트 수행
- ▶ 동아리 연계 블록체인 기술의 사회적 적용 사례 조사 및 포럼 운영
- ▶ 블록체인 보안에 관한 인식을 높이기 위한 카드뉴스 저작 및 SNS에 게시

**읽고 쓰고 소유하다**

크리스 딕슨
(김의석 역),
어크로스, 2024

이 도서는 우리가 매일 이용하는 인터넷 공간에서 진짜 '소유권'은 누구에게 있는지를 질문하는 책이다. 사용자는 인터넷상에서 무수한 데이터를 생산하고 공유하지만, 그로 인한 수익은 철저히 소수의 기업이 독점하고 있다는 현실을 날카롭게 짚는다. 저자는 창작물의 소유권은 창작자에게 있으나, 디지털 세상에서의 소유권은 왜 예외가 되는지에 대한 의문을 제기하면서, 해결 대안으로 블록체인을 제시한다. 디지털 권력이 이동하는 시점에서 인터넷의 미래를 전망할 수 있는 책이다.

**➕ 탐구활동 주제**
- 블록체인이 디지털 소유권 문제를 해결할 수 있는 기술인가에 대한 토론
- 플랫폼 경제에서 실제 창작자의 수익 구조를 조사한 후 공정성 고찰

**➕➕ 실천형 탐구활동**
- ▶ 콘텐츠 제작자 권리 보호를 위한 카드뉴스 만들고 SNS에 게시
- ▶ 청소년 사용 플랫폼의 이용 약관 비판적 읽기 및 개선 방향 제안

**오픈데이터** 가상과 현실의 융합, XR 시대의 본격적인 도래(삼정KPMG 경제연구원, 2025)

이 보고서는 XR(확장현실) 기술이 VR(가상현실), AR(증강현실), MR(혼합현실)을 아우르며 산업 전반에 확산되고 있음을 보여준다. 메타, 애플, 삼성전자 등 글로벌 주요 빅테크 기업들이 XR 기술 경쟁력을 확보하기 위해 어떤 노력을 기울이고 있는지를 살펴본다. 또한 게임, 미디어 엔터테인먼트 산업 중심에서 유통 소비재, 교육, 헬스케어, 모빌리티, 항공우주 등 다양한 산업으로 XR이 도입되고 있음을 강조하고, SR 산업의 밸류체인, 주요 기업, 시장 규모 및 전망을 분석한다.

**관련 학과** 공학(로봇공학과, 산업공학과, 소프트웨어융합학과, 소프트웨어학과, 전자공학과, 정보통신공학과, 컴퓨터공학과), 사회(경영학과, 미디어커뮤니케이션학과), 교육(교육공학과)

**⊕ 탐구활동 주제**

◆ XR과 VR 기술의 융합이 가져올 미래 사회 변화 탐구

◆ 교육 분야에서 XR 기술 활용의 장단점 분석 및 윤리적 쟁점에 대한 고찰

◆ XR 기술 확산에 따른 보안 문제 분석 및 해결 방안 연구

**⊕⊕ 창의적 문제해결**

▶ XR 기술을 활용한 교육 격차 해소 프로그램 구축

▶ 개인정보 수집 기준, 중독 방지, 시간 등 XR 교육 윤리 가이드라인 제정 제안

## 📌 심화 활동

**학업역량**

▶ AR과 VR이 원리를 과학적 개념을 활용하여 정리하고 발표

▶ XR 산업 동향 보고서 분석 및 핵심 키워드 추출, 표나 도식으로 정리 등 활동

▶ XR 기술이 수업에 적용된 사례를 탐구한 후 XR 기반 수업 시나리오 구상 및 발표

**진로역량**

▶ 기술·가정, 로봇과 공학세계, 정보, 인공지능 기초 과목 이수 권장

▶ 콘텐츠 기획자, XR 개발자 등 XR 기술로 가능한 미래 직업 탐색 보고서 작성

▶ 관심 분야와 XR 기술을 융합하여 전공 융합 탐구활동 및 발표

**공동체역량**

▶ 고령자, 장애인 등 사회적 약자를 위한 XR 콘텐츠 기획 및 제안서 작성

▶ XR 기술을 활용하여 사회적 메시지를 담은 공익 캠페인 영상 만들고 상영

▶ XR 분야와 관련된 동아리에서 공동 주제 탐구활동 진행

**현업 기획자가 알려주는 XR 기획 스쿨**

배연수, 초록비책공방, 2024

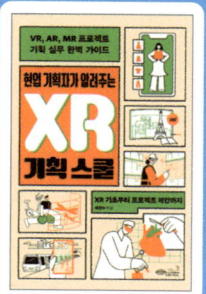

이 도서는 XR의 기획을 실무 중심으로 풀어낸 가이드북이다. 빠르게 변화하는 디지털 혁명 속에서 엔터테인먼트, 교육, 제조, 의료, 마케팅 등 다양한 분야에서 중요한 혁신 요소로 자리잡고 있는 VR, AR, MR을 효과적으로 활용하는 전략을 제시한다. XR 프로젝트 기획을 위해 알아야 할 기본 개념부터 단계별 기획 프로세스, 성공적인 프로젝트 사례까지 폭넓게 다루며 XR 기술이 일상과 산업에 가져올 변화를 선도하는 기획자가 갖추어야 할 마인드세팅도 소개한다.

**⊕ 탐구활동 주제**

◆ 교육, 의료, 마케팅 등 다양한 산업에서 XR 기술 활용 사례 비교 분석

◆ XR 기획자가 갖추어야 할 역량과 역할 탐구 및 발표

**⊕⊕ 실천형 탐구활동**

▶ 관심 분야에 XR 기술을 적용해 프로젝트 설계 및 기획서 작성

▶ XR 기술 관련 박람회, 전시회, 콘텐츠 제작 플랫폼 체험 및 보고서 작성

인문계열

사회계열

자연계열

공학계열

의약계열

예체능계열

교육계열

**오픈데이터** 공간 혁신을 위한 토지복합개발(국토연구원, 2024)

이 보고서는 해외 각국의 공간혁신 사례를 분석하여 국공유지의 활용도를 높이고 도시 경쟁력 강화를 위한 방향을 제시한다. 프랑스 파리의 리브고슈, 미국 뉴욕의 허드슨 야드와 보스턴의 빅딕, 일본 도쿄의 시부야 역세권과 도라모논 아자부다이 힐즈 등 도시계획 규제를 완화하고 민관 협력의 창의적 복합개발을 통해 도시의 랜드마크로 자리잡은 대표적인 사례를 분석한다. 이를 통해 국내 공간혁신구역 제도에 필요한 정책적 실천적 시사점을 도출하고 도시의 지속가능한 발전을 모색한다.

**관련 학과** 공학(건설시스템공학과, 건설환경공학과, 건축공학과, 건축학과, 교통공학과, 도시공학과, 토목공학과), 사회(도시행정학과, 부동산학과, 지리학과, 행정학과)

➕ **탐구활동 주제**
• 해외 도시재생 사례를 통해 본 공간혁신구역 제도의 방향성 분석  • 복합 기능 공간 설계가 도시민 삶에 미치는 영향 탐구
• 도시계획 규제 완화가 지역 활성화에 미치는 영향 탐구

➕➕ **창의적 문제해결**
▷ 폐산업단지나 폐공장 지역을 문화예술공간이나 창업지원센터로 전환
▷ 지하철 역사의 유휴 공간을 예술 전시나 버스킹 등 문화예술거리로 활용

📌 **심화 활동**

**학업역량**
▶ 도시재생 관련 도서를 탐독하고 심화 융합 주제 탐구활동 수행
▶ 사회 과목과 연계하여 공간 불균형 해소 방안과 관련한 정책 제안서 작성
▶ 공간혁신 관련 국내외 사례에 대한 보고서를 읽고 인포그래픽 제작 및 발표

**진로역량**
▶ 도시의 미래 탐구, 경제, 사회문제 탐구, 물리학, 역학과 에너지 과목 이수 권장
▶ 도시공학, 건축공학, 건축학과 연계 진로탐색 활동 및 보고서 작성
▶ 관련 학과 체험 프로그램 참여, 대학생 및 전문가 인터뷰

**공동체역량**
▶ 우리 학교나 마을의 유휴 공간 활용에 대한 의견 공유 및 제안서 제출
▶ 노후 공간 개선을 위한 온라인 릴레이 캠페인 기획 및 실천
▶ 학교 공간을 마을 주민과 함께 사용할 수 있는 '마을 공유 공간' 기획

**도시는 왜 불평등한가**

리처드 플로리다
(안종희 역),
매일경제신문사, 2023

이 도서는 돈과 사람들이 도시로 모이고 경제가 발전할수록 왜 불평등이 심화되는지를 분석한 책이다. 도시의 발전과 함께 나타나는 부동산 폭등, 임금격차, 중산층 몰락 등의 문제를 도시 구조와 자본 흐름의 관점에서 짚어낸다. 저자는 도시가 문제의 원인임과 동시에 해법의 공간임을 강조하며, 오늘날 경제의 핵심 중추로 자리 잡은 현대 도시가 가진 문제의 근본 원인을 살펴본다. 이를 통해 중산층 재건과 지속가능한 발전을 위한 해결 방법을 모색한다.

➕ **탐구활동 주제**
• 복합개발이 도시 불평등을 해소할 수 있는지에 대한 주제 토론 활동
• 국내외 도시 사례를 통해 불평등 해소 전략 제안서 작성 활동

➕➕ **실천형 탐구활동**
▷ 우리 지역의 교통 접근성과 시설을 조사한 후 불균형 사례 시각화 활동
▷ 도시 불평등을 줄이기 위한 아이디어를 정리하고 정책 제안서 제출

이 보고서는 AI가 빠르게 확산하며 일상생활 전반에 스며든 'AI 일상화' 시대에, 새로운 사회적 위협으로 부상한 딥페이크 기술을 이용한 범죄에 효과적으로 대응하기 위한 방안을 모색한다. 딥페이크의 기술적 원리와 발전과정을 분석하고, 딥페이크의 긍정적 부정적 활용 사례를 고찰한다. 더불어 국내외 딥페이크 대응 정책과 기술 대응 현황을 살펴보고, 법 제도적, 기술적, 교육적 차원의 다각적 대응 방안을 제안함으로써 종합적인 대응 전략을 제시한다.

**관련 학과**  공학(소프트웨어융합학과, 소프트웨어학과, 정보보안학과, 정보통신공학과, 컴퓨터공학과), 사회(경제학과, 문화콘텐츠학과, 미디어커뮤니케이션학과, 법학과, 심리학과)

**➕ 탐구활동 주제**

◆ AI 기반 콘텐츠 제작과 딥페이크의 긍정적 활용 사례 탐구      ◆ 청소년 디지털 리터러시로 본 딥페이크 대응
◆ 딥페이크 확산이 청소년 프라이버시에 미치는 영향 연구

**➕➕ 창의적 문제해결**  ▸ 생성형 AI로 제작된 영상에 AI 생성 콘텐츠임을 표기하는 마크 부착 의무화 제안
▸ 딥페이크 콘텐츠 제작 윤리 가이드라인 제작 및 캠페인 활동

# 📌 심화 활동

**학업역량**  ▸ 딥페이크와 윤리적 문제에 대한 토론 활동
▸ 정보 시간과 연계하여 실제 사용 가능한 딥페이크 탐지 실습 및 분석 보고서 작성
▸ AI로 복원된 독립운동가 영상 사례 탐구를 통한 딥페이크 재현 윤리 탐구 프로젝트

**진로역량**  ▸ 사회와 문화, 사회문제 탐구, 인공지능 기초, 소프트웨어와 생활 과목 이수 권장
▸ AI나 IT 기업 견학 프로그램 참여 및 직무 분석 보고서 작성
▸ 콘텐츠 산업 속 딥페이크 활용 직업 탐색, 카드뉴스 제작 및 공유 활동

**공동체역량**  ▸ 딥페이크 대응 법안, AI 리터러시 강화 정책 등 공공정책 제안서 작성
▸ 딥페이크에 맞선 청소년 AI 윤리 헌장 제작 및 캠페인 활동
▸ 딥페이크, AI 윤리, 가짜뉴스 등을 주제로 탐구하는 동아리 기획 및 운영

**도덕적인 AI**
──────
월터 시넛암스트롱 외(박초월 역), 김영사, 2025

이 도서는 'AI 윤리' 분야에서 세계적으로 손꼽히는 철학자, 신경과학자, 컴퓨터과학자 세 명이 함께 집필한 책으로 윤리적인 AI 개발과 사용을 고민하는 사람들을 위한 안내서이다. 딥페이크, 자율주행차, 자율무기, 의료 로봇 등 격변하고 있는 AI 기술의 최신 연구를 망라하고, 프라이버시 침해, 사고의 책임 문제 등 인공지능을 둘러싼 새로운 윤리 문제를 흥미로운 사례와 함께 제시한다. 우리 사회를 더 공정하고 민주적으로 이끌 수 있는 도구로서 AI의 활용법을 제시하는 책이다.

**➕ 탐구활동 주제**  • AI 기술의 발전과 프라이버시 보호 사이의 균형에 대한 탐구
• 의료 인공지능의 판단 권한에 대한 윤리적 고찰

**➕➕ 실천형 탐구활동**  ▸ 미디어 속에서 발견한 AI 관련 윤리 이슈 정리 및 생각 나눔 활동
▸ AI 규제 및 법안 마련을 주제로 한 모의 국회 입법 토론 활동

인문계열

사회계열

자연계열

약학계열

의약계열

예체능계열

교육계열

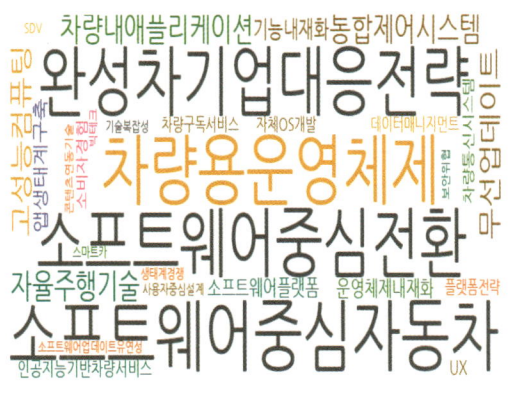

**오픈데이터** 소프트웨어로 달리는 자동차, 완성차 업계가 꿈꾸는 미래(삼정KPMG경제연구원, 2024)

이 보고서는 자동차 산업이 하드웨어 중심에서 소프트웨어 중심으로 전환되는 흐름 속에서 완성차 산업의 방향성을 조망한다. 기술 내재화, 플랫폼 전략, 협업 모델 등 주요 대응 과제를 폭넓게 살펴보며, 산업 구조 변화의 핵심 요인을 분석한다. 특히 소프트웨어 중심 전환이 가져올 기회와 위기를 균형 있게 분석함으로써 전략적 시사점을 제시한다. 소프트웨어 중심 자동차(SDV)의 기술 구조와 산업 변화 방향을 종합적으로 살펴보면서 미래 자동차 산업에 인사이트를 제공하는 보고서이다.

**관련 학과** 공학(기계공학과, 로봇공학과, 메카트로닉스공학과, 소프트웨어융합학과, 소프트웨어학과, 자동차공학과, 전기공학과, 전자공학과, 정보통신공학과, 컴퓨터공학과)

**➕ 탐구활동 주제**

◆ 미래 모빌리티 변화에 따른 직업 세계 변화에 대한 고찰
◆ 자동차에 적용되는 AI 기술의 역할과 윤리적 쟁점 탐구
◆ 소프트웨어 중심 자동차가 가져올 사회적·환경적 변화 탐구

**➕➕ 창의적 문제해결**
▶ 탄소 감축 연계형 소프트웨어 중심의 자동차(SDV) 도입 인센티브 정책 제안
▶ 학교 주변, 교차로 등에서 운전 중 앱 차단 모드 전환 구역 설정 캠페인 활동

# 📌 심화 활동

**학업역량**
▶ 소프트웨어 중심의 자동차(SDV) 기술 관련 기사 요약 및 비평문 작성
▶ 소프트웨어 중심의 자동차(SDV) 관련 핵심 개념어 정리 및 미니백과 만들기
▶ 기술의 발전이 직업 안전 환경에 미치는 영향에 관한 주제 토론 활동

**진로역량**
▶ 기술·가정, 로봇과 공학세계, 창의 공학 설계 과목, 소프트웨어와 생활 과목 이수 권장
▶ 자동차 관련 계열 학과 탐색 및 전공 과목, 졸업 후 진로 등 진로 탐색 활동
▶ 완성차 기업들의 기술 전략과 인재상 등 기업 분석 활동 및 발표

**공동체역량**
▶ 교통약자를 위한 소프트웨어 중심의 자동차(SDV) 사용자 환경 개선 아이디어 도출
▶ 안전운전 문화 만들기를 위한 카드뉴스 제작 및 SNS 홍보
▶ 탄소 감축을 위한 소프트웨어 중심의 자동차(SDV) 활용 방안 정책 제안서 작성

**모빌리티 쫌 아는 10대**

서성현, 풀빛, 2023

이 도서는 전기차, 수소전기차, 자율주행차, 도심항공 모빌리티, 우주 모빌리티 등 미래 모빌리티 기술을 쉽고 흥미롭게 소개하는 과학 교양서이다. 이동 수단의 발전을 통해 인간의 삶이 어떻게 변화해왔는지, 그리고 앞으로 어떻게 달라질지를 생생한 그림과 함께 설명한다. 기계, 전자, 화학, 정보 기술 등 다양한 과학 분야가 모빌리티에 어떻게 융합되어 있는지를 10대의 눈높이에 맞춰 풀어내는 책으로, 사람과 사물의 이동을 넘어, 지속가능한 미래를 꿈꾸는 기술의 이야기가 담겨 있다.

**➕ 탐구활동 주제**
◆ 자율주행차에 적용되는 센서 기술과 정보처리 과정 연구
◆ 지속 가능한 미래 모빌리티를 위한 기술 융합 사례 탐구

**➕➕ 실천형 탐구활동**
▶ 미래 모빌리티 기술을 소개하는 카드뉴스 또는 영상 콘텐츠 제작 및 공유
▶ 동아리 발표회를 통해 교내 미래 모빌리티 전시 부스 운영

이 보고서는 전 세계적으로 가속화되는 플라스틱 오염 문제와 그 해결책으로 부상한 폐플라스틱 재활용 산업의 현황과 전망을 종합적으로 다룬다. 특히 국내외 플라스틱 재활용 시장, 정책 변화, 기업들의 밸류체인 구축 전략 등 다각적 관점에서 플라스틱 재활용 시장의 구조와 가능성을 분석한다. 또한, 화학적 재활용 기술과 ESG 경영 연계, 재생원료 사용 의무화와 같은 흐름이 산업 전반에 미치는 영향을 탐구하며, 지속가능한 미래를 위한 대응 전략을 제안한다.

**관련 학과** 공학(건설환경공학과, 고분자공학과, 산업공학과, 신소재공학과, 에너지공학과, 응용화학과, 화학공학과, 환경공학과), 사회(경제학과, 공공행정학과, 행정학과)

**⊕ 탐구활동 주제**

⬩ 플라스틱 감축을 위한 소비자의 역할과 실천 전략 탐구  ⬩ 플라스틱 재생원료 사용 의무화 정책의 필요성과 한계 탐구

⬩ 미세플라스틱 오염이 인간과 환경에 미치는 영향 고찰

**⊕⊕ 창의적 문제해결**  ▶ 재활용 수거 및 선별의 민관협력 플랫폼 구축 제안

▶ 교내 '플라스틱 없는 하루'를 위한 카드뉴스 제작 및 캠페인 활동

## 📌 심화 활동

**학업역량**  ▶ 친환경 소재와 플라스틱의 분해 속도 비교 실험 및 보고서 작성

▶ 미세플라스틱, ESG, 재활용 관련 기사 요약, 분석, 보고서 작성 및 발표

▶ 플라스틱 문제에 대한 논문이나 보고서를 읽고 신문 기사 쓰기 활동

**진로역량**  ▶ 화학, 물질과 에너지, 융합과학 탐구, 생태와 환경, 인간과 경제활동 과목 이수 권장

▶ 학교 주관 환경 관련 진로 특강 참여 및 보고서 작성

▶ 플라스틱 문제 해결 기업 탐방 및 전문가 인터뷰 활동

**공동체역량**  ▶ 지역 내 분리배출 현황 및 정책 조사 후 개선을 위한 정책 제안서 작성

▶ 재활용의 중요성을 알리는 영상 콘텐츠 만들고 SNS 홍보

▶ 친환경 제품 아이디어 구상 기획서 작성 및 공모전 참여

**오늘도 플라스틱을 먹었습니다**

롤프 할든
(조용빈 역),
한문화, 2022

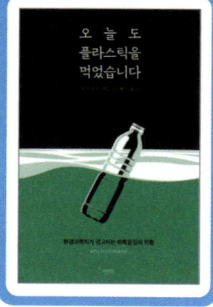

이 도서는 인간이 삶의 편의를 위해 개발한 각종 화학물질이 어떻게 지구와 인체를 오염시키는지 그 과정에 주목한다. 개인 위생용품의 항균 성분, 화학비료, 난연제, 플라스틱 등이 언제, 어떤 이유로 만들어졌는지를 분석하고, 이러한 물질들이 오랜 시간에 걸쳐 인류에게 어떤 피해를 가져왔는지를 과학적으로 추적한다. 모든 오염 물질이 결국 인간의 몸으로 다시 돌아오고 있음을 상기시키며, 우리 삶의 지속 가능성을 예측하고 대비할 수 있는 방안을 모색하고자 하는 책이다.

**⊕ 탐구활동 주제**  ⬩ 일상생활 속 화학물질 사용 실태 조사 및 유해성 여부와 대체재 탐구

⬩ 해외 주요국의 화학물질 규제 정책 비교 및 국내 정책에 대한 시사점 연구

**⊕⊕ 실천형 탐구활동**  ▶ 생활 속 플라스틱 줄이기 실천 프로젝트 진행 및 보고서 작성

▶ 우리 집에서 사용 중인 플라스틱 제품 조사 및 감축 방안 계획 후 실천

인문계열

사회계열

자연계열

공학계열

의약계열

예체능계열

교육계열

**오픈데이터** 한국 메모리 및 시스템 반도체의 글로벌 경쟁력 분석(대외경제정책연구원, 2025)

이 보고서는 한국의 메모리 및 시스템 반도체 산업이 글로벌 시장에서 직면한 경쟁력 변화와 주요 도전 과제를 종합적으로 분석한다. 중국, 일본, 미국, 대만과의 무역 현황을 살펴보고 한국 메모리 반도체 산업 경쟁력 하락 문제와 시스템 반도체 산업의 경쟁력 둔화 문제를 다룬다. 한국의 강점인 첨단 제조와 로직으로 확장되는 메모리 전문성을 바탕으로 기술 격차를 해소하고 반도체 산업의 경쟁력 강화를 강조한다. 더불어 첨단 기술 확보를 위한 전략적 연구개발 투자를 촉구한다.

**관련 학과** 공학(기계공학과, 기계시스템공학과, 로봇공학과, 메카트로닉스공학과, 반도체공학과,전기공학과, 전자공학과, 정보통신공학과, 컴퓨터공학과, 정보보안학과)

**⊕ 탐구활동 주제**

• 한국 반도체 산업의 강점과 약점 분석
• 글로벌 반도체 경쟁 시대를 대비한 국내 기술 투자 전략 연구
• 시스템 반도체 분야의 한국과 대만의 기술 경쟁력 비교 분석

**⊕ ⊕ 창의적 문제해결** ▶ 고교-대학-기업 연계형 반도체 진로 탐색 프로젝트 운영 제안
▶ 반도체 산업 주요 국가를 정리해 세계 지도 제작 및 공유

## 📌 심화 활동

**학업역량** ▶ 반도체 산업 수출입 데이터를 통계 기법으로 분석하고 시각화 및 발표
▶ 과학 교과와 연계하여 반도체 원리를 주제로 실험 및 보고서 작성
▶ 시스템 반도체와 메모리 반도체의 개념을 비교 설명하는 인포그래픽 제작 및 발표

**진로역량** ▶ 물리학, 역학과 에너지, 전자기와 양자, 융합과학 탐구 과목 이수 권장
▶ 반도체 산업 관련 주요 기업과 직업을 탐색하고 포트폴리오 작성
▶ 대학 및 연구기관 반도체 특화 프로그램 참여 및 보고서 작성

**공동체역량** ▶ 미래 반도체 정책에 대한 정책 제안서 작성 및 제출
▶ 반도체 관련 진학 및 진로 정보를 담은 가이드북 만들고 공유
▶ 반도체 관련 동아리에서 국내외 반도체 뉴스를 정리해 주는 뉴스레터 발간

**진짜 하루만에 이해하는 반도체 산업**

박진성,
티더블유아이지, 2023

이 도서는 반도체 산업의 전체 구조와 핵심 개념을 쉽게 이해할 수 있도록 돕는 입문서이다. 복잡한 전문 용어 대신 다양한 예시와 실제 사례를 통해 설명할 뿐만 아니라, 반도체의 원리와 역사, 시스템 반도체와 메모리 반도체, 8대 공정, 분야별 대표기업 등을 한눈에 파악할 수 있도록 구성되어 있다. 특히 어려운 용어에 대한 설명을 친절하게 정리해 반도체 기술과 산업, 반도체 관련 분야 진로에 관심 있는 독자들에게 실용적인 안내서 역할을 해주는 책이다.

**⊕ 탐구활동 주제** • 국내외 반도체 기업의 기술, 제품, 시장 점유율 비교 분석
• 일상생활 속 반도체 활용 사례 탐구 및 반도체 산업이 삶에 미치는 영향 연구

**⊕ ⊕ 실천형 탐구활동** ▶ 반도체의 개념을 쉽게 설명하는 영상 또는 카드뉴스 제작 및 공유
▶ 반도체 관련 직무 탐색 후 리플렛 만들고 배포

세특 프리패스

오픈 데이터 활용편

# 의약
# 계열

이 보고서는 미 중 무역분쟁이 제약·바이오 산업으로 확산되는 가운데, 미국의 '생물보안법'을 중심으로 글로벌 바이오 시장의 재편 움직임을 분석한 자료이다. 미국이 중국 바이오 기업의 기술력과 정보 접근을 국가안보 위협으로 간주하며 강력한 규제에 나서고 있는 상황에서, 국내 제약 바이오 산업이 나아가야 할 방향을 모색하고자 한다. 또한 바이오 산업 내 미국과 중국의 갈등의 여파가 세계 바이오 기업들에게 미칠 직간접적 영향을 살펴보고 국내 바이오 기업의 대응 전략을 조망한다.

**관련 학과** 의약(간호학과, 건강관리학과, 약학과, 의료공학과, 의예과), 자연(생명공학과, 생명과학과, 식품공학과, 줄기세포재생공학과, 화학과), 공학(생물공학과, 식품생명공학과)

➕ **탐구활동 주제**

◦ 미국의 '생물보안법'이 글로벌 바이오 산업에 미치는 영향 분석　　◦ 미·중 기술패권 경쟁이 바이오 산업에 미치는 영향 탐구
◦ 국내와 해외 바이오 기업의 전략적 차이 비교 분석

➕➕ **창의적 문제해결**

▶ 바이오 산업 분야 미래 인재 양성을 위한 청년 바이오 육성 프로그램 제안
▶ 지역 병원 또는 보건소와 협력해 바이오 관련 교육 콘텐츠를 만들고 배포

📌 **심화 활동**

**학업역량**
▶ 한국 바이오 기업들의 경쟁력 비교표 제작 및 발표
▶ 사회 교과와 연계하여 한국 바이오산업이 나아갈 방향에 대한 정책 제안서 작성
▶ 바이오 산업과 국가 안보의 관계에 대한 에세이 쓰기를 통해 융합적 사고력 증진

**진로역량**
▶ 정치, 법과 사회, 국제 관계의 이해, 화학, 생명과학, 생물의 유전 과목 이수 권장
▶ 생명과학, 화학, 의약 계열 전공 탐색을 통한 계열 적합성과 학습 동기 강화
▶ 제약바이오 산업 관련 전공자와의 진로멘토링 활동

**공동체역량**
▶ 생명정보 보호를 주제로 교내 '생명과 윤리' 캠페인 기획 및 운영
▶ 미래 전염병 대응을 위한 모의 국제협력 회의 역할극 기획 및 참여
▶ 바이오산업 기술을 활용한 사회 기여 방안 모색 등 봉사활동 아이디어 기획 활동

**생명과 약의 연결고리**

김성훈,
웅진지식하우스,
2023

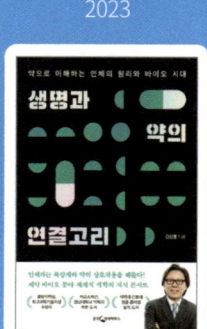

이 도서는 인체라는 복잡계 속에서 약이 어떤 방식으로 상호작용하고, 또 어떤 영향을 미치는 지를 깊이 있고 쉽게 풀어낸 약학 교양서이자 안내서이다. 신약 개발, 부작용, 약물 내성, 중독 등 약과 생명의 얽힌 이야기를 과학적 통찰과 흥미로운 사례를 통해 풀어낸다. 의약 계열 진학을 준비하는 학생들에게 유익한 길잡이로, 교과와 진로의 연결고리를 자연스럽게 만들어준다. 생명을 다루는 학문에 관심 있는 독자들에게 꼭 필요한 지식과 통찰, 그리고 바이오산업에 대한 견해를 담고 있다.

➕ **탐구활동 주제**
◦ 뉴스 및 오픈데이터를 통해 약물 부작용 사례 분석 후 보고서 작성 및 발표
◦ 신약 개발의 과정을 탐구하고, 신약 개발 성공 및 실패 요인 비교 분석

➕➕ **실천형 탐구활동**
◦ 약물 복용 경험에 대한 설문조사 후 안전한 복용을 위한 캠페인 진행
◦ 정해진 시간에 약을 복용하고 기록할 수 있는 앱 아이디어 기획안 작성

인문계열

사회계열

자연계열

공학계열

의약계열

예체능계열

교육계열

**오픈데이터** 빅파마 M&A 트렌드로 본 바이오테크 기업의 비즈니스 기회(삼정KPMG 경제연구원, 2024)

IRA 플랫폼기술 다국적제약사 GLP-1기반치료제
빅파마
FDA 기업가치산정 신약개발 당뇨치료제 투자전략 시장확대
항체약물접합체 희귀질환치료제
글로벌제약사 임상단계기술수출 인플레이션감축법
비만치료제 인수합병
M&A 임상개발 환자중심 미국Medicare
바이오테크
기술기반바이오기업바이오기업매각
파이프라인확보
중소바이오기업기회 글로벌시장경쟁 파트너십 신약승인트렌드 유전자치료제

이 보고서는 글로벌 제약 산업에서 빅파마의 M&A 트렌드를 분석하고, 바이오테크 기업에게 새롭게 열리는 비즈니스 기회를 조명한다. 비만 당뇨병 치료제의 부상과 희귀질환 관련 의약품을 포함한 FDA 신약 승인 확대 등 제약 바이오 주요 이슈를 통해 글로벌 투자 동향을 살펴본다. 또한 글로벌 제약 바이오 M&A 동향과 주요 특징을 사례를 통해 분석한다 고령화, 신흥국가들의 소득수준 향상, 신종 감염병 출현 등의 상황에서 바이오테크 기업들의 비즈니스 기 회를 전망하고 대응 전략을 모색한다.

**관련 학과** 의약(간호학과, 보건관리학과, 약학과, 의예과, 임상병리학과, 치의예과, 한의예과), 사회(경영학과, 경제학과, 사회학과), 자연(미생물학과, 생명공학과, 생명과학과)

**➕ 탐구활동 주제**
◆ 바이오벤처 기업이 글로벌 시장에서 성공하기 위한 전략 탐구     ◆ 글로벌 경쟁 속 한국 바이오테크 기업의 대응 전략 모색
◆ 바이오산업과 인공지능 기술의 협업 사례 탐구

**➕➕ 창의적 문제해결**   ▶ 청소년 대상 바이오 창업 아이디어 캠프 프로그램 제안
▶ 지역사회 대학이나 병원, 바이오 기업과 연계한 청소년 바이오 멘토링 프로그램

## 📌 심화 활동

**학업역량**
▶ 미국의 IRA(인플레이션 감축법) 정책 내용 요약 후 한극 제약산업에 미칠 영향 분석
▶ 바이오 기업이 글로벌 시장에 진출할 때 필요한 전략 토론 활동
▶ 과학 교과의 '생명 유지' 개념과 연계하여 신약 개발 과정 탐구

**진로역량**
▶ 화학, 생명과학, 물질과 에너지, 세포와 물질대사, 생물의 유전, 보건 과목 이수 권장
▶ 바이오 관련 학과 및 직업을 조사하고 진로 포스터 제작 및 발표
▶ 신약 개발 관련 직업인 인터뷰 및 바이오 기업 직무 체험 활동

**공동체역량**
▶ 제약회사, 연구원, 투자자, 환자 가족 등의 입장이 되어 '신약 개발 회의' 역할극
▶ 의약품 오남용 예방과 올바른 약 사용을 위한 포스터 제작 및 교내 게시
▶ 학교 보건실과 연계하여 전교생 대상 '의약품 안전 캠페인' 기획 및 실천

**빅파마로 가는 길**
───
김태억,
한국경제신문, 2025

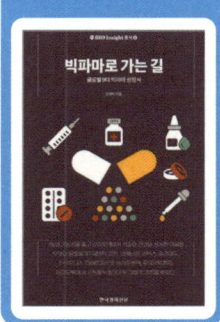

이 도서는 글로벌 빅파마로 성장한 제약사들의 창업 배경과 성장 과정을 심층적으로 분석하며, 바이오 시장에서 성공하기 위한 조건을 구체적으로 제시한다. 단순히 기술뿐 아니라 과학, 자본, 사람은 물론 시대적 상황까지 꼼꼼하게 살펴보며, 빅파마가 되기까지의 현실적 어려움과 돌파 전략을 짚는다. 특히 국내 바이오텍이 글로벌 무대에 진출하기 위해 준비해야 할 방향에 대한 실질적인 인사이트를 제공한다. 빅파마의 역사와 현재를 통해 미래를 그려볼 수 있는 책이다.

**➕ 탐구활동 주제** ▶ 글로벌 제약사의 성장 요인을 분석하고 공통점과 차이점 비교 탐구
▶ 제약 산업의 성장과 사·회적 가치(공공의료, 이익과 윤리 등)의 균형에 대한 토론

**➕➕ 실천형 탐구활동** ▶ 책 속 빅파마 성장 전략 기반 바이오 스타트업 창업 기획서 작성 활동
▶ 글로벌 제약사의 창업 배경과 성장 요인을 시각 자료로 도식화하고 발표

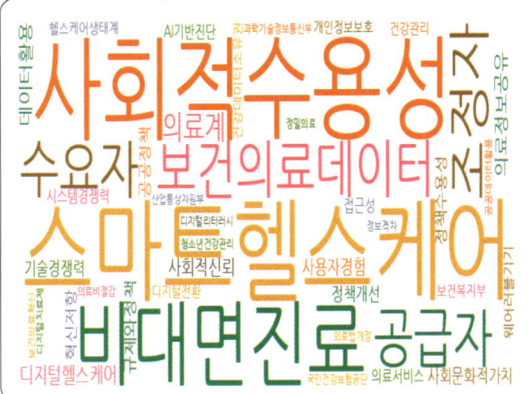

이 보고서는 스마트헬스케어에 대한 한국 사회의 수용성 현황을 진단하고 활성화 방안을 모색한다. 의료계, 산업계, 정부, 국민 등 주요 이해당사자 간 갈등 구조를 분석하고, 국민의 신뢰 부족과 법·제도 미비가 생태계 발전을 저해하는 핵심 요인임을 밝힌다. 주요국 사례를 바탕으로 정책적 시사점을 도출하고, 균형 있는 생태계 구축을 위한 전략을 제시한다. 공급 중심의 정책과 함께 수요자 관점의 접근도 조명하며, 사회적 수용성 강화를 위한 논의를 담고 있다.

**관련 학과** 의약(간호학과, 물리치료학과, 보건관리학과, 약학과, 한약학과, 의예과, 작업치료학과, 재활상담학과, 치의예과, 한의예과), 사회(법학과, 사회복지학과, 사회학과)

**➕ 탐구활동 주제**
◆ 우리나라와 해외의 스마트헬스케어 정책 비교 분석 　　◆ 스마트헬스케어를 활용한 청소년 건강 증진 방안 탐구
◆ 스마트헬스케어 기술 확산에 따른 개인정보 보호 이슈 고찰

**➕➕ 창의적 문제해결**
▶ 국민 건강데이터 활용 기반 맞춤형 스마트헬스 서비스 지원 정책
▶ 의료 접근성 향상을 위한 AI 헬스 상담 챗봇 구축 프로젝트

## 📌 심화 활동

**학업역량**
▶ 스마트헬스케어 관련 논문 탐독 후 핵심 개념 요약 정리 및 발표
▶ 비대면 진료, 데이터 공유 등을 주제로 찬반 토론 활동
▶ 보건 과학 기술 융합을 주제로 주제 탐구활동 및 보고서 작성

**진로역량**
▶ 사회와 문화, 사회문제 탐구, 인공지능 기초, 데이터 과학, 보건 과목 이수 권장
▶ 지역 보건소나 스마트헬스케어 관련 기업 방문을 통한 헬스케어 체험 활동
▶ 헬스케어 관련 전공 조사 및 학과 비교 포스터 만들고 공유

**공동체역량**
▶ IT와 보건교과 융합 동아리를 운영하고 건강 맞춤형 애플리케이션 개발 활동
▶ 스마트헬스케어 활용법 안내 리플렛 제작 봉사 활동
▶ 학교 건강 챌린지 주간을 위한 캠페인 활동 및 SNS 홍보

---

**디지털 헬스케어 개론**

이동훈,
한빛아카데미, 2025

이 도서는 디지털 기술과 건강관리의 융합으로 빠르게 성장 중인 디지털 헬스케어 산업 전반을 체계적으로 소개하는 입문서이다. 보험, 제약 바이오, 의료, IT 등 다양한 분야의 최신 사례와 산업 동향을 폭넓게 다룬다. 사용자 관점의 서비스 설계부터 시장조사, 비즈니스 모델 개발, 기술 사업화까지 디지털 헬스케어 기획 전 과정을 설명한다. 헬스케어 분야에서 혁신적인 서비스를 기획하고자 하는 독자들에게 실질적인 통찰과 기획 역량을 제공하는 책이다.

**➕ 탐구활동 주제**
◆ 국내외 디지털 헬스케어 스타트업 사례 조사 및 성공요인 분석
◆ IT 기술(AI, 사물인터넷, 센서 등)이 건강관리 방식에 미치는 영향 탐구

**➕➕ 실천형 탐구활동**
▶ 건강관리 애플리케이션 활용 건강 데이터 기록 및 분석 프로젝트 활동
▶ 디지털 헬스케어에 대한 카드뉴스, 슬라이드 자료 제작 및 공유 활동

인문계열

사회계열

자연계열

약학계열

의약계열

예체능계열

교육계열

**오픈데이터** | 진료지원인력과 미래 간호인력 활용 방안(한국과학기술한림원, 2024)

이 보고서는 의료인력 부족의 문제 속에서 진료지원간호사의 역할과 제도화 방향을 도색한다. 국내외 진료지원인력 제도를 살펴보고, 우리나라의 진료지원인력 중 간호사와 관련된 현황을 공유한다. 국민의 건강과 안전을 위해 우수한 미래 의료인력을 양성하고, 이를 합리적이고 효과적으로 운영할 수 있는 방안을 제시한다. 나아가 변화하는 의료 환경에 더응하기 위한 방향을 모색하고, 의료 서비스의 개선과 의료 직군 간의 지속적인 소통과 협력의 필요성을 강조한다.

**관련 학과**  의약(간호학과, 물리치료학과, 보건관리학과, 언어치료학과, 응급구조학과, 임상병리학과, 작업치료학과),
사회(법학과, 사회복지학과, 사회학과, 상담심리학과, 행정학과)

**＋ 탐구활동 주제**

◆ 의료 인력 부족 문제에 대한 간호 인력 활용 방안 고찰

◆ 의료 직군 간 갈등 원인에 대한 심층 탐구 및 해결 방안 탐구

◆ 전공의 공백 상황에서 진료지원인력의 대응 사례 탐구

**＋ ＋ 창의적 문제해결**  ▶ 전문간호사 제도 정착을 위한 정책 제안서 작성 및 제출
▶ 의사와 간호사 간 협업형 의료체계 시나리오 창작 및 공모

## 📌 심화 활동

**학업역량**
▶ 보건, 진로, 사회 교과와 연계한 진료지원간호사 역할 소개 프레젠테이션
▶ 간호사의 역할에 대한 언론 보도, 뉴스, 서적 등을 분석하고 발표
▶ 보고서 탐독 후 전문간호사와 전공의 업무를 시각화 자료로 정리하고 발표

**진로역량**
▶ 사회와 문화, 사회문제 탐구, 생명과학, 진로와 직업, 보건 과목 이수 권장
▶ 전문간호사가 되기까지의 진로 경로와 필요한 역량 조사 후 보고서 작성 및 발표
▶ 간호사, 의사 등 의료 현장 직업인과의 인터뷰 및 보고서 작성

**공동체역량**
▶ 의료 직군 간 협업과 배려의 가치를 알리는 SNS 카드뉴스 제작 및 공유
▶ 지역보건소, 학교 보건실과 연계한 봉사활동 기획 및 참여
▶ 시민으로서 보건의료에 기여할 수 있는 작은 실천들을 포스터로 제작 후 게시

---

**나는 간호사, 사람입니다**

김현아, 아를, 2023

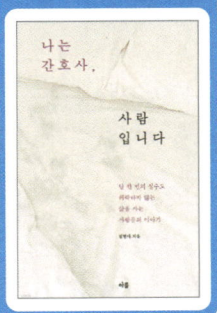

이 도서는 21년 넘게 외과중환자실에서 환자들을 돌본 베테랑 간호사가 들려주는, 간호사라는 직업 뒤에 숨겨진 눈물과 헌신의 기록이다. '백의의 천사'가 아닌 '백 가지 일을 해내는 전사'로 살아가는 간호사들의 현실이 가슴 뭉클하게 다가온다. 생사의 경계에서 환자들을 돌보며 마음까지 소진해가는 간호사들의 목소리는 우리 사회의 아픈 이면을 보여주기도 한다. 한 사람의 간호사이자 한 인간으로서 겪어낸 고통, 연대, 좌절, 사명의 이야기가 조용하지만 깊은 울림을 준다.

**＋ 탐구활동 주제**
◆ 감정노동 직업군의 심리적 소진 문제와 제도적 지원 방안 탐색
◆ 의료 현장 속 다양한 직군 간의 역할과 협업 구조 분석 및 갈등 해결책 탐구

**＋ ＋ 실천형 탐구활동**
▶ 병원, 보건소 등 의료인들에게 감사 편지 쓰기 캠페인
▶ 보건실 도우미 활동을 통해 간호 실무 체험 및 돌봄 노동의 가치 이해

이 보고서는 우리나라 만성질환의 현황과 이슈를 종합적으로 분석한 통계 기반 자료이다. 인구 고령화와 함께 증가하는 만성질환의 유병률, 사망률, 진료비 지출 추이를 구체적인 수치로 제시한다. 특히 고혈압, 당뇨병, 이상지질혈증 등 주요 질환별 유병 현황과 관리 실태를 심층적으로 다룬다. 더불어 흡연, 음주, 신체활동, 영양 등 건강위험요인을 상세하게 설명하고, 건강 행태 개선과 예방 중심 정책의 필요성을 강조한다. 전 국민의 건강한 삶을 위한 공공 보건 자료이다.

**관련 학과** 의약(간호학과, 건강관리학과, 물리치료학과, 보건관리학과, 약학과, 의예과, 임상병리학과, 치의예과, 한의예과), 사회(사회복지학과, 행정학과), 자연(생명공학과, 생명과학과)

### ⊕ 탐구활동 주제
- 청소년 건강행태가 미래 만성질환 유병률에 미치는 영향 탐구
- 생활습관병 예방을 위한 청소년 대상 건강행태 개선 방안 탐구
- 건강 불평등 해소를 위한 보건소 중심 만성질환 관리 방안 연구

### ⊕⊕ 창의적 문제해결
▶ 청소년 생활습관병 예방 캠페인 기획 및 실행
▶ 청소년을 위한 '건강행태 점검표' 배포 및 '생활습관 자가 진단 앱' 개발

## 📌 심화 활동

**학업역량**
▶ 유전적 요소와 환경적 요소를 고려하여 가족력과 만성질환의 연관성 조사
▶ 관심 있는 질환과 과학 개념을 연결해 질병의 원인과 예방법을 주제로 글쓰기 활동
▶ 국가별 사례 분석을 통한 우리나라에 적합한 만성질환 예방 정책 제안 활동

**진로역량**
▶ 사회와 문화, 사회문제 탐구, 운동과 건강, 기술·가정, 보건 과목 이수 권장
▶ 간호사, 임상병리사, 보건소 직원 등 보건 계열 직업군 조사 및 전공 탐색
▶ 질병 관련 탐구활동, 독서 활동, 논문 탐독 등을 진행하고 진로 포트폴리오 제작

**공동체역량**
▶ 만성질환별 예방 메시지를 담은 시각 자료 제작 및 건강 캠페인 실천
▶ 학교 보건실과 연계하여 '건강의 날' 기획 및 실행
▶ 나쁜 습관(야식, 폭식 등)을 줄이고 건강한 식습관을 위한 릴레이 서약서 작성 활동

**질병은 없다**

제프리 블랜드
(이재석 역),
정말중요한, 2024

이 도서는 현대 의학의 눈부신 발전에도 불구하고 만성질환이 계속 증가하는 이유를 근본적으로 성찰한다. 저자 제프리 블랜드는 질병을 단순한 고장이 아닌 몸의 복잡한 기능 이상으로 바라보며, 기능의학이라는 새로운 관점으로 접근한다. 7가지 핵심 생리 과정을 중심으로 건강에 대한 새로운 접근 방식과 맞춤형 건강관리 프로그램을 제시하며, 예방 중심의 건강관리 혁신을 강조한다. 만성질환에 시달리는 현대인에게 진정한 건강 회복의 길을 제안하는 책이다.

### ⊕ 탐구활동 주제
- 현대 사회에서 만성질환의 증가 원인 분석 및 보고서 작성
- 데이터 기반 맞춤형 건강관리가 의료 분야에 미치는 영향 탐구

### ⊕⊕ 실천형 탐구활동
▶ 자신의 건강행태 분석 및 맞춤형 건강관리 프로그램 설계와 실천
▶ 식습관, 수면, 운동 등의 자신만의 건강 루틴 설계 및 실천 기록지 작성

인문계열

사회계열

자연계열

약학계열

의약계열

예체능계열

교육계열

**오픈데이터** 2024년 한방의료이용 실태조사 기초보고서(보건복지부, 2025)

이 보고서는 국민의 한방의료 이용 실태와 인식을 종합적으로 파악해 정책 수립에 필요한 기초 자료를 제공하고자 한다. 한방의료 이용 경험, 한방의료에 대한 인식, 만족도, 비용 부담, 향후 이용 의향 등을 중심으로 실생활 속 활용 양상을 살펴본다. 주 이용 목적을 파악하고 연령대나 거주 지역에 따른 이용률 차이도 분석한다. 한약에 대한 관심과 선호도, 건강보험 보장성 확대에 대한 기대를 살펴봄으로써 국민 중심 한방 의료 정책 수립에 참고 자료로 활용될 수 있다.

**관련 학과**  의약(간호학과, 물리치료학과, 보건관리학과, 약학과, 한약학과, 의예과, 임상병리학과, 작업치료학과, 한의예과), 사회(사회복지학과, 소비자학과, 심리학과, 행정학과)

**➕ 탐구활동 주제**
- 설문조사를 통한 세대 별 한방의료에 대한 인식 차이 비교 분석
- 한방의료와 서양의료의 이용 목적에 대한 비교 분석
- 한방의료 정보 획득 경로와 정보 출처별 신뢰도 연구

**➕➕ 창의적 문제해결**  ▶ 의료 취약 지역에 순회형 한방 진료 서비스를 위한 '한방 버스' 정책 제안
▶ QR코드 스캔으로 한약 성분 처방 브작용 등을 확인할 수 있는 제도 제안

## 📌 심화 활동

**학업역량**  ▶ 생물 교과와 연계하여 한방의료가 만성질환 치료에 미치는 효과 탐구
▶ 지역별 한방의료 접근성 불균형에 대한 통계 분석 및 ㅅ 각화 프로젝트
▶ 조선 시대의 한의학과 현대 한방의료 비교 분석을 통한 보고서 작성 및 발표

**진로역량**  ▶ 생명과학, 세포와 물질대사, 생물의 유전, 데이터 과학, 보건 과목 이수 권장
▶ 한방 의료 관련 직업군 탐색 및 진로 로드맵 제작 후 발표
▶ 의료 계열 직업인 인터뷰, 학과 탐방, 의료기관 견학 등 체험 프로그램 참여

**공동체역량**  ▶ 한방 건강정보 리플릿 제작 및 지역 경로당이나 보건소에 배포
▶ 한방의료 이용 불균형 해소를 위한 포스터나 영상 제작 및 공공캠페인 활동
▶ 학교 보건실과 지역 한의원, 보건소와의 연계를 통한 한·방 건강 체험 부스 운영

**이제 괜찮아질 겁니다**

이만희, 해뜰서가, 2025

이 도서는 일상에서 자주 겪는 60여 가지 질환과 증상의 원인을 한의학적으로 분석하고 생활 속 관리법을 알기 쉽게 풀어낸 실용 건강서이다. 30여 년간 의료 현장에서 환자들을 진료해 온 한의학 박사의 경험과 노하우를 통해 누구나 쉽고 정확하게 건강 정보를 이해할 수 있다. 일상 속 가벼운 질병부터 암과 치매, 뇌졸중, 심근경색과 같이 생명을 위협하고 삶의 질을 떨어뜨리는 질병에 대한 원인, 증상, 한방치료법, 생활요법 등이 담겨 있는 책이다.

**➕ 탐구활동 주제**
- 질병의 원인에 대한 한의학과 현대의학의 관점 비교 연구
- 노인성 질환에 대한 한방적 접근과 예방법 탐구

**➕➕ 실천형 탐구활동**  ▶ 수면, 소화, 피로 등의 문제를 한의학적 관리법을 적용하고 일지 작성
▶ 두통, 소화불량, 불면 관련 한방 관리법을 소개하는 건강 캠페인 활동

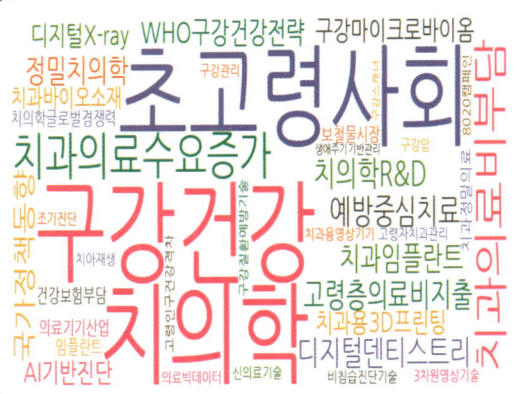

이 보고서는 세계적인 고령사회 도래에 따른 노인 치과의료 수요 증가와 그로 인한 의료비 부담 가중 우려에 대한 대책을 모색한다. 미국, 호주, 일본 등 주요 국가들의 국민 구강건강 증진 및 치과의료 분야 미래기술 선점을 위한 관련 정책 동향을 살펴보고, 국내 치의학 분야가 나아가야 할 방향에 대한 시사점을 제시한다. 특히, 디지털 덴티스트리 분야의 높은 글로벌 성장 가능성과 국내 기술경쟁력을 바탕으로 국가 차원의 전략적 투자를 강조한다.

**관련 학과**　의약(간호학과, 보건관리학과, 약학과, 의료공학과, 치기공학과, 치위생학과, 치의예과, 한약학과), 공학(기계공학과, 로봇공학과, 신소재공학과, 의공학과, 화학공학과)

### ⊕ 탐구활동 주제

- 디지털 덴티스트리의 발전과 치과 치료 패러다임 변화 탐구
- 국내외 고령층 구강건강 정책 비교를 통한 시사점 분석
- 치과 진료비 부담 완화를 위한 보건정책의 방향성과 한계 고찰

### ⊕⊕ 창의적 문제해결

- ▶ 고령자 대상 AI 음성 지원과 카메라 스캔을 통한 구강관리 코칭 로봇 보급
- ▶ 경로당, 요양시설에 정기적 출장을 통한 찾아가는 구강검진 시스템 도입

## 📌 심화 활동

**학업역량**
- ▶ 치과용 3D 프린팅 기술과 물리 화학 원리 분석 탐구활동
- ▶ 디지털 덴티스트리 관련 뉴스 기사 스크랩 및 논평 쓰기 활동
- ▶ 생활 속 구강건강 실태조사 후 통계 분석을 통한 시각화 활동

**진로역량**
- ▶ 물리학, 화학, 생명과학, 융합과학 탐구, 소프트웨어와 생활 과목 이수 권장
- ▶ 계열별 치의학 관련 전공 탐색 및 전공별 역할, 직무, 필요한 역량 정리 활동
- ▶ 디지털 덴티스트리 관련 전공자 인터뷰 및 보고서 작성

**공동체역량**
- ▶ 구강건강 관련 짧은 홍보 영상 제작 및 캠페인 활동
- ▶ 고령층 대상 구강관리 교육 리플렛 제작 및 기부 봉사활동
- ▶ 학교 보건실과 연계한 구강건강 상담 주간 기획 및 봉사활동

**치과위생사는 이렇게 일한다**

정은지, 청년의사, 2023

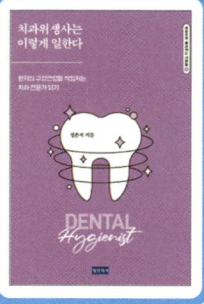

이 도서는 치과위생사의 진로와 직무를 깊이 있게 조명한 안내서이다. 치과위생사라는 직업이 왜 필요한지, 어떻게 준비해야 하는지, 그리고 어떤 분야로 진출할 수 있는지를 안내하며, 직무의 핵심 역할과 필요 역량, 전문성을 높이는 방법 등을 소개한다. 또한 전국 치위생(학)과 대학 목록, 전신질환 관련 주의사항, 면접장에서 자주 묻는 질문 등 현장에서 바로 활용할 수 있는 실질적인 정보도 풍부하게 담고 있어, 치과위생사를 꿈꾸는 이들에게 현실적인 로드맵과 동기를 제공한다.

### ⊕ 탐구활동 주제

- 치과위생사의 직무 분석 및 필요 역량 탐구활동
- 치과위생사, 치과기공사, 치과의사의 역할 비교 분석

### ⊕⊕ 실천형 탐구활동

- ▶ 치과위생사와 전신건강 관리 관련 주제 탐구활동 및 미니 강연
- ▶ 구강건강을 주제로 한 연계 독서 활동 및 북토크

인문계열

사회계열

지역계열

약학계열

의약계열

예체능계열

교육계열

**오픈데이터** 발달장애인의 조기개입 서비스 효과성 검토와 효율화 방안 마련 연구(한국보건의료연구원, 2024)

이 보고서는 발달장애 대상 조기개입 서비스의 국내외 현황을 분석하고, 효과성을 검토하여 실제 적용 가능한 정책적 개선 방안을 제시한다. 발달지연은 발달장애로 이어질 가능성이 높아 조기 진단과 치료가 핵심임을 강조하며, 국가 차원의 제도적 개입과 장기적 대응이 시급하다고 주장한다. 국내 서비스의 부족과 분절성을 지적하고, 진단-치료-교육기관- 간 연계 강화를 위한 발달장애 정보 플랫폼 구축과 신뢰성 있는 정보 제공의 필요성을 강조하는 보고서이다.

**관련 학과** 의약(간호학과, 물리치료학과, 방사선학과, 보건관리학과, 약학과, 언어치료학과, 한약학과, 의예과, 임상병리학과, 작업치료학과, 재활상담학과, 치의예과, 한의예과)

**➕ 탐구활동 주제**
◆ 발달장애 조기진단 및 개입 제도의 국내 정책 방향 탐구
◆ 발달장애 아동 부모의 양육 부담에 대한 고찰
◆ 발달지연 아동에 대한 조기개입의 필요성과 효과성 탐구

**➕➕ 창의적 문제해결**
▷ 의료 인프라가 부족한 지역에 찾아가는 서비스 제공 제안
▷ 경제적 부담 완화를 위한 장애 등록 제도 개선 및 실손보험 적용 범위 확대 제안

## 📌 심화 활동

**학업역량**
▶ 발달장애와 유전적 요인에 대한 생명과학 주제 탐구활동
▶ 발달장애 관련 보고서나 논문 탐독 후 요약 정리 및 키워드 시각화 활동
▶ 발달장애 관련 기존 정책에 대한 비판적 시각을 담은 문제해결형 에세이 작성

**진로역량**
▶ 사회와 문화, 법과 사회, 사회문제 탐구, 생명과학, 보건 과목 이수 권장
▶ 발달장애 전문가와의 인터뷰를 통해 직무 내용, 진로 경로 등을 조사하고 발표
▶ 지역 발달센터, 거점 병원 등을 견학하고 체험 보고서 작성

**공동체역량**
▶ 교내 발달장애 인식개선 캠페인 기획 및 실행
▶ 발달장애 조기진단 및 개입 제도와 관련한 실현 가능한 정책 제안서 작성 및 제출
▶ 발달장애 아동을 위한 교구 만들기 등 봉사활동

**발달장애, 조기 개입과 부모 역할 훈련**

우에노 요시키 외
(노미영 역),
마고북스, 2023

이 도서는 발달장애 아동의 행동 특성에 맞춘 조기 개입과 부모 역할 훈련을 체계적으로 안내하는 실용서이다. 저자는 임상 현장에서 축적해온 경험과 작업치료팀의 실제 개입 사례를 바탕으로, 적응행동을 길러주는 구체적인 방법을 제시한다. 아이의 행동을 관찰하고 환경을 정비하는 기초부터, 눈맞춤, 감정 전달 등 관계 맺는 힘을 기르는 훈련까지 부모가 일상에서 따라할 수 있도록 구성되어 있다. 풍부한 일러스트와 쉬운 설명으로 부모와 교육자가 실천 가능한 양육 지침을 제공하는 책이다.

**➕ 탐구활동 주제**
◆ 발달장애 아동의 적응행동 개념과 실천 사례 탐구
◆ 발달장애 조기개입의 시기와 효과에 대한 논문 탐독 및 요약 정리

**➕➕ 실천형 탐구활동**
▶ 발달장애 바로알기 카드뉴스 제작 및 학교 게시판에 게시
▶ 지역 보육기관이나 발달센터에서 자원 봉사활동

이 보고서는 소아 의약품과 관련한 각국의 법 제도 현황 및 정책 동향을 살펴보고, 국내 상황과 비교하여 소아질환 분야 연구개발 개선방안을 모색한다. 초저출생 심화로 소아 인구가 감소하면서 의료수요가 줄어드는 가운데, 소외된 소아 의료 영역에서 효과적이고 최적의 진단과 치료를 할 수 있는 필수의료 분야의 역량 강화의 필요성을 강조한다. 특히 소아 질환 연구와 소아 의약품의 연구개발 촉진 및 효율적인 임상시험 수행을 위한 공적 투자 확대에 대한 시사점을 제시한다.

**관련 학과**  의약(간호학과, 건강관리학과, 물리치료학과, 방사선학과, 보건관리학과, 약학과, 언어치료학과, 의료정보학과, 의예과, 임상병리학과, 치의예과, 한약학과, 한의예과)

**➕ 탐구활동 주제**
- 소아 의료수요 감소가 의료체계에 미치는 영향 연구
- 소아 진료 역량 강화를 위한 필수의료 개선방안 연구
- 소아 환자 대상 임상시험 윤리적 쟁점에 대한 탐구

**➕➕ 창의적 문제해결**
▶ 실제 소아환자 대신 인공지능 시뮬레이션 임상시험 수행 플랫폼 구축 제안
▶ 소아 대상 치료제나 백신에 대해 신속 승인 제도 도입 제안

## 📌 심화 활동

**학업역량**
▶ 소아 만성질환 증가 현상과 원인을 과학적 사회적 관점으로 분석 및 토론 활동
▶ 소아 필수의료 문제를 다룬 논문이나 보고서 탐독 후 요약 정리 활동
▶ 세계 소아 의료문제 해결을 위한 국제협력 방안을 주제로 토론 활동

**진로역량**
▶ 화학, 생명과학, 세포와 물질대사, 생물의 유전, 보건 과목 이수 권장
▶ 소아과 전문의나 관련 직업인과의 심층 인터뷰 활동 및 보고서 작성
▶ 소아용 의료기기 개발 과정 탐구 및 관련 기업 견학 프로그램 참여

**공동체역량**
▶ 소아 의료 소외 문제를 해결할 수 있는 정책 아이디어 구상 및 제안서 작성
▶ 소아 질환 예방을 주제로 홍보 포스터나 슬로건을 제작하고 캠페인 활동
▶ 소아 환자 대상 응원 카드 또는 편지 쓰기 활동

**나는 소아신경외과 의사입니다**
제이 웰론스
(김보람 역),
흐름출판, 2024

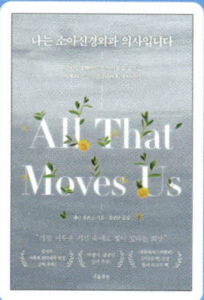

이 도서는 삶과 죽음의 희비가 교차하는 소아신경외과 병동에서 25년간 어린 환자들과 함께해 온 의사의 회고록이자 의료 에세이다. 자신이 구한 아이가 행복하게 사는 모습을 보고 싶다는 일념으로 소아신경외과 의사가 된 저자는 수술실 안팎에서 경험한 실제 사건들을 솔직하게 풀어낸다. 소아병동에서 벌어지는 드라마같은 이야기는 독자로 하여금 생명의 경이를 경험하게 한다. 의사인 동시에 종양 환자이며 루게릭병으로 아버지를 잃은 저자의 경험이 다채롭게 담겨 있는 책이다.

**➕ 탐구활동 주제**
• 신경계 질환과 관련된 치료기술의 발전사 탐구 및 미래 기술 예측 탐구활동
• 환자-보호자-의료진 간 소통의 중요성에 대한 고찰

**➕➕ 실천형 탐구활동**
▶ 생명 존중을 주제로 한 포스터 제작 및 캠페인 활동
▶ 소아질환과 관련된 공익단체 또는 병원 자원봉사 활동

**오픈데이터** | AI를 활용한 혁신 신약개발의 동향 및 정책 시사점(한국과학기술기획평가원, 2025)

이 보고서는 인공지능을 활용한 신약개발의 특징과 주요 산업 현황 및 관련 정책을 살펴보고, 국내 제약 바이오의 경쟁력 확보를 위한 정책을 제언한다. 인공지능 기반 신약개발이 활발히 이루어지고 있는 해외 사례를 통해, 국내 시장에 맞는 데이터 AI와 바이오 분야의 연구 간 융합 방안 모색을 통해 AI 기반 신약개발 촉진이 필요함을 강조한다. 또한, 국가 경쟁력을 높일 수 있는 획기적 인공지능 신약개발을 홍보하기 위한 국가통합 플랫폼 구축과 투자 확대를 촉구한다.

**관련 학과** 의약(약학과, 의료공학과, 의료정보학과, 의예과, 한약학과), 자연(생명공학과, 생명과학과, 줄기세포재생공학과), 공학(소프트웨어융합학과, 제약공학과, 컴퓨터공학과)

**➕ 탐구활동 주제**

◆ AI 기반 신약개발 기술의 원리와 한계 고찰
◆ AI 신약개발 시대의 윤리적 문제와 해결 방안에 대한 탐구
◆ 의료데이터 표준화가 AI 신약개발 성공에 미치는 영향 분석

**➕➕ 창의적 문제해결**

▶ 고등학생을 위한 대학 및 기업 연계 AI 신약거발 체험 프로그램 제안
▶ 정부 주도 AI 신약개발 관련 교육 자료 제작 및 학교에 배포

# 📌 심화 활동

**학업역량**
▶ AI가 신약개발에 미치는 영향에 관한 논문이나 보고서를 읽고 요약 정리 및 발표
▶ 생명과학과 인공지능을 융합한 주제를 선정해 주제 탐구활동 및 보고서 작성
▶ AI 신약개발과 관련한 윤리적 쟁점을 주제로 한 토론 활동

**진로역량**
▶ 생명과학, 세포와 물질대사, 융합과학 탐구, 인공지능 기초, 보건 과목 이수 권장
▶ 약학과, 의료공학과, 의료정보학과 등 관련 학과 탐색 활동 및 보고서 작성
▶ AI 신약개발을 하는 스타트업을 조사하고 견학 프로그램에 참여

**공동체역량**
▶ AI 신약개발 기술을 활용한 공익적 아이디어 제안
▶ AI를 이용한 신약개발과 생명윤리 문제를 주제로 포스터를 제작하고 학교에 게시
▶ 희귀질환이나 난치병 치료 신약개발의 필요성을 알리는 포스터 제작 및 캠페인 활동

**분자 조각가들**

백승만,
해나무, 2023

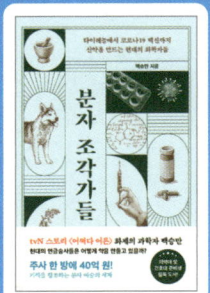

이 도서는 의약품 개발의 최전선에서 연구 활등을 하고 있는 화학자가 약이 만들어지는 과정을 흥미로운 이야기로 풀어낸 과학 교양서이다. 저자는 생명을 살리고 가치를 창출하기 위해서 화학자들이 정교하게 분자를 조각하고 이어 붙이는 과정을 생생한 그림과 비유로 이해하기 쉽게 설명한다. 또한 연금술사의 변신부터 mRNA 백신에 이르기까지 신약 개발의 역사와 미래를 쉽고 깊이 있게 다루며 인공지능과 신약 개발의 미래에 대한 통찰도 담고 있다.

**➕ 탐구활동 주제**
◆ 신약 개발 과정 모형호- 및 단계별 흐름을 도식화하여 발표
◆ 관심 있는 질병을 치료할 신약 개발 아이디어 기획서 작성 및 발표

**➕➕ 실천형 탐구활동**
◆ 유명 신약 개발으 이야기를 카드뉴스 형식으로 제작하고 공유
◆ 신약 개발 관련 최신 뉴스 기사 스크랩 및 주제 토론 활동

이 보고서는 글로벌 제약시장의 주요 시장으로 떠오르며 각국의 치열한 경쟁이 예상되는 비만치료제 분야의 기술, 산업, 정책, 투자 동향을 분석한다. 지방흡수억제제, 식욕억제제, GLP-1 유사체 등 주요 비만치료 약물의 특성과 개발 현황을 짚어보고, 국내외 시장 확대와 정부 정책 방향, 연구개발 투자 흐름을 살펴본다. 특히 대사 질환 기전 연구와 약물 재창출 전략의 중요성을 강조하며, 비만과 관련한 사회적 논란 해소를 위한 합의 도출의 필요성도 제시한다.

**관련 학과** 의약(건강관리학과, 보건관리학과, 약학과, 의료공학과, 의료정보학과, 의예과, 임상병리학과, 한의예과), 공학(식품생명공학과, 응용화학과, 의공학과, 화학공학과)

**⊕ 탐구활동 주제**

- 비만치료제 시장의 급성장 원인 연구
- 경구용 비만치료제 개발 트렌드와 한계 고찰
- 비만치료제 개발 과정에서 안전성과 효과성 확보 전략 연구

**⊕ ⊕ 창의적 문제해결**
▶ AI 디지털 기술을 활용해 가상 비만 관리 프로그램 시뮬레이션 구축
▶ 초중고 보건교사와 영양교사의 협업을 통한 학교 기반 비만 예방 교육 도입

## 📌 심화 활동

**학업역량**
▶ 비만치료제의 작용기전을 과학적 용어를 활용하여 도식화하고 발표
▶ 고도비만 치료제 건강보험 적용을 주제로 토론 활동
▶ 비만치료제 관련 최신 논문 요약 및 비판적 분석 활동

**진로역량**
▶ 화학, 생명과학, 물질과 에너지, 세포와 물질대사, 보건 과목 이수 권장
▶ 약학, 생명공학, 의공학 관련 전공 탐색 활동 및 전공별 진로 로드맵 작성
▶ 비만치료제 개발 관련 기업 조사 및 체험 프로그램 참여

**공동체역량**
▶ 국내외 비만 예방 및 치료 정책 조사 및 정책 제안서 작성
▶ 비만 예방을 주제로 포스터 제작 및 학교 내 캠페인 활동
▶ 급식 개선, 운동 시간 확보 등 비만 예방을 위한 학교 제도 개선안 제안서 작성

**매직필**

요한 하리
(이지연 역),
어크로스, 2025

이 도서는 신종 비만 치료제의 등장을 계기로, 체중 증가의 원인과 비만을 둘러싼 사회적 통념을 깊이 있게 탐구한다. 약물 처방 경험을 출발점으로 삼아 초가공식품 문제, 식욕 조절 메커니즘, 몸과 의지에 대한 인식을 다각도로 살펴본다. 또한 비만 치료제 개발의 이면과 그로 인해 촉발된 과학적 사회적 논쟁을 비판적으로 분석한다. 약을 개발한 생명과학자, 식품 관계자, 세계적 석학 100여 명을 인터뷰하며 신약과 논쟁을 둘러싼 과학적 사실과 사회적 함의를 파헤치는 책이다.

**⊕ 탐구활동 주제**
- 비만을 둘러싼 사회적 인식 변화에 대한 탐구
- 비만 치료제 사용과 윤리적 문제에 대한 토론 및 에세이 작성

**⊕ ⊕ 실천형 탐구활동**
▶ 초가공식품 섭취 줄이기 2주 실천 프로젝트
▶ 건강한 식습관을 위한 포스터나 카드뉴스 제작 및 교내 캠페인 활동

세특 프리패스
오픈 데이터 활용편

# 예체능
# 계열

이 보고서는 글로벌 e스포츠 산업의 성장 배경과 시장 구조, 주요 소비자 특성을 종합적으로 다루고 있다. 아시아와 중동을 중심으로 빠르게 확대되는 팬덤과 기술 인프라의 발전을 핵심 동력으로 제시하고 있다. 또한 국내 e스포츠 시장의 성장 요인과 이용자 행태를 분석하고, 향후 성장 전망을 살펴본다. 더불어 전통 스포츠와의 융합, 몰입형 기술 도입 등 새로운 성장 전략도 함께 모색하고 있다. e스포츠의 현재와 미래를 균형 있게 조망하며, 산업 전반에 대한 인사이트를 제공하는 보고서이다.

**관련 학과** 예체능(디지털콘텐츠학과, 만화애니메이션학과, 미술학과, 영상애니메이션학과, 영상디자인학과), 공학(게임공학과, 멀티미디어공학과, 멀티미디어학과, 컴퓨터공학과)

### ⊕ 탐구활동 주제

- 전통 스포츠와 e스포츠의 융합 가능성 및 방법에 대한 탐구
- 청소년의 진로 관점에서 본 e스포츠 산업 종사 직업군 탐구
- e스포츠 팬덤 형성 과정과 경제적 효과에 대한 연구

### ⊕⊕ 창의적 문제해결

▶ 청소년의 건전한 게임 문화 형성을 위한 '청소년 e스포츠 리터러시 캠프' 제안
▶ 공공 도서관 및 청소년 문화센터 내 e스포츠 진로 체험 공간 조성 제안

## 📌 심화 활동

**학업역량**
▶ e스포츠 산업 성장 요인 분석 보고서 작성을 통한 탐구력 및 분석력 함양
▶ 'e스포츠는 스포츠인가'를 주제로 글쓰기 및 토론을 통한 국어와 체육 교과 융합활동
▶ 정보 시간에 e스포츠 중계 시스템에 적용된 AI 기술 탐색 및 발표 활동

**진로역량**
▶ 사회와 문화, 스포츠 문화, 생활과학 탐구, 소프트웨어와 생활 과목 이수 권장
▶ e스포츠 관련 학과 탐색 및 보고서 작성을 통한 계열 관련 전공 탐색 활동
▶ e스포츠 산업 관련 전공 교수 및 직업인 인터뷰를 통한 진로탐색 및 동기강화 활동

**공동체역량**
▶ 건전한 게임문화 조성을 위한 학급 e스포츠 공정 경기 캠페인 기획 활동
▶ 'e스포츠 올바른 이용법' 교육 자료 만들고 지역 학교에 자료 나눔 활동
▶ 건강한 게임 생활 수칙을 만들고 포스터를 제작하여 학교 게시판에 게시

| |
|---|
| **리그 오브 레전드 플레이어 중심주의** |
| 오진호, 골든래빗, 2023 |

이 책은 세계적인 게임이자 e스포츠 콘텐츠인 리그 오브 레전드가 어떻게 게임을 넘어 문화로 자리잡았는지를 분석한 인사이드 스토리이다. 라이엇 게임즈 전 프레지던트인 저자는 '플레이어 중심주의'라는 철학이 어떻게 글로벌 팬덤과 생태계를 구축했는지 생생하게 풀어낸다. 단순한 게임 운영이 아닌 조직문화, 경영철학, 콘텐츠 전략까지 폭넓게 다루며 실무적 인사이트도 제공한다. 게임 산업, 마케팅, 조직문화에 관심 있는 독자라면 주목할 만한 책이다.

### ⊕ 탐구활동 주제

- 게임 기업의 경영 철학 분석 및 마케팅 전략 비교 분석
- 게임 기업의 사회적 역할과 책임에 대한 에세이 작성 및 토론 활동

### ⊕⊕ 실천형 탐구활동

▶ 자신이 즐기는 게임 또는 앱을 분석하고 사용자 개선 의견 제안서 제출
▶ 게임 기업의 사회공헌 사례 조사 및 공익 아이디어 제안

인문계열

사회계열

자연계열

공학계열

의약계열

예체능계열

교육계열

**오픈데이터** 2024 아동·청소년 게임 행동 종합 실태 조사(한국콘텐츠진흥원, 2024)

이 보고서는 아동·청소년의 게임 행동에 관해 종합적으로 살펴본다. 특히 게임 리터러시, 게임 이용 문제, 게임 욕구 충족이라는 다층적인 분석 틀을 통해 게임 행동의 다양한 양상을 담고 있다. 또한 아동·청소년의 게임 행동 유형을 분류하고, 긍정적 활용의 관점에서 다각도로 분석하고 고찰한다. 게임이 단순한 여가 활동을 넘어 교육적·사회적으로 긍정적 성장에 도움을 줄 수 있다는 점을 강조하며, 향후 게임의 긍정적 활용 가능성과 정책적 대응 방향을 모색한다.

**관련 학과** 예체능계열(디지털콘텐츠학과, 만화애니메이션학과, 미술학과, 영상애니메이션학과, 영상디자인학과),
교육계열(교육공학과, 교육학과, 가정교육고-, 유아교육과, 초등교육과)

**➕ 탐구활동 주제**
• 게임 조절력과 삶의 만족도 사이의 상관관계 연구
• 청소년의 게임 방송 시청 빈도와 게임 이용 문제 발생의 상관관계 탐구
• 게임이 아동 청소년에게 미치는 긍정적 영향 고찰 및 긍정적 활용 방법 탐구

**➕➕ 창의적 문제해결**
▸ 게임을 둘러싼 세대 간 갈등 해소를 위한 '보호자-청소년 게임 공감 프로젝트' 제안
▸ 게임 행동 유형에 따른 맞춤형 심리 진로 학업 상담 지원 시스템 구축 제안

## 📌 심화 활동

**학업역량**
▸ 과학 교과와 연계하여 '게임과 뇌과학'을 주제로 융합 탐구 보고서 작성 및 발표
▸ 청소년 게임행동과 관련 있는 논문을 읽고 요약하기 및 심화 독서 활동
▸ 게임 속 사회 문제를 탐색하고 사회 교과와 연계하여 주제 탐구 활동 진행

**진로역량**
▸ 사회와 문화, 사회문제 탐구, 스포츠 생활, 미술과 매처 과목 이수 권장
▸ 게임 속 직업세계 조사 후 자신의 진로와 연결한 카드 뉴스 제작
▸ 게임 관련 학과 탐방 및 직업인 인터뷰 활동 후 보고서 작성

**공동체역량**
▸ 교내 '건강한 게임 문화 만들기' 공동 캠페인 기획 및 은영
▸ 학급자치회를 통해 함께 사용할 수 있는 게임 이용 규칙 만들기
▸ 생활 속 게임과 관련된 갈등 사례에 대한 해결 아이디어 공유회 참석 및 의견공유

**우리는 왜 게임을 하는가?**

하얀쥐,
골든래빗, 2024

이 도서는 게임을 단순한 오락이 아닌 인간의 본성과 심리를 비추는 거울로 바라본다. 이 책은 수많은 사람들이 게임에 끌리는 이유를 인문학과 심리학의 시선으로 분석하고, 우리가 게임을 통해 정말 얻고자 하는 것이 무엇인지를 탐색한다. 웹툰을 바탕으로 자 구성된 이 책은 30여 개의 게임을 다양한 관점에서 분석하고, 독자에게 더 깊은 이해와 공감을 제공한다. 게임을 '이해하는 시대'를 준비하는 독자에게 추천하며 인문학의 눈으로 게임을 분석한 책이다.

**➕ 탐구활동 주제**
• 게임이 인간의 심리적 욕구 충족에 미치는 영향 탐구
• 청소년의 게임 소비 행동과 심리적 동기 요인 고찰

**➕➕ 실천형 탐구활동**
▸ 게임의 긍정적 측면을 알릴 수 있는 메시지를 담은 슬로건 제작 및 게시
▸ 자기관리력 향상을 위한 '나만의 건강한 게임 이용 계획표' 만들고 실천

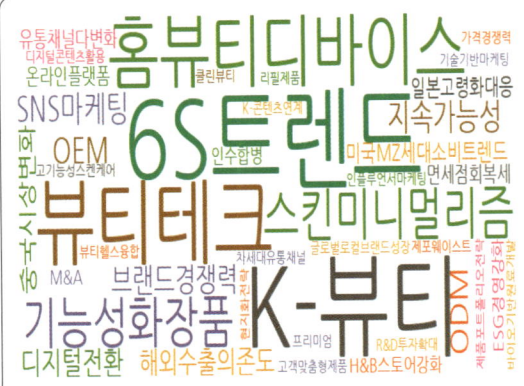

이 보고서는 K-뷰티 산업의 최신 트렌드와 시장 구조 변화를 종합적으로 분석한 산업 리포트이다. 뷰티테크, 홈 뷰티 디바이스, 마케팅 등 6가지 주요 트렌드를 중심으로 K-뷰티의 미래 방향을 제시한다. 국내외 시장 동향과 주요 국가별 전략 포인트를 함께 다루며 글로벌 경쟁 속 한국 화장품 산업을 심층적으로 분석한다. 이를 통해 한국 화장품 산업이 나아가야 할 방안과 다양한 성장 전략을 모색하며, 화장품 산업 전반에 대한 실질적인 인사이트를 제공한다.

**관련 학과**　예체능(미술학과, 뷰티디자인학과, 뷰티화장품학과, 산업디자인학과, 시각디자인학과, 영상디자인학과), 공학(응용화학과, 화장품공학과, 화학공학과, 환경공학과)

### ➕ 탐구활동 주제

◆ 화장품 브랜드의 국내외 글로벌 홍보 전략 비교 분석
◆ SNS 마케팅이 청소년의 화장품 구매에 미치는 영향 탐구
◆ K-뷰티 산업의 미래를 위한 ESG 경영 요소에 대한 고찰

### ➕➕ 창의적 문제해결

▶ 민간과 공공이 협력하여 K-뷰티 글로벌 홍보 해시태그 캠페인 운영
▶ 친환경 제품에 정부 인증 마크를 부여하는 'K-뷰티 친환경 인증제도' 도입 제안

## 📌 심화 활동

**학업역량**
▶ 기초 화장품 성분 분석 및 기능성 원료에 대한 과학 탐구 활동
▶ 국가별 화장품 소비 트렌드를 비교 분석 및 문화적 원인 탐구 활동
▶ 학급 대상 화장품 소비 실태를 조사하고 그래프화하여 마케팅 전략 수립 활동

**진로역량**
▶ 미술 창작, 미술과 매체, 화학, 물질과 에너지, 화학 반응의 세계 과목 이수 권장
▶ 뷰티 산업 관련 직업군 인터뷰 및 실무 체험 활동
▶ K-뷰티 산업에 대한 정보 탐색 및 K-뷰티 산업을 소개하는 진로 카드뉴스 제작

**공동체역량**
▶ 친환경 뷰티 홍보 포스터나 영상을 제작하여 학교 내에서 캠페인 진행
▶ 화장품 동아리 운영 및 참여를 통해 캠페인, 기부, 나눔 등 실천 중심 활동
▶ 화장품 용기의 올바른 분리배출 방법을 카드뉴스로 제작한 후 학교 게시판에 공유

**화장품 브랜드가 말해주지 않는 것들**

이서진 외,
오에이치케이, 2025

이 도서는 뷰티 업계 전문가 8인이 성분, 광고, 유통, 마케팅 등 화려한 브랜드 이미지 뒤에 감춰진 화장품 산업의 불편한 진실을 파헤치고 그 이면을 날카롭게 짚은 책이다. 대기업과 인디 브랜드가 소비자와 소통하는 과정을 인터뷰 형식으로 풀어내 흥미를 더한다. 단순한 비판을 넘어, 더 나은 소비와 산업의 방향에 대한 실천적 제안도 담고 있다. K-뷰티에 관심 있는 소비자와 뷰티 산업 진로를 고민하는 학생 모두에게 추천할 만한 책이다.

### ➕ 탐구활동 주제

◆ 시중에 판매되는 화장품의 전성분표를 분석 및 주요 성분의 기능 연구
◆ 청소년의 화장품 선택 기준에 영향을 미치는 요인 탐구

### ➕➕ 실천형 탐구활동

▶ 화장품 성분, 포장, 광고를 분석한 후 개선 사안 제안 메일 보내기
▶ 화장품 공병을 활용한 DIY 소품 만들기 등 업사이클링 아이디어 실천

인문계열

사회계열

자연계열

공학계열

의약계열

예체능계열

교육계열

**오픈데이터** **2024 웹툰산업 실태조사(한국콘텐츠진흥원, 2024)**

이 보고서는 웹툰산업의 전반적인 구조와 운영 실태를 파악하기 위해 기획된 종합 조사 보고서이다. 사업체, 작가, 이용자, 불법유통 등 주요 주체를 대상으로 창작 환경, 수익 구조, 계약 및 거래관행, AI 활용, 해외 진출 등의 현황을 다각도로 분석한다. 산업의 성장뿐 아니라 불공정 계약, 저작권 침해 같은 구조적 문제까지 폭넓게 진단하고 있다. 이를 통해 웹툰산업의 불공정 계약 및 행위 개선과 웹툰 생태계의 상생 성장을 위한 방안을 모색한다.

**관련 학과**  예체능(디지털콘텐츠학과, 만화애니메이션학과, 미술학과), 인문(국어국문학과, 문예창작학과), 사회(경영학과, 경제학과, 문화콘텐츠학과, ㅁ 디어커뮤니케이션학과)

**➕ 탐구활동 주제**

• 웹툰 작가의 창작 환경 분석 및 개선 방안 모색                • 국내 웹툰의 해외 진출 현황과 수출 전략에 대한 사례 분석
• 생성형 AI의 발전이 웹툰산업 분야에 미치는 영향 탐구

**➕➕ 창의적 문제해결**  ▶ 웹툰 불법 유통 방지를 위한 청소년 인식 개선을 위한 콘텐츠 제작 및 캠페인
▶ 청소년 미디어 리터러시 및 저작권 교육 프로그램 운영

## 📌 심화 활동

**학업역량**  ▶ 국어, 사회 과목과 연계하여 웹툰 작가의 노동 현실에 대한 칼럼 쓰기 활동
▶ 기술 가정, 정보 교과와 연계하여 웹툰 창작에 활용되는 AI 기술 탐구 보고서 작성
▶ 불공정 계약 문제를 주제로 논술문 작성 및 토론 활동

**진로역량**  ▶ 윤리와 사상, 윤리문제 탐구, 미술, 미술 창작, 미술과 대체 과목 이수 권장
▶ 웹툰산업 내 다양한 직무 역할 조사 및 진로 로드맵 조성
▶ 웹툰 관련 직업인 인터뷰 및 멘토-멘티 활동을 통한 진로 역량 함양

**공동체역량**  ▶ 청소년 저작권 지킴이 프로젝트 기획 및 운영
▶ 학급자치회를 통해 건전한 콘텐츠 이용을 위한 행동 규범 만들고 실천
▶ 웹툰 리터러시 교육을 위한 카드뉴스, 리플렛 등을 만들고 공유

**콘텐츠 시대의 작가가 된다면**

박용진,
다른, 2022

이 도서는 스토리텔링의 시대를 살다가는 창작자들을 위해, 쉽고 재미있게 이야기를 만드는 방법을 안내하는 실용 가이드이다. 10년 넘게 학생들과 스토리텔링 수업을 해온 국어 교사가 직접 쓴 이 책은, 이야기의 구조부터 인물 설정, 사건 전개까지 구체적이고 친근한 예시로 설명한다. 특히 익숙한 콘텐츠를 활용해 스토리 구성 원리를 흥미롭게 풀어내고, 직접 활용할 수 있는 활동지까지 제공한다. 자신의 이야기를 만들어 고 싶은 독자에게 필요한 입문서이다.

**➕ 탐구활동 주제**  • 대중 콘텐츠 속 명대사 분석 및 감정 문장 구조 상황 맥락 등의 공통점 탐구
• 광고 영상 속 스토리 텔링이 소비자의 구매 행동에 미치는 영향 탐구

**➕➕ 실천형 탐구활동**  ▶ 스토리 구성법기나 인물 설정 기법을 활용해 단편 웹툰 기획 및 창작
▶ 스토리텔링 워크숍 참여를 통해 구상부터 완성까지의 전 과정 체험

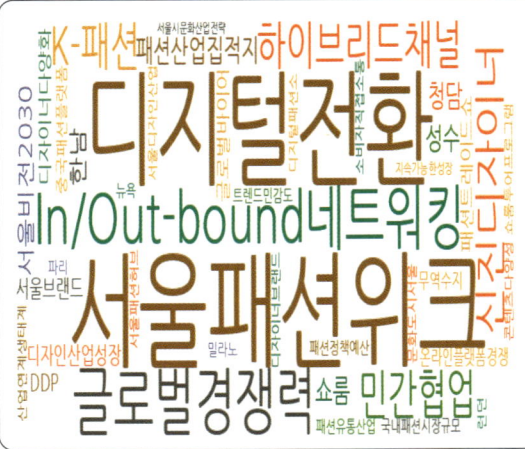

이 보고서는 서울시 패션산업의 현황을 진단하고, 서울패션위크의 글로벌 경쟁력 강화를 위한 발전 방향을 모색한다. 이를 위해, 패션산업의 디지털 전환 동향, 서울 패션산업의 변화와 글로벌 경쟁력, 해외 패션지원정책과 주요 패션위크 사례 등을 분석하고 서울패션위크의 성과와 과제를 진단한다. 서울패션위크가 글로벌 플랫폼으로 도약하기 위한 전략으로 국내외 참여자 다양화, In/Out-bound 글로벌 네트워킹 강화, 하이브리드 채널 구축, 운영체계의 민간 협업 강화 등을 제시한다.

| 관련 학과 | 예체능(미술학과, 뷰티디자인학과, 산업디자인학과, 패션디자인학과), 인문(문화인류학과), 사회(경제학과, 문화콘텐츠학과, 소비자학과, 심리학과). 자연(의류학과) |

**⊕ 탐구활동 주제**

◆ K-패션의 경쟁력 요인과 서울패션위크의 글로벌화 전략 탐구 ◆ 서울패션위크의 시민 참여 프로그램 분석 및 개선 방안 탐구
◆ 패션산업이 도시 브랜드 이미지 형성에 미치는 영향 사례 탐구

**⊕⊕ 창의적 문제해결**

▶ 누구나 체험할 수 있는 온라인 패션위크 플랫폼 제안
▶ 우리 지역의 특색을 살린 패션 브랜드 아이디어 기획 및 제안

## 📌 심화 활동

**학업역량**
▶ 서울패션위크의 연혁, 구조, 변화 등을 시각화하고 발표
▶ 해외 유명 패션위크에 관한 논문, 보고서를 읽고 서울패션위크와 비교 분석
▶ 패션위크 관련 기사나 영상 등을 분석하고 문제점과 개선방안에 대한 토론

**진로역량**
▶ 미술 창작, 미술 감상과 비평, 미술과 매체, 기술·가정 과목 이수 권장
▶ 서울의 패션산업 집적지 현장 탐방 및 보고서 작성
▶ 디자이너, 스타일리스트 등 패션 관련 직업군 탐색 및 인터뷰 활동

**공동체역량**
▶ 서울패션위크 시민 참여 프로그램 아이디어 기획 및 공모
▶ 교내 패션 동아리 간 협업을 통한 자체 브랜드 제작
▶ 패션을 통한 환경 보호 등 패션과 사회문제를 연결한 공익 캠페인 활동

---

**패션 3.0, 내일을 위한 어제와의 대화**

민은선, 라온북, 2025

이 도서는 새로운 패션 패러다임의 전환이 필요한 시기, 패션에 관한 최고 전문가의 시선으로 국내 패션의 미래를 조망하고 통찰하는 지침서이다. 디자이너에게는 인간의 숨겨진 욕망을 잘 캐치해 자신만의 상품을 만들어내는 마케터적인 소양과 인문학적인 시선이 필요함을 강조한다. 패션업의 본질부터, 브랜드에 담긴 철학, 패션 유통, 실버마켓, 한국패션, 동대문 시장, 패션 콘텐츠, AI까지 다양한 분야를 아우르며 패션의 지속가능성에 대한 저자의 생각도 담겨 있다.

**⊕ 탐구활동 주제**
◆ 국내외 유명 패션 브랜드의 지속가능성 실천 방식과 차이점 비교 분석
◆ 시대별 사회·문화적 분위기가 패션에 미치는 영향 및 패션 트렌드 예측 연구

**⊕⊕ 실천형 탐구활동**
▶ 창조성과 모방, 브랜드 윤리를 주제로 주제 탐구활동 및 토론 활동
▶ 옷을 선택할 때 중요하게 여기는 것에 대한 설문조사 및 보고서 발표

인문계열

사회계열

자연계열

공학계열

의약계열

예체능계열

교육계열

**오픈데이터** 2024 인터넷 동영상 콘텐츠 유통과 소비에 관한 실태조사(정보통신정책연구원, 2024)

이 보고서는 급변하는 미디어 환경 속에서 소비자들의 콘텐츠 이용 행태와 인식을 분석하여 정책적 시사점을 도출한다. OTT 서비스 이용자의 콘텐츠 이용 패턴, 선호도, 이용 동기, 국내 주요 OTT 서비스 이용 장르, 서비스 만족도, 요금 합리성 등을 다각도로 살펴본다. 이를 통해 국내 OTT 서비스 관련 정책 수립과 산업 전략 방안을 모색한다. 특히 이용자 기반의 정량 데이터를 바탕으로 콘텐츠 산업의 구조적 변화와 이용자 요구의 흐름을 입체적으로 조망한다.

**관련 학과** 예체능(디지털콘텐츠학과, 만화애니메이션학과, 스포츠산업학과, 시각디자인학과, 연극영화학과, 영상디자인학과), 사회(문화콘텐츠학과, 미디어커뮤니케이션학과)

**＋ 탐구활동 주제**

◆ OTT 플랫폼별 콘텐츠 소비 행태 비교 분석

◆ OTT 콘텐츠가 청소년의 여가 문화에 미치는 영향 분석

◆ 연령대에 따른 OTT 콘텐츠 시청 경향 고찰 및 대응 전략 탐구

**＋＋ 창의적 문제해결** ▶ 공공 OTT 콘텐츠 육성 및 공익적 콘텐츠 무료 개방 정책 제안
▶ 청소년의 학습과 성장을 위한 청소년 맞춤형 콘텐츠 인증제 도입 제안

## 📌 심화 활동

**학업역량** ▶ 디지털 콘텐츠 소비를 주제로 학급 내 설문을 진행하고 시각화 및 발표 활동
▶ OTT 콘텐츠의 사회적 영향력에 대한 이슈를 중심으로 찬반 토론 활동
▶ 콘텐츠 추천 알고리즘의 원리 탐구 및 추천 결과 패턴 분석

**진로역량** ▶ 사회와 문화, 경제, 음악과 미디어, 소프트웨어와 생활, 인간과 심리 과목 이수 권장
▶ OTT 관련 직업탐색, 직업인 인터뷰 활동 및 보고서 작성
▶ OTT 콘텐츠 기획, 제작, 유통에 참여하는 학과와 직업 조사 후 커리어 로드맵 제작

**공동체역량** ▶ OTT 콘텐츠 주제로 학급 내 북클럽 운영 및 토론 활동
▶ OTT 콘텐츠 속 사회 문제 분석 후 공익 캠페인 기획 및 실행
▶ 지역사회와 연계하여 미디어 사각지대에 있는 사람들을 위한 '미디어 나눔' 봉사활동

**OTT 트렌드 2025**

유견식 외,
형성이엠제이, 2024

이 도서는 빠르게 진화하는 OTT 산업의 현황과 향후 트렌드를 심층 분석하고, 국내외 주요 OTT 플랫폼의 전략, 콘텐츠 제작 방식, 이용자 데이터 흐름 등을 종합적으로 정리한다. 특히 AI 추천 기술, 광고 기반 모델, 글로벌 시장 진출 전략 등 변화의 핵심을 짚으며 산업의 방향성을 제시한다. 또한, 2024년 국내외 OTT 10대 이슈를 통해 2025년 OTT 산업을 전망해 보고, 이를 통해 사업자, 이용자, 정부의 입장에서 필요한 전략과 과제를 제안한다.

**＋ 탐구활동 주제** ◆ AI 추천 알고리즘이 콘텐츠 선택에 미치는 영향 탐구
◆ K-콘텐츠의 해외 OTT 진출 사례 탐구 및 강점과 보완점 분석

**＋＋ 실천형 탐구활동** ▶ 청소년 대상 교육 콘텐츠 추천 리스트 제작 및 배포
▶ 건강한 OTT 시청 문화 만들기를 위한 캠페인 기획 및 실천

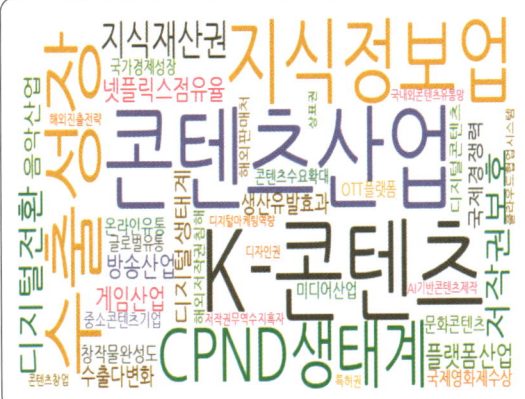

이 보고서는 콘텐츠산업의 구조적 변화와 성장 추이를 살펴보고 국가 경제에 미치는 영향과 기업의 성장 요인을 분석한다. 콘텐츠 산업이 매출과 수출에서 보여주는 높은 성장세와 강한 생산 유발 효과를 바탕으로, 국가 경제의 핵심 성장 동력으로 부상하고 있음을 강조한다. 연구 결과를 통해 콘텐츠 산업과 기업의 성장을 지원하기 위해 지식재산권 보호 및 침해 대응 강화, 중소기업의 디지털 전환 촉진, 수출 다변화 및 산업 연계 관련 정책 과제를 제언하는 보고서이다.

**관련 학과** 예체능(디지털콘텐츠학과, 만화애니메이션학과, 뮤지컬학과, 실용음악과, 연극영화학과, 영상디자인학과, 음악학과), 사회(문화콘텐츠학과, 미디어커뮤니케이션학과)

**➕ 탐구활동 주제**

◦ K-콘텐츠 수출 성장의 원인에 대한 탐구　　　　　◦ 저작권 침해 대응 정책에 대한 국내외 비교 및 효과 탐구

◦ K-콘텐츠와 글로벌 OTT 플랫폼의 협업 구조에 대한 사례 탐구

**➕➕ 창의적 문제해결**　▶ AI 기반 자동 저작권 침해 감지 및 신고 시스템 도입

　　　　　　　　　　　▶ 전국 청소년 대상 K-콘텐츠 창작 실습 캠프 프로그램

## 📌 심화 활동

**학업역량**　▶ 청소년이 만든 영어 프랑스어 등으로 번역하여 해외 학생들과 문화 교류 및 온라인 공유

　　　　　　▶ 저작권 보호 정책에 대한 찬반 토론 및 입장문 작성

　　　　　　▶ 콘텐츠산업의 성장요인을 정리해 마인드맵, 인포그래픽 등으로 도식화 활동

**진로역량**　▶ 사회와 문화, 미술 창작, 음악과 미디어, 미술과 매체 과목 이수 권장

　　　　　　▶ 콘텐츠 산업 관련 직업인 인터뷰 및 보고서 작성

　　　　　　▶ 콘텐츠 산업과 관련된 대학, 계열, 학과 탐색 및 보고서 작성

**공동체역량**　▶ 인근 학교 학생들과 협업하여 디지털 콘텐츠 불법 유통 사례 탐색 및 신고 캠페인

　　　　　　　▶ K-콘텐츠를 활용한 학교폭력 예방, 환경 보호 등 공익 캠페인 아이디어 제안

　　　　　　　▶ 우리 지역을 알리는 콘텐츠 제작 프로젝트 진행 및 SNS에 완성작품 홍보

**K-콘텐츠로 보는 현대사회**

박현민,
우주북스, 2024

이 도서는 넷플릭스, 디즈니+, 극장가를 휩쓴 대표 K-콘텐츠들을 통해 현대사회의 다양한 모습과 그 이면을 통찰하는 비평 칼럼집이다. '재벌집 막내아들', '이상한 변호사 우영우', '무빙' 등 작품 속에 담긴 사회적 메시지를 짚으며, 콘텐츠를 비판적으로 소비하고 성찰적으로 바라보는 태도를 제안한다. 콘텐츠 평론가인 저자는 책 속에 대중문화에 대한 날카로운 시선과 따뜻한 사유를 함께 담아낸다. K-콘텐츠를 통해 우리 시대를 읽고 싶은 독자에게 의미 있는 길잡이가 되어줄 책이다.

**➕ 탐구활동 주제**　◦ K-드라마 속 사회 문제 분석 및 보고서 작성

　　　　　　　　　　◦ 사회적 약자에 대한 콘텐츠 감상 및 다름과 편견을 주제로 비평문 작성

**➕➕ 실천형 탐구활동**　▶ 우리 사회의 문제 중 관심 있는 문제를 담은 콘텐츠 기획안 작성

　　　　　　　　　　　▶ K-콘텐츠 속 차별 및 고정관념 관련 표현 모니터링 활동

인문계열
사회계열
자연계열
공학계열
의약계열
예체능계열
교육계열

**오픈데이터** 장애인 국가대표 사격선수들을 위한 경기 멘탈플랜 적용(한국스포츠과학원, 2024)

이 보고서는 장애인 국가대표 사격선수들이 경쟁상황에서 인지하는 주의 집중 요인을 탐색하고, 이를 바탕으로 멘탈플랜 프로그램을 구성하여 그 효과성을 검증하고자 한다. 선수들이 경험하는 주의 집중 도움 요인과 방해 요인을 분석하고, 이를 토대로 개인 맞춤형 멘탈플랜 프로그램을 구성하여 적용함으로써 실제 효과를 살펴본다. 연구 결과를 통해 경기 멘탈플랜 프르그램을 설계할 때 선수와 종목의 특성에 적합한 이론적 틀을 기반으로 심리기술 훈련을 구성하는 것이 중요함을 시사한다.

**관련 학과** 예체능(사회체육학과, 스포츠과학과, 스포츠레저학과, 스포츠산업학과, 스포츠의학과, 운동처방학과, 체육학과), 사회(상담심리학과, 심리학과), 의약(재활상담학과)

**➕ 탐구활동 주제**
• 장애인 엘리트 선수 대상 심리기술훈련의 효과 탐색
• 경기 전·중·후 루틴이 선수의 심리상태에 미치는 영향 분석
• 고위기 상황에서 스포츠 루틴이 수행력에 미치는 영향 탐구

**➕➕ 창의적 문제해결** ▸ 스포츠심리 훈련 사례를 기반으로 한 영상 제작 및 보급 제안
▸ 패럴림픽 메달리스트의 심리 루틴을 정리한 사례집 발간 및 교육 콘텐츠화

## 📌 심화 활동

**학업역량** ▸ 멘탈플랜 프로그램을 자신의 공부 루틴에 적용하고 결과 보고서 작성
▸ 체육, 과학, 심리 교과 연계 융합 주제 탐구활동 및 보고서 작성
▸ 멘탈 루틴의 심리적 효과를 주제로 영어 에세이 작성 및 발표

**진로역량** ▸ 운동과 건강, 스포츠 과학, 데이터 과학 인간과 심리 과목 이수 권장
▸ 심리학, 체육 계열 직업인 인터뷰 및 보고서 작성
▸ 스포츠 멘탈 관련 독서 활동 및 자신의 진로와 연계한 서평 작성

**공동체역량** ▸ 장애인 국가대표 선수들을 위한 경기력 지원 정책 제안서 작성 및 제출
▸ 장애인 스포츠에 대한 인식 개선을 위한 포스터나 영상 제작 및 캠페인 활동
▸ 지역 장애인 체육시설에 응원 메시지 보내기 프로젝트

**올림픽이 끝나면 패럴림픽이 시작됩니다**

김양희, 다정한책, 2025

이 도서는 도전과 열정으로 세상을 바꾸는 패럴림픽 선수들의 이야기를 담고 있다. 치열한 경쟁 속에서 펼쳐지는 장애인 선수들의 투지는 독자들에게 깊은 감동과 영감을 전한다. 한계를 넘어선 도전과 성취, 인간의 무한한 가능성을 다주하는 특별한 순간들과 국가대표 선수들의 이야기를 생생하게 그려낸다. 더불어 이 책은 패럴림픽이 단순한 스포츠 경기를 넘어, 자기 발견의 여정이자 장애와 비장애의 경계를 허물고 도전과 성추로 세상을 변화시키는 무대라는 메시지를 전한다.

**➕ 탐구활동 주제**
• 패럴림픽 선수의 심리적 회복탄력성 탐구
• 국내외 장애인 스포츠 정책 및 패럴림픽 지원 시스템 비교 연구

**➕➕ 실천형 탐구활동** ▸ 패럴림픽 메달리스트의 삶과 진로 여정에 대한 인터뷰형 탐구 활동
▸ 패럴림픽에 대한 인식 개선을 위한 콘텐츠 제작 및 SNS에 공유

**오픈데이터** 2024 청년연계 K디자인 파워업 성과사례집(한국디자인진흥원, 2024)

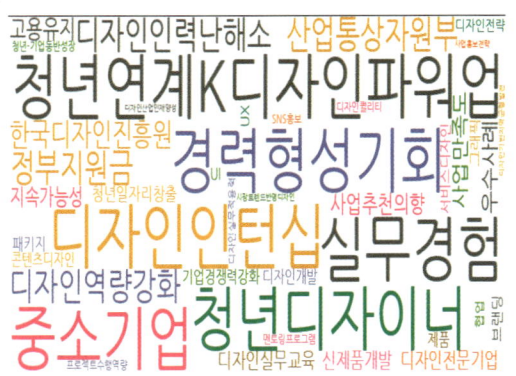

이 보고서는 청년 디자이너를 대상으로 실무 중심의 경력 형성의 기회를 제공하고, 디자인 산업계의 인력난 해소 및 디자인 역량 강화를 위한 청년연계 K디자인 파워업 사업의 성과를 종합적으로 담고 있다. 특히 참여 기업과 인턴을 대상으로 한 정량적 및 정성적 조사 결과를 통해 사업의 효과성과 지속 가능성을 면밀하게 분석한다. 또한 다양한 우수 사례를 통해 성과 발생의 핵심 요인과 실질적인 변화를 구체적으로 보여주며, 청년과 기업이 함께 성장할 수 있는 가능성을 조명한다.

**관련 학과** 예체능(공업디자인학과, 디지털콘텐츠학과, 만화애니메이션학과, 미술학과, 뷰티디자인학과, 산업디자인학과, 시각디자인학과, 실내디자인학과, 영상디자인학과, 패션디자인학과)

**⊕ 탐구활동 주제**

• 디자인 전공 청년 인턴십 프로그램이 청년 취업에 미치는 영향　　• 정부 지원 청년 디자인 인턴십 제도의 장단점 비교 분석

• 우수사례 기업의 인턴십 프로그램 비교 분석

**⊕ ⊕ 창의적 문제해결**
▸ 지역 디자인기업과 지역 청년을 연결하는 매칭 플랫폼 구축 제안
▸ 디자인 특성화고등학교, 대학, 기업의 3자 협력 프로젝트

# 📌 심화 활동

**학업역량**
▸ 청년 디자이너 실무 경험과 관련된 사회 기술 정책 사례 조사 및 발표
▸ 기업 인턴 성과 데이터를 활용한 통계 분석 활동 및 시각화
▸ 청년 인턴십 정책의 효과성을 평가하는 정책 토론 활동

**진로역량**
▸ 미술, 미술 창작, 미술 감상과 비평, 미술과 매체 과목 이수 권장
▸ 디자인 직무를 소재로 한 기업의 실무자 인터뷰 기획안 작성 및 실행
▸ K디자인 파워업 사례집을 참고하여 '나의 진로 로드맵' 작성

**공동체역량**
▸ 사회적 약자를 위한 제품 또는 서비스 디자인 제안서 작성
▸ 학교나 지역 공공시설에 휠체어 사용자를 위한 공간디자인 재설계 캠페인 활동
▸ 학교 내 개선이 필요한 시각 요소를 분석하고 개선안 제안

**대체 불가능한 디자이너 되기**

오완원, 길벗, 2025

이 도서는 매일 도전과 같은 삶을 사는 디자이너들이 자신의 가치를 높이고 디자인 업무를 지속할 수 있는 방법을 제시한다. 디자인 현장에서 직접 경험한 것을 토대로 빠르게 변하는 시대에 디자이너가 나아가야 할 방향에 대한 통찰을 제공한다. 회사를 선택하는 기준, 함께 일하기 좋은 디자이너, 포트폴리오, 커뮤니케이션, 마인드셋, 프리랜서 디자이너 등 디자이너 업무와 관련된 내용을 종합적으로 다루고 현실적인 조언을 아낌없이 던지는 지침서이다.

**⊕ 탐구활동 주제**
• 함께 일하고 싶은 디자이너의 태도, 역량, 마인드셋에 대한 고찰
• 디자인 직무에 필요한 핵심 역량 분석 및 자기 진단 활동

**⊕ ⊕ 실천형 탐구활동**
▸ 디자이너 직무 소개, 포트폴리오 예시 등을 담은 디자인 진로 뉴스레터 제작
▸ 관심 있는 주제로 디자인 프로젝트 진행 및 실행 과정 브이로그 제작

인문계열

사회계열

지역계열

자연계열

의약계열

예체능계열

교육계열

**오픈데이터** 안무 저작권 보호 강화 방안 연구(문화체육관광부, 2024)

이 보고서는 케이팝이 음악성과 독창적인 안무로 글로벌 문화 콘텐츠로서의 위상을 높여가고 있는 가운데, 안무가의 창작물에 대한 법적 보호 강화 방안을 모색한다. 케이팝 댄스 안무를 둘러싼 안무 저작권 환경 변화를 통해 안무가의 정당한 권익을 보장하고, 케이팝이 지속적으로 성장하며 글로벌 무대에서 경쟁력을 강화할 수 있는 방향을 제시한다. 이를 위해 안무 저작권 보호의 국내외 현황을 분석하고, 현행 제도의 문제점을 진단하여 개선 방안을 마련하고자 한다.

**관련 학과** 예체능(디지털콘텐츠학과, 무용학과, 뮤지컬전공, 방송연예전공, 실용음악과, 음악학과), 사회(문화콘텐츠학과, 미디어커뮤니케이션학과, 미디어학부, 법학과, 신문방송학과)

**➕ 탐구활동 주제**

- 케이팝과 해외의 안무 저작권 제도 비교 분석
- 케이팝 댄스 안무의 저작권 보호 필요성에 대한 고찰
- 케이팝 안무 저작권 침해 분쟁 사례 탐구 및 시사점 고찰

**➕➕ 창의적 문제해결**
▶ 국가차원의 안무 저작권 보호 및 활성화를 위한 저작권 등록 지원 사업 제안
▶ 음악, 정보 과목과 연계하여 저작권 인식 교육 활성화 프로젝트 제안

## 📌 심화 활동

**학업역량**
▶ 케이팝 안무의 글로벌 확산과 저작권 이슈에 관한 학술 포스터 제작 및 발표
▶ 케이팝 안무 저작권 관련 판례를 바탕으로 저작권 침해 판단 모의 재판 활동
▶ 자유로운 안무 활용과 창작자 권리 보호를 주제로 토론 활동

**진로역량**
▶ 음악, 음악 연주와 창작, 음악과 미디어, 지식 재산 일반 과목 이수 권장
▶ 문화예술 법률 전문가와의 인터뷰 활동 및 보고서 작성
▶ 케이팝 안무 및 공연 콘텐츠와 관련 있는 직업 체험 활동

**공동체역량**
▶ 안무 저작권 등록 활성화를 위한 제도 개선 방안 탐구 및 정책 제안서 작성
▶ 안무 저작권 등록률 향상을 위한 캠페인 영상 제작 및 배포
▶ 케이팝 안무가 권리 보호를 주제로 한 캠페인 포스터 저작 및 게시

**춤인문학 강의
올 댓 댄스 댄스의
모든 것**

윤지원,
부크크, 2025

이 도서는 아프리카 드럼부터 현대 K-POP까지, 춤이라는 인류의 보편적 언어를 쉽고 흥미롭게 풀어낸 춤인문학 강의서이다. 고대 의식, 문화 운동, 영화 속 춤 이야기 등 다양한 사례를 통해 춤이 인간의 감정과 문화를 어떻게 표현해 왔는지를 탐구한다. 춤을 단순한 오락이 아닌 일상 속 소통과 자기표현의 수단으로 바라보며, 누구나 즐길 수 있는 춤의 세계로 안내한다. 춤 인문학 강사의 경험을 바탕으로 춤의 숨은 이야기, 감정, 의미를 총망라한 책이다.

**➕ 탐구활동 주제**
- 세계 여러 문화권의 다양한 춤과 그 사회적 의미 비교 탐구
- 케이팝 춤의 세계적 확산에 대한 연구 및 춤을 통한 문화교류 현상 탐구

**➕➕ 실천형 탐구활동**
▶ 세계 여러 문화권의 춤 중 하나를 골라 배우고 체험한 느낌 기록 및 발표
▶ 자기 자신을 표현하는 춤을 만들고 영상으로 제작

이 보고서는 스포츠산업이 직면한 사회, 기술, 경제, 환경, 정치적 변화를 분석하고, 2025년 스포츠산업의 10대 트렌드를 전망한다. 스포츠와 타 산업 간 융복합, 인공지능 기반 혁신, 시니어 시장 성장, 웰니스와 디지털 콘텐츠 소비 확대를 주요 흐름으로 제시하고, 팬덤 이코노미 부상과 스포츠 지속가능성 강화, 지역경제 활성화 필요성, 생활체육 참여 확대와 스포츠 안전관리 강화를 중요한 과제로 다룬다. 이를 통해 체계적이고 미래지향적인 스포츠산업 정책 수립 방향을 제시한다.

**관련 학과** 예체능(디지털콘텐츠학과, 사회체육학과, 산업디자인학과, 스포츠건강관리학과, 스포츠과학과, 스포츠레저학과, 스포츠산업학과, 스포츠의학과, 체육학과, 패션디자인학과)

➕ **탐구활동 주제**

◆ 스포츠와 타 산업 간 융복합 트렌드에 대한 고찰 및 사례 탐구   ◆ OTT 기반 스포츠 중계의 장단점과 미래 전망 연구
◆ 인공지능(AI) 기술이 스포츠산업에 미치는 영향 탐구

➕➕ **창의적 문제해결**   ▶ 생활체육 안전사고를 대비한 운동시설에 AI 모니터링 시스템 도입 제안
▶ 학교와 지역사회 연계 청소년 스포츠클럽 활성화 정책 제안

## 📌 심화 활동

**학업역량**   ▶ 사례를 통한 스포츠산업과 경제 흐름의 상관관계 분석 및 보고서 작성
▶ 종목별 스포츠 안전사고 데이터 분석 및 시각화 활동
▶ 대규모 스포츠 행사의 탄소 발자국을 계산하고 저감 방안 탐구

**진로역량**   ▶ 체육1, 체육2, 스포츠 문화, 스포츠 과학, 스포츠 생활1, 스포츠 생활2 과목 이수 권장
▶ 스포츠 관련 직업 조사 및 직업별 필요 역량과 전공 탐색 활동
▶ 시니어 스포츠시장 분석 및 창업 아이디어 기획 활동

**공동체역량**   ▶ 스포츠 안전사고 예방을 위한 안전수칙 만들기 및 캠페인 활동
▶ K-스포츠 콘텐츠의 세계화를 위한 전략 아이디어 기획 및 정책 제안서 작성
▶ 스포츠와 지속가능성(ESG)을 융합한 포스터 제작 및 전시 활동

**스포츠 진로 찾기**
———
임성철 외,
한올출판사, 2024

이 도서는 스포츠 분야에서 진로를 찾고자 하는 이들을 위해 다양한 직업인의 생생한 이야기를 담은 스포츠 진로 안내서이다. 선수, 지도자, 교사, 경찰관, 소방관, 스포츠 심리 상담사, 심판 등 여러 분야의 전문가를 직접 인터뷰해 필요한 역량과 준비 과정 및 직업인들의 삶을 구체적으로 소개한다. 스포츠를 좋아하는 마음을 어떻게 진로로 연결할 수 있을지 현실적이고 실질적인 조언을 전한다. 다양한 사례를 통해 스포츠 분야의 진로를 구체적으로 그려볼 수 있도록 돕는 책이다.

➕ **탐구활동 주제**   ◆ 스포츠 분야의 최신 트렌드와 직업 변화 탐구
◆ 다양한 스포츠 직업인의 이야기 분석을 통한 공통된 핵심 가치 도출

➕➕ **실천형 탐구활동**   ◆ 관심 있는 스포츠 관련 직업을 선택해, 진로 로드맵 설계
◆ 스포츠 직업인의 하루를 상상하고 하루 일지 작성 활동

세특 프리패스

# 교육
# 계열

- AI 디지털교과서와 미래 교육

- 사교육 과열과 미래인재 양성

- 교육소외지역 학생 기초학력 보장 지원 방안

- 수학교육 실태 및 글로벌 혁신 방안 분석

- 심리 정서적 위기 유아 지원체제 구축 방안

- 학생 맞춤형 과학탐구를 위한 지능형 과학실 ON 발전방안

- 경기도 학생 디지털 역량 진단조사 결과 분석

- 에듀테크를 활용한 성찰 활동이 메타인지와 학습 몰입에
  미치는 영향

- 영유아의 시간제 사교육 이용 변화 추이와 특징

- 청소년활동을 통한 환경 실천 지원방안

- TTV(Text to Video) 기반 AI의 교육적 활용 방안 연구

- 초개인화 학습의 혁명이 시작된다: 에듀테크

이 보고서는 AI 디지털교과서 도입이 가져올 교육 혁신의 가능성과 함께 제기되는 다양한 우려를 균형 있게 다루고 있다. 정부가 추진 중인 AI 디지털교과서 도입의 배경과 구체적인 계획을 소개하며, 기대되는 맞춤형 학습 효과와 교육 혁신을 다룬다. 디지털기기 과잉 사용에 대한 우려와 개인정보 문제, 제도적 미비 등 비판적 시각도 함께 조명하며, 이를 바탕으로 AI 디지털교과서가 미래 교육으로 발전하기 위해 어떤 방향으로 나아가야 하는지를 제시한다.

**관련 학과**   교육(교육공학과, 교육학과, 기술교육과, 사회교육과, 유아교육학과, 윤리교육과, 일반사회교육과, 초등교육과, 컴퓨터교육과, 특수교육과), 공학(소프트웨어융합학과)

**⊕ 탐구활동 주제**

◆ AI 디지털교과서가 교육격차 해소에 미치는 영향 탐구    ◆ AI 디지털교과서 활용과 전통적 교육방식의 장단점 고찰
◆ AI 디지털교과서 활용에서 교사의 역할 변화 연구

**⊕⊕ 창의적 문제해결** ▶ 데이터 윤리, AI 디지털교과서 활용법 등을 담은 디지털 리터러시 수업 제안
           ▶ 연속 사용 시간 및 휴식 시간을 포함한 디지털기기 활용 가이드라인 마련 정책 제안

## 📌 심화 활동

**학업역량**
▶ 교과별 AI 활용 수업 아이디어 기획서 작성 및 발표
▶ AI 학습 추천 알고리즘의 수학적 원리 탐구 보고서 작성 및 공유 활동
▶ AI를 활용해서 만든 예술 작품 감상 및 창작 체험, 저작권 이슈 관련 토론 활동

**진로역량**
▶ 현대사회와 윤리, 사회문제 탐구, 인공지능 기초, 교육의 이해 과목 이수 권장
▶ 디지털 튜터 역할을 할 수 있는 자율 동아리 운영
▶ AI 교육기획자, 교육 콘텐츠 개발자 등 관련 직업 탐색 및 직업인 인터뷰

**공동체역량**
▶ 디지털기기 과사용 문제를 해결하기 위한 포스터 제작 및 캠페인 활동
▶ 지역 초등학교 대상 디지털 리터러시 역량 함양 교육 봉사활동
▶ 디지털 리터러시 역량을 활용한 디지털 소외 학생 돕기 봉사활동

**교사가 이끄는 교실혁명 AI 디지털교과서 100% 활용하기**

정제영 외, 박영스토리, 2024

이 책은 디지털 대전환과 인공지능 기술의 발전으로 인한 교육의 변화 속에서 교사가 교육 혁신의 주체가 되어야 함을 강조한다. 교사의 주도성이 가장 중요한 교육 혁신의 요인임을 강조하면서, 교육의 성과를 위해 AI 디지털교과서를 효과적으로 활용하는 다양한 방안과 사례를 소개한다. 디지털 기반 교육 혁신을 준비하는 교사뿐 아니라, 미래 교육에 관심 있는 학생들에게도 유용한 통찰을 제공하며, 교실 수업의 질을 높이고 학생 개별 맞춤형 학습을 실현할 수 있는 실천적 방향을 제시한다.

**⊕ 탐구활동 주제**   • '하이터치 하이테크' 수업 설계 실습 프로젝트
          • AI 디지털교과서의 사용자 경험(UX) 분석 및 개선 제안서 작성

**⊕⊕ 실천형 탐구활동** ▶ 책 속 디지털 선도학교 운영 사례 분석 후 우리 학교 적용 방안 제안
          ▶ 다양한 AI 학습 도구 비교 분석 후 'AI 학습 도구 추천' 보고서 작성

인문계열

사회계열

자연계열

공학계열

의약계열

예체능계열

교육계열

**오픈데이터** 사교육 과열과 미래인재 양성(국회미래연구원, 2024)

이 보고서는 사교육 과열이 한국 교육과 사회 전반에 미치는 영향을 분석하고, 미래인재 양성 관점에서 이를 해결하기 위한 정책 방향을 제시한다. 학벌주의, 물질주의, 자본주의, 공교육 불만족, 사회적 규범 등이 사교육 과열의 주된 원인임을 지적하고, 사교육이 학업성취와 자기주도학습, 학업스트레스, 아동의 웰빙, 사회적 비용에 미치는 영향을 실증연구를 통해 검토한다. 개인 맞춤형 학습 지원 강화, 대학별 다양한 인재육성 전략 실행, 평생 학습 지원체제 강화 등 시사점을 제안한다.

**관련 학과** 교육(교육학과, 사회교육과, 아동보육과, 유아교육학과, 일반사회교육과, 초등교육과), 사회(경제학과, 사회학과, 상담심리학과, 심리학과, 아동학과, 행정학과)

**⊕ 탐구활동 주제**

◆ 사교육 참여 동기와 자기주도학습 역량 간의 상관관계 탐구　　◆ 고등학생의 사교육 경험과 학업스트레스 간 상관관계 탐구
◆ 사교육 과열을 부추기는 사회문화적 요인 고찰

**⊕⊕ 창의적 문제해결**　▶ 지역 대학과 연계한 자기주도학습 코칭 멘토링 프로그램
　　　　　　　　　　▶ 학급 친구들과 공부 방법을 공유하고 함께 공부하는 학습 공동체 만들기

## 📌 심화 활동

**학업역량**　▶ 사교육의 순기능과 역기능을 조사한 후 찬반 토론 활동
　　　　　　▶ 사교육 과열 문제를 다룬 신문 기사를 읽고 비교 분석 및 발표
　　　　　　▶ 공공 교육 콘텐츠 비교 분석 탐구활동 수행 및 보고서 작성

**진로역량**　▶ 사회와 문화, 현대사회와 윤리, 정치, 사회문제 탐구, 교육의 이해 과목 이수 권장
　　　　　　▶ 자기주도학습을 통해 스스로 공부하고 진로를 개척한 멘토와의 인터뷰
　　　　　　▶ 교육격차 해소에 기여하는 다양한 직업군을 조사 및 발표

**공동체역량**　▶ 다양한 과목의 자기주도학습 전략을 담은 자료 만들고 나눔 활동
　　　　　　　▶ 자기주도학습의 중요성을 알리는 포스터, 영상, 리플렛 저작 및 캠페인 활동
　　　　　　　▶ 학습 도움이 필요한 학생들을 위한 학습 도우미 봉사활동

**임파워링**

존 스펜서 외
(윤수경 역),
교육을바꾸는사람들,
2023

이 도서는 시시각각 급변하고 불확실성이 만연한 시대에 아이들에게 진정으로 필요한 것이 무엇인지에 대한 깊이 있는 통찰을 제공한다. 순응과 참여를 강조하던 기존의 교육에서, 어떤 상황에서도 능동적으로 대처할 수 있는 힘을 키워주는 교육으로의 전환을 강조한다. 아이들이 각자 자신의 배움에 대한 주인의식을 갖고 창의력, 잠재력, 열정을 발휘하도록 임파워링하는 실용적 방법을 제시한다. 배움의 주체이자 삶의 주체로 성장할 미래 세대를 위해, 교육이 나아가야 할 방향을 보여준다.

**⊕ 탐구활동 주제**　◆ 미래사회가 요구하는 핵심 역량과 그 역량을 기를 수 있는 교육 방법 탐구
　　　　　　　　　　◆ 학습자의 자율성과 주도성을 키우기 위한 교사의 역할 연구

**⊕⊕ 실천형 탐구활동**　▶ 학습하고 싶은 주제에 대한 학습 계획서 작성 및 실천
　　　　　　　　　　　▶ 학생의 학습 주도성을 길러줄 임파워링 수업 설계

교육소외지역 학생 기초학력 보장 지원 방안(경기도교육연구원, 2024)

이 보고서는 교육소외 개념과 기초학력 미달에 대한 다양한 접근을 정리함으로써 경기도 교육소외지역에 거주하는 학생들의 기초학력 보장을 위한 정책적 해결 방법을 제시한다. 교육소외에 대한 개념적·이론적 틀을 바탕으로 국내외 관련 정책을 분석하고 교육소외지역에 위치한 학교 구성원들의 기초학력 보장을 위한 정책적 지원 방안을 모색한다. 특히 개별 학생의 구제나 일부 지역의 결핍 해소를 넘어 모두의 권리를 보장하기 위한 것을 전제한 지원 방안 모색에 중점을 두고 있다.

**관련 학과**    교육(가정교육과, 교육공학과, 교육학과, 국어교육과, 사회교육과, 수학교육과, 아동보육과, 영어교육과, 유아교육학과, 일반사회교육과, 초등교육과, 특수교육과)

➕ **탐구활동 주제**

• 기초학력 보장을 위한 국내외 정책 사례 비교 연구     • 기초학력 미달 원인에 대한 교사, 학생 학부모 인식 차리
• 지역사회가 수행할 수 있는 기초학력 지원 방안 탐구

➕➕ **창의적 문제해결**    ▶AI 기반 학습 결손 자동 진단 및 맞춤형 피드백 프로그램
                      ▶참여형 수업, 튜터링 등이 가능한 기초학력 메타버스 플랫폼 구축

# 📌 심화 활동

**학업역량**    ▶해외 기초학력 정책 관련 논문 탐독 및 우리 나라 기초학력 보장 정책 방향 연구
            ▶기초학력 관련 이슈(예: 보편적 지원과 선별적 지원)를 주제로 토론 활동
            ▶학교 수업에서 경험한 교육소외 순간에 대한 자신의 생각을 담은 에세이 작성

**진로역량**    ▶사회와 문화, 정치, 법과 사회, 사회문제 탐구, 교육의 이해 과목 이수 권장
            ▶교육복지사, 특수교사, 정책연구자 등 교육격차 해결 관련 직업인 인터뷰 활동
            ▶지역 교육복지센터, 교육지원청 기초학력지원센터 등 관련 기관 견학 및 보고서 작성

**공동체역량**    ▶우리 지역의 교육 실태 조사 및 지역 기반 학습 지원 방안 제안서 제출
            ▶기초학력 보장을 위한 캠페인 기획 및 포스터·홍보물 제작, 배포
            ▶소외지역 아동 대상 언어·문화 지원 프로그램 보조강사 봉사활동 참여

**에듀테크로
확! 잡는 기초학력**

김현숙 외,
앤써북, 2024

이 도서는 현직 교사 4명의 생생한 경험담을 담은 교육현장밀착형 학생 맞춤 활용서이다. 기초학력에 대한 오랜 경험과 노하우를 에듀테크로 연결시켜 섬세함이 필요한 학생의 성장을 촉진하는 효과적인 방안을 제시한다. 에듀테크를 학습에 활용할 때의 장점을 분석하고, 국가기초학력지원센터 누리집에 대해 자세하게 소개한다. 다양한 검사 도구 소개와 해석을 실제 사례를 통해 알기 쉽게 전달하며, 교실 수업에 바로 적용할 수 있는 실용적인 에듀테크 활용 전략이 담겨 있다.

➕ **탐구활동 주제**    • 에듀테크의 활용이 기초학력 향상에 미치는 효과 탐구
                    • 교과별 에듀테크 도구의 적용 가능성과 수업 사례 비교 분석

➕➕ **실천형 탐구활동**    ▶다양한 에듀테크 도구를 학습에 직접 활용해 본 후 비교 분석
                       ▶에듀테크 도구와 전략을 활용한 맞춤형 학습 계획표 작성 및 실천

인문계열

사회계열

자연계열

약학계열

의약계열

예체능계열

교육계열

**오픈데이터** 수학교육 실태 및 글로벌 혁신 방안 분석(한국과학창의재단, 2024)

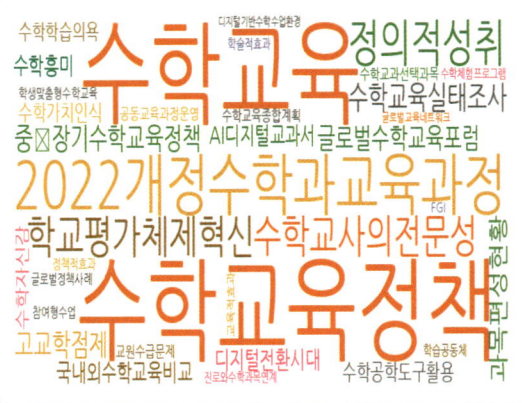

이 보고서는 우리나라 수학교육의 혁신 방안과 중·장기적 수학교육 정책을 다각적으로 제안한다. 수학교육 현황을 조사하고, 고등학교 수학 과목 편성 현황 및 수학교육 글로벌 혁신 방안에 대한 분석을 통해 시사점을 도출한다. 2022 개정 수학과 교육과정에 대한 현장 이해와 안착, 학교 평가 체제 및 방법 혁신, 학생들의 수학에 대한 정의적 성취 향상, 수학교사의 전문성 신장에 대한 정책을 제안하고 이에 따른 정책적 교육적 학술적 기대 효과를 전망하는 보고서이다.

**관련 학과** 교육(교육공학과, 교육학과, 사회교육과, 수학교육과, 일반사회교육과, 초등교육과), 사회(사회학과, 상담심리학과, 심리학과, 행정학과), 자연(수학과, 응용수학과)

**➕ 탐구활동 주제**

◆ 수학에 대한 정의적 영역이 학습태도에 미치는 영향 탐구    ◆ AI 디지털 교과서가 수학교육에 미치는 영향 탐구
◆ 수학교사의 전문성 향상 방안에 대한 국내외 사례 비교 연구

**➕➕ 창의적 문제해결**    ▶ 수학에 대한 정의적 영역 향상을 위한 또래 학습 멘토링 프로그램 제안
▶ 지역 간 수학 성취도 격차 해소를 위한 온라인 멘토링 플랫폼 설계 제안

## 📌 심화 활동

**학업역량**    ▶ AI 디지털교과서 도입의 장단점에 대한 찬반 토론 활동
▶ 수학교육 정책과 관련된 보고서나 논문을 읽고 요약 정리 및 비판적 글쓰기
▶ 수학이 적용되는 최신 기술 주제 탐구 보고서 작성 및 발표

**진로역량**    ▶ 대수, 미적분Ⅰ, 확률과 통계, 기하, 미적분Ⅱ, 수학과제 탐구 과목 이수 권장
▶ 관심 진로 및 전공과 연계하여 수학과목 선택 설계 및 학업 계획 수립 활동
▶ 수학 기반 직업군 탐색 후 포스터로 시각화 및 게시판에 공유

**공동체역량**    ▶ 고등학교 수학 과목별 특징, 진로 연계, 선택 전략 등을 안내하는 책자 만들고 배포
▶ 학생 맞춤형 수학 학습 애플리케이션 분석 및 개선 아이디어 제안
▶ 학교의 수학교육 현황(환경) 분석 및 개선 제안서 작성

**수학 1등급 로드맵**

김현정,
브리드북스, 2024

이 도서는 초등부터 고등까지 12년간의 수학 학습 로드맵을 체계적으로 안내하는 수학 공부 전략서이다. 고등학교에 진학하며 급격히 떨어지는 수학 성적의 원인을 분석하고, 이를 극복하기 위한 공부법을 구체적으로 제시한다. 개념 이해부터 공식 암기, 백지 테스트, 문제 풀이, 오답 체크까지 이어지는 학습 과정은 수학 성적을 올리고 싶은 학생들에게 실질적인 도움을 준다. 공부할 수 있는 시간과 노력이 한정적인 상황에서 효과적인 수학 공부 로드맵을 제시해 주는 책이다.

**➕ 탐구활동 주제**    ◆ 중학교와 고등학교 수학 성적 차이의 주요 요인 분석
◆ 초등 중등 고등 각 시기별 효과적인 수학 학습 전략 탐구

**➕➕ 실천형 탐구활동**    ▶ 수학 공부 습관 점검표 활용 학습 습관 진단 및 개선 계획 수립·실천
▶ 나만의 특별한 수학 공부법 소개와 서로 다른 공부법 공유

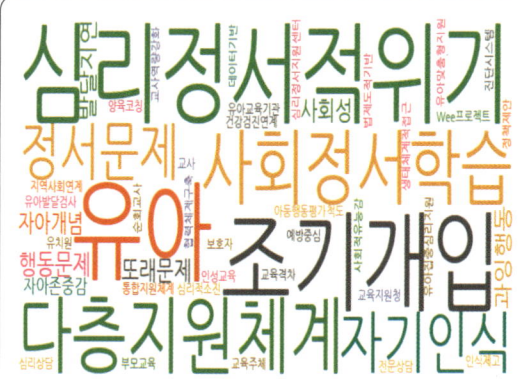

이 보고서는 유아의 심리 정서적 위기에 주목하여, 유아의 성장 및 발달을 지원하기 위한 심리 정서적 위기 유아 지원체제 구축 방안을 모색한다. 유아의 심리 정서적 위기의 개념을 탐색하고, 그 실태 및 지원 정책의 성과와 한계에 대해 논의한다. 또한 위기 지원에 대한 교육주체(보호자, 교사)와 관련 전문가의 경험과 요구를 조사하여, 위기 예방 및 지원을 위한 교육청 차원의 심리 정서적 위기 유아 지원체제 구축의 방향과 과제를 제시하는 보고서이다.

**관련 학과**  교육(가정교육과, 교육공학과, 교육학과, 사회교육과, 아동보육과, 유아교육학과, 초등교육과, 특수교육과), 사회(사회복지학과, 상담심리학과, 심리학과, 아동학과)

**➕ 탐구활동 주제**

◆ 유아기의 정서 발달과 문제행동 사이의 상관관계 탐구
◆ 심리 정서적 어려움을 겪는 유아를 위한 교사의 역할 탐구
◆ 부모의 양육 태도가 유아의 감정 표현에 미치는 영향 연구

**➕➕ 창의적 문제해결**
▶ 부모와 교사가 아이의 정서 변화에 대응 가능한 감정일기 공유 시스템 제안
▶ 유치원이나 지역 교육지원청에 유아 전문 상담 교사 배치 제안

## 📌 심화 활동

**학업역량**
▶ 유아기 정서문제와 관련 있는 신문기사 스크랩 및 비판적 논평 작성
▶ 유아기 정서문제를 주제로 관련 도서 탐독 후 자신의 생각을 담은 글쓰기 활동
▶ 관련 논문이나 보고서를 읽고 개념 정리 및 키워드를 활용한 마인드맵 그리기

**진로역량**
▶ 사회와 문화, 사회문제 탐구, 아동발달과 부모, 교육의 이해 과목 이수 권장
▶ 유치원 교사, 유아 특수교육 관련 전문가 등 실무자 인터뷰 및 보고서 작성
▶ 육아종합지원센터, 청소년마음건강센터 등 유관 기관 탐방 및 전문가 인터뷰

**공동체역량**
▶ 지역 교육지원청 또는 학교 단위에서 실현 가능한 정책 제안서 작성
▶ 감정 카드, 감정 인형 등을 만들고 지역 어린이집이나 유치원에 기부
▶ 심리 정서적 어려움을 겪는 친구들을 응원하는 캠페인 활동

**마음이 부자인 아이는 어떻게 성장하는가**

박소영, 북크레용, 2024

이 도서는 소아정신과 의사 엄마가 전문가로서의 지식과 엄마로서의 경험을 모두 녹여 육아에 대한 답변을 제공해 주는 육아 지침서이다. 저자는 부모와 아이가 감정과 생각을 공유할 때 아이들의 정서가 안정되고 애착이 단단해지는 상태인 '상호주관성' 개념을 강조한다. 일상생활에서 상호주관성을 쌓고 아이가 행복한 어른으로 성장할 수 있는 밑거름이 될 수 있는 구체적인 놀이법과 대화법을 소개한다. 약 1만 건의 아이 진료를 바탕으로 한 실감 나는 예시는 책의 구성을 더 풍성하게 한다.

**➕ 탐구활동 주제**
● 상호주관성이 유아의 정서 안정에 미치는 영향 탐구
● 아이의 마음을 돌보는 '정서교육'의 필요성과 우리나라 교육 현실에 대한 고찰

**➕➕ 실천형 탐구활동**
▶ 따뜻한 문구를 담은 감정존중 문구 포스터 만들고 학교에 게시판에 게시
▶ 유아용 그림책에서 감정 찾기 활동지 직접 제작 및 유치원 일일 교사 체험

인문계열

사회계열

자연계열

공학계열

의약계열

예체능계열

교육계열

**오픈데이터** 학생 맞춤형 과학탐구를 위한 지능형 과학실 ON 발전방안(한국과학창의재단, 2025)

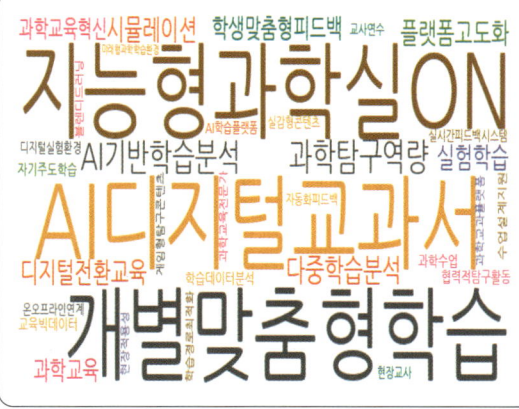

이 보고서는 기존 지능형 과학실 ON의 개선 및 고도화 방안을 도출하고 차세대 과학교육 플랫폼인지능형 과학실 ON+의 발전모델을 제안한다. 기존의 ON 플랫폼이 갖고 있는 한계점을 분석하고, 과학교육 전문가, 빅데이터 전문가 및 현장 교사들의 요구 분석을 바탕으로 ON의 기능 개선 방향을 모색한다. 더불어 다중학습분석 기술과 AI 디지털 교과서와 통합된 차세대 지능형 과학실 ON+ 발전모델을 제안하여 과학교육의 혁신적 변화를 도모하기 위한 발전 전략을 도출한다.

**관련 학과** 교육(과학교육과, 교육공학과, 교육학과, 초등교육과, 컴퓨터교육과, 특수교육과), 공학(소프트웨어융합공학과, 소프트웨어융합학과, 소프트웨어학과, 정보통신공학과, 컴퓨터공학과)

**➕ 탐구활동 주제**

◆ 시뮬레이션 기반 과학 실험의 교육적 효과에 대한 사례 분석   ◆ 전통적 실험 수업과 디지털 실험 환경의 학습 성과 비교 분석

◆ 미래형 과학탐구 학습 환경에서 교사와 학생의 역할 변화 탐구

**➕➕ 창의적 문제해결**   ▶ 지능형 과학실 ON에 입력되는 실패 실험 데이터를 모아 실패 가이드북 제작

▶ 관심 키워드와 과학 개념을 매칭해서 탐구 주제를 생성해 주는 매트릭스 제작

## 📌 심화 활동

**학업역량**   ▶ 실패한 실험의 원인은 과학적 개념과 연계하여 분석하는 실험 노트 작성

▶ 일상에서 관찰하거나 교과서에 나오는 현상을 실험으로 재구성해보는 활동

▶ ON을 활용한 다양한 실험 결과와 과정을 종합한 포트폴리오 작성

**진로역량**   ▶ 물리학, 화학, 생명과학, 지구과학, 융합과학 탐구 과목 이수 권장

▶ 관심 있는 주제로 실험을 한 후, 관련 직업인과의 인터뷰 진행 및 보고서 작성

▶ 관심 있는 분야와 과학을 연계하여 융합 실험 및 결과 공유

**공동체역량**   ▶ 기획자, 실험자, 기록자, 발표자 등 역할 분담 기반 실험 프로젝트 수행

▶ 실패한 실험 경험을 서로 공유하고, 피드백을 통해 해결 방안을 함께 찾는 활동

▶ 플랫폼 사용이 익숙하지 않고 어려움을 겪는 친구를 위한 멘토링 활동

**아름다운 실험**

필립 볼(고은주 역), 소소의책, 2024

이 책은 실험 설계, 구상, 과정을 깊이 있게 탐색하며 과학 실험의 발전 과정을 들여다본다. 최초의 현미경과 망원경부터 오늘날의 거대한 입자 충돌기까지, 과학기술과 기기의 진화 과정을 따라가며 실험의 의미와 가치를 통찰력 있게 짚어낸다. 또한, 지난 역사 속에서 논쟁을 불러일으킨 실험 사례를 통해 과학의 역사와 철학적 배경을 함께 살펴본다. 더불어 이 책에 담겨 있는 200여 장의 일러스트와 사진은 독자의 이해를 돕고 실험의 생생함을 보여준다.

**➕ 탐구활동 주제**   ◆ 과학이 기술, 의료, 철학 등 사회의 여러 분야에 가져온 변화 및 영향 탐구

◆ 과학사 속 논쟁적 실험 사례를 분석하고, 자신의 견해를 담은 분석 보고서 작성

**➕➕ 실천형 탐구활동**   ▶ 역사 속 위대한 과학 실험 중 하나를 선택해서 재구성하고 모의 실험

▶ 과학사 속 윤리적 논쟁 실험 탐구활동 및 실험 윤리 포스터 제작

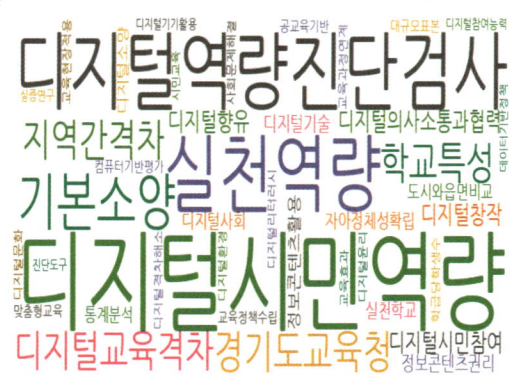

이 보고서는 경기도 디지털 시민역량교육 실천학교를 대상으로 실시한 디지털 역량 진단검사 결과 분석을 바탕으로 지역 및 학교 특성별 디지털 역량 실태를 체계적으로 파악한다. 디지털 기술의 활용 능력뿐 아니라 의사소통, 창작, 참여 등의 실천역량을 중심으로 진단도구를 구성하여 학생들의 디지털 역량 수준을 다각도로 분석한다. 아울러 사전·사후 검사 결과 비교를 통해 디지털 시민교육의 효과를 검토하고, 디지털 역량의 지역 간 격차 해소를 위한 정책적 시사점을 도출한다.

**관련 학과**  교육(교육공학과, 교육학과, 사회교육과, 윤리교육과, 일반사회교육과, 초등교육과, 컴퓨터교육과, 특수교육과), 공학(정보보안학과, 정보보호학과, 정보통신공학과)

### ➕ 탐구활동 주제
◆ 도시와 읍면 지역의 지역 간 디지털 역량 격차에 대한 탐구  ◆ 공교육에서 디지털 격차 해소를 위한 정책 방향에 대한 탐구
◆ 학생 맞춤형 디지털 시민교육의 필요성과 방향성 연구

### ➕➕ 창의적 문제해결
▶ 도시 지역과 읍면 지역 학교 간 디지털 친구학교 매칭 프로젝트 제안
▶ 읍면 지역 학교에 찾아가는 디지털 시민교육 전문가 파견 프로그램 제안

## 📌 심화 활동

**학업역량**
▶ 디지털 시민교육과 사회 교과 연계 탐구활동 및 탐구 보고서 작성
▶ 디지털 소통 윤리에 대한 이슈를 주제로 찬반 토론 활동
▶ 디지털 윤리와 관련된 주제 탐구 독서 활동 후 사회적 책임에 대한 에세이 작성

**진로역량**
▶ 사회와 문화, 윤리와 사상, 정보, 소프트웨어와 생활 과목 이수 권장
▶ 정보교사, 정책 전문가 등 관련 직업인과의 인터뷰 및 보고서 작성
▶ 디지털 환경 속에서 어떤 직업인이 되고 싶은지에 대한 에세이 작성

**공동체역량**
▶ 디지털 실천역량이 낮은 이유를 분석하고 해결방안을 제시하는 정책 제안서 작성
▶ 디지털 소통 예절을 위한 포스터 제작 및 교내 캠페인 활동
▶ 학급자치회를 통해 우리 반 디지털 윤리 헌장 만들기 활동

**디지털 소양을 위한 미디어 리터러시 교육**

김대희 외,
태학사, 2024

이 도서는 디지털 시대를 살아가는 예비교사와 현직 교사들을 위한 미디어 리터러시 교육에 관한 핵심 내용을 담고 있다. 또한 미디어를 비판적으로 이해하고 창의적으로 활용하며 민주 시민으로서 참여할 수 있는 역량을 기르는 것을 강조한다. 뉴스, 광고, SNS, 유튜브 등 다양한 미디어 콘텐츠를 분석하고 교육 현장에 적용할 수 있는 실제 사례까지 폭넓게 다루고 있다. 미디어 세상 속에서 민주 시민으로 살아가는 법에 대해 실제적이고 깊은 통찰을 제시하는 책이다.

### ➕ 탐구활동 주제
◆ SNS 알고리즘과 정보 편행 문제를 중심으로 미디어의 사회적 영향 분석
◆ SNS 속 허위정보에 대응하는 디지털 시민의 자세에 대한 고찰

### ➕➕ 실천형 탐구활동
▶ 책임 있는 온라인 소통과 참여를 위한 '디지털 시민 헌장' 제작 프로젝트
▶ 청소년 디지털 시민으로서의 권리와 의무에 대한 포스터 제작 및 공유

인문계열

사회계열

지역계열

과학계열

의약계열

예체능계열

교육계열

**오픈데이터** 에듀테크를 활용한 성찰 활동이 메타인지와 학습 몰입에 미치는 영향(경기도교육연구원, 2024)

이 보고서는 중학교 수학과 과학 과목에서 에듀테크 활용 성찰 활동이 학생들의 메타인지와 학습 몰입에 미치는 영향을 분석한다. 특히 디지털 포트폴리오와 AI 기반 피드백 도구를 활용한 활동이 학습자의 자기 성찰 능력 향상에 어떻게 기여하는지를 살펴본다. 에듀테크의 교육적 활용 사례, 성찰 도구로서의 역할, 메타인지 발달과 학습 몰입에 대한 효과, 교과별 피드백 만족도 등을 분석함으로써 교실 수업에서 에듀테크를 활용한 성찰 활동의 교육적 시사점을 제시한다.

**관련 학과** 교육(과학교육과, 교육공학과, 교육학과, 기술교육과, 수학교육과, 컴퓨터교육과, 특수교육과), 자연(수학과, 응용수학과, 통계학과), 공학(소프트웨어융합공학과, 컴퓨터공학과)

**➕ 탐구활동 주제**

◆ 디지털 포트폴리오와 전통적 학습일지의 효과 비교 분석　　◆ 에듀테크 기반 성찰 활동과 자기주도 학습 역량의 관계

◆ 개별 성찰 활동과 협력 성찰 활동의 학습 효과에 대한 연구

**➕ ➕ 창의적 문제해결**　▶ 학습 부진 학생을 위한 에듀테크 기반 맞춤형 성찰 활동 프로그램 제안

　　　　　　　　　　　　▶ 온라인을 통한 협력 성찰 플랫폼 개발 아이디어 제안

## 📌 심화 활동

**학업역량**　▶ 교과 수업이 끝난 후 에듀테크를 활용한 피드백 활동 및 학습 일지 작성

　　　　　　▶ 학습 몰입도 자가 진단 후 결과를 반영한 과목별 학습 계획 작성 및 실천

　　　　　　▶ 자신의 학습시간, 성찰일지, 학업성취도 변화 등의 통계 자료 시각화 활동

**진로역량**　▶ 기술·가정, 로봇과 공학세계, 정보, 인공지능 기초, 교육의 이해 과목 이수 권장

　　　　　　▶ AI, 데이터 분석, 에듀테크 관련 직업탐색 및 보고서 작성

　　　　　　▶ 자신의 학업 여정과 진로 탐색 과정을 연결한 진로 포트폴리오 작성

**공동체역량**　▶ 에듀테크 수업의 효과성 분석 후 개선안을 제시하는 정책 제안서 작성

　　　　　　　▶ 에듀테크를 활용한 협력 성찰 활동을 진행하고 협력적 경험 에세이 작성 및 공유

　　　　　　　▶ 모둠 활동 중 생겼던 갈등 상황을 되돌아보고, 바람직한 해결 방식에 대한 토론

**나는 AI와 공부한다**

살만 칸(박세연 역),
알에이치코리아, 2025

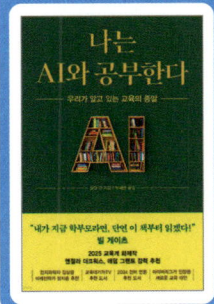

이 도서는 인공지능과 함께 공부하는 시대에 우리가 어떤 교육을 준비해야 하는지를 통찰력 있게 보여준다. 칸 아카데미 창립자 살만 칸은 AI 기반 교육 플랫폼 '칸미고'의 실제 사례를 바탕으로, AI가 어떻게 학생의 창의성과 잠재력을 이끌어낼 수 있는지 설명한다. AI 도입에 따른 우려와 혼란 속에서 학부모와 교사, 학생이 가져야 할 교육적 시각과 방향성을 제시할 뿐만 아니라 AI 기술이 교육 현장에서 어떻게 활용되고 있으며, 어떤 과제를 안고 있는지를 구체적으로 살펴볼 수 있는 책이다.

**➕ 탐구활동 주제**　◆ AI 도입 이후 교사의 역할 변화에 대한 탐색과 교육적 시사점 탐구

　　　　　　　　　　◆ AI 기반 플랫폼 '칸미고'의 기능 분석과 한국형 학습 도구로의 확장 가능성 탐구

**➕ ➕ 실천형 탐구활동**　▶ AI 도구를 효과적으로 활용하기 위한 습관을 정리하고 친구들과 공유

　　　　　　　　　　　▶ AI 융합 교육 개념을 바탕으로 10년 뒤 교실 모습 디자인 프로젝트 및 전시

이 보고서는 영유아의 시간제 사교육 이용 변화 추이와 주요 특징을 분석하고, 이를 토대로 사교육 경감 대책 관련 정책적 시사점을 모색한다. 특히 아동 연령과 가구소득 수준에 따라 이용 비중, 이용 시간, 이용 비용 순으로 고찰하고, 서비스 종류별로 사교육을 얼마나 이용하는지를 중심으로 살펴본다. 또한 부모들이 공보육만으로는 자녀에게 충분한 교육 활동 기회가 제공되지 않는다고 느끼는 배경과 사교육 선택 이유를 분석한다. 이를 바탕으로 정책적 대응 방향을 제시하는 보고서이다.

**관련 학과**  교육(가정교육과, 교육공학과, 교육학과, 사회교육과, 아동보육과, 유아교육학과, 일반사회교육과, 초등교육과, 특수교육과), 사회(심리학과, 아동학과, 행정학과)

**➕ 탐구활동 주제**

◆영유아기 예체능 중심 사교육의 증가 원인 분석
◆부모의 사교육 선택 이유에 나타난 교육 가치관 분석

◆온라인 콘텐츠 기반 유아 사교육의 확산과 그 의미에 대한 탐구

**➕➕ 창의적 문제해결**
▶공공기관, 도서관, 문화센터에서 무상 체험 활동 및 부모 교육 세미나 운영
▶공보육 내 예체능 방과후 프로그램 강화 정책 제안

## 📌 심화 활동

**학업역량**
▶사교육 이용률, 비용 변화 등 통계 자료를 시각 자료로 재구성 및 발표
▶공보육과 사교육에 대한 자신의 생각을 담은 글쓰기 및 토론 활동
▶간단한 알고리즘을 활용한 사교육 수요 예측 모델 만들기 활동

**진로역량**
▶사회와 문화, 경제, 사회문제 탐구, 인간과 심리, 교육의 이해 과목 이수 권장
▶유치원 교사, 어린이집 교사 등 직업인 인터뷰 및 보고서 작성
▶사교육 기관 방문 후 운영 방식, 교육 내용, 비용 등 탐색 및 보고서 작성

**공동체역량**
▶시간제 사교육 정책 개선안 탐구 및 공공정책 제안서 작성
▶사교육 의존 줄이기 포스터 제작 및 공감 캠페인 운영 활동
▶지역 어린이집, 유치원, 아동센터 등에서 보조 활동 체험 및 체험 보고서 작성

**나는 다정한 관찰자가 되기로 했다**

이은경,
서교책방, 2024

이 도서는 초등교사 출신 교육 전문가이자 자녀교육서 분야 베스트셀러 작가인 저자가 자녀를 키우며 경험한 다양한 사례를 바탕으로 부모의 역할과 태도에 대해 성찰한 자녀교육 에세이이다. 유튜브 채널 운영자로서의 경험과 서로 다른 특성을 지닌 두 자녀를 키우며 겪은 실제 사례를 중심으로 구성되어 있다. 저자는 교육 이론보다는 일상에서 마주한 갈등과 고민을 바탕으로, 부모가 아이와 어떻게 관계를 맺고 관찰할 것인가에 대한 현실적인 조언을 제공한다.

**➕ 탐구활동 주제**
▶부모의 양육 태도와 자녀의 정서 학습 발달 특성 간의 관계 비교 분석
▶현대 부모의 양육 불안 심리와 사회적 배경에 대한 고찰

**➕➕ 실천형 탐구활동**
▶어린이집 봉사활동을 통해 유아의 행동을 관찰하고 감정을 분석하는 활동
▶사교육을 받는 친구와 그렇지 않은 친구의 인터뷰 및 사교육 원인 분석

인문계열

사회계열

자연계열

공학계열

의약계열

예체능계열

교육계열

**오픈데이터**  청소년활동을 통한 환경 실천 지원방안(한국청소년정책연구원, 2024)

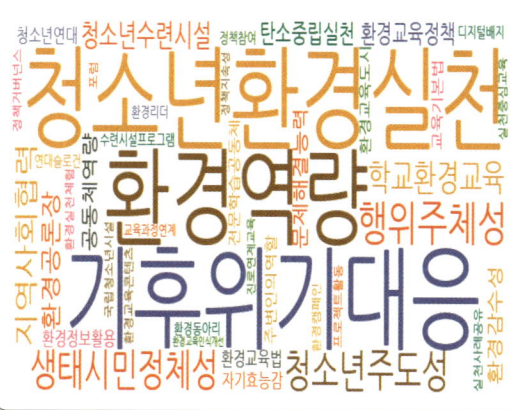

이 보고서는 기후위기 시대에 청소년의 다양하고 주도적인 환경 실천 활동에 대한 지원 정책을 모색한다. 이를 위해 학교 및 지역사회 환경교육 정책과 청소년활동의 연계 방안, 바람직한 청소년활동의 방향을 탐구하고, 학교 및 사회환경 교육 정책, 탄소중립 실천 사업, 청소년활동 관련 프로그램 등을 분석한다. 분석 결과를 바탕으로 중앙부처의 중장기 추진계획 수립 및 법령 개정, 학교 기반 맞춤형 환경교육 활성화, 학교 안팎 연계 환경 교육 지원체계 구축 등의 정책 과제를 제시한다.

**관련 학과**  교육(과학교육과, 교육학과, 사회교육과, 윤리 교육과, 일반사회교육과, 초등교육과, 특수교육과, 환경교육과), 자연(대기과학과, 대기환경과학과, 지구환경과학고-, 해양학과)

**➕ 탐구활동 주제**

◆청소년의 환경 실천 역량 함양을 위한 교육 활동의 효과 탐구      ◆청소년 주도 환경 캠페인과 강의 중심 교육의 효과 비교

◆학교와 지역사회 연계 환경교육 사례 탐구 및 개선 방안 제안

**➕➕ 창의적 문제해결**   ▶청소년 환경동아리 간 지역연대 네트워크 형성 및 청소년 포럼 정기 개최

▶청소년 환경활동 전담 지도자 양성 및 청소년 수련시설에 혼-경 전문 인력 배치

## 📌 심화 활동

**학업역량**   ▶과학, 사회 교과 내용을 융합해 기후변화, 탄스중립 관련 환경 프로젝트 수행

▶환경 교육 관령 법령을 조사, 분석 및 토론 활동

▶환경 관련 논문이나 보고서 탐독 후 통계자료 시각화 긫 발표

**진로역량**   ▶기후변화와 지속가능한 세계, 기후변화와 환경생태, 생태와 환경 과목 이수 권장

▶환경 관련 분야 직업탐색 및 진로 로드맵 제작

▶지역 청소년수련관의 환경 체험 활동 참가 및 보고서 작성

**공동체역량**  ▶지역 청소년수련시설과 협력하여 환경캠페인 기획 및 실행

▶교내 환경동아리 활동에서 환경 활동을 기획하고 이끄는 역할 수행

▶지역 사회의 환경 문제를 조사하고 해결책을 제안하는 정책 제안서 작성

---

**교실에서 바로 쓰는, 교과융합 생태전환 수업**

어쩌다, 산소쌤, 테크빌교육, 2025

이 도서는 유·초·중·고 교실에서 곧바로 적용 가능한 생태환-경 교육 프로그램을 모은 실천 중심 환경 수업 안내서이다. 먹거리, 동둘권, 기후위기, 생태감수성, 그림책 등 환경에 관한 거의 모든 주제를 융합적으로 다루며, 국어·과학·사회·미술 등 다양한 교과와 연계되어 현장 적용이 쉬운 프로젝트들로 구성되어 있다. 초 중 고등학생을 위한 생태환경 수업뿐만 아니라 환경기자단, 플로깅, 기부, 전시, 캠페인 등 연대 활동을 통해 환걍에 한 발짝 다가가는 다양한 방법들도 제시되어 있다.

**➕ 탐구활동 주제**   ◆교과융합 생태전환 수업 사례 탐구를 통한 학습 효과 고찰

◆환경 활동의 기록과 공유가 개인 및 공동체에 미치는 영향 탐구

**➕➕ 실천형 탐구활동**  ▶생태 감수성을 높이는 수업 설겨 및 지역 커뮤니티 수업 봉사활동

▶생태 감수성을 표현한 시나 환경 그림책을 창작하고 SNS에 공유

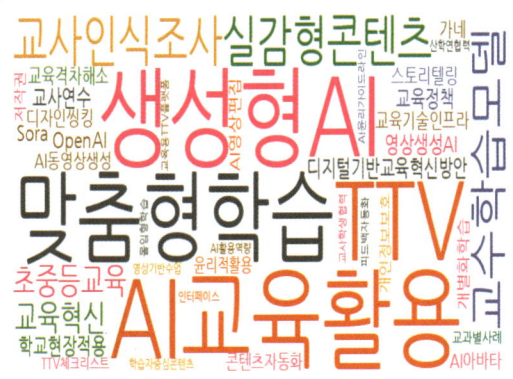

이 보고서는 교육 분야에서 AI 기술을 적극적으로 활용하여 교육의 질을 향상시키려는 요구가 증가하는 가운데, TTV(Text to Video) 기반 AI의 교육적 활용을 위한 종합적인 방안을 모색한다. 국내외 TTV 기반 AI 기술의 최신 동향과 활용 사례를 분석하고, 교사를 대상으로 한 인식 및 요구 조사를 통해 교육적 적용 가능성을 탐색한다. 교수 학습 모델을 개발하고, 이를 학교 현장에 시범 적용하여 효과성을 검증한 후 TTV 기반 AI의 교육적 활용을 위한 정책을 제언하는 보고서이다.

**관련 학과** 교육(교육공학과, 교육학과, 유아교육학과, 초등교육과, 컴퓨터교육과, 특수교육과), 공학(소프트웨어융합학과, 소프트웨어학과, 정보보안학과, 정보보호학과, 컴퓨터공학과)

**➕ 탐구활동 주제**

◆ TTV 기반 AI 콘텐츠와 전통적 교육 콘텐츠 비교 분석　　　◆ 해외와 국내의 TTV기반 AI 교육 적용 사례 비교 분석
◆ 교과 수업에서 TTV AI 활용 가능성에 대한 탐구

**➕➕ 창의적 문제해결**　▶ 학습자 맞춤형 콘텐츠 제작 플랫폼 구축 제안
　　　　　　　　　　　　▶ 교사들이 제작한 콘텐츠를 공유하는 TTV 영상 수업 자료 공유 플랫폼 제안

## 📌 심화 활동

**학업역량**　▶ 교과에서 학습한 내용을 요약하고 설명하는 TTV 영상 제작 및 공유
　　　　　　▶ TTV AI 기술을 주제로 한 과학교과와 정보교과 융합 탐구활동 및 보고서 작성
　　　　　　▶ AI 콘텐츠의 윤리적 문제에 대한 토론 활동

**진로역량**　▶ 지식 재산 일반, 인공지능 기초, 소프트웨어와 생활, 교육의 이해 과목 이수 권장
　　　　　　▶ AI 영상 콘텐츠 제작자 직업 체험 활동 및 체험 보고서 작성
　　　　　　▶ 영상 기술과 관련된 직업정보 수집 및 진로경로 설계

**공동체역량**　▶ 학습에 어려움을 겪는 친구를 위한 맞춤형 영상 콘텐츠 제작 및 공유
　　　　　　　▶ 장애학생 대상 TTV 수업 콘텐츠 개선 아이디어 제안
　　　　　　　▶ AI 기술의 책임 있는 사용을 주제로 캠페인 기획 및 실행

---

**최고의 AI 영상 Sora로 제작하기**

밍지(권유라 역), 제이펍, 2025

이 도서는 오픈 AI Sora의 핵심 기술을 분석하고, 프롬프트 작성부터 수익 창출 전략까지 AI 영상 세계의 모든 것을 담고 있는 영상 제작 가이드이다. 텍스트-비디오, 이미지-비디오, 동영상 확장 등 누구나 손쉽게 고품질 영상을 제작할 수 있는 다양한 기능을 상세하게 설명한다. 특히 스토리텔링 요소를 반영한 콘텐츠 기반 프롬프트와 기술적 측면을 고려한 표준화된 프롬프트 작성법을 소개하고, AI 영상 제작의 비즈니스 모델과 수익 창출 방법을 분석해 성공을 위한 인사이트를 제공한다.

**➕ 탐구활동 주제**　◆ 동일한 주제에 대한 프롬프트에 따른 영상 결과물 비교 분석
　　　　　　　　　　◆ AI 영상 기술의 사회적 영향과 윤리적 문제 탐구

**➕➕ 실천형 탐구활동**　▶ AI 영상 기술의 오남용 문제를 주제로 영상 제작 및 캠페인 활동
　　　　　　　　　　　　▶ 다양한 AI 영상 제작 툴을 직접 사용해 보고 비교 분석 및 보고서 작성

인문계열

사회계열

자연계열

공학계열

의약계열

예체능계열

교육계열

**오픈데이터** 초개인화 학습의 혁명이 시작된다: 에듀테크(삼일PwC경영연구원, 2024)

이 보고서는 생성형 AI와 디지털 기술의 발전 속에서 교육이 어떻게 변화하고 있는지를 살펴보고, 학생 맞춤형 학습을 실현하는 에듀테크의 역할을 설명한다. 기존의 입시 중심 교육에서 벗어나, AI 튜터와 디지털 교과서 같은 기술을 활용해 각 학생에게 맞는 방식으로 배우는 교육의 중요성을 강조한다. 또한, 국내외 에듀테크 산업과 정책 변화 사례를 통해 미래 교육이 어떤 방향으로 나아갈지 보여준다. 이러한 변화를 위해 학생, 학부모, 교사, 기업, 정부가 함께 협력해야 한다고 제언한다.

**관련 학과** 교육(교육공학과, 교육학과, 기술교육과, 사회교육과, 일반사회교육과, 초등교육과, 컴퓨터교육과, 특수교육과), 공학(소프트웨어융합학과, 소프트웨어학과, 컴퓨터공학과)

**⊕ 탐구활동 주제**

◆ 에듀테크 기술이 학생 맞춤형 학습에 미치는 영향 탐구
◆ 생성형 AI의 교육 활용 가능성에 대한 연구
◆ AI기반 학습 도구 사용 시 발생할 수 있는 윤리적 문제 고찰

**⊕⊕ 창의적 문제해결**
▶ 디지털 소외지역을 대상으로 에듀테크가 탑재된 학습버스 운영 제안
▶ 방과 후 에듀테크를 활용해 학습할 수 있는 공공 디지털 학습 센터 설치 제안

## 📌 심화 활동

**학업역량**
▶ 에듀테크 플랫폼 사용 후 자신에게 가장 잘 맞는 학습 도구 선택 및 효과 분석
▶ AI가 학습에 미치는 영향을 고찰하고, 자신의 학습관과 견결지어 에세이 작성 및 발표
▶ 생성형 AI가 교실 수업에 미치는 영향에 대한 토론 활동

**진로역량**
▶ 지식 재산 일반, 인공지능 기초, 소프트웨어와 생활, 교육의 이해 과목 이수 권장
▶ 에듀테크 기업 종사자 인터뷰 활동 및 보고서 작성
▶ AI 기술이 자신의 관심 분야를 어떻게 변화시키는지에 대한 주제 탐구 활동

**공동체역량**
▶ 온라인 학습 도구 사용법과 에듀테크 활용 공부법을 알려주는 봉사활동
▶ 다양한 에듀테크 플랫폼 사용법과 팁을 정리한 매뉴얼북 만들고 공유
▶ 관심 있는 주제에 대해 팀을 구성하고 에듀테크 활용 프로젝트 기획 및 수행

**에듀테크의 시대**

이진우,
다산스마트에듀, 2024

이 도서는 미국과 한국의 공교육 현장을 넘나든 에듀테크 전문가가 기술과 교육의 만남을 깊이 있게 탐구한 책이다. AI와 디지털 기기가 일상이 된 시대에, 교육과 기술의 탄생부터 발전 과정을 되짚으며 '왜' 그리고 '어떻게' 기술을 교육에 적용할지에 대해 다양한 사례와 풍부한 통계 자료를 통해 설명한다. 교육의 본질을 살리며 활용하는 방법과 원칙을 제시하는 이 책은, 교사와 학부모, 미래 교육에 관심 있는 모든 독자들에게 에듀테크 시대의 방향을 안내한다.

**⊕ 탐구활동 주제**
◆ 기술이 교육의 본질에 끼치는 영향에 대한 철학적 고찰
◆ 에듀테크가 교사의 역할에 미치는 영향 탐구

**⊕⊕ 실천형 탐구활동**
▶ AI도구를 활용해 스스로 학습 계획을 세우고 학습 결과 및 효과 분석 활동
▶ 에듀테크 시대, 배움의 의미를 성찰하는 철학적 에세이 쓰기 및 토론 활동

# 독서
# 연계
# 활용편

# 독서연계 목록

| 순번 | 계열 | 도서 목록 |
|---|---|---|
| 1 | | 1984(조지 오웰, 정회성 역, 민음사) |
| 2 | | 광장(최인훈, 문학과 지성사) |
| 3 | | 교실밖 인문학 콘서트(백상경제연구원, 스마트북스) |
| 4 | | 당신들의 천국 (이청준, 문학과 지성사) |
| 5 | | 데미안 (헤르만 헤세, 브라운힐) |
| 6 | 인문계열 | 문학과 예술의 사회사2: 르네상스 매너리즘 바로끄(아르놀트 하우저, 백낙청 역, 창비) |
| 7 | | 백년 동안의 고독(G.마르케스, 안정효 역, 문학사상) |
| 8 | | 인간 본성에 대하여(에드워드 윌슨, 이한음 역, 사이언스북스) |
| 9 | | 장자(장자, 김원중 역, 휴머니스트) |
| 10 | | 정의란 무엇인가 (마이클 샌델, 김영철 역, 와이즈베리) |
| 11 | | 채식주의자(한강, 창비) |
| 12 | | 천변풍경(박태원, 애플북스) |
| 13 | | 총 균 쇠(재레드 다이아몬드, 강주헌 역, 김영사) |
| 14 | | 칸트와 헤겔의 철학(백종현, 아카넷) |
| 15 | | 파우스트(괴테, 김인순 역, 열린책들) |
| 16 | | The Goal(엘리 골드렛 외, 강승덕 역, 동양북스) |
| 17 | | 공공선택론(김성준, 박영사) |
| 18 | | 공정하다는 착각(마이클 샌델, 함규진 역, 와이즈베리) |
| 19 | | 국가는 왜 실패하는가(대런 애쓰모글루, 최완규 역, 시공사) |
| 20 | | 넛지(리처드 탈러 외, 이경식 역, 리더스북) |
| 21 | | 미디어의 이해(마셜 맥루언, 김성기 역, 민음사) |
| 22 | 사회계열 | 부의 세계사(윌리엄 번스타인, 장영재 역, 포레스트북스) |
| 23 | | 비통한 자들을 위한 정치학(파커 J. 파머, 김찬호 역, 글항아리) |
| 24 | | 사람, 장소, 환대(김현경, 문학과 지성사) |
| 25 | | 설득의 심리학(로버트 치알디니, 황혜숙 역, 21세기북스) |
| 26 | | 인권도 차별이 되나요? (구정우, 북스톤) |
| 27 | | 인류학의 거장들(제리 무어, 김우영 역, 한길사) |
| 28 | | 자본론(카를 마르크스, 김수행 역, 비봉출판사) |
| 29 | | 팩트풀니스(한스 로슬링 외, 이창신 역, 김영사) |
| 30 | | 프로테스탄트 윤리와 자본주의 정신(막스 베버, 박문재 역, 현대지성) |
| 31 | | 같기도 하고 아니 같기도 하고(로얼드 호프만, 이덕환 역, 까치) |
| 32 | | 객관성의 칼날(찰스 길리스피, 이필렬 역, 새물결) |
| 33 | | 거의 모든 것의 역사(빌 브라이슨, 이덕환 역, 까치) |
| 34 | | 게으른 자를 위한 수상한 화학책(이광렬, 블랙피쉬) |
| 35 | 자연계열 | 과학으로 수학보기 수학으로 과학보기(김홍종 외, 궁리) |
| 36 | | 과학혁명의 구조(토머스 S. 쿤, 김명자 외 역, 까치) |
| 37 | | 생각의 탄생(로버트 루트번스타인 외, 박종성 역, 에코의 서재) |
| 38 | | 생물과 무생물 사이(후쿠오카 신이치, 김소연 역, 은행나무) |
| 39 | | 알고리즘, 패러다임, 법(로레인 대스턴, 홍성욱 역, 까치) |
| 40 | | 종의 기원(찰스 다윈, 장대익 역 사이언스북스) |

| 순번 | 계열 | 도서 목록 |
|---|---|---|
| 41 | 자연계열 | 코스모스(칼 세이건, 홍승수 역, 사이언스북스) |
| 42 | | 통계의 미학(최제호, 동아시아) |
| 43 | | 파이어 웨더(존 베일런트, 제효영 역, 곰출판) |
| 44 | | 파인만 평전(제임스 글릭, 양병찬 역, 동아시아) |
| 45 | | 페르마의 마지막 정리(사이먼 싱, 박병철 역, 경림카드 널) |
| 46 | 공학계열 | AI 2041(리카이푸 외, 이현 역, 한빛비즈) |
| 47 | | 공학의 눈으로 미래를 설계하라(연세대학교 공과대학, 해냄출판사) |
| 48 | | 공학이란 무엇인가(성풍현, 살림) |
| 49 | | 기술의 충격(케벤 캘리, 이한음 역, 민음사) |
| 50 | | 부분과 전체(베르너 하이젠베르크, 유영미 역, 서커스) |
| 51 | | 블록체인과 인공지능의 융합(한승무, 북코리아) |
| 52 | | 상상하는 공학 진화하는 인간(김정 외, 해냄출판사) |
| 53 | | 세상에서 가장 쉬운 과학수업 양자전기역학(정완상, 성림원북스) |
| 54 | | 알고리즘, 인생을 계산하다(브라이언 크리스천 외, 이한음 역 청림출판) |
| 55 | | 엔트로피(제레미 리프킨, 이창희 역, 세종연구원) |
| 56 | | 일렉트릭 유니버스(데이비드 보더니스, 김명남 역, 글램북스) |
| 57 | | 제 2의 기계시대(에릭 브린욜프슨 외, 이한음 역, 청림출판) |
| 58 | | 진짜 하루만에 이해하는 반도체 산업(박진성, 티더블유아이지) |
| 59 | | 침묵의 봄(레이첼 카슨, 김은령 역, 에코리브르) |
| 60 | | 태양을 만드는 사람들(나용수, 계단) |
| 61 | 의약계열 | 나는 내가 죽었다고 생각했습니다(볼트 테일러, 장호연 역, 윌북) |
| 62 | | 내가 유전자를 고를 수 있다면(예병일, 다른`) |
| 63 | | 생명과 약의 연결고리(김성훈, 웅진지식하우스) |
| 64 | | 숨결이 바람될 때(폴 칼라니티, 이종인 역, 흐름출판) |
| 65 | | 신약의 탄생(윤태진, 바다출판사) |
| 66 | | 의사와 수의사가 만나다(바버라 내터슨 호러위츠 외, 이순영 역, 모멘토) |
| 67 | | 이기적 유전자(리처드 도킨스, 홍영남 역, 을유문화사) |
| 68 | | 인수공통 모든 전염병의 열쇠(데이비드 콰먼, 강병철 역, 꿈꿀자유) |
| 69 | | 입 속에서 시작하는 미생물 이야기(김혜성, 파라북스) |
| 70 | | 현대의학의 진화(한헌, SUN) |
| 71 | 교육계열 | 교사와 학생 사이(하임 G. 기너트, 신홍민 역, 양철북) |
| 72 | | 교실 이데아(김신완, 을유문화사) |
| 73 | | 다시 읽는 민주주의와 교육(존 듀이, 심성보 역, 살림터) |
| 74 | | 다정한 것이 살아남는다(브라이언 헤어 외, 이민아 역, 디플롯) |
| 75 | | 에밀(장 자크 루소, 이환 역, 돋을새김) |
| 76 | | 죽은 시인의 사회(N.H.클라인바움, 한은주 역, 서교출판사) |
| 77 | | 펭귄과 리바이어던(요차이 벤클러, 이현주 역, 반비`) |
| 78 | | 평균의 종말(토드 로즈, 정미나 역, 21세기 북스) |
| 79 | | 프레이리의 교사론 (파울루 프레이리, 김한별 역, 오트르랩) |
| 80 | | 학문의 즐거움(히로나카 헤이스케, 방승양 역, 김영사) |

세특 프리패스
독서 연계 활용편

# 인문 계열

- 1984(조지 오웰, 정회성 역, 민음사)

- 광장(최인훈, 문학과 지성사)

- 교실밖 인문학 콘서트(백상경제연구원, 스마트북스)

- 당신들의 천국 (이청준, 문학과 지성사)

- 데미안 (헤르만 헤세, 브라운힐)

- 문학과 예술의 사회사2: 르네상스 매너리즘 바로끄
  (아르놀트 하우저, 백낙청 역, 창비)

- 백년 동안의 고독(G.마르케스, 안정효 역, 문학사상)

- 인간 본성에 대하여(에드워드 윌슨, 이한음 역, 사이언스북스)

- 장자(장자, 김원중 역, 휴머니스트)

- 정의란 무엇인가 (마이클 샌델, 김영철 역, 와이즈베리)

- 채식주의자(한강, 창비)

- 천변풍경(박태원, 애플북스)

- 총 균 쇠(재레드 다이아몬드, 강주헌 역, 김영사)

- 칸트와 헤겔의 철학(백종현, 아카넷)

- 파우스트(괴테, 김인순 역, 열린책들)

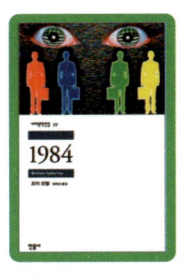

이 책은 전체주의 사회의 암울한 미래를 그린 디스토피아 소설로, 빅 브라더라는 절대적인 권력 아래 개인의 자유와 사상, 심지어 역사마저 통제당하는 1984년의 런던을 배경으로 한다. 주인공 윈스턴 스미스는 끊임없는 감시와 세뇌 속에서 진실을 갈망하며, 금지된 사랑을 통해 저항을 시도하지만 결국 거대한 시스템 앞에 무력하게 굴복한다. 권력의 본질과 인간 정신의 파괴 과정에 대한 깊이있는 탐구로, 현대 사회에도 여전히 강력한 메시지를 던져주는 고전이다.

| | |
|---|---|
| **키워드** | 전체주의(감시, 자유, 통제, 선전, 거짓, 개인, 반항) |
| **관련학과** | 전 인문계열 학과, 사회(국제학부, 문헌정보학과, 문화콘텐츠학과, 사회복지학과, 사회학과, 신문방송학과, 심리학과, 정치외교학과), 교육(국어교육학과, 사회교육학과) 등 |
| **연관 도서** | 동물농장(조지 오웰, 민음사), 멋진 신세계(올더스 헉슬리, 소담출판사), 화씨 451(레이 브래드버리, 황금가지), 시녀 이야기(마거릿 애트우드, 황금가지) |

### ➕ 탐구활동 주제

- 전체주의 사회의 통제 방식과 심리적 효과 분석
- 감시 체제에서의 자유 박탈과 윤리적 쟁점 탐구
- 언어 통제를 통한 사고 억압 및 현실 사례 연구
- 기억 조작을 통한 정체성 상실과 인간 존엄성 침해 탐구
- 디스토피아적 세계관이 개인과 사회에 던지는 질문 탐색

## 📌 심화 활동

| | |
|---|---|
| **자율·자치활동** | ▶학생 자치회 주관 '언론 자유의 날' 캠페인 기획 및 진행<br>▶교내 자유와 인권 보호를 위한 규범이나 정책 제안 프로젝트<br>▶학교 게시판이나 소식지에 '우리의 자유로운 목소리' 코너 운영 |
| **동아리활동** | ▶소설탐구반: 디스토피아 관련 문학 작품의 비교 분석 활동<br>▶독서토론반: 등장인물의 심리, 사회 시스템, 작가의 의도 등에 대한 토론<br>▶문학창작반: 1984의 세계관을 바탕으로 짧은 소설, 시, 또는 극본 창작 |
| **진로 활동** | ▶언론인·작가 등 관련 직업군 인터뷰 후 분석 보고서 작성<br>▶감시 기술과 법 제도 변화에 대한 직업 세계 탐색 리포트<br>▶작가 조지 오웰의 삶과 사상이 직업 선택에 미친 영향 분석 |
| **프로젝트형 봉사활동** | ▶청소년 인권 보호를 위한 카드뉴스 제작 및 배포<br>▶지역 도서관과 연계한 '자유와 감시'를 주제로 한 북토크 진행<br>▶학생의 표현의 자유를 주제로 한 설문조사 및 포스터 전시 |

### 학생부 기록 예시

'1984'를 읽고 전체주의 사회와 개인의 자유에 대한 탐구활동을 함. 책에 등장하는 '빅 브라더'와 '이중사고' 개념을 바탕으로, 현대 사회에서의 언론 통제와 개인정보 보호 문제에 대한 자신의 생각을 교내 신문에 연재함. '감시 사회와 자유'를 주제로 교내 발표회를 기획하고, 토론회를 개최함. 지역 도서관과 협력하여 '1984'를 주제로 한 북토크를 기획하여 청소년들의 인권 의식을 고취시키는 활동을 진행함. 사회적 책임감, 커뮤니케이션 능력, 리더십이 탁월하고, 자유와 개인 권리에 대한 깊은 이해를 바탕으로 자신만의 사회적 가치관이 확고한 학생임.

인문계열

사회계열

자연계열

공학계열

의약계열

교육계열

**추천도서**  광장(최인훈, 문학과 지성사)

이 책은 분단 시대를 살아가는 지식인의 내면을 그린 한국 현대문학의 대표작이다. 주인공 이명준은 남한과 북한 양쪽 체제를 모두 경험하며 자유, 이데올로기, 인간의 존엄성에 대해 깊은 고민에 빠진다. 그는 결국 어느 체제도 선택하지 못하고 증립국행을 택하지만, 그마저도 진정한 해답이 될 수 없음을 느끼고 바다에 몸을 던진다. 냉전과 분단이라는 시대적 배경 속에서 인간의 존재와 자유의 의미를 통찰력 있게 묻고 있는 작품이다.

| 키워드 | 이데올로기(분단, 정체성, 자유, 선택과 갈등, 이상과 현실) |
|---|---|
| 관련학과 | 전 인문계열 학과, 사회(문화콘텐츠학과, 법학과, 사회학과, 신문방송학과, 심리학과, 정치외교학과, 정치외교학과), 교육계열(국어교육학과, 사회교육과, 역사교육과) 등 |
| 연관 도서 | 순이삼촌(현기영, 창비), 객지(황석영, 문학동네), 무진기행(김승옥, 민음사), 삼포가는 길(황석영, 아시아), 칼의 노래(김훈, 문학동네 ), 아Q정전(루쉰, 창비) |

**➕ 탐구활동 주제**

• '광장' 속 인물의 선택을 통해 본 자유와 책임에 대한 분석
• 분단문학에서 나타나는 이데올로기 갈등의 양상 연구
• '광장'과 '순이삼촌(현기영)'을 통한 분단의 상처와 화해 가능성 비교
• 주인공 이명준의 심리 변화를 통한 지식인의 역할 탐색
• 현다 사회에서 '광장'의 메시지가 가지는 의미 모색

## 📌 심화 활동

| | |
|---|---|
| **자율·자치활동** | ▶ 분단, 자유, 이념 갈등을 주지로 한 독서 토론 활동<br>▶ 체제와 인간의 자유를 주제로 한 뉴스 칼럼 스크랩 및 발표<br>▶ '우리 학교의 광장'에 대한 학생 설둔조사 후 캠페인 |
| **동아리활동** | ▶ 문학연구반 : 분단문학 작품 분석 후 북트레일러 제작<br>▶ 역사탐구반 : 냉전의 역사와 한국 현대사 탐구 프로젝트<br>▶ 심리연구반 : 주인공의 심리 변화 분석 및 관련 심리이론 적용 |
| **진로 활동** | ▶ 소설 속의 다양한 문학적 표현방식과 서술 기법 탐구 활동<br>▶ 분단과 이념을 주제로 한 비교 정치 리서치 보고서 작성<br>▶ 국제기구 종사자, 외교관, 통일교육 전문가 등 직업 탐색 |
| **프로젝트형 봉사활동** | ▶ 분단과 평화를 주제로 한 교내 북큐레이션 전시 활동<br>▶ 분단, 자유, 통일, 평화와 관련된 교육 캠페인<br>▶ 지역 내 어르신 인터뷰를 통한 전쟁 관련 경험 소책자 제작 |

**학생부 기록 예시** ··········································

'광장(최인훈)'을 읽고 이념 갈등 속 인간의 자유와 정체성 문제를 탐구하고, 주인공의 심리 변화와 자아정체성 이론을 연계하여 분석함. '분단, 자유, 이념' 을 주제로 한 다른 문학 작품과의 상호 텍스트적 비교를 통해 분단 문학의 공통점을 탐구하고, 이를 바탕으로 '우리들의 광장'을 주제로 한 전교생 토론회를 기획하여 자유의 소중함에 대해 논의함. 문학 작품 속 메시지를 오늘날 사회 문제와 연계하며 비판적인 시각으로 바라보고, 이에 대한 자신의 생각을 글로 표현하는 능력이 뛰어남. 교내 분단 문학 북큐레이션 전시 활동에 참여하여 평화의 가치를 확산하는 데에 기여함.

교실밖 인문학 콘서트(백상경제연구원, 스마트북스)

이 책은 철학, 역사, 문학, 예술, 과학 등 다양한 분야를 넘나들며 인문학적 사고를 키우도록 구성된 융합 인문 교양서이다. 자유와 인간, 윤리와 책임, 문화의 다양성 등 삶의 본질적인 주제들을 다양한 시각에서 해석하며, 과학과 인문학, 예술과 철학 사이의 경계를 넘나드는 융합적 통찰을 제공한다. 각 장은 명확한 주제와 사례 중심의 설명으로 구성되어, 독자들이 어렵지 않게 인문학을 접하고 사고의 폭을 넓힐 수 있도록 한다.

| 키워드 | 융합인문학(생각의 힘, 비판적 사고, 자유와 인간, 문화의 다양성, 통찰) |
|---|---|
| 관련학과 | 전 인문계열 학과, 사회(문화콘텐츠학과, 사회학과, 신문방송학과, 심리학과, 역사문화학과, 인류학과), 자연(생명과학과, 생물학과, 지구환경과학과) 등 |
| 연관 도서 | 소크라테스 익스프레스(에릭 와이너, 어크로스), 생각을 잃어버린 사회(버트런드 러셀, 21세기북스), 인문학 콘서트(김경동 외, 이숲), 어떻게 살 것인가(유시민, 생각의길) |

### ➕ 탐구활동 주제

- 철학적 사고와 과학적 사고의 공통점과 차이에 대한 고찰
- 작품 속 인간 이해 방식을 통한 감성과 이성의 역할 분석
- 고대와 현대의 자유 개념 변화에 대한 사상사적 비교 탐구
- 비판적 사고가 민주 시민의 자질 형성에 미치는 영향 고찰
- 인문학적 질문이 사회 문제 해결 과정에 기여할 수 있는 가능성 탐구

## 📌 심화 활동

| | |
|---|---|
| 자율·자치활동 | ▶ '인문학 주간' 운영을 위한 기획안 작성 및 홍보 캠페인<br>▶ 학생회와 함께하는 '생각하는 교실 만들기' 프로그램 운영<br>▶ 인문학과 관련된 명언 엽서 제작 및 교내 전시활동 |
| 동아리활동 | ▶ 사고력반: 철학자들의 사상을 비교하고 현대적 의미 탐색 세미나 진행<br>▶ 문화탐색반 : 문화 간 차이와 공통점을 중심으로 발표와 토론<br>▶ 논술반: 책의 내용을 바탕으로 자신의 생각을 논술하는 글쓰기 활동 |
| 진로 활동 | ▶ 인문학 관련 직업(철학자, 작가, 큐레이터 등) 인터뷰 및 역할 탐색 활동<br>▶ 인간과 사회를 바라보는 인문학적 시선을 활용한 창의적 미래직업 기획안 작성<br>▶ 인문학 기반 전공(인문계열, 문화기획, 언론 등) 분석 및 발표활동 |
| 프로젝트형 봉사활동 | ▶ 지역 도서관과 연계한 청소년 대상 인문학 책 읽어주기 및 독서 멘토링<br>▶ 철학 질문 만들기 워크숍 운영 및 어린이 대상 사고력 향상 프로그램 운영<br>▶ 온라인 및 오프라인을 함께 활용하는 인문학 서평 나눔 프로젝트 |

### 학생부 기록 예시 ·····

'교실밖 인문학 콘서트'를 읽고 철학, 역사, 문학, 예술 등 다양한 분야를 융합적으로 이해하며 인문학적 사고를 넓힘. 철학자들의 사상을 비교하고 현대 사회에 적용하는 토론 활동 및 인문학 콘서트를 기획하고, 발표 자료를 제작하여 학급에서 발표함. 자신의 진로와 연계하여 인문학 기반 직업군을 조사하고, 인문학적 시선이 필요한 직업을 기획하는 활동을 수행함. 또한 청소년 대상 인문학 독서 멘토링 봉사활동에 참여하여 사고력 향상에 기여함. 인문학적 통찰력, 표현력, 공동체 의식의 중요성을 알고 이를 실천기 위해 다양한 활동을 자기주도적으로 기획하는 탐구 역량이 탁월함.

**추천도서**  당신들의 천국 (이청준, 문학과 지성사)

 이 책은 나환자들이 모여 사는 소록도를 배경으로, 새로 부임한 조백헌 원장이 환자들과 함께 이상적인 공동체를 건설하려는 노력을 그린 소설이다. 조 원장은 환자들의 삶의 질을 향상시키기 위해 오마도 간척사업을 추진하지만, 그 과정에서 환자들의 불신과 외부의 도전, 그리고 자신의 내면적 갈등에 직면하게 된다. 현실과 이상의 괴리, 권력과 인간성, 소통의 부재 등 다양한 주제를 통해 인간 존재의 본질과 진정한 '천국'의 의미를 깊이 있게 탐구하는 작품이다.

| 키워드 | 이상(현실, 권력, 소통, 인간 존엄성, 타자의 시선, 유토피아, 갈등) |
|---|---|
| 관련학과 | 전 인문계열 학과, 사회(문화콘텐츠학과, 사회복지학과, 사회학과, 신문방송학과, 심리학과, 지리학과), 의약(간호학과, 보건관리학과, 의예과, 임상병리학과) 등 |
| 연관 도서 | 선량한 차별주의자(김지혜, 창비), 소년이 온다(한강, 창비), 존중받지 못하는 아이들(박명금 외, 서사원), 지속불가능한 불평등(뤼카 샹셀, 니케북스) |

**➕ 탐구활동 주제**

- '당신들의 천국'의 이상적 공동체 구현 방식에 대한 분석
- 소설에 나타난 권력과 소통의 관계에 대한 탐구
- 조백헌 원장과 환자들의 갈등 양상에 대한 탐색
- '당신들의 천국'과 실제 소록도 역사 기록의 비교
- 작품 속 유토피아의 한계와 실패 요인에 대한 고찰

## 📌 심화 활동

| | |
|---|---|
| 자율·자치활동 | ▶ 교내 배려와 실천 관련 '작은 천국' 만들기 캠페인 활동<br>▶ 소통의 중요성을 주제로 한 학급회의 기획 및 운영<br>▶ 존중하는 학교 문화를 위한 홍보 UCC 제작 활동 |
| 동아리활동 | ▶ 창작글쓰기반: 독서 후 희곡 또는 단막극 시나리오 작성<br>▶ 사회탐구반 : 소설과 관련된 시대의 사회적 특징 탐구 발표<br>▶ 인문학토론반 : 소설 속 인물의 선택과 윤리적 갈등의 문제 토론 |
| 진로 활동 | ▶ 나병과 의료 인권 관련 영화 시청 후 감상문 작성<br>▶ 윤리적 의료 행위에 대한 사례 조사 및 진로 포트폴리오 작성<br>▶ 사회복지사, 정신건강의학과 의사 등 관련 직업 탐색 |
| 프로젝트형 봉사활동 | ▶ 장애 인식 개선을 위한 교내 캠페인 및 카드뉴스 제작<br>▶ 소외 계층의 목소리를 듣고 전하는 교내 팟캐스트 프로젝트<br>▶ 소록도 역사관 체험 후 교내 나병 인식 개선 캠페인 활동 |

**학생부 기록 예시** ·········································································

'당신들의 천국(이청준)'을 읽고 공동체와 소통의 중요성을 깨닫고, 이를 위한 다양한 활동에 참여함. 학급 내 '작은 천국 만들기' 캠페인을 기획하여, 타인의 입장에서 다시 한번 생각해보는 '배려 하는 실천 주간' 활동을 주도함. 학급회의 시간에 '소설 속 권력과 인간 존엄성'의 문제를 중심으로 토론하고, 이를 희곡으로 재구성하여 발표함. 자신의 관심 진로인 사회복지사와 정신건강의학과 의사 직업을 탐색하며 의료 윤리와 공동체 복지의 관계를 분석함. 사회 문제를 비판적으로 사고하는 역량이 우수하고, 공동체의 복지를 바라보는 태도가 성숙한 학생임.

데미안 (헤르만 헤세, 브라운힐)

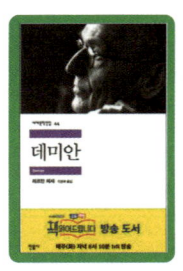

이 책은 주인공 싱클레어가 성장 과정에서 겪는 내면의 갈등과 자아 탐색을 그린 철학적 성장소설이다. 선과 악, 빛과 어둠이라는 이중 세계 속에서 자신만의 길을 찾으려는 싱클레어는 데미안이라는 신비로운 인물을 통해 새로운 가치관과 존재의 의미를 깨닫는다. 기존의 도덕과 종교적 틀을 넘어 진정한 자아에 도달하려는 인간의 여정과 인간 내면의 복잡성과 독립적 사고의 중요성을 깊이있게 다룬다. 한 개인이 기존 사회의 틀을 넘어서 독립적인 존재로 거듭나는 과정을 아름다운 문체와 상징적 요소를 통해 묘사한 작품이다.

| 키워드 | 자아(성장, 이중성, 내면, 영혼의 갈등, 개성, 빛과 어둠, 운명) |
|---|---|
| 관련학과 | 전 인문계열, 사회(문화콘텐츠학과, 사회학과, 심리학과, 아동학과, 역사문화학과, 인류학과), 교육(국어교육학과, 독어교육과, 사회교육과, 유아교육학과, 윤리교육과) |
| 연관 도서 | 죄와 벌(도스토예프스키, 민음사), 호밀밭의 파수꾼(J.D. 샐린저, 민음사), 이방인(알베르 카뮈, 열린책들), 차라투스트라는 이렇게 말했다(프리드리히 니체, 사색의 숲) |

## ➕ 탐구활동 주제

◆ '데미안'에 나타난 자아 정체성 형성과정에 대한 분석

◆ 선과 악의 이중성에 대한 문학적 상징 표현 탐구

◆ 데미안과 싱클레어의 관계를 통해 본 내면 성장정 탐색

◆ '데미안'과 청소년 성장소설의 구조적 유사성 비교

◆ '데미안'에 나타난 니체 철학의 영향에 대한 연구

## 📌 심화 활동

| | |
|---|---|
| 자율·자치활동 | ▶ 학생회 주관 '정체성 찾기' 강연 시리즈(교사·학생 발표 포함) 운영<br>▶ 자아 발견 여정을 담은 아트북 또는 스토리북 공모전 기획<br>▶ 청소년기 내면 고민을 주제로 한 또래 상담 토론회 기획 |
| 동아리활동 | ▶ 철학탐구반: '데미안'과 니체 철학의 연관성 토론 및 발표<br>▶ 인문교양반: '정체성'을 주제로 한 인문학 캠프 또는 독서토론회 기획<br>▶ 문예창작반: 내면의 갈등이나 상징을 활용한 짧은 소설이나 에세이 창작 |
| 진로 활동 | ▶ 싱클레어의 심리 발달 과정 분석을 통한 심리학 이론 적용 활동<br>▶ 문학을 통해 본 청소년기의 정체성 문제에 대한 학술 소논문 발표<br>▶ 심리상담사, 철학자, 문학 연구자 등의 진로 탐색 인터뷰 및 포트폴리오 작성 |
| 프로젝트형 봉사활동 | ▶ 청소년 자아 성장을 주제로 한 인문학 멘토링 캠프 기획 및 운영<br>▶ 학교 밖 청소년 대상 자기 표현 글쓰기 프로그램 기획 및 지도<br>▶ 자아 탐색 글쓰기 봉사 프로젝트(지역 도서관 연계·초중생 대상) |

### 학생부 기록 예시

'데미안(헤르만 헤세)'을 읽고 자아 정체성과 내면 성찰에 대한 관심으로 다양한 활동에 참여함. 학생자치회의 주관으로 '나는 누구인가'를 주제로 한 철학 글쓰기 대회를 기획하여, 자기 성찰의 중요성을 또래와 공유함. 또한 학급회의 시간을 활용하여 이 작품을 니체 철학과의 연관성을 중심으로 분석하고, 자아 성장의 과정에 대한 토론을 주도함. 주인공 싱클레어의 내면 변화 과정을 심리학 이론에 적용하여 해석한 보고서를 적성함. 깊이 있는 사고력과 자기 성찰 능력이 돋보이며, 철학적 탐구와 비판적 사고를 통해 독창적인 관점을 형성함.

**추천도서** 문학과 예술의 사회사2: 르네상스 매너리즘 바로끄(아르놀트 하우저, 백낙청 역, 창비)

이 책은 르네상스, 매너리즘, 바로끄 시대의 문학과 예술을 사회적, 역사적 배경 속에서 분석한다.각 시대의 예술이 사회적 변화, 정치적 상황, 경제적 발전과 어떻게 연관되는지 탐구하며, 예술이 단순한 미학적 표현을 넘어 사회적 의미를 지닌 언어로 작용함을 강조한다. 특히 르네상스의 인간 중심적 사고에서 시작해, 매너리즘과 바로끄의 예술적 과잉과 복잡성을 설명하며, 이를 통해 당시 사회의 혼란과 불안을 반영하는 방식에 대해 설명한다. 예술의 역사와 사호 를 이해하는 데 중요한 이정표로, 문학과 예술을 사회적 맥락 속에서 바라보게 하는 도서이다.

| 키워드 | 사회사(계급의식, 예술사조, 역사주의, 문화이른, 이데올로기) |
|---|---|
| 관련학과 | 전 인문계열 학과, 사회(문화콘텐츠학과, 사회학과, 심리학과, 역사문화학과, 인류학과, 정치외교학과), 예체능(무용학과, 미술학과, 연극영화학과, 음악학과) 등 |
| 연관 도서 | 거꾸로 읽는 세계사(유시민, 돌베개), 모든 것에 대한 모든 것(구수담, 카멜북스), 질문으로 시작하는 세계사 수업(김태수, 어크로스), 문학과 예술의 사호 사 세트(아르놀트 하우저, 창비), 그날의 세계사(썬킴, 블랙피쉬), 등 |

➕ **탐구활동 주제**

- 르네상스 시대의 예술과 사회적 변화 탐구 분석
- 매너리즘 예술의 특징과 시대적 사회적 배경 분석
- 바로끄 시대의 예술적 과잉과 사회적 불안 모색 탐구
- 르네상스와 바로끄 예술의 특징 비교 연구
- 예술 작품 속 사회적 게시지와 그 영향력 분석

📌 **심화 활동**

| 자율·자치활동 | ▶ 시대별 예술사조와 사회적 배경을 주제로 한 교내 전시 기획<br>▶ 문학과 예술을 사회문제 해결의 도구로 삼는 공익 캠페인<br>▶ 교내 신문에 예술과 사회를 연결한 비평 칼럼 연재 |
|---|---|
| 동아리활동 | ▶ 문화비평반: 고전 문학과 예술작품어 담긴 사회적 메시지 분석 프로젝트<br>▶ 문화읽기연구반: 현대 대중문화 속 사회이슈 비평 활동<br>▶ 인문사회탐구반: 계급, 이데올로기, 문화자본 등을 통한 예술 이해 활동 |
| 진로 활동 | ▶ 예술과 사회 변화를 주제로 한 학술적 에세이 또는 소논문 작성<br>▶ 예술치유, 문화정책, 콘텐츠기획 등 융합 진로 관련 직업군 탐구<br>▶ 문화기획자, 예술평론가, 문학연구자 등의 진로 탐색 인터뷰 및 발표 |
| 프로젝트형 봉사활동 | ▶ 사회적 메시지를 담은 그림책 전시 또는 미술작품 하설 프로젝트<br>▶ 교내 벽화나 포스터 디자인 프로젝트를 통해 사회적 메시지 전달 캠페인<br>▶ '문화예술 속 차별과 편견 찾기'를 즈제로 한 전시 프로그램 |

**학생부 기록 예시** ·······························································································································

'문학과 예술의 사회사2'를 읽고 시대별 예술사조와 사회 구조의 관계를 주제로 한 교내 전시회를 기획하여 예술의 사회적 의미를 효과적으로 전달하고 공감대를 형성함. 고전 문학과 미술작품을 통해 드러나는 계급, 이데올로기, 시대정신에 대한 날카로운 분석과 비평적 시각을 보여주었으며,지역 청소년 대상 인문학 워크숍에서 예술과 사회의 연결성에 대한 심도 있는 의견 발표를 통해 참여자들의 지적 호기심을 자극하고 활발한 토론을 이끌어냄. 이론적 이해뿐만 아니라 실제 전시 기획 및 워크숍 진행에서도 뛰어난 리더십과 실천적 문제 해결 능력을 입증함.

 이 책은 마술적 리얼리즘을 대표하는 소설로, 부엔디아 가문의 7대에 걸친 흥망성쇠를 통해 인간 존재의 고독과 역사적 반복을 탐구한다. 현실과 환상이 뒤섞인 서술 방식으로 라틴아메리카의 역사와 정치, 신화를 담아내며, 운명에서 벗어나지 못하는 인간의 한계와 시간의 순환 구조를 보여준다. '고독'이라는 주제는 각 인물의 삶을 관통하며, 세대 간 단절과 소통의 부재를 상징적으로 드러낸다. 방대한 서사 속에서도 깊은 인간 이해를 이끌어내는 문학 작품이다.

| | |
|---|---|
| **키워드** | 고독(마술적 리얼리즘, 운명, 시간의 순환, 혁명, 가족사, 신화, 역사) |
| **관련학과** | 전 인문계열 학과, 사회(문화콘텐츠학과, 사회학과, 심리학과, 역사문화학과, 인류학과), 교육(교육학과, 역사교육과) |
| **연관 도서** | 천년의 질문(조정래, 해냄), 달과 6펜스(서머싯몸, 민음사), 아우라(카를로스푸엔테스, 민음사), 콜레라 시대의 사랑(G.마르케스, 민음사), 연금술사(파울로코엘료, 문학동네) |

### ➕ 탐구활동 주제

• 부엔디아 가문에 나타난 고독의 세습 구조에 대한 분석
• 마술적 리얼리즘이 사회 현실을 반영하는 방식에 대한 탐구
• 순환적 시간관이 인물의 운명과 선택에 미치는 영향 탐색
• 신화적 서사와 현실의 경계를 허무는 문학 기법에 대한 연구
• 고독이 인물의 관계 형성에 미친 영향에 대한 고찰

## 📌 심화 활동

| | |
|---|---|
| **자율·자치활동** | ▶'고독한 현대인'을 주제로 하는 서평 릴레이 캠페인 기획<br>▶나라별 문화와 문학을 소개하는 '라틴아메리카 문학 주간' 운영<br>▶책 속에 나타난 '고독의 사회적 구조'를 주제로 한 교내 인문 포럼 주관 |
| **동아리활동** | ▶국제문화이해반 : '백년 동안의 고독'을 중심으로 라틴 문학과 문화 탐구<br>▶문예창작반: '고독'을 주제로 한 다양한 창작 활동<br>▶역사탐구반: 작품의 사회 문화적 배경 연구 및 발표 |
| **진로 활동** | ▶문학 작품 속 직업 탐구 및 관련 직업인 인터뷰<br>▶'마술적 사실주의'를 활용한 콘텐츠(시, 단편소설, 시나리오 등) 창작<br>▶문학 평론가, 문예창작자, 문화기획자 등 관련 진로 탐색 활동 |
| **프로젝트형 봉사활동** | ▶문학작품 속 가족과 고독을 주제로 하는 독서 모임 진행 및 토론<br>▶외국 문학을 소개하는 청소년용 팟캐스트 제작 활동<br>▶'기억'과 '기록'의 가치를 되새기는 지역의 역사 교육 자료 제작 |

### 학생부 기록 예시

'백년 동안의 고독(G.마르케스)'을 읽고 '고독과 문학'을 주제로 한 교내 인문 포럼을 기획하고 진행하며 사회적 고립과 문학적 재현에 대해 발표함. 문예창작 동아리에서 다양한 마술적 리얼리즘 작품을 분석하고 단편 소설을 창작하여 교내 도서관에 전시함. 문학 평론가 직업을 탐색하며 고독이라는 감정의 문학적 활용 방식에 대한 소논문을 작성함. 끊임없는 지적 탐구와 적극적인 참여를 통해 문학에 대한 깊이 있는 이해를 보여주었으며, 특히 '고독'이라는 주제를 중심으로 폭넓은 학습과 창의적인 활동을 주도적으로 수행하여 탁월한 역량을 입증함.

인문계열

사회계열

자연계열

예체능계열

의약계열

교육계열

**추천도서** 인간 본성에 대하여(에드워드 윌슨, 이한음 역, 사이언스북스)

이 책은 사회생물학의 관점에서 인간 행동의 기원을 탐구한다. 인간의 본성이 단순한 문화적 산물이 아니라 유전적 진화의 결과라고 주장하며, 본능, 이타성, 성 선택, 도덕성 등 다양한 주제를 생물학적으로 설명한다. 그는 자연선택이 인간의 사고방식과 사회적 행동에 어떤 영향을 미쳤는지를 밝히며, 과학적 방법을 통해 인간을 이해하려고 시도한다. 특히 문화와 유전의 상호작용, 도덕의 진화적 기원에 대한 통찰은 생물학과 철학, 인문학을 잇는 역할을 한다. 인간이라는 존재를 보다 깊이 이해하고자 하는 이들에게 필독서이다.

| 키워드 | 사회생물학(본성, 양육, 유전자, 진화, 적응, 이타성, 문화, 도덕성) |
|---|---|
| 관련학과 | 전 인문계열 학과, 사회(사회학과, 상담심리학과, 신문방송학과, 역사문화학과, 인류학과), 자연(미생물학과, 생명과학과, 생물학과), 교육(사회교육학과, 생물교육학과) 등 |
| 연관 도서 | 짐승과 인간(메리 미즐리, 위고), 다윈의 위험한 생각(대니얼 데닛, 바다출판사), 생각에 관한 생각(대니얼 카너먼, 김영사), 우연과 필연(자크 모노, 궁리) |

### ➕ 탐구활동 주제

- 인간의 이타적 행동의 진화적 기원과 사회적 의미 분석
- 보편적으로 나타나는 인간 행동 양식의 생물학적 기반 탐구
- 인간의 공격성과 협력성의 상호작용이 개인과 사회에 미치는 영향 고찰
- 인간의 자유의지, 도덕성, 종교성의 진화적 뿌리와 발현 양상 연구
- 인간의 성별 차이에 대한 생물학적 설명과 사회문화적 해석의 차이점 탐색

## 📌 심화 활동

| | |
|---|---|
| 자율·자치활동 | ▸인간 본성, 이타성과 도덕성 등을 주제로 한 찬반토론 주제 선정 및 진행<br>▸과학과 철학이 만나는 인문과학 융합 주간 기획 및 운영<br>▸학급 내 자율 규칙 만들기 프로젝트 및 교내 캠페인 기획 |
| 동아리활동 | ▸휴먼사이언스반 : 인간 본성과 진화심리를 주제로 정기 세미나 진행<br>▸독서토론반 : '인간 본성에 대하여'를 포함한 과학 인문학 독서토론 진행<br>▸윤리연구반 : 사회생물학과 윤리에 대한 미니 강의 영상 제작 및 발표 |
| 진로 활동 | ▸이 책과 관련된 대학 전공(생물학, 심리학, 뇌과학 등) 탐색 프로젝트<br>▸생물학자·진화심리학자 등 직업군 인터뷰 기획 및 진로 보고서 작성<br>▸유전과 인간 행동을 주제로 한 진로 탐색 포스터 제작 및 발표 |
| 프로젝트형 봉사활동 | ▸도서관에서 '인간 본성에 대하여'를 중심으로 하는 독서 멘토링 활동<br>▸'배려하는 사회 만들기'를 주제로 한 교내 캠페인 활동<br>▸인간과 생물 다양성 이해를 위한 생태 교육 봉사 및 활동 후기 기록 |

### 학생부 기록 예시

'인간 본성에 대하여'를 읽고 책의 내용을 바탕으로 '배려하는 사회 만들기'라는 주제의 교내 캠페인을 기획하고 실행하여, 인간의 이타성과 협력적 본성을 강조하고 공동체 의식 함양에 기여함. '인간과 생물 다양성 이해'를 위한 생태 교육 봉사활동에 꾸준히 참여하여 인간 본성의 생물학적 기반과 생태계 내에서의 인간의 위치를 연결하여 사고하는 폭넓은 시각을 형성함. 멸종 위기 동식물 보호의 중요성을 인식하고, 인간과 자연의 공존을 위한 실천적 방안을 모색하는 방법을 정리함. 독서, 토론, 캠페인, 성찰적 기록 등의 과정을 통해 주도적인 문제 해결 능력을 드러냄.

이 책은 중국 고대 사상가 장자의 철학을 담은 도서로, 자유로운 삶과 자연스러운 존재 방식을 추구하는 사상을 전한다. 핵심 개념인 '도(道)'를 바탕으로 인위적 가치와 구분을 넘어선 '무위자연', '제물론', '소요유' 등의 사상을 펼친다. 장자는 삶과 죽음, 옳고 그름, 크고 작음의 경계를 허물며 상대적 사고를 강조하고, 얽매임 없는 자유와 해탈의 경지를 이야기한다. 김원중의 현대적 해석을 통해 장자의 깊은 사유를 쉽게 풀어내며, 현실에 지친 이들에게 자유와 무한한 상상력의 세계를 열어주는 도서이다.

| 키워드 | 도(무위자연, 제물론, 소요유, 상대주의, 해탈, 허무, 자유) |
|---|---|
| 관련학과 | 전 인문계열 학과, 사회(문헌정보학과, 문화콘텐츠학과, 사회학과, 상담심리학과, 심리학과, 교육(교육학과, 사회교육학과, 역사교육학과, 윤리교육학과, 중국어교육학과) |
| 연관 도서 | 삶의 실력, 장자(최진석, 위즈덤하우스), 강신주의 장자수업(강신주, EBS BOOKS), 현명한 사람은 삶의 무게를 분산한다(제갈건, 클랩북스), 노자와 장자에 기대어(최진석, 북루덴스) |

**➕ 탐구활동 주제**

◆ 소요유 사상을 바탕으로 한 자유의 개념 탐구

◆ 제물론에 나타난 상대주의 철학 분석

◆ 장자의 무위자연 개념과 현대 생태사상의 연관성 탐색

◆ 장자와 노자의 도 개념 비교 분석

◆ 장자의 해탈 사상과 죽음에 대한 관점 비교 연구

# 📌 심화 활동

| | |
|---|---|
| **자율·자치활동** | ▶ 장자의 '무위자연' 개념을 바탕으로 자연 보호 활동을 장려하는 환경캠페인<br>▶ 장자의 철학을 주제로 한 자율적인 철학 토론회 개최<br>▶ 학교 신문에 '장자 철학의 현대적 의미'를 주제로 하는 기사 기획 |
| **동아리활동** | ▶ 동양철학반: 동양철학 연구 및 현대적 시각으로 해석하는 보고서 작성활동<br>▶ 자유사상반: '무위자연, 자유, 소요유' 등 장자의 사상 탐구 세미나활동<br>▶ 동양사상토론반: 장자, 노자 등의 사상을 자유롭게 논의하는 철학적 토론활동 |
| **진로 활동** | ▶ 철학 연구소나 동양철학 관련 학술기관 탐방<br>▶ 동양철학과 관련된 학과나 직업을 탐구 및 진로로드맵 작성<br>▶ 장자의 사상과 철학적 의미를 주제로 한 영상콘텐츠 제작 |
| **프로젝트형 봉사활동** | ▶ '무위자연' 개념으로 심리적 문제 해소를 돕는 상담 프로그램 운영<br>▶ 자연과의 연결을 통한 장자의 가치를 실현하는 도시 농업 프로젝트 참여<br>▶ 장자 및 동양사상의 철학적 메시지를 담은 콘텐츠 기획 및 전시 |

**학생부 기록 예시** ·····················

'장자'를 읽고, 장자의 철학적 사상을 이해하고 이를 바탕으로 다양한 활동에 참여함. '무위자연'과 '소요유' 개념을 중심으로 자연스러운 삶의 중요성을 심도있게 탐구하는 보고서를 작성함. 학생회 주관 세미나에서 장자의 철학을 주제로 한 학생 토론을 진행하여 원만하게 이끔. 이를 통해 '무위자연'의 개념을 바탕으로 학교에서의 규범을 재고하고, 자연스러운 환경을 만들기 위한 활동을 기획함. 지나치게 엄격한 학교 규율을 자연스럽게 개선할 수 있도록, 학생들이 자율적으로 참여할 수 있는 자유로운 공간을 마련하는 프로젝트를 진행함. 문제 해결 능력과 창의적인 사고를 발휘하여 철학적 사고를 현실에 적용하는 역량이 탁월함.

인문계열

사회계열

자연계열

공학계열

의약계열

교육계열

정의란 무엇인가 (마이클 샌델, 김영철 역, 와이즈베리)

이 책은 누구나 이해할 수 있는 방식으로 설명한 철학 교양서이다. 공리주의, 공동체주의 등 다양한 정의관을 소개하며, 사회 속 도덕적 딜레마와 윤리적 선택에 대해 질문한다. 책 전반에 걸쳐 '정의로운 사회란 무엇인가'라는 화두를 중심으로, 시장과 도덕, 권리와 의무, 시민의 역할 등 현대 사회의 핵심 문제를 철학적으로 탐색한다. 추상적인 철학 이론이 아니라, 실제 사례를 통해 정의에 대해 스스로 사고하고 판단하는 힘을 기르게 하는 도서이다.

| **키워드** | 정의(공리주의, 자유주의, 공동체, 도덕철학, 권리와 의무, 사회계약) |
| --- | --- |
| **관련학과** | 전 인문계열 학과, 사회(경영학과, 경제학과, 공공인재학과, 사회학과, 상담심리학과, 사회복지학과, 심리학과, 행정학과), 교육(교육학과, 역사교육과, 윤리교육과) |
| **연관 도서** | 철학은 어떻게 삶의 무기가 되는가(야마구치 슈, 다산초당), 소크라테스 익스프레스(에릭 와이너, 어크로스) 열한 계단(채사장, 웨일북), 디 에센셜 키워드: 정의의 사람들(알베르 카뮈, 민음사) 등 |

### ⊕ 탐구활동 주제

◆ 공리주의와 자유주의의 정의관 비교

◆ 시장 논리가 침투한 현대 사회에서 도덕적 가치의 역할 고찰

◆ 개인의 권리와 공동체의 이익 간 균형에 대한 관점 연구

◆ 실제 사회 이슈에 대한 다양한 정의 이론의 적용 가능성 탐구

◆ 정의르운 사회를 위한 시민의 역할 연구

## 📌 심화 활동

| 자율·자치활동 | ▶ 철학 용어 사전을 제작하며 정치철학 개념 정리 활동<br>▶ 학급 규칙을 '정의로운 기준'에 따라 다시 설계해보는 프로젝트<br>▶ 다양한 입장을 수용하는 토론문화 조성을 위한 캠페인 |
| --- | --- |
| 동아리활동 | ▶ 정의탐구반: '정의'에 대한 다양한 이른 비교 및 현실 적용 탐구<br>▶ 윤리연구반: 법의 정의와 윤리 기준에 대한 사례 분석<br>▶ 철학에세이반: 철학적 질문어 대한 생각 정리 및 관련 에세이 작성 |
| 진로 활동 | ▶ 법학, 정치학, 윤리학 등 관련 학문의 특성 및 성격 탐색<br>▶ 법조인, 윤리학자, 시민단체 활동가 등의 직업 탐색 활동<br>▶ 법과 정치 관련 대학 전공과 교과목 비교 정리 활동 |
| 프로젝트형 봉사활동 | ▶ 이주민 지원 센터를 활용한 언어 교육, 문화 교류 프로그램 지원<br>▶ 법률 복지 센터 등과 연계한 법률 상담 보조 및 관련 정보 제공<br>▶ 공공장소에서의 시민의식 칸페인 전개 및 정의 실천 포스터 제작 |

### 학생부 기록 예시

'정의란 무엇인가'를 읽고 다양한 정의 이론에 대한 철학적 관점을 이해하며 공리주의, 자유주의, 공동체주의 등을 비교함. 사회 이슈를 철학적으로 해석하고 정의관에 따라 해결방안을 제시하는 활동을 주도하고, 샌델의 강의 영상 시청 후 요약 발표를 진행함. 학급 규칙을 철학적 기준에 따라 재설계하는 프로젝트에 참여하고, 교내 정의 토론회를 기획하여 운영. 법과 윤리 관련 직업을 조사하고, 청소년 대상 정의 교육 봉사활동에 적극적으로 참여하여 사회적 가치를 나누는 타도를 실천함. 논리적 사고력과 윤리적 판단력, 사회문제 해결을 위한 탐구 역량이 우수함.

 이 책은 한 여성이 채식주의자로 변해가는 과정을 그린 소설이다. 주인공은 어느날 갑자기 식물에 대한 강한 집착을 느끼며 채식주의자로 변하기 시작한다. 그녀의 변화는 가족과 주변 사람들에게 충격을 주고, 점차 신체적, 정신적으로 극단적인 상황에 이르게 된다. 이 소설은 주인공의 변화를 중심으로 인간의 욕망, 폭력, 자유, 정체성 문제를 깊이 탐구하며, 사회적 규범과 개인의 선택 사이에서 벌어지는 갈등을 그린다. 인간 존재와 사회적 규범에 대한 강렬한 질문을 던지는 작품이다.

| 키워드 | 정체성(내적 갈등, 사회적 규범, 거부, 자유, 욕망, 폭력, 변화) |
|---|---|
| 관련학과 | 전 인문계열 학과, 사회(문헌정보학과, 문화콘텐츠학과, 사회학과, 심리학과), 자연(생명과학과, 생물학과, 식물자원학과, 식품영양학과), 의약(의예과, 한의예과) 등 |
| 연관 도서 | 흰(한강, 창비), 82년생 김지영(조남주, 민음사), 나는 나를 파괴할 권리가 있다(김영하, 복복서가), 작별하지 않는다(한강, 문학동네), 빛과 실(한강, 문학과지성사) |

### ➕ 탐구활동 주제

• 개인의 자유와 사회적 규범 간의 갈등 분석
• 폭력과 욕망의 관계 및 상호 작용 탐구
• 정체성 변화에 따른 심리적 변화 연구
• 인간 신체와 정신의 관계에 관한 심층 연구
• 문화적 관점에서의 채식주의와 사회적 반응 비교 분석

## 📌 심화 활동

| | |
|---|---|
| 자율·자치활동 | ▶ 채식의 장점과 필요성을 알리는 교내 채식주의 실천 캠페인<br>▶ 자기 이해, 자아 존중, 정체성 탐구를 위한 교내 워크숍 기획<br>▶ 채식이 건강과 환경에 미치는 영향 연구 및 결과 발표 |
| 동아리활동 | ▶ 문학토론반: '채식주의자'를 중심으로 문학의 사회적 의미에 대한 토론<br>▶ 자아탐구반: 주인공의 정체성 변화를 중심으로 한 인간 존재 탐구 활동<br>▶ 문학분석반: 문학의 인물 및 사회적인 문제에 대한 작품 분석 |
| 진로 활동 | ▶ 인간의 내면 갈등과 변화를 탐구하는 심리학 관련 직업 탐색<br>▶ 문학 관련학과(국어국문학과, 문예창작학과) 전공 분석 및 커리큘럼 탐색<br>▶ 작가 직업 탐구 및 글쓰기 기술 향상을 위한 진로 탐색 |
| 프로젝트형 봉사활동 | ▶ 채식주의와 환경 보호의 상관관계를 알리는 포스터 제작<br>▶ 책에서 다루는 폭력과 욕망 문제를 주제로 한 폭력 예방 캠페인<br>▶ 학생들의 내적 갈등 분석 및 이와 연계한 교내 심리 상담 보조 활동 |

### 학생부 기록 예시

'채식주의자'를 읽고 문학 작품 속 인물의 내면 변화와 사회적 갈등을 탐구하며 인간 심리와 사회 구조에 대한 이해를 심화함. 이 작품을 토대로 인간의 자유, 욕망, 정체성에 대한 학급 토론회를 주도하며 다양한 생각을 종합하고, 비판적 시각에서 사고하는 역량을 발휘함. 학생회 주관으로 채식주의와 관련된 환경 보호 캠페인을 기획하고, 사회 규범과 개인의 자유를 주제로 한 학생 설문과 토론을 진행하는 과정을 통해 공동체 내 문제 해결 역량을 증진함. 문학 관련 분야에 대한 관심과 탐구 의지가 높고, 의사소통력과 창의력, 리더십이 우수한 학생임.

인문계열

사회계열

자연계열

공학계열

의약계열

교육계열

**추천도서** 천변풍경(박태원, 애플북스)

이 책은 1930년대 경성 청계천을 배경으로 다양한 인물들의 일상을 그린 대표적인 모더니즘 소설이다. 사건 중심의 전통 서사에서 벗어나 단편적인 에피소드와 군상극 형식으로 구성되어 있으며, 도시 서민들의 희로애락을 묘사한다. 외래어, 의성어, 관찰자 시점 등을 활용한 실험적인 문체를 통해 새로운 서사 기법을 시도한다. 당시 경성의 거리 풍경과 인물들의 심리를 시각적으로 포착함으로써 식민지 시대 도시인의 삶을 사실적으로 기록한 작품이다.

| 키워드 | 모더니즘(일상, 경성, 1930년대, 식민지, 서민, 사실주의, 문체 실험) |
| --- | --- |
| 관련학과 | 전 인문계열 학과, 사회(문화콘텐츠학과, 미디어커뮤니케이션학과, 사회복지학과, 사회학과, 상담심리학과, 심리학과, 지리학과), 교육(국어교육학과, 역사교육학과) 등 |
| 연관 도서 | 소설가 구보 씨의 일일(박태원, 소전서가), 날개(이상, 애플북스),운수 좋은 날(현진건, 사피엔스21),메밀꽃 필 무렵(이효석, 다온길), 탁류(채만식, 문학과지성사) |

### ➕ 탐구활동 주제

- ‘천변풍경’에 나타난 도시 서민의 삶과 사회적 배경 탐구
- ‘천변풍경’에 나타난 모더니즘 문학의 특징 탐색
- 군상극 기법이 현대소설의 인물 표현 방식에 끼친 영향 고찰
- 1930년대 경성과 현재 도시의 삶을 비교한 시대상 인식 탐구
- ‘천변풍경’에 나타난 시네마적 기법의 문학적 효과 고찰

## 📌 심화 활동

| | |
| --- | --- |
| 자율·자치활동 | ▶ 작품 속 인물과 배경을 시각화한 ‘문학 속 경성 지도’ 만들기<br>▶ 학급 문학주간 및 ‘천변풍경’을 주제로 한 전시 및 낭독회 기획<br>▶ 모더니즘 문학에 대한 관심을 공유하는 인문 게시판 운영 |
| 동아리활동 | ▶ 문학산책반: 한국 근현대문학 작품을 읽고 감상 공유<br>▶ 소설아카이브반: 작품 속 인물·배경 정보를 정리한 디지털 자료 제작<br>▶ 문장연구반: ‘천변풍경’의 문체와 실험적 표현 분석 활동 |
| 진로 활동 | ▶ 문학평론가, 작가, 편집자 등 문학 관련 진로 조사 및 역할 분석 활동<br>▶ 문학 콘텐츠 기획자로서 ‘천변풍경’을 재해석한 전시 아이디어 기획<br>▶ 문학작품 분석을 통해 문화예술 관련 진로와 연계된 포트폴리오 제작 |
| 프로젝트형 봉사활동 | ▶ 지역도서관에서 한국 근현대문학 소개 책갈피 만들기 및 배포<br>▶ 문학작품을 활용한 도시 문화 역사 해설 자원봉사<br>▶ 교내 다문화학생을 대상으로 ‘천변풍경’에 대한 독서 지도 |

### 학생부 기록 예시

‘천변풍경’을 읽고 1930년대 경성의 도시문화와 서민들의 삶을 문학적으로 탐색하며, 한국 모더니즘 소설의 특성과 문체 실험 양상을 이해함. 작품의 시대 배경과 문학적 형식을 연결 지어 발표하고, 근대 도시인의 일상을 다양한 시각에서 해석함. 작품 속 장소를 시각화한 ‘문학 속 경성 지도’를 제작하고, 학급 문학주간에 ‘천변풍경’ 낭독회 및 전시회를 기획하고 운영함. ‘천변풍경’을 주제로 한 책갈피를 제작하고, 다문화 학생을 위한 독서 멘토링 활동에 참여함. 기획력과 협업 능력이 우수하며, 인문학적 소양을 발휘하여 다양한 활동에 주도적으로 참여하는 모습이 돋보임.

이 책은 인류 문명이 왜 대륙마다 다른 속도로 발전했는지에 대한 질문에서 출발하여, 문명의 격차를 인종이 아닌 환경과 지리적 조건으로 설명한 책이다. 저자 재레드 다이아몬드는 식량 생산의 시작, 가축화 가능성, 전염병의 발생, 기술 발전 등이 모두 특정 지역의 자연환경에 의해 결정되었다고 주장한다. 이 책은 '총(무기), 균(전염병), 쇠(기술)'가 어떻게 문명의 패권을 좌우했는지를 과학적이고 역사적으로 풀어내며, 인류 문명의 발전을 넓은 시야로 바라보게 만든다

| | |
|---|---|
| **키워드** | 환경 결정론(문명,식량 생산, 지리적 조건, 유라시아, 전염병, 기술 발전, 제국주의) |
| **관련학과** | 인문(고고학과, 문화인류학과, 사학과, 언어학과, 철학과과), 사회(경제학과, 사회학과, 식품자원경제학과, 지리학과, 환경학과), 교육(지리교육과, 환경교육과) 등 |
| **연관 도서** | 사피엔스(유발 하라리, 김영사), 문명의 충돌(새뮤얼 헌팅턴, 김영사), 샤먼 바이블(김정민, 글로벌콘텐츠) 인류의 기원(이상희 외, 사이언스북스) |

## ➕ 탐구활동 주제

◆ 인류 문명의 불균형 원인을 환경 결정론 관점에서 탐구
◆ 농업 혁명이 문명 발전에 끼친 영향 분석
◆ 유라시아 대륙의 지리적 이점이 문명화에 미친 영향 고찰

◆ 병원균이 인류사의 흐름을 바꾼 사례 탐색 및 비교
◆ '총 균 쇠'의 주장과 유럽 중심주의 역사관의 차이 분석

## 📌 심화 활동

| | |
|---|---|
| **자율·자치활동** | ▶ 환경 결정론과 자유의지 중심의 문명 발전 논쟁을 주제로 한 토론회 운영<br>▶ '총 균 쇠'의 내용을 바탕으로 한 지리·역사 통합 퀴즈대회<br>▶ 지구시민 프로젝트: 지속 가능한 문명 발전을 위한 학생 자치 아이디어 모임 |
| **동아리활동** | ▶ 인류학연구반: 유럽의 흑사병과 식민지 개척에 끼친 균의 역할 탐구<br>▶ 지리탐사반 : 지리와 인류 발달의 상관관계 분석(주요 문명 발생지를 중심으로)<br>▶ 지속가능연구반 : 현대 사회에서 환경과 기술의 균형 관련 토론회 개최 |
| **진로 활동** | ▶ 환경 결정론과 지리학 진로 연계 탐구 보고서 작성<br>▶ 역사학과/인류학과 전공 분석 및 커리큘럼 탐색<br>▶ 문명의 흐름을 이해하는 진로 독서 활동(총 균 쇠 중심 독서 포트폴리오 제작) |
| **프로젝트형 봉사활동** | ▶ 기후변화가 문명에 미치는 영향 주제로 캠페인 포스터 제작 활동<br>▶ 전염병과 인류 문명 변화 카드북 제작 및 기부<br>▶ 지구환경 보전에 대한 철학적 메시지를 담은 콘텐츠 기획 및 전시 |

### 학생부 기록 예시

'총 균 쇠'를 읽고 문명의 발전 격차가 인종이 아닌 환경과 지리적 조건에 의해 결정된다는 관점을 이해하며, 인류 문명에 대한 융합적 사고를 키움. 문명 격차를 주제로 토론회와 퀴즈대회를 기획·운영하였고, 병원균과 전염병이 역사에 끼친 영향을 분석하여 카드뉴스로 제작함. 자신이 희망하는 인류학, 국제개발학 등 관련 전공과 직업군에 대해 조사하고 포트폴리오를 구성하며 진로에 대한 구체적인 방향성을 세움. 또한 중학생 대상 문명 교육 봉사 및 '기후와 문명'을 주제로 한 캠페인 포스터 제작 활동을 통해 인문 지식을 사회적 가치로 연결하는 역량을 보여줌.

**추천도서** 칸트와 헤겔의 철학(백종현, 아카넷)

이 책은 독일 철학의 두 거봉, 칸트와 헤겔의 사상을 심층적으로 탐구하며 칸트의 비판 철학에서 헤겔의 변증법적 사유로 이어지는 핵심 흐름을 명확히 제시한다. 칸트의 인식론, 윤리학, 미학의 주요 개념과 헤겔의 변증법, 절대정신 개념을 주요 저작 분석을 통해 상세히 설명하며, 두 철학의 상호 영향과 후대 철학적 의의를 비판적으로 고찰한다. 서양 철학의 중요한 두 축을 체계적으로 이해하고 스스로 사유하는 능력을 키우도록 돕는 철학 입문서이다.

**키워드** 자유(자율성, 실천이성, 의무론, 정언명령, 변증법, 절대정신, 역사철학)

**관련학과** 전 인문계열 학과, 사회(문헌정보학과, 문화콘텐츠학과, 사회학과, 상담심리학과, 심리학과), 교육(교육학과, 국어교육학과, 독어교육학과, 사회교육학과, 역사교육학과) 등

**같이 읽으면 좋은 책** 순수이성비판(임마누엘 칸트, 동서문화사), 세계사의 철학 강의(G.W.F. 헤겔, 길), 왜 칸트인가 (김상환, 21세기북스), 철학의 위안(알랭 드 보통, 청미래)

➕ **탐구활동 주제**

- 칸트의 자율성과 헤겔의 자유 개념 비교
- 실천이성과 절대정신을 통해 본 이성과 윤리의 관계 연구
- 도덕적 의무와 역사적 실현을 중심으로 한 자유 개념 탐구
- 칸트와 헤겔 철학이 현대 사회에 주는 영향 고찰
- 독일 관념론이 교육과 정치에 끼친 철학적 영향 탐구

📌 **심화 활동**

| | |
|---|---|
| **자율·자치활동** | ▶ 철학 명언을 모아 엽서로 만들어 학교에 전시하는 프로젝트 활동<br>▶ 칸트와 헤겔 철학 개념을 퀴즈게임으로 구성하는 학급 철학 퀴즈대회 주최<br>▶ 칸트의 이성 중심 철학과 헤겔의 역사철학을 주제로 학년 토론회 운영 |
| **동아리활동** | ▶ 인문철학탐구반: 순수이성과 변증법 개념 발표 및 탐구<br>▶ 철학토론반: 칸트의 의무론 vs 헤겔의 역사적 실천 철학 비교 토론<br>▶ 사상연구반: 두 철학자의 사상 카드뉴스 제작 및 전시 |
| **진로 활동** | ▶ 철학적 관점을 활용한 사회 현상 분석 및 대안 모색 글쓰기<br>▶ 책 속의 주요 개념에 대한 토론 및 논술문 작성 활동<br>▶ 직업으로서의 철학자 탐구 보고서(하는 일, 사회적 역할 등) 작성 |
| **프로젝트형 봉사활동** | ▶ '이성과 자유'를 주제로 한 공공 캠페인 포스터 제작<br>▶ 칸트와 헤겔의 사상을 소개하는 책자 제작 및 기부활동<br>▶ 지역이나 학교 도서관의 철학 도서 분류 및 추천 책 큐레이션 활동 |

**학생부 기록 예시**

'칸트와 헤겔의 철학'을 읽고 근대 철학의 핵심 개념인 이성과 역사, 도덕과 자유의 의미를 탐구함. 교내 철학 토론회와 명언 엽서 전시를 주도하고, 칸트의 의무론과 헤겔의 변증법을 주제로 한 발표 및 카드뉴스 제작에 참여하여 표현력과 협업 능력을 발전시킴. 또한 철학자의 시선으로 바라본 현대 사회 문제를 주제로 글을 쓰고, 철학과 진학을 위한 대학의 커리큘럼 분석 및 포트폴리오를 제작함. 깊이 있는 철학적 탐구를 바탕으로 얻은 통찰력을 바탕으로, 적극적인 참여와 주도적인 활동을 통해 뛰어난 지적 역량과 함께 나눔과 소통의 실천력을 보여주는 학생임.

## 추천도서 파우스트(괴테, 김인순 역, 열린책들)

파우스트

요한 볼프강 폰 괴테

Faust

이 책은 독일 문호 괴테가 평생에 걸쳐 집필한 걸작으로, 지식에 대한 갈망과 인간의 욕망, 구원에 대한 질문을 중심으로 전개되는 작품이다. 주인공 파우스트는 세상의 모든 지식을 배웠음에도 허무함을 느끼고, 악마 메피스토펠레스와 계약을 맺으며 진정한 삶의 의미를 찾아 나선다. 욕망과 죄, 사랑과 구원, 자유의지와 인간 조건 같은 주제를 통해 인간 내면의 갈등과 선택을 심오하게 그려내는 소설로, 인간 존재와 삶의 방향성에 대해 깊은 성찰을 요구한다.

| 키워드 | 욕망(지식, 계약, 구원, 선과 악, 실존, 사랑, 자유의지, 인간 조건, 내면 갈등) |
| --- | --- |
| 관련학과 | 전 인문계열 학과, 사회(문헌정보학과, 문화콘텐츠학과, 사회학과, 상담심리학과, 심리학과), 교육(교육학과학, 사회교육학과, 역사교육학과, 윤리교육학과) |
| 연관 도서 | 젊은 베르테르의 슬픔 (괴테, 민음사), 데미안 (헤르만 헤세, 민음사), 이방인 (알베르 카뮈, 민음사), 이반 일리치의 죽음(레프 톨스토이, 민음사) |

### ➕ 탐구활동 주제

- 메피스토펠레스와 인간의 계약이 지닌 상징성 분석
- 파우스트와 그레첸의 관계를 통해 본 사랑과 책임의 의미
- 괴테의『파우스트』와 밀턴의『실낙원』속 악마상 비교
- 구원에 대한 종교철학적 고찰
- 자유의지 개념이 현대 윤리 문제에 주는 시사점 탐구

## 📌 심화 활동

| | |
| --- | --- |
| 자율·자치활동 | ▶학생들에게 책을 소개하고 함께 읽는 북 리더 활동<br>▶파우스트의 내용 '욕망과 책임'과 관련된 교내 벽신문 발행 활동<br>▶인간의 욕망과 윤리적 선택에 대해 학급 토론 운영 |
| 동아리활동 | ▶외국문학 연구반 : 독일 문학에서 괴테의 파우스트가 지니는 의미 분석 활동<br>▶고전읽기반 : 욕망, 계약, 자유의지를 중심으로 작품의 철학적 해석<br>▶철학연구반 : 자유의지, 내면 갈등 등 핵심 개념을 카드뉴스로 제작 |
| 진로 활동 | ▶문학과 철학 융합형 진로 독서 포트폴리오 제작 활동<br>▶심리학과 연계한 욕망 개념 분석 활동(욕망의 심리학적 해석 활동)<br>▶파우스트를 현대적 배경으로 한 희곡 재창작활동(문예창작학과 진로 희망자) |
| 프로젝트형 봉사활동 | ▶파우스트의 선택을 중심으로 딜레마 상황을 카드 뉴스로 제작<br>▶고전 문학 속 삶의 메시지를 주제로 한 시각 자료 제작 및 전시<br>▶자신의 경험을 바탕으로 욕망과 선택에 대해 글을 써 공유하는 문학캠페인 |

### 학생부 기록 예시 ······

'파우스트'를 통해 인간의 욕망, 자유의지, 구원에 대한 철학적 주제를 탐구하며 깊이 있는 사고력을 기름. 철학 토론회와 문학 배틀, 글쓰기 공모전 등을 기획하고 운영하며 주도성과 소통 능력을 발휘하였고, 고전 속 철학 개념을 카드뉴스와 연극으로 제작하며 창의적 표현력도 함께 키움. 괴테의 사상과 작품세계를 분석하고, 철학·문예창작 계열 진학을 위한 포트폴리오를 구성하는 등 진로 탐색에의 적극성을 보임. 또한 중학생 대상 고전 독서 봉사 및 윤리적 딜레마 교육 콘텐츠 제작을 통해 인문 지식을 사회적으로 실천하는 태도를 보여줌.

# 사회
# 계열

- The Goal(엘리 골드렛 외, 강승덕 역, 동양북스)
- 공공선택론(김성준, 박영사)
- 공정하다는 착각(마이클 샌델, 함규진 역, 와이즈베리)
- 국가는 왜 실패하는가
  (대런 애쓰모글루, 최완규 역, 시공사)
- 넛지(리처드 탈러 외, 이경식 역, 리더스북)
- 미디어의 이해(마셜 맥루언, 김성기 역, 민음사)
- 부의 세계사(윌리엄 번스타인, 장영재 역, 포레스트북스)
- 비통한 자들을 위한 정치학
  (파커 J. 파머, 김찬호 역, 글항아리)
- 사람, 장소, 환대(김현경, 문학과 지성사)
- 설득의 심리학(로버트 치알디니, 황혜숙 역, 21세기북스)
- 인권도 차별이 되나요? (구정우, 북스톤)
- 인류학의 거장들(제리 무어, 김우영 역, 한길사)
- 자본론(카를 마르크스, 김수행 역, 비봉출판사)
- 팩트풀니스(한스 로슬링 외, 이창신 역, 김영사)
- 프로테스탄트 윤리와 자본주의 정신
  (막스 베버, 박문재 역, 현대지성)

이 책은 소설 형식으로 제약이론(TOC, Theory of Constraints)을 설명하는 경영 혁신서로, 주인공 알렉스 로고가 부실한 공장을 회생시키는 과정을 통해 병목 관리와 지속적 개선의 중요성을 알려준다. 이야기를 통해 독자는 생산성 향상, 리드타임 단축, 목표 지향적 사고 등 경영의 핵심 원리를 자연스럽게 이해하게 된다. 제조업뿐만 아니라 다양한 산업 분야에서의 문제 해결에 적용될 수 있는 통찰을 제공하며, 경영학 입문자부터 실무자까지도 도움이 되는 도서이다.

| | |
|---|---|
| **키워드** | 제약이론(병목관리, 공정흐름, 지속적개선, 생산성, 리드타임, 목표지향) |
| **관련학과** | 사회(경영학과, 경제학과, 광고홍보학과, 미디어커뮤니케이션학과, 사회학과, 심리학과, 언론정보학과, 정치외교학과, 행정학과), 공학(산업경영공학과, 산업공학과) 등 |
| **연관 도서** | 경제신문이 말하지 않는 경제이야기(임주영, 민들레북), 슈독(필나이트, 사회평론), 인생의 파도를 넘는 법(김재철, 콜라주), 감으로 하는 브랜딩은 끝났다(조연심, 힘찬북스) |

### ⊕ 탐구활동 주제

- 제약이론(TOC)의 5단계 사고 프로세스 탐구
- 병목 현상이 생산성과 리드타임에 미치는 영향 분석
- 제조업과 서비스업에서의 제약요소 사례 비교
- 공정흐름 최적화를 위한 시스템 사고 적용 연구
- 지속적 개선의 실제 적용 사례 탐색

## 📌 심화 활동

| | |
|---|---|
| **자율·자치활동** | ▶ 학교 내 병목 현상(급식 동선, 동아리실 배정 등) 해결 프로젝트 운영<br>▶ 리더십 교육 시간에 TOC 기반 팀워크 전략 발표<br>▶ '효율적 학교생활' 주제로 한 아침방송 콘텐츠 기획 및 제작 |
| **동아리활동** | ▶ 미래경영반 : 제약이론 기반 공정 흐름 시뮬레이션 실습<br>▶ 창의논리반 : 목표지향 문제해결 모델 사례 분석<br>▶ 경제탐험반 : 병목관리 사례를 주제로 한 발표회 개최 |
| **진로 활동** | ▶ 산업공학과, 경영학과, 물류학과 진로 탐색 및 비교 분석<br>▶ 생산성 향상과 문제 해결 직무(공정 엔지니어, 경영컨설턴트 등) 조사<br>▶ 효율성 중심 직업군(로지스틱스, 프로젝트 매니저 등) 분석 |
| **프로젝트형 봉사활동** | ▶ 지역 도서관 책 정리 시스템의 병목 요소 분석 및 개선 제안<br>▶ 마을 축제 운영 흐름 설계 및 병목 제거 지원<br>▶ 청소년 대상 '생산성 있는 생활습관 만들기' 교육 자료 제작 |

### 학생부 기록 예시 ·······································································································

'The Goal'을 통해 제약이론(TOC)과 병목 관리에 대한 흥미를 갖고, 학교 내 동선 병목 현상을 분석하고 개선안을 제안하는 학생회 프로젝트를 주도함. 자신의 진로 희망과 관련하여 산업공학과와 물류학과 등 효율성과 시스템 최적화에 관련된 학과를 탐색하고, 관련 직무(공정 엔지니어, 로지스틱스 전문가 등)의 역할을 탐색함. 지역 도서관의 책 분류 및 배치 흐름을 분석하고, 병목 요소 제거를 위한 구체적 개선안을 설계해 전달함. 주도적으로 문제를 정의하고 체계적으로 해결책을 제시하는 역량, 협업과 실천력, 창의성을 고루 갖춘 우수한 학생임.

인문계열

사회계열

자연계열

공학계열

의약계열

교육계열

**추천도서** 공공선택론(김성준, 박영사)

이 책은 정치와 행정 현상을 경제학적 관점에서 분석하는 공공선택론의 핵심 내용을 담고 있다. 개인의 합리적인 선택과 행위가 공공 부문의 의사결정과 정책 결과에 어떻게 영향을 미치는지 체계적으로 설명하며, 방법론적 개인주의, 교환으로서의 정치, 정부 실패 이론 등을 통해 현실 정치와 행정의 작동 방식을 이해하도록 돕는다. 전통적인 정치학 및 행정학적 관점과 차별화되는 공공선택론의 독특한 시각을 제시하며, 정부와 시장의 관계를 새로운 각도에서 조명하는 도서이다.

| 키워드 | 공공선택(이기적 행위자, 선거 이론, 다수결, 공공재, 정치적 시장) |
|---|---|
| 관련학과 | 사회계열(경영학과, 경제학과, 경찰행정, 공공인재학부 도시행정학과, 법학과, 사회복지학과, 사회학과, 식품자원경제학과, 신문방송학과, 정치외교학과, 행정학과) 등 |
| 연관 도서 | 왜 세계의 절반은 굶주리는가(장 지글러, 갈라파고스), 어떻게 민주주의는 무너지는가(스티븐 레비츠키 외, 어크로스), 어떻게 극단적 소수가 다수를 지배하는가(스티븐 레비츠키 외, 어크로스) |

## ➕ 탐구활동 주제

◆ 공공재 공급에 있어 시장과 정부의 역할을 탐구

◆ 다수결 원칙의 한계와 대안적 의사결정 방식 연구

◆ 정부 실패 사례 분석을 통한 정책 대안 모색

◆ 개인 이익과 집단 이익의 충돌 사례 탐색

◆ 로비와 이익집단 활동이 정책 결정에 미치는 영향 분석

## 📌 심화 활동

| | |
|---|---|
| **자율·자치활동** | ▶학생 자치회 예산 편성을 위한 '학교 예산 사용 모의 토론회' 개최<br>▶선택과 자원의 효율적 배분을 위한 '급식 선택제도 설계' 프로젝트<br>▶전교생을 대상으로 한 학생회 정책 홍보와 설문조사 진행 |
| **동아리활동** | ▶사회탐구반: 공공선택이론 중심의 독서 및 토론활동<br>▶경제연구반: 국내외 시장실패와 정부실패 사례 비교 프로젝트<br>▶정치토론반: 선거제도별 장단점 분석 및 모의 선거 시행 |
| **진로 활동** | ▶정치 참여와 정책 결정 현장 이해를 위한 지방자치단체 탐방 활동<br>▶경제학과·정치외교학과 대학생과의 멘토링 및 관련 직업 탐색<br>▶정책 집행 현실 탐색을 위한 공무원 및 NGO 종사자 특강 참여 |
| **프로젝트형 봉사활동** | ▶예산 낭비를 예방하기 위한 지역 사회 예산 사용 모니터링 캠페인<br>▶공공재의 효율적 이용을 위한 공공장소 이용 실태조사 및 개선방안 제안<br>▶시민 대상으로 정책 참여를 독려하는 웹 콘텐츠 제작 후 배포 |

### 학생부 기록 예시

공공선택이론에 대한 이해를 바탕으로 '공공선택론(김성준, 박영사)'을 읽고 공공재 배분, 정부 실패, 다수결의 한계 등 핵심 개념을 체계적으로 탐구함. 이를 바탕으로 학교 자치 규칙 개선안을 제안하고, 급식 선택제도 설계 모의 프로젝트에 참여하여 실제 의사결정 과정의 복잡성과 이해관계 조율의 중요성을 체험함. 또한 경제·정치 동아리에서 관련 사례를 분석하고, 지역사회 예산 사용 실태를 조사하는 프로젝트를 통해 공공정책의 실행 과정과 시민 참여의 필요성에 대한 통찰을 보임. 정치·경제 영역을 통합적으로 이해하며 탐구역량과 사회참여 의식을 함께 갖춘 학생임.

이 책은 현대 사회에서 능력주의가 어떻게 불평등을 심화시키고, 공정성이라는 이름 아래 사회적 분열을 정당화하는지를 비판적으로 조명한다. 저자는 능력이 성공의 기준이 되는 사회가 실제로는 운과 출발선의 차이를 무시하며, 실패한 이들에게 죄책감을, 성공한 이들에게는 오만함을 부추긴다고 말한다. 하버드 입시, 엘리트 교육, 정치적 분열 등의 사례를 통해 샌델은 우리가 진정한 공정함을 회복하려면 겸손과 연대의 가치를 되살려야 한다고 주장한다. 오늘날 사회 정의와 교육, 계층 문제를 다시 생각하게 만드는 중요한 통찰을 제공하는 도서이다.

| | |
|---|---|
| **키워드** | 공정성(능력주의, 기회, 불평등, 엘리트주의, 사회적 연대, 정의) |
| **관련학과** | 전 사회계열 학과, 인문(문화인류학과, 미학과, 사학과, 철학과), 교육(교육학과, 사회교육과, 역사교육과, 윤리교육과, 일반사회교육과) 등 |
| **연관 도서** | 정의란 무엇인가(마이클 샌델, 와이즈베리), 총 균 쇠(재레드 다이아몬드, 김영사), 10대를 위한 공정하다는 착각(마이클 샌델, 미래엔아이세움), 공정한 보상(신재용, 홍문사), 오늘의 법정을 열겠습니다(허승, 북트리거) |

### ➕ 탐구활동 주제

• 능력주의 사회의 문제점 분석 및 대안 모색 탐색
• 우리 사회의 능력주의 실태 조사 및 개인의 경험 분석
• '공정'의 의미와 능력주의와의 상호 관계 고찰
• 엘리트 교육과 대중 교육의 차이에 대한 비교
• 정의로운 사회를 위한 공정성 개념의 재정립 탐구

## 📌 심화 활동

| | |
|---|---|
| **자율·자치활동** | ▶ 학생 대표 선출 과정의 공정성 강화를 위한 프로젝트<br>▶ 차별과 불평등 문제를 해결하기 위한 교내 캠페인 활동<br>▶ '기회의 불평등'을 주제로 한 교내 토론회 기획 및 진행 |
| **동아리활동** | ▶ 사회정의반: 공정성, 능력주의 등을 주제로 한 사회문제 탐구 활동<br>▶ 사회복지반: 소외 계층을 위한 복지 프로그램 및 지원 활동 기획<br>▶ 정치법연구반: 정치와 법과 관련된 사회적 이슈의 해결책 제시 프로젝트 |
| **진로 활동** | ▶ 사회복지사, 인권 변호사, 공정무역 관련 직업 등 사회정의 관련 직업 탐구<br>▶ 공정한 판결과 법 제도 개선을 목표로 하는 법률 직업군 인터뷰 활동<br>▶ 사회적 기업 및 다양한 비영리 단체 탐방 후 보고서 작성 활동 |
| **프로젝트형 봉사활동** | ▶ 취약 계층 학생들에게 공정한 교육 기회 제공을 위한 학습 멘토링<br>▶ 지역사회의 불평등 문제를 해결하기 위한 캠페인 활동<br>▶ 노인 요양시설, 경로당을 정기적으로 방문하여 문화 프로그램 진행 |

### 학생부 기록 예시 ⋯⋯⋯⋯⋯⋯⋯⋯⋯⋯⋯⋯⋯⋯⋯⋯⋯⋯⋯⋯⋯⋯⋯⋯⋯⋯⋯⋯⋯⋯⋯⋯⋯⋯⋯⋯⋯⋯⋯

'공정하다는 착각'을 통해 능력주의와 공정성의 개념을 비판적으로 탐구하며, 사회적 불평등 문제를 해결하려는 적극적인 태도를 보임. 공정한 사회를 만들기 위한 방안을 모색하고, 이를 실천하기 위한 다양한 프로젝트를 진행함. 특히, 사회적 약자를 위한 대중교통 이용 지원과 디지털 교육 프로그램 운영 등과 같은 실질적인 해결책을 제시하며, 이론을 실제로 적용하는 모습을 보임. 또한, 교육의 불평등 해결과 교육적 격차를 줄이기 위한 교내 캠페인 활동을 정기적으로 함. 공정성과 연대의 가치를 이해하고, 사회적 책임을 다하는 리더십, 배려심, 실천력 등이 돋보이는 학생임.

인문계열

사회계열

자연계열

공학계열

의약계열

교육계열

**추천도서**   국가는 왜 실패하는가(대런 애쓰모글루, 최완규 역, 시공사)

이 책은 국가 번영과 빈곤의 근본 원인을 '포용적 제도'와 '착취적 제도'라는 핵심 개념으로 분석한다. 포용적 제도는 시민 참여, 법치주의, 공정 경쟁을 통해 경제 성장을 견인하는 반면, 착취적 제도는 소수 엘리트의 이익 독점으로 국가 실패를 초래한다고 주장한다. 다양한 국가의 역사적 사례를 통해 제도의 중요성을 강조하며 경제 불평등, 정치 불안정, 사회 갈등의 핵심 원인으로서의 제도의 역할을 설득력 있게 제시하는 도서이다.

| **키워드** | 포용(착취, 정치 권력, 제도, 엘리트 지배, 식민지 유산, 민주주의, 혁신) |
|---|---|
| **관련학과** | 전 사회계열 학과, 인문(문화인류학과, 미학과, 사학과, 철학과), 교육(교육학과, 사회교육과, 역사교육과, 윤리교육과) 등 |
| **연관 도서** | 왜 세계의 절반은 굶주리는가(장 지글러, 갈라파고스), 부의 기원(에릭 바인하커, 알에이치코리아), 사피엔스(유발 하라리, 김영사), 좁은 회랑(대런 애쓰모글루 외, 시공사) |

**➕ 탐구활동 주제**

- 포용적 제도와 착취적 제도의 특징 탐구
- 역사 속 제도 변화가 경제 성장에 미친 영향 분석
- 국가의 제도적 차이에 따른 발전 양상 비교
- 식민 지배의 유산이 오늘날 국가 실패에 미친 영향 고찰
- 정치 권력 집중이 민주주의와 경제에 미치는 영향 탐구

## 📌 심화 활동

| 자율·자치활동 | ▶각국의 경제·정치 제도에 대한 세계 불평등 지도 만들기 프로젝트<br>▶청소년의 관점에서 학교 제도 개혁 아이디어 공모전 개최<br>▶국가, 제도, 빈곤 주제를 다룬 다큐멘터리 감상 후 토론 활동 |
|---|---|
| 동아리활동 | ▶제도탐구반: 역사적 사례와 이론을 바탕으로 포용적·착취적 제도 비교 발표<br>▶정책제안반: 학교 및 지역의 제도 개선안 제안 및 발표<br>▶책과 세상반: 다양한 국가 제도와 사회 발전 관련 북토크 진행 |
| 진로 활동 | ▶정책 분석가 및 관련 직업인 인터뷰 및 직업 탐색 활동<br>▶국제개발 관련 직업 탐색 포트폴리오 작성 및 발표<br>▶특정 국가의 발전 과정 연구 및 다른 국가들과 비교 분석 및 표 |
| 프로젝트형 봉사활동 | ▶기후변화가 문명에 미치는 영향을 주제로 한 공공포스터 제작<br>▶전염병과 인류 문명 변화 카드북 저작 및 기부<br>▶제도 변화와 사회 혁신 주제로 한 진로 에세이 작성 |

**학생부 기록 예시** ················································································································

'국가는 왜 실패하는가'를 읽고 국가의 흥망이 제도의 성격에 따라 달라진다는 관점을 이해하며, 포용적 제도의 중요성과 착취적 제도의 위험성에 대한 문제의식을 키움. 일상 속의 제도를 개선하는 아이디어 제안 공모전을 기획하고, 교육·복지·학생 자치 등 다양한 분야에서 현실적인 대안을 모색함. 특히 역사 속 제도 실패 사례를 분석하고, 한국 사회의 제도적 장단점을 탐구하여 발표하고, 제도의 의미와 사회적 영향력을 쉽게 전달하는 카드 뉴스를 제작함. 날카로운 사회 분석력과 창의적인 문제 해결 능력을 바탕으로, 습득한 지식을 실제 사회 개선 활동으로 적극적으로 확장하고 실천하는 뛰어난 역량을 보여주는 학생임.

이 책은 인간의 비합리적 선택 경향을 이용하여, 선택 설계를 통해 개인의 자유를 침해하지 않으면서 바람직한 행동을 유도하는 '넛지'이론을 다룬다. 인간 심리에 대한 이해를 바탕으로 건강, 경제, 환경 등 다양한 영역에서 긍정적인 변화를 이끌어낼 수 있으며, 실제 정책 사례와 윤리적 고려 사항을 제시하며 더 나은 선택 환경 조성의 중요성을 강조한다. 다양한 사례를 통해 넛지의 효과와 윤리적 고려 사항을 논하며, 삶의 질 향상에 넛어떻게 활용될 수 있는지 설득력 있게 설명한다.

| 키워드 | 선택 설계(행동 경제학, 편향, 인센티브, 사회 정책, 결정 유도) |
|---|---|
| 관련학과 | 전 사회계열 학과, 인문(문화인류학과, 미학과, 사학과, 철학과), 교육(교육학과, 사회교육과, 역사교육과, 일반 사회교육과, 윤리교육과) 등 |
| 연관 도서 | 생각에 관한 생각(대니얼 카너먼, 김영사), 아주 작은 습관의 힘(제임스 클리어, 비즈니스북스), 결정적 수업(캐스 선스타인, 월북), 룩 어게인:변화를 만드는 힘(캐스 선스타인, 외, 한국경제신문) |

## ⊕ 탐구활동 주제

- 넛지 개념과 일상 속 사례 분석
- 넛지를 통한 사회문제 해결 방안 탐구
- SNS 알림 설정이 스마트폰 사용 시간에 미치는 영향 연구
- 교실 환경 변화가 집중력 향상에 미치는 효과 분석
- 학생들의 독서 습관 형성을 위한 도서관 넛지 설계 연구

## 📌 심화 활동

| | |
|---|---|
| 자율·자치활동 | ▸ 넛지 전략(시각적 피드백 제공)을 사용한 급식 잔반 줄이기 캠페인<br>▸ 학급 내 휴대폰 사용 줄이기 프로젝트 활동<br>▸ 자기주도학습을 유도하는 스터디 스팸프 카드 제작 |
| 동아리활동 | ▸ 사회과학탐구반: 교내 선택 유도 실험 프로젝트<br>▸ 경제연구반 : 행동경제학 이론 탐구 세미나 기획 및 진행<br>▸ 심리연구반 : '넛지'기반 학교문화 개선 아이디어 제안서 작성 및 발표 |
| 진로 활동 | ▸ 행동경제학 직업 탐구 보고서 작성(정책설계자, 마케터, UX 디자이너 등)<br>▸ 공공기관의 넛지 사례 조사 및 분석활동<br>▸ 소비자 유도형 광고 제작 후 광고 기획자·브랜드 매니저 직무 탐색 활동 |
| 프로젝트형 봉사활동 | ▸ 재활용 분리배출 유도 넛지 포스터 제작 및 설치<br>▸ 온라인 '착한 행동 유도' 아이디어 기획 및 넛지 플랫폼 구축<br>▸ 지역 사회 '생활 습관 개선' 넛지 캠페인(교통안전, 에너지 절약 등) |

### 학생부 기록 예시 ··········

"넛지'를 읽고 인간의 비합리적인 선택과 이를 유도하는 환경설계 방식에 흥미를 느끼고, 다양한 넛지 전략(기본값 설정, 시각적 피드백, 사회적 규범 등)에 대해 탐구함. 학교 내 실천 프로젝트로 복도 휴지통 옆에 긍정적 메시지를 부착하고, 급식실에 잔반량을 시각화한 그래프를 게시하여 학생들의 행동 변화를 유도함. 넛지 개념을 적용한 자율 실험을 설계하고, 환경 변화가 사람들의 선택에 미치는 영향을 조사·분석함. 인간 행동에 대한 깊은 이해와 창의적인 문제 해결 능력을 바탕으로, 학습한 이론을 실제 학교 환경에 적용하여 긍정적인 변화를 주도하는 역량이 우수함.

인문계열

사회계열

자연계열

공학계열

의약계열

교육계열

미디어의 이해(마셜 맥루언, 김성기 역, 민음사)

이 책은 '미디어는 메시지다'라는 혁신적인 개념을 통해 미디어가 사회와 인간의 인식, 행동 양식을 변화시킨다는 점을 강조한다. 저자는 인쇄 기술에서 전자 미디어에 이르기까지 각 미디어가 인간 감각을 어떻게 확장·재조정하는지를 설명하며, 핫미디어와 쿨미디어, 지각의 균형 변화, 글로벌 마을 같은 독창적 개념을 제시한다. 단순한 매치 분석을 넘어, 미디어가 문명 전반에 미치는 심층적 영향을 통찰한 고전으로 평가되는 도서이다.

| 키워드 | 메시지(지각 확장, 냉열미디어, 매체 환경, 전자시대, 인쇄문화, 감각) |
| --- | --- |
| 관련학과 | 전 사회계열 학과, 인문(국어국문학과, 문화인류학과, 사학과, 언어학과, 철학과), 공학(전자공학과, 컴퓨터공학과) 교육(교육공학과, 기술교육과, 컴퓨터교육과) 등 |
| 연관 도서 | 가짜 뉴스의 심리학(박준석, 휴머니스트), 안전하게 로그아웃(김수아, 창비), 디지털 세상을 살아갈 너에게(최서연 외, 미디어숲), 미디어, 디지털세상을 잇다(주형일, 한국문학사) |

➕ 탐구활동 주제

• 디지털 미디어가 청소년의 감각 인식에 미치는 영향 탐구
• 인쇄문화와 영상문화의 소통 방식 차이에 대한 비교
• 미디어의 변화가 현대 사회에 미친 영향 탐색
• SNS와 글로벌 마을 개념의 상관관계에 대한 고찰
• 핫미디어와 쿨미디어 구분 기준과 실제 사례에 대한 연구

# 📌 심화 활동

| | |
| --- | --- |
| 자율·자치활동 | ▶단톡방, 커뮤니티 등 교내 디지털 미디어 이용 실태 진단 설문조사<br>▶교내 전광판, 알림장, SNS 등을 활용한 미디어 비판력 향상 캠페인<br>▶학생 주도 영상 콘텐츠 제작 윤리 강령 제정 활동 |
| 동아리활동 | ▶미디어연구반: 미디어별 정보 전달 방식 비교 실험 활동<br>▶팩트체크반: 뉴스와 정보의 왜곡 사례 수집 및 발표<br>▶미디어비평반: 유튜브 콘텐츠의 표현 형식과 수용자의 반응 분석 |
| 진로 활동 | ▶미디어학과 및 디지털 콘텐츠 관련 학과 탐색 보고서 작성<br>▶'미디어는 메시지다' 개념을 중심으로 한 광고기획자 직업 분석<br>▶미디어 기술 변화(인쇄 → 방송 → 디지털 뉴스)에 따른 기자 역할 변화 탐색 |
| 프로젝트형 봉사활동 | ▶어르신 대상 '디지털 미디어 (스마트폰, 키오스크 등) 사용법 교육 봉사<br>▶지역 도서관과 연계한 '시대별 미디어의 변천 역사' 전시 기획<br>▶가짜뉴스, SNS 비판적 수용 등에 관한 미디어 리터러시 워크숍 기획 |

## 학생부 기록 예시

'미디어의 이해'를 읽고 미디어가 인간의 감각과 사회 구조에 미치는 영향에 대해 탐구함. 냉미디어와 열미디어의 차이를 조사하고, 유튜브·인스타그램·인쇄물 등의 콘텐츠 전달 방식에 따른 수용자 반응의 차이를 비교 분석함. 교내 디지털 소통문화를 진단하고 개선방안을 제안하는 설문조사 및 캠페인을 기획함. 영상, 텍스트, 이미지 등 다양한 미디어 형식을 활용한 정보 전달 실험을 수행하고 결과를 발표함. 능동적인 탐구와 창의적인 문제 해결 능력을 발휘하여 건전한 디지털 소통 문화 조성에 기여하고 관련 분야에 대한 성장 가능성을 보여주는 학생임.

이 책은 인류 역사 속 '부의 흐름'과 그 형성 과정을 탐구한다. 저자는 자본의 축적이 어떻게 문명을 발전시켰고, 또 몰락을 불러온 원인이 될 수 있었는가를 명쾌하게 분석한다. 고대부터 현대까지 금융, 무역, 기술, 제국주의, 세계화 등 다양한 요소들이 부의 형성과 확산에 어떤 영향을 미쳤는지를 역사적으로 조망한다. 금융 시스템, 교육, 제도 등이 부의 성장에 미친 영향과 함께, 부의 불평등이 초래한 사회적 위기도 짚으며 자본주의의 본질을 통찰력 있게 풀어낸 도서이다.

| 키워드 | 자본(금융혁명, 무역, 제국주의, 산업화, 금융위기, 세계화, 경제불평등) |
|---|---|
| 관련학과 | 전 사회계열 학과, 인문(문화인류학과, 사학과, 철학과), 자연(수학과, 통계학과), 교육(교육공학과, 기술교육과, 역사교육과) 등 |
| 연관 도서 | 무역의 세계사(윌리엄 번스타인, 라이팅하우스), 부의 지도를 바꾼 회계의 세계사(다나카 야스히로, 위즈덤하우스), 최소한의 부의 세계사(한정엽, 다산북스), 22개 나라로 읽는 부의 세계사(조홍식, 웅진지식하우스) |

**➕ 탐구활동 주제**

• 고대와 근현대 금융 제도의 공통점과 차이점 비교 분석
• 제국주의 자본 축적 방식이 현대 국가에 미친 영향 연구
• 역사 속 무역 네트워크와 세계화의 형성과정 탐색
• 금융 혁명이 사회 구조 변화에 끼친 영향 탐구
• 부의 불평등이 사회적 갈등을 심화시킨 사례 모색

## 📌 심화 활동

| | |
|---|---|
| 자율·자치활동 | ▶ 부의 불평등과 사회 붕괴 사례 조사 후 학급 토론회 기획<br>▶ 부의 불평등을 주제로 한 캠페인 활동(관련 슬로건·스티커·배너 제작 등)<br>▶ 학교신문 또는 게시판에 '부의 세계사' 기반 칼럼 연재 |
| 동아리활동 | ▶ 금융연구반: 역사 속 금융혁명 사례를 주제로 한 경제 토론회 개최<br>▶ 국제관계탐색반: 세계 자본주의와 사회 시스템의 진화에 대한 전시 부스 운영<br>▶ 경제사탐구반: 경제사 관련 다른 책과 '부의 세계사' 비교 북토크 진행 |
| 진로 활동 | ▶ 자본의 흐름과 기술 변화에 따른 미래 유망 직업 조사 및 발표<br>▶ 세계사 기반 경제 관련 학과(예: 국제경제학, 금융경제학) 탐색 보고서 작성<br>▶ 경제학자, 역사학자, 금융전문가 직업 탐색 활동 |
| 프로젝트형 봉사활동 | ▶ 부의 흐름과 금융 기초지식 담은 청소년 경제 리터러시 자료집 제작 및 배포<br>▶ SNS에 경제사 지식을 알기 쉽게 풀어낸 카드뉴스 또는 영상 콘텐츠 제작<br>▶ 지역 도서관과 연계한 경제사 주제 전시 및 해설 도우미 활동 |

**학생부 기록 예시** ·······

'부의 세계사'를 읽고 자본의 축적과 문명의 발전 관계에 대한 경제사적 흐름을 탐색함. 금융제도의 변화, 무역과 제국주의의 역할, 부의 불평등 문제 등을 중심으로 핵심 내용을 정리하고, 현대 경제 이슈와 연결한 토론 활동을 주도함. 역사 속 금융 시스템을 분석하여 발표하고, 경제 체험 게임 기획 활동에 참여함. 부의 분배를 주제로 한 카드뉴스를 제작하고, 전교생 대상 경제 인식 제고 캠페인을 기획하여 운영함. 역사와 경제를 통합적으로 보는 융합적 사고력, 사회 문제를 비판적으로 바라보는 분석력이 돋보이는 학생임.

인문계열

사회계열

자연계열

공학계열

의약계열

교육계열

**추천도서** 비통한 자들을 위한 정치학(파커 J. 파머, 김찬호 역, 글항아리)

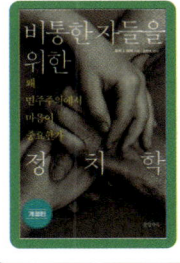

이 책은 현대 민주주의의 위기를 진단하고, 정치적 참여의 의미와 가치를 탐구한다. 저자는 정치가 단순한 권력의 게임이 아니라 공동체를 위한 공적 삶의 실천임을 강조하며, 시민들이 어떻게 두려움을 극복하고 적극적으로 참여할 수 있는지를 성찰한다. 특히, '공동체'라는 키워드를 중심으로, 정치적 상상력과 영성의 중요성, 민주주의의 회복을 위한 구체적인 방향을 제시한다. 정치적 무관심과 냉소주의를 넘어, 진정한 공동체 의식을 회복을 위한 깊은 통찰과 영감을 제공한다.

| **키워드** | 공동체(시민의식, 민주주의, 정치적 상상력, 영성, 참여, 공적 삶) |
| --- | --- |
| **관련학과** | 전 사회계열 학과, 인문(문화인류학과, 미학과, 사학과, 신학과, 종교학과, 철학과), 교육(교육학과, 사회교육과, 역사교육과, 윤리교육과) 등 |
| **연관 도서** | 사피엔스(유발 하라리, 김영사), 설득의 심리학(로버트 치알디니, 21세기북스), 세계정치론(존 베일리스 외, 을유문화사), 정치학(아리스토텔레스, 숲), 모두를 위한 정치(네드 오거먼, 마농지) |

**➕ 탐구활동 주제**

• 공동체의 역할, 정치적 참여와 공동체 의식의 관계 분석
• 분열된 사회에서 대화와 치유의 가능성 분석
• 민주주의 제도에서 정치적 상상력의 중요성 탐색
• 영성기 정치적 참여에 미치는 영향 분석
• 시민의식, 민주주의 회복을 위한 시민 참여 방법 모색

## 📌 심화 활동

| | |
| --- | --- |
| **자율·자치활동** | ▶민주적 의사결정 과정의 학생 참여를 위한 학교 민주주의 주간 운영<br>▶학생 자치회 주도의 학교 내 공정성과 평등을 위한 캠페인<br>▶학교 규칙과 정책 개선을 위한 학교 규칙 개정 토론회 개최 |
| **동아리활동** | ▶사회문제토론반: 사회적 이슈를 분석하고 의견을 교환하는 토론활동<br>▶인권탐색반: 인권과 평등을 주제로 한 활동과 캠페인 운영<br>▶정치탐구반: 실제 정책 아이디어 제안 및 현실화할 수 있는 방법 모색 |
| **진로 활동** | ▶정책 분석과 평가를 통해 정책 결정 과정을 이해하는 공공정책 분석<br>▶인권 전문가, 사회복지사 등 관련 직업인 인터뷰<br>▶정치학과 관련된 진로 탐색 및 관련 진로 탐색 |
| **프로젝트형 봉사활동** | ▶정치적 참여와 민주주의의 중요성을 알리는 콘텐츠 제작<br>▶사회참여와 공동체 의식을 강조하는 지역 캠페인 활동<br>▶모든 학생들의 공정한 기회를 위한 교내 불평등 문제 해결 프로젝트 |

**학생부 기록 예시** ·····························································································································

'비통한 자들을 위한 정치학'을 읽고 정치적 상상력과 영성의 연결점을 이해하고, 민주적 절차와 시민 참여의 필요성을 학습함. 이를 바탕으로 학교 내에서 민주적 의사결정 과정을 개선하는 아이디어를 제시하며, 학생회의 공정한 선거 절차와 의사소통 개선 방안을 논의함. 또한, 지역사회와의 연계를 통해 청소년들의 정치적 참여를 증진시키기 위한 활동을 기획하고, 이를 위한 캠페인과 프로그램을 운영함. 정치학의 이론적 틀을 실제 상황에 적용하고, 학생들의 적극적인 참여를 유도하는 방법을 실천함. 민주주의에 대한 의식이 남다르고, 공동체 의식과 의사소통력이 뛰어남.

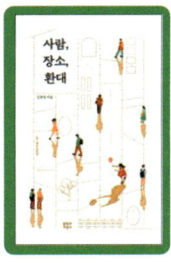

이 책은 인간 존재와 사회적 소속, 그리고 타자에 대한 환대의 의미를 깊이 있게 탐구한다. '우리는 사람이기 때문에 받아들여지는가, 아니면 받아들여졌기 때문에 사람이 되는가?'라는 근본적인 질문을 던지며, 사회를 기능적 구조로 보는 기존 관점을 넘어 사람, 장소, 환대라는 세 가지 개념을 중심으로 사회를 재정의한다. 특히, 조건 없는 '절대적 환대'의 필요성을 강조하며, 이는 타자에게 자리를 주고 그의 존재를 인정하는 행위로, 사회적 연대와 공존의 기반이 된다. 추상적인 개념을 넘어서 다양한 사례와 이론을 통해 깊은 사유와 통찰을 제공하는 도서이다.

| | |
|---|---|
| **키워드** | 환대, 타자, 존재론, 국경, 정체성, 시민권, 이방인, 공존 |
| **관련학과** | 사회(문화콘텐츠학과, 문헌정보학과, 법학과, 사회복지학과, 사회학과, 심리학과, 정치외교학과), 인문(문화인류학과, 미학과, 철학과), 자연(환경학과) |
| **연관 도서** | AI 사피엔스: 전혀 다른 세상의 인류(최재붕, 쌤앤파커스), 물고기는 존재하지 않는다(룰루 밀러, 곰출판), 떨림과 울림(김상욱, 동아시아), 넥서스(유발하라리, 김영사), |

### ➕ 탐구활동 주제

- 인간 정체성과 타자성의 관계에 대한 철학적 탐구
- '장소' 개념을 통한 공동체 형성의 가능성 연구
- 현대 사회에서 '환대'의 윤리적 의미와 실천 방식 탐색
- 이주와 난민 문제에 나타난 '비환대' 현상 분석
- 낯섦과 익숙함의 경계에서의 관계 형성 방식 모색

## 📌 심화 활동

| | |
|---|---|
| **자율·자치활동** | ▶ 전교생 대상 '존중과 환대 주간' 운영 계획 수립 및 진행<br>▶ 학생 자치회 주도의 다문화 이해를 주제로 한 월간 포스터 공모전 기획<br>▶ 등굣길 환대 인사 캠페인(매일 아침 인사하기 운동) 조직 및 운영 |
| **동아리활동** | ▶ 인문읽기반: 타자성과 환대의 철학을 주제로 한 동아리 내 탐구 세미나<br>▶ 문학토론반: 고전과 문학 속에 나타난 '환대'의 의미에 대한 토론<br>▶ 국제사회이해반: 국내외 난민 환대 정책 비교 후 발표 및 제안서 작성 |
| **진로 활동** | ▶ 사회복지사, 국제구호활동가 등 환대 실천 직업군 탐색 및 발표<br>▶ 공동체 형성을 위한 공간 설계 관련 직업(도시계획, 사회건축) 분석<br>▶ 이주민 지원 단체 직업 체험 프로그램 기획 및 체험 후기 작성 |
| **프로젝트형 봉사활동** | ▶ 지역 다문화가정 아동 대상 '함께 읽는 그림책 낭독회' 진행<br>▶ '낯선 이를 위한 장소 만들기' 프로젝트(공공장소 내 안내물 다국어 제작)<br>▶ '공동체와 장소'를 주제로 마을지도 제작 후 주민과 전시회 기획 |

### 학생부 기록 예시

'사람, 장소, 환대'를 읽고 '환대 주간' 캠페인을 운영하고, 전교생 설문조사를 통해 공동체 내 환대 인식 실태를 분석함. 타자성과 장소성에 관한 철학 세미나를 주도적으로 준비하고, 레비나스·장자 등의 사상을 바탕으로 환대의 개념을 비교·분석. 사회복지사와 도시설계 관련 직업군을 탐색하며 인간 중심 공간의 의미를 탐구하고, 다문화 가정 아동 대상 그림책 낭독회를 기획·진행함. 철학적 주제를 일상과 사회 문제에 연결해 사고하고, 공동체의 윤리적 기반을 탐색함. 타인의 입장에서 생각하고 표현할 수 있는 공감 능력과 비판적 사고 역량이 뛰어남.

인문계열

사회계열

자연계열

공학계열

의약계열

교육계열

**추천도서** 설득의 심리학(로버트 치알디니, 황혜숙 역, 21세기북스)

이 책은 사람의 행동을 바꾸는 설득의 원리를 과학적으로 분석한다. 수십 년간의 실험과 사례를 바탕으로 사람들이 무의식적으로 반응하는 6가지 설득 원칙(상호성, 일관성, 사회적 증거, 호감, 권위, 희소성)을 제시하며, 우리가 일상에서 얼마나 쉽게 설득당하는지를 보여준다. 광고, 마케팅, 대인관계 등 다양한 영역에서 설득이 어떻게 작용하는지를 구체적인 사례와 함께 설명하며, 설득의 기술을 똑똑하게 활용하고 방어하는 법까지 알려준다. 인간 심리의 핵심을 찌르는 통찰력으로, 설득과 영향력의 본질에 대해 알려줓는 도서이다.

| 키워드 | 설득원칙(상호성, 일관성, 사회적 증거, 호감, 권위, 희소성, 무의식) |
|---|---|
| 관련학과 | 전 사회계열 학과, 인문(국어국문학과, 문예창작학과, 사학과, 언어학과, 종교학과, 철학과), 교육(교육학과, 국어교육과, 사회교육과, 역사교육과) 등 |
| 연관 도서 | 넛지(리처드 탈러 외, 리더스북), 꼭 알아야 할 심리의 기술(가미오카 신지, 동양북스), 나는 왜 남들보다 쉽게 지칠까(최재훈, 서스테인), 김태형의 교양심리학(김태형, 서해문집) |

➕ **탐구활동 주제**

- 일상 속 설득 전략이 사용되는 사례 수집 및 분석 탐구
- 6가지 설득 원칙이 적용된 광고나 마케팅 기법 연구
- 인간 심리와 설득 반응의 관계에 대한 탐색
- 설득과 조작의 경계를 구분하는 기준에 대한 분석
- 사회 현상 속 설득 전략의 활용과 비판적 이해

## 📌 심화 활동

| | |
|---|---|
| **자율·자치활동** | ▶'설득의 기술' 주제 발표 및 학급 토론회 기획<br>▶학생회 선거 포스터 분석 프로젝트(설득 원칙 분석 보고서 작성)<br>▶'SNS속 설득심리 찾기' 캠페인(허위 정보, 감성 마케팅 등 사례 수집 후 전시) |
| **동아리활동** | ▶광고연구반: 광고 속 설득 전략 분석 워크숍 기획<br>▶신문반: 가짜 뉴스, 소비 등 설득원칙이 적용된 시례 발표 토론 활동<br>▶마케팅반: 설득심리 기반의 'ㅁ의 마케팅 기획안' 작성 활동 |
| **진로 활동** | ▶심리학자, 마케터, 광고기획자 직업군의 설득 기술 사용 사례 조사<br>▶심리학 및 커뮤니케이션 전공 관련 학과 조사 및 비교 보고서 작성<br>▶설득이 필요한 직업(외교관, 상담가, 변호사 등)의 역량 분석 활동 |
| **프로젝트형 봉사활동** | ▶지역 사회의 공익 캠페인(예. 절전, 쓰레기 줄이기) 설득 전략 포스터 제작<br>▶청소년 소비자 보호 캠페인 기획 – ㅁ-케팅 속 설득 심리 알리기 활동 전개<br>▶SNS 기반 '청소년 설득 방어력 키우기' 콘텐츠(영상/카드뉴스) 제작 및 배포 |

**학생부 기록 예시**

'설득의 심리학'을 읽고 인간 행동에 영향을 미치는 6가지 설득 원칙에 대한 심리학적 이해를 바탕으로 일상 속 설득 전략을 분석하고 발표함. 광고와 SNS 콘텐츠에 적용된 설득 기법을 사례 중심으로 분석하고, '설득과 심리조작의 차이'에 대한 찬반 토론을 주도함. 'SNS 속 설득 심리 찾기' 캠페인을 기획하고, 학급 대상 퀴즈와 카드뉴스 콘텐츠를 제작하였으며, 심리학자와 마케터의 직무를 탐색하고 관련 학과 조사 활동을 수행하였음. 타인의 심리를 분석하고 소통하는 사고력, 표현력, 공감 능력을 고루 갖춘 융합적 사고 역량이 우수함.

인권도 차별이 되나요? (구정우, 북스톤)

이 책은 우리 사회에서 날카롭게 맞서고 있는 인권 관련 주제들을 골라 담았다. 범죄자 인권, 난민 문제, 젠더 전쟁 등 하나같이 '어려운 선택'을 해야 하는 주제들이다. 인권사회학을 연구하는 저자는 이들 이슈에 대한 주장과 반론을 담고, 서로의 입장이 나오게 된 사회적 배경에 대해 소개함으로써 서로의 관점을 균형감 있게 이해할 수 있도록 한다. 아울러 관련 연구와 해외사례를 소개해 각종 사안을 좀 더 깊고 넓게 바라보고 판단할 수 있도록 한다.

| 키워드 | 인권(차별과 평등, 표현의 자유, 차별 금지법, 공정성과 정의) |
| --- | --- |
| 관련학과 | 전 사회계열 학과, 인문(국어국문학과, 문화인류학과, 사학과, 종교학과, 철학과), 교육(교육학과, 국어교육과, 사회교육과, 역사교육과) 등 |
| 연관 도서 | 선량한 차별주의자(김지혜, 창비), 왜 세계의 가난은 사라지지 않는가(장 지글러, 시공사), 존중받지 못하는 아이들(박명금 외, 서사원), 지속불가능한 불평등(뤼카 샹셀, 니케북스) |

➕ **탐구활동 주제**

- 다수의 인권 보호가 소수의 차별로 이어지는 사례 분석
- 혐오 표현과 표현의 자유와의 상관관계 연구
- 국제 사회에서 바라본 한국의 인권 수준 변화 탐색
- 차별금지법 논쟁: 찬반 입장 비교 및 해결 방안 모색
- 기업의 사회적 책임(CSR)과 인권 보호의 필요성 탐구

## 📌 심화 활동

| | |
| --- | --- |
| 자율 · 자치활동 | ▶ 학교 내에서 발생하는 차별적 표현이나 제도 찾기 프로젝트<br>▶ 학생과 교사의 인권 설문조사 후 학급회의에서 실천방안 모색활동<br>▶ 인권 존중에 대한 브이로그나 홍보물 제작 |
| 동아리활동 | ▶ 신문반 : 인권의 중요성을 알리는 소식지 제작<br>▶ 토론반 : 소수자의 인권 보호와 자수의 권리 침해 가능성에 대한 토론<br>▶ 도서부 : 인권'을 주제로 한 다양한 책을 소개하는 북큐레이션 활동 |
| 진로 활동 | ▶ 인권을 주제로 한 또 다른 책을 읽고 내용을 비교, 정리한 보고서 작성 활<br>▶ 사회복지학과와 관련하여 인권과 복지에 대한 다양한 사례 탐색<br>▶ 인권 관련 직업(국제 인권 변호서, NGO활동가, 공익 변호사 등) 탐구 |
| 프로젝트형 봉사활동 | ▶ 인권 친화적인 학교 문화를 위한 교내 캠페인<br>▶ 지역 내 다문화 가정 및 외국인 가정을 위한 콘텐츠 제작<br>▶ 차별없는 세상을 위한 행동 지침 가이드북 제작 |

**학생부 기록 예시** ··········································································································································

학교 내에서 무심코 발생하는 차별적 요소를 조사하고 개선하기 위해 '인권도 차별이 되나요?'를 바탕으로 프로젝트형 봉사활동을 기획함. 학생 대상 설문조사를 실시하여 언어·시설·제도적 차별 요소를 수집하고, 교사 및 전문가 인터뷰를 통해 해결 방안을 모색함. 차별 사례와 개선 방안을 정리하여 카드뉴스 및 포스터로 제작하고, 교내 게시 및 온라인 캠페인을 진행함. 또한, 학생회와 협력하여 '차별 없는 학교 만들기' 정책 제안을 작성, 학교 측에 공식적으로 전달함. 본 활동을 통해 일상 속 차별을 인식하고, 이를 개선하기 위한 실질적 대안을 마련하는 경험을 함.

**추천도서** 인류학의 거장들(제리 무어, 김우영 역, 한길사)

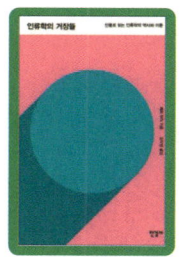

이 책은 인류학의 형성과 발전에 결정적인 영향을 끼친 주요 학자들의 사상과 연구를 조망하는 입문서다. 저자는 '말리노프스키, 보아스, 레비스트로스' 등 인류학의 거장들을 중심으로 그들의 생애, 이론, 현장 조사 방식 등을 간결하게 정리하며, 인류학이 단순한 문화 기술이 아닌 인간 이해의 도구임을 강조한다. 복잡한 이론을 쉽게 풀어내며 인류학의 흐름을 한눈에 보여주는 이 책은 다양한 문화와 삶의 방식을 성찰하는 데 도움이 되는 도서이다.

| 키워드 | 문화 상대주의(참여 관찰, 식민주의, 인류학, 구술, 인류학자, 다양성) |
| 관련학과 | 전 사회계열 학과, 인문(문화인류학과, 문화유산학과, 미학과, 사학과, 언어학과, 철학과), 교육(교육학과, 사회교육과, 역사교육과, 윤리교육과) 등 |
| 연관 도서 | 문화인류학으로 보는 동아시아(가미즈루 히사히코 외, 눌민), 우리는 왜 타인의 욕망을 욕망하는가(이현정, 21세기북스), 존재양식의 탐구(브뤼노 라투르, 사월의책) |

### ➕ 탐구활동 주제

• 문화 상대주의가 현대 사회 갈등 해결에 주는 시사점 탐구
• 참여 관찰 기법의 장단점과 실제 적용 사례 연구
• 인류학의 식민주의적 기원과 그 극복 과정 탐색
• 구술 전통을 통해 본 비서구 사회의 지식 전승 방식 분석
• 주요 인류학자들의 이론 비교를 통한 관점의 변화 모색

## 📌 심화 활동

| | |
|---|---|
| **자율·자치활동** | ▶ 다문화 존중 주간 기획 및 전고생 대상 문화 다양성 캠페인<br>▶ 인류학 책 읽기 챌린지 프로그램 기획 및 진행<br>▶ 학급 내 문화 차이에 대한 토론회 기획 및 진행 |
| **동아리활동** | ▶ 문화탐색반: 다양한 문화권의 생활 방식 비교 분석 프로젝트<br>▶ 인류학연구반: 인류학 고전 독서 후 주요 학자별 이론 정리 발표<br>▶ 다문화탐구반: 국내 이주민 관련 인류학적 관점 인터뷰 프로젝트 수행 |
| **진로 활동** | ▶ 문화인류학자 직업 탐색 및 필요 역량 정리<br>▶ 주요 대학의 문화인류학과 전공탐색 후 진로로드맵 작성 활동<br>▶ 인류학 기반 진로(문화기획자, 국제개발, NGO 등) 사례 탐색 보고서 작성 |
| **프로젝트형 봉사활동** | ▶ 우리 지역의 다문화 가정 아동 대상 문화 교류 프로그램 기획 및 운영<br>▶ '우리 동네 민속 기록 프로젝트' 기획 및 지역 어르신 인터뷰<br>▶ 문화 다양성 주제 웹진 또는 소식지 지작 후 지역 커뮤니티 공유 |

### 학생부 기록 예시 ·······

'인류학의 거장들(제리 무어)'을 읽고 인류학에 흥미를 느껴 다양한 활동을 주도적으로 수행함. 학생 주도의 '문화다양성 주간'을 기획하고, 이를 바탕으로 학급 토론회를 운영함. '인류학연구반'에서 주요 인류학자의 이론을 비교하고 시대별 인류학의 변화 과정을 정리하여 발표함. 또한 문화인류학자의 직무를 탐색하고, 관련 학과 커리큘럼을 분석하며 진로 계획서를 작성함. 지역 어르신을 대상으로 구술 전통을 수집하는 '우리 동네 민속 기록 프로젝트'를 진행하였으며, 문화의 다양성과 전승의 가치를 체험적으로 학습함. 인류학적 관점으로 세상을 이해하려는 주도적인 탐구 자세가 돋보임.

자본론(카를 마르크스, 김수행 역, 비봉출판사)

이 책은 자본주의 경제의 구조와 모순을 과학적으로 분석한 경제학 비평서로, 현대 사회를 이해하는 데 필수적인 고전이다. 마르크스는 자본의 운동 법칙, 노동과 착취의 관계, 상품과 화폐의 본질을 철저하게 해부하며 자본주의가 어떻게 인간 소외와 계급 불평등을 낳는지를 설명한다. 특히 잉여가치 개념을 통해 자본가의 이윤이 노동자의 무급 노동에서 비롯된다는 구조를 명확히 밝힌다. 책 내용에 대한 주석과 해설이 정돈되어 있어 자본주의를 비판적으로 바라보는 관점을 기르는데 도움이 되는 도서이다.

| 키워드 | 잉여가치(노동소외, 자본축적, 계급투쟁, 노동력 상품화, 역사유물론) |
|---|---|
| 관련학과 | 전 사회계열 학과, 인문(문화인류학과, 미학과, 사학과, 철학과), 자연(수학과, 통계학과), 교육(교육학과, 역사교육과, 사회교육과) 등 |
| 연관 도서 | 공산당 선언(마르크스 외, 책세상), 자본주의(EBS 자본주의 제작팀, 가나출판사), 청소년을 위한 경제의 역사(니콜라우스 피퍼, 비룡소), 나쁜 사마리아인들(장하준, 부키) |

### ⊕ 탐구활동 주제

- 자본주의 경제 구조에서 잉여가치 창출 방식 탐구
- 자본론에서 말하는 노동소외의 현대적 사례 연구
- 마르크스와 현대 경제학자의 자본 이론 비교 분석
- 계급투쟁 이론의 역사적 적용 사례 탐색
- 자본축적과 빈부격차 확대의 상관관계 모색

## 📌 심화 활동

| | |
|---|---|
| **자율·자치활동** | ▶ 교내 공정무역 주간 기획 및 캠페인 운영<br>▶ 불공정 노동 문제 인식 개선 포스터 제작 활동<br>▶ '청소년과 노동'을 주제로 한 학급 토론회 기획 및 진행 |
| **동아리활동** | ▶ 경제탐구반: 자본론 주요 개념 정리 및 발표 활동<br>▶ 사회읽기반: 자본주의에 대한 비판적 시각을 지닌 도서 선정 및 토론<br>▶ 청소년문화탐구반: 청소년의 아르바이트 경험 조사 및 리포트 작성 |
| **진로 활동** | ▶ 사회학자·경제학자 인터뷰 기사 분석 및 진로 탐색 보고서 작성<br>▶ '청소년과 노동' 관련 법제도 조사 및 프레젠테이션<br>▶ 마르크스 이론을 기반으로 한 사회비평 에세이 작성 |
| **프로젝트형 봉사활동** | ▶ 지역 내 청소년 아르바이트 실태 조사 및 리플릿 배포<br>▶ 노동인권 보호 캠페인 기획 및 포스터 전시<br>▶ 공정무역 제품 소개 부스 운영 및 체험행사 기획 |

### 학생부 기록 예시

'자본론(카를 마르크스)'을 읽고 자본주의 경제의 구조와 잉여가치 개념에 흥미를 느낌. 자본론의 핵심 이론을 정리하고, 불평등 구조를 현대 사회에 적용하여 토론 발표를 진행함. '공정무역 주간' 캠페인을 기획하고, 소비 속 불평등 문제를 조명하는 아침방송 코너를 운영함. 사회과학계열 진학을 목표로 관련 학과 및 직업을 조사하고 진로 로드맵을 설계함. 청소년 아르바이트 실태를 조사해 리플릿을 제작·배포하며 노동 인권에 대한 인식을 확산시키는 데 기여함. 비판적 사고를 바탕으로 사회 구조를 성찰하고 개선 방안을 탐구하는 태도가 돋보임.

인문계열

사회계열

자연계열

공학계열

의약계열

교육계열

**추천도서** 팩트풀니스(한스 로슬링 외, 이창신 역, 김영사)

이 책은 인간의 본능적 편향이 어떻게 세계에 대한 오해를 낳는지를 밝히며, 통계와 데이터를 통해 사실 기반의 사고를 강조한다. 간극 본능, 부정 본능, 직선 본능 등 10가지 본능을 소개하며, 이러한 편향이 우리가 세상을 부정적이고 왜곡되게 인식하게 만든다고 설명한다. 세계의 상황이 생각보다 훨씬 나아지고 있음을 다양한 통계 자료로 증명하며, 비판적 사고와 겸손, 호기심의 중요성을 강조한다. 복잡한 세상을 올바르게 이해하고자 하는 독자들에게 도움을 주는 필독서이다.

| 키워드 | 사실기반사고(본능적편향, 데이터, 기승, 분할본능, 통계적사고) |
|---|---|
| 관련학과 | 사회(경제학과, 문화콘텐츠학과, 사회학과, 언론정보학과, 응용통계학과, 정치외교학과, 행정학과), 인문(문화인류학과, 철학과), 자연(수학과, 통계학과) 등 |
| 연관 도서 | 인간 본성에 대하여(에드워드 윌슨, 사이언스북스), 인간 본성의 법칙(로버트 그린, 위즈덤하우스), 이어령의 말(이어령, 세계사), 휴먼카인드(뤼트허르 브레흐만, 인플루엔셜) |

### ➕ 탐구활동 주제

- 사실기반 사고방식이 사회 인식에 미치는 영향 탐구
- 통계적 사고와 데이터 해석 능력의 중요성 분석
- 간극 본능과 분할 본능이 여론 형성에 끼치는 영향 연구
- 세계에 대한 오해를 바로잡는 교육 방법 비교
- 언론 보도에서 나타나는 부정 본능의 사례 탐색

## 📌 심화 활동

| 자율·자치활동 | ▶ 가짜 뉴스를 바로잡는 '팩트 체크 캠페인' 기획 및 운영<br>▶ 아침 조회 시간에 '팩트로 보는 세상' 발표 프로그램 진행<br>▶ '데이터 리터러시 교육 주간' 기획 및 워크숍 운영 |
|---|---|
| 동아리활동 | ▶ 뉴스분석반: 뉴스와 SNS 정보의 진위 분석 활동<br>▶ 통계분석반: 국가별 통계 비교를 통한 세계인의 인식에 대한 토론<br>▶ 사회심리반 : 인지편향이 사회 인식에 기치는 영향 탐구 |
| 진로 활동 | ▶ 통계학과, 사회학과, 언론정보학과 등 관련 전공 탐구<br>▶ 빅데이터 분석가와 저널리즘 분야의 직무 비교 탐색<br>▶ 데이터 기반 정책 사례 분석 및 발표 활동 |
| 프로젝트형 봉사활동 | ▶ 지역 사회 뉴스 팩트체크 리플릿 제작 및 배포<br>▶ 공공데이터를 활용한 지역 문제 인식 캠페인 운영<br>▶ SNS 속 통계 왜곡 사례 수집 및 카드뉴스 제작 |

### 학생부 기록 예시

'팩트풀니스'를 읽고 인간의 인지 편향과 통계적 사고의 중요성을 이해하고, 뉴스와 SNS 속 정보의 진위를 검증한 후, 이를 시각화하여 발표함. '팩트로 보는 세상' 아침 발표 프로그램을 기획·운영하며 사실 기반 사고의 중요성을 교내에 알림. 데이터 분석 및 저널리즘 분야의 진로를 탐색하고, 빅데이터 기반 정책 사례를 조사해 발표함. 지역 뉴스의 팩트체크 리플릿을 제작해 배포하고, SNS 속 통계 왜곡 사례를 수집해 카드뉴스로 제작함. 정보 과잉 시대에 비판적 사고를 기반으로 한 정확한 정보 해석 능력을 기르며, 사회 인식의 폭을 넓히는 데 주도적으로 노력함.

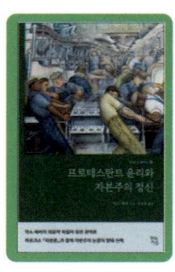

　　이 책은 근대 자본주의의 기원을 종교적 윤리에서 찾는 독창적인 사회학 고전이다. 저자는 16~17세기 칼뱅주의와 청교도 신앙이 강조한 금욕주의와 직업소명이 자본주의 정신 형성에 결정적 역할을 했다고 분석한다. 특히, 종교적 구원의 확신을 얻기 위한 금욕적 삶과 근면한 노동이 자본 축적을 촉진하며, 세속적 성공을 신앙의 증거로 간주하는 태도가 자본주의 발전의 토대를 마련했다고 설명한다. 자본주의를 단순 경제 체제가 아닌, 특정 윤리적·문화적 배경에서 비롯된 역사적 산물로 해석하며, 사회학·경제학·종교학 등 다양한 분야에 큰 영향을 끼친 도서다.

| **키워드** | 프로테스탄트윤리(자본, 금욕, 직업소명, 칼뱅주의, 합리주의, 세속화) |
| --- | --- |
| **관련학과** | 전 사회계열 학과, 인문(문화인류학과, 사학과, 신학과, 종교학과, 철학과), 교육(교육학과, 역사교육학과, 윤리교육학과, 사회교육학과) 등 |
| **연관 도서** | 돈의 인문학(홍익희, 가나출판가), 세계 끝의 버섯(애나 로웬하웁트 칭, 현실문화연구), 왜 우리는 불평등을 감수하는가(지그문트 바우만, 동녘), 자본주의 사용설명서(EBS 자본주의 제작팀, 가나출판사) |

## ➕ 탐구활동 주제

- 프로테스탄트 윤리가 자본주의 형성에 끼친 영향 탐구
- 칼뱅주의와 직업소명 의식의 사회문화적 의미 분석
- 금욕주의와 자본 축적 간의 상관관계 연구
- 종교적 가치관이 경제행동에 미친 영향 사례 탐색
- 베버의 이론과 마르크스의 자본주의 비판 비교

## 📌 심화 활동

| | |
| --- | --- |
| **자율·자치활동** | ▶종교와 경제윤리의 관계를 주제로 한 교내 토론회 개최<br>▶자본주의의 윤리적 기반에 대한 아침방송 시리즈 기획<br>▶'근면과 절제' 생활 습관 캠페인 기획 및 운영 |
| **동아리활동** | ▶철학읽기반: 베버, 마르크스, 루소 등 사상가 비교 탐구<br>▶청소년경제반: 노동윤리와 직업의식에 대한 설문조사 및 분석<br>▶종교탐색반: 종교와 경제를 연결짓는 고전 읽기 및 토론 |
| **진로 활동** | ▶사회학과, 종교학과, 경제학과 전공 비교 및 진로 탐색<br>▶종교적 가치가 직업관 형성에 미친 영향에 대한 진로 에세이 작성<br>▶직업소명 의식을 중시하는 직종 조사 및 발표 |
| **프로젝트형 봉사활동** | ▶지역 종교기관과 협력한 청소년 직업윤리 교육 프로그램 운영<br>▶고전 속 노동윤리 주제를 다룬 북토크 봉사 활동<br>▶직업에 대한 편견 개선 캠페인 및 스피치 행사 기획 |

### 학생부 기록 예시 ·····

평소 근대 자본주의의 형성과 종교 윤리의 관계에 대한 관심으로 '프로테스탄트 윤리와 자본주의 정신'을 읽고 다양한 활동에 주도적으로 참여함. 베버와 마르크스의 자본주의 이해를 비교하여 금욕주의와 소비문화의 차이를 발표함. '경제윤리 포스터 공모전'을 기획하며 학생들의 경제 의식 향상에 기여함. 청소년 대상 직업윤리 교육 리플릿을 제작·배포하고, SNS 카드뉴스로 근면과 절제의 가치를 교내에 홍보하는데 기여함. 고전을 바탕으로 윤리와 직업관의 연결고리를 탐색하며 경제와 사회의 본질에 대한 통합적 시각을 길러가는 태도가 훌륭함.

세특 프리패스
독서 연계 활용편

# 자연 계열

- 같기도 하고 아니 같기도 하고
(로얼드 호프만, 이덕환 역, 까치)

- 객관성의 칼날(찰스 길리스피, 이필렬 역, 새물결)

- 거의 모든 것의 역사(빌 브라이슨, 이덕환 역, 까치)

- 게으른 자를 위한 수상한 화학책(이광렬, 블랙피쉬)

- 과학으로 수학보기 수학으로 과학보기(김홍종 외, 궁리)

- 과학혁명의 구조(토머스 S. 쿤, 김명자 외 역, 까치)

- 생각의 탄생
(로버트 루트번스타인 외, 박종성 역, 에코의 서재)

- 생물과 무생물 사이(후쿠오카 신이치, 김소연 역, 은행나무)

- 알고리즘, 패러다임, 법(로레인 대스턴, 홍성욱 역, 까치)

- 종의 기원(찰스 다윈, 장대익 역 사이언스북스)

- 코스모스(칼 세이건, 홍승수 역, 사이언스북스)

- 통계의 미학(최제호, 동아시아)

- 파이어 웨더(존 베일런트, 제효영 역, 곰출판)

- 파인만 평전(제임스 글릭, 양병찬 역, 동아시아)

- 페르마의 마지막 정리(사이먼 싱, 박병철 역, 영림카디널)

같기도 하고 아니 같기도 하고(로얼드 호프만, 이덕환 역, 까치)

이 책은 노벨화학상 수상자인 저자가 과학과 예술, 철학의 경계를 넘나들며 사유한 내용을 담은 에세이이다. 제목에서 보여주듯이 명확한 이분법보다는 모호함과 애매함 속에 숨겨진 진실에 주목한다. 과학자의 시선으로 바라본 예술, 예술가의 감수성으로 풀어낸 과학 이야기는 서로 다른 세계가 어떻게 소통하고 연결되는지를 보여준다. 복잡한 세상을 이해하는 새로운 관점과 통찰, 과학을 예술처럼, 예술을 과학처럼 사유하는 지적 탐험의 여정을 담은 도서이다.

| 키워드 | 경계(과학, 예술, 애매성, 다원주의, 융합, 철학적 성찰, 창의성) |
|---|---|
| 관련학과 | 전 자연계열 학과, 인문(문화인류학과, 미학과, 사학과, 종교학과, 철학과), 예체능(미술학과, 음악학과, 조형예술학과), 교육(과학교육과, 물리교육과) 등 |
| 연관 도서 | 통섭(에드워드 윌슨, 사이언스북스), 세상은 온통 화학이야(마이 티 응우옌 김, 한국경제신문), 뇌가 힘들 땐 미술관에 가는 게 좋다(수전 매그새먼 외, 윌북), 뉴턴의 아틀리에(김상욱, 민음사) |

## ⊕ 탐구활동 주제

◆ 과학과 예술의 융합 가능성에 대한 탐색
◆ 경계적 사고가 창의성에 미치는 영향 연구
◆ 과학자의 글쓰기에서 드러나는 철학적 성찰 분석

◆ 예술작품에 나타난 과학 개념의 표현 방식 비교
◆ 다원주의적 관점이 과학 커뮤니케이션에 끼치는 영향 탐구

## 📌 심화 활동

| | |
|---|---|
| 자율·자치활동 | ▶ 전교생을 대상으로 이분법적 사고의 위험성을 알리는 융합사고력 캠페인 기획<br>▶ 과학과 예술, 인문 간 경계에 대한 책 선정한 후 학교 자율 독서토론회 운영<br>▶ 학생들의 창의융합 아이디어를 공모하는 '창의융합 주제 공모전' 주최 |
| 동아리활동 | ▶ 화학예술융합탐구반 : 분자 모형과 예술을 함께 전시하는 프로젝트 진행<br>▶ 과학에세이반 : 과학자의 표현과 철학적 사고를 분석하여 융합 에세이 쓰기<br>▶ 화학연구반 : 화학 반응과 물질 세계에 대한 철학적 탐구 활동 |
| 진로 활동 | ▶ 과학커뮤니케이터, 데이터기반 예술가, STEAM 교육가 등 융합 직업 탐구활동<br>▶ 과학과 예술이 결합된 과학예술 박람회 참가 및 후기 작성<br>▶ 융합학문 관련 학과(인지과학, 과학기술학, STEAM교육 등) 탐색 활동 |
| 프로젝트형 봉사활동 | ▶ 과학과 예술을 아우르는 융합 독서 프로그램 기획 봉사<br>▶ 양초 만들기+분자 구조 교육 등 과학+예술 체험 키트 제작 봉사<br>▶ 융합 주제 책과 작품을 전시, 해설하는 융합형 미니 전시 기획 봉사 |

### 학생부 기록 예시

'같기도 하고 아니 같기도 하고(로얼드 호프만)'를 함께 읽고, 화학 반응과 물질 세계에 대한 인간의 인식 방식에 대해 탐구함. 로얼드 호프만이 제시한 과학과 예술, 이성과 감성의 경계를 넘나드는 융합적 시각을 바탕으로, 화학 개념에 대한 다원적 해석 가능성에 주목함. '불확정성', '경계', '모호함' 등의 철학적 키워드를 중심으로 화학을 해석하며 사고의 폭을 넓힘. 색 변화 실험 결과를 시각예술로 표현하는 활동을 통해 과학 원리의 예술적 확장 가능성을 탐색함. 화학을 고정된 지식이 아닌 해석과 표현의 대상으로 인식하며, 융합적 사고 역량이 돋보임.

**추천도서**  객관성의 칼날(찰스 길리스피, 이필렬 역, 새물결)

이 책은 과학사 속에서 객관성 개념의 형성과 변화 과정을 심층적으로 탐구한다. 과학적 탐구가 단순히 외부 세계의 반영이 아닌 과학자 개인의 신념, 사회적 요구, 철학적 배경 등 다양한 요인과의 상호작용 속에서 발전해 왔음을 밝힌다. 누턴에서 아인슈타인에 이르는 과학 혁명 주요 인물과 이론 분석을 통해 과학적 발견 과정에서의 주관적 판단과 해석의 역할을 드러낸다. 과학적 지식에 대한 비판적 성찰과 '객관적인 진리'의 의미 재고를 촉구하는 과학사 분야의 중요한 고전이다.

**키워드**  객관성(과학철학, 인식론, 실험과 이론, 진리, 과학의 발전, 사실, 가치)

**관련학과**  전 자연계열 학과, 인문(철학과, 문화인류학과, 미학과, 사학과, 철학과), 사회(사회학과, 언론정보학과) 교육(과학교육과, 역사교육과, 지구과학교육과, 환경교육과) 등

**연관 도서**  과학혁명의 구조(토마스 S. 쿤, 까치), 장하석의 과학, 철학을 만나다(장하석, 지식플러스),  과학적 실재론 (스타티스 프실로스, 사월의책), 알고리즘, 패러다임, 법(르레인 대스턴, 까치)

### ➕ 탐구활동 주제

◆ 과학적 객관성의 다양한 의미와 변화 과정 분석

◆ 과학적 지식 형성에 영향을 미치는 주관적 요인 탐색

◆ 과학 교육에서 '객관성' 교육의 의미와 방법 재고

◆ 과학 기술 발전과 객관성 논쟁의 관계 분석

◆ '객관성' 개념의 학문 분야별 차이점 및 공통점 탐구

## 📌 심화 활동

| | |
|---|---|
| **자율·자치활동** | ▶ 과학적 객관성의 개념을 주제로 전교생 대상 토론회 기획 및 진행<br>▶ 과학기술의 사회적 책임에 대해 알리 는 교내 캠페인 운영<br>▶ 객관적 증거와 논리를 바탕으로 하는 교내 모의 과학 재판 진행 |
| **동아리활동** | ▶ 과학윤리연구반: 기술과 관련된 윤리적 딜레마 사례 조사 후 토론<br>▶ 데이터분석반: 데이터의 수집, 분석, 해석 과정에서의 객관성 문제 탐구<br>▶ 객관성논쟁탐구반: 역사 속 과학 혁덩 사례를 분석 및 변화 탐구활동 |
| **진로 활동** | ▶ 과학철학자, 과학자, 연구자 등 관련 전문가 인터뷰<br>▶ 과학적 방법론의 실제 연구 적용 확인을 위한 연구소 또는 실험실 탐방<br>▶ 미래 사회에 나타날 새로운 과학 기술과 관련된 윤리적 쟁점 탐구 |
| **프로젝트형 봉사활동** | ▶ 과학적 실험으로 객관적 사실을 도즐하는 실험 봉사 활동<br>▶ 과학과 기술의 발전에 따른 사회적 책임을 알리는 워크숍<br>▶ 통계분석 소프트웨어, 프로그래밍 언어 등에 대한 소프트웨어 교육봉사 |

### 학생부 기록 예시

'객관성의 칼날'을 바탕으로 과학적 객관성의 개념과 과학적 사실과 사회적 맥락의 관계를 분석함. 과학의 진리 추구 과정과 그 과정에서 발생할 수 있는 가치적 요소를 논의하며 객관성의 한계와 사회적 책임에 대해 성찰함. 이를 바탕으로 전교생을 대상으로 과학적 객관성의 중요성과 과학적 방법론을 알리는 토론회를 진행함. 또한, 과학 기술의 사회적 책임을 알리는 캠페인을 통해 과학기술이 사회와 상호작용하는 방식을 홍보하고, 과학적 사고의 중요성을 강조함. 다양한 활동을 통해 과학자의 책임감 있는 연구 자세와 객관성 유지의 중요성을 이해하고, 사회적 영향력을 고려하는 비판적 사고 능력을 함양함.

이 책은 우주와 지구, 생명체, 인간에 이르기까지 과학적 발견과 인류의 진화 과정을 쉽고 흥미롭게 설명한다. 저자는 복잡한 과학적 주제를 일상적인 언어로 풀어내며, 우리가 알고 있는 세계가 어떻게 형성되었는지에 대한 정보를 제공한다. 우주의 탄생부터 지구의 형성, 생명의 진화, 인간의 출현까지 과학적 사실들을 폭넓게 다룬다. 또한, 주요 발견과 발명들이 어떻게 이루어졌고, 그 과정에서 발생한 우연적 사건들이 어떤 영향을 미쳤는지도 설명한다. 과학에 대한 깊은 이해를 돕고, 우리가 지금까지 알지 못했던 놀라운 사실들을 접하게 하는 도서이다.

| 키워드 | 지식의 발전과정(역사, 과학, 인류, 우주, 진화, 발견, 문명, 지구) |
|---|---|
| 관련학과 | 전 자연계열 학과, 인문(고고학과, 문화인류학과, 사학과), 사회(문헌정보학과, 인류학과), 공학(생물공학과, 컴퓨터공학과, 환경공학과) 등 |
| 연관 도서 | 존재의 역사(팀 콜슨, 오픈도어북스), 다윈 이후(스티븐 제이 굴드, 사이언스북스), 빅히스토리(데이비드 크리스천, 웅진지식하우스), 지구이야기(로버트 M. 헤이즌, 뿌리와이파리), 지구의 짧은 역사(앤드루 H. 놀, 다산사이언스) |

### ➕ 탐구활동 주제

◆ 우주의 탄생과 진화 과정에 대한 과학적 증거 분석
◆ 지구의 형성과 초기 생명체의 진화 과정 연구
◆ 인간의 진화와 환경 변화의 상관 관계 분석

◆ 학적 발견의 역사와 주요 인물들의 역할 비교
◆ 자연선택과 돌연변이가 생명체의 진화에 미친 영향 분석

## 📌 심화 활동

| | |
|---|---|
| 자율·자치활동 | ▶ '과학적 사실을 바탕으로 한 '우주와 지구' 주제 학급 토론회 주도<br>▶ 자연의 진화 과정을 설명하는 '진화론 교육 캠페인' 운영<br>▶ '과학의 역사'를 주제로 전교생 대상 과학적 발견 연대기 전시회 기획 |
| 동아리활동 | ▶ 우주연구반: 우주 탄생과 지구 형성 과정 탐구 후 발표<br>▶ 생명탐구반: 생명체의 진화 과정에 대한 실험적 접근 및 연구<br>▶ 지구탐험반: 지구의 자연현상과 환경 변화를 다루는 프로젝트 진행 |
| 진로 활동 | ▶ 과학 기술 관련 직업군(기후 변화 연구자, 유전자 분석 전문가) 탐색<br>▶ 고고학자와의 인터뷰를 통한 인류의 진화 과정과 연구 방법 소개<br>▶ 천문학자 인터뷰 및 연구자로서의 역할과 미래 직업 전망 탐색 |
| 프로젝트형 봉사활동 | ▶ 생명체의 진화와 자연 보호를 주제로 한 교내 환경 보호 캠페인<br>▶ 지역사회와 연계하여 '우주와 지구의 역사' 관련 교육 봉사 활동 진행<br>▶ 학교 과학실을 활용하여 '과학으로 배우는 역사' 전시회 기획 및 운영 |

### 학생부 기록 예시 ·····························································································

과학적 사고와 역사의 연관성을 탐구하기 위해 '거의 모든 것의 역사'를 읽고, 다양한 활동에서 주도적인 역할을 함. '우주와 지구의 역사' 주제로 학급 토론회를 기획하고, 과학적 발견에 대한 자신의 생각을 친구들과 공유하며 발표 능력을 발휘함. '진화의 과학적 원리'에 대해 연구하며, 실험과 데이터 분석을 통해 실험 설계 능력을 향상시킴. '과학 교육 프로그램'을 기획하여 지역 초등학생들에게 과학적 지식을 쉽게 전달하고, 과학적 사고를 실제로 적용함. 문제 해결을 위한 창의적인 사고력과 사회적 책임감이 강하고, 과학적 사고의 중요성을 사회에 전달하는 능력이 돋보임.

인문계열

사회계열

자연계열

약학계열

의약계열

교육계열

**추천도서** 게으른 자를 위한 수상한 화학책(이광렬, 블랙피쉬)

이 책은 화학을 어렵게 느끼는 사람들을 위해 일상 속 화학을 쉽게 이해할 수 있도록 돕는다. 실생활에서 쉽게 접할 수 있는 화학 원리와 실험들 소개하며, 화학이 단순한 암기가 아니라 일상적인 현상 속에 존재한다는 점을 강조한다. 다양한 예시와 실험을 통해 화학의 기본 개념을 쉽게 전달하고, 독자가 자연스럽게 화학에 대한 흥미와 호기심을 가질 수 있도록 한다. 화학을 처음 접하거나, 쉽고 재미있게 배우고 싶은 사람들에게 유익한 도서이다.

| 키워드 | 생활화학(일상, 실험, 원리, 예시, 호기심, 이야기, 이해) |
|---|---|
| 관련학과 | 자연(물리학과, 생명공학과, 생명과학과, 수학과, 응용물리학과, 응용수학과, 화학과, 환경학과), 공학(생물공학과, 에너지공학과, 화학공학과, 환경공학과), 교육(화학교육과) |
| 연관 도서 | 기초화학(사마키다케오 외, 북스힐), 세상에서 가장 쉬운 과학수업: 양자화학(정완상, 성림원북스), 화학으로 읽는 플라스틱 연대기(배진영, 자유아카데미), 학학의 눈으로 보면 녹색지구가 펼쳐진다(워정현, 갈매나무) |

**➕ 탐구활동 주제**

• 화학 원리를 활용한 생활 속 실험 및 결과 분석
• 생활 속 화학 반응과 그 결과에 대한 고찰
• 환경 화학 제품의 효과와 안전성에 대한 비교 연구

• 화학 원리를 이용한 음식의 보존 방법에 대한 탐구
• 화학 물질의 환경 오염 영향과 해결 방안 탐색

## 📌 심화 활동

| 자율·자치활동 | ▶ 책의 내용을 바탕으로 '생활 속 화학퀴즈대회' 기획<br>▶ 세계 화학의 날을 기념하여 전교생 대상 화학 지식 알리기 캠페인<br>▶ 생활 속 유해 화학물질 안전관리법을 모아 카드뉴스 또는 소책자 제작 |
|---|---|
| 동아리활동 | ▶ 화학연구반: '게으른 자를 위한 수상한 화학책'속의 화학 실험 기획 및 진행<br>▶ 친환경탐구반: 친환경제품 제작 및 생활 속의 화학적 친환경 방법 탐구<br>▶ 화학영상제작반: 화학 원리와 실험을 쉽게 설명하는 영상 제작 후 공유 |
| 진로 활동 | ▶ 화학 관련 직업(화학연구원, 환경과학자 등) 탐색 및 인터뷰<br>▶ 각 대학의 화학과 전공 분석 및 커리큘럼 탐색 활동<br>▶ 화학 공학 또는 환경 관련 기업 방문 및 업무 체험 |
| 프로젝트형 봉사활동 | ▶ 생활 속 유해 화학물질(샴푸, 세제, 방향제 등) 안내 책자 제작 및 배포<br>▶ 학교 행사 기간을 활용한 교내 친환경 세제 만들기 체험 부스 운영<br>▶ 지역 내 플라스틱 사용 밀 분리배출 실태 조사 및 재활용 캠페인 |

### 학생부 기록 예시 ······

생활 속 화학의 원리를 쉽게 풀어낸 '게으른 자를 위한 수상한 화학책(이광렬, 블랙피쉬)'을 읽고, 교내 자율자치활동의 일환으로 '생활 속 화학 퀴즈 대회' 기획 및 운영에 주도적으로 참여함. 책 속 다양한 실험 사례를 문제로 구성하고, 퀴즈 난이도 조절, 사회자 스크립트 작성, 홍보 포스터 제작 등 전 과정에 책임감을 가지고 임함. 또한 유해 화학물질에 대한 실태를 조사해 안전수칙 가이드를 제작하고 학급 내 발표를 통해 실생활 적용 방안을 공유함. 화학 개념을 실천적 활동으로 연결하고, 과학적 사고력과 주도적 문제 해결 역량을 드러낸 활동이었음.

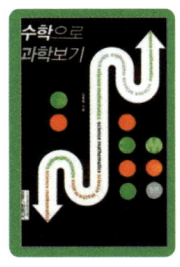

이 책은 수학이 과학 현상을 어떻게 설명하고 예측하는 도구로 활용되는지 탐구한다. 수학이 단순한 추상적 학문을 넘어, 물리학, 생명과학, 경제학 등 다양한 분야에서 현실 세계를 이해하는 핵심 언어로 기능함을 강조한다. 수학적 모델링, 확률과 통계, 미분방정식, 선형대수 등 수학의 주요 개념들이 실제 과학 문제 해결에 어떻게 적용되는지를 사례 중심으로 설명한다. 또한, 수학적 사고가 과학적 탐구와 혁신에 어떻게 기여하는지에 대한 통찰을 제공한다. 수학과 과학의 융합적 사고를 기르고자 하는 독자들에게 깊이 있는 이해를 돕는 유익한 도서이다.

| 키워드 | 수학적 모델(과학적사고, 응용, 원리, 물리학, 생명과학, 분석, 문제해결) |
|---|---|
| 관련학과 | 전 자연계열 학과, 공학(기계공학과, 로봇공학과, 산업공학과, 전자공학과, 정보통신학과, 토목공학과, 환경공학과, 화학공학과), 교육(과학교육과, 수학교육과) 등 |
| 연관 도서 | 멋진 우주, 우아한 수학(로버트 오서먼, 컬처룩), 수학의 쓸모(닉 폴슨 외, 더퀘스트), 이상한 수학책(벤 올린, 북라이프), 수학은 어떻게 문명을 만들었을까(마이클 브룩스, 브론스테인) |

**➕ 탐구활동 주제**

- 수학적 모델링을 이용해 과학적 현상을 설명하는 방법 탐구
- 미분방정식을 활용하여 물리학적 문제 해결 탐구
- 수학적 원리가 과학 현상 설명에 기여하는 방식 분석
- 선형대수를 이용한 경제학적 문제 해결 사례 탐색
- 과학적 발견이 새로운 수학 분야 발전에 미친 영향 탐구

## 📌 심화 활동

| | |
|---|---|
| 자율·자치활동 | ▶ 수학적 모델링을 활용한 과학 문제 해결 토론회 진행<br>▶ 수학적 사고와 과학적 탐구를 결합한 교육 프로그램 기획 및 운영<br>▶ 과학적 데이터를 분석하고 이를 수학적 모델로 해석하는 교내 대회 기획 |
| 동아리활동 | ▶ 수학과학융합반 : 수학적모델링, 확률, 통계 등을 활용, 과학적 문제 해결 활동<br>▶ 데이터분석반: 과학적데이터를 수학적 방법으로 해결하는 활동<br>▶ 수과학프로젝트반: 수학과 과학의 상호작용 실험 및 프로젝트 활동 |
| 진로 활동 | ▶ 수학적 모델링을 활용한 연구가 이루어지는 과학 연구소 탐방 활동<br>▶ 수학적 모델링과 분석 능력을 활용하는 엔지니어링 분야 직업 탐구 활동<br>▶ 수학을 활용한 과학적 문제 해결 사례 탐색 및 관련 분야 전문가 인터뷰 진행 |
| 프로젝트형 봉사활동 | ▶ 환경 문제 수학적 모델을 사용하여 분석한 환경보호 캠페인 활동<br>▶ 과학적 데이터 분석을 통한 지역 문제 해결 봉사 활동<br>▶ 수학적 분석을 통한 교내 재활용 프로그램 개선 프로젝트 활동 |

**학생부 기록 예시** ⋯⋯⋯⋯⋯⋯⋯⋯⋯⋯⋯⋯⋯⋯⋯⋯⋯⋯⋯⋯⋯⋯⋯⋯⋯⋯⋯⋯⋯⋯⋯⋯⋯⋯⋯⋯⋯⋯⋯⋯⋯⋯⋯⋯⋯⋯⋯⋯⋯

'과학으로 수학 보기'를 읽고 수학적 모델링이 과학 문제 해결에 어떻게 활용되는지를 탐구함. 미분방정식, 통계, 선형대수 등의 수학 개념이 물리학·생명과학 등 다양한 과학 분야에서 어떤 역할을 하는지 사례 중심으로 분석함. 이를 바탕으로 전교생 대상 융합 토론회와 수학적 사고 캠페인을 기획함. 특히 수학을 활용한 환경 문제 해결 프로젝트와 지역사회 데이터 분석 봉사활동을 통해 실생활에 수학이 적용되는 방식을 직접 체험함. 수학적 사고를 기반으로 과학적 문제 해결 능력과 사회적 기여 의식을 함께 길렀다는 점에서 높은 성장 가능성을 보임.

인문계열

사회계열

자연계열

공학계열

의약계열

교육계열

**추천도서** 과학혁명의 구조(토머스 S. 쿤, 김명자 외 역, 까치)

이 책은 과학의 발전을 기존의 누적적 진보 개념에서 벗어나, 패러다임의 전환을 통한 혁명적 변화로 설명하는 과학철학의 고전이다. 저자는 과학이 정상 과학의 시기를 거쳐, 기존 패러다임으로 설명되지 않는 이상 현상이 누적되면 과학혁명이 발생하여 새로운 패러다임으로 전환된다고 주장한다. 이러한 패러다임 전환은 과학자들의 사고방식과 연구 방향을 근본적으로 바꾸며, 과학의 진보는 연속적인 축적이 아니라 불연속적인 혁신의 과정을 따른다고 본다. 과학사와 과학철학에 지대한 영향을 미쳤으며, 과학적 지식의 본질과 발전 과정을 재고하게 만드는 도서이다.

| 키워드 | 패러다임(과학혁명, 정상과학, 비판적 사고, 인식 전환, 과학사, 진리관) |
|---|---|
| 관련학과 | 전 자연계열 학과, 인문(미학과, 사학과, 철학과), 공학(건축공학과, 산업공학과, 전자공학과, 정보통신공학과, 컴퓨터공학과), 교육(과학교육과, 교육학과) 등 |
| 연관 도서 | 과학으로 보는 문화와 미래 사회(이원하, 경북대학교출판부), 물리와 철학(베르너 하이젠베르크, 서커스), 벌거벗은 세계사: 과학편(tvn<벌거벗은세계사>제작팀, 교보문고) |

### ➕ 탐구활동 주제

◆ 과학의 진보를 패러다임 전환으로 설명하는 쿤의 이론 분석

◆ 패러다임 개념과 과학 발전 과정 분석

◆ 과학 패러다임의 변화가 사회와 문화에 미친 영향 비교

◆ 정상 과학과 위기, 새로운 패러다임의 출현 과정 분석

◆ 토머스 쿤과 칼 포퍼의 과학철학 이론 비교 분석

## 📌 심화 활동

| | |
|---|---|
| **자율·자치활동** | ▶ 주요 과학혁명의 사례 정리 및 과학사 패러다임 전환 연표 전시회 기획<br>▶ 토머스 쿤, 칼 포퍼 등의 입장 비교를 내용으로 과학철학 주제 토론 진행<br>▶ 과학적 패러다임과 사회적 변화 관련 뉴스 큐레이션 활동 |
| **동아리활동** | ▶ 과학사 연구반: 고대부터 현대까지 주요 과학자와 이론 등의 정리발표 활동<br>▶ 과학자 탐구반: 과학자 인터뷰 혹은 빛 자료 분석 활동<br>▶ 과학서 읽기반: 과학철학 서적을 읽고 매주 다른 논제로 토론 활동 |
| **진로 활동** | ▶ 과학 저술가, 과학철학자, 과학 커뮤니케이터 등 관련 진로군 탐색<br>▶ 물리학과, 철학과, 과학사 전공 등의 커리큘럼을 비교 분석 활동<br>▶ 과학연구의 윤리적 문제에 대한 대학 및 기관 주최의 진로 세미나 참여 |
| **프로젝트형 봉사활동** | ▶ 중학생을 대상으로 '과학은 어떻게 발전하는가'를 주제로 강연 및 퀴즈 진행<br>▶ 쉬운 언어로 구성된 다문화학생 대상 과학사 워크북 제작 및 학습지도 봉사<br>▶ 주요 과학자의 생애와 이론에 대한 콘텐츠제작 및 온라인 공유활동 |

### 학생부 기록 예시

'과학혁명의 구조'를 읽고 과학 이론이 패러다임 전환을 통해 불연속적으로 변화한다는 토머스 쿤의 관점을 중심으로 과학사와 철학을 융합적으로 탐구함. 패러다임 개념을 이해하고, 갈릴레이·다윈·아인슈타인 등 대표 과학자의 이론 전환 사례를 분석함. 이 내용을 바탕으로 과학사 퀴즈대회, 과학혁명 연표 전시, 과학철학 캠페인 등을 기획함. 또한 지역 청소년을 대상으로 과학이론 변천사를 설명하는 강연 봉사에 참여하며 소통 능력을 키움. 탐구와 실천을 균형 있게 수행하며 과학의 본질과 발전 양식에 대한 깊이 있는 통찰을 바탕으로 융합적 사고력과 주도적 문제 해결 역량을 드러냄.

**추천도서** 생각의 탄생(로버트 루트번스타인 외, 박종성 역, 에코의 서재)

이 책은 창의성이 특별한 사람의 재능이 아니라 누구나 개발할 수 있는 사고 습관임을 강조한다. 과학자, 예술가, 발명가 등 창의적인 업적을 남긴 인물들의 사고방식을 분석하며, 그들이 공통적으로 사용하는 13가지 생각의 도구를 소개한다. 또한 관찰, 형상화, 유추, 감정이입, 패턴 인식, 추상화 등 다양한 사고 기법을 일상 속에서 실천할 수 있도록 안내하며, 융합적 사고의 중요성을 역설한다. 특히 예술과 과학, 인문학과 공학을 넘나드는 통합적 사고의 힘을 강조하여, 창의성을 기르고 싶은 독자들에게 구체적인 실천 방법을 제시하는 도서이다.

| 키워드 | 관찰(상상, 추론, 감정이입, 유추, 형상화, 통합적 사고, 창의성) |
|---|---|
| 관련학과 | 전 자연계열 학과, 인문(미학과, 철학과), 사회(사회학과, 심리학과), 공학(건축공학과, 전자공학과, 컴퓨터공학과), 예체능(무용학과, 미술학과, 사진학과, 음악학과 ) 등 |
| 연관 도서 | 나답게 살고 싶어서 뇌과학을 읽습니다(이케가야 유지, 포레스트북스), 무의식은 어떻게 나를 설계하는가(데이비드 이글먼, 알에이치코리아), 이데올로기 브레인(레오르 즈미그로드, 어크로스) |

### ⊕ 탐구활동 주제

• '몸으로 생각하기'의 교육적 적용 가능성 탐색
• 통합적 사고가 발명 과정에서 작용하는 방식 탐색
• 다양한 분야의 창의적 사고 도구 분석 및 비교 연구
• 창의적인 인물들의 사고 습관 분석 및 자신의 사고 방식 성찰
• 학교 교육 환경이 창의적 사고 발달에 미치는 영향 분석 및 개선 방안 모색

## 📌 심화 활동

| 자율·자치활동 | ▶학생들이 다양한 문제를 창의적으로 해결하는 워크숍 기획 및 진행<br>▶학생자치회 주최의 혁신적인 아이디어 공모전 개최<br>▶창의적 사고를 자극하는 도서 추천 및 토론 활동 |
|---|---|
| 동아리활동 | ▶환경보호반: 자연 보호를 위한 아이디어 도출 및 실천 활동<br>▶발명반: 과학적 원리를 활용한 창의적인 발명품 제작 및 전시<br>▶생물학실험반: 생물학적 현상의 창의적 실험 및 새로운 가설 분석 활동 |
| 진로 활동 | ▶스타트업 탐방 및 창업가 인터뷰 활동<br>▶과학자와 엔지니어의 창의적 문제 해결 사례 분석 활동<br>▶창의적 사고가 필요한 직업군 탐색 및 직업 보고서 작성 활동 |
| 프로젝트형 봉사활동 | ▶지역 사회 문제 해결을 위한 창의적 아이디어 공모전 기획 및 진행<br>▶환경 보호(예;플라스틱 쓰레기 줄이기)를 위한 창의적인 교내 캠페인<br>▶공공장소의 환경을 창의적인 디자인을 통해 개선하는 프로젝트 |

### 학생부 기록 예시

'생각의 탄생'을 읽고 창의적 사고의 중요성과 과학적 탐구에서의 융합적 사고 방식에 대해 깊이 이해했으며, 책에서 제시된 관찰, 형상화, 추상화 등의 사고 도구를 활용하여 자연과학 탐구 주제를 다각도로 접근하는 능력을 보여줌. 특히, 생물학 실험에 시각화 기법을 적용하여 복잡한 실험 결과를 명확하고 효과적으로 표현하고 발표함으로써 정보 전달 능력과 분석적 사고력을 입증함. 또한, 창의적 환경 교육 워크숍을 기획하여 어린이들을 대상으로 자연 속 원리를 흥미로운 실험을 통해 전달하고 과학에 대한 긍정적인 태도를 유도하는 리더십과 교육적 역량을 발휘함.

인문계열

사회계열

자연계열

공학계열

의약계열

교육계열

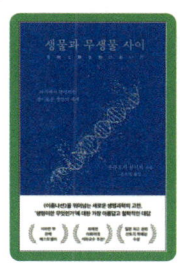

**추천도서**  생물과 무생물 사이(후쿠오카 신이치, 김소연 역, 은행나무)

이 책은 분자생물학자인 후쿠오카 신이치가 생명의 본질을 탐구하며, 생명과학의 역사와 숨은 영웅들의 이야기를 문학적 감성으로 풀어낸 과학 에세이이다. 저자는 록펠러대학과 하버드대학에서의 연구 경험을 바탕으로 생물과 무생물을 구별하는 요소를 고찰하고, 분자 수준에서의 자기복제와 단백질 합성의 과정을 생생하게 그려낸다. 과학계의 그늘에 가려진 연구자들의 업적을 소개하며, 과학적 탐구의 열정과 치열함을 전한다. 생명이란 무엇인가에 대한 근본적인 질문을 던지는 도서이다.

| 키워드 | 생명(세포, 자기복제, 분자생물학, 단백질, 유전자, 생명현상, 경계) |
| --- | --- |
| 관련학과 | 전 자연계열 학과, 공학(기계공학과, 생물공학과, 전기공학과, 전자공학과, 화학공학과, 환경공학과), 의약(간호학과, 보건관리학과, 약학과, 의예과) 등 |
| 연관 도서 | 생명이란 무엇인가(폴 너스, 까치), 생명의 경계(칼짐머, 브론스테인), 생명을 묻다(정우현, 이른비), 캠벨 생명과학(Urry, 바이오사이언스출판), 우리가 지혜라고 부르는 것의 비밀(딜립 제스테 외, 김영사) |

**➕ 탐구활동 주제**

• 생명과 무생물의 경계에 대한 과학적 정의 탐구
• 정적 무생물과 유동적 생명체의 차이점 비교
• 유전 정보의 전달과 분자생물학적 기전 탐색
• 생명의 기원에 대한 과학적 가설과 이론 비교
• 생명체 구성 물질의 기능과 역할에 대한 구조적 분석

## 🔖 심화 활동

| 자율·자치활동 | ▶ 생명의 소중함을 담은 과학 명언 및 생명의 가치 홍보 포스터 캠페인<br>▶ 고등생물 심화 개념을 바탕으로 한 과학 퀴즈 대회 주최<br>▶ 책 속 핵심 용어(세포, 단백질, DNA 등)를 정리한 생명과학 용어집 제작 |
| --- | --- |
| 동아리활동 | ▶ 분자생물학탐구반: 단백질 구조, 유전자 발현 등 생명 현상 실험 및 이론 탐구<br>▶ 과학저널반: 최신 생명과학 논문 탐색 후 요약하고 발표<br>▶ 세포실험반: 현미경 관찰, DNA 추출 등 생물학적 실험 활동 |
| 진로 활동 | ▶ 분자생물학자, 유전공학자 등과 인터뷰 후 생명과학 진로 로드맵 발표<br>▶ 대학 또는 바이오기업 연구소 견학 후 실험 장비와 연구 주제 정리<br>▶ 합성생물학자, 유전체 분석가 등 미래 바이오 직업군 조사 후 시각화 발표 |
| 프로젝트형 봉사활동 | ▶ 생명의 정의와 특징, 세포 구성 요소를 시각화한 학습 워크북 제작 후 배포<br>▶ 생명체 보호의 중요성을 알리는 '환경과 생명' 캠페인 활동<br>▶ 도서관에서 생명과학 주제 책 소개와 관련 전시 콘텐츠 기획 및 설명 |

**학생부 기록 예시** ·····································································

'생물과 무생물 사이'를 읽고, 생명과학과 분자생물학에 대한 관심을 바탕으로 다양한 활동에 참여함. 생명과 무생물의 경계를 과학적, 철학적 관점에서 탐구하는 에세이를 작성하고, '생명과학 용어집'을 만들어 학급에 공유함. 생명과학에 대한 깊이 있는 이해를 바탕으로 분자생물학 실험을 진행하고, 명의 본질에 대해 철학적 토론을 펼침. 생명공학자와 분자생물학자의 역할을 탐색하고, 생명과학 전공에 필요한 역량과 학문적 커리큘럼을 분석하며 진로를 구체화함. 생명과학에 다한 탐구심과 실험적 접근을 통해 문제를 다각도로 분석하는 역량이 우수함.

 이 책은 규칙이 인간 사회와 사고를 어떻게 형성해왔는지를 탐구한다. 고대의 종교적 계율부터 현대의 알고리즘에 이르기까지, 규칙의 진화 과정을 살펴보며 규칙이 인간의 삶과 지식 체계를 어떻게 조직해왔는지를 보여준다. 특히 규칙을 '두꺼운 규칙'과 '얇은 규칙'으로 나누어 특성과 사회적 역할을 분석하고, 다양한 시대와 분야에서 어떻게 해석되었는지를 풍부한 사례를 통해 설명한다. 역사적 맥락을 통해 현대 사회에서 규칙이 갖는 의미와 한계를 성찰하게 하는 도서이다.

**키워드** 규칙성(알고리즘, 과학사, 합리성, 판단, 자동화, 패러다임, 인공지능)

**관련학과** 전 자연계열 학과, 인문(문화인류학과, 사학과, 종교학과, 철학과), 사회(법학과, 사회학과, 심리학과), 공학(소프트웨어융합공학과, 컴퓨터공학과), 교육(과학교육학과) 등

**연관 도서** 인공지능의 시대, 인간을 다시 묻다(김재인, 동아시아), 생각의 탄생(로버트 루트번스타인, 에코의서재), 수학이 필요한 순간(김민형, 인플루엔셜), 판타 레이(민태기, 사이언스북스)

### ⊕ 탐구활동 주제

◆ 고대와 현대 규칙 개념의 변화 양상 탐구

◆ 두꺼운 규칙과 얇은 규칙의 사회적 기능 비교 분석

◆ 알고리즘의 규칙성과 인간 판단의 차이점 연구

◆ 과학사 속 규칙 개념의 패러다임 전환 사례 탐색

◆ 인공지능 시대 규칙의 역할과 윤리적 쟁점 모색

## 📌 심화 활동

| | |
|---|---|
| **자율·자치활동** | ▶ '알고리즘과 인간'을 주제로 한 아침 독서 캠페인 운영<br>▶ 과학 탐구 프레젠테이션 대회 기획 및 규칙 설계 참여<br>▶ '수학과 윤리' 주제로 전교생 대상 포스터 공모전 개최 |
| **동아리활동** | ▶ 사이언스반: 알고리즘 기반 자연현상 분석 및 프레젠테이션 발표<br>▶ 환경보존반: 환경 규칙 변화에 따른 생태계 연구 보고서 제작<br>▶ 알고리즘연구반: 수학적 규칙을 적용한 문제 해결 알고리즘 개발 |
| **진로 활동** | ▶ 과학기술윤리 관련 직업군(예: 생명윤리 자문가) 탐색 활동<br>▶ 과학정책 전문가의 역할 및 사회적 규칙 설정 사례 조사<br>▶ 데이터사이언티스트의 역할과 규칙 기반 모델링 기술 탐색 |
| **프로젝트형 봉사활동** | ▶ 지역 도서관과 연계하여 정기적인 '생활 속 과학 규칙' 체험 부스 운영<br>▶ 교내 과학 캠프에서 알고리즘 체험과 관련된 키트 제작 및 교육 활동<br>▶ 환경 보호 규칙을 주제로 한 우리 마을 정책 제안 캠페인 참여 |

### 학생부 기록 예시 ·······································································

'알고리즘, 패러다임, 법(로레인 대스턴)'을 읽고 규칙과 알고리즘의 개념을 이해하고 이를 자연과학 분야에 적용하기 위한 다양한 활동을 기획하여 운영함. '과학과 규칙'을 주제로 학급 내 토론회를 주도하며, 다양한 규칙이 자연과 사회에서 어떻게 작용하는지 논의함. 또한, 알고리즘과 자연현상 사이의 관계를 탐구하고, 이를 바탕으로 실험 및 분석을 진행함. '생활 속 과학 규칙' 체험부스를 기획해 지역사회와 협력하며, 실제로 과학적 사고와 규칙을 적용하는 경험을 쌓음. 주도적으로 활동을 기획하고 실행하는 논리적이고 창의적인 사고력, 다양한 시각에서 문제를 해결하려는 태도가 돋보임.

인문계열

사회계열

자연계열

공학계열

의약계열

교육계열

**추천도서** 종의 기원(찰스 다윈, 장대익 역 사이언스북스)

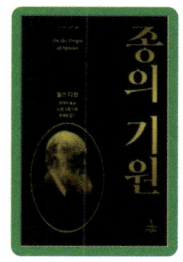

이 책은 분자생물학의 시선으로 생명의 본질을 탐구하는 교양 과학서이다. 저자는 세포 속 단백질이 어떻게 자발적으로 구조를 형성하고, 유전정보가 어떤 방식으로 발현되어 생명 현상을 가능하게 하는지를 흥미롭게 풀어낸다. 생명과 무생물의 경계를 단순한 이분법으로 보지 않고, 그 사이에 존재하는 복잡한 조화와 메커니즘을 섬세하게 조명한다. 복잡한 과학 개념을 누구나 이해할 수 있게 설명하면서 과학에 대한 경외와 탐구의 즐거움을 전하는 도서이다.

| 키워드 | 생명(분자생물학, 자기조립, 유전자, 세포, 자기복제, 경계, 과학자 정신) |
|---|---|
| 관련학과 | 전 자연계열 학과, 인문(문화인류학과, 철학과), 사회(사회학과, 인류학과), 공학(식품생명공학, 전기공학, 전자공학, 화학공학, 환경공학), 의약(약학과, 의예과) 등 |
| 연관 도서 | 다윈의 위험한 생각(대니얼 데닛, 바다출판사), 인간 얼굴(애덤 윌킨스, 을유문화사), 바다의 제왕(대나 스타프, 뿌리와이파리), 에볼루션 익스프레스(조진호, 위즈덤하우스), 매일 매일의 진화 생물학(롭 브룩스, 바다출판사) |

### ➕ 탐구활동 주제

• 생명과 무생물의 경계에 대한 과학적 정의와 분자 수준의 기준 탐구

• 단백질의 자기조립 과정과 생명현상 간의 연관성 분석

• DNA에서 단백질로 이어지는 유전정보 발현 메커니즘 탐색

• 자기복제와 생명유지에 필요한 최소 구성요소에 대한 과학적 분석

• 생명의 기원과 비생명체에서 생명체로의 전환 가능성 탐구

## 📌 심화 활동

| | |
|---|---|
| 자율·자치활동 | ▶ 생명윤리 주제를 다룬 학급 토론회 기획 및 사회 진행<br>▶ 과학책 큐레이션 활동으로 도서관에 생명과학 추천도서 코너 구성<br>▶ 과학독서토론 동아리 창립 제안서 작성 및 학급 홍보 활동 |
| 동아리활동 | ▶ 분자생물실험반: 바나나를 이용한 DNA 추출 실험을 설계 및 분석<br>▶ 생명공학탐구반: 생명공학 기업 탐방 보고서 작성 및 바이오 신기술 탐색<br>▶ 유전자탐구반: 단백질 합성과 유전 정보 전달과정을 시각화 한 전시 활동 |
| 진로 활동 | ▶ 생명과학 전공 대학생 멘토와의 진로 인터뷰 진행<br>▶ 생명공학 관련 학과의 교육과정과 졸업 후 진로 비교 분석<br>▶ 분자생물학자, 생명정보학자 등의 직업을 주제로 한 진로 포트폴리오 제작 |
| 프로젝트형 봉사활동 | ▶ 중학생 대상 '생명의 원리' 주제로 실험 중심 과학 교실 운영<br>▶ 생명과 관련된 윤리 문제를 다룬 웹진 제작 및 홍보캠페인 활동<br>▶ 교내외 생명과학 전공 희망자 대상 진로진학 설명회 프로젝트 활동 |

### 학생부 기록 예시 ⋯⋯⋯⋯⋯⋯⋯⋯⋯⋯⋯⋯⋯⋯⋯⋯⋯⋯⋯⋯⋯⋯⋯⋯⋯⋯⋯⋯⋯⋯⋯⋯⋯⋯⋯⋯⋯⋯⋯⋯⋯

'생물과 무생물 사이'를 읽고 생명의 정의와 분자생물학적 현상에 대한 탐구를 바탕으로 다양한 활동에 참여함. 생명과 무생물의 경계를 주제로 한 과학 전시회를 기획하고, 학급 과학 큐레이터로 활동하며 관련 도서를 소개함. DNA 추출 실험을 설계하고 분석하며 실험 설계 능력을 키웠고, 생명의 본질에 대한 철학적 발표를 통해 융합적 사고를 드러냄. 생명과학 관련 대학 학과 분석과 생명공학 직업군 탐색을 통해 진로에 대한 구체적 목표를 설정함. 자기주도적 탐구 능력과 과학적 소양, 융합적 사고력과 공동체 기여 역량을 두루 발휘함.

이 책은 우주와 인류의 관계를 과학적, 철학적 관점에서 풀어내며, 인간 존재의 의미를 탐색한다. 우주의 탄생부터 지구상의 생명체의 진화, 그리고 인간 문명의 발전까지 다양한 주제를 연결하여 설명한다. 또한, 과학적 사고의 중요성을 강조하며, 인간의 호기심과 탐구정신을 통해 우주를 이해하려고 노력한다. 빅뱅 이론, 행성 탐사, 외계 생명체에 대한 가능성 등 현대 과학의 주요 개념들을 쉽게 풀어내며, 과학이 인류 문명에 미친 영향을 설명한다. 우주와 과학에 대한 흥미를 불러일으키며, 과학적 사고의 가치와 인간의 미래를 깊이 있게 성찰하게 만드는 도서이다.

| 키워드 | 우주(과학사, 빅뱅, 진화, 천문학, 인류 문명, 과학적 사고, 생명 탐사) |
|---|---|
| 관련학과 | 전 자연계열 학과, 인문(철학과), 사회(경제학과, 심리학과, 인류학과), 공학(로봇공학과, 전기공학과, 전자공학과, 정보통신공학과, 화학공학과, 항공우주공학과) 등 |
| 연관 도서 | 우주를 보면 떠오르는 이상한 질문들(지웅배, 포르체), 코스모스: 가능한 세계들(앤 드루얀, 사이언스북스), 창백한 푸른점(칼 세이건, 사이언스북스), 우리는 별에서 시작되었다(로베르토 트로타, 와이즈베리) |

### ➕ 탐구활동 주제

- 우주의 시작과 빅뱅 이론의 과학적 증거 탐구
- 인간과 외계 생명체의 가능성에 대한 과학적 논의 분석
- 지구 생명체의 진화와 우주 환경의 관계 탐구
- 인류 문명의 발전과 과학적 사고의 상관관계 분석
- 천문학적 관측 기술의 발전과 우주 탐사의 중요성 탐구

## 📌 심화 활동

| | |
|---|---|
| 자율·자치활동 | ▶ '우주에서의 인간의 역할'을 주제로 한 학급 토론회 개최<br>▶ 우주 탐사와 관련된 뉴스나 사건을 정리한 학급 뉴스레터 발행<br>▶ 우주의 탄생, 행성 탐사, 외계 생명체에 관한 '교내 우주과학 전시회' 기획 |
| 동아리활동 | ▶ 천체관측반: 별자리, 행성 등을 관찰하고 관련 영화 상영<br>▶ 코스모스탐험반: NASA의 우주 탐사 프로그램 관련 탐구 및 발표<br>▶ 우주연구반: 우주의 탄생, 블랙홀, 빅뱅 이론 등의 주제 연구 |
| 진로 활동 | ▶ 우주과학 관련 전공 대학 방문 및 진로 탐색 활동<br>▶ 우주 과학자, 우주항공 엔지니어 등 우주 관련 직업군 탐색 활동<br>▶ 우주 탐사와 관련된 최신 연구 결과를 정리한 과학 저널 작성 및 발표 |
| 프로젝트형 봉사활동 | ▶ 초등학생을 대상으로 한 우주 관련 실험 진행 및 교육 봉사<br>▶ 우주와 과학을 주제로 한 학교 과학 전시회 기획 및 홍보<br>▶ 우주와 과학과 관련된 교육 영상 제작 및 온라인 배포 활동 |

### 학생부 기록 예시

'코스모스'를 읽고 우주와 과학에 대한 흥미를 깊이 있게 탐구하며 다양한 활동을 통해 과학적 사고와 탐구 능력을 키움. 우주를 주제로 한 학급 전시회를 기획하고 뉴스레터를 발행함. 천체 관측과 관련된 실험을 진행하고, 우주 탐사에 대한 연구 발표를 통해 탐구 능력을 향상시킴. 우주과학 관련 학과를 방문하고, 관련 학과 교수 인터뷰를 통해 자신의 진로에 대한 구체적인 방향을 설정함. 초등학생에게 우주 과학을 쉽게 이해할 수 있는 체험 교실을 운영하며, 과학적 지식 전달과 공동체 기여의 중요성을 체험함. 과학적 사고와 협업 능력, 사회적 책임감의 중요성에 대한 역량이 탁월함.

**추천도서** 통계의 미학(최제호, 동아시아)

이 책은 데이터와 통계를 시각적으로 아름답게 표현하는 방법을 다룬다. 통계와 데이터 분석의 복잡한 내용을 시각적으로 쉽게 만들며, 데이터가 가지고 있는 패턴을 발견하고, 의미 있는 인사이트를 도출하는 방법을 설명한다. 통계적 사고와 데이터 분석의 중요성을 강조하면서, 예측 모델과 확률을 통해 현실 세계의 문제를 하결하는 과정에서 시각화가 얼마나 중요한 역할을 하는지 설명한다. 데이터 시각화 기법, 효율적이고 직관적인 분석, 데이터의 미학적 측면도 함께 탐구한다.

**키워드** 통계(데이터, 시각화, 확률, 분석 기법, 패턴 인식, 예측 모델)

**관련학과** 전 자연계열 학과, 사회(경영학과, 경제학과, 문헌정보학과, 사회학과, 응용통계학과), 공학(산업공학과, 소프트웨어학과, 컴퓨터공학과) 등

**연관 도서** 새빨간 거짓말, 통계(대럴 허프, 청년정신), 세상에서 가장 재미있는 통계학(래리고닉, 궁리), 통계학 도감(정석오, 성안당), 통계학 빅데이터를 잡다(조재근, 한국문학사), 통계의 거짓말(게르트 보스바흐 외, 지브레인)

### ➕ 탐구활동 주제

◆ 데이터 시각화를 통한 사회적 트렌드 분석 및 예측
◆ 통계적 방법을 활용한 환경 문제 해결 방안 모색
◆ 일상 데이터 속 통계의 시각화와 설득력 분석

◆ 일상성활 속 통계의 중요성 및 활용 방안 탐구
◆ 통계적 사고가 합리적 의사결정에 미치는 영향 탐구

## 📌 심화 활동

| | |
|---|---|
| **자율·자치활동** | ▶ 데이터 기반 학교 만족도 조사 및 결과 공유<br>▶ 급식 설문조사 기획 및 통계 분석 후 개선안 제안<br>▶ 학교 행사(축제, 체육대회 등)에서 학생들의 참여율 분석 보고서 제작 |
| **동아리활동** | ▶ 통계탐구반: 친구들을 대상으로 '학교 생활 만족도' 설문 및 결과 분석<br>▶ 수학연구반: 교내 급식 선호도에 대한 확률 기반 데이터 수집 및 통계 분석<br>▶ 과학융합탐구반: 과학 실험을 진행하고 데이터 수집 및 통계 처리 |
| **진로 활동** | ▶ 통계학과/데이터사이언스학과 교수와의 진로 멘토링 참여<br>▶ 통계 기반 직업(데이터 분석가, 보험계리사 등) 탐구 보고서 작성<br>▶ 국가통계포털(KOSIS) 탐색 딪 데이터 분석 실습 |
| **프로젝트형 봉사활동** | ▶ 청소년 대상 스마트폰 사용 실태조사 및 인식 개선 포스터 제작<br>▶ 학교 앞 환경 실태 조사 후 통계 결과 기반 정화 캠페인 진행<br>▶ 지역 노인 대상 건강 실태 설문조사 딪 통계 분석 후 기관 제출 |

### 학생부 기록 예시

'통계의 미학'을 읽고 통계의 예술적이고 논리적인 측면에 흥미를 느끼고, 실생활 속 통계 활용에 대한 깊은 통찰력을 키움. 학급 내 학생들의 학습 시간 및 몰입도 조사를 실시하고, 학교 행사 참여율을 분석해 리포트로 정리함. 통계 관련 전공 교수 특강에 참여하고, KOSIS 활용법을 익혀 실제 데이터를 해석하는 역량을 기름. 지역 찭소년 대상 스마트폰 사용 실태를 조사하고, 결과를 바탕으로 시각자료와 함께 인식 개선 캠페인을 기획함. 자료 수집과 해석, 결과 도출의 전 과정을 주도적으로 수행하며 통계적 사고력과 실천력을 함께 발전시킨 모습이 돋보임.

이 책은 기후 변화와 산불의 상관관계를 심층적으로 탐구한 논픽션 도서이다. 2016년 캐나다 앨버타주 포트맥머리에서 발생한 대형 산불을 중심으로, 기후 변화와 인간의 활동이 자연재해에 어떤 영향을 미치는지를 분석한다. 저자는 기후 변화로 인해 발생하는 극단적인 날씨 패턴과 그로 인한 산불의 빈도 증가를 서술하며, 인간 사회가 이를 어떻게 대응해야 하는지에 대해 경고한다. 또한, 기후 변화가 생태계와 인간 사회에 미치는 영향에 대해 깊이 있는 통찰을 제공하며, 환경 보호와 지속 가능한 정책의 필요성을 강조한다.

| 키워드 | 기후변화(산불, 생태계, 인간활동, 재난관리, 환경정책, 지속가능성) |
|---|---|
| 관련학과 | 전 자연계열 학과, 사회(사회학과, 심리학과), 공학(건설환경공학과, 도시공학과, 소방방재학과, 에너지공학과, 토목공학과, 환경공학과), 교육(환경교육과) 등 |
| 연관 도서 | 도시의 동물들(최태규, 사계절), 지구를 위한다는 착각(마이클 셸런버거, 부키), 나는 매일 재앙을 마주한다(제임스 후퍼 외, 인플루엔셜), AI와 기후의 미래(김병권, 착한책가게), 기후 돌봄(신지혜 외, 산현글방) |

## ➕ 탐구활동 주제

◆ 기후 변화와 산불 발생 빈도 및 원인 분석
◆ 기후 위기의 사회적, 경제적 영향 모색
◆ 재난 관리 시스템과 기후 변화 대응 전략 탐구

◆ 환경 정책이 기후 변화에 미치는 긍정적 및 부정적 영향 분석
◆ 지속 가능한 개발과 기후 변화의 상관관계 연구

# 📌 심화 활동

| | |
|---|---|
| 자율·자치활동 | ▶ '산불 예방'의 중요성과 심각성에 대한 교내 캠페인 활동<br>▶ 학교 내 자원 재활용 효율성 향상을 위한 학교 재활용 프로그램 개선 활동<br>▶ 에너지의 효율적인 사용을 홍보하는 '학교 에너지 절약 프로젝트' 진행 |
| 동아리활동 | ▶ 환경보호반: 플라스틱 사용 줄이기 포스터 제작 및 캠페인 활동<br>▶ 기후연구반: 기후 변화와 관련된 실험, 데이터를 분석하여 학술 발표<br>▶ 친환경농업탐구반: 학교 텃밭 관리, 지속가능 농업 관련 워크숍 개최 |
| 진로 활동 | ▶ 환경 관련 직업 탐색 및 관련 전문가와의 인터뷰 후 보고서 작성 활동<br>▶ 환경 과학 및 기후 관련 학과 및 해당 전공의 진로 탐색 활동.<br>▶ 환경 NGO와 협력하여 환경 보호 활동 참여 홍보 활동 |
| 프로젝트형 봉사활동 | ▶ 지역 환경을 위한 지역 환경 보호 캠페인 조직 및 참여<br>▶ 학교 환경을 개선을 위한 교내 친환경 식물 재배 프로젝트<br>▶ 지역의 자연 보호를 위해 정기적으로 청소하는 환경정화 활동 |

### 학생부 기록 예시

'파이어 웨더'를 통해 기후 변화가 자연과 사회에 미치는 영향을 심층적으로 이해하고, 이를 실천하기 위한 다양한 활동에 참여함. 기후 변화 대응 캠페인과 재활용 프로그램 개선을 주도하고, 에너지 절약을 위한 정책 제안을 진행함. 기후 변화의 과학적 원리와 그 사회적 영향을 탐구하고, 이를 바탕으로 실험과 연구 결과를 발표함. 또한 학생회 주도로 재활용 캠페인을 운영하며 학교 내 자원 절약과 효율적 재활용 시스템 구축에 기여함. 기후 변화와 자연 재해의 상관관계를 이해하고, 이를 해결하기 위한 지속 가능한 방법을 고민하며, 환경 보호를 위해 노력하는 모습이 돋보임.

인문계열

사회계열

자연계열

의약계열

의약계열

교육계열

**추천도서** 파인만 평전(제임스 글릭, 양병찬 역, 동아시아)

이 책은 20세기 물리학의 거장 리처드 파인만의 삶과 업적을 상세하게 다루는 전기이다. 1918년 뉴욕에서 태어나 1988년 캘리포니아에서 세상을 떠난 미국의 물리학자 파인만은, 양자전기역학 연구로 노벨 물리학상을 수상하였다. 파인만의 학문적 업적뿐만 아니라 그의 개인적인 삶과 성격, 교육자로서의 면모까지 조명한다. 과학을 대하는 태도와 유머 감각, 교육자로서의 열정, 호기심과 창의성이 어떻게 현대 물리학 발전에 기여했는지를 상세히 소개하는 도서이다.

| **키워드** | 물리학(천재, 과학자, 노벨상, 교육, 강의, 혁신, 호기심, 유머, 실험) |
| --- | --- |
| **관련학과** | 전 자연계열 학과, 사회(사회학과, 심리학과), 공학(기계공학과, 전기공학, 전자공학, 컴퓨터공학, 화학공학과), 교육(교육학과, 과학교육과, 기술교육과, 컴퓨터교육과) 등 |
| **연관 도서** | 파인만 씨 농담도 잘하시네 1,2(리처드 파인만, 사이언스북스), 노벨(잉그리드 칼베리,전파과학사), 파인만의 여섯가지 물리 이야기(리처드 파인만, 승산), 지식의 원전(존 캐리, 바다출판사) |

**➕ 탐구활동 주제**

◆ 리처드 파인만의 과학적 혁신과 그의 연구 방법 탐구
◆ 괴짜 천재 과학자의 삶이 과학 발전에 미친 영향 분석
◆ 양자전기역학의 발전과 파인만의 기여 연구
◆ 파인만의 교육 방식과 현대 과학 교육에 미친 영향 탐색
◆ 맨해튼 프로젝트에서 파인만의 역할과 과학 윤리 탐구

# 📌 심화 활동

| 자율·자치활동 | ▶ 일상 속 과학을 주제로 한 '과학자처럼 말하기' 발표회 기획<br>▶ '파인만처럼 일상에서 과학 찾기'라는 슬로건으로 학생 참여 캠페인 운영<br>▶ 학생들이 자율적으로 실험할 수 있는 '우리학교 물리연구소' 프로젝트 |
| --- | --- |
| 동아리활동 | ▶ 물리탐구반: 파인만 다이어그램, 양자역학 실험 분석 등 물리학 개념 탐구<br>▶ 과학토론반: 과학윤리, 연구태도, 과학자의 사회적 책임에 대한 토론 활동<br>▶ 기초과학연구반: 파인만의 논문, 연구 등을 읽고 요약하는 세미나 운영 |
| 진로 활동 | ▶ 양자역학, 입자물리학 분야의 진로를 조사하고 관련 대학 및 연구소 탐방<br>▶ 과학 방송 제작자나 칼럼니스트와의 인터뷰를 통해 과학 대중화 직업 탐색<br>▶ 물리학과, 융합과학과, 천문우주학과 등 다양한 관련 학과의 전공 탐색 |
| 프로젝트형 봉사활동 | ▶ 지역 아동센터 대상 과학 실험 키트 제작 봉사 활동<br>▶ '파인만 평전' 등 과학 도서 해설 봉사 콘텐츠 제작 활동<br>▶ 실험기구 실태 조사 및 개선을 위한 '학교 실험실 재정비' 프로젝트 |

**학생부 기록 예시** ....................................................................................................................

'파인만 평전'을 읽고 과학적 호기심과 창의성의 중요성을 탐구하여 다양한 활동으로 확장함. '과학자처럼 말하기' 발표회를 기획, 운영하였으며, 동파인만 다이어그램과 양자역학 개념을 분석하고 실험 설계를 통해 물리학에 대한 이해도를 높임. 양자역학, 입자물리학 분야의 진로를 조사하고 관련 학과를 탐색하며 진로 목표를 명확히 함. 과학 실험 키트를 제작해 아동센터에 전달하고, 과학의 즐거움을 나누는 사회적 실천을 보여줌. 다양한 탐구와 실천을 통해 과학적 사고력, 창의성, 문제 해결력, 공동체 의식 등 다방면에서 높은 역량을 보임.

이 책은 350년간 수많은 수학자들을 괴롭혀온 수학의 난제, 페르마의 마지막 정리가 마침내 해결되기까지의 치열한 여정을 다룬다. 17세기 프랑스 수학자 피에르 드 페르마가 남긴 한 줄의 주석에서 시작된 이 정리는 앤드루 와일스라는 한 수학자의 오랜 집념과 열정으로 풀리게 된다. 단순한 수학 이야기를 넘어, 역사, 인간의 탐구심, 실패와 재도전의 과정을 흥미롭게 풀어내며 수학의 아름다움과 드라마를 보여준다. 수학을 어렵게 느끼는 사람도 쉽게 이해할 수 있도록 서술되어 있어, 수학에 대한 흥미를 일깨우는 도움이 되는 도서이다.

| 키워드 | 정수론(수학사, 페르마, 와일스, 증명, 수학자, 추론, 난제) |
|---|---|
| 관련학과 | 전 자연계열 학과, 인문(사학과, 철학과), 사회(경제학과, 심리학과), 공학(기계공학과, 전기공학과, 전자공학과), 교육(과학교육과, 수학교육과, 컴퓨터교육과) 등 |
| 연관 도서 | 수학의 숲을 걷다(송용진, 블랙피쉬), 암기 없이 그림으로 이해되는 수학 개념 사전(사와 고지, 동양북스), 수학을 읽는 힘(최정담, 웅진지식하우스), 수학이 생명의 언어라면(김재경, 동아시아), 수학의 쓸모(닉 폴슨 외, 더퀘스트) |

### ➕ 탐구활동 주제

• 정수론의 발전 과정에 대한 역사적 탐구
• 고대부터 현대까지 수학 난제의 해결 과정 분석
• 페르마의 마지막 정리와 관련된 수학 개념 연구
• 위대한 수학자들의 문제 해결 방식 비교 분석
• 수학적 증명과 논리 전개의 중요성 탐색

## 📌 심화 활동

| 자율·자치활동 | ▶ '산불 예방'의 중요성과 심각성에 대한 교내 캠페인 활동 ▶ 학교 내 자원 재활용 효율성 향상을 위한 학교 재활용 프로그램 개선 활동 ▶ 에너지의 효율적인 사용을 홍보하는 '학교 에너지 절약 프로젝트' 진행 |
|---|---|
| 동아리활동 | ▶ 수학탐구반: 정수론, 미해결 문제 탐구 및 프레젠테이션 발표. ▶ 수리논리반: 논리 퍼즐, 수학 추론 문제 풀기 및 자체 제작 활동 ▶ 수학심화반: 수학적 개념 및 증명 원리 재현 및 관련 주제 토의 활동. |
| 진로 활동 | ▶ 수학 기반 직업군(통계학자, 암호전문가 등) 탐색 보고서 작성 ▶ 수학자 직업 탐색 및 관련 진로 로드맵 작성 ▶ 수학 관련 학과의 전공 비교 분석 및 결과 발표 |
| 프로젝트형 봉사활동 | ▶ 지역 수련관 등에서 실시하는 중학생 대상 수학 멘토링 봉사 ▶ 카드 게임 형식의 수학 역사 카드 제작 및 배포 활동 ▶ 수학의 중요 개념을 시각적으로 표현한 수학 일러스트북 제작 및 기부활동 |

### 학생부 기록 예시

'페르마의 마지막 정리'를 읽고 수학의 역사와 정수론의 발전 과정을 탐구함. 학교 수학 주간 행사에서 수학사 퀴즈 대회를 기획하며 수학적 사고를 공유함. 페르마 정리와 와일스의 증명 과정을 분석하고, 정수론의 기본 개념을 정리한 발표 자료를 제작함. 수학자의 직업 세계와 대학 수학과 커리큘럼을 조사하고, 수학을 기반으로 한 다양한 진로에 대해 발표함. 중학생 대상의 수학 멘토링 봉사 활동에 참여하여 기본 정수 개념과 재미있는 수학 퍼즐을 지도함. 복잡한 수학 개념을 탐구하고 이를 타인에게 효과적으로 전달하는 능력과 논리적 사고력, 주도적 문제 해결 역량이 돋보임.

세특 프리패스

독서 연계 활용편

# 공학 계열

- AI 2041(리카이푸 외, 이현 역, 한빛비즈)
- 공학의 눈으로 미래를 설계하라
  (연세대학고 공과대학, 해냄출판사)
- 공학이란 무엇인가(성풍현, 살림)
- 기술의 충격(케벤 캘리, 이한음 역, 민음사)
- 부분과 전체(베르너 하이젠베르크, 유영미 역, 서커스)
- 블록체인과 인공지능의 융합(한승무, 북코리아)
- 상상하는 공학 진화하는 인간(김정 외, 해냄출판사)
- 세상에서 가장 쉬운 과학수업 양자전기역학
  (정완상, 성림원북스)
- 알고리즘, 인생을 계산하다
  (브라이언 크리스천 외, 이한음 역 청림출판)
- 엔트로피(제레미 리프킨, 이창희 역, 세종연구원)
- 일렉트릭 유니버스(데이비드 보더니스, 김명남 역, 글램북스)
- 제2의 기계시대(에릭 브린욜프슨 외, 이한음 역, 청림출판)
- 진짜 하루만에 이해하는 반도체 산업(박진성, 티더블유아이지)
- 침묵의 봄(레이첼 카슨, 김은령 역, 에코리브르)
- 태양을 만드는 사람들(나용수, 계단)

AI 2041(리카이푸 외, 이현 역, 한빛비즈)

　이 책은 미래 사회에서 인공지능이 어떻게 진화하고 인간의 삶에 영향을 미칠지에 대한 가상 시나리오를 통해 AI의 기술적, 사회적 변화를 탐구한다. 각 시나리오는 2041년을 배경으로 AI가 일상에 어떻게 통합될지를 상상하며, 기술 발전이 인간 삶에 미치는 영향을 심도있게 다룬다. 저자는 AI 분야의 권위자로, 기술적 통찰력과 사회적 책임을 균형 있게 제시한다. AI 기술의 발전이 사회, 경제, 윤리, 교육 등 다양한 분야에 미치는 영향을 폭넓은 이해를 돕는 도서이다.

| 키워드 | 인공지능(머신러닝, 딥러닝, 자동화, 미래사회, 직업변화, 기술격차) |
| --- | --- |
| 관련학과 | 전 공학계열, 인문(문화인류학과, 철학과), 사회(경제학과, 문헌정보학과, 사회학과), 자연(물리학과, 수학과, 통계학과), 교육(공학교육과, 기술교육과, 컴퓨터교육과) 등 |
| 연관 도서 | 온-디바이스 인공지능(이슬기, 커뮤니케이션북스), 인공지능 윤리를 부탁해(허유선, 나무야), 십 대가 알아야 할 인공지능과 4차 산업혁명의 미래(전승민, 팜파스), 도덕적인 AI(월터 시넛암스트롱 외, 김영사) |

### ➕ 탐구활동 주제

◆ 인공지능의 발전이 직업의 변화에 미치는 영향 분석
◆ 2041년의 인공지능이 교육 분야에 미칠 영향 탐구
◆ AI 윤리 문제와 인간 중심의 기술 발전 방향에 대한 고찰
◆ 인공지능의 경제적 영향과 사회적 불평등 문제 분석
◆ 2041년 개인 정보 보호 문제 전망과 분석

## 📌 심화 활동

| | |
| --- | --- |
| 자율·자치활동 | ▶ AI시대의 직업 변화에 대한 설문조사 실시 및 결과 분석<br>▶ 'AI 2041' 각 장의 내용을 자유롭게 토론하는 학급 독서 모임 진행<br>▶ 인공지능을 활용한 교육 변화에 대한 세미나 진행 및 토론 |
| 동아리활동 | ▶ 디지털연구반: AI 기술이 미래 산업에 미치는 영향 및 미래 직업군 분석<br>▶ 미래직업탐색반: AI 관련 직업의 역할과 필요 역량 탐색<br>▶ AI 프로젝트반: 인공지능 관련 소프트웨어 개발 또는 프로젝트 기획 |
| 진로 활동 | ▶ AI 연구자, 개발자 등 관련 직업인 인터뷰 후 보고서 작성<br>▶ 인공지능학과나 컴퓨터공학 등 관련 학과 탐방 및 보고서 작성<br>▶ AI 관련 기관이나 기업에서 진행하는 진로 체험 활동 참여 |
| 프로젝트형 봉사활동 | ▶ 전교생을 대상으로 한 AI 기초 교육 프로그램 기획 및 진행<br>▶ AI와 관련된 정보를 쉽게 이해할 수 있는 웹사이트 제작<br>▶ AI 기술이 사회에 미치는 윤리적 영향에 대한 정보 제공 캠페인 |

### 학생부 기록 예시

　'AI 2041'을 읽고 AI 윤리 문제를 주제로 한 토론회를 기획하고, AI 기술이 직업 변화에 미치는 영향에 대한 설문조사를 진행하여 학생들의 관심을 유도함. AI 기술이 미래 산업에 미치는 영향을 탐구하며 관련 직업군을 분석, 발표함. 인공지능학과를 탐방하고, AI 관련 직업인과의 인터뷰를 통해 진로에 대한 구체적인 이해를 심화함. 또한, 전교생 대상 AI 기초 교육 프로그램을 기획하고, 지역 사회에 AI 기술에 대한 윤리적 인식을 제고하는 캠페인을 전개함. AI 기술의 사회적·윤리적 측면에 대한 깊은 이해와 더불어 실용적인 소통 능력, 문제 해결 능력이 돋보이고, 관심 영역을 지속적으로 탐구하는 태도가 인상적임.

**추천도서** 공학의 눈으로 미래를 설계하라(연세대학교 공과대학, 해냄출판사)

이 책은 공학적 사고로 미래 사회를 조망하며 다양한 융합기술과 혁신 사례를 소개하고, 공학이 사회 문제를 어떻게 해결하고 지속가능한 세상을 만들 수 있는지를 탐구한다. 연결, 지능, 창의성, 기술윤리 등의 키워드를 중심으로 공학을 입체적으로 풀어내며, 공학을 처음 접하는 독자들도 흥미롭게 읽을 수 있도록 구성되어 있다. 인공지능, 바이오, 반도체, 도시 설계 등 첨단 공학 분야의 구체적인 연구와 사례를 통해 미래 사회를 그려보게 하는 도서이다.

| 키워드 | 공학(미래, 융합기술, 혁신, 문제해결, 지속가능성, 창의성, 기술윤리) |
|---|---|
| 관련학과 | 전 공학계열학과, 자연(나노전자물리학과, 물리학과, 응용물리학과, 응용수학과, 정보통계학과, 지구시스템과학과, 지구환경과학과, 천문우주학과, 환경학과) |
| 연관 도서 | 뇌를 바꾼 공학, 공학을 바꾼 뇌(임창환, MID), 세상의 코든 과학(이준호, 수수밭), 교실 밖에서 듣는 바이오메디컬공학(임창환 외, MID), 처음 읽는 플랜트 엔지니어링 이야기(박정호, 플루토), 일렉트릭 유니버스(데이비드 보더니스, 글램북스) |

**➕ 탐구활동 주제**

• 공학기술이 사회문제 해결에 미치는 영향 탐구

• 지속가능한 도시 설계를 위한 스마트 기술 연구

• 융합공학의 사례를 통해 본 미래 직업군 변화 분석

• 인공지능 기술 발전이 가져올 윤리적 문제 탐색

• 미래형 에너지 시스템 설계를 위한 공학적 접근 비교

## 📌 심화 활동

| | |
|---|---|
| **자율·자치활동** | ▶ '스마트시티, 인공지능, 탄소중립' 등 미래 이슈를 주제로 학급 토론회 개최<br>▶ 매주 1회 공학 관련 최신 이슈 요약해 학급 단톡방이나 게시판에 공유<br>▶ 인공지능 및 로봇 기술 등 기술윤리 규범에 대한 교내 캠페인 |
| **동아리활동** | ▶ 자율주행연구반: 자율주행 알고리즘 모의 시뮬레이션 제작 발표<br>▶ 기후연구반: 탄소중립, 스마트 팜 등 기후위기 대응 기술 분석 프로젝트<br>▶ 미래도시탐구반: CAD 프로그램을 활용한 스마트시티 기본 설계안 작성 |
| **진로 활동** | ▶ 공학계열 관심 학과의 커리큘럼, 진출 분야 등 비교 분석<br>▶ 로봇공학자, 환경설비공학자 등 공학 분야 직업 인터뷰 리서치 활동<br>▶ 관련 도서 2~3권을 읽고 공학을 주제로 한 진로독서활동 기록 |
| **프로젝트형 봉사활동** | ▶ 지역 아동센터와 연계한 간단한 키트를 활용한 공학 체험 교실 운영<br>▶ 지역의 보행 약자를 위한 스마트 보행 안전 지도 및 개선안 작성<br>▶ 학교 복도, 화장실, 교실 등의 에너지 절약 프로젝트 제안 및 실행 |

**학생부 기록 예시** ·····

'공학의 눈으로 미래를 설계하라'를 읽고 공학 기술이 미래 사회에 미치는 영향에 대해 깊은 관심을 가짐. '스마트시티와 자율주행 기술'을 주제로 한 교내 토론회를 기획하고 진행함. 다양한 공학 기술을 활용한 활동을 수행하며, 특히 '스마트 보행 안전 지도' 프로젝트를 통해 학교 인근 교차로와 인도의 보행 안전 개선을 위한 아이디어를 제시하고 실행함. 공학 계열 학과의 커리큘럼과 진로를 비교 분석하여 자신의 진로를 구체화하고, 관련 직업군에 대한 이해를 높임. 공학적 사고방식과 융합적 문제 해결 능력, 기술적 지식을 사회적 문제 해결에 적용하는 역량이 훌륭함.

공학이란 무엇인가(성풍현, 살림)

이 책은 카이스트 교수 19명이 참여하여 공학의 본질과 사회적 역할을 소개한다. 기계, 전기전자, 화학, 신소재 등 전통적인 분야부터 항공우주, 바이오 및 뇌공학, 산업디자인 등 최신 분야까지 14가지 공학 분야를 다루며, 각 분야의 특성과 공학자의 역할을 설명한다. 과학과 공학의 차이를 명확히 하며, 공학이 인간의 삶을 어떻게 변화시키는지를 탐구한다. 각 장은 실제 공학 사례와 현장 이야기를 통해 공학의 생생한 현실을 전달한다. 공학을 전공하려는 학생이나 공학에 관심 있는 독자에게 유익한 도서이다.

| | |
|---|---|
| **키워드** | 공학(문제해결, 창의성, 기술윤리, 융합사고, 책임, 혁신, 지속가능) |
| **관련학과** | 전 공학계열 학과, 인문(사학과, 철학과), 자연(물리학과, 생명과학과, 수학과, 통계학과), 예체능(산업디자인학과, 시각디자인학과) 등 |
| **연관 도서** | 세상의 모든 과학(이준호, 추수밭), 미래를 꿈꾸는 엔지니어링 수업(권오상, 청어람e), 세계사를 바꾼 12가지 신소재(사토 겐타로, 북라이프), 모빌리티 쫌 아는 10대(서성현, 풀빛), 제품 디자인 스타일링의 기술(피터 댑스,유엑스리뷰) |

### ➕ 탐구활동 주제

- 공학의 정의와 과학과의 차이에 대한 탐구
- 공학자의 사회적 책임과 윤리 의식에 대한 연구
- 현대 공학 분야의 융합 사례에 대한 탐색
- 공학 기술이 삶의 질에 미치는 영향 분석
- 지속가능한 미래를 위한 공학의 역할 모색

## 📌 심화 활동

| | |
|---|---|
| **자율·자치활동** | ▶ 학교 내 공학적 문제(예: 수업 공간 활용도, 설비 문제 등) 해결 프로젝트<br>▶ 학교 시설 개선을 위한 설문조사와 해결책에 대한 공학적 탐색<br>▶ 공학적 관점의 에너지 절약 방법 제안하고, 이를 실천하기 위한 캠페인 |
| **동아리활동** | ▶ 메카닉스반: CAD로 설계하고, 3D 프린터로 실물을 제작하는 활동<br>▶ 환경공학반: 재활용 시스템 개선, 에너지 절약 장치 제작 개발을 위한 실험<br>▶ 로봇탐구반: 로봇의 움직임, 센서, 제어 시스템 등을 설계 및 테스트 활동 |
| **진로 활동** | ▶ 공학 관련 직업(기계공학자, 전기전자공학자 등)의 체험 활동<br>▶ 대학의 공학 전공 학과 커리큘럼 분석 및 진학을 위한 진로 설계<br>▶ 공학 관련 전문가 멘토링 및 공학 관련 박람회 참가 후 보고서 작성 |
| **프로젝트형 봉사활동** | ▶ 교내 에너지 절약을 위한 시스템 설계 및 실험<br>▶ 지역 공공시설 재활용 시스템점검 및 환경보호를 위한 실천방안 프로젝트<br>▶ 학교 인근 지역의 공기질 모니터링 및 공기질 개선을 위한 캠페인 |

### 학생부 기록 예시

'공학이란 무엇인가'를 읽고 이를 바탕으로 학교와 지역사회의 문제를 해결하는 다양한 활동을 함. 학교 내 에너지 절약 시스템 개발을 위한 프로젝트에 참여하여, 불필요한 에너지 소비를 줄이는 방법을 제시함. 이를 위해 에너지 모니터링 시스템을 설계하고, LED 조명 교체와 자동화된 조명 시스템 도입을 제안하여 실질적인 절감 효과를 측정함. 지역사회의 재활용 시스템 개선을 위해 자동 분리 배출 시스템을 설치하고, 지역 주민들에게 재활용 교육을 실시함으로써 환경 보호에 기여함. 공학적 접근을 실제 상황에 적용하는 역량이 뛰어나며, 문제 해결 능력과 창의적 사고력이 탁월함.

**추천도서**  기술의 충격(케벤 캘리, 이한음 역, 민음사)

**기술의 충격**
WHAT
TECHNOLOGY
WANTS
케빈 켈리

이 책은 기술 발전이 노동시장과 사회에 미치는 영향을 심도 깊게 분석한다. 디지털 기술의 발전이 단순한 자동화를 넘어, 인간의 창의성과 협업 능력을 요구하는 새로운 환경을 만들어가고 있다고 주장한다. 기술이 일자리를 대체하는 동시에, 새로운 형태의 직업과 경제 구조를 창출하고 있다고 설명한다. 또한, 기술 발전이 사회적 불평등을 심화시킬 수 있다는 우려를 제기하며, 이에 대한 대응책으로 평생 학습과 기술에 대한 이허 증진을 강조한다. 기술이 사회에 미치는 영향에 대한 깊은 통찰을 제공하며, 미래 사회를 준비하는 데 필요한 사고의 틀을 제시한 도서이다.

| | |
|---|---|
| **키워드** | 기술충격(디지털전환, 자동화, 직업변화, 미래사회, 경제구조, 불평등) |
| **관련학과** | 전 공학계열, 인문(철학과), 사회(경제학과, 경영학과, 문헌정보학과, 사회학과, 응용통계학과, 정치외교학과), 자연(물리학과, 수학과, 통계학과), 예체능(산업디자인학과) |
| **연관 도서** | AI 2041(리카이푸 외, 한빛비즈), 10년 후 세계사: 미라의 역습(구정은, 추수밭), 거대한 충격 이후의 세계(서영민, 위즈덤하우스), 직업의 미래(서용석, 와이즈맵), 생성형 AI야, 내 미래 직업은 뭘까?(김원배 외, 동아엠앤비) |

**⊕ 탐구활동 주제**

• 디지털 기술의 발전이 노동시장에 미치는 영향 분석
• 자동화가 직업 구조에 미치는 장기적 영향 탐구
• 기술 발전과 경제 구조 변화의 상관관계 탐색

• 기술의 발전이 사회 블평등을 심화시키는 방식 연구
• 미래 직업군 변화에 대한 예측과 대응 방안 모색

## 📌 심화 활동

| | |
|---|---|
| **자율·자치활동** | ▶ 학교 내 디지털 기술 활용도를 높이기 위한 교육 캠페인<br>▶ 학교자치회 주관 디지털 불평등 해결을 위한 정책 제안<br>▶ 기술 발전과 일자리 변화와 관련된 신문 제작 및 정보 제공 |
| **동아리활동** | ▶ 인공지능탐구반: 최신 AI기술 관련 논문이나 기사를 읽고 토론 및 발표<br>▶ 진로탐구반: 기술 발전으로 변화할 직업군 탐색 후 발표 활동<br>▶ 기술윤리연구반 : 기술윤리 문제에 대한 해결책 논의 후 보고서 작성 |
| **진로 활동** | ▶ 스마트 팩토리, 자율주행차 등 미래 산업 관련 체험<br>▶ 디지털 마케팅, 데이터 분석 등 다양한 디지털 직무 탐색<br>▶ 자동화 시대에 등장할 직업군에 대한 정보를 지역 사회에 제공하는 캠페인 |
| **프로젝트형 봉사활동** | ▶ 지역 아동센터와 연계하여 인공지능의 윤리적 사용에 대한 교육 활동<br>▶ 디지털 기술의 효율적 사용을 위한 영상자료 제작<br>▶ 기술 발전에 따른 직업 변화 리포트 작성 및 배포 |

**학생부 기록 예시** ·································································································································

'기술의 충격'을 읽고, 디지털 기술과 자동화가 직업 세계에 미치는 영향을 탐구함. 'AI와 디지털 경제' 관련 프로그램에 참여하여, 인공지능 개발자와 데이터 분석가 등의 전문가들과 직업 특성 및 준비 방법에 대해 탐색함. '디지털 격차 해소'를 위한 봉사 활동에 참여하여, 디지털 소외 계층에게 스마트폰 사용법을 교육하고, 기술 발전이 사회적 약자에게 미치는 영향과 기술 교육의 중요성을 실감함. 'AI 윤리' 관련 자료 탐색 및 토론회를 통해 기술의 윤리적 사용에 대한 인식을 높임. 디지털 기술 변화에 대한 이해와 적극적인 참여를 바탕으로 미래 사회의 핵심 역량을 효과적으로 함양함.

**추천도서**  부분과 전체(베르너 하이젠베르크, 유영미 역, 서커스)

이 책은 저자가 자신의 삶과 과학적 사유를 회고하며 쓴 철학적 에세이다. 고전물리학의 한계를 지적하고, 불확정성 원리를 비롯한 양자역학 이론의 발전 과정을 생생하게 풀어낸다. 특히 보어, 아인슈타인, 파울리 등과의 대화를 통해 과학이 단순한 사실의 집합이 아니라 철학적 사유와 긴밀히 연결되어 있음을 보여준다. 관측과 실재, 인식의 문제를 고민하며 현대 과학이 마주한 존재론적 전환을 사유하는 이 책은 과학과 철학, 물리학과 인간 이해 사이의 깊은 연관성을 성찰하게 한다.

| 키워드 | 양자역학(불확정성, 과학철학, 실재와 인식, 고전물리학, 관측, 존재론) |
|---|---|
| 관련학과 | 전 공학계열학과, 인문(사학과, 언어학과, 철학과), 자연(나노전자물리학과, 물리학과, 응용물리학과, 응용수학과, 정보통계학과, 지구시스템과학과, 천문우주학과, 화학과) |
| 연관 도서 | 양자컴퓨터의 미래(미치오 카쿠, 김영사), 세상에서 가장 쉬운 과학 수업 양자혁명(정완상, 성림원북스) |

**⊕ 탐구활동 주제**

• 불확정성 원리가 고전물리학에 미친 철학적 영향 심층 탐구
• 양자역학의 탄생 과정과 과학철학적 의미 탐구
• 양자역학과 실재 개념의 변화에 대한 철학적 연구
• 양자역학의 발전이 현대 존재론과 인식론에 미친 영향 모색
• 과학 토론이 과학 발전과 사상 형성에 미친 영향 분석

## 📌 심화 활동

| 자율·자치활동 | ▶ 양자역학의 개념과 철학적 의미를 설명하는 '양자역학탐구발표회' 운영<br>▶ 양자역학, 불확정성 원리 등을 주제로한 교내 토론 활동 진행<br>▶ 하이젠베르크와 보어의 논쟁을 재현하는 역할극 및 공연 기획 |
|---|---|
| 동아리활동 | ▶ 양자역학탐구반: 논문이나 책을 읽고, 내용 발표 및 토론활동<br>▶ 물리학실험반: 이중슬릿 실험을 재현하고, 결과 분석 활동<br>▶ 양자역학영상제작반 : 양자역학의 원리를 쉽게 설명하는 영상 제작 활동 |
| 진로 활동 | ▶ 양자역학 및 관련 분야의 대학 연구실 탐방 보고서 작성 활동<br>▶ 양자역학 관련 직업 탐색 및 연구자와의 인터뷰 활동<br>▶ 자신의 관심있는 연구 분야와 구체적인 진로 목표 설정 활동 |
| 프로젝트형 봉사활동 | ▶ 교내 캠프에서 양자역학과 과학철학을 체험하는 과학 캠프 운영<br>▶ 중학생을 대상으로 양자역학의 기초를 가르치는 과학 교육 봉사 프로젝트<br>▶ 양자역학과 과학철학을 쉽게 설명하는 동영상 및 콘텐츠 제작 활용 |

**학생부 기록 예시** ·······································································································

'부분과 전체'를 읽고 양자역학과 과학철학에 대한 깊은 관심을 가졌으며, 이를 바탕으로 다양한 활동에 참여함. 교내 양자역학 체험 활동을 기획하여 학생들에게 양자역학의 기초 개념을 쉽게 설명하고, 실험을 통해 이론을 직접 경험할 수 있도록 함. 지역 중학생들에게 양자역학과 과학철학의 기본 원리를 교육하며, 학생들이 과학에 대해 쉽게 접근할 수 있도록 하는데 기여함. 물리학 세미나에 참가하여 최신 연구 내용을 접하고, 관련 분야의 전문가들과 네트워킹을 진행함. 과학적 사고를 확장하며, 항상 주도적이고 창의적인 태도로 노력하는 자세가 탁월함.

인문계열

사회계열

자연계열

공학계열

의약계열

교육계열

**추천도서** 블록체인과 인공지능의 융합(한승무, 북코리아)

이 책은 블록체인과 인공지능(AI)의 결합이 산업과 사회에 미치는 영향과 가능성을 탐구한다. 기술의 융합을 통해 데이터 보안, 스마트 계약, 자동화 등의 분야에서 혁신을 이끌어낼 수 있음을 설명한다. 특히, 분산원장 기술을 기반으로 한 블록체인이 AI의 데이터 처리와 결합되어 효율성과 신뢰성을 극대화할 수 있음을 강조한다. 또한 AI의 자율성과 블록체인의 투명성을 결합하여 비즈니스 모델과 사회적 시스템에서 어떻게 변화를 가져올 수 있는지 사례를 통해 소개한다. 블록체인과 인공지능의 융합 가능성과 미래의 디지털 혁신을 위한 방법을 모색하는 도서이다.

| 키워드 | 디지털 혁신(블록체인, 인공지능, 융합, 데이터 보안, 자동화) |
|---|---|
| 관련학과 | 전 공학계열학과, 사회(경영학과, 경제학과, 기술경영학과, 법학과, 산업보안학과, 응용통계학과), 자연(응용수학과, 정보통계학과, 지구시스템과학과, 통계학과) |
| 연관 도서 | 블록체인 혁명(돈 탭스콧 외, 을유문화), 핀테크와 블록처 인의 미래(김선미 외, 북오션), AI 2041(리카이푸 외, 한빛비즈), 아무도 죽지 않는 세상(이브 헤롤드, 꿈꿀자유) |

**➕ 탐구활동 주제**

• 블록체인 기술의 보안성과 안전성 분석
• 인공지능의 윤리적 문제와 사회적 영향 탐구
• 스마트 계약의 법적 효력 및 실효성 분석

• 분산원장 기술을 활용한 데이터 보안 방안 모색
• 블록체인과 인공지능의 융합이 경제에 미치는 영향 연구

## 📌 심화 활동

| 자율·자치활동 | ▶ AI의 윤리적 문제를 알리는 '인공지능 윤리 교육' 캠페인<br>▶ AI와 블록체인의 융합에 대한 교내 정책 제안 토론회 기획 및 진행<br>▶ 학생 개인 정보 보호를 위한 블록체인 기술의 적용 방안 탐구 |
|---|---|
| 동아리활동 | ▶ 블록체인개발반: 블록체인 기술을 활용한 간단한 어플리케이션 개발<br>▶ 인공지능연구반: AI알고리즘 학습 및 블록체인과 결합한 프로그램 제작<br>▶ 디지털혁신반: 인공지능을 이용한 '맞춤형 학습 콘텐츠 추천 시스템' 설계 |
| 진로 활동 | ▶ 블록체인 개발자의 커리어 경로와 역할 탐색<br>▶ AI 윤리 전문가와의 인터뷰 및 AI가 사회에 미치는 윤리적 영향 연구<br>▶ 디지털 금융(블록체인, 암호화폐 등) 분야의 전문가 직업 탐색 |
| 프로젝트형 봉사활동 | ▶ 학교 내 블록체인 기반 학교 예산 관리 시스템 개발 프로젝트<br>▶ AI 기술을 활용하여 소외 계층에 대한 맞춤형 교육 콘텐츠 제작<br>▶ 블록체인 기술을 쉽게 설명하는 전교생 대상의 동영상 및 콘텐츠 제작 |

**학생부 기록 예시** ⋯⋯⋯⋯⋯⋯⋯⋯⋯⋯⋯⋯⋯⋯⋯⋯⋯⋯⋯⋯⋯⋯⋯⋯⋯⋯⋯⋯⋯⋯⋯⋯⋯⋯⋯⋯⋯⋯⋯⋯⋯⋯⋯⋯⋯⋯⋯

평소 블록체인과 인공지능 기술에 대한 관심으로 '블록체인과 인공지능의 융합(한승무)'을 읽고 다양한 활동을 함. 기술이 사회에 미치는 영향과 해결 방안에 대해 고민하며, 스마트 계약의 법적 효력을 분석하는 프로젝트를 진행함. 교내 블록체인 기반 투표 시스템 구축을 위해 실질적인 기술 적용 방안을 연구하고, AI와 블록체인을 결합한 혁신적인 솔루션을 제시함. 블록체인 기술을 쉽게 설명하는 전교생 대상의 동영상 및 콘텐츠 제작하였으며, 블록체인 개발자에 대한 진로를 탐색함. 다양한 활동을 통해 문제 해결 능력과 창의적인 사고력, 기술적 역량의 우수함을 증명함.

상상하는 공학 진화하는 인간(김정 외, 해냄출판사)

 이 책은 KAIST 기계공학과 교수진이 집필한 책으로, 공학의 기초부터 최신 연구 동향까지 다루며, 기술 발전이 인간과 사회에 미치는 영향을 탐구한다. 공학적 상상력, 인간 중심 기술, 융합 기술, 첨단 로봇공학, 스마트 제조 시스템, 지속 가능한 기술 개발 등 다양한 주제를 포괄하며, 공학이 단순한 기술적 도전을 넘어 인간의 삶과 어떻게 융합되고 진화해 나갈 수 있는지에 대해 연구한다. 기술 발전이 인간과 사회에 미치는 영향, 공학의 미래와 방향성에 대해 생각하게 하는 도서이다.

| 키워드 | 공학적 상상력(기계공학, 융합기술, 로봇공학, 인간 중심, 산업혁신) |
|---|---|
| 관련학과 | 전 공학계열, 인문(언어학과, 철학과), 사회(경제학과, 경영학과, 문헌정보학과, 사회학과, 정치외교학과), 자연(물리학과, 수학과, 통계학과) 등 |
| 연관 도서 | 기술의 충격(케빈 캘리, 민음사), 제2의 기계시대(에릭 브린욜프슨, 청림출판), 휴머노이드(김상균, 베가북스), 김대식의 인간 vs 기계(김대식, 동아시아), 아무도 죽지 않는 세상(이브 헤롤드, 꿈꿀자유) |

### ⊕ 탐구활동 주제

◆공학적 상상력이 인간 사회에 미치는 영향 탐구
◆인간 중심의 기술 발전과 그 윤리적 문제 분석
◆첨단 로봇공학이 미래 산업에 미치는 영향 탐색

◆지속 가능한 기술 개발을 위한 공학적 접근법 모색
◆스마트 제조 시스템과 생산성 향상 간의 관계 분석

## 📌 심화 활동

| | |
|---|---|
| 자율·자치활동 | ▶스마트 제조 시스템, 로봇공학 등 '기술 혁신' 주제의 학교 토론회 기획<br>▶공학 및 기술 관련 도서를 읽고 토의하는 독서 모임 운영.<br>▶공학 및 혁신적 기술을 이끈 인물들에 대한 전시 프로젝트 |
| 동아리활동 | ▶로봇공학반: 로봇 제작 및 조작을 배우고, 실제 기술을 실습하는 프로젝트<br>▶스마트기술탐구반: 스마트 제조 시스템과 관련된 기술 탐구<br>▶미래산업연구반 : 미래 산업의 변화를 예측 및 관련 기술 연구 |
| 진로 활동 | ▶기계공학 및 로봇공학 분야 전문가와의 인터뷰 보고서 작성<br>▶혁신적인 기술을 개발하는 스타트업 기업 탐방 및 관련 내용 발표<br>▶대학의 로봇공학과 커리큘럼 및 필요 역량 탐색 |
| 프로젝트형 봉사활동 | ▶로봇 공학을 체험할 수 있는 교내 프로그램 기획 및 진행<br>▶스마트 제조 시스템의 기술 변화를 알리는 포스터 제작 및 전시<br>▶지역 아동을 대상으로 기계공학의 기초를 쉽고 재미있게 가르치는 교육 활동. |

### 학생부 기록 예시

'상상하는 공학 진화하는 인간'을 읽고 공학적 상상력과 기술 혁신에 대한 탐구활동을 진행함. '기술 혁신'을 주제로 한 교내 토론회를 직접 기획하여 진행하였으며, 스마트 제조 시스템을 주제로 한 보고서를 작성하여 미래 산업에 대한 이해도를 높임. 기계공학과 로봇공학 분야의 전문가와 인터뷰를 진행하며, 관련 직업에 대한 구체적인 정보를 정리하고 자신의 진로 방향을 구체적으로 설정함. 지역 아동을 대상으로 '로봇 공학 체험프로그램'을 기획하여 아두이노 키트를 활용한 간단한 로봇 제작 교육을 실시함. 기술 발전에 따른 윤리적 문제와 인간 중심 기술의 중요성을 깊이 인식하며, 공학적 창의력, 협업 능력, 실천적 문제 해결력에서 우수한 역량을 보임.

인문계열

사회계열

자연계열

예술계열

의약계열

교육계열

**추천도서** 세상에서 가장 쉬운 과학수업 양자전기역학(정완상, 성림원북스)

이 책은 양자전기역학(QED)을 처음 접하는 사람들을 위한 입문서로, 복잡한 수식이나 전문 용어 없이도 양자전기역학의 핵심 개념을 이해할 수 있도록 쉽고 친절하게 설명한다. 빛과 전자의 상호작용, 파인만 다이어그램, 진공의 개념 등 어려운 이론을 일상적인 예시와 그림을 활용해 설명하며, 과학적 호기심을 자극한다. 양자 세계에서 일어나는 입자 간 상호작용의 정교한 메커니즘을 흥미롭게 풀어내어, 양자역학과 전자기 이론에 대한 기초 지식을 설명하는 도서이다.

| | |
|---|---|
| **키워드** | 양자전기역학(광자, 전자, 페인만 다이어그램, 불확정성 원리, 파동함수) |
| **관련학과** | 전 공학계열 학과, 자연(물리천문학과, 물리학과, 수학과, 응용물리학과, 응용수학과, 천문우주학과, 화학과), 교육(과학교육학과, 물리교육과) 등 |
| **연관 도서** | 양자역학 쫌 아는 10대(고재현, 풀빛), 다세계(숀 캐럴, 프시케의숲), 양자역학의 세계(가다야마 야수히사, 전파과학사), 플랑크 상수로 이해하는 양자역학(임성민 외, 봄꽃여름숲가을열매겨울뿌리) |

### ➕ 탐구활동 주제

• 양자전기역학의 기본 개념과 역사적 발전 과정 탐구
• 파인만 다이어그램을 활용한 입자 간 상호작용 분석
• 광자와 전자의 상호작용에 대한 사례 중심 연구

• 불확정성 원리가 현대 물리학에 미친 영향 탐색
• 진공 상태와 가상입자의 개념에 대한 과학적 모색

## 📌 심화 활동

| | |
|---|---|
| **자율·자치활동** | ▶ 복잡한 과학 개념을 쉬운 말로 바꾸는 포스터 제작 및 전시<br>▶ 양자전기역학 관련 흥미로운 내용을 알려주는 학교 게시판 운영<br>▶ 물리학 교양서 중심 학급 독서모임 기획 및 운영 |
| **동아리활동** | ▶ 물리스터디반: 책을 기반으르 양자전기역학 이론 스터디 및 발표 진행<br>▶ 과학영상제작반: 양자전기역학 개념을 설명하는 짧은 과학 유튜브 콘텐츠 제작<br>▶ 창의융합반: 양자 개념을 예술, 디자인, AI와 연계해 창의 융합 콘텐츠 기획 |
| **진로 활동** | ▶ 양자전기역학의 연구 분야와 관련 직업군 조사<br>▶ 온라인 공개강의 활용하여 양자전기역학 강의 수강 후 요약 정리<br>▶ 양자역학 기반 진로로드맵(대학-대학원-취업으로 이어지는 경로) 설계 |
| **프로젝트형 봉사활동** | ▶ 중학생 대상 양자전기역학 개념을 플이한 교육자료 제작 및 배포<br>▶ 과학 책의 핵심 내용을 설명하는 영상 제작 후 QR코드로 제공<br>▶ 교내에서 파인만 다이어그램, 광자 개념 등을 체험할 수 있는 전시 부스 운영 |

#### 학생부 기록 예시

'세상에서 가장 쉬운 과학수업 양자전기역학(정완상)'을 통해 물리학의 기본 개념과 양자전기역학을 이해하고, '양자역학과 고전역학의 차이점'을 주제로 한 토론회를 진행함. '양자전기역학 쉽게 풀어쓰기' 캠페인을 통해 복잡한 과학 용어를 쉽게 설명하는 자료를 제작하여 학교 게시판에 전시함. 관련 동아리에서 친구들과 양자전기역학 이론을 스터디하고, 과학적 개념을 영상으로 설명하는 콘텐츠를 제작하여 교내에 상영함. '쉽게 읽는 양자전기역학'소식지를 제작하여 교내 도서관에 기증함. 과학 교육의 중요성을 널리 홍보하고, 과학적 사고력과 창의성, 문제 해결 역량이 탁월한 학생임.

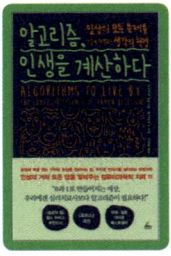

이 책은 일상에서 우리가 내리는 다양한 결정과 선택에 알고리즘이 어떻게 영향을 미치는지를 탐구한다. 알고리즘이 단순한 컴퓨터 프로세스를 넘어 인간의 삶과 행동에 깊숙이 연관되어 있음을 보여주며, 최적화, 선택, 결정, 확률, 인공지능, 인간의 삶, 데이터 분석 등 다양한 주제를 다룬다. 이를 통해 알고리즘이 현대 사회에서 어떻게 활용되고 있는지, 그리고 이러한 알고리즘이 우리의 삶과 사고방식에 어떤 영향을 미치는지를 깊이 있게 이해할 수 있다.

| | |
|---|---|
| **키워드** | 알고리즘(최적화, 선택, 결정, 확률, 인공지능, 인간의 삶, 데이터) |
| **관련학과** | 전 공학계열, 사회(문헌정보학과, 사회학과, 산업보안학과, 응용통계학과), 자연(산림환경시스템학과, 수학과, 응용수학과, 지구시스템과학과, 통계학과) 등 |
| **연관 도서** | 테크노퓨달리즘(야니스 바루파키스, 21세기북스), 알고리즘으로 철학하기(변정수, 이상북스), 미래를 바꾼 아홉 가지 알고리즘(존 맥코믹, 에이콘출판), 그림으로 배우는 AI(미츠무라 나오키, 영진닷컴) |

**⊕ 탐구활동 주제**

◆ 알고리즘의 효율성 분석을 통한 최적화 방법 탐구
◆ 일상에서의 선택 문제 해결에 알고리즘 적용 탐구
◆ 인공지능과 인간의 결정 방식 비교 분석
◆ 데이터 분석을 통한 예측 모델의 정확도 탐구
◆ 확률론적 사고와 알고리즘적 결정 차이 비교

## 📌 심화 활동

| | |
|---|---|
| **자율·자치활동** | ▶ 알고리즘의 역할과 현실 세계에서의 활용에 대한 교내 알고리즘 토론회 주최<br>▶ 학교 도서관 알고리즘 관련 책 기획 및 추천 활동<br>▶ 알고리즘의 기초 개념과 응용 사례를 다룬 학교 내 알고리즘 교육 자료 제작 |
| **동아리활동** | ▶ 알고리즘연구반: 알고리즘을 학습하고, 이를 활용하여 문제를 해결하는 활동<br>▶ AI 탐구반: 인공지능 알고리즘을 학습하고, 간단한 AI 프로그램 제작<br>▶ 게임개발반 : 알고리즘을 활용한 간단한 게임 개발 |
| **진로 활동** | ▶ 인공지능 연구소, IT 기업 탐방 방문하여 관련 직업군 탐색<br>▶ 알고리즘 문제를 해결하는 컴퓨터 프로그래밍 대회 참가<br>▶ 알고리즘을 활용한 산업 현장 체험 및 관련 직무 탐색 |
| **프로젝트형 봉사활동** | ▶ 지역 아동들을 대상으로 알고리즘의 기초와 응용에 대한 코딩교육<br>▶ 지역 환경 문제 해결과 개선책을 제시하기 위한 데이터 분석활동<br>▶ 어르신, 장애인 등이 쉽게 사용할 수 있는 건강 관리 앱 개발 |

**학생부 기록 예시** ·······································································································································

'알고리즘, 인생을 계산하다'를 읽고 인간의 선택과 결정 과정에 있어 알고리즘이 미치는 영향을 탐구함. 교내 알고리즘 토론회를 주도하며 효율성과 확률 기반 사고를 주제로 발표를 진행하였고, Python을 활용해 간단한 탐색 알고리즘을 구현하며 문제 해결 과정을 체계적으로 설명함. 알고리즘 관련 추천 도서를 목록화하여 학교 도서관에 제안하였고, 지역 아동 대상 코딩 교육 봉사에 참여하여 알고리즘의 기본 개념을 쉽고 창의적으로 전달함. 진로목표가 뚜렷하고, 문제 해결력, 논리적 사고력, 공동체 의식 등 다양한 역량을 고루 갖춘 학생임.

인문계열

사회계열

자연계열

과학계열

의약계열

교육계열

엔트로피(제레미 리프킨, 이창희 역, 세종연구원)

이 책은 과학과 사회를 넘나드는 통찰로, 현대 문명에 대한 깊은 성찰을 제시하는 고전이다. 열역학 제2법칙인 엔트로피 개념을 사회, 경제, 환경 문제에 적용하여 현대 산업문명의 지속 불가능성을 통찰한다. '엔트로피'를 단순한 물리학 개념이 아닌, 자원의 고갈과 환경 파괴로 이어지는 문명의 방향성을 설명하는 열쇠로 보고, 뉴턴적 기계론 세계관과 무한한 성장 신화를 비판한다. 또한 에너지 소비 중심의 산업사회가 결국 무질서와 파괴로 향한다고 경고한다. 인간과 자연이 유기적으로 연결되어 있음을 강조하며, 지속 가능한 삶을 위한 생태적 전환을 촉구하는 도서이다.

| 키워드 | 열역학 제2법칙(산업문명, 에너지, 지속가능성, 생태경제학, 문명 전환)) |
|---|---|
| 관련학과 | 공학계열(기계공학과, 산업공학과, 신소재공학과, 에너지공학과, 전기공학과, 전자공학과, 화학공학과, 환경공학과),자연계열(미생물학과, 생명과학과, 지구환경과학과) 등 |
| 연관 도서 | 아무튼, 정리(주한나, 위고), 열과 엔트로피는 저음이지?(곽영직, 북멘토), 열역학(스티븐 베리, 김영사), 읽자마자 이해되는 열역학 교과서(이광조, 보누스), 과학기 필요한 시간(궤도, 동아시아) |

### ➕ 탐구활동 주제

◆ 열역학 제2법칙이 현대 사회 시스템에 미치는 영향 탐구
◆ 산업 문명의 에너지 소비 구조와 자원 고갈 문제 분석
◆ 엔트로피 관점에서 본 지속가능한 경제 발전 모델 연구
◆ 문명 발전과 환경 파괴 간의 인과관계 및 영향력 탐색
◆ 생태적 세계관으로의 전환 필요성과 실현 가능성 비교

## 📌 심화 활동

| 자율·자치활동 | ▶ 교내 전기·물 절약 방안 마련을 위한 에너지 절약 캠페인<br>▶ 자원 낭비를 줄이는 제로웨이스트 실전 주간 운영 기획<br>▶ 지속가능성 뉴스를 학교홈페이지에 올리는 환경 뉴스 큐레이션 |
|---|---|
| 동아리활동 | ▶ 환경영상반: 엔트로피와 기후위기 관련 영상 제작 및 교내 상영<br>▶ 과학탐구반: 열역학 제2법칙의 사회적 적용 가능성 탐구<br>▶ 시사탐구반 : 자원 고갈, 에너지 위기 등을 주제로 정기 발표 |
| 진로 활동 | ▶ 생태도시 디자이너, 환경 컨설턴트 등 신직업 탐색 활동<br>▶ 열역학을 활용하는 직업군(여: 에너지 컨설턴트) 분석 활동<br>▶ 환경정책 관련 공공기관 탐방 및 체험보고서 작성 |
| 프로젝트형 봉사활동 | ▶ 초등학생을 대상으로 한 폐자원 재활용 체험 워크숍 운영<br>▶ 기후변화 정보 콘텐츠(인포그래픽/짧은 카드뉴스) 제작 및 배포<br>▶ 지역 커뮤니티센터와 협력한 생태 전환 교육 캠페인 진행 |

### 학생부 기록 예시

'엔트로피'를 읽고, 산업문명이 에너지 소비와 자원 고갈을 초래한다는 사실을 깨닫고, 지속 가능한 발전의 필요성을 깊이 인식함. 책에서 제시한 열역학 제2법칙과 엔트로피 개념을 통해, 사회와 경제 시스템이 무질서와 자원 고갈을 일으킨다는 점에 대해 비판적 시각을 갖게 됨. 교내 재생에너지 교육과 에너지 절약 캠페인을 기획하고, 과학탐구반을 조직해 열역학적 사고를 바탕으로 산업문제와 환경문제를 탐구함. 이를 통해 문제 해결 능력, 창의적 사고, 사회적 책임감을 함양하며, 지속 가능한 사회로 나아가는 데 필요한 의식을 키움.

일렉트릭 유니버스(데이비드 보더니스, 김명남 역, 글램북스)

이 책은 전자기학의 기본 원리와 그 원리가 우주를 이해하는 데 어떻게 적용되는지를 탐구한다. 전자기학이 단순한 물리 법칙을 넘어서, 우주의 구조와 진화를 이해하는 데 중요한 열쇠가 된다고 주장한다. 물질과 에너지의 상호작용 방식, 빛과 물질의 관계, 그리고 양자역학적 현상들이 우주론과 어떻게 연결되는지 설명한다. 또한, 우주는 단일한 차원으로 설명할 수 없고 다차원적인 우주가 펼쳐져 있으며, 전자기학이 그 근본적인 이해에 필수적임을 강조한다. 전자기학이 더 깊은 우주의 구조와 현상 이해에 어떻게 기여할 수 있는지를 보여주는 도서이다.

| 키워드 | 전자기학(우주론, 에너지 장, 물리학, 다차원우주, 빛과 물질, 양자역학) |
|---|---|
| 관련학과 | 전 공학계열 학과, 자연(물리천문학과, 물리학과, 수학과, 응용물리학과, 응용수학과, 천문우주학과, 화학과, 환경학과), 교육(과학교육학과, 물리교육과, 환경교육과) 등 |
| 연관 도서 | 세상에 존재하는 모든 물리학(곽영직, 세창출판사), 김상욱의 양자 공부(김상욱, 사이언스북스), 백뱅에서 인간까지(마그나 히스토리아, 청아출판사), 볼트와 너트, 세상을 만든 작지만 위대한 것들의 과학(로마 아그라왈, 어크로스) |

### ➕ 탐구활동 주제

- 전자기학 원리가 우주론에 미치는 영향 탐구
- 양자역학적 현상이 우주 구조에 미치는 영향 분석
- 빛과 물질의 상호작용 원리 탐구
- 다차원 우주론과 전자기학의 관계 연구
- 우주의 에너지 장 분포와 변화 분석
- 전자기학의 혁명이 물리학 이론에 미친 영향 탐색

## 📌 심화 활동

| | |
|---|---|
| 자율·자치활동 | ▶ 전자기학의 기본 원리와 원리 실험을 소개하는 교내 캠페인<br>▶ 학교의 에너지 절약 방안을 제시하는 에너지 효율화 프로젝트<br>▶ 빛의 속도와 물질의 관계를 탐구하는 전시회 기획 |
| 동아리활동 | ▶ 에너지탐구반: 전자기적 유도 실험, 전력 생산 및 에너지 절약 방안 탐구<br>▶ 천체물리학반: 우주 관련 영상을 시청하고, 이를 바탕으로 한 토론 및 발표<br>▶ 과학토론반 : 관련된 논문이나 책을 읽고, 질의응답 및 토론 |
| 진로 활동 | ▶ 전자기학을 활용하는 다양한 직업군(예: 전기 엔지니어) 조사<br>▶ 우주 과학 연구소나 관련 기업을 탐방하여 직업 체험 활동<br>▶ 양자역학 관련 연구직업의 역할과 필요 역량 탐구 |
| 프로젝트형 봉사활동 | ▶ 전자기학의 에너지 절약 원리를 활용한 학교 내 에너지 절약 캠페인<br>▶ 초등학생 대상으로 빛과 물질의 관계에 대한 실험 수업 및 과학 교육 활동<br>▶ 지역사회 주민들을 위한 전기 효율화 및 에너지 절약에 관한 세미나 개최 |

### 학생부 기록 예시

'일렉트릭 유니버스'를 읽고, 전자기학이 단순한 물리 법칙을 넘어 우주의 구조와 에너지 흐름을 이해하는 데 핵심 역할을 한다는 사실을 인식함. 책에서 제시된 빛과 물질의 상호작용, 다차원 우주론, 양자역학적 개념 등을 탐구하며 복잡한 이론을 논리적으로 정리함. 전자기 유도 실험을 직접 설계하여 수행하며, 우주론에 대한 발표 및 토론을 통해 깊이 있게 탐색함. 또한 전기전자공학 및 천문학 관련 직업을 조사하고, 실제 연구 사례를 분석함. 과학적 호기심과 탐구심이 높고, 복잡한 과학 개념을 실생활 문제에 연결해 사고하는 통합적 시각이 돋보임.

**추천도서** 제 2의 기계시대(에릭 브린욜프슨 외, 이한음 역, 청림출판)

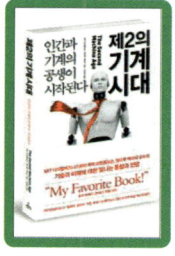

이 책은 인공지능과 기계학습 기술이 만들어 낸 새로운 경제 환경을 분석한다. 디지털 기술의 발전이 단순한 자동화를 넘어 창의성과 판단이 요구되는 영역까지 확장되고 있다고 말한다. 기술이 일자리를 대체하기도 하지만, 인간과 기계가 협업할 수 있는 새로운 기회가 만들어진다고 본다. 특히 기계학습의 중요성을 중심에 두고, 이후 벌어질 경제적 격차, 사회 구조의 변화, 교육과 정책의 필요성을 함께 짚는다. 기술의 진보 속에서 인간의 역할과 방향을 고민하게 하는 도서이다.

| **키워드** | 기계학습(인공지능, 디지털혁신, 자동화, 일자리변화, 협업, 기술격차) |
| :---: | :--- |
| **관련학과** | 전 공학계열, 인문(사학과, 철학과), 사회(경제학과, 사회학과, 정치외교학과), 자연(물리학과, 수학과, 정보통계학과, 통계학과), 교육(사회교육과, 컴퓨터교육과) |
| **연관 도서** | 플랫폼 제국의 미래(스콧 갤러웨이, 비즈니스북스), 기계는 어떻게 생각하고 학습하는가(뉴 사이언티스트 외, 한빛미디어), AI 리터러시: 인공지능 필수 지식부터 완벽 활용까지(김용성, 프리렉), 기계는 왜 학습하는가(아닐 아난타스와미, 까치) |

**➕ 탐구활동 주제**

- 기계학습 기술이 노동시장에 미치는 영향 탐구
- 인공지능과 인간의 협업 가능성에 대한 사례 연구
- 자동화에 따른 산업 구조의 변화 분석
- 디지털 격차와 사회 불평등의 상관 관계 탐색
- 인공지능 시대의 새로운 직업군 등장 모색

## 📌 심화 활동

| | |
| :---: | :--- |
| **자율·자치활동** | ▶인공지능 사용에 대한 윤리 헌장 제작 및 교내 교내 캠페인<br>▶자동화, 일자리 문제 들 디지털 전환에 대한 전교생 토론회 기획 및 진행<br>▶자동화 이후 등장할 직업들을 정리한 '미래직업백서' 제작 |
| **동아리활동** | ▶논리비평반: '제2의 기계시대' 내용 분석 후 비평 에세이 발표<br>▶경제탐구반: 자동화가 경제 구조에 미치는 영향 분석 후 카드뉴스 제작<br>▶창업창직반: 인공지능을 활용한 가상의 미래 비즈니스 모델 기획 |
| **진로 활동** | ▶기계학습과 딥러닝을 실제로 사용하는 AI 개발자 인터뷰<br>▶자동화 이후 부상할 신직업군(데이터라벨러, AI 트레이너 등) 탐색<br>▶미래 직업군을 연구하고 그 결과를 발표하는 연구발표대회 참여 |
| **프로젝트형 봉사활동** | ▶디지털 소외 계층을 위한 IT 교육 봉사 활동<br>▶지역 주민을 대상으로 자동화 사회 이해를 돕는 카드 뉴스 제작<br>▶인공지능 사용 시 주의사항을 알리는 교육용 영상 제작 및 배포 |

### 학생부 기록 예시 ·······

'제2의 기계시대'를 읽고, 'AI와 인간의 협업'을 주제로 한 교내 토론회를 기획하고 진행함. 학생들이 인공지능이 일자리를 대체할 것인가에 대해 찬반 토론을 벌임으로써, 기술 발전이 미래의 일자리에 미치는 영향을 심도있게 다룸. 디지털 소외 계층을 위한 'IT 교육 봉사'를 기획하고, 지역 어르신들에게 스마트폰 사용법을 교육함. '미래의 직업군'에 대한 탐구를 바탕으로, 자동화 시대의 직업군을 소개하는 포스터를 제작함. 기술 발전에 대한 깊은 이해와 이를 실천으로 연결하는 능력, 협업과 기획 능력, 사회적 문제에 대한 관심과 실천적 해결 방안을 모색하는 태도가 우수함.

진짜 하루만에 이해하는 반도체 산업(박진성, 티더블유아이지)

이 책은 복잡하고 어렵게 느껴지는 반도체 산업을 하루 만에 이해할 수 있도록 구성된 입문서이다. 시스템과 메모리, 설계와 제조, 파운드리 구조까지 반도체 산업 전반의 핵심 개념을 간결한 도표와 사례 중심으로 설명한다. 특히 글로벌 시장에서의 경쟁 구도와 인공지능 시대의 반도체 기술 변화에 주목하며, 산업 구조의 흐름을 한눈에 파악할 수 있게 안내한다. 미래기술에 관심 있는 독자들이 읽기에 적합한 설명 방식과 구성으로, 진로 탐색의 첫걸음으로 유용한 도서이다.

| 키워드 | 반도체(시스템, 메모리, 파운드리, 설계, 제조, 산업구조, 글로벌시장) |
|---|---|
| 관련학과 | 공학(반도체공학과, 에너지공학과, 전기공학과, 전자공학과, 전파정보통신공학과, 정보통신공학과, 컴퓨터공학과), 자연(물리학과, 수학과, 통계학과) 등 |
| 연관 도서 | 칩워, 누가 반도체 전쟁의 최후 승자가 될 것인가(크리스 밀러, 부키), 반도체 패권전쟁(이주완, 이든하우스), AI 반도체 혁명(권순우 외, 페이지2북스), 반도체 오디세이(이승우, 위너스북) |

## ➕ 탐구활동 주제

• 반도체 설계와 제조 공정의 연계성에 대한 탐구
• 글로벌 파운드리 기업의 시장 점유율에 대한 변화 추이 분석
• 인공지능의 기술 발전에 따른 반도체 수요 변화에 대한 연구
• 미래 기술 산업에서 반도체가 차지하는 역할 및 중요성 탐색
• 반도체 산업 생태계와 핵심 공정의 이해

## 📌 심화 활동

| | |
|---|---|
| 자율·자치활동 | ▶ 반도체 산업을 주제로 한 학급 독서 토론회 기획 및 진행<br>▶ '기술이 바꾸는 미래' 주제 아침 방송 시리즈 제작<br>▶ 반도체 용어, 역사, 기술에 관한 퀴즈 문제 출제 및 대회 운영 |
| 동아리활동 | ▶ 전자공학반: 시스템 반도체와 메모리 반도체의 구조 및 기능 비교 실험<br>▶ AI 융합반: 인공지능 발전에 따른 반도체 수요 변화 발표 자료 제작<br>▶ 산업탐구반: 삼성전자·TSMC의 산업 구조와 시장 전략 분석 발표 |
| 진로 활동 | ▶ 반도체 엔지니어 직업 인터뷰 영상 시청 후 보고서 작성<br>▶ 반도체 기업의 성장 과정과 기술 특화 영역에 대한 '기업 로드맵' 작성<br>▶ 반도체 공학과, 전자공학과 등 관련 학과 탐색 활동 |
| 프로젝트형 봉사활동 | ▶ 지역 도서관에 반도체 관련 자료 큐레이션 및 도서 전시 기획<br>▶ '우리 생활 속 반도체' 주제 시민 홍보 포스터 제작 및 배포<br>▶ 디지털 격차 해소 위한 반도체·IT기술 소개 웹페이지 제작 |

### 학생부 기록 예시

'진짜 하루만에 이해하는 반도체 산업'을 읽고 반도체 산업 구조에 대한 기초 개념을 익힌 후 메모리와 시스템 반도체의 차이를 구조적·기능적으로 비교 탐구하는 보고서를 작성함. 파운드리 기업의 글로벌 경쟁 구도에 관한 조사 발표를 수행하고, 반도체 퀴즈대회를 기획·운영하며 학급 내 과학 기술에 대한 관심을 유도함. 인근 중학생을 대상으로 반도체 원리 교육 프로그램을 개발하여 실제 수업을 진행함. 또한 전자공학과 교수 특강에 참여하고, 반도체 엔지니어 직업에 대한 탐색 보고서를 작성하며 진로 의식을 구체화함. 과학기술에 대한 흥미를 기반으로 논리적 분석과 기획력, 자료 활용 역량, 의사소통 능력을 돋보이는 활동을 주도적으로 수행하는 모습이 인상적임.

인문계열

사회계열

자연계열

공학계열

의약계열

교육계열

**추천도서** 침묵의 봄(레이첼 카슨, 김은령 역, 에코리브르)

　이 책은 1962년 처음 출간된 환경문제의 고전으로, 농약과 화학물질이 자연과 생태계에 미치는 영향을 깊이있게 다룬다. 특히 DDT와 같은 농약이 토양, 수질, 동물, 인간에 미치는 유해성을 과학적 증거와 사례를 통해 경고하며, 인간의 무분별한 화학물질 사용이 자연의 균형을 파괴하고 있음을 지적한다. 이 책은 환경운동의 시발점이 되었으며, 생태학적 사고의 중요성을 널리 알린 작품으로 평가받는다. 환경 보호의 필요성을 강조하면서 자연과 인간이 상호 연결되어 있다는 관점을 제시하는 등 인류가 지속 가능한 방식으로 살아야 한다는 메시지를 주는 도서이다.

| **키워드** | 환경(생태계, 농약, 자연보호, 지속 가능성, 화학물질, 생둘 다양성) |
|---|---|
| **관련학과** | 전 공학계열학과, 인문(사학과, 철학과), 사회(경제학과, 사회학과, 정치외교학과), 자연(대기환경과학과, 생물학과, 지구환경과학과, 화학과, 환경학과) 등 |
| **연관 도서** | 지구를 위한다는 착각(마이클 셸런버거, 부키), 기후변화 세계사(피터 프랭코판, 책과함께), 고릴라는 핸드폰을 미워(박경화, 북센스), 지구를 빼앗지 다!(김기범, 오르트), 탄소중립(김용환 외, 씨아이알) |

**➕ 탐구활동 주제**

• 농약 사용이 생태계에 미치는 영향 분석　　　　• 환경 토호를 위한 화학물질 규제 방안 모색
• 화학물질이 동물의 생식에 미치는 영향 연구　　• 농약이 인간 건강에 미치는 장기적인 영향 분석
• 농약 사용과 토양 생물의 상관 관계 비교

## 📌 심화 활동

| | |
|---|---|
| **자율·자치활동** | ▶ 교내 신문에 환경 관련 칼럼 연재 활동<br>▶ 학교 내 불필요한 전등 끄기 운동 및 전력 절약 프로그램 운영<br>▶ 교내 유휴 공간에 식물을 심기 및 친환경적 공간 조성 프로젝트 |
| **동아리활동** | ▶ 환경보호반: 자연 보호를 위한 다양한 활동 진행 및 환경 관련 지식 공유<br>▶ 에코팩반(재활용반): 학교 내에서 재활용 교육 및 캠페인<br>▶ 로봇 공학반 : 환경 문제 해결 로봇을 설계 및 효율적인 환경 관리 실험 |
| **진로 활동** | ▶ 환경 관련 학과 탐색 및 관련 기관 탐방<br>▶ 환경 보호를 위한 법과 정책을 연구하는 환경정책 전문가 직업 탐색<br>▶ 환경 문제를 사회에 알리는 환경 저널리스트 직무 탐색 |
| **프로젝트형 봉사활동** | ▶ 지역 공원이나 하천 등 정기적인 학교주변 환경 정화 활동<br>▶ 초등학생을 대상으로 지속 가능한 생활을 위한 교육 프로그램 운영<br>▶ 지역 사회에서 기후 변화와 그 영향을 알리는 캠페인 |

**학생부 기록 예시** ·····························································································

'침묵의 봄'을 읽고 농약과 화학물질이 생태계와 인간에게 미치는 영향을 주제로 독성학자와 환경 저널리스트 진로를 탐색함. 책에서 제기한 DDT 사용의 폐해와 자연 생태계의 붕괴 사례를 바탕으로, 국내 농약 규제 현황을 조사하고, 환경 유해물질에 대한 독성학적 실험 사례를 분석함. 또한 환경 저널리스트의 역할에 주목하여 기후 변화 및 환경 오염 관련 기사를 수집·분석하고, 이를 바탕으로 학교 신문에 환경 기획 칼럼을 작성함. 이 과정에서 과학적 근거를 바탕으로 정보를 해석하고, 이를 독창적으로 재구성하는 능력을 발휘함.

　　이 책은 핵융합 에너지의 원리부터 역사, 그리고 미래 전망까지를 폭넓게 다루고 있다. 태양이 빛을 내는 원리인 핵융합 반응을 인공적으로 구현하려는 인류의 오랜 꿈과, 이를 실현하기 위한 과학자들의 노력과 성과를 흥미롭게 소개한다. 특히, 핵융합 장치인 토카막의 작동 원리와 플라즈마 기술, 국제핵융합실험로(ITER) 프로젝트를 비롯한 최신 연구 동향을 상세히 설명하며, 핵융합 에너지 상용화가 가져올 미래 에너지 revolution에 대한 기대감을 높인다. 핵융합에 대한 기본적인 이해를 돕는 것은 물론, 에너지 문제에 대한 깊이 있는 통찰력을 제공하는 도서이다.

| 키워드 | 핵융합(에너지, 플라즈마, 토카막, ITER, 미래, 과학, 기술) |
| --- | --- |
| 관련학과 | 공학(기계공학과, 신소재공학과, 에너지공학과, 원자력공학과, 전기공학과, 전자공학과), 자연(물리학과, 지구환경과학과, 천문우주학과, 화학과) |
| 연관 도서 | 세계에너지 패권전쟁(양수영, 다산북스), 미래 에너지 중심, 리튬이온 배터리(이시준, 북메이크), 에너지가 바꾼 세상(후루타치 고스케, 에이지2), 탄소중립(김용환 외, 씨아이알) |

### ➕ 탐구활동 주제

- 핵융합 발전의 원리 및 장단점 분석
- 태양광 발전과 핵융합 발전의 경제성 및 환경성 비교 연구
- 인공태양 기술의 원리와 미래 에너지 활용 방안 탐색
- 미래 에너지원으로서 핵융합 에너지 상용화 가능성 모색
- 핵융합 에너지 개발과 관련된 윤리적 및 사회적 쟁점 고찰

## 📌 심화 활동

| 자율·자치활동 | ▶ 핵융합 에너지 관련 과학 다큐멘터리 시청 및 보고서 작성<br>▶ 학급 구성원들의 참여를 유도하는 에너지 절약 캠페인 기획 및 실행<br>▶ 학생회 주관 에너지 관련 설문조사 실시 및 결과 분석 |
| --- | --- |
| 동아리활동 | ▶ 융합에너지탐구반: 핵융합 에너지 관련 실험 및 토론<br>▶ 공학프로젝트반: 핵융합 원리를 적용한 장치 설계 및 제작<br>▶ 환경공학반: 지속 가능한 에너지 시스템 연구 및 실천 활동 |
| 진로 활동 | ▶ 원자력공학과 또는 에너지공학과 교수 인터뷰<br>▶ 핵융합 연구소 탐방 및 연구원과의 만남을 통한 직무 이해 활동<br>▶ 관련 학과 정보 수집 및 입학 요강 및 커리큘럼 탐색 활동 |
| 프로젝트형 봉사활동 | ▶ 지역 에너지 관련 시민단체와 협력하여 에너지 절약 홍보 캠페인 전개<br>▶ 학교 에너지 사용량 분석 및 절감 방안 제시 봉사활동<br>▶ 어린이 대상 핵융합 에너지 교육 프로그램 개발 및 운영 |

### 학생부 기록 예시 ·······

'태양을 만드는 사람들'을 읽고 핵융합 에너지의 무한한 잠재력에 매료되었으며, 동시에 에너지 불평등 문제를 인식함. 책에서 제시된 에너지 빈곤층의 어려움에 공감하여, 지역 시민단체와 협력하여 에너지 효율 개선 프로젝트에 적극 참여함. 에너지 빈곤 가정을 방문하여 단열 상태와 난방 시스템을 진단하고, 단열재 교체, LED 조명 설치, 고효율 난방 기기 설치 등의 실제적인 개선 작업을 수행함. 학교 발표회에서 활동 결과를 공유하고 에너지 빈곤 문제의 심각성을 알리는 데 기여함. 이 활동을 통해 공학적 지식을 사회 문제 해결에 적용하고, 봉사 정신과 협업 능력을 함양함.

　이 책은 신경해부학자인 저자가 37세에 겪은 좌뇌 출혈과 그로 인한 뇌 기능 상실, 회복 과정을 담은 회고록이다. 뇌졸중으로 좌뇌 기능이 멈추자 우뇌 중심의 인식이 펼쳐지며 저자는 평화롭고 경이로운 영적 체험을 경험하게 된다. 과학자로서의 냉철한 시선과 인간으로서의 깊은 내면 탐구가 어우러지며 뇌와 의식, 자아의 본질에 대한 통찰을 제시한다. 회복 과정을 통해 신체적 재활뿐 아니라 정서적 영적 성장까지 보여주며 뇌과학과 인간 존재에 대한 질문을 던지는 도서이다.

**키워드**　뇌졸중(좌뇌와 우뇌, 자기인식, 신경과학, 회복 과정, 뇌 기능)

**관련학과**　전 의약계열, 인문(신학과, 철학과, 종교학과, 철학생명의료윤리학과), 자연(생명공학과, 생명과학과, 생물학과), 공학(생물공학과, 의공학과) 등

**연관 도서**　나답게 살고 싶어서 뇌과학을 읽습니다(이케가야 유지, 포레스트북스), 무의식은 어떻게 나를 설계하는가(데이비드 이글먼, 알에이치코리아), 이데올로기 브레인(레오르 즈미그로드, 어크로스), 뇌가 힘들 땐 미술관에 가는 게 좋다(수전 매그새먼 외, 윌북)

## ➕ 탐구활동 주제

◆ 뇌졸중 후 회복 과정에서의 좌뇌와 우뇌 기능 비교 탐색
◆ 우뇌 중심 인식이 인간의 감정과 사고에 미치는 영향 연구
◆ 신경과학적 관점에서 본 의식과 자아의 형성 과정 탐구

◆ 뇌 손상 경험이 삶의 태도와 가치관에 미치는 변화 분석
◆ 뇌과학과 영적 체험의 연결 가능성에 대한 융합적 고찰

## 📌 심화 활동

| | |
|---|---|
| **자율·자치활동** | ▶뇌 질환, 회복과 신경과학 관련 교내 신문의 칼럼 작성<br>▶뇌졸중 초기 증상 인지와 응급대처 방법 안내 교내 캠페인<br>▶'건강 주간 행사' 의료정보 콘텐츠(포스터, 퀴즈, 카드뉴스 등) 제작 |
| **동아리활동** | ▶의학탐구반: 우뇌-좌뇌 기능 차이에 대한 논문 읽기 및 소논문 작성<br>▶심리연구반: 뇌 손상이 자아 및 감정 인식에 미치는 영향 사례 분석 및 발표<br>▶생명과학반 : 뇌 해부 구조 모델 만들기 및 뇌졸중 발생 원인 실험 진행 |
| **진로 활동** | ▶신경과학자나 신경외과 의사 초청 강연 참여 후 소감문 작성<br>▶신경과의사, 작업치료사, 물리치료사, 간호사 등 뇌질환 관련 직업군 조사<br>▶뇌과학·의학 관련 학과 진학을 위한 과목 선택, 독서, 활동 로드맵 설계 |
| **프로젝트형 봉사활동** | ▶지역 아동센터에서 퀴즈와 게임을 통해 뇌 건강 습관 교육 봉사<br>▶응급대처법과 관련된 카드뉴스를 제작하여 각 교실에 배포<br>▶뇌질환에 대한 인식을 높이는 신경계 질환 인식 개선 길거리 캠페인 |

**학생부 기록 예시** ································································································································

　'나는 내가 죽었다고 생각했습니다'를 읽고 뇌 기능의 분화, 자아 인식, 신경 재활의 중요성을 탐구함. 좌뇌와 우뇌 기능 차이에 대한 연구를 바탕으로 신경과학의 기초 개념을 정리하고, 뇌졸중 초기 증상 인지 및 응급처치 방법에 대해 카드뉴스를 제작해 교내 캠페인을 주도함. 또한 신경외과 전문의 인터뷰를 통해 뇌졸중 환자의 수술 및 회복 사례를 조사하고, 작업치료와 재활치료의 실제 적용 방식에 대해 발표함. 해당 과정을 통해 뇌 손상 환자의 회복을 위해 다양한 의학 분야가 협력한다는 점을 이해하고, 의약계열 진로에 대한 학문적 관심과 직업적 소명의식을 구체화함. 과학적 사고력, 탐구심, 진로 연계 역량을 고루 갖춘 태도가 우수함.

인문계열

사회계열

자연계열

약학계열

의약계열

교육계열

**추천도서**  내가 유전자를 고를 수 있다면(예병일, 다른)

이 책은 유전자의 선택과 생명공학의 발전이 인간 사회와 개인의 삶에 미치는 영향을 탐구한다. 유전자 편집 기술과 그로 인해 발생할 수 있는 윤리적 문제들을 다루며, 유전자의 선택이 개인의 삶뿐만 아니라 사회 전체에 어떤 변화를 가져올 수 있는지에 대해 논의한다. 특히, 인간 복제와 유전자 조작을 통한 '완벽한' 존재를 만들 수 있다는 가능성과 그로 인해 발생할 수 있는 도덕적 딜레마를 짚어본다. 유전학과 생명공학의 미래적 발전이 가져올 변화들에 대한 통찰과 이를 통해 기술과 윤리가 어떻게 상호작용해야 하는지에 대한 심도 깊은 논의를 이끌어낸다.

| **키워드** | 유전자(선택, 윤리, 인간복제, 생명공학, 유전자 편집, 미래 사회) |
|---|---|
| **관련학과** | 전 의약계열, 인문(철학과, 철학생명의료윤리학과), 사회(사회학과, 심리학과), 자연(생명공학과, 생명과학과, 생물학과, 화학과) 등 |
| **연관 도서** | 유전자 임팩트(케빈 데이비스, 브론스테인), 물고기는 존재하지 않는다(룰루 밀러, 곰출판), 생명과학, 신에게 도전하다(김응빈 외, 동아시아), 유전자 지배 사회(최정균, 동아시아) |

**➕ 탐구활동 주제**

• 유전자 편집 기술의 발전과 그 윤리적 논란 분석
• 인간복제와 유전자 선택이 사회에 미치는 영향 탐구
• 유전자 조작을 통한 질병 예방의 가능성 연구

• 생명공학 기술이 미래 사회에 미치는 영향 탐색
• 유전자 선택의 자유와 인간 존엄성의 균형에 관한 논의

## 📌 심화 활동

| | |
|---|---|
| **자율·자치활동** | ▶ 학생자치회 주관의 '유전자 편집 윤리 토론회' 기획 및 진행<br>▶ '생명과학 윤리위원회' 구성하여 관련 문제에 대한 학내 규정 및 캠페인<br>▶ '생명공학 발전과 인류 미래'를 주제로 한 교내 세미나 주관 |
| **동아리활동** | ▶ 논문탐구반: 최신 생명과학 논문을 읽고, 내용 요약 및 발표<br>▶ 의학윤리반: 생명공학 기술의 윤리적 문제를 논의하고 해결책 모색 활동<br>▶ 의학탐구반: 유전자 연구와 유전자 편집의 사례 분석 및 의학적 접근 모색 |
| **진로 활동** | ▶ 유전질환 연구를 수행하는 대학병원 또는 유전체 분석 기관 탐방<br>▶ 유전병 상담 전문가 직업 인터뷰 후 관련 직업 보고서 작성<br>▶ 유전자 편집으로 치료 가능한 질병과 실제 사례 정리 및 발표 |
| **프로젝트형 봉사활동** | ▶ 유전적 요인으로 발생하는 희귀질환 정보를 제공하는 교내 캠페인<br>▶ 유전자 분석 기반 정밀의료에 대한 정보를 쉽게 전달하는 리플릿 제작<br>▶ 유전자 검사 비용 및 접근성, 공공 지원 제도 관련 정보 제공 |

**학생부 기록 예시** ·····

'내가 유전자를 고를 수 있다면'을 읽고 의약계열 진로를 구체화함. 책에서 제시한 유전자 선택의 가능성과 위험성을 분석하며, 인간의 존엄성과 과학의 경계에 대한 질문을 탐색함. 이후 정밀의료와 유전 상담 분야에 대해 심화 탐구하고, 희귀 유전질환 인식 캠페인과 유전자 검사 정보 리플릿 제작 봉사활동에 참여함. 특히 의료윤리 세미나 참여를 통해 생명공학 기술의 활용에 따른 사회적 책임을 이해하고, 이를 바탕으로 지역 주민에게 정확한 정보를 제공하는 활동을 주도함. 다양한 활동을 통해 유전자 기반 의학에 대한 관심과 함께 의료인이 갖춰야 할 과학적 소양과 윤리적 판단력을 함양함. 과학적 탐구력과 사회적 책임 의식을 바탕으로 미래 의학 분야에서의 성장 가능성을 보여줌.

생명과 약의 연결고리(김성훈, 웅진지식하우스)

이 책은 생명과학의 발전이 약물 개발에 어떻게 영향을 미쳤고, 치료법이 어떻게 진화했는지를 설명한다. 유전자 연구와 바이오의약품 개발을 중심으로, 개인화 의료의 중요성과 약물 전달 기술의 발전을 다룬다. 또한, 의약품의 효능을 극대화하고 부작용을 최소화하기 위한 새로운 기술들이 어떻게 현실화되고 있는지 설명하며, 미래의 의약품 개발 방향을 제시한다. 생명과학과 의약학의 결합이 인간 건강에 어떻게 기여하는지에 대한 이해를 돕는 도서이다.

| 키워드 | 생명과학(약리학, 의약품, 유전자, 치료법, 바이오, 약물, 개인화 의료) |
|---|---|
| 관련학과 | 전 의약계열, 자연(생명공학과, 생명과학과, 수학과, 식물의학과, 원예생명공학과, 수학과, 통계학과), 공학(생물공학과, 의공학과, 화학공학과), 교육(생물교육과) 등 |
| 연관 도서 | 편견없는 유전자(애덤 러더퍼드, 다산북스), 세상 친절한 유전자 이야기(에블린 에예르, 미래의창), 유전자를 알면 장수한다(설재웅, 고려의학), 스테로이드 인류(백승만, 히포크라테스) |

### ➕ 탐구활동 주제

◆ 유전자 기반 치료법의 효능과 한계 탐구
◆ 바이오의약품과 전통 의약품의 차이 분석
◆ 약물 전달 시스템의 최신 기술 연구

◆ 개인화 의료가 가져올 미래의 변화 분석
◆ 약리학과 생명공학의 융합이 의료에 미치는 영향 탐색

## 📌 심화 활동

| | |
|---|---|
| 자율·자치활동 | ▶ 약물 사용 및 건강 관리의 중요성을 강조하는 캠페인<br>▶ 생명과학과 약학의 융합에 대해 연구하는 생명과학 세미나 운영<br>▶ 약물 전달 기술과 최신 약물 치료법 등 건강 주제의 학교 신문 제작 |
| 동아리활동 | ▶ 바이오연구반: 약리학 및 약물학의 최신 연구 동향에 대해 토론 및 발표<br>▶ 약물연구반: 의약품 개발과 관련된 실험 진행 및 결과 발표<br>▶ 헬스케어반: 웨어러블, 스마트약물관리시스템 등 최신 헬스케어기술 탐구 |
| 진로 활동 | ▶ 약학과 및 생명공학과 진학을 위한 과목 선택과 준비 방법 탐색<br>▶ 약물개발 과정을 경험할 수 있는 제약회사 또는 연구소 탐방<br>▶ 생명과학과 약학이 융합된 직업 탐색 및 발표 활동 |
| 프로젝트형 봉사활동 | ▶ 청소년 대상 건강 관리 설문조사 및 안전한 약물 복용 관련 워크숍<br>▶ 학교 내 건강 검진 프로그램 기획 및 운영<br>▶ 지역 보건소와 연계하여 개인화 의료 시스템에 대한 교육 활동 |

### 학생부 기록 예시

'생명과 약의 연결고리'를 바탕으로 생명과학과 약리학의 융합적 접근을 탐구하며, 헬스케어 동아리 활동에 참여함. 유전자 치료와 약물 전달 시스템에 대해 학습하고, 이를 바탕으로 동아리에서 최신 약물 전달 기술에 대해 실험하고 발표함. 또한, 약물 관리와 건강 관리의 중요성을 알리기 위해 지역 사회에서 약물 사용 교육 워크숍을 주최하고, 스마트폰 앱을 활용한 약물 복용 관리 시스템 개발 프로젝트를 진행함. 이를 통해 약리학과 생명과학의 실용적 융합 기술을 연구하고, 헬스케어 분야의 최신 동향과 기술적 응용에 대한 이해를 넓힘. 복잡한 생명과학 개념을 실험적 방법과 실생활 문제 해결에 적용하는 능력이 우수함.

**추천도서** 숨결이 바람될 때(폴 칼라니티, 이종인 역, 흐름출판)

이 책은 신경외과 의사였던 저자가 자신이 말기 암 투병 중 겪은 삶과 죽음에 대한 고뇌를 담은 회고록이다. 의사로서 생과 사의 경계를 다루던 그는 암 투병을 통해 인간 존재의 의미와 죽음의 필연성을 깊이 성찰하게 된다. 의학과 문학이 만나는 지점에서 인간의 존엄성, 삶의 가치, 그리고 죽음에 대한 새로운 관점을 제시한다. 자신의 직업과 질병을 맞닥뜨리며 환자이자 의사로서의 고뇌를 풀어내는 과정에서, 고통 속에서도 삶을 사랑하고, 삶의 끝자락에서 진정으로 중요한 것이 무엇인지를 탐구하는 도서이다.

| 키워드 | 의사(암, 죽음, 삶의 의미, 신경외과, 인간존엄, 문학과 의학) |
| --- | --- |
| 관련학과 | 전 의역계열, 인문(종교학과, 철학과, 철학생명윤료윤리학과), 사회(심리학과), 자연(생명공학과, 생명과학과), 교육(생물교육과, 윤리교육과) 등 |
| 연관 도서 | 차라투스트라, 그에게 삶의 의미를 묻다(박찬구그 세창출판사), 죽음의 수용소에서(빅터 프랭클, 청아출판사), 죽음과 죽어감(엘리자베스 퀴블러 로스, 청미), 죽음학 교실(고윤석 외, 허원북스) |

**➕ 탐구활동 주제**

◆암 투병 과정에서의 삶과 죽음에 대한 인식 변화 분석
◆암 투병 중 환자의 정신적, 감정적 변화에 대한 연구
◆죽음과 인간존엄성에 관한 의학적, 철학적 관점 비교 탐구

◆암 환자의 삶의 질 향상을 위한 신경외과적 접근법 분석
◆문학적 표현을 통한 의사-환자 관계의 심리적 측면 탐구

## 📌 심화 활동

| | |
| --- | --- |
| 자율·자치활동 | ▶암 예방과 건강한 생활습관에 대한 고내 캠페인 진행<br>▶의료 윤리의 정의과 다양한 사례 분석에 대한 세미나 주최<br>▶죽음의 의미와 인간 존엄성게 관한 의학적, 철학적 토론 진행 |
| 동아리활동 | ▶질병예방반: 암에 대한 기본적인 이해와 예방을 주제로 발표 및 실험 진행<br>▶의학연구반: 암 치료법과 초신 의학 연구에 대해 독서 후 발표, 토론<br>▶심리탐구반 : 암 환자의 심리적 변화와 정신 건강 관리 방안에 대한 연구 |
| 진로 활동 | ▶질병 진단과 치료 과정, 환자와의 소통 방법에 대한 전문의와의 인터뷰<br>▶의료윤리에 관한 세미나 또는 워크숍에 참여하여 관련 정보 탐색<br>▶의예과, 약학과, 간호학과 등 의약겨열 학과 진학을 위한 로드맵 작성 |
| 프로젝트형 봉사활동 | ▶암 환자 및 가족을 위한 윤리적 고민 상담 서비스 제공<br>▶암 환자와 가족을 위한 심리적 지원 프로그램 진행 활동<br>▶지역 병원과 연계하여 암 환자와 가족의 정서적 지원 활동 |

### 학생부 기록 예시 ·····················

'숨결이 바람될 때'를 읽고 삶과 죽음에 대한 깊은 성찰을 통해 의약계열에 대한 자신의 진로를 확고히 함. 특히 암 예방과 치료법에 대한 관심을 갖고, '암 예방 건강 정보 캠페인'을 기획하여 교내에서 건강한 생활습관의 중요성을 알리는 활동을 주도함. 이와 함께 지역 보건소와 연계한 '의료윤리 상담센터' 활동에서 암 환자와 그 가족이 겪는 윤리적 갈등과 정신적 고통을 이해하고, 상담활동을 보조함. 이를 통해 의사로서의 역할은 단순한 질병 치료만이 아닌, 환자와의 소통을 통해 그들의 삶의 질을 향상시키는 것임을 깨달음. 의학적 지식과 인간적 소통을 겸비한 의료인이 되기 위한 문제 해결력과 논리적 사고력이 돋보이는 학생임.

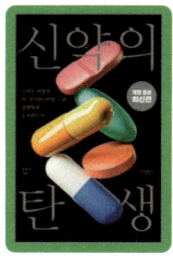

이 책은 신약이 과학의 산물이기 이전에 정치·경제·윤리·사회가 얽힌 복합적 결과임을 밝힌다. 한국과 인도의 신약 개발 사례를 중심으로 임상시험, 환자 모집, 규제, 제약자본의 흐름 등을 따라가며, 신약이 어떻게 사회적 조율과 갈등 속에서 탄생하는지를 탐색한다. 과학기술사회학(STS)의 관점에서 제약산업과 생명윤리를 조명하며, 생명과학의 이면에 숨은 권력과 이해관계, 특히 연구실 밖에서 벌어지는 의학과 제약의 정치적 현실을 추적하며 비판적으로 성찰하게 하는 도서이다.

| 키워드 | 신약개발(생명공학, 임상시험, 생명윤리, 자본, 제약회사, 의료정책) |
|---|---|
| 관련학과 | 전 의약계열, 인문(철학과, 철학생명의료윤리학과), 사회(경제학과, 사회학과, 심리학과), 자연(생명공학과, 생명과학과, 생물학과, 화학과), 공학(의공학과, 화학공학과) |
| 연관 도서 | 왜 의학이 발전해도 우리는 계속 아플까?(이규황, 메디치미디어), 바이오 신약 혁명(이성규, 플루토), 진짜 하루만에 이해하는 제약·바이오 산업(강하나, 티더블유아이지), 위대하고 위험한 약 이야기(정진호, 푸른숲) |

## ➕ 탐구활동 주제

◆ 신약 개발 과정에 내재한 과학적·사회적 쟁점 탐구
◆ 임상시험의 윤리성과 제도적 한계에 대한 분석
◆ 제약자본과 국가 정책의 상호작용 구조 연구
◆ 글로벌 제약산업에서의 환자 권리와 정보 비대칭성 탐색
◆ STS 관점에서 본 생명과학과 권력 관계 비교

## 📌 심화 활동

| | |
|---|---|
| 자율·자치활동 | ▶ 백신, 항생제 오남용 등 의약 정보 알리기 캠페인 기획<br>▶ 학교 보건·의료, 감염병 관리 등에 관한 정책 제안서 작성 및 제출<br>▶ 의약계열 진로탐색 소모임 운영 및 전교생 대상 설명회 주최 |
| 동아리활동 | ▶ 바이오연구반: 의약 관련 다큐멘터리 시청 후 윤리적 쟁점 토의<br>▶ 약학탐험반: 약학대학 전공과 연계된 약물 작용 메커니즘 연구<br>▶ 의과학반: 신약 개발 과정 모형 제작 및 발표 |
| 진로 활동 | ▶ 의약계열 학과 교수 초청 강연 청취 및 핵심 내용 정리<br>▶ 제약회사 또는 신약연구소 탐방 및 관련 직무 탐색 보고서 작성<br>▶ 신약개발 관련 국내외 뉴스 모니터링 및 진로노트 정리 |
| 프로젝트형 봉사활동 | ▶ 지역 보건소와 연계한 의약품 올바른 복용 교육 캠페인<br>▶ 청소년 대상 생명윤리 교육 자료 개발 및 학교 방문 발표<br>▶ 의약품 오남용 예방 콘텐츠(웹툰, 영상 등) 제작 및 온라인 배포 |

### 학생부 기록 예시 ·····························································

'신약의 탄생'을 읽고, 신약 개발 과정과 의약산업에 대한 깊은 이해를 바탕으로 다양한 활동을 진행함. '생명윤리 토론회'를 기획하여 임상시험과 동물실험의 윤리적 쟁점에 대해 논의하고, 의약 정보를 정확히 전달하는 활동을 진행함. 제약산업 직무 탐색 보고서를 작성하고, 의약계열 교수 초청 강연을 기획하여 친구들에게 진로 정보를 제공함. 지역 보건소와 협력하여 저소득층을 위한 의약품 복용 교육 캠페인을 진행하고, 약물복용법 안내 리플릿을 제작해 배포함. 의약계열에 대한 높은 관심과 실천적인 활동을 통해 주도적으로 탐색하며, 문제 해결능력과 사회적 책임감이 높은 학생임.

인문계열

사회계열

자연계열

약학계열

의약계열

교육계열

**추천도서** 의사와 수의사가 만나다(바버라 내터슨 호러위츠 외, 이순영 역, 모멘토)

이 책은 인간과 동물의 관계를 중심으로 의사와 수의사라는 두 직업이 어떻게 협력하고 소통하는지를 탐구한다. 의학과 수의학의 경계를 넘나들며, 환자와 보호자, 동물과 인간 사이의 상호작용을 통한 진료의 의미를 재조명하고, 동물의 사례를 인간 진료에 적용하는 등 새로운 진료 시각을 제시한다. 의료 윤리, 직업 간 협력, 인간과 동물의 공존에 대한 깊은 통찰을 제공하며, 의약계열 진로를 희망하는 학생들에게 직업의 다양성과 상호 존중의 중요성을 일깨워주는 도서이다.

| 키워드 | 의료 윤리(동물 치료, 인간과 동물, 진료 방식, 상호 존중, 직업간 경계) |
| --- | --- |
| 관련학과 | 전 의약계열 학과, 인문(철학생명의료윤리학과), 자연(미생물학과, 생명공학과, 생명과학과, 생물학과, 생물환경화학과, 수산생명의학과, 화학과) 등 |
| 연관 도서 | 의료산책 2: 의료를 둘러싼 이야기들(김장한, 북랩), 잘나가는 의사의 비밀(셰리 존슨, 바이북스), 수의사라서 행복한 수의사(김희진, 토크쇼), 위험한 과잉의료(피터 괴체, 공존) |

### ➕ 탐구활동 주제

◆ 인간과 동물의 질병 공통점에 대한 탐색
◆ 수의학 지식이 인간 의학에 응용된 사례 분석
◆ 의료 윤리 관점에서 본 인간과 동물 치료의 차이 비교
◆ 의사와 수의사의 협업 사례를 통한 진료 방식 연구
◆ 생명존중의 관점에서 본 직업 간 역할 인식 탐구

## 📌 심화 활동

| | |
| --- | --- |
| **자율·자치활동** | ▶ 교내 '감염병 예방 교육 캠페인' 기획 및 실행<br>▶ 감염병 확산 방지를 위한 학교 규칙 제안<br>▶ 건강과 생명 존중의 중요성을 알리는 슬로건 대회 진행 |
| **동아리활동** | ▶ 보건안전반: 학교 내에서 건강과 안전을 주제로 캠페인 및 워크숍 진행<br>▶ 의약과학반: 감염병의 발생 원인, 예방 방법에 대한 연구 및 결과 공유<br>▶ 공공보건연구반: 인수공통감염병 사례와 예방책에 대한 보고서 작성 |
| **진로 활동** | ▶ 의학 및 수의학 관련 대학을 방문하여 학과 멘토링 참여<br>▶ 의사·수의사 등 관련 직업인과의 만남 프로그램 참여 및 보고서 작성<br>▶ 의약계열의 진로탐색을 위한 관련 서적 독서 후 독후감 작성 |
| **프로젝트형 봉사활동** | ▶ 지역 동물보호소에서 동물 치료 및 건강 상태 점검 보조 활동<br>▶ 초등학생 대상 '올바른 반려동물 돌보기' 교육 프로그램 운영<br>▶ 지역 공공 기관과 연계한 '인수공통감염병 예방 캠페인' 자료 제작 및 배포 |

**학생부 기록 예시** ·······························································································································

'의사와 수의사가 만나다'를 읽고, 사람과 동물의 질병과 치료 방식의 유사성을 이해하며 의학과 수의학의 연계를 탐색함. 인간과 동물의 질병 비교 분석 발표를 진행하고, 의사·수의사의 협업 사례에 대해 자료를 수집해 포스터를 제작함. 수의사와 의사를 비교한 진로 브리핑을 직접 기획·발표하며, 해당 직업의 공통점과 차이점을 구조화하여 설명함. '인수공통감염병 예방 캠페인' 프로젝트형 봉사활동을 통해 지역 사회에 생명 존중 의식을 전파하고, 자료를 직접 제작 및 배포함. 융합적 사고력과 생명과학적 탐구 역량, 공동체적 실천력을 고루 갖춘 의약계열 진로 적합성을 드러냄.

이 책은 진화를 이해하는 새로운 관점을 제시하며 생물의 행동을 유전자 중심으로 해석한 고전이다. 생명체를 유전자의 생존과 복제를 위한 '생존 기계'로 보고, 개체가 아닌 유전자를 중심으로 자연선택을 설명한다. 이타적 행동조차 유전자의 생존 전략으로 바라보며, 인간을 포함한 생물의 본성과 진화 과정을 날카롭게 분석한다. 단순한 생물학 지식을 넘어 과학적 사고방식을 확장시키며, 진화생물학의 기초 개념과 현대 과학의 시각을 익힐 수 있는 도서이다.

| | |
|---|---|
| **키워드** | 유전자 (진화론, 자연선택, 생존 전략, 이타성, 자기복제자) |
| **관련학과** | 의약계열(건강관리학과, 보건관리학과, 수의예과, 약학과, 의예과, 임상병리학과, 한약학과, 한의예과), 자연(생명공학과, 생명과학과, 생물학과, 수산생명의학과) 등 |
| **연관 도서** | 진화: 살아 있는 모든 것들의 수수께끼(얀 파울 스휘턴, 논장), 이기적인 유전자란 무엇인가(나카하라 히데오미, 전파과학사), 협력의 진화(로버트 액설로드, 시스테마), 경험은 어떻게 유전자에 새겨지는가(데이비드 무어, 아몬드) |

## ➕ 탐구활동 주제

- 이기적 유전자 이론이 인간 사회와 행동에 미치는 영향 탐구
- 유전자 중심의 진화 이론과 생태계 내 상호작용 비교 분석
- 자연선택과 인류 문명의 발전 간 관계 연구
- 이타적 행동의 진화적 기원과 유전자 생존 전략 분석
- 유전자 복제의 전략과 인간의 도덕적 판단에 대한 탐구

## 📌 심화 활동

| | |
|---|---|
| **자율·자치활동** | ▶ 인간 유전자 편집, 생명 연장 기술 등 생명윤리 찬반 토론회 기획 및 운영<br>▶ 유전자 관련 최근의 의학적 이슈 조사 및 교내 게시판 활용 정기적 안내<br>▶ 유전성 질환에 대한 정보 제공 및 학교 건강정보 캠페인 |
| **동아리활동** | ▶ 생명탐구반: DNA 추출 실험 및 구조 모형 제작<br>▶ 융합과학연구반: 이기적유전자 기반 게임이론, 시뮬레이션 툴 활용한 실험<br>▶ 메디컬바이오반: 유전질환과 유전자 치료법 사례 조사 및 연구 활동 |
| **진로 활동** | ▶ 의대, 약대, 간호대 등 각 전공에서 유전학 응용 사례 탐색<br>▶ 유전상담사 등 관련 직업의 역할, 자격요건 등에 대한 리포터 작성<br>▶ 정밀의학과 맞춤의료 관련 미래 진로 포트폴리오 작성 |
| **프로젝트형 봉사활동** | ▶ 희귀 유전 질환 조사 및 인식 캠페인 및 카드뉴스 제작<br>▶ 건강과 질병 유전자의 연관성 탐구 및 질병 예방을 위한 교육 자료 제작<br>▶ 지역 보건소나 건강관리기관과 연계한 유전병과 가족력 상담 활동 보조 |

### 학생부 기록 예시

'이기적 유전자'를 읽고 유전자가 생물의 행동에 미치는 영향과 이타성의 유전적 기반에 대해 탐구함. 유전자 중심 진화론의 관점에서 인간 행동의 의학적 의미를 고찰하고, 유전병과 가족력의 상관관계를 조사함. 희귀 유전질환의 사례를 정리하고, 유전자 치료 기술(CRISPR 등)에 대한 장단점과 생명윤리적 쟁점을 분석함. 생명윤리 토론에 자율적으로 참여하며, 유전자 조작 기술의 미래 활용 가능성과 의약계 진로의 연계를 모색함. 과학적 지식을 의학 분야와 연계해 융합적으로 사고하고, 윤리적 관점에서 자신의 의견을 논리적으로 표현하는 역량이 탁월함.

인문계열

사회계열

자연계열

약학계열

의약계열

교육계열

**추천도서**　인수공통 모든 전염병의 열쇠(데이비드 콰먼, 강병철 역, 꿈꿀자유)

 이 책은 에볼라, HIV, 사스, 코로나바이러스 등 인수공통감염병의 기원을 과학적으로 추적하며, 바이러스가 동물에서 인간으로 넘어오는 경로와 그 원인을 생생한 취재와 탐사로 풀어낸다. 전 세계 과학자, 현장 연구자들과 동행하며 병원체의 진화, 숙주 동물의 생태, 인간 사회와의 연결을 심층적으로 분석한다. 복잡한 의학·생물학 개념을 흥미롭게 풀어내며, 팬데믹 시대 인류가 감염병에 대응하고 예방할 수 있는 통찰을 제공하는 도서이다.

| 키워드 | 감염병(바이러스, 전염병, 병원체 진화, 동물 숙주, 인간 감염, 팬데믹) |
| --- | --- |
| 관련학과 | 전 의약계열, 인문(철학생명의료윤리학과), 자연(미생물학과, 생명공학과, 생명과학과, 생물학과, 생물환경화학과, 수산생명의학과, 환경학과) 등 |
| 연관 도서 | 세계사를 바꾼 전염병 13가지(제니퍼 라이트, 산처럼), 페스트(알베르 카뮈, 민음사), 얼굴 없는 인간(조르조 아감벤, 효형출판), NEW 바이러스 쇼크(최강석, 에듀넷) |

### ➕ 탐구활동 주제

- 인수공통감염병의 발생 메커니즘과 확산 경로 분석
- 동물 숙주에서 인간으로 전이되는 병원체의 진화 탐구
- 팬데믹 발생과 인간 활동 간의 상관관계 연구
- 주요 인수공통 바이러스의 특징 비교
- 감염병 예방을 위한 글로벌 보건 협력 체계와 한계 분석

## 📌 심화 활동

| | |
| --- | --- |
| 자율·자치활동 | ▶ 교내 '감염병 예방 교육 캠페인' 기획 및 실행<br>▶ 감염병 예방과 확산 방지를 위한 학교 생활 규칙 제안<br>▶ 건강과 생명 존중의 중요성을 알리는 슬로건 대회 진행 |
| 동아리활동 | ▶ 보건안전반: 학교 내에서 건강과 안전을 주제로 캠페인 및 워크숍 진행<br>▶ 의약과학반: 감염병의 발생 원인, 예방 방법에 대한 연구 및 결과 공유<br>▶ 공공보건연구반: 인수공통감염병 사례와 예방책에 대한 보고서 작성 |
| 진로 활동 | ▶ 의학 및 수의학 관련 대학을 방문하여 학과 멘토링 참여<br>▶ 의사·수의사 등 관련 직업인과의 만남 프로그램 참여 및 보고서 작성<br>▶ 의약계열의 진로탐색을 위한 관련 서적 독서 후 독후감 작성 |
| 프로젝트형 봉사활동 | ▶ 지역 동물보호소 및 동물병원과 연계한 동물 치료 및 건강 상태 점검 봉사<br>▶ 대중에게 감염병 예방 수칙을 전파하는 감염병 확산 방지 캠페인<br>▶ 지역사회의 공공장소 위생 상태 점검 및 정기적인 환경 정화 활동 |

### 학생부 기록 예시

'인수공통 모든 전염병의 열쇠'를 읽고 인수공통감염병의 발생 원인과 확산 경로를 이해하며, 의약계열 진로에 대한 관심을 더욱 확고히 함. 감염병 예방을 주제로 교내 캠페인을 주도하고, 학교 내 위생 관리 방안을 보고서로 작성하여 발표함 보건실과 연계하여 '감염병 예방 교육' 프로그램을 기획하고, 지역 초등학교에서 직접 강의하며 건강 관리의 중요성을 전달함. 지역 동물보호소에서 동물의 건강 관리 점검 봉사활동에 참여하며, 의약계열 진로에 대한 실무 경험을 쌓음. 문제 해결력, 과학적 탐구 역량, 공동체 의식과 책임감을 고루 갖춘 학생임.

　이 책은 구강 내 미생물의 중요성과 그들이 건강에 미치는 영향을 탐구하는 책이다. 딱딱한 과학 지식을 쉽고 재미있는 이야기 형식으로 풀어내어, 우리 입속에 수많은 세균들이 공존하며 때로는 유익하게, 때로는 해롭게 상호작용하는 복잡하고 신비로운 관계를 생생하게 그린다. 충치균부터 잇몸병균까지 다양한 미생물들의 특징과 그들이 우리 건강에 미치는 영향은 물론, 건강한 구강 환경을 유지하기 위한 올바른 관리법까지 친절하게 안내한다. 우리 몸 전체의 건강과 미생물 생태계의 균형에 대한 폭넓은 정보를 제공하는 도서이다.

| 키워드 | 구강 건강(유익균, 유해균, 치주질환, 위생, 면역 시스템, 미생물) |
|---|---|
| 관련학과 | 전 의약계열, 자연(미생물분자생명과학과, 미생물학과, 분자생물학과, 생명공학과, 생명과학과, 생물학과, 화학과), 공학(화학공학과), 교육(생물교육과, 화학교육과) 등 |
| 연관 도서 | 치아건강과 구강관리(한유나, 아트하우스), 치아관리로 자기사랑을 시작한다면(공윤수, 달빛북스), 치과 위생사는 이렇게 일한다(정은지, 청년의사), 입속세균에 대한 17가지 질문(김혜성, 파라사이언스) |

### ⊕ 탐구활동 주제

- 구강 내 미생물의 종류와 역할 탐구
- 구강 위생 불균형이 전신 건강에 미치는 영향 분석
- 유익균과 유해균의 균형을 맞추는 방법 모색
- 구강 건강과 면역 시스템의 관계 연구
- 치주질환 예방을 위한 구강 위생 관리 방법 비교

## 📌 심화 활동

| | |
|---|---|
| 자율·자치활동 | ▶ 학교 내 구강 건강의 중요성을 알리는 캠페인 기획<br>▶ 구강 건강과 전신 건강의 연관성을 연구하여 보고서 작성<br>▶ 구강 내 미생물과 역할에 대해 설명하는 세미나 주도 |
| 동아리활동 | ▶ 구강연구반: 구강 내 미생물의 종류와 역할 연구 및 다양한 실험<br>▶ 의약정보반: 구강 건강과 관련된 의약 정보 정리 및 학생들에게 제공<br>▶ 헬스포럼반: 구강 미생물과 건강 관리 정보를 주제로 발표 및 토론 |
| 진로 활동 | ▶ 치과의사, 치위생사 등 구강 건강 관련 직업 탐색<br>▶ 구강 내 미생물과 그들의 역할에 관한 논문 적성 및 발표<br>▶ 의약계열 학과에 대한 다양한 정보를 제공하는 교내 진로 세미나 개최 |
| 프로젝트형 봉사활동 | ▶ 지역 초등학교나 복지관과 연계한 구강 위생 교육 봉사활동<br>▶ 지역 보건소와 연계한 치과 진료 보조 활동 및 구강건강 교육 활동<br>▶ 구강 건강 관리법과 관련된 리플릿을 제작하여 학교나 지역사회에 배포 |

### 학생부 기록 예시

　구강 미생물의 역할과 구강 건강에 대한 관심으로 '입 속에서 시작하는 미생물 이야기'를 읽고 다양한 활동을 주도함. 구강 내 미생물의 종류와 역할을 탐구하며, 실험을 통해 유익균과 유해균의 균형을 맞추는 방법을 연구함. '구강 건강 캠페인'을 기획하고, 학교 내에서 구강 위생 교육을 진행하여 올바른 양치법과 치주 질환 예방 방법을 안내함. 구강 건강 관련 직업을 조사하고, 치과의사와 치위생사를 초청해 진로 세미나를 개최하여 후배들에게 의약계열 진로 정보를 제공함. 지역 보건소와 협력하여 구강 건강 교육 봉사를 진행하며, 구강 미생물에 대한 리플릿을 제작해 배포함. 의약계열 진로에 대한 확고한 비전을 지니고 있으며, 탐구력과 기획력, 리더십이 우수한 학생임.

인문계열

사회계열

자연계열

공학계열

의약계열

교육계열

**추천도서** 현대의학의 진화(한헌, SUN)

이 책은 급변하는 의료 환경 속에서 현대의학이 어떻게 발전하고 있는지를 조망한다. 유전체 분석, 인공지능, 바이오 빅데이터 등 첨단 기술이 의학에 접목되며 등장한 정밀의료의 개념과 적용 사례를 중심으로 미래 의학의 방향을 제시한다. 특히 기존의 질병 치료 중심에서 예방과 맞춤형 진단으로 전환되는 흐름을 설명하며, 기술 발전에 따른 의료윤리의 중요성을 다룬다. 과학기술과 의학의 융합이 인간의 삶을 어떻게 변화시키고 있는지를 그려내며, 미래 의료에 관심 있는 청소년들에게 의학의 진보와 가능성을 이해할 수 있는 기회를 제공하는 도서이다.

**키워드** 현대의학(정밀의료, 유전체 분석, AI 의료, 바이오빅데이터, 의료윤리)

**관련학과** 전 의약계열, 인문(철학과), 사회(심리학과), 자연(물리학과, 생명공학과, 생명과학과, 소프트웨어융합학과, 수학과, 통계학과), 공학(의공학과, 화공생명학과, 화학공학과)

**연관 도서** 누구 먼저 살려야 할까?(제이콥 M. 애펠, 한빛비즈), 의사는 윤리적이어야 하는가(장동익, 씨아이알), 알기 쉬운 의료AI(조영훈, 여문각), 정밀의료 시대가 온다(강진혁, 청년의사)

⊕ **탐구활동 주제**

• 정밀의료 기술이 질병 진단과 치료에 미치는 영향 탐구
• 유전체 분석 기반 맞춤형 치료법의 발전 방향 연구
• 인공지능을 활용한 의료 진단 시스템의 효율성 분석
• 바이오 빅데이터의 활용이 의료윤리에 미치는 영향 탐색
• 현대으 학의 진화가 의사의 역할 변화에 미치는 영향 비교

## 📌 심화 활동

| | |
|---|---|
| **자율·자치활동** | ▶ 인공지능 의료 기술 발전에 따른 AI와 의료 윤리 토론회 개최<br>▶ 유전체 기반 맞춤형 치료인 정밀의료에 대해 소개하는 캠페인 운영<br>▶ 고대부터 현재까지의 의학 발전사를 정리한 의학 기술 진화 연표 제작 |
| **동아리활동** | ▶ 의료 AI반: 의료 영상, 챗봇 상담 등 인공지능기술의 의학적 응용 사례 탐구<br>▶ 미래의학탐구반: 의학 기술 진화와 직업 변화에 대한 탐색과 발표 진행<br>▶ 의학윤리반 : 기술 발전에 따른 의료윤리 문제에 대한 스터디와 토론 활동 |
| **진로 활동** | ▶ 의료 AI 개발자, 유전상담사 등 첨단 의학 직업군 탐색 및 인터뷰<br>▶ 대학의 관련 학과(의료정보학과 등)를 탐방하고 커리큘럼 분석 및 보고서 작성<br>▶ 최신 의학 기술과 관련된 논문이나 노고서 요약 및 발표 |
| **프로젝트형 봉사활동** | ▶ 웨어러블 기기 활용법 등 건강데이터 활용법 캠페인<br>▶ 의료 정보 보호 및 개인정보의 중요성에 대한 교육 자료 제작 및 교육활동<br>▶ 지역 축제나 행사에서 간단한 유전자 정보 및 질병 예측 기술 체험부스 운영 |

**학생부 기록 예시** ⋯⋯⋯⋯⋯⋯⋯⋯⋯⋯⋯⋯⋯⋯⋯⋯⋯⋯⋯⋯⋯⋯⋯⋯⋯⋯⋯⋯⋯⋯⋯⋯⋯⋯⋯⋯⋯⋯⋯⋯⋯⋯⋯⋯

'현대의학의 진화'를 읽고 정밀의료, 유전체 분석, 의료 AI 등 현대 의학기술의 흐름을 이해하고, 미래 의사의 역할 변화와 의료윤리에 대해 탐구함. 인공지능 기반 진단 기술 사례를 조사하고, 빅데이터 활용과 윤리적 쟁점에 대한 토론을 주도함. AI 의료기술의 발전과 개인정보 보호를 주제로 발표회를 기획하고, 지역 행사에서 건강데이터 홑용법을 알리는 봉사활동을 수행함. 또한 헬스케어 관련 진로탐색 과정에서 의료정보학과 커리큘럼 분석 및 전문가 인터뷰를 진행함. 기술과 윤리가 융합된 미래의학의 흐름을 통합적으로 이해하고 이를 실천적 활동으로 연결하는 역량이 뛰어남.

이 책은 부모와 교사, 아이 사이의 소통 방식을 따뜻하게 안내하는 심리·교육서로, 아이들의 감정에 공감하고 존중하는 대화의 중요성을 강조한다. 비난하거나 지시하는 대신, 감정을 인정하고 솔직하게 표현하는 법을 알려주며 건강한 관계를 맺는 기반을 마련한다. 실제 사례와 구체적인 대화 예시를 통해 누구나 쉽게 실천할 수 있는 소통법을 제시하며, 말 한마디가 아이의 자존감과 인격에 어떤 영향을 미치는지 깊이 있게 다룬 도서이다.

| 키워드 | 공감(소통, 감정인정, 부모역할, 교사역할, 관계형성, 경청, 비폭력대화) |
| --- | --- |
| 관련학과 | 전 교육계열 학과, 인문(국어국문학과, 문화인류학과, 언어학과, 철학과), 사회(문헌정보학과학, 문화콘텐츠학과, 사회학과, 상담심리학과, 심리학과, 아동학과) 등 |
| 연관 도서 | 부모의 말 한마디, 행동 하나가 아이를 바꾼다(남동우, 메아트북스), 교실 문화 혁명(교실연고, 글라이더), 교사의 서재(이한진, 테크빌교육), 마음과 마음을 잇는 교사의말공부(천경호, 우리학교) |

## ➕ 탐구활동 주제

• 감정 인정이 아동의 자존감에 미치는 영향 탐구
• 교사-학생 간 소통 방식의 변화에 대한 사례 연구
• 부모의 언어가 아이의 행동에 미치는 영향 분석

• 공감 중심 대화법과 비폭력대화의 효과 비교
• 청소년의 관계 형성에서 경청의 역할 탐색

## 📌 심화 활동

| 자율·자치활동 | ▶ 학급 내 갈등 상황 해결을 위한 공감 대화 프로젝트<br>▶ 관계 회복을 위한 '사이 회복 카드' 제작 및 배포 활동<br>▶ '감정을 존중하는 말하기'를 주제로 한 전교생 대상 캠페인 |
| --- | --- |
| 동아리활동 | ▶ 심리커뮤니케이션반: 감정 표현 훈련과 공감 대화 실습<br>▶ 상담연구반: 또래 관계 갈등 사례 분석 및 해결법 모색<br>▶ 교육심리탐구반: 교사-학생 대화 유형 분석 및 사례 발표 |
| 진로 활동 | ▶ 심리상담사, 청소년지도사, 사회복지사 등 공감 기반 직업군 탐색<br>▶ 교육학과·아동심리학과·청소년학과 진학 관련 정보 조사<br>▶ 지역 상담센터 또는 위(Wee)클래스 선생님 인터뷰 및 활동 체험 |
| 프로젝트형 봉사활동 | ▶ 또래 상담 자원봉사 활동 및 관계 개선 코칭 프로그램<br>▶ 지역 아동센터에서 감정 그림카드 활용 소통 프로그램 보조<br>▶ 비폭력대화법을 알리는 청소년 대상 강의자료 제작 및 배포 |

**학생부 기록 예시** ⋯⋯⋯⋯⋯⋯⋯⋯⋯⋯⋯⋯⋯⋯⋯⋯⋯⋯⋯⋯⋯⋯⋯⋯⋯⋯⋯⋯⋯⋯⋯⋯⋯⋯⋯⋯⋯⋯⋯⋯⋯⋯⋯⋯⋯⋯⋯⋯⋯⋯⋯⋯⋯

'교사와 학생 사이'를 읽고 학급 내 갈등을 해결하기 위한 공감 대화 캠페인을 운영하여 또래 간의 건강한 소통 문화를 조성함. 감정 표현 훈련과 공감 대화 실습을 통해 관계의 질 향상에 대해 탐구하여 이를 시각화하여 학급 회의 시간에 발표함. 심리상담사 및 청소년지도사 등 공감 기반 직업군을 조사하고, 상담 교사와의 인터뷰를 통해 실제 현장을 간접 체험함. 지역 아동센터에서 감정 그림카드를 활용한 소통 교육을 기획하고 실행함. 타인의 감정을 존중하고, 효과적인 의사소통 능력을 보이며, 성숙한 공감 역량이 돋보이는 학생임.

**추천도서** 교실 이데아(김신완, 을유문화사)

이 책은 교실에서의 교육과 학습을 철학적으로 탐구한다. 저자는 '이데아'라는 개념을 통해 교육의 본질과 목적을 성찰하며, 교실이라는 공간을 단순한 지식 전달의 장이 아닌, 인간 존재와 삶의 의미를 탐구하는 장으로 제시한다. 교사와 학생 간의 관계, 학습의 의미, 그리고 교육이 개인과 사회에 미치는 영향을 깊이 있게 다룬다. 이데아를 통해 교육의 진정성과 가치를 되새기며, 교육의 본질에 대한 깊은 성찰을 유도하는 도서이다.

| | |
|---|---|
| **키워드** | 교육(교실, 학습, 철학, 교사, 학생, 혁신, 소통, 성장) |
| **관련학과** | 전 교육계열 학과, 인문(문화인류학과, 미학과, 사학과, 언어학과, 철학과), 사회(문헌정보학과, 문화콘텐츠학과, 사회복지학과, 사회학과, 심리학과, 아동학과) 등 |
| **연관 도서** | 어쩌다 교사(김성중, 두란노서원), 교사 십계명(하정완, ㄴ-눔사), 당신은 좋은 교사입니다(김용재, 좋은 씨앗), 초연결학교(함돈균, 쌤앤파커스) |

**➕ 탐구활동 주제**

- 교실 내 권력 관계와 학생 주체성 형성의 관계 분석
- '교실 이데아'의 관점에서 본 한국 교육의 문제점 분석
- 한국 교육 현실 비판과 이상적 교육 모델 탐색
- '교실 이데아'에 나타난 교육 철학 비교 분석
- '교실 이데아'와 '이상적인 학교'의 실현 방안 모색

## 📌 심화 활동

| | |
|---|---|
| **자율·자치활동** | ▶ 교실 내 소통과 학습 분위기 개선을 위한 교실 환경 개선 프로젝트<br>▶ 교사와 학생의 소통 원활을 위한 학생-교사 간 소통 향상 프로그램 운영<br>▶ 학생자치회가 주최하는 교육철학과 관련된 학생 토론회 개최 |
| **동아리활동** | ▶ 교육철학반: 교육과 철학을 연결하여 교육혁신 방안과 교실 환경 개선 탐색<br>▶ 의사소통연구반: 의사를 효고적으로 전달하기 위한 '교실 소통 프로젝트'<br>▶ 자기주도학습반: 자기주도 학습에 대한 다양한 방법 실험 및 결과 공유 |
| **진로 활동** | ▶ 교사 역할 체험하며, 교실에서의 교육 방식과 학생과의 상호작용 분석<br>▶ 교육학 분야의 다양한 직업군(교사, 장학사, 교육연구원 등) 탐색<br>▶ 교육 혁신을 이끄는 직업(교육디자이너, 교육프로그램 개발자 등) 탐구 |
| **프로젝트형 봉사활동** | ▶ 기초 학력이 부족한 학생들을 위한 교육 봉사 활동<br>▶ 다문화 학생들을 대상으로 교육 철학을 바탕으로 학습 멘토링<br>▶ 장애학생들을 위한 맞춤형 학습 도구 제작 및 지원 봉사 활동 |

**학생부 기록 예시** ·····

'교실 이데아'를 바탕으로 교실 환경과 교육 철학에 대한 깊은 탐구를 진행함 교육의 본질과 교사-학생 간의 관계를 이해하고, 교실 내 소통 방식과 학습 분위기를 개선하기 위한 프로젝트를 구상하고, 학생들의 참여와 학습 효과를 증진시킬 수 있는 아이디어를 제시함. 또한, 학급에서 '교실 이데아' 독서 모임을 주도하여 동료 학생들과 토론하고, 교육 철학에 대한 논의를 활성화함. 교육의 본질과 목적을 이해하며, 교사와 학생 간의 소통을 강화하고자 하는 의지를 보임. 교실 혁신과 학습 환경 개선에 대한 관심이 높고, 문제 해결 능력과 리더십이 돋보이는 학생임.

다시 읽는 민주주의와 교육(존 듀이, 심성보 역, 살림터)

이 책은 부모와 교사, 아이 사이의 소통 방식을 따뜻하게 안내하는 심리·교육서로, 아이들의 감정에 공감하고 존중하는 대화의 중요성을 강조한다. 비난하거나 지시하는 대신, 감정을 인정하고 솔직하게 표현하는 법을 알려주며 건강한 관계를 맺는 기반을 마련한다. 실제 사례와 구체적인 대화 예시를 통해 누구나 쉽게 실천할 수 있는 소통법을 제시하며, 말 한마디가 아이의 자존감과 인격에 어떤 영향을 미치는지 깊이 있게 다룬 도서이다.

| 키워드 | 민주주의(교육, 경험, 성장, 공동체, 참여, 자유, 평등, 책무성, 창의성) |
|---|---|
| 관련학과 | 전 교육계열 학과, 인문(문화인류학과, 사학과, 언어학과, 철학과), 사회(문헌정보학과, 법학과, 사회복지학과, 사회학과, 심리학과, 아동학과, 정치외교학과, 행정학과) 등 |
| 연관 도서 | 시민이 만드는 민주주의(강원택, 박영사), 비판적 시민성을 위한 민주주의 교육(폴 R. 카 외, 다봄교육), 학생자치, 학생주권시대를 열다(김요섭 외, 테크빌교육) |

### ➕ 탐구활동 주제

• 민주주의 가치가 교육과정에 반영되는 방식 탐구
• 존 듀이의 교육철학과 오늘날의 공교육 시스템 비교
• 학생 참여가 교육의 질에 미치는 영향 분석
• 자유와 평등의 균형을 고려한 이상적인 교육 제도 설계 모색
• 공동체 기반 학습과 경쟁 중심 학습의 차이점과 효과 비교

## 📌 심화 활동

| 자율·자치활동 | ▶ 소수 의견을 존중하는 문화 캠페인 기획<br>▶ 학생자치회에서 학교 내 의사결정에 학생 참여 확대 모색활동<br>▶ '민주주의와 학교생활' 주제의 학급 토의 및 실천 활동 진행 |
|---|---|
| 동아리활동 | ▶ 교육철학반: 존 듀이 교육사상 분석 및 현대 교육과 비교<br>▶ 공공정책토론반: 학생 참여 정책 사례 조사 및 제안서 작성<br>▶ 학교민주주의연구반: 국내외 학교 자치 사례 조사 및 발표 |
| 진로 활동 | ▶ 교육학과, 사회교육과, 철학과 등 관련 학과 정보 탐색 활동<br>▶ 교육 정책 관련 직업(교육행정직, 교육정책연구원 등) 조사<br>▶ 혁신학교나 듀이의 교육 철학을 실천하는 교사와의 인터뷰 |
| 프로젝트형 봉사활동 | ▶ 청소년의 권리와 책임 주제 교육자료 제작 및 나눔<br>▶ 공공도서관에서 '교육의 의미'를 주제로 책 큐레이션 봉사 활동<br>▶ 교육소외지역 아동 위한 '참여형 배움' 워크북 제작 및 배포 |

### 학생부 기록 예시 ·····················

'민주주의와 교육'을 읽고 교육의 본질과 민주주의의 역할에 관심을 가짐. 학급 규칙을 학생들이 직접 제안·토론하여 결정하는 과정을 주도하며, 자치의 의미와 공정한 의사결정 절차의 중요성을 체득함. 존 듀이의 사상을 분석하고 현대 교육과 비교하는 발표 활동을 통해 교육철학적 사고력을 심화함. 교육학과 및 교육정책 관련 직무를 조사하고, 지역 아동을 대상으로 한 '민주적 의사결정 체험 활동' 프로젝트에 참여하며 교육의 실제적 가치와 학생 참여의 의미를 실천함. 교육에 대한 철학적 이해를 바탕으로 공동체적 삶의 의미를 탐구하고, 적극적으로 참여하며 성장하는 태도를 보임.

인문계열

사회계열

자연계열

공학계열

의약계열

교육계열

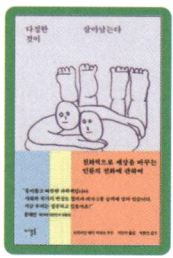

이 책은 인간과 동물의 진화 과정을 통해 다정함과 친화력이 생존의 핵심 전략임을 주장한다. '자기 가축화(Self-domestication)'라는 개념을 통해, 인간과 일부 동물이 공격성을 줄이고 협력 능력을 향상시켜 살아남았다고 한다. 개는 인간과의 친화력을 통해 늑대와는 다른 진화 경로를 택했으며, 인간 역시 협력과 공감을 통해 다른 인류 종보다 번성할 수 있었다. '적자생존'이라는 기존의 관점을 넘어, 다정함이야말로 생존과 번영의 열쇠임을 다양한 사례를 통해 제시하는 도서이다.

| **키워드** | 다정함(협력, 진화, 생존전략, 인간본성, 사회성, 공감, ㅈ-연선택) |
|---|---|
| **관련학과** | 전 교육계열 학과, 인문(문화인류학과, 철학과), 사회(사회학과, 상담심리학과, 심리학과, 정치외교학과, 행정학과), 자연(생명공학과, 생명과학과, 생물학과) 등 |
| **연관 도서** | 공감의 시대(프란스 드 발, 김영사), 무엇이 우리를 다정하게 만드는가(스테퍼니 프레스턴, 알레), 물고기는 존재하지 않는다(룰루 밀러, 곰출판) |

### ⊕ 탐구활동 주제

• '다정함'과 '협력'적 태도가 교육 현장에 미치는 영향 탐구
• 인간의 사회성과 공감 능력의 교육적 활용 방안 모색
• 사회성 및 공감 능력을 향상을 위한 교육 프로그램 탐색

• 경쟁보다 협력이 우세한 생물학적 사례 분석
• 다정함이 현대 사회의 협력과 공존에 미치는 영향 탐구

## 📌 심화 활동

| | |
|---|---|
| **자율·자치활동** | ▶ 협력과 공감에 기반한 학급 갈등 조정 프로그램 제안 및 실천<br>▶ 공감과 협력을 증진시키기 위한 '다정함을 실천하는 학교 만들기' 캠페인<br>▶ '다정한 것이 살아남는다' 독서 후 학교 자치 토론회 기획 및 발표 |
| **동아리활동** | ▶ 교육연구반: 갈등 상황을 평화롭게 해결하는 교육 프로그램 설계<br>▶ 사회과학탐구반 : 사회적 협력과 진화 관련 학술논문 요약 및 발표<br>▶ 도서반 : '다정한 것이 살아남는다'와 관련 도서 읽기 및 비평 공유 |
| **진로 활동** | ▶ 진화생물학자 및 인류학자 진로 탐색 보고서 작성<br>▶ 학교의 현직 교사를 멘토로 한 정기적인 만남 및 인터뷰<br>▶ 교육 관련 분야 직업인이 운영하는 온라인 멘토링 플랫폼 활동 |
| **프로젝트형 봉사활동** | ▶ 지역사회 공감 캠페인('나눔은 유전된다') 진행 및 포스터 배포<br>▶ 다문화 가정 아동 대상 협력 놀이 중심의 교육 프로그램 개발<br>▶ 효과적인 학습법, 학교생활 팁 등 교육에 대한 온라인 콘텐츠 제작 |

### 학생부 기록 예시 ....................................................................................................................

'다정한 것이 살아남는다'에서 제시된 인간과 동물의 유대 관계가 사회성 발달에 미치는 영향을 탐구하고, 이를 교육적으로 활용하는 방안에 관심을 가짐. '다정함을 실천하는 학교 만들기' 캠페인을 주도하여, 학생들 간의 공감을 조성하는 프로그램을 운영함. 지역 아동 센터에서 학습 멘토링 봉사활동에 참여하여 학생들의 학습 과정을 지원하고 정서적 유대감을 형성함. 이 과정에서 학생들의 어려움을 공감하고 격려하는 것이 학습 효과에 긍정적인 영향을 미치는 것을 경험함. '다정함'이 교사의 효과적인 소통 방식과 연결됨을 이해하고, 미래 교육자로서의 소양을 기름.

이 책은 인간 본성에 기초한 자연주의 교육철학을 담은 고전이다. 교육이 아이의 성장 단계에 따라 자연스럽게 이루어져야 하며, 억압이나 강제가 아닌 자유와 경험을 통해 자율성과 도덕성을 기를 수 있어야 한다고 강조한다. 주인공 에밀을 통해 아이가 자연과 교감하며 점차 이상적인 시민으로 성장하는 과정을 그리며, 교육의 목적은 단순한 지식 전달이 아니라 인간다운 인간을 기르는 데 있다는 메시지를 전달한다. 개인의 자유와 사회적 책임 사이의 균형을 고민하게 만드는 책으로, 오늘날 교육의 근본을 돌아보게 하는 깊은 성찰을 제공한다.

**키워드** 자연주의(교육, 자율성, 성장, 경험, 도덕성, 인간본성, 자유, 사회화)

**관련학과** 전 교육계열 학과, 인문(문화인류학과, 미학과, 사학과, 신학과, 종교학과, 철학과), 사회(공공인재학과, 문화콘텐츠학과, 사회학과, 심리학과, 아동학과) 등

**연관 도서** 배움의 발견(타라 웨스트오버, 열린책들),질문 수업 레시피(이성일, 맘에드림), 교육철학 및 교육사(신득력, 양서원), 서양교육철학사(안드레아 R. 잉글리쉬 · 학지사)

## ➕ 탐구활동 주제

- 루소의 교육관과 존 듀이 교육철학 비교 분석
- 아동 발달 단계에 따른 교육 방식의 차이 연구
- '에밀'에 나타난 교사의 역할 분석
- '에밀'의 자연주의 교육 원리가 현대 교육에 주는 시사점 탐구
- 루소의 시민 교육 사상이 현대 교육에 미친 영향 분석

## 📌 심화 활동

| | |
|---|---|
| **자율 · 자치활동** | ▸ 교내 독서토론회에서 '에밀'을 주제로 자유교육 실천 사례 발표<br>▸ 학생 스스로 정한 '자기 성장 목표' 공유 및 월별 점검 활동<br>▸ 또래 조언 프로그램 운영으로 후배 자율성 성장 도우미 |
| **동아리활동** | ▸ 교육철학연구반 : 루소, 듀이, 몬테소리 교육 사상 비교 분석<br>▸ 인간발달탐구반 : 아동 · 청소년 발달 단계별 교육 사례 조사<br>▸ 자연주의교육탐구반 : 텃밭 가꾸기 및 자연 관찰 활동 |
| **진로 활동** | ▸ 교육학과, 유아교육과, 청소년상담학과 등 관련 전공 정보 탐색<br>▸ 교육 관련 직업(교사, 교육정책가, 교육연구자 등) 인터뷰 활동<br>▸ 유치원, 어린이집, 아동 발달 연구소 등 탐방후 보고서 작성 |
| **프로젝트형 봉사활동** | ▸ 지역아동센터에서 '스스로 배우는 놀이 교육' 봉사 운영<br>▸ 아동용 인성 · 도덕 동화책 큐레이션 및 낭독 봉사<br>▸ 발달 단계별 적절한 학습법 자료 만들기 및 배포 활동 |

### 학생부 기록 예시 ⋯⋯⋯⋯⋯⋯⋯⋯⋯⋯⋯⋯⋯⋯⋯⋯⋯⋯⋯⋯⋯⋯⋯⋯⋯⋯⋯⋯⋯⋯⋯⋯⋯⋯⋯⋯⋯⋯⋯⋯⋯⋯⋯⋯⋯

'에밀'을 읽고 루소의 자연주의 교육철학에 관심을 가지게 되었으며, 자율성과 도덕성의 본질에 대해 탐구함. 교육철학연구회 동아리에서 루소, 듀이, 몬테소리의 교육 사상을 비교하며 이상적인 교육의 방향에 대해 발표하였고, 자율적 학습 환경 조성을 위한 학급 내 규칙 제안 활동에도 주도적으로 참여함. 유아교육과 진로를 탐색하며 아동 발달 단계별 교육 사례를 분석하고, 지역아동센터에서 아동의 자율적 놀이 중심 활동을 지원하는 프로젝트형 봉사활동에 참여함. 철학적 이해를 바탕으로 실천적 활동을 연계하며 자기 주도성과 공동체적 책임 의식이 높은 학생임.

인문계열

사회계열

자연계열

공학계열

의약계열

교육계열

이 책은 전통과 규율이 강조되는 명문 기숙학교에서 새로운 방식의 교육을 시도하는 키팅 선생님과 그의 가르침에 영향을 받은 학생들의 이야기를 담고 있다. 키팅 선생님은 학생들에게 기존의 틀을 깨고 자기 목소리를 찾는 법, 삶을 열정적으로 살아가는 법을 가르치며 진정한 배움의 의미를 일깨운다. '카르페 디엠(현재를 즐겨라)'이라는 메시지를 중심으로 자유와 창의성, 비판적 사고의 중요성을 강하게 전달하며, 청소년의 자아 탐색과 성장 과정을 감동적으로 그려낸 작품이다.

| 키워드 | 자기표현(자율성, 비판적사고, 창의성, 교육, 저항, 자유, 개인주의) |
| --- | --- |
| 관련학과 | 전 교육계열 학과, 인문(국어국문학과, 문예창조학과, 미학과, 언어학과, 영어영문학과, 철학과), 사회(문화콘텐츠학과, 사회학과, 심리학과, 아동학과, 행정학과) 등 |
| 연관 도서 | 교실문화혁명(교실연고, 글라이더), 교사의 서재(이한진, 테크빌교육), 배움의 공동체(손우정, 해냄출판사), 교육의 아름다운 위험(거트 비에스타, 교육과학사) |

### ➕ 탐구활동 주제

• 전통적 교육과 혁신적 교육 방식의 차이 분석
• 청소년기의 자아 정체성과 표현의 자유 탐색
• 문학이 청소년의 감정과 사고에 미치는 영향 연구
• 교사의 교육 철학이 학생 성장에 미치는 영향 분석
• 카르페 디엠 정신의 현대적 해석과 실천 가능성 모색

## 📌 심화 활동

| | |
| --- | --- |
| 자율·자치활동 | ▶ 문학 작품 낭독 및 토론을 위한 '카르페 디엠 데이' 진행<br>▶ '표현의 자유와 학교 규율'을 주제로 한 학급회의 운영<br>▶ 학급 주간 명언 전시 활동으로 창의적 분위기 조성 |
| 동아리활동 | ▶ 문학탐구반: 시를 통한 자아 표현 탐구<br>▶ 창작예술반: 시, 수필, 연극 대본 창작 활동한 토론활동<br>▶ 진로연구반: 자기주도적 삶과 진로에 대한 탐색 |
| 진로 활동 | ▶ 국어교육과, 문예창작과, 심리학과 등 관련 학과 탐색<br>▶ 창의적 글쓰기를 중심으로 한 포트폴리오 제작<br>▶ 문학 치료사, 교육컨설턴트 등 감성 중심 진로 탐색 |
| 프로젝트형 봉사활동 | ▶ 지역 독서소모임과 협업하여 '나의 카르페 디엠' 선언활동<br>▶ 학습 부진 학생들을 대상으로 한 또래 멘토링 프로그램 운영<br>▶ 학교 축제에서 '죽은 시인의 사회' 연극 기획 및 자원봉사 운영 |

### 학생부 기록 예시

'죽은 시인의 사회'를 읽고 자아 표현과 창의적 사고의 중요성에 대해 깊이 있게 탐구함. 시를 통한 감정 표현 활동에 꾸준히 참여하며, '카르페 디엠' 정신을 주제로 한 창작시를 발표하고 자기 성찰 능력을 키움. 학급 낭독회를 직접 기획하여 문학적 감수성과 리더십을 발휘함. 국어교육과 및 문예창작과 관련 학과 탐색과 함께, 문학이 삶에 미치는 영향에 대해 에세이를 작성함. 기초 학력이 부족한 학생들을 대상으로 한 또래 멘토링 프로그램을 운영하여, 학습 중심 교육의 효과를 직접 경험함. 문학을 통해 자아를 탐색하고 이를 다양한 활동으로 확장시켜 표현하는 능력이 우수함.

이 책은 현대 사회에서 정보와 지식이 어떻게 공유되고 확산되는지를 설명하며, 개인과 집단이 어떻게 협력하고 상호작용하는지를 탐구한다. 현대 사회에서 정보와 지식이 어떻게 공유되고 확산되는지, 개인과 집단이 어떻게 협력하고 상호작용하는지를 연구한다. 디지털 기술이 사회적 상호작용과 경제적 협력에 미치는 영향을 분석하며, 정보의 자유로운 흐름이 어떻게 민주주의와 사회적 결속을 강화할 수 있는지에 대해 논의한다. 디지털 시대의 사회적 상호작용과 협력의 본질 이해와 기술과 사회의 관계를 깊이 있게 탐구하는 데 도움이 되는 도서이다.

**키워드** 협력(사회적 자본, 인터넷, 분산화, 공동체, 정보, 권력, 민주주의)

**관련학과** 교육계열(교육공학과, 교육학과, 기술교육과, 컴퓨터교육과), 사회(경제학과, 사회학과, 심리학과, 응용통계학과, 정치외교학과, 행정학과), 자연(응용수학과, 통계학과)

**연관 도서** 정보사회의 철학(다이고쿠 다케히코, 박영스토리), 우리는 AI와 공부한다(박찬 외, 다빈치books), 가르치지 말고 배우게 하라: 학교편(정강욱 외, 리얼러닝)

### ➕ 탐구활동 주제

◆ 디지털 기술의 발전이 사회적 협력에 미치는 영향 분석
◆ 정보 공유와 사회적 결속의 관계 탐색
◆ 온라인 커뮤니티에서의 집단 행동 패턴 분석
◆ 인터넷 자유와 민주주의 간의 상호작용 모색
◆ 디지털 미디어의 확산이 경제적 협력에 미친 변화 비교

## 📌 심화 활동

| | |
|---|---|
| **자율·자치활동** | ▶ 학생자치회 주관의 학교 내 민주적 의사결정 시스템 구축<br>▶ 학생들이 학교 예산 결정 과정에 참여하는 학생 참여 예산제 기획<br>▶ 학교 내 갈등을 해결하는 방법에 대한 전교생 토론 활동 |
| **동아리활동** | ▶ 교육정책탐구반: 현대 사회의 다양한 교육정책에 대한 토론 활동<br>▶ 윤리탐구반: 표현의 자유와 윤리적 책임을 바탕으로 한 캠페인 활동<br>▶ 민주시민반 : 학교 내 민주주의 교육을 위한 워크숍이나 세미나를 주최 |
| **진로 활동** | ▶ 교육학 관련 전공 및 교사 직업 탐색 보고서 작성<br>▶ 민주적 의사결정과 협력적 문제 해결 방식을 반영한 학교 커리큘럼 개발<br>▶ 교육과 관련된 사회적 기업 및 NGO 관련 직업 탐색 활동 |
| **프로젝트형 봉사활동** | ▶ 민주적 가치와 협력적 의사결정 방식을 교육하는 교내 워크숍<br>▶ 학교 내 민주적 교육 환경을 만들기 위한 프로젝트<br>▶ 민주주의와 인권의 중요성에 대해 교육하는 교내 인권 교육 캠페인 |

### 학생부 기록 예시

'펭귄과 리바이어던'을 읽고 인간은 경쟁보다 협력을 선호하며, 자율성과 신뢰를 기반으로 한 공동체가 효과적으로 작동할 수 있음을 이해함. 학생 참여 예산제를 기획하고, 디지털 민주주의를 주제로 온라인 공론장을 운영함. 민주적 교육 환경을 조성하는 교사의 역할과 교육정책 기획자의 진로를 탐색하고, 학교 내 민주주의 교육 워크숍을 직접 기획·진행함. 민주적 소통 역량과 협력적 문제 해결 능력이 뛰어나고, 공공의 이익을 고려한 의사결정 구조에 대한 관심과 실천 의지를 바탕으로 교육계열 진로에 대한 이해와 역량을 심화시킴.

인문계열
사회계열
자연계열
공학계열
의약계열
교육계열

추천도서 평균의 종말(토드 로즈, 정미나 역, 21세기 북스)

이 책은 우리가 사용하는 '평균'이라는 개념이 개인의 가능성을 제한하고 있다고 비판한다. 평균이라는 잣대가 교육, 고용, 사회 전반에 걸쳐 얼마나 많은 오해와 왜곡을 불러오는지를 다양한 사례와 과학적 근거를 통해 설명한다. 또한 모든 사람은 고유하며, 평균에 맞추는 시스템은 다양성을 무시하고 낙오자를 만들어낸다고 주장한다. '개인화'된 접근이야말로 교육과 사회의 미래라고 강조하며, 평균 중심 사회에서 벗어나 각자의 차이를 존중하는 새로운 패러다임을 제안하는 도서이다.

| 키워드 | 교육(개인차, 직업, 사회, 데이터, 인간, 다원화, 통계, 다양성) |
|---|---|
| 관련학과 | 전 교육계열 학과, 인문(문화인류학과, 철학과), 사회(사회학과, 심리학과, 아동학과, 응용통계학과, 행정학과), 자연(수학과, 응용수학과, 통계학과) 등 |
| 연관 도서 | 대한민국 교육트렌드 2025(교육트렌트2025 집필팀, 에듀니티), 생각이 보이는 교실(론 리치하트 외, 사회평론아카데미), 에듀테크&AI 수업(그림책사랑교사모임, 교육과실천) |

### ➕ 탐구활동 주제

• '평균의 오류' 분석 및 학교 교육 시스템에 대한 비판적 고찰
• '맥락의 중요성' 분석 및 학습 환경 설계에 대한 시사점 도출
• '개인 맞춤 교육'의 개념 탐구 및 다양한 적용 모델 연구
• 교육 평가 방식의 혁신 방안 모색
• 개별성 존중이 사회 시스템에 미치는 영향 분석

## 📌 심화 활동

| | |
|---|---|
| 자율·자치활동 | ▸ '개인의 차이를 존중하는 학교문화 만들기' 규칙 제정 프로젝트<br>▸ 다양한 학습 유형을 소개하는 학생 맞춤형 학습 제안 캠페인 운영<br>▸ 교육 정책, 교육철학 등을 주제로 한 학생자치회 교육분과 신설 제안 및 운영 |
| 동아리활동 | ▸ 교육철학반: '평균의 종말'과 존 듀이, 프레이리 등의 철학 비교 분석<br>▸ 교육탐구반: 개인 맞춤형 학습 모델 탐구 및 워크북 제작<br>▸ 교육미디어동아리: 교육 평균주의 문제를 다룬 영상 콘텐츠 제작 |
| 진로 활동 | ▸ 교육학 전공자 또는 현직 교사 인터뷰 진행 및 진로보고서 작성<br>▸ '나만의 교육철학' 정립을 위한 진로 포트폴리오 제작<br>▸ 교원양성기관(사범대, 교육대 등) 온라인 탐방 및 비교 리포트 작성 |
| 프로젝트형 봉사활동 | ▸ 다문화 학생 대상 '나만의 학습 방법 찾기' 워크숍 운영<br>▸ 학습장애 아동 대상의 1:1 학습 보조 활동<br>▸ 또래 멘토링 프로그램에서 맞춤형 학습법 컨설팅 |

### 학생부 기록 예시

'평균의 종말'을 중심으로 개인의 다양성과 맞춤형 교육의 중요성을 인식하고, 교육철학자 듀이와 프레이리 사상을 비교 분석하며 교육의 본질에 대한 사고를 심화함. 수업 관찰 활동을 통해 평균 중심 평가의 한계를 비판적으로 고찰하고, 학생 맞춤형 수업 방안을 제안하는 등 실천적 탐구 역량을 발휘함. 또한 아동 대상 맞춤 독서 지도 봉사에 참여하며 교육적 소통 능력과 현장 적용력을 겸비한 인재로 성장함. 이러한 활동을 통해 학습자의 개별성을 고려한 교육 방법에 더한 깊은 이해를 쌓았으며, 교육현상에 대한 통찰력과 탐구 기반 실천 역량이 뛰어남.

이 책은 브라질의 교육사상가인 저자가 교사들에게 보내는 열 편의 편지 형식으로 구성한 도서이다. 저자는 교사를 단순한 지식 전달자가 아니라, 문화적 실천자이자 사회 변혁의 주체로 본다. 그는 교사들이 느끼는 두려움과 불안을 인간적인 감정으로 이해하며, 이를 극복하기 위해 '무장된 사랑'으로 교육해야 한다고 말한다. 또한 교사와 학생 간의 상호작용을 통해 함께 배우고 성장하는 상호주체성의 중요성을 강조하며, 교육이 인간화와 해방을 위한 실천이어야 한다고 말한다. 교사뿐 아니라 교육에 관심 있는 모든 이들에게 깊은 통찰과 실천적 영감을 주는 도서이다.

| **키워드** | 비판적 교육학(의식화, 대화, 실천적 지식, 상호주체성, 참여, 인간화) |
| --- | --- |
| **관련학과** | 전 교육계열 학과, 인문(사학과, 철학과), 사회(문헌정보학과, 문화콘텐츠학과, 법학과, 사회복지학과, 사회학과, 상담심리학과, 신문방송학과, 심리학과, 아동학과) 등 |
| **연관 도서** | 아들러 심리학(유리향 외, 학지사), 교사는 무엇으로 사는가(정은균, 살림터), 감시와 처벌(미셸 푸코, 나남), 관계의 교실(필립 라일리, 지식의날개) |

### ➕ 탐구활동 주제

◆ 프레이리의 비판적 교육학과 한국 교육 현실 비교 탐구

◆ '은행저금식 교육'의 개념과 그 대안 모색

◆ 교육에서의 '사랑'과 '해방'의 의미 탐색

◆ 상호주체성 개념을 적용한 이상적 교실 모델 연구

◆ 사회 변혁을 위한 교육자의 역할과 실천 사례 분석

## 📌 심화 활동

| | |
| --- | --- |
| **자율·자치활동** | ▶ 학생회 주관으로 '나만의 수업 만들기' 아이디어 공모 활동<br>▶ 교사와 학생이 교육에 대해 대화하는 '교사-학생 열린 대화의 날' 주최<br>▶ 학생 스스로 학교 교육 문제를 토론하는 '비판적 교육 톡(Talk)' 기획 및 운영 |
| **동아리활동** | ▶ 교육연구반 : 프레이리 교육철학 정리 및 토론<br>▶ 미래교사반 : 이상적인 교사의 역할과 교실 설계 프로젝트 수행<br>▶ 미디어연구반 : 한국 교육의 현실을 주제로 미니다큐 제작 |
| **진로 활동** | ▶ 교육학·사범계열 등 교육 분야 대학 학과 탐색 및 차이점 비교<br>▶ 학생이 꿈꾸는 교사의 모습과 현실 비교하는 교사 인터뷰 활동<br>▶ 비판적 교육학 관련 도서, 강연, 탐구 내용을 정리한 포트폴리오 제작 |
| **프로젝트형 봉사활동** | ▶ 지역 도서관과 협력한 '비판적 사고 캠프' 봉사기획<br>▶ 교육 소외 아동을 위한 그림책 또는 짧은 글 중심의 '독서교실' 운영<br>▶ '배움과 나눔의 학교' 와 관련된 영상 제작 활동 |

### 학생부 기록 예시

'프레이리의 교사론'을 읽고 교사의 역할과 교육의 본질을 탐구하며, 비판적 교육학 개념을 중심으로 다양한 활동을 실천함. '비판적 교육 톡'을 기획하여 학교 교육의 문제를 주제로 공개 토론을 운영하고, 동아리 '교육 연구반'에서 프레이리의 사상을 정리하고 '은행저금식 교육'의 대안을 모색함. 교사 직업인 인터뷰를 통해 이론과 현실을 비교하고, '내가 꿈꾸는 교사' 에세이를 작성함. 지역 아동 대상 '생각하는 글쓰기 교실'을 프로젝트형 봉사활동으로 운영하며, 대화를 중심으로 한 의식화 수업을 실천함. 비판적 사고와 교육에 대한 이해와 사회적 책임감이 돋보임.

인문계열

사회계열

자연계열

공학계열

의약계열

교육계열

이 책은 학문을 통해 인간이 어떻게 성장하고, 세상과의 관계를 더욱 풍부하게 만들어 갈 수 있는지를 탐구한다. 학문을 즐기는 과정에서 중요한 것은 창의적인 사고와 비판적 접근이 필수적이라고 강조하며, 이를 통해 학문이 사회에 미치는 영향력과 그 가치에 대해 논의한다. 또한, 학문을 추구하는 사람들에게 지속적인 열정과 자기 성찰이 중요하다는 메시지를 전달한다. 학문을 향한 진지한 고민과 탐구를 통해 지식의 폭을 넓히는 동시에, 인간 존재의 의미를 더욱 풍성하게 만들 수 있음을 보여주는 도서다.

| **키워드** | 학문(탐구, 지식 확장, 창의성, 비판적 사고, 과학적 접근, 자기 성찰) |
| --- | --- |
| **관련학과** | 전 교육계열 학과, 인문(문화인류학과, 미학과, 사학과 신학과, 언어학과, 철학과), 사회(문헌정보학과, 문화콘텐츠학과, 사회학과, 신문방송학과, 심리학과, 아동학과) 등 |
| **연관 도서** | 왜 공부하는가(김진애, 다산북스), 공부의 위로(곽아람, 민음사), 찾고싶은 너에게(제갈인철, 학교도서관저널), 배움의 공동체(손우정, 해냄출판사) |

**➕ 탐구활동 주제**

◆ 히로나카 헤이스케의 수학 연구 과정 분석
◆ 수학 연구 과정에서 발견하는 아름다움과 희열 분석
◆ 히로나카 헤이스케의 삶과 학문적 열정이 주는 교훈 탐색

◆ 창의적 사고와 문제 해결 능력 함양을 위한 학습 태도 고찰
◆ 좌절과 실패를 극복하는 끈기의 중요성 탐구

## 📌 심화 활동

| | |
| --- | --- |
| **자율·자치활동** | ▶ 학급 내 자율적인 규칙과 운영 방안을 민주적으로 결정하는 학급자치회 운영<br>▶ 자율 학습 시간을 운영하고 학습 동기 부여하는 '학생 자율 학습 그룹' 운영<br>▶ 학생들이 자신의 미래 비전을 발표하고 공유하는 '나의 비전 발표회' 기획 |
| **동아리활동** | ▶ 학문탐구반 : 다양한 학문 분야를 탐구하고 관련 도서 읽기<br>▶ 사회봉사반 : 지역사회 문제 해결을 위한 봉사 활동<br>▶ 비판적사고반 : 비판적 사고를 기르는 토론과 논문 발표 |
| **진로 활동** | ▶ 대학에서 제공하는 전공 체험 프로그램 참여 및 보고서 작성 활동<br>▶ 다양한 전공 분야의 독서를 통해 자신의 진로와 연결하는 독서 클럽 운영<br>▶ 자기 성찰을 통해 진로를 탐색하고 공유하는 '진로 설계 워크숍' 진행 |
| **프로젝트형 봉사활동** | ▶ 수학에 어려움을 느끼는 후배 학생들을 위한 수학 멘토링<br>▶ 과학에 흥미를 지닌 초등학생을 지원하는 과학영재 교육 보조 활동<br>▶ 수학, 과학 등 특정 과목을 쉽고 재미있는 설명하는 교육 콘텐츠 제작 |

### 학생부 기록 예시

'학문의 즐거움'을 읽고 자신의 지식과 경험을 다른 사람들과 공유하며 함께 성장하는 것의 가치를 깨닫고, 온라인 학습 자료 공유 플랫폼 운영 및 교육 콘텐츠를 제작함. 자신이 학습하며 효과를 보았던 요약 자료, 문제 풀이 팁 등을 정리하여 플랫폼에 공유하고, 수학 및 과학 개념을 쉽고 재미있게 설명하는 영상 콘텐츠를 제작함. 플랫폼 운영 및 콘텐츠 제작에 대한 피드백을 통해 학습자들의 요구를 이해하고, 효과적인 교육 콘텐츠 제작 방법을 고민하는 계기를 마련함. 학문에 대한 깊은 이해와 창의적 접근을 통해 구체적인 비전을 세우고, 실천하는 모습이 탁월함.

PART.

# 03

# 세특
# 프리패스
# 부록

## 주제탐구활동(예시)

| 진로 계열 | 기후에너지시스템공학, 지구환경과학 | 연계 과목 | 통합과학1,2, 과학탐구실험1,2, 세계 시민과 지리, 지구시스템과학, 기후변화와 지속가능한 세계 |
|---|---|---|---|
| 탐구 질문 | 인공강우 기술은 재난 대응과 기후위기 적응 전략으로서 얼마나 실효성이 있으며, 이를 사회적으로 수용하기 위한 조건은 무엇인가? | | |
| 탐구 주제 | ▶ 탐구 키워드 : #인공강우 #기상조절기술 #기후위기 #재난대응 #사회적수용성 | | |
| | ▶ 탐구 주제명 : 인공강우 기술의 재난 대응 효과와 기후위기 적응 가능성 분석 | | |
| 탐구 동기 / 필요성 | ▶ 주제 선정 이유<br>최근 강원도 산불 진화에 인공강우 기술이 성공적으로 활용되었다는 뉴스를 접하고, 단순한 과학적 실험을 넘어 기후 재난 대응이라는 현실적 문제에 기술이 어떻게 적용되는지를 보고 큰 흥미를 느꼈다. 인공강우 기술의 과학적 원리뿐만 아니라 사회적, 윤리적 함의까지 포괄적으로 탐구하고 싶다는 생각이 들었다.<br>▶ 실생활 연계<br>기후위기로 인한 폭염, 가뭄, 산불 등 극단적 기상 현상이 일상화되고 있으며, 그에 대한 대응 기술로서 인공강우 기술이 점점 더 주목받고 있다. 특히 강원도 산불 진화에서 인공강우가 실제로 사용된 사례는 기술이 우리의 생활과 얼마나 밀접하게 연결되어 있는지를 잘 보여준다. 이러한 현실은 기술의 가능성과 한계를 함께 고찰할 필요성을 느끼게 했다.<br>▶ 개인적 관심<br>평소 기후위기에 대응하는 과학기술의 사회적 영향과 정책 적용 가능성에 관심이 많았으며, 기술이 단순한 이론을 넘어서 실제 재난 상황에서 어떤 역할을 하는지를 탐구하고 싶었다. 인공강우 기술이 기후위기 적응 전략으로 실질적으로 기여할 수 있는지 알아보고, 과학기술이 사회 문제 해결에 어떻게 공헌하는지를 분석하고자 한다. | | |
| 탐구 목적 | ▶ 인공강우 기술의 과학적 원리와 실제 적용 사례 분석<br>▶ 기술의 한계, 윤리적 쟁점, 사회적 수용성과 정책 기반 고찰<br>▶ 기후위기 대응 전략으로서의 가능성과 실현 조건 제안 | | |
| 탐구 방법 | ▶ 미디어 자료 조사 및 분석(강원 산불 대응 보도자료 및 실험 결과 분석)<br>▶ 국내외 인공강우 사례 비교(중국, UAE 등)<br>▶ 선행연구 논문 조사: 드론 기반 실험, 정치사회적 활용 사례<br>▶ 기술적 효과·제한 요인·정책적 과제 도출<br>▶ 시민사회 및 정책 수용을 위한 조건 분석 | | |
| 탐구 내용 | ▶ 인공강우의 원리(구름씨앗 분사, 대기 조건 조절 등) 과학적 학습<br>▶ 국내 드론 기반 실험 사례 및 성과 분석<br>▶ 생태계 영향, 항공기 충돌 위험 등 기술적·윤리적 한계 탐색<br>▶ UAE 등 해외 정책 사례 비교를 통한 국내 적용 가능성 분석<br>▶ 사회적 수용성을 위한 제도적 기반과 국민 인식 개선 방안 모색 | | |
| 탐구 결과 | ▶ 인공강우 기술은 과학·정책·사회가 함께 작동해야 하는 복합적 기술임<br>▶ 기후위기 대응을 위한 기술 도입은 사회적 수용성과 책임 있는 활용 원칙 마련이 필수<br>▶ 실용화를 위해 국민 인식 개선, 법제도 정비, 다자간 협의 구조 마련 필요 | | |
| 결론 및 제언 | ▶ 인공강우 기술은 과학·정책·사회가 함께 작동해야 하는 복합적 기술임<br>▶ 기후위기 대응을 위한 기술 도입은 사회적 수용성과 책임 있는 활용 원칙 마련이 필수<br>▶ 실용화를 위해 국민 인식 개선, 법제도 정비, 다자간 협의 구조 마련 필요 | | |
| 자기 성찰 | 이번 탐구를 통해 기상과학이 단순한 자연현상 예측을 넘어서 사회 문제 해결에 어떻게 기여할 수 있는지 체감하였다. 과학기술은 윤리적이고 사회적 맥락 속에서 적용되어야 하며, 앞으로도 환경 문제를 기술과 정책이 결합된 시각으로 지속적으로 탐구하고 싶다. | | |
| 확장/후속 계획 | ▶ 과학기술탐구 동아리 활동으로 인공강우에 대한 설문조사 및 결과 분석 발표<br>▶ 국내외 인공강우 사례 비교 발표자료 제작 및 친구들과의 토론 진행<br>▶ 학교 내 기상기술 활용 주제 토론회 개최 및 카드뉴스 제작 활동 기획 | | |
| 참고 자료 | ▶ 중국은 인공강우로 산불 진압…전용 드론까지 개발 - KBS 뉴스(KBS뉴스, 2025.03.28.)<br>　원문 출처 https://news.kbs.co.kr/news/pc/view/view.do?ncd=8213247<br>▶ '인공강우' 100mm, 산불 22일 막는다…'구름연구실' 역할 톡톡(이데일리, 2025.04.23.)<br>　원문 출처 https://www.edaily.co.kr/News/Read?newsId=01531766642139072<br>▶ [아침광장] 인공강우가 답이다(경북일보, 2025.03.31.)<br>　원문 출처 https://www.kyongbuk.co.kr/news/articleView.html?idxno=4036119 | | |

| 진로 계열 | 물리치료학, 산업디자인, 사회복지 | 연계 과목 | 통합사회1,2, 사회와 문화, 현대사회와 윤리, 확률과 통계, 미술 창작, 생활과학 탐구 |
|---|---|---|---|
| 탐구 질문 | 고령자에게 가장 효과적인 유니버설디자인 요소는 무엇이며, 이를 어떻게 실생활에 적용할 수 있을까? | | |
| 탐구 주제 | ▶ 탐구 키워드 : #유니버설디자인 #고령사회 #공공디자인 #물리적환경 #사용자경험디자인<br><br>▶ 탐구 주제명 : 초고령사회에서의 유니버설디자인: 고령자를 위한 실천적 적용방안 탐구 | | |
| 탐구 동기 / 필요성 | ▶ 주제 선정 이유<br>우리 사회는 빠른 속도로 고령화가 진행되고 있으며, 이는 일상생활에서 고령자들이 겪는 물리적·심리적 장벽을 해소하는 정책 및 환경 개선의 필요성을 시사한다. 특히 디자인을 통한 접근성 향상은 고령자 삶의 질 향상에 결정적인 역할을 할 수 있다.<br>▶ 실생활 연계<br>노인복지시설, 대중교통, 공공기관 등 다양한 공간에서 고령자들이 겪는 불편함(예: 작은 안내문, 경사 없는 출입구, 미끄러운 바닥 등)을 자주 목격할 수 있었다. 최근 지자체의 유니버설디자인 도입 사례가 증가하면서 해당 주제가 사회적으로도 주목받고 있음을 체감했다.<br>▶ 개인적 관심<br>디자인을 통해 사회문제를 해결하는 데 관심이 있었으며, 가족 중 고령자가 있어 실제 생활에서의 불편함을 목격한 경험이 탐구의 계기가 되었다. 공공데이터를 바탕으로 실질적이고 구체적인 개선방안을 제시하고자 한다. | | |
| 탐구 목적 | ▶ 고령자의 신체적·인지적 특성에 기반한 불편 요소 분석<br>▶ 공공데이터 및 선행사례 분석을 통한 실효성 있는 유니버설디자인 요소 제안<br>▶ 모든 세대가 안전하고 편리하게 이용할 수 있는 디자인의 사회적 방향성 모색 | | |
| 탐구 방법 | ▶ 고령자 사고 통계, 복지시설 이용 현황 등 오픈데이터 분석<br>▶ 국내외 유니버설 디자인 사례 비교 조사<br>▶ 실제 고령자 이용시설(경로당, 공공건물 등) 현장 방문 및 사진·관찰 기록<br>▶ 디자인 가이드 라인, 개선안 및 시스템 제안 | | |
| 탐구 내용 | ▶ 고령자의 신체·인지 특성 및 관련 사고 사례 정리<br>▶ 출입구, 화장실, 복도, 안내판 등 공공시설별 문제점 분석<br>▶ 색채 대비, 안내 픽토그램, 안전 손잡이, 경사로 등 디자인 요소 제안<br>▶ 정책적 확산을 위한 제도적 기반 및 민간 도입 방안 제안 | | |
| 탐구 결과 | ▶ 고령자의 낙상 등 안전사고 예방 및 정보 접근성 향상 효과 확인<br>▶ 실제 적용 사례(서울시 경로당, 치매전담시설 등)에서 고령자의 만족도와 이용 편의성 개선 확인<br>▶ 유니버설디자인이 고령자뿐 아니라 장애인, 임산부, 외국인 등 다양한 사회 구성원의 삶의 질 향상에 기여함을 확인 | | |
| 결론 및 제언 | ▶ 유니버설디자인은 초고령사회에 필수적인 공공정책 수단으로, 다양한 분야(주거, 교통, 제품 등)로의 확산이 필요함<br>▶ 공공 부문과 민간 부문의 협업을 통한 제도적·문화적 확산 전략 수립 필요<br>▶ 고령자 직접 참여를 통한 사용자 중심의 피드백 시스템 구축 중요 | | |
| 자기 성찰 | 이번 탐구를 통해 고령사회의 구조적 현실과 고령자가 일상에서 겪는 다양한 문제를 보다 구체적으로 이해할 수 있었다. 디자인이 단순한 미적 요소를 넘어 사회적 약자의 자립과 권리 보장을 위한 중요한 도구임을 깊이 인식하게 되었다. 앞으로도 사회적 배려와 포용을 실천하는 디자인에 꾸준히 관심을 가지고, 포용적 디자인의 가치를 계속 탐구해 나가고자 한다. | | |
| 확장/후속 계획 | ▶ 고령자 외에도 장애인, 임산부 등 다양한 사회구성원을 위한 디자인 적용 방안 탐구<br>▶ 학교 내 유니버설디자인 적용 실태 조사 및 개선 프로젝트 제안<br>▶ 지역사회와 연계한 디자인 캠페인 및 체험활동 기획 | | |
| 참고 자료 | ▶ 고령자의 침상 낙상 예방을 위한 안전디자인 개발 방법 연구(김미영 외, 2021)<br>▶ 고령자 낙상 예측·예방을 위한 통합 측정·분석 시스템 개발(중소벤처기업부, 2021)<br>▶ 고령자 안전사고 데이터(강원특별자치도, 2022)<br>▶ 고령자가 실제 생활하는 주거 환경에서 구축한 실환경 데이터셋(한국전자통신연구원, 2023) | | |

| 진로 계열 | 경제학, 사회학, 행정학 | 연계 과목 | 통합사회1,2, 사회와 문화, 현대 사회와 윤리, 경제수학, 경제, 사회문제 탐구, 금융과 경제생활 |
|---|---|---|---|
| 탐구 질문 | 경제이론은 자본주의 사회에서 나타나는 경제적 불평등을 어떻게 설명하고 있으며, 오늘날 한국 사회의 정책에 어떻게 적용될 수 있을까? ||||
| 탐구 주제 | ▶ 탐구 키워드 : #자본주의 #경제이론 #불평등 #정부개입 #시장실패 #정책적응용 ||||
|  | ▶ 탐구 주제명 : 자본주의의 진화와 경제적 불평등: 경제이론을 통해 본 한국 사회의 구조 분석 ||||
| 탐구 동기 / 필요성 | ▶ 주제 선정 이유<br>최근 청년세대의 자산격차, 일자리 불안정, 교육 기회의 불균형 등 경제적 불평등 문제가 사회 이슈로 부각되고 있다. 이러한 현상이 단순한 개인의 문제가 아니라 구조적인 경제시스템에서 비롯되었음을 이해하기 위해 자본주의의 변천과 다양한 경제이론의 해석을 탐구하게 되었다.<br>▶ 실생활 연계<br>청년층의 내 집 마련 불가능성, 플랫폼 독점 구조, 조세 형평성 논쟁 등 다양한 불평등 사례를 접하며, 현실 문제를 이론적으로 이해하고 정책 방향성을 고찰하는 것이 의미 있다고 판단했다. 특히 최근 부동산 정책 변화와 플랫폼 규제 법안 발의 등 정책 동향을 고려해 현실 문제의 해결 방향성을 고찰하는 데 집중했다.<br>▶ 개인적 관심<br>정치·경제 관련 도서 및 신문 칼럼을 즐겨 읽으며, 복잡한 경제 현상을 설명하는 이론적 틀에 관심이 생겼다. 이론이 현실에 어떻게 적용되는지를 구체적인 사례를 통해 체계적으로 정리하고 싶었다. ||||
| 탐구 목적 | ▶ 자본주의 발전 과정에서 등장한 주요 경제이론(자유방임주의, 정부개입론, 자본불평등이론 등) 핵심 내용 정리<br>▶ 각 이론이 경제적 불평등에 대해 어떤 관점을 제시하고, 오늘날 정책에 어떤 시사점을 주는지 분석<br>▶ 한국 사회에서 적용 가능한 경제정책 및 제도적 해법 탐색 ||||
| 탐구 방법 | ▶ 『300년 세계경제사의 위대한 경제이론들』(하노백, 2025) 정독 및 진로독서보고서 작성<br>▶ 선행 논문 분석: 아담 스미스, 프리드먼, 피케티 등의 이론 비교<br>▶ 부동산 정책, 조세 개혁, 기본소득 논의 등 현실 사례 수집 및 분석<br>▶ 각 이론의 정책 적용 가능성과 한계 비교 ||||
| 탐구 내용 | ▶ 자유방임주의 → 자율 시장의 효율성 강조, 정부 최소 개입<br>▶ 케인스주의 → 시장 실패에 대한 정부의 유효수요 창출 주장<br>▶ 통화주의(프리드먼) → 장기적 통화 안정 중시<br>▶ 피케티 자본 불평등 이론 → 자산 수익률과 경제성장률의 불균형이 불평등을 심화시킨다는 분석<br>▶ 각 이론이 한국의 부동산정책, 플랫폼 독점, 조세 구조 개편 등 현안과 어떻게 연결되는지 비교 분석<br>▶ 이론의 한계와 실천적 통찰 도출 ||||
| 탐구 결과 | ▶ 경제이론은 단순한 학문을 넘어 현실 정책 결정에 직접적인 영향을 미치며, 특히 불평등 해소 정책 설계에 중요한 틀 제공<br>▶ 단일 이론에 의존하기보다 사회 맥락에 따라 이론을 융합하고 조율할 수 있는 '복합적 정책 설계'의 필요성 인식<br>▶ 경제적 불평등은 철저히 구조적 문제이며, 그 해소를 위한 실질적 정책 제안(조세 개혁, 청년주택, 기본소득 등)에 이론적 근거 마련 가능 ||||
| 결론 및 제언 | ▶ 자본주의는 고정된 체제가 아닌, 시대와 조건에 따라 변화하는 유동적 체계<br>▶ 자유방임과 정부개입 사이의 균형을 설정하는 정책 설계가 중요<br>▶ 현재의 불평등 구조에 대응하기 위해선 자산기반 조세 개혁과 같은 구조적 대책이 필요 ||||
| 자기 성찰 | 이번 탐구를 통해 경제이론이 현실 문제 해결에 적용될 수 있다는 점을 체감했고, 정책과 제도를 이해하는 안목이 넓어졌다. 이론을 통해 사회 문제를 구조적으로 분석할 수 있는 사고력을 키웠으며, 앞으로도 기후 위기나 사회 불평등 같은 주제를 경제적 시각으로 지속적으로 탐구하고 싶다. ||||
| 확장/후속 계획 | ▶ 경제이론 카드뉴스를 제작해 학급 게시판에 게시하고, 학생들의 반응을 조사하여 의견 공유의 장 마련<br>▶ 동아리 시간에 자유방임주의와 정부 개입론 관련 현대 사례(기본소득, 플랫폼 규제 등)를 조사·발표<br>▶ 사회과 수업에서 부동산 정책을 주제로 찬반 토론 진행 ||||
| 참고 자료 | ▶ 자본과 이데올로기(토마 피케티, 2020)<br>▶ 프리드먼과 하이에크의 통화이론에 관한 소고(양준모, 2024)<br>▶ 아담 스미스의 국가관: 정부의 역할을 중심으로(김성준 외, 2023)<br>▶ 죽은 경제학자의 살아있는 아이디어(토드 부크홀츠, 2023) ||||